KB195619

옮긴이 **홍기용**

1964년 서울에서 태어나 연세대 기계공학과를 졸업하고
동 대학원에서 석사과정을 마쳤다. 1989년부터 LG전자
에서 연구원으로 직장생활을 시작하여 가전 분야 연구,
기술 전략 및 상품/전략 기획 업무를 수행했다. 2021년
말 히타치-LG 데이터 스토리지에서 퇴직했다. 2017년부
터 논어등반학교에서 논어, 대학, 중용, 대학연의, 사기,
춘추좌씨전 등을 배우고 있다. 스스로 배우는 힘을 키우
기 위해 짧을 글들을 직접 읽다가, 사서(四書)와 같은 경
전을 이해하는 데 필요한 다양한 케이스를 모아 놓은 유
향의 『신서』를 번역하였다. 이어서 『전국책』을 옮겼다. 앞
으로도 이와 같은 고전 번역을 지속할 예정이다.

전국책 下

일러두기

• 교주본의 주석은 각주로 처리하고 주석가의 이름을 표시하였다.

• 표시가 없는 각주는 역자의 주다.

전국시대를 제패한 책사들의 권모술수

홍기용 옮김

전국책 下

戰國策

中山策　　宋衛策　　燕策　　韓策　　魏策　　趙策

21세기북스

들어가는 말

'경쟁이 심하고 혼란한 상황'을 일러 '춘추전국시대'라고 부른다. 이 말은 고대 중국의 주나라가 점차 통제하는 힘을 잃고, 여러 제후들이 힘을 얻게 되어 자기 나라가 천하의 패권을 차지하기 위해 부국강병에 힘쓰며 다른 나라들과 싸우기도 하고 서로 돕기도 하던 시절에서 나온 것이다.

'춘추시대'는 공자가 노나라 역사를 정리하면서 시작한 해를 근간으로 하고 있으며, 아직은 주나라 천자를 높이고 사방 오랑캐를 물리치는 일[王攘夷夷]과 끊어진 제사를 이어주고 망한 나라를 보존해 주는 일[繼絶存亡]이 패권을 차지한 제후가 해야 할 일로 여겨지던 시대였다. 따라서 나라 간의 전쟁은 자기 나라의 안전을 도모하려는 경우나 어떤 나라가 회맹(會盟)의 약속을 어겼을 때 회맹에 참여한 여러 나라에서 병사를 내어 주나라 왕실을 대신해 토벌하는 경우가 대부분이었고, 이 경우에도 다른 나라의 성이나 땅을 빼앗는 정도에서 그칠 뿐 나라를 없애버리는 지경까지는 가지 않았다.

이어진 '전국시대'는 '진(晉)나라'라는 주나라와 동성(同姓)인 큰 나라가 3개의 나라로 찢어져서 그 수장들이 주나라로부터 종주권을 인정받아 제후에 오르게 되는 시기를 기준으로 시작되었다. 그러나 이 때부터 이미 주나라의 봉건질서는 허물어지고 모든 제후국이 서로를 없애버릴 때까지 싸우기 시작하였다. 한 나라의 흥망과 백성의 죽고 사는 것이 싸움 한판으로 이루어졌으니, '싸우는 나라[戰國]'라는 말이 이 시대를 정의할 수 있다.

전국시대에는 철제도구의 본격적인 도입과 경작지 확대 등으로 농업생산이 크게 증가함에 따라 인구도 계속 늘어나게 되었고, 잉여 생산물에 의해 교역이 확대되고 나라간 무역이 빈번해지면서 화폐의 유통도 증가하게 되었으며, 이런 경제적 번영에 힘입어 상인과 교육받은 일반인들이 증가하게 되었다. 이런 여러 변화들이 주나라의 전통적 봉건질서와는 맞지 않게 되자 각 나라들은 새로운 질서를 만들려고 했으니, 이것이 이른바 '변법(變法)'으로 나타나게 된다.

이중 유명한 것이 바로 진나라 효공이 상앙(商鞅)을 들어 써서 실시한 정책이다. 진나라는 성인이 된 사내들을 강제로 분가시키고 논밭을 주어 경작하게 함으로써 농업생산력을 높였고, 출신에 관계없이 싸움에 나아가게 해서 그 얻은 군공에 따라 작위를 주고 토지를 줌으로써 백성들이 경쟁적으로 충성하도록 만들었으며, 새로 얻은 땅을 나누어 봉해주는 대신에 군과 현을 설치하여 중앙정부가 직접 통제하도록 했다. 이 변법을 통해 진나라는 6대에 걸쳐 힘을 쌓아서 결국 천하를 하나로 만들 수 있었다.

한편 조나라 무령왕은 오랑캐 옷을 입고 말을 타고 활을 쏘는 '호복기사(胡服騎射)'를 실시했다. 당시에 호복이란 서북 융적의 옷과 비슷한 반소매의 좁은 복장으로 이것은 중원 화하족의 긴 소매의 넓은 옷과 크게 달랐고, 또 주변 유목부족들은 말 위에 올라타서 활을 쏘았지만[馬射] 전통적인 중원의 활쏘기 방식은 도보로 활을 쏘는 방식[步射]이었다. 이때부터 조나라는 소매가 넓은 긴 옷이 소매가 좁은 옷으로 바뀌고 전쟁 방식도 '보병전(步兵戰)'에서 '기마전(騎馬戰)'으로 발전하게 되면서 국가 발전의 토대를 마련할 수 있었다.

변법을 통해 얻은 생산력의 확대와 인구의 증가는 정치체제를 봉건제와 신분세습제에서 군현제와 관료제로 전환시키게 되었다. 그에 따라 안으로는 중앙귀족의 세력과 왕권 사이에 갈등이 일어났고, 밖으로는 나라와 나라가 서로를 아우를 때까지 싸움을 그치지 않게 되었다. 이때의 싸움은 그 규모도 엄청나져서, 진(秦)나라는 이궐(伊闕)의 싸움에서는 한나라, 조나라의 연합군 24만 명을 참수하였고 장평(長平)의 싸움에서는 조나라 군사 45만 명을 생매장시킬 정도였다. 나라가 망하고 흥하는 일이 싸움 한 번에 달리게 된 것이다.

이에 따라 나라 안팎으로 새로운 기회를 찾고자 하는 세력들이 생겨났으니, 이른바 유세객이라 불리는 사람들이다. 소진(蘇秦)과 장의(張儀)로 대변되는 이들은 각 나라의 왕이나 공경대부들에게 다양한 책략과 교묘한 언변을 제공함으로써 세력 간의 다툼을 일으키거나 싸움을 피하게 하면서 자기를 알아주는 나라를 부강하게 하고 스스로를 귀하게 만들려고 애썼다. 이들의 주장은 횡포하고 욕심이 끝이 없는 진나라에 맞서 나머지 6개 나라가 서로 힘을 합쳐 대항하여 균형을 이루어야 한다는 합종(合縱)과, 강한 진나라로부터 나라를 지키기 위해서는 각 나라가 개별적으로 진나라와 연합해야 한다는 연횡(連橫=連衡)으로 크게 구분된다. 유세객들은 그 범주 안에서 움직이며 다양한 이야기들을 쏟아내었다. 비록 이러한 평가도 받았지만 말이다.

"서로 모여서 진나라를 공격하려는 자들도 자기가 부유하고 귀해지기를 욕심낼 뿐입니다. 왕께서 대왕의 개들을 보면, 누울 놈은 눕고 일어설 놈은 일어서며 갈 놈은 가고 멈출 놈은 멈추어서 서로 싸우는 놈이 없다가도, 뼈다귀 하나를 던져주면 가벼이 일어나 서로 어금니를 드러냅니다. 이것이 무슨 이치이겠습니까?(「秦策」 3, '天下之士合從相聚於趙')"

전국책은 한나라 사람 유향이 엮은 역사서이다. 유향은 서문에서, 이 책 이름은 '전국 시절에 떠돌던 선비[游士=遊說客]들이 자신들을 써주는 나라를 돕고 그 나라를 위한 계책과 모의를 냈기 때문에 마땅히 『전국책(戰國策)』이 되어야 한다고 했다. 여기서 전국시대란 말이 유래했다 한다. 서주(西周), 동주(東周), 진(秦)나라, 제(齊)나라, 초(楚)나라, 조(趙)나라, 위(魏)나라, 한(韓)나라, 연(燕)나라, 송(宋)나라, 위(衛)나라, 중산국(中山國) 등의 여러 나라가 그 시대를 살아남기 위해 벌였던 합종, 연횡 등의 외교 책략과 그에 얽힌 사람들에 대하여 기록되어 있으며, 33권 497편으로 구분되어 있다. 편년체나 기전체의 역사서와는 달리 각 나라별 사건을 중심으로 구성되어 있는 이 책은 장의, 소진 3형제와 같은 유세가들의 책략과 이에 대응하는 책사들의 활약이 그들의 말로 서술되어 있는데, 부국강병을 이루려는 임금들과 개인의 영달을 이루려는 인간들의 모습을 생생하게 그리고 있다. 정세를 분석하고 윗사람의 뜻을 살펴 일을 풀어가는 과정을 배울 수 있어서 전략과 전술의 교과서로 불릴 만하다.

이 책을 엮은 유향(劉向)은 자가 자정(子政), 본명은 갱생(更生)이다. 한나라 고조의 동생 초원왕(楚元王) 유교(劉交)의 4대손으로, 유가 철학을 바탕으로 다양한 학문을 익힌 정치가이자 유학자였다. 사람됨이 소탈하고 위엄을 차리지 않았으며 청렴하고 도를 즐기면서 오로지 경학에만 전념해서, 낮에는 서적을 읽고 밤에는 별자리를 관찰하느라 아침까지 잠을 자지 않았다고 한다. 간대부(諫大夫), 종정(宗正), 광록대부(光祿大夫) 등을 역임했으며, 원제(元帝)·성제(成帝) 때에는 황제의 믿음을 받게 되자 종실의 일을 드러내어 옹호하면서 환관과 외척을 나무라고 꾸짖으며 그들의 전횡을 막으려 노력했다. 황제가 여러 차례 구경의 자리에 세워주려고 했으나 그때마다 반대 세력에 막혀 끝내 자리를 옮겨주지 못했다. 열대부(列大夫)로 있은 지 30여 년, 나이 72세에 세상을 떠났다. 유향의 세 아들이 모두 배움에 뛰어났는데, 특히 막내아들 유흠(劉歆)은 아버지가 하던 사업을 다 마치고 육예(六藝)와 여러 책들을 모으고 종류별로 나눠『칠략(七略)』을 완성하였다.

『전국책(戰國策)』이외에 유향은 한나라 조정의 외척을 근심하여『시경』과『서경』에 실려 있는 뛰어난 왕비와 정숙한 부인 등의 사례와, 나라를 일으키고 집안을 빛내어 모범으로 삼을 만한 여자들의 사례와, 총애를 받아서 나라를 망친 여자들의 사례를 차례대로 기술하여『열녀전』8편을 지어 올려서 천자에게 경계로 삼게 하였으며, 선진(先秦)시대의 오래된 전적(典籍)들을 수집하고 편찬하여『설원(說苑)』과『신서(新序)』50편을 바쳤다. 그 밖에도『열선전(列仙傳)』,『홍범오행전론(洪範五行傳論)』,『별록(別錄)』,『초사장구(楚辭章句)』등을 저술했다.『한서(漢書)』「초원왕전楚元王傳」에 그의 전기가 수록되어 있다.

『전국책』을 최초로 주석한 이는 후한의 고유(高誘)인데, 세월이 흘러 북송 초기에 이르자『전국책』은 대부분 소실되고 말았다. 이에 당송 8대가 중 하나인 증공(曾鞏)이 "사대부 집안을 찾아다니며 처음으로 그 글을 남김없이 얻어(訪之士大夫家, 始盡得其書)" 정리하고 주석을 달아서 486편으로 된『전국책목록(戰國策目錄)』을 지었으니, 지금 남아있는 33권본이 이것이다. 그리고 남송의 요굉(姚宏)[1]이 남아있는 고

---

1 1088~1146년. 송나라 월주(越州) 승현(嵊縣)사람으로, 자는 영성(令聲)이고 요순명(姚舜明)의 맏아들이다. 휘종(徽宗) 선화(宣和) 연간에 상상(上庠)에 유생으로 있다가, 송나라가 남쪽으로 장강을 건너간 후 처음에는 항주의 세금을 감독하는 일을 맡았고, 구주(衢州) 강산현(江山縣)의 일을 주관하였다. 진회(秦檜)가 오랜 원한으로 함정에 빠뜨려 죽였다.『교주전국책(校注戰國策)』이 있다.

유의 주석본과 새로운 증공본을 토대로 자신의 주석을 더해서 『고씨주전국책(高氏注戰國策)』을 펴내었고, 또 포표(鮑彪)[2]가 증공본을 토대로 하되 고유의 주를 버리고 새로 주석을 달아서 『전국책주(戰國策注)』를 내놓았으며, 원나라 때 오사도(吳師道)[3]가 요굉본 및 각종 역사서들을 참작해서 포표의 주석본을 교정한 『전국책교주(戰國策校注)』를 지었다. 청대에 들어서는 황비열(黃丕烈)이 『전국책찰기(戰國策札記)』를 지었는데, 이 책은 요굉본을 저본으로 하여 고유의 주와 속주(續注)를 구분하면서 포표와 오사도의 주석을 더한 것이다.

본 번역은 중국 한정망(漢程網, https://m.httpcn.com/)과 중국철학전자화계획(中國哲學電子化計劃, https://ctext.org/)에 올라있는 『전국책』을 기본으로 하였는데, 저본이 된 것은 황비열의 『전국책찰기』이다. 가능한 한 직해를 원칙으로 했는데, 한 글자 한 글자를 다 옮기려다 보니 글이 어지럽거나 표현이 거친 부분이 많다. 의역이나 보충이 필요한 부분은 괄호 안에 말을 넣어 가능한 한 뜻이 통하게 하였다.

2　1091~미상 송나라 진운(縉雲) 사람으로 자는 문호(文虎)이다. 송나라 고종(高宗) 건염(建炎) 2년(1128년)에 진사가 되었고, 태상승(太常丞), 문천박사(文薦博士)를 지냈다. 고종(高宗) 소흥(紹興) 26년(1156년) 태학박사(太學博士)로서 여러 번 옮겨 사봉원(司封員) 외랑(外郞)이 되었다. 벼슬은 좌선교랑(左宣敎郞), 수상서사봉원외랑(守尙書司封員外郞)에 이르렀다. 68세가 되던 해인 소흥 30년(1160년) 늙어서 고향으로 돌아가겠다고 알리자, 5품복을 내려주고 벼슬을 그만두게 하였다. 사학에 정통하여 일찍이 1147년에 전국책에 주석을 단 『전국책서(戰國策序)』를 지었고, 또 『사역기고시성(四易基稿成)』, 『서해(書解)』, 『두시주(杜詩注)』 등을 지었다.

3　1283년~1344년. 원나라 무주(婺州) 난계(蘭溪)사람으로 자는 정전(正傳)이다. 원나라 영종(英宗) 치위(治元) 원년(1321)에 진사(進士)에 올라 봉의대부(奉議大夫), 예부랑중치사(禮部郞中致事)까지 지냈다. 저서에 『오례부시화(吳禮部詩話)』, 『경향록(敬鄕錄)』, 『역잡설(易雜說)』, 『서잡설(書雜說)』, 『시잡설(詩雜說)』, 『춘추호전부변(春秋胡傳附辨)』, 『전국책교주(戰國策校注)』, 『경향록(敬鄕錄)』, 『오정전문집(吳正傳文集)』 등 20권이 있다.

차례

| 전국책 下 |

5장
조(趙)나라

戰國策

趙策　魏策　韓策　燕策　宋衛策　中山策

진(晉)나라 경공(頃公)때 공실(公室)이 힘을 잃고 권력이 경대부들에게 넘어가서 조씨(趙氏), 위씨(魏氏), 한씨(韓氏), 지씨(智氏), 범씨(范氏), 중항씨(中行氏) 등 6경만이 있었는데, 범씨와 중항씨가 반란을 일으키자 조씨, 위씨, 한씨, 지씨가 범씨와 중항씨를 축출하고 그 땅을 각각 나눠 차지했다. 열공(烈公) 때 경대부들이 자신들의 영지에서 각각 조(趙), 위(魏), 한(韓)의 세 나라를 세웠다. 이를 삼진(三晉)이라 한다. 진나라가 삼진으로 나뉘자 이때부터 전국시대가 시작되었다. 진나라는 영토가 깎여 신강(新降)과 곡옥(曲沃) 두 읍만 남았다가 정공(靜公) 때 결국 삼진에 의해 멸망당했다.

주나라 목왕(周穆王)의 신하인 조보(造父)가 조성(趙城)에 봉해지면서 영성조씨(嬴姓趙氏)로 불렸고, 그 후 조씨 일족은 진(晉)나라의 신하가 되었다. 진(晉)나라 문공(文公)의 측근인 조성자(趙成子) 조최(趙衰)가 높은 관직에 오른 후 조씨는 크게 번성하였다. 조나라 성후(成侯) 10년(기원전 359년)에 한나라, 위나라와 함께 진(晉)나라를 셋으로 나눠 가졌다. 22년(기원전 353년), 위(魏)나라 군대가 한단을 점령하자 조성후는 제나라에 구원을 요청하였고, 제나라는 손빈을 보내 계릉(桂陵) 싸움에서 방연이 이끄는 위나라 군을 이기고 조나라를 구원하였다. 성후가 죽자 아들인 숙후(肅侯)가 세워졌는데, 세워진 지 24년 뒤에 죽자 주변 나라들이 조나라의 정치를 안정시킨다는 명목으로 조나라를 공격해서 땅을 나눠 가지려 했다. 그러나 어린 나이였던 무령왕(武靈王)이 자리에 나아가서 나라를 안정시켰다. 무령왕 19년(기원전 307년), 무령왕은 오랑캐 옷을 입고 말을 타고 활을 쏘는[胡服騎射] 변법을 도입하여 군사력을 혁신하였다. 초기에는 진나라가 여러 차례 조나라를 공격함으로써 피해를 당했지만, 후기에는 동쪽으로 중산국을 수차례 정벌하여 주보(主父)로 물러나게 한 뒤 멸망시키고 서쪽으로는 이민족들을 복속시키는 등 성과를 거두었다. 기원전 298년 무령왕은 왕위를 아들 혜문왕(惠文王)에게 물려준 뒤 스스로 주보(主父)라고 칭하면서 외부정복사업에 전념

하였다. 그러나 혜문왕의 형으로 원래 태자였던 공자 장(章)을 대(代) 땅에 봉하고 안

양군(安陽君)으로 삼음으로써 기원전 295년 혜문왕과 공자 장(章)의 후계 다툼이 일

어나게 되었다. 그 일로 인하여 무령왕은 유폐되었고, 뒤에 굶어죽었다[沙邱之亂].

혜문왕(惠文王)이 제7대 임금으로 세워지면서 조나라 최초로 '왕(王)'의 칭호를 사용하

였다. 동생인 평원군(平原君) 조승(趙勝), 재상 인상여(藺相如), 장수 염파(廉頗) 및 조

사(趙奢)와 같은 뛰어난 이들을 들어 써서 진나라를 막아내며 안정기를 맞이하였다.

효성왕(孝成王)이 세워졌을 때 조나라는 국력의 유지에 급급하다가, 효성왕 4년(기원

전 262년) 장평(長平)에서 진나라 백기(白起)에게 크게 꺾여 조나라 병사 40만이 모두

생매장 당하면서부터 국력이 크게 시들게 되었다. 기원전 245년에 효성왕이 죽고 도

양왕(悼襄王)이 세워졌으며, 기원전 235년 도양왕이 죽자 서자인 유류왕(幽繆王)이

세워졌다. 기원전 228년, 진나라의 공격을 받고 한단이 포위되자 항복하였다. 대왕

(代王) 가(嘉)는 유목왕이 항복하자 대(代) 땅으로 달아나 왕위에 올라서 연나라와 연

합하여 진나라에 맞섰다. 기원전 222년, 진나라가 대나라와 연나라를 치러오자 연나

라로 달아나다가 사로잡히는데, 이에 스스로 죽고 말았다. 이로써 조나라는 완전히

멸망하였다.

	시호(諡號)	이름	재위기간	재위년도
4	조성후(趙成侯)	종(種)	25년	기원전 374~350년
5	조숙후(趙肅侯)	어(語)	24년	기원전 349~326년
6	조무령왕(趙武靈王)	옹(雍)	27년	기원전 325~299년
7	조혜문왕(趙惠文王)	하(何)	33년	기원전 298~266년
8	조효성왕(趙孝成王)	단(丹)	21년	기원전 265~245년
9	조도양왕(趙悼襄王)	언(偃)	9년	기원전 244~236년
11	조유목왕(趙幽繆王)	천(遷)	8년	기원전 235~228년
10	대왕 가(代王嘉)	가(嘉)	6년	기원전 227~222년

조책 1

趙策

18-1 지백이 한나라와 위나라 병사를 거느리고 조나라를 공격하다

【知伯從韓魏兵以攻趙】

(1)

지백(知伯=智伯)이 한(韓)나라와 위(魏)나라 병사를 거느리고 조나라를 공격하였다. 진양을 에워싸고 물을 집어넣었더니, 성 아래 물에 잠기지 않은 곳이 널판 세 장 높이뿐이었다. 극자(郤疵)가 지백에게 일러주며 말했다.

"한나라와 위나라의 임금은 반드시 배반할 것입니다."

지백이 말했다.

"어떻게 알았는가?"

극자가 말했다.

"그 사람이 하는 일로 알았습니다. 무릇 한나라와 위나라의 병사를 거느리고 조나라를 공격하여 조나라가 망하게 되면, 어려움이 반드시 한나라와 위나라에 미치게 됩니다. 지금 (우리가) 약속해서 조나라를 이기면 그 땅을 셋으로 나누자고 했습니다. 지금 성에 잠기지 않은 것은 널판 세 장 높이뿐이며, 절구(臼)와 부뚜막(灶)에서 개구리가 나오고 사람과 말이 서로 잡아먹고 있어서 성이 떨어지는 것이 며칠 안

남았는데, 그런데도 한나라와 위나라 임금은 기쁜 뜻이 없고 우울한 빛만 있습니다. 이것이 배반하겠다는 것이 아니면 무엇이겠습니까?"

知伯從韓·魏兵以攻趙, 圍晉陽而水之, 城下不沉者三板. 郤疵謂知伯
曰: "韓·魏之君必反矣." 知伯曰: "何以知之?" 郤疵曰: "以其人事知之.
夫從韓·魏之兵而攻趙, 趙亡, 難必及韓·魏矣. 今約勝趙而三分其地.
今城不沒者三板, 臼灶生蛙, 人馬相食, 城降有日, 而韓·魏之君無喜志
而有憂色, 是非反如何也?"

(2)
다음날, 지백(知伯)이 한나라와 위나라 임금에게 이를 알리며 말했다.
"극자(郤疵)가 말하기를 임금들이 장차 배반할 것이라 합니다."
한나라와 위나라 임금이 말했다.
"무릇 조나라를 이기면 그 땅을 셋으로 나누자고 했는데, 성이 지금 장차 뽑히게 될 것입니다. 무릇 세 집안이 비록 어리석어도, 눈앞의 좋은 이득을 버린 채 믿고 맹세한 약속을 배반해서 위태롭고 어렵게 만들면 일을 이룰 수가 없다는 것은 그 형세로써 가히 볼 수 있습니다. 이는 극자[疵=郤疵]가 조나라를 위해 계책을 세워, 임금으로 하여금 두 임금[二主=韓·魏之君]의 마음을 의심하게 해서 조나라에 대한 공격을 풀려는 겁니다. 지금 임금이 헐뜯는 신하의 말을 듣고서 두 임금과의 사귐을 떠나보낸다면, 임금에게 아쉽습니다."
말을 하고 종종걸음으로 나갔다. 극자가 지백에게 일러주며 말했다.

"임금께서는 또 어찌하여 제 말을 한나라와 위나라 임금에게 전하셨습니까?"

지백이 말했다.

"그대가 어찌 알았는가?"

대답하여 말했다.

"한나라와 위나라 임금이 제[疵] 옷을 보고서는 종종걸음으로 달려 나갔습니다."

극자는 자신의 말이 받아들여지지 않을 것을 알고는 제나라에 사신으로 가기를 청했고, 지백이 그를 보내주었다. 한나라와 위나라 임금은 과연 배반하였다.

明日, 知伯以告韓·魏之君曰: "郄疵言君之且反也." 韓·魏之君曰: "夫勝趙而三分其地, 城今且將拔矣. 夫三家雖愚, 不棄美利於前, 背信盟之約, 而爲危難不可成之事, 其勢可見也. 是疵爲趙計矣, 使君疑二主之心, 而解於攻趙也. 今君聽讒臣之言, 而離二主之交, 爲君惜之." 趨而出. 郄疵謂知伯曰: "君又何以疵言告韓·魏之君爲?" 知伯曰: "子安知之?" 對曰: "韓·魏之君視疵端而趨疾." 郄疵知其言之不聽, 請使於齊, 知伯遣之. 韓·魏之君果反矣.

극자가 지백에게 한, 위 두 나라 임금을 경계토록 하였으나, 지백은 두 임금에게 드러내고 겁박하여 배반의 빌미를 만들어주었다.

18-2 지백이 조나라, 한나라, 위나라를 통솔하여 범씨와 중항씨를 치다
【知伯帥趙韓魏而伐范中行氏】

(1)

지백(知伯)이 조(趙)나라, 한(韓)나라, 위(魏)나라를 통솔하여 범(范)씨와 중항(中行)씨를 쳐서 없애버렸다. 편안히 몇 년이 지난 뒤, 사람을 시켜 한나라에 땅을 청하니 (한나라의) 단규(段規)가 간언하며 말했다.

"안 됩니다. 저 지백의 사람됨은 이익을 좋아하고 사나운 새[鷙=殺鳥]처럼 (잔인하게) 보복을 하니, 땅을 청해서 주지 않으면 반드시 한나라에 병사를 보낼 것입니다. 임금께서 이에 주십시오. 주게 되면 그는 탐심이 있어서[狃=貪], 또 장차 다른 나라에 땅을 청했다가 다른 나라가 들어주지 않으면 반드시 병사로써 (그곳으로) 가게[鄕=向] 될 것입니다. 그로 인하여 한나라는 근심과 어려움에서 벗어나게 될 것이니, 일이 바뀌는 것을 기다리면 됩니다."

강자(康子)가 말했다.

"좋은 말입니다."

사자를 시켜 만 가구가 사는 읍[萬家之邑] 하나를 지백에게 보내니, 지백이 기뻐하였다. (지백이) 사람을 시켜 위나라에 땅을 청했지만 위나라 선자(宣子)가 주고 싶어 하지 않으니, 조가(趙葭)가 간언하며 말했다.

"그가 한나라에 땅을 청하자 한나라는 주었는데 위나라에 땅을 청하자 위나라는 주지 않으니, 이는 곧 위나라가 안으로 스스로 강하다고 여겨서 밖으로 지백을 화나게 하는 것입니다. 이 때문에 그는 위나라에 병사를 둘[錯] 것이 틀림없습니다! 주느니만 못합니다."

선자가 말했다.

"허락하오."

사자를 통해 만 가구가 사는 읍[萬家之邑] 하나를 지백에게 보내니, 지백이 기뻐했다. (지백이) 사람을 시켜 조나라에 가서 채(蔡)와 고랑(皐狼)의 땅을 청하게 했으나 조나라 양자(襄子)가 주지 않았다. 지백이 그로 말미암아 몰래 한나라와 위나라와 결탁해서 장차 조나라를 치려고 했다.

知伯帥趙·韓·魏·而伐范·中行氏, 滅之. 休數年, 使人請地於韓. 韓康子欲勿與, 段規諫曰:"不可. 夫知伯之爲人也, 好利而鷙復, 來請地不與, 必加兵於韓矣. 君其與之. 與之, 彼狃, 又將請地於他國, 他國不聽, 必鄕之以兵; 然則韓可以免於患難, 而待事之變." 康子曰:"善." 使使者致萬家之邑一於知伯. 知伯說, 又使人請地於魏, 魏宣子欲勿與. 趙葭諫曰:"彼請地於韓, 韓與之. 請地於魏, 魏弗與, 則是魏內自强, 而外怒知伯也. 然則其錯兵於魏必矣! 不如與之." 宣子曰:"諾." 因使人致萬家之邑一於知伯. 知伯說, 又使人之趙, 請蔡·皐狼之地, 趙襄子弗與. 知伯因陰結韓·魏, 將以伐趙.

(2)

조(趙)나라 양자(襄子)가 장맹담(張孟談)을 불러 알려주며 말했다.

"무릇 지백(知伯)의 사람됨이 겉으로는 내 몸같이 여기지만 속으로는 드문드문[疏] 대하는데, 세 번이나 한나라와 위나라에 사신을 보내면서 과인과는 함께하지 않으니 이는 과인에게 병사를 옮기려는 것이 틀림없소. 지금 내가 어찌 가만히 있는 것이 가하겠소?"

장맹담이 말했다.

"저 동안오(董安於)는 (襄子의 아버지인) 간자[簡主=簡子]의 재주 있는 신하였습니다. 대대로 진양(晉陽)을 다스렸는데, (簡子의 가신인) 윤택(尹鐸)이 (이어받아) 다스리고[循→修] 있으니 그 (동안오의) 다스림과 교화가 여전히 남아있을 것입니다. 임금께서는 이에 진양에 자리 잡고 있으십시오[定居]."

임금이 말했다.

"허락하오."

마침내 연릉생(延陵生)을 시켜 수레와 기마병을 거느리고 진양에 먼저 들어가게 하고, 임금이 그참에 그들을 따라 갔다. 이르러서는 성곽을 돌고, 나라 창고를 깊이 살피고[案], 곡식 창고[倉廩]를 시찰한 뒤, 장맹담을 불러 말했다.

"내 성곽은 이미 완전하고 나라 창고는 충분히 쓸 만하며 곡식 창고는 가득하지만, 화살이 없으니 어찌해야 하는가?"

장맹담이 말했다.

"신이 듣기에, 동자(董子=董安於)가 진양을 다스릴 때에 임금의 궁 담장을 모두 물억새[荻=荻], 볏짚[蒿], 싸리나무[苫=楛], 가시나무[楚=荊]로 둘렀는데 그 높이가 한 장(丈)이 넘는다고 합니다. 임금께서 꺼내서 (화살대로) 쓸 수 있습니다."

이에 꺼내서 시험해보니 그 단단함이 화살 만드는 대나무[箘簵]조차 넘을 수가 없었다. 임금이 말했다.

"충분하다. 내 (화살촉을 만들) 구리(銅)는 이에 어떻게 해야 하는가?"

장맹담이 말했다.

"신이 듣기에, 동자(董子)가 진양을 다스릴 때에 임금의 궁에 있는 방의 기둥은 모두 제련된 동을 재료로 썼다 합니다. 청컨대 꺼내서 쓰신다 해도 구리가 남을 것입니다."

임금이 말했다.

"좋다."

영을 크게 내려[號令] 정하고, 지킬 준비를 다 갖추었다.

趙襄子召張孟談而告之曰: "夫知伯之爲人, 陽親而陰疏, 三使韓·魏, 而寡人弗與焉, 其移兵寡人必矣. 今吾安居而可?" 張孟談曰: "夫董安於, 簡主之才臣也, 世治晉陽, 而尹鐸循之, 其餘政教猶存, 君其定居晉陽." 君曰: "諾." 乃使延陵生將車騎先之晉陽, 君因從之. 至, 行城郭, 案府庫, 視倉廩, 召張孟談曰: "吾城郭已完, 府庫足用, 倉廩實矣, 無矢奈何?" 張孟談曰: "臣聞董子之治晉陽也, 公宮之垣, 皆以狄蒿苦楚廧之, 其高至丈餘, 君發而用之." 於是發而試之, 其堅則箘簵之勁不能過也. 君曰: "足矣. 吾銅是若何?" 張孟談曰: "臣聞董子之治晉陽也, 公宮之室, 皆以煉銅爲柱質, 請發而用之, 則有餘銅矣." 君曰: "善." 號令以定, 備守以具.

(3)

세 나라 병사와 수레가 진양성(晉陽城)에 모여드니, 드디어 싸우게 되었다. 석 달 동안 뽑히지 않자, 이로 말미암아 (지백이) 군사를 느슨히 하여 에워싼채 진수(晉水)를 터서 (성안에) 물을 대었다[灌之]. 진양을 에워싸고 삼 년이 지나자 성 가운데에 (높이) 새둥지를 지어[巢居] 거처하면서 가마솥을 달아매어 불을 때어야 했지만, 재물과 먹을 것이 장차 다 떨어져서 용사와 병졸들이 병들어 파리해졌다. 양자가 장맹담에게 일러 말했다.

"양식이 다하고[匱] 성의 힘이 다 빠졌으며 선비와 대부는 병이 들었으니, 내가 능히 지킬 수가 없다. 성을 가지고 항복하고 싶은데, 어떠한가?"

장맹담이 말했다.

"신이 듣기에, '망하는 것을 능히 보존하지 못하고 위태로운 것을 능히 편안케 못한다면 지혜로운 선비(知士)를 귀하게 여길 수도 없다'라고 했으니, 임금께서는 (항복한다는) 이런 계책은 풀어버리고 다시 말을 하지 마십시오. 신이 청해서 한나라와 위나라의 임금을 만나보겠습니다."

양자가 말했다.

"허락하오."

三國之兵乘晉陽城, 遂戰. 三月不能拔, 因舒軍而圍之, 決晉水而灌之. 圍晉陽三年, 城中巢居而處, 懸釜而炊, 財食將盡, 士卒病羸. 襄子謂張孟談曰: "糧食匱, 城力盡, 士大夫病, 吾不能守矣, 欲以城下, 何如?" 張孟談曰: "臣聞之, '亡不能存, 危不能安, 則無爲貴知士也.' 君釋此計, 勿復言也. 臣請見韓·魏之君." 襄子曰: "諾."

망하는 것을 능히 보존하지 못하고 위태로운 것을 능히 편안케 못하면 지혜로운 선비(知士)를 귀하게 여길 수도 없다.(亡不能存, 危不能安, 則無爲貴知士也)

---

(4)

장맹담(張孟談)이 이에 몰래 한나라와 위나라의 임금을 만나서 말했다.

"신이 듣기에, 입술이 없으면 이가 시리다[脣亡齒寒]고 했습니다. 지금 지백이 두 나라 임금을 통솔하여 조나라를 치고 있으니 조나라는 장차 망하게 되겠지만, 망하고 나면 두 임금이 그 다음이 될 것입니다."

두 임금이 말했다.

"내가 그렇다는 것을 아오. 저 지백의 사람됨이 속[中]이 거칠면서 내 몸같이 함이 적어서, 내 계책이 미처 이루어지기 전에 알아차리게 되면 곧 그 화가 반드시 이르게 될 것이오. 그러니 어떻게 해야겠소?"

장맹담이 말했다.

"계책이 두 임금의 입에서 나와 신의 귀에만 들어간다면 다른 사람은 알 수 없을 것입니다."

두 임금이 바로 장맹담과 함께 몰래 약속하여 삼군[韓, 魏, 趙]을 더불어서 기약한 날[期日] 밤에 진양으로 들이기로 했다. 장맹담이 이를 양자(襄子)에게 보고[報]하자 양자가 그에게 두 번 절했다.

張孟談於是陰見韓·魏之君曰:"臣聞脣亡則齒寒, 今知伯帥二國之君伐趙, 趙將亡矣, 亡則二君爲之次矣." 二君曰:"我知其然. 夫知伯爲人也, 粗中而少親, 我謀未遂而知, 則其禍必至, 爲之奈何?" 張孟談曰:"謀出二君之口, 入臣之耳, 人莫之知也." 二君即與張孟談陰約三軍, 與之期日, 夜, 遣入晉陽. 張孟談以報襄子, 襄子再拜之.

(5)

장맹담(張孟談)이 그참에 지백을 조현하고 나오다가 (軍營의 門인) 원문(轅門) 밖에서 지과(知過)와 마주쳤는데, 지과가 들어가서 지백을 뵙고 말했다.

"두 임금이 거의 장차 변절이 있을 것입니다."

임금이 말했다.

"어째서인가?"

대답하여 말했다.

"신이 우연히 장맹담과 원문 밖에서 마주쳤는데, 그 뜻이 기꺼워하고 그 행동이 높았습니다."

지백이 말했다.

"그렇지 않다. 내가 두 임금과 더불어 약속하고 삼가서 조나라를 깨뜨려 그 땅을 셋으로 나누기로 했다. 과인이 몸소 한 바이니, 틀림없이 속임이 없을 것이다. 그대는 (그 말을) 풀어버리고 입에서 내지 말라."

지과가 나와서 두 임금을 보고는, (다시) 들어와 지백을 설득하며 말했다.

"두 임금의 얼굴빛과 행동거지가 뜻이 변하는 것이, 반드시 임금을 배반할 것입니다. 지금 죽이는 것만 못합니다."

지백이 말했다.

"병사들이 진양에 들러붙은 지 삼 년 만에, 아침저녁으로 뽑히게 되어 (장차) 그 이익을 누리게 되었다. 이에 다른 마음을 먹겠는가? 반드시 그렇지 않을 것이다. 그대는 삼가서 다시는 말하지 말라."

지과가 말했다.

"죽이지 않는다면 마침내 그 두 임금을 내 몸같이 여기소서."

지백이 말했다.

"내 몸같이 하라는 것은 어째서인가?"

지과가 말했다.

"위(魏)나라 선자(宣子)의 계책을 내는 신하[謀臣]는 조가(趙葭)이고 (韓나라) 강자(康子)의 계책을 내는 신하는 단규(段規)인데, 이들은 모두 능히 자기 임금의 계책을 옮겨가게 할 수 있습니다. 임금께서 이에 두 임금과 더불어 약속하기를, 조나라를 깨뜨리고 두 사람[조가와 단규]에게 각각 만 가구의 현[萬家之縣] 하나씩을 봉한다고 하십시오. 이와 같이 하면 두 임금이 마음을 바꾸지 않을 것이고, 그렇게 되면 임금께서는 그 원하는 바를 얻게 됩니다."

지백이 말했다.

"조나라를 깨뜨려 그 땅을 셋으로 나누고 다시 두 사람에게 각각 만 가구의 현 하나씩을 봉하면, 곧 내가 얻을 바가 적어지니 안 된다."

지과가 임금이 쓰지 않을 것을 보더니, 말을 들어주지 않자 나와서 그 성(姓)을 고쳐 보(輔)씨로 하고는 드디어 떠나서 나타나지 않았다.

張孟談因朝知伯而出, 遇知過轅門之外. 知過入見知伯曰: "二主殆將有變." 君曰: "何若?" 對曰: "臣遇張孟談於轅門之外, 其志矜, 其行高." 知伯曰: "不然. 吾與二主約謹矣, 破趙三分其地, 寡人所親之, 必不欺也, 子釋之勿出於口." 知過出, 見二主, 入說知伯曰: "二主色動而意變, 必背君, 不如今殺之." 知伯曰: "兵著晉陽三年矣, 且暮當拔之而饗其利, 乃有他心? 必不然, 子慎勿復言." 知過曰: "不殺則遂親之." 知伯曰: "親之奈何?" 知過曰: "魏宣子之謀臣曰趙葭, 康子之謀臣曰段規, 是皆能移其君之計. 君其與二君約, 破趙則封二子者各萬家之縣一, 如是則二主之心可不變, 而君得其所欲矣." 知伯曰: "破趙而三分其地, 又封二子者各萬家之縣一, 則吾所得者少, 不可." 知過見君之不用也, 言之不聽, 出, 更其姓爲輔氏, 遂去不見.

(6)

장맹담(張孟談)이 이를 듣고, 들어가 양자(襄子)를 뵙고 말했다.

"신이 원문 밖에서 지과(知過)와 마주쳤는데, 그가 신을 볼 때 마음에 의심함이 있었는데 들어가서 지백을 보고는 나와서 그 성(姓)을 고쳐버렸습니다. 지금 날이 저물어 칠 수가 없으니, 뒤에 반드시 치겠습니다."

양자가 말했다.

"허락하오."

장맹담을 시켜 한나라와 위나라 임금을 뵙고 밤을 기약했다가, 제방을 지키는 관리[守堤之吏]를 죽이고 물을 터서 지백(知伯)의 군대로 돌렸다[灌]. 지백의 군대가 물을 피하며[救=避] 어지러워지자, 한나라와 위나라의 우익과 좌익이 (지백을) 공격하고 양자가 병졸을 이끌고 그 앞까지 침범해서 지백군을 크게 이기고 지백을 사로잡았다.

張孟談聞之, 入見襄子曰: "臣遇知過於轅門之外, 其視有疑臣之心, 入見知伯, 出更其姓. 今暮不擊, 必後之矣." 襄子曰: "諾." 使張孟談見韓·魏之君, 以夜期, 殺守堤之吏而決水灌知伯軍. 知伯軍救水而亂, 韓魏翼而擊之, 襄子將卒犯其前, 大敗知伯軍而禽知伯.

(7)

지백은 몸이 죽고 나라가 망하고 땅이 나뉘어 천하의 웃음거리가
되었으니, 이는 탐내고 욕심 부림이 싫증을 낼 줄 몰랐기 때문이다. 무
릇 지과(知過)의 말을 듣지 않은 것이 또한 망한 까닭이었으니, 지(知)
씨는 남김없이 없어지고 오직 보(輔)씨만이 살아남았다.

知伯身死·國亡·地分, 爲天下笑, 此貪欲無厭也. 夫不聽知過, 亦所以亡
也, 知氏盡滅, 唯輔氏存焉.

단규의 계책과 지백·지과가 살피는 것을 장맹담은 모두 자기 눈 속에 있는 것같이
알았으니, 가히 일러 눈 밝다고 할 뿐이다. 한때 삼진과 지씨가 모두 선비가 있었는
데 삼진은 [선비와] 호응하는 것이 마치 메아리와 같았지만 지씨는 홀로 쓰지 못하
여 망했으니, 곧 선비가 어찌 천하에서 무거운 보배가 아니겠는가? 비록 그렇다 해
도, 물을 진양에 집어넣어 성에서 물에 빠지지 않은 곳이 널판 석 장 높이였는데, 이
시절에 지백에게 한나라와 위나라의 임금을 죽이게 한 것은 정말로 들어주기 어려
운 일이었다. 그 다음, 나누어 두 사람에게 봉해주는 것이 어째서 가능하지 못했는
가? 지백은 오로지 이익에만 빠졌기 때문에 지혜가 어두워진 것이다. 그래서 맹자
는 말하기를, "어째서 반드시 이익을 말하는가?"라고 했다.(鮑本彪謂: 段規之策, 智
伯·智過之察, 孟談皆如在其目中, 可謂明也已矣. 此一時三晉·智氏皆有士, 三晉之應
之如響, 智氏獨不用之而亡, 則士豈非天下之重寶乎? 雖然, 水灌晉陽, 城之不沈者三
板, 於此時, 使智伯殺韓·魏之君, 亦難聽矣. 其次, 欲其分封二子, 是豈不可爲與? 智
伯惟沒於利, 故昏於智, 故孟子之說曰, "何必曰利?")

18-3 장맹담이 이미 조씨의 종실을 단단히 하다【張孟談旣固趙宗】

(1)

　장맹담(張孟談)이 이미 조씨의 종실[趙宗]을 단단히 하고 봉 받은 땅을 넓히며 오패[五百→五覇: 진나라 문공을 이어받음]를 드러낸[1] 뒤, 이에 간자(簡子)의 길을 칭찬하면서 양자(襄子)에게 일러주며 말했다.

　"옛날에 전(前) 국지군(國地君)께서 다스릴(御) 때에 말씀하시기를, '오패[五百→五覇]가 천하에 이르게 된 까닭은 스스로 다잡았기[約=自斷] 때문으로, 임금[兩主→主]의 세력이 능히 신하를 제어할 수 있고 신하가 임금을 제압하지 못하게 하였다. 그래서 귀한 출신으로서 열후(列侯)가 된 사람은 재상의 자리에 있지 못하게 하고, 장군에서부터 그 위로는 대부를 가까이하지 못하게 하라'라고 했습니다. 지금 신의 이름이 드러나고 몸이 높아졌으며 권세가 무거워져서 여러 사람들이 복종하니, 신이 원하건대 공적과 명예를 덜어주고 권세를 없애서 (따르는) 무리를 떨어뜨려 주셨으면 합니다."

　양자가 한스러워하며 말했다.

　"왜 그러시오? 내가 듣기에, 임금을 보필하는 자는 이름이 드러나고, 공적이 큰 사람은 몸이 높아지고, 나라를 맡은 자는 권세가 무거워지고, 믿음과 충심이 자기에게 있으면 무리가 복속한다고 했습니다. 이는 앞선 빼어난 이가 나라와 집안을 모으고 사직을 안정시키는 까닭이 아니겠소! 그대는 왜 그러시오?"

　장맹담이 대답하여 말했다.

1　　포표 주: 패업이 떨쳐지지 못하던 것을 지금 다시 드러낸 것이다.(鮑本, 伯業不振, 今復發之.)

"임금께서 말한 바는 공을 이루는 아름다움이요, 신이 말한 바는 나라를 붙드는 길입니다. 신이 일의 이루어짐을 지켜보고 지나간 옛일을 들어보니, 천하의 아름다움은 같습니다. 신하와 임금의 권세가 고르게 되면서도 능히 아름다웠던 바는 있은 적이 없습니다. 앞일을 잊지 말고, 뒷일의 스승으로 삼으십시오. 임금께서 만일 도모하지 않으시면 신은 (도와드릴) 힘이 충분치 않습니다."

마음아파 하면서도[愴然] 결연한[決] 빛이 있었다. 양자가 그를 보내주었다. 드러눕기를 사흘, 사람을 시켜 (장맹담에게) 일러주며 말했다.

"진양을 다스릴 때, 신하 중에 (나라를 위해) 쓰지 못하는 자는 어떻게 합니까?"

대답하여 말했다

"죽여 없애십시오(死僇=死戮)."

(또 다시) 장맹담이 말했다.

"좌사마가 나라와 집안에 하는 것[使]을 보면 사직을 안정시키고 그 죽음을 피하지 않음으로써 그 충성을 이루니, 임금께서는 그가 행하도록 하십시오."

임금이 말했다.

"그대는 (하고 싶은) 일을 따르도록 하시오."

마침내 (사직을) 허락했다. 장맹담은 (삶의) 편안함[便=安]을 두텁게 하기 위해, 이름을 편히(便) 부르게 하고 땅을 내놓고 일을 풀어버리고 권세와 존귀함을 내려놓고서, 부친(負親)의 언덕에서 밭을 갈았다. 그래서 말하기를, 뛰어난 이의 행실과 눈 밝은 임금의 다스림이라고 했다.

張孟談既固趙宗, 廣封疆, 發五百, 乃稱簡之途以告襄子曰: "昔者, 前國
地君之御有之曰: '五百之所以致天下者約, 兩主勢能制臣, 無令臣能制
主. 故貴爲列侯者, 不令在相位, 自將軍以上, 不爲近大夫.' 今臣之名顯
而身尊, 權重而衆服, 臣願捐功名去權勢以離衆." 襄子恨然曰: "何哉?
吾聞輔主者名顯, 功大者身尊, 任國者權重, 信忠在己而衆服焉. 此先聖
之所以集國家, 安社稷乎! 子何爲然?" 張孟談對曰: "君之所言, 成功之
美也. 臣之所謂, 持國之道也. 臣觀成事, 聞往古, 天下之美同, 臣主之權
均之能美, 未之有也. 前事不忘, 後事之師. 君若弗圖, 則臣力不足." 愴然
有決色. 襄子去之. 臥三日, 使人謂之曰: "晉陽之政, 臣下不使者何如?"
對曰: "死僇". 張孟談曰: "左司馬見使於國家, 安社稷, 不避其死, 以成其
忠, 君其行之." 君曰: "子從事." 乃許之. 張孟談便厚以便名, 納地·釋事
以去權尊, 而耕於負親之丘. 故曰, 賢人之行, 明主之政也.

(2)

밭을 간 지 삼 년 만에 한나라, 위나라, 제나라, 연나라가 친교[親]
를 저버리고[負] 조나라를 도모하려 하니, 양자(襄子)가 (직접) 가서 장
맹담(張孟談)을 보고 알려주며 말했다.

"옛날 지씨의 땅 중에서 조씨의 몫이 곧 많아야 성 열 개인데, 다시
와서 지금 제후 중 누군가가 나를 도모하려 하니 어찌하면 되겠소?"

장맹담이 말했다.

"임금께서 이에 칼을 등에 지고 신을 태우고서 (직접) 수레를 몰아
[御=君自爲御] 조나라 도성[國=都邑]으로 가서, 종묘에 신을 머물게 하

면서 (신에게) 관리를 주어 대부로 만들어주시면[2], 신이 시험 삼아 헤아
려 보겠습니다."

왕이 말했다.

"허락하오."

장맹담이 마침내 길을 나섰는데, 그 아내는 초나라로 보내고 큰 아
들은 한나라로 보내고, 작은 아들은 위나라로 보내고 막내아들은 제
나라로 보냈다. 네 나라가 (서로를) 의심하여 모의가 무너졌다.[3]

耕三年, 韓·魏·齊·燕負親以謀趙, 襄子往見張孟談而告之曰: "昔者
知氏之地, 趙氏分則多十城, 復來, 而今諸侯孰謀我, 爲之奈何?" 張孟
談曰: "君其負劍而御臣以之國, 舍臣於廟, 授吏大夫, 臣試計之." 君曰:
"諾." 張孟談乃行, 其妻之楚, 長子之韓, 次子之魏, 少子之齊. 四國疑而
謀敗.

장맹담은 도리를 아는 선비이다. 나라에 어려움이 있으면 만 번 죽는 것을 돌아보
지 않고 들고 나면서 행군하고 진을 치며 그 계책을 나아가게 하여 공을 이루었고,
일을 이루자 곧 일을 맡기고 떠나갔다. 이미 떠난 뒤에 다시 나오게 되어서는 나라
와 집안의 어려움을 녹여버렸다. 도리가 있지 않다면 누가 능히 머문 곳에서 나와서
이처럼 묵묵히 함이 넉넉할 것인가? 범려도 처음부터 끝까지 뛰어났지만, 장맹담과
견주면 오히려 한 기간뿐이었다.(鮑本彪謂: 孟談, 有道之士也. 國有危難, 不顧萬死,

---

2 포표 주: 장맹담에게 관리를 내려 주어 대부로 삼는 것은 존귀함을 드러내 보이는 것이다.(鮑本,
授談之吏以爲大夫, 示尊顯之也.)

3 포표 주: 장맹담은 조나라의 모신인데, 그 처자식을 나누어 네 나라로 보내자 네 나라가 다시 서
로를 의심하면서 조나라를 두텁게 여기게 되었다.(鮑本, 談, 趙之謀臣, 而其妻子分適四國, 故四
國更相疑, 以爲厚趙也.)

出入行陣, 以就其謀, 功成事遂, 則委而去之. 已去而復出, 以銷國家之難. 非有道, 孰

能出處語默若是之裕哉? 范蠡始終之際賢矣, 方之孟談猶一間也.)

18-4 진필양의 후손 예양【晉畢陽之孫豫讓】

(1)

　진필양(晉畢陽)의 자손인 예양(豫讓)이 애초에 범(范)씨와 중항(中
行)씨를 섬겼는데, 즐겁지가 않아서 지백(知伯)에게로 가자 지백이 그
를 좋아했다. 마침내 삼진이 지씨를 쪼개고 나자[分], 조나라 양자(襄
子)가 가장 지백에게 원한이 있어서 그 (지백의) 머리를 끌어다가[將] 물
마시는 그릇으로 삼았다. 예양이 숨어서 산속으로 도망가며, 말했다.

　"아! 선비는 자기를 알아주는 사람을 위해 죽고, 여자는 자기를 기
쁘게 하는 사람을 위해 얼굴을 꾸민다고 했다. 내가 이에 지씨의 원수
에게 보복하겠다."

　마침내 성과 이름을 바꾼 뒤, 죄수[刑人=囚]가 되어 대궐로 들어가
서 측간[廁]을 치우다가 양자를 찔러 죽이고자 하였다. 양자가 측간에
가려다가[如=之] 가슴이 쿵쿵 뛰어, (측간을) 치우는 자[涂者]를 잡아서
물으니 바로 예양이었다. 그 몽둥이[捍]를 칼로 삼으며 말했다.

　"지백을 위해 원수를 갚고 싶다."

　좌우에서 그를 죽이려 했는데, 조나라 양자가 말했다.

　"그는 마땅함이 있는 선비이니, 내가 삼가며 피하면 될 뿐이다. 또
지백은 이미 죽었고 뒤를 이을 자가 없는데, 그런데도 그 신하가 이르
러 원수를 갚으려 했다. 이는 천하의 뛰어난 사람이다."

끝내 그를 풀어주었다. 예양이 다시 몸에 옻칠을 해서 문둥병[厲=癩]처럼 꾸미고서는 수염[須=鬚]을 밀고 눈썹을 없애서 스스로 형벌을 가해 그 모습을 바꾼 뒤 거지[乞人]가 되어 (고향 마을에) 가서 구걸했다. 그 아내와 자식도 알아채지(識) 못해서 말했다.

"행세나 모습이 우리 남편과 닮지 않았지만, 그 목소리는 어찌 우리 남편과 같은 것이 심하구나."

그러자 또 숯을 삼켜서 목소리가 나오지 않게 하여 음색을 바꿨다. 그 벗[右→友]이 그에게 일러주며 말했다.

"너의 길이 너무나 어렵고 공도 없을 것이다. 네게 뜻이 있다고 말한다면 그렇다고 하겠지만, 네가 지혜롭다고 말하면 아니라고 하겠다. 네 재주를 가지고 양자를 잘 섬긴다면 양자는 반드시 가깝게 여기며 너를 총애[幸]할 것이니, 네가 가까움을 얻고 나서 원하는 바를 행한다면 일이 매우 쉽고 공이 반드시 이루어질 것이다."

예양이 마침내 웃으면 답하여 말했다.

"이는 먼저 알던 사람[先知]을 위해 나중에 안 사람에게 보복하는 것이며, 옛 임금[故君]을 위해 새 임금을 해치는 것이오. 임금과 신하의 마땅함을 크게 어지럽히는 것으로는 이를 넘는 것이 없다오. 무릇 내가 이른바 이것을 하는 바는 이로써 임금과 신하의 마땅함을 밝히려 함이니, 쉬운 것을 쫓는 수는 없소. 또 (벼슬을 위해) 예물을 바치고[委質] 다른 사람을 섬기다가 그를 시해한다면, 이는 두 마음을 품고서 임금을 섬기는 것이라오. 내가 어려운 일을 하려는 바는, 정말로 장차 천하의 나중 세대에 남의 신하된 사람 중에 두 마음을 품는 자를 부끄럽게 하려는 것이오."

晉畢陽之孫豫讓, 始事范·中行氏而不說, 去而就知伯, 知伯寵之. 及三晉分知氏, 趙襄子最怨知伯, 而將其頭以爲飮器. 豫讓遁逃山中, 曰: "嗟乎! 士爲知己者死, 女爲悅己者容. 吾其報知氏之讐矣." 乃變姓名, 爲刑人, 入宮塗廁, 欲以刺襄子. 襄子如廁心動, 執問塗者, 則豫讓也. 刃其扞, 曰: "欲爲知伯報讐!" 左右欲殺之. 趙襄子曰: "彼義士也, 吾謹避之耳. 且知伯已死, 無後, 而其臣至爲報讐, 此天下之賢人也." 卒釋之. 豫讓又漆身爲厲, 滅須去眉, 自刑以變其容, 爲乞人而往乞, 其妻不識, 曰: "狀貌不似吾夫, 其音何類吾夫之甚也." 又吞炭爲啞, 變其音. 其友謂之曰: "子之道甚難而無功, 謂子有志則然矣, 謂子智則否. 以子之才, 而善事襄子, 襄子必近幸子; 子之得近而行所欲, 此甚易而功必成." 豫讓乃笑而應之曰: "是爲先知報後知, 爲故君賊新君, 大亂君臣之義者無過此矣. 凡吾所謂爲此者, 以明君臣之義, 非從易也. 且夫委質而事人, 而求弑之, 是懷二心以事君也. 吾所爲難, 亦將以愧天下後世人臣懷二心者."

(2)

얼마 지나지 않아서 양자(襄子)가 나가게 될 때를 맞아, 예양(豫讓)이 마땅히 지나갈 곳 다리[橋→橋] 밑에 엎드려 숨었다. 양자가 다리에 이르렀는데 말이 놀라자, 양자가 말했다.

"이는 틀림없이 예양이다."

사람을 시켜 물어보니 과연 예양이었다. 이에 조나라 양자가 얼굴을 맞대고[面] 예양을 꾸짖으며[數] 말했다.

"그대는 일찍이 범(范)씨와 중항(中行)씨를 섬기지 않았는가? 지백이 범씨와 중항씨를 멸망시켰는데도 그대는 원수를 갚지 않고 오히려 예물을 바쳐[委質] 지백을 섬겼다. 지백이 이미 죽었는데, 그대가 유독 그 원수를 갚으려 하는 것이 어찌 이리 심한가?"

예양이 말했다.

"신이 범씨와 중항씨를 섬길 때는 범씨와 중항씨가 여럿 중 하나로 신을 대우했으니, 신이 그래서 여럿 가운데 한 사람으로 갚아주었습니다. 지백은 나라의 선비로서 신을 대우했으니, 신은 그래서 나라의 선비로서 갚아주는 것입니다."

양자가 마침내 한숨을 쉬고 탄식하며 눈물을 흘리면서 말했다.

"아아! 예 선생(豫子)! 예 선생이 지백을 위함은 그 이름을 이미 이루었습니다, 과인이 그대를 (이미) 놓아주었으니, 정말로 이로써 만족하시오. 그대는 스스로 헤아리시오. 과인이 그대를 (또다시) 놓아줄 수는 없소."

병사를 시켜 그를 둘러쌌다. 예양이 말했다.

"신이 듣기에 밝은 임금은 다른 사람의 마땅함을 가리지 않고, 충신은 죽음을 아끼지 않음으로써 이름을 이룬다고 했습니다. 임금께서 앞서 이미 너그럽게 신을 놓아주셨으니 천하에서 임금의 뛰어남을 칭찬하지 않음이 없습니다. 오늘의 일은 신이 그 때문에 엎어져 주벌을 받아야 하지만, 그러나 바라건대 임금의 옷을 얻어서 치게 되면 비록 죽더라도 한이 없겠습니다. 바라던 바는 아니지만, 감히 뱃속 마음을 드러냈습니다."

이에 양자가 이를 마땅히 여겨, 마침내 사자를 시켜 옷을 가져와서 예양에게 주게 했다. 예양이 칼을 뽑아 세 번 달려들어 찌르고는, 하늘을 부르며 말했다.

"이로써 가히 지백에게 갚을 수 있겠다."

그리고는 마침내 칼에 엎어져 죽었다. 그가 죽던 날, 조나라의 선비들이 이를 듣고는 모두가 눈물을 흘리며 울었다.

居頃之, 襄子當出, 豫讓伏所當過橋下. 襄子至而馬驚, 襄子曰: "此必豫讓也." 使人間之, 果豫讓. 於是趙襄子面數豫讓曰: "子不嘗事范·中行氏乎? 知伯滅范·中行氏, 而子不爲報讎, 反委質事知伯. 知伯已死, 子獨何爲報讎之深也?" 豫讓曰: "臣事范·中行氏, 范·中行氏以衆人遇臣, 臣故衆人報之; 知伯以國士遇臣, 臣故國士報之." 襄子乃喟然嘆泣曰: "嗟乎, 豫子! 豫子之爲知伯, 名旣成矣, 寡人舍子, 亦以足矣. 子自爲計, 寡人不舍子." 使兵環之. 豫讓曰: "臣聞明主不掩人之義, 忠臣不愛死以成名. 君前已寬舍臣, 天下莫不稱君之賢. 今日之事, 臣故伏誅, 然愿請君之衣而擊之, 雖死不恨. 非所望也, 敢布腹心." 於是襄子義之, 乃使使者持衣與豫讓. 豫讓拔劍三躍, 呼天擊之曰: "而可以報知伯矣." 遂伏劍而死. 死之日, 趙國之士聞之, 皆爲涕泣.

예양이 선비는 자기를 알아주는 이를 위해 죽고 두 마음을 품지 않는다는 것을 후세에 보여주었다.

18-5 위나라 문후가 조나라에게 길을 빌려서 중산을 치려고 하다
【魏文侯借道於趙攻中山】

위(魏)나라 문후(文侯)가 조나라에게 길을 빌려서 중산(中山)을 치려고 했는데, 조나라 임금이 허락하지 않으려 하였다. 조리(趙利)가 말했다.

"지나칩니다. 위나라가 중산을 공격해서 능히 차지하지 못하면 곧 위나라는 반드시 피로해지고, 피로해지면 조나라가 무거워집니다. 위나라가 중산을 뽑아버려도 틀림없이 조나라를 건너뛸 수는 없으니, 그렇게 되도 중산은 (남아) 있게 됩니다. 이는 병사를 쓰는 곳은 위나라지만 땅을 얻는 곳은 조나라가 되는 것이니, 임금께서 허락하시는 것만 못합니다. 허락하여 크게 권하면 저들은 장차 조나라가 이롭다는 것을 알게 되어 반드시 그만둘 것입니다. 임금께서 길을 빌려주고, 그래서 그들에게 어쩔 수 없다(不得已)는 것을 보여주느니만 못합니다."

魏文侯借道於趙攻中山. 趙侯將不許. 趙利曰: "過矣. 魏攻中山而不能取, 則魏必罷, 罷則趙重. 魏拔中山, 必不能越趙而有中山矣. 是用兵者, 魏也; 而得地者, 趙也. 君不如許之, 許之大勸, 彼將知趙利之也, 必輟. 君不如借之道, 而示之不得已."

다른 나라를 뛰어넘어 가서 땅을 차지하더라도 유지할 수 없고, 차지하지 못하면 힘이 빠질 것이니, 길을 빌려주어도 무방하다.

18-6 진나라와 한나라가 양나라를 에워싸자 연나라와 조나라가 구원하다
【秦韓圍梁燕趙救之】

진(秦)나라와 한나라가 양(梁)나라를 에워싸자 연나라와 조나라가 구원하였다. (누군가가 한나라 재상인) 산양군(山陽君)에게 일러주며 말했다.

"진나라가 싸워서 세 나라(梁, 燕, 趙)를 이기면 진나라는 반드시 주나라와 한나라를 지나서[過] 양나라를 소유할 것이고, 세 나라가 진나라를 이기면 세 나라의 힘이 비록 진나라를 공격하기에는 충분치 않더라도 (韓나라 도읍인) 정(鄭=新鄭) 땅을 뽑아내기에는 충분합니다. (한나라를 위해) 헤아리면 세 나라와 얽혀서 함께[構] 진나라를 공격하는 것만 못합니다."

秦·韓圍梁, 燕·趙救之. 謂山陽君曰: "秦戰而勝三國, 秦必過周·韓而有梁. 三國而勝秦, 三國之力雖不足以攻秦, 足以拔鄭. 計者不如構三國攻秦."

한나라는, 진나라가 이겨도 이득이 없고 세 나라가 이기면 땅만 잃게 된다.

18-7 복격이 집을 크게 짓다【腹擊爲室而鉅】

복격(腹擊)이 집을 크게 짓자 형감(荊敢)이 임금에게 일러주니, (임금이) 복자(腹子)에게 말했다.

"무슨 까닭으로 집을 크게 짓는가?"

복격이 말했다.

"신은 나그네 신하[羈旅]로, 작위는 높으나 녹은 가볍고 집은 좁지만 처자식[帑]도 많지 않습니다. 임금께서는 비록 신을 믿지만, 백성들 모두가 말하기를 '나라에 큰일이 있으면 격(擊)은 반드시 쓰이지 않을 것이다'라고 합니다. 지금 제[擊]가 큰 집을 지어서 장차 백성에게 이로써 믿음을 얻으려 합니다."

임금이 말했다.

"좋다."

腹擊爲室而鉅, 荊敢言之主. 謂腹子曰: "何故爲室之鉅也?" 腹擊曰: "臣
羈旅也, 爵高而祿輕, 宮室小而帑不衆. 主雖信臣, 百姓皆曰: '國有大事,
擊必不爲用.' 今擊之鉅宮, 將以取信於百姓也." 主君曰: "善."

복격이 외로운 처지라, 조나라에 오래 머물려는 모습을 백성에게 보여주기 위해 큰
집을 지은 것이다.

18-8 소진이 이태를 설득하다【蘇秦說李兌】

(1)

소진이 (趙나라 重臣인) 이태(李兌)를 설득하며 말했다.

"낙양(雒陽) 승헌리(乘軒里)의 소진은, 집안이 가난하고 어버이는
늙었으며 낡은 수레와 둔한 말, 뽕나무 바퀴[桑輪], 쑥대로 만든 상자
[蓬篋], 비리비리한 주머니[嬴縢]도 없이 책을 짊어지고 주머니[橐]를
달아맨[擔] 채로 흙먼지를 묻히고 서리와 이슬을 뒤집어쓴 채로, 장수
[漳]와 하수[河]를 넘어 발이 부르터서[重] 누에고치[繭]같이 되도록
날마다 백 리를 걷고 머물면서 (겨우) 바깥 대궐에 도착(造)했습니다.
원컨대 앞에서 뵙고 입으로 천하의 일을 말하겠습니다."

이태가 말했다.

"선생이 귀신의 말을 가지고 나를 보는 것은 괜찮은데[可], 만일 사람의 일이라면 제[兌]가 남김없이 알고 있습니다."

소진이 말했다.

"신이 정말로 귀신의 말을 가지고 그대를 뵙는 것이지, 사람의 말을 가지고는 아닙니다."

이태가 그를 만나주었다. 소진이 말했다.

"오늘 신이 왔는데, 날이 저물고 성곽 문이 닫힌 뒤라서 자리를 깔려 해도 얻을 수가 없어서, 다른 사람 밭 가운데에 의지하여 밤을 보내야 했습니다. 곁에는 큰 떨기나무[叢]가 있었는데. 밤이 반쯤 지나자 흙더미[土梗]가 나무줄기[木梗]와 싸우면서[斗=鬪] 말했습니다. '너는 나만 못하다. 나란 놈은 곧 흙이다. 내가 거센 바람이나 장맛비[淋雨]를 만나게 되면 (잠시) 무너지고 막히겠지만[壞沮] 마침내 다시 흙으로 돌아간다. 지금 너는 나무뿌리가 아니라 곧 나뭇가지일 뿐이다. 네가 거센 바람이나 장맛비를 만나면 떠내려가서 장수[漳]나 하수[河]로 흘러 들어가고, (다시) 동쪽으로 흘러가서 바다에 이르면 물에 뜨거나 넘쳐 흘러 멈출 바가 없게 된다.' 신은 몰래 흙더미가 이긴다고 여겼습니다. 지금 그대가 주군의 아버지를 죽이고 집안을 없애버렸으니[族之], 임금이 천하에 세워지게 되면 쌓아 놓은 달걀[累卵]같이 위태로워집니다. 그대가 신의 계책을 들으시면 살고, 신의 계책을 듣지 않으면 죽습니다."

이태가 말했다.

"선생은 객사로 나아가십시오. 내일 다시 와서 저를 만나십시오."

소진이 나갔다.

蘇秦說李兌曰: "雒陽乘軒里蘇秦, 家貧親老, 無罷車駑馬, 桑輪蓬篋贏
縢, 負書擔橐, 觸塵埃, 蒙霜露, 越漳·河, 足重繭, 日百而舍, 造外闕, 愿
見於前, 口道天下之事." 李兌曰: "先生以鬼之言見我則可, 若以人之事,
兌盡知之矣." 蘇秦對曰: "臣固以鬼之言見君, 非以人之言也." 李兌見
之. 蘇秦曰: "今日臣之來也暮, 後郭門, 藉席無所得, 寄宿人田中, 旁有大
叢. 夜半, 土梗與木梗斗曰: '汝不如我, 我者乃土也. 使我逢疾風淋雨, 壞
沮, 乃復歸土. 今汝非木之根, 則木之枝耳. 汝逢疾風淋雨, 漂入漳·河,
東流至海, 泛濫無所止.' 臣竊以爲土梗勝也. 今君殺主父而族之, 君之
立於天下, 危於累卵. 君聽臣計則生, 不聽臣計則死." 李兌曰: "先生就舍,
明日復來見兌也." 蘇秦出.

(2)

이태의 사인(舍人)이 이태에게 일러주며 말했다.

"신이 몰래 주군과 소공(蘇公)의 이야기를 살피니, 그 변설이 주군
을 넘어서고 그 해박함도 주군을 넘어섭니다. 주군이 능히 소공의 계
책을 들어주실 수 있겠습니까?"

이태가 말했다.

"할 수 없소."

사인이 말했다.

"주군이 바로 할 수 없으시다면, 바라건대 단단히 두 귀를 틀어막
고 그 말을 듣지 마십시오."

다음날 다시 만나서 종일 이야기를 하고 물러났다. 사인이 나가서
소군을 보내드리자, 소진이 사인에게 일러주며 말했다.

"어제 내가 드문드문[粗] 말했는데도 그분[君]의 마음이 움직였는

데, 오늘은 세세하게[精] 이야기해도 그분이 움직이지 않았으니 왜 그렇소?"

사인이 말했다.

"선생의 계책이 크면서 계책을 구하는 바[規=求計]도 높기 때문에 우리 주군이 쓰지 못하십니다. 이에 제가 주군께 청하여 두 귀를 틀어 막으라고 했기 때문에 이야기를 듣지 않으신 것입니다. 비록 그렇다고 해도, 선생이 내일 다시 오시면 제가 청하여 선생이 두텁게 쓰실 밑천을 내어 드리겠습니다."

다음날에 오자 손뼉을 치며 이야기했다. 이태가 소진을 보내면서 밝은 달 같은 구슬[明月之珠], 화씨의 벽옥[和氏之璧], 검은 담비가죽과 황금 백 일(鎰)을 주었다. 소진이 이를 밑천으로 삼아서 서쪽으로 가서 진나라에 들어갔다.

李兌舍人謂李兌曰: "臣竊觀君與蘇公談也, 其辯過君, 其博過君. 君能聽蘇公之計乎?" 李兌曰: "不能." 舍人曰: "君即不能, 願君堅塞兩耳, 無聽其談也." 明日復見, 終日談而去. 舍人出送蘇君, 蘇秦謂舍人曰: "昨日我談粗而君動, 今日精而君不動, 何也?" 舍人曰: "先生之計大而規高, 吾君不能用也. 乃我請君塞兩耳, 無聽談者. 雖然, 先生明日復來, 吾請資先生厚用." 明日來, 抵掌而談. 李兌送蘇秦明月之珠, 和氏之璧, 黑貂之裘, 黃金百鎰. 蘇秦得以爲用, 西入於秦.

소진이 이태가 조나라에서 살아날 바를 말해주었지만 이태가 받아들이지 않으니, 선물만 받고 떠났다.

18-9 조나라가 천하를 거두고 장차 이로써 제나라를 치려 하다

【趙收天下且以伐齊】

(1)

조나라가 천하를 거두고[收] 장차 이로써 제나라를 치려 하니, 소진(蘇秦)이 제나라를 위해 글을 올려서 조나라 왕을 설득하며 말했다.

"신이 듣건대 옛날 뛰어난 임금은, 덕을 행함에 해내(於海)에만 베풀지 않았고, 가르침을 따르게 하며 내리 사랑하고 아끼기를 만백성에게만 펼치지 않았으며, 제사(祭祀)와 절기제사[時享]를 지내기를 귀신에게만 마땅하게 하지 않았습니다. 달콤한 이슬이 내리고 바람과 비가 때맞춰 내려서 농사를 지으니[農] 곡식이 익어서[登=穀熟] 그해의 곡식이 풍성하게 가득 여물면, 뭇사람들은 기뻐하지만 뛰어난 임금은 이에 불안해[惡=心不安]합니다.

지금 족하(足下)께서 (싸우고 공격하여) 힘써 이룬 공[功力=戰伐]이 자주 진나라에 고통을 더해준 것도 아니며 원독(怨毒)과 미움이 쌓여[積惡] 더욱[曾] 한나라를 심하게 업신여긴 것도 아닙니다. 신이 몰래 바깥에서 듣기에 대신과 아래 관리들의 의견은, 모두 말하기를 임금께서 예전에 오로지 기댔던 바는 진나라가 조나라를 아끼고 한나라를 미워하게 하려는 것이었다고 했습니다. 신이 몰래 일을 가지고 살펴보면, 진나라가 어찌 조나라를 아끼고 한나라를 미워하겠습니까? 한나라를 망하게 하고 두 주나라의 땅을 삼키고 싶어서, 그래서 한나라를 미끼[餌]로 먼저 천하에 목소리를 내어 이웃 나라들로 하여금 듣고서 살피게 하고 싶었을 뿐입니다. 그 일이 이루어지지 않을까 걱정되었기 때문에 병사를 내어 거짓으로 조나라와 위나라에게 보여주고 있는 것이며,

천하가 놀라서 알아차릴까 두렵기 때문에 한나라를 치지 않음[微→微伐]으로써 의심하게[貳=疑] 하려는 것이며, 천하가 자기를 의심하는 것이 두렵기 때문에 인질을 내어서 믿게 하려는 것입니다. 동맹을 맺은 나라[與國]에게 덕을 베푼다는 소리를 내지만, 그러나 실제로는 텅 빈 한나라를 칠 것입니다. 신이 몰래 (진나라가) 도모하는 것을 살펴보니, 생각건대 진나라의 계책은 반드시 여기에서 나온 것입니다.

趙收天下, 且以伐齊. 蘇秦爲齊上書說趙王曰: "臣聞古之賢君, 德行非施於海內也, 教順慈愛, 非布於萬民也, 祭祀時享非當於鬼神也. 甘露降, 風雨時至, 農夫[4]登, 年穀豐盈, 衆人喜之, 而賢主惡之. 今足下功力, 非數痛加於秦國, 而怨毒積惡, 非曾深凌於韓也. 臣竊外聞大臣及下吏之議, 皆言主前專據, 以秦爲愛趙而憎韓. 臣竊以事觀之, 秦豈得愛趙而憎韓哉? 欲亡韓吞兩周之地, 故以韓爲餌[5] 先出聲於天下, 欲鄰國聞而觀之也. 恐其事不成, 故出兵以佯示趙·魏. 恐天下之驚覺, 故微韓以貳之. 恐天下疑己, 故出質以爲信. 聲德於與國, 而實伐空韓. 臣竊觀其圖之也, 意秦之謀計, 必出於是.

(2)

또한 저 유세하는 선비들의 헤아림은, 모두 말하기를 한나라가 삼

---

4 '부(夫)'는 문장의 어조를 부드럽게 하기 위해 사용된(用於句中, 舒緩語氣) 듯한데, 또는 땅의 크기로 볼 수도 있다.(『강희자전』에 따르면, 백 이랑을 夫라 한다.[晦百爲夫])

5 (오사도가) 포본을 보충하여 말한다: 앞의 두 곳에 나오는 진나라의 "증한(憎韓)"과 "이한위이(以韓爲餌)"에 나오는 한나라를 『사기』에서는 제나라로 표기하고 있다. 이야기 뒤에서 보이지만, "장차 한나라를 망하게 하고 두 주나라를 삼키려 하다"라는 글로 볼 때 '제나라'로 쓰는 것은 매끄럽지 않다.(鮑本補曰: 秦兩'憎韓'及'以韓爲餌'之'韓', 史並作'齊', 說見後. 且亡韓吞兩周, 文義明, 作'齊'則不順.)

천(三川)⁶을 잃고 위나라가 진나라[晉=安邑]를 잃었는데도[滅=亡] 한나라는 아직 끝에 몰리지 않았다고[未窮] 믿고 있다가는 화란이 조나라에 미칠 것이라고 합니다. 또한 일[物]이란 정말로 형세는 다르지만 근심은 같은 것이 있으며, 또 형세는 같지만 근심이 다른 것이 있습니다.

옛날, 초나라 사람이 오래 동안 싸우는[伐=戰] 바람에 중산(中山)이 (조나라에게) 망했습니다.⁷ 지금 연나라가 제나라 북쪽 땅을 남김없이 차지하니, 사구(沙丘)에서 거록(鉅鹿)의 경계에 이르기까지의 거리가 (겨우) 300리이며, 한궐(扞關)에서 유중(楡中)에 이르기까지의 거리가 (겨우) 1,500리입니다. 진나라가 한나라와 위나라의 상당(上黨)을 남김없이 차지하면, (조나라의) 땅이 나라의 도읍과 나라에 속한 영토의 경계를 합해도 (겨우) 700리입니다. 진나라가 삼군의 강한 쇠뇌[弩]를 가지고 양당(羊唐=羊腸)의 꼭대기에 걸터앉으면, 바로 그 땅에서 (조나라 도읍인) 한단(邯鄲)까지의 거리가 (겨우) 120리입니다. 장차 진나라가 삼군을 거느리고 왕의 (땅인) 상당(上黨)을 공격하고 그 북쪽을 포위하면 곧 구주(句注=鴈門)의 서쪽은 왕께서 소유한 것이 아니게 됩니다. 지금 (진나라가) 구주를 넘어[逾] 상산(常山)을 막고서[禁] 지키면 300리가 연나라의 당(唐)·곡역(曲逆) 땅과 통하게 되는데, 이렇게 되면[此] 대(代) 땅의 말이나 호(胡) 땅의 망아지가 동쪽으로 가지 못하고 곤산(昆山)의 옥을 내올 수 없게 되어 이 세 가지 보물[代馬, 胡駒, 昆山之玉] 또한 왕의 소유가 아니게 됩니다. 지금 강한 진나라를 쫓아서 오랫동

---

6 황하(黃河), 낙수(洛水), 이수(伊水) 유역을 말한다.

7 포표 주: 이것은, 초나라가 진나라의 정벌을 받고 있어서 조나라는 진나라에 대한 근심이 없었기 때문에 중산을 깨뜨려 없앨 수 있었다는 말이다.(鮑本, 此言, 楚受秦伐, 趙無秦患, 故破中山滅之.)

안 제나라를 치려고 하시는데, 신은 그 화근이 여기에서 나올까 두렵습니다.

옛날 다섯 나라[齊, 楚, 魏, 韓, 燕] 왕들이 일찍이 합종[合]하거나 연횡[橫]하기를 모의하여 조나라를 쳐서 조나라 땅을 셋으로 나누기로 하고, 소반이나 그릇[盤盂][8]에 새겨[著] 잊지 않도록 하면서 서로 술잔을 주고받듯이[讎柞=酬酢] (공격을) 이어갔습니다[屬][9]. 다섯 나라가 병사를 내는 며칠 동안 제나라가 마침내 서쪽으로 가서 군대로 진나라를 막음으로써 진나라로 하여금 (서로 帝로 칭하도록 하자는) 영을 폐하고 소복을 입게 하고, 온(溫)과 지(枳), 고평(高平)을 위나라에 돌려주게 하였으며, 삼공(三公→巠分?)과 집청(什淸→先俞?)을 조나라에 돌려주게 하였으니, 이는 왕께서도 밝게 아시는 일입니다.

무릇 제나라가 조나라를 섬기게 하는 것이 마땅히 가장 좋은 사귐[交=外交]인데, 지금 마침내 (조나라를) 거스른 죄를 가지고 정벌을 택하시면 신은 그 뒤에 왕을 섬기는 자들이 결코 감히 스스로 (섬기려) 하지 않을까 걱정이 됩니다. 지금 왕께서 제나라를 거두시면 천하는 반드시 왕을 마땅하다 여길 것입니다. 제나라가 사직을 끌어안고 왕을 섬기면 천하는 틀림없이 왕을 무겁게 대할 것입니다. 그러므로 제나라가 마땅하게 여기게 되면 왕께서는 천하를 거느리고 나아갈 수 있으나, (제나라를 치는) 가장 나쁜 방법에 이르게[下至] 되면 제나라가 사납게 여기게 되어 왕께서는 천하를 거느리는 길이 막히게 될 것입니다.

---

8 포표 주: '반우(盤盂)'란 태공(太公)이 무왕(武王)을 위해 지은 「반우지명(盤盂之銘)」을 말한다. (오사도가) 보충하여 말한다: 날마다 보아서 잊지 않도록 하려 한다는 말이다.(鮑本, 盤盂, 取太公為武王作盤盂之銘. 補曰: 言其日見而不忘.)

9 포표 주: 서로 이어서 조나라 치기를 마치 술잔을 주고받듯이 하였다는 것을 말한다.(鮑本, 言其相屬伐趙於酬酢之間.)

이는 한 시대의 운명을 왕께서 제어할 수 있게 되는 것일 뿐입니다. 신이 바라건대, 대왕께서는 깊이 좌우와 여러 신하들과 더불어 헤아려서 (지금의) 계획을 멈추고 (다시) 무겁게 계책을 내십시오. 일에 앞서 헤아림을 이루고 충분히 계책을 세우시기 바랍니다."

且夫說士之計, 皆曰韓亡三川, 魏滅晉國, 恃韓未窮, 而禍及於趙.[10] 且物固有勢異而患同者, 又有勢同而患異者. 昔者, 楚人久伐而中山亡. 今燕盡齊之北地, 距沙丘, 而至鉅鹿之界三百里; 距於捍關, 至於榆中千五百里. 秦盡韓·魏之上黨, 則地與國都邦屬而壤界者七百里. 秦以三軍強弩坐羊唐之上, 即地去邯鄲百二十里. 且秦以三軍攻王之上黨而包其北, 則句注之西非王之有也. 今逾句注·禁常山而守, 三百里通於燕之唐·曲逆, 此代馬·胡駒不東, 而昆山之玉不出也. 此三寶者, 又非王之有也. 今從於強秦久伐齊, 臣恐其禍出於是矣. 昔者, 五國之王, 嘗合橫而謀伐趙, 參分趙國壤地, 著之盤盂, 屬之讎柞. 五國之兵出有日矣, 齊乃西師以禁秦國, 使秦廢令素服而聽, 反溫·枳·高平於魏, 反三公·什清於趙, 此王之明知也. 夫齊事趙宜爲上交; 今乃以抵罪取伐, 臣恐其後事王者之不敢自必也. 今王收齊, 天下必以王爲義. 齊抱社稷以事王, 天下必重王. 然則齊義, 王以天下就之, 下至齊暴, 王以天下禁之, 是一世之命, 制於王已. 臣愿大王深與左右群臣卒計而重謀, 先事成慮而熟圖之也."

---

10 황비열이 생각건대, 『사기(史記)』, 「조세가(趙世家)」에 "저잣거리에 아침이 미처 바뀌기도 전에 재앙이 이미 닥칠 것입니다"라는 기록이 있으니, 책문의 글과는 같지 않다.(丕烈案: 史記作, "市朝未變, 而禍已及矣", 與策文不同.)

姚本: 이 부분은 『사기』의 글과 같지 않은 곳이 많다. 대개 그릇되고 잘못되었으니, 마땅히 『사기』의 전체 내용으로 살펴야 한다.(姚本, 此段與史記文多不同, 蓋訛謬, 當用史記全篇觀之)

포본(鮑本): 조나라 혜문왕 16년에 있었던 일이다.(鮑本, 趙惠文十六年有) (오사도가) 바로잡아 말한다: 『사기』 「조나라세가」에 따르면, 혜문왕 15년에 연나라 소왕이 조, 한, 위, 진나라와 함께 제나라를 같이 쳤는데, 제나라가 패해 달아나고 연나라는 홀로 깊숙이 들어가서 임치를 차지했다. 16년에 진나라가 다시 조나라와 더불어 제나라를 공격하려 하자 제나라 사람들이 근심하였는데, 소려가 제나라를 위해 조나라 왕에게 글을 올려 뭐라뭐라 하니 이에 조나라가 마침내 그쳐서 진나라에 사죄하고 제나라를 공격하지 않았다고 한다. 『대사기』에 따르면, 이때 제나라 땅은 모두 연나라에 편입되고 단지 거와 즉문 땅만이 겨우 남아 있었다. (『사기』에 실린) 소려의 글은 모두 이를 언급하지 않고 있으므로 이때의 일이 아닐 것이라고 추측한다. 가만히 『전국책』을 보면 한나라를 위한 말이 많으니, 마침내 조나라가 장차 한나라를 치려고 하자 소려가 한나라를 위해 막아준 것은 그 사이의 사실이 한나라를 위해 한 일이었음이 명백하다. 앞 글에서 '제나라를 친다', '제나라를 위해' 운운한 곳들은 달라서 맞지 않으니, 잘못된 내용을 분별해야 한다. 『사기』에서는 한꺼번에 '한'이 '제'로 바뀌어 있으니 혹 사마천이 바꾼 것인가? 그런데 조나라가 한나라를 친 일도 어느 때인지 알지 못하고 있고 그 글과 지명 또한 많이 어그러지고 달라서 같지 않으니, 억지로 말을 만든 것이다. 표표가 『사기』의 글을 근거하여 빠르게 바꿨지만 대부분 틀렸다.(正曰: 史趙世家, 惠文十五年, 燕昭王與趙·韓·魏·秦共擊齊, 齊敗走, 燕獨深入, 取臨淄. 十六年, 秦復與趙數擊齊, 齊人患之, 蘇厲爲齊遺趙王書云云, 於是趙乃輟, 謝秦不擊齊. 大事記, 是時齊地皆入燕, 獨莒·卽墨僅存. 蘇厲之書皆不及之, 恐非此

時事. 按策多爲韓言, 乃趙將擊韓, 而屬爲韓止之者, 其間事實, 皆明爲韓, 而首云
伐齊·爲齊殊不合, 決有誤. 而史一切以韓爲齊, 抑馬遷之所改歟? 然趙伐韓事, 亦
不知在何時, 其文及地名亦多舛異不同, 強爲之說. 鮑專據史文輒改, 大不然也.)
황비열의 안(案): 오씨가 말한 바가 맞다.『전국책』의 글은 모두 '한나라'로 되어 있
었는데, 혹『사기』에 '제나라'로 쓰여 있었기 때문에 어지러워진 것이다.(札記조烈
案: 吳說是也. 策文本皆作韓, 或以史記齊字亂之.)

18-10 제나라가 송나라를 공격했는데 봉양군이 원하지 않다
【齊攻宋奉陽君不欲】

제나라가 송나라를 공격했는데 봉양군(奉陽君)이 원하지 않자, 손
님이 봉양군을 청해서 말했다.

"그대의 춘추가 높지만 봉지는 정해지지 않았으니, 깊이 헤아리
지 않을 수 없습니다. 진나라 사람은 욕심이 많고, 한나라와 위나라
는 위태롭고, 연나라와 초나라는 구석진 곳에 있고, 중산은 땅이 척박
합니다. 송나라는 죄는 무겁고 제나라가 매우 화가 나 있으니, 어지러
운 송나라를 사납게 공격하게 되면 몸은 봉함을 받을 곳을 정하게 되
고 은덕을 강한 제나라에 입히게 되니, 이는 백 대에 한 번 있는 기회입
니다."

齊攻宋, 奉陽君不欲, 客請奉陽君曰: "君之春秋高矣, 而封地不定, 不可
不熟圖也. 秦人貪, 韓·魏危, 燕·楚僻, 中山之地薄, 宋罪重, 齊怒深, 殘
伐亂宋, 定身封, 德強齊, 此百代之一時也."

봉양군의 불안한 입지를 이용하여 조나라로 하여금 제나라를 도와 송나라를 치게

해서 땅을 얻으라고 부추긴 것이다.

___

18-11 진나라 왕이 공자 타에게 일러주다【秦王謂公子他】

(1)

진나라 왕[昭王]이 (惠文王의 아들이며 昭王의 兄인) 공자 타(他)에게

일러주며 말했다.

"지난날[昔歲] (다섯 나라가 함곡관을 공격했던) 효하(崤下)의 일이 있

었을 때, 한나라가 중군(中軍)이 되어 제후들과 더불어 진나라를 공격

했습니다. 한나라가 진나라와 더불어 국경과 땅이 경계가 붙어 있지만

그 땅이 천리를 넘지 않은데, 늘 이랬다저랬다 자꾸 고쳐서[展轉＝反覆]

약속을 할 수가 없었습니다. 지난번 진나라와 초나라가 남전(藍田：藍田

之役)에서 싸웠을 때도 한나라는 날카로운 군대를 내어 진나라를 돕

다가도 진나라의 싸움이 이롭지 못하자 그참에 돌려서 초나라와 만났

으니, 정말로 동맹으로서의 믿음을 주지 못하고 오직 편한 것만 바로

쫓고 있습니다. 한나라는 내게 있어서 마음과 뱃속의 질병과 같습니

다. 내가 장차 한나라를 벌할 것이니, 어떠합니까?"

공자 타가 말했다.

"왕께서 한나라에 병사를 내면 한나라는 반드시 두려워할 것이니,

두려워하면 싸우지 않고도 깊이 들어가서 땅을 차지하고 잘라낼 수

있을 것입니다."

왕이 말했다.

"좋은 말입니다."

마침내 병사를 일으켜, 일군(一軍)은 형양(滎陽)을 압박[臨=迫]하게 하고 일군은 태항(太行)을 압박하게 했다.

秦王謂公子他曰: "昔歲崤下之事, 韓爲中軍, 以與諸侯攻秦. 韓與秦接境壤界, 其地不能千里, 展轉不可約. 日者秦·楚戰於藍田, 韓出銳師以佐秦, 秦戰不利, 因轉遇楚, 不固信盟, 唯便是從. 韓之在我, 心腹之疾. 吾將伐之, 何如?" 公子他曰: "王出兵韓, 韓必懼, 懼則可以不戰而深取割." 王曰: "善." 乃起兵, 一軍臨滎陽, 一軍臨太行.

(2)

한나라가 두려워, 양성군(陽城君=成陽君?)을 시켜 진나라에 들어가서 사죄하게 하고 청하여 상당[和黨→上黨]의 땅을 바치는[效] 것으로 화해하고자 했다. (또한) 한양(韓陽)에게 영을 내려 상당의 태수[上黨之守] 근주(靳黈)에게 일러주며 말했다.

"진나라가 두 개의 군대를 일으켜 한나라를 압박해서 한나라는 (더 이상 상당을) 소유할 수 없소. 지금 왕[桓惠王]께서 한흥(韓興=陽城君)의 병사들에게 영을 내려 상당을 진나라에 들여서 화친코자 함을 저[陽]를 시켜 태수(太守)에게 말하게 했으니, 태수는 이에 (상당을 진나라에) 바치시오."

근주가 말했다.

"사람들이 하는 말이 있습니다. 손에 항아리가 들린 것을 알게 되면 잃어버리지 않고자 기물을 지킵니다. 왕께서 명이 있으시다 해도 신은 태수입니다. 비록 왕께서 그대에게 (명령을 내려)주셨다 하지만 진실로 이는 의심스럽습니다[猜]. 신이 청컨대, 모조리 (사람을) 뽑아서 지켜내어 진나라에 대응하겠습니다. 만일 끝내 (지키지) 못하면 죽겠습니다."

한양이 달려가서 왕에게 보고하니, 왕이 말했다.

"내가 처음에 이미 응후(應侯=范睢)에게 허락했는데, 지금 주지 못하면 이는 속이는 것이다."

풍정(馮亭)을 시켜 근주를 대신하게 했다.

韓恐, 使陽城君入謝於秦, 請效和黨之地以爲和. 令韓陽告上黨之守靳
黈曰: "秦起二軍以臨韓, 韓不能有. 今王令韓興兵以上黨入和於秦, 使
陽言之太守, 太守其效之." 靳黈曰: "人有言: 挈瓶之知, 不失守器. 王則
有令, 而臣太守, 雖王與子, 亦其猜焉. 臣請悉發守以應秦, 若不能卒, 則
死之." 韓陽趨以報王, 王曰: "吾始已諾於應侯矣, 今不與, 是欺之也." 乃
使馮亭代靳黈.

(3)

풍정(馮亭)이 지킨 지 30일이 지나, 몰래 사람을 시켜 조나라 왕에게 일러주며 말했다.

"한나라가 상당(上黨)을 지킬 수 없어 장차 진나라에게 주려고 하는데, 그 백성들은 모두 진나라가 되는 것을 바라지 않고 조나라가 되기를 원합니다. 지금 성과 저자가 있는 읍이 17곳이 있는데, 바라건대 절하면서 왕에게 들이려[入=納] 하니 오로지 왕께서 결단[才=裁]하십시오."

조나라 왕이 기뻐하며, 평양군(平陽君=趙豹)을 불러서 이를 알려주며 말했다.

"한나라가 상당을 지킬 수 없어 장차 진나라에게 주려고 하는데, 그 백성들이 모두 진나라가 되는 것을 바라지 않고 조나라가 되기를 원한다 하오. 지금 풍정이 사자를 시켜 과인에게 주려고 하는데, 어떻소?"

조표(趙豹)가 대답하며 말했다.

"신이 듣기에, 빼어난 이는 까닭 없는 이득을 매우 화근으로 여긴다 하였습니다."

왕이 말했다.

"사람들이 내 마땅함을 그리워한다는데, 어찌 까닭이 없다 말하는가?"

대답하여 말했다.

"진나라는 한나라 땅을 누에가 (뽕잎을) 먹듯이[蠶食] 빼앗아가고 (길의) 중간을 끊어서 명령이 서로 통하지 않게 하면서, 그러면 스스로 앉아서 상당의 땅을 받게 될 것이라고 여기고 있습니다. 장차 저 한나라가 조나라에 들이려는 까닭은 그 화근덩어리를 시집보내듯이[嫁] 하려는 것인데, (이는) 진나라가 그 수고로움을 입고 조나라가 그 이익을 받게 되는 것입니다. 비록 강하고 큰 (진)나라도 능히 작고 약한 (연)나라에서 얻을 수가 없는데, 작고 약한 (조)나라가 도리어[顧] 강하고 큰 나라에게서 얻을 수가 있겠습니까? 지금 왕께서 차지하게 되는 것이 가히 까닭이 있다고 말하겠습니까? 또 진나라는 소로 밭을 갈고 물길로 양식을 통하게 하면서 그 죽을 각오의 용사들이 모두 (한나라의) 위쪽 땅에 늘어서 있으며 명령이 엄하고 정령이 행해지고 있으니, 더불어 싸울 수가 없습니다. 왕께서는 이에 헤아리소서!"

왕이 크게 화를 내며 말했다.

"무릇 백만의 무리로써 공격하여 싸운 것이 해를 넘기고 여러 세월이 지났는데, 미처 성 하나도 얻지 못했다. 지금 병사를 쓰지 않고도 성 17곳을 얻게 되는데 무슨 까닭으로 안 된다고 하는 것인가?"

조표가 떠나갔다.

馮亭守三十日, 陰使人謂趙王曰: "韓不能守上黨, 且以與秦, 其民皆不欲爲秦, 而愿爲趙. 今有城市之邑十七, 愿拜內之於王, 唯王才之." 趙王喜, 召平陽君而告之曰: "韓不能守上黨, 且以與秦, 其吏民不欲爲秦, 而皆愿爲趙. 今馮亭令使者以與寡人, 何若?" 趙豹對曰: "臣聞聖人甚禍無故之利." 王曰: "人懷吾義, 何謂無故乎?" 對曰: "秦蠶食韓氏之地, 中絶不令相通, 故自以爲坐受上黨也. 且夫韓之所以內趙者, 欲嫁其禍也. 秦被其勞, 而趙受其利, 雖強大不能得之於小弱, 而小弱顧能得之強大乎? 今王取之, 可謂有故乎? 且秦以牛田, 水通糧, 其死士皆列之於上地, 令嚴政行, 不可與戰. 王其圖之!" 王大怒曰: "夫用百萬之衆, 攻戰逾年歷歲, 未得一城也. 今不用兵而得城十七, 何故不爲?" 趙豹出.

(4)

왕이 조승(趙勝)과 조우(趙禹)를 불러 알려주며 말했다.

"한나라가 상당을 지킬 수 없어 지금 그 태수가 과인에게 주려고 하는데, 성과 저자가 있는 읍이 17곳이다."

두 사람이 대답하여 말했다.

"병사를 쓴 지가 해를 넘기고도 아직 성 하나를 얻지 못했는데 지금 앉아서 성을 얻게 되었으니, 이는 큰 이득입니다."

마침내 조승을 시켜 가서 땅을 받게 했다.

王召趙勝·趙禹而告之曰: "韓不能守上黨, 今其守以與寡人, 有城市之
邑十七." 二人對曰: "用兵逾年, 未得一城, 今坐而得城, 此大利也." 乃使
趙勝往受地.

(5)
조승(趙勝)이 이르러 말했다.

"저희 나라 왕께서 사자로 신하인 저[勝]를 시켜 태수에게 조(詔)를
내리셨으니, 제[勝]게 일러 말하기를 '청컨대 삼 만 가구의 큰 읍[都]으
로써 태수를 봉하고, 천호를 봉하여 현령으로 삼고, 여러 관리는 모두
작위를 세 계급을 더해주며, 백성이 능히 서로 모이면 집마다 금 여섯
을 내려주노라'라고 했습니다."

풍정(馮亭)이 눈물을 흘리며 애써 말했다.

"이에 제가 세 가지 마땅하지 않은 일에 처했습니다. 임금을 위해
땅을 지키면서 능히 죽지 못하고 다른 사람에게 내주게 되었으니, 마
땅하지 못함의 하나입니다. 임금이 진나라에게 들이라고 했는데 임금
의 명에 고분고분하지 못했으니, 마땅하지 못함의 둘입니다. 임금의 땅
을 팔아서 식읍을 얻었으니, 마땅하지 못함의 셋입니다."

봉(封)을 사양하고 한나라로 들어가서 한나라 왕에게 일러주며 말
했다.

"조나라는 한나라가 능히 상당을 지킬 수 없음을 듣고는 지금 병
사를 일으켜 이미 차지하였습니다."

한나라가 진나라에 알리며 말했다.

"조나라가 병사를 일으켜 상당(上黨)을 차지했습니다."

진나라 왕이 화가 나서, 공손기(公孫起=白起)와 왕기(王齮)에게 영을 내려 병사를 이끌고 장평(長平)에서 조나라와 만나게 했다.

趙勝至曰: "敝邑之王, 使使者臣勝, 太守有詔, 使臣勝謂曰: '請以三萬戶之都封太守, 千戶封縣令, 諸吏皆益爵三級, 民能相集者, 賜家六金.'" 馮亭垂涕而勉曰: "是吾處三不義也: 爲主守地而不能死, 而以與人, 不義一也; 主內之秦, 不順主命, 不義二也; 賣主之地而食之, 不義三也." 辭封而入韓, 謂韓王曰: "趙聞韓不能守上黨, 今發兵已取之矣." 韓告秦曰: "趙起兵取上黨." 秦王怒, 令公孫起·王齮以兵遇趙於長平.

진나라가 한나라를 치려 하자 한나라는 상당을 바쳐 화해하기로 해놓고는 한편으로 상당을 먼저 조나라에 줌으로써 조나라와 진나라 사이에 싸움이 일어나게 만들었다.

18-12 소진이 조나라 왕을 위해 진나라로 사신을 가다
【蘇秦爲趙王使於秦】

소진(蘇秦)이 조나라 왕을 위해 진나라로 사신을 갔다가 돌아왔지만 사흘 동안 뵐 수 없었다. 조나라 왕에게 일러주며 말했다.

"진나라에서 (오는 길에) 마침내 주산(柱山)을 지나왔는데, 두 그루 나무가 있었습니다. 한 무성한[蓋=盛] 나무는 그 짝[侶]를 부르고 있었고, 다른 무성한 나무는 울고 있었습니다. 그 까닭을 물으니 대답하여 말하기를 '내가 이미 커지고 이미 나이 들었는데, 내가 저 장인(匠人) 때문에 괴로워하는 것은 장차 먹줄[繩墨]로 그리고[案] 그림쇠[規]와 곱자[矩]로 파서 나를 아로새기려 하기 때문이다'라고 했고, 다른 무성한 나무는 말하기를 '이것은 내가 (당장) 괴로워할 바가 아니나, 이것이 내 일이기 때문이다. 내가 괴로워하는 바는 저 쇠로 된 쐐기[鐵鈷=鐵 楔]를 들고나게 하는 저 사람들 때문이다'라고 했습니다. 지금 신이 진나라에 사신을 갔다 와서 사흘 동안 뵙지 못했으니, 신을 일러 쇠로 만든 쐐기라 말하는 자가 있지 않겠습니까?"

蘇秦爲趙王使於秦, 反, 三日不得見. 謂趙王曰: "秦乃者過柱山, 有兩木焉. 一蓋呼侶, 一蓋哭. 問其故, 對曰: '吾已大矣, 年已長矣, 吾苦夫匠人, 且以繩墨案規矩刻鏤我.' 一蓋曰: '此非吾所苦也, 是故吾事也. 吾所苦夫鐵鈷然, 自入而出夫人者.' 今臣使於秦, 而三日不見, 無有謂臣爲鐵鈷者乎?"

소진이 스스로를 쐐기에 비유하며, 일을 완성하는 도구로 힘썼지만 정작 공을 인정해 주지 않음을 하소연하였다.

18-13 감무가 진나라를 위해 위나라와 약속을 맺고 한나라 의양을 공격하다 【甘茂爲秦約魏以攻韓宜陽】

감무(茂爲)가 진나라를 위해 위나라와 약속을 맺고 한나라 의양 (宜陽)을 공격하고 또 북쪽으로 가서 조나라로 가니, (趙나라 說客인) 영향[冷向=泠向]이 (趙나라 大夫인) 강국(强國)에게 일러주며 말했다.

"조나라에게 감무를 붙잡아서 나가지 못하게 한 뒤 제나라, 한나라, 진나라와 더불어 거래[市]를 하는 것만 못합니다. 제나라 왕은 의양을 구원하고 싶어 하니 반드시 호지(狐氏)에 있는 현을 내려줄 것입니다. 한나라는 의양을 소유하게 되면 틀림없이 노섭(路涉)과 단지(端氏)를 조나라에 선물할[賂] 것입니다. 진나라 왕은 의양을 얻고 싶어서 (감무를 풀어내기 위해) 이름난 보물을 아끼지 않을 것이고, 또한 감무를 붙잡아두면 공손혁(公孫赫)과 저리질이 (그 자리에) 있게 됩니다."

甘秦約魏以攻韓, 又北之趙, 冷向謂强國曰: "不如令趙拘甘茂, 勿出, 以與齊·韓·秦市. 齊王欲求救宜陽, 必下縣狐氏. 韓欲有宜陽, 必以路涉·端氏賂趙. 秦王欲得宜陽, 不愛名寶, 且拘茂也, 且以置公孫赫·樗里疾."

조나라에서 위나라 장수인 감무를 붙잡아두면, 제나라에서는 호지의 땅을, 한나라에서는 노섭과 단지의 땅을, 진나라에서는 보물을 가지고 거래하고자 할 것이다.

18-14 피상국에게 일러주며 말하다 【謂皮相國】

(누군가가 조나라 재상인) 피상국(皮相國)에게 일러주며 말했다.

"조나라는 약하면서도 (趙나라의 幸臣인) 건신군(建信君)이나 섭맹(涉孟) 같은 원수[讎]들에게 의지하고 있는데, 왜 그렇겠습니까? 합종으로 공이 있기 때문입니다. (그러나) 제나라가 합종[從=合從]하지 않으니, 건신군은 합종하는 데 공이 없음을 알게 될 것입니다. 건신군이란 사람이 어찌 능히 (합종의) 공(功)도 없으면서 진나라를 미워하겠습니까? 공이 없어 진나라를 미워할 수 없게 되면, 장차 병사를 내보내 진나라를 도와서 위나라를 공격하게 되고, 초나라와 조나라가 제나라를 나누어 가지면 바로 강공책[强]은 끝나게[畢] 될 것입니다.[11] (그러나) 합종하게 되면 건신군, 춘신군(春申)이 공이 없어도 진나라를 미워할 수 있게 됩니다.[12] (그렇지 않고) 진나라가 제나라를 나누고 위나라를 망하게 하고 나면[秦分齊, 齊亡魏→秦分齊亡魏] 공이 있어서 진나라와 잘 지낼 수 있습니다. 그런데 두 군(君)이라는 분이, 어찌 공이 있고 공이 없음을 고르는 것을 지혜로 삼으십니까?[13]"

謂皮相國曰: "以趙之弱而據之建信君, 涉孟之讎然者何也? 以從爲有功也. 齊不從, 建信君知從之無功. 建信者安能以無功惡秦哉? 不能以無功惡秦, 則且出兵助秦攻魏, 以楚·趙分齊, 則是強畢矣. 建信·春申從, 則無功而惡秦. 秦分齊, 齊亡魏, 則有功而善秦.[14] 故兩君者, 奚擇有

---

11 포표 주: 건신군이 도모한 강공책이 여기에서 다하게 됨을 말한다.(鮑本, 言建信圖强之計盡於此.)

12 포표 주: 초나라와 조나라가 힘을 모으면 비록 공을 세우지 못하더라도 진나라를 해치는 형세를 갖출 수 있음을 말한다.(鮑本, 言楚·趙合, 則雖未見功, 有害秦之形.)

13 포표 주: 둘이란 제나라와 조나라를 말한다. 조나라는 건신군에게 기대는 것만 알고 초나라와 합치지 못하면 공을 이룰 수 없다는 것을 알지 못하며, 제나라는 건신군을 따르지 않으면서도 초나라와 합치면 공을 이룰 수 있음을 알지 못한다. 그런데도 고를 바를 알지 못한다. (오사도가) 바로잡아 말한다: 두 군이란 피상국과 건신군을 가리키는데, 혹은 건신군과 섭맹을 가리키는 것일 수도 있다. 장차 공이 있고 공이 없는 것에 따라 고르게 된다면 어찌 지혜롭다고 할 수 있겠느냐는 말이다.(鮑本, 兩, 齊·趙也. 趙知據建信, 而不知其不合楚不能成功. 齊不從建信, 而不知其合楚足以成功. 不知所擇也. 正曰: 兩君, 指皮相國·建信君, 或指建信君·涉孟, 將何所擇於有功無功二者而爲智哉.)

14 (오사도가) 포본을 바로잡아 말한다: "秦分齊, 齊亡魏"라는 말은 이해되지 않으니, 아마도 잘못된 글인 듯하다. 마땅히 "分齊亡魏"가 되어야 하니, "秦齊" 두 글자는 연문이다. 대개 건신과 춘신이 합종하면 비록 공이 없어도 그 형세가 가히 진나라를 미워할 수 있으니 이것이 초나라와

功之無功爲知哉?"

합종이 이루어지지 않자 조나라가 진나라에 대해 나아갈 길을 제시하였다.

18-15 누군가가 피상국에게 일러주다【或謂皮相國】

누군가가 피상국에게 일러주며 말했다.

"위나라가 (진나라가 무겁게 여기던) 여료(呂遼)와 지키던 병사[衛兵]들을 죽이자 그 북양(北陽)을 잃고 (도읍인) 대량[梁=大梁]이 위태로워졌으며, 하간(河間)의 봉토가 정해지지 않아서 조나라[齊→趙]가 위태로워지자 문신후[文信=呂不韋]가 뜻을 얻지 못하고 삼진의 배신을 근심하였습니다.[15] 지금 위나라의 (呂遼를 죽인) 부끄러움이 아직 없어지지 않았고 조나라의 환란이 다시 일어나고 있어 문신후의 걱정이 커지고 있는데, 제나라가 합종을 따르지 않아서 삼진(三晉)의 마음에 의심이 있습니다. 근심이 커지면 계책을 세우고 강구하게 되고, 마음에 의혹이 있으면 진나라를 섬기는 일이 급해집니다. 진나라와 위나라가 강화[構=講和]를 하게 되면 땅을 떼어주는 일은 기다리지 않아도 이루어질 것이니, 진나라가 초나라와 위나라를 따라 제나라를 공격하고 홀

제나라의 힘을 합치는 책략이며, 제나라를 나누고 위나라를 망하게 하면 공이 있어서 진나라와 잘 지낼 수 있으니 이것이 진나라를 돕는 책략이라는 말이다.(鮑本正曰: "秦分齊, 齊亡魏", 語不可解, 疑有舛誤. 當是"分齊亡魏", 而衍'秦齊'二字. 蓋曰, 建信·春申從, 則雖無功而其勢可以惡秦, 此合楚·趙之策也. 分齊亡魏則有功, 而可以善秦, 此助秦之策也.)

15 표포 주: 문신후가 하간 땅을 얻고자 했으니 반드시 조나라를 쳐야 하는데, 한나라, 위나라, 조나라는 동맹국이었다. 그래서 배신할 것을 근심한 것이다.(鮑本, 文信欲得河間, 必伐趙. 韓·魏, 趙之與國, 故其憂倍.)

로 조나라를 삼키면[吞] 제나라와 조나라는 둘 다[俱] 망하게 될 것입니다."

或謂皮相國曰: "魏殺呂遼而衛危, 亡其北陽而梁危, 河間封不定而齊危, 文信不得志, 三晉倍之憂也. 今魏恥未滅, 趙患又起, 文信侯之憂大矣. 齊不從, 三晉之心疑矣. 憂大者不計而構, 心疑者事秦急. 秦·魏之構, 不待割而成. 秦從楚·魏攻齊獨吞趙, 齊·趙必俱亡矣."

조나라가 진나라에게 병탄되지 않도록, 하간(河間) 땅으로 문신후의 봉지를 넓혀주어야 한다고 이야기하였다.(鮑本此說欲趙以河間廣文信封也)

18-16 조나라 왕이 맹상군에게 무성 땅을 봉해주다
【趙王封孟嘗君以武城】

조나라 왕[惠文王]이 맹상군에게 무성(武城) 땅을 봉해주니, 맹상군이 사인(舍人)들 중에서 골라 무성 관리로 삼아서 보내면서 말했다.

"속담에 어찌 '수레를 빌린 사람은 마구 달리고, 옷을 빌린 자는 마구 입는다'라고 말하지 않았더냐?"

모두 대답하여 말했다.

"그런 것이 있습니다."

맹상군이 말했다.

"내[文]가 매우 가지려 하지 않는 바이다. 무릇 옷과 수레를 빌린 사람이라면 가까운 벗이 아니면 곧 형이나 동생이다. 가까운 벗의 수레를 마구 몰고 형제의 옷을 함부로 입는 것은, 나는 안 된다고 여긴다. 지금 조나라 왕이 내게 다움[德]이 없다는 것[不肖]을 알지 못하고 무성을 가지고 봉해주었으니, 원컨대 대부들이 가면 심어진 나무를 베지 말고 집을 뽑아내지 말며 잘 헤아려서 조나라 왕이 나를 깨닫고 알게 하라. 삼가 온전하게 하여 돌려줄 수 있도록 하라."

趙王封孟嘗君以武城. 孟嘗君擇舍人以爲武城吏, 而遣之曰: "鄙語豈不曰, 借車者馳之, 借衣者被之哉?" 皆對曰: "有之." 孟嘗君曰: "文甚不取也. 夫所借衣車者, 非親友, 則兄弟也. 夫馳親友之車, 被兄弟之衣, 文以爲不可. 今趙王不知文不肖, 而封之以武城, 愿大夫之往也, 毋伐樹木, 毋發屋室, 訾然使趙王悟而知文也. 謹使可全而歸之."

조나라에서 무성을 맹상군에게 주자, 맹상군이 자기 사람을 보내면서 봉읍을 함부로 하지 맒으로써 언젠가 온전히 돌려줄 수 있도록 관리하라고 당부하였다.

18-17 조나라 왕에게 일러 말하다 【謂趙王曰】

(1)

(누군가가) 조나라 왕에게 일러 말했다.

"삼진(三晉)이 힘을 합치면 진나라는 약해지고 삼진이 떨어지면 진나라는 강해지니, 이는 천하에 밝혀진 바입니다. 진나라는, 연나라가 있으면 조나라를 치고 조나라가 있으면 연나라를 치며, 양나라가 있으면 조나라를 치고 조나라가 있으면 양나라를 치며, 초나라가 있으면 한나라를 치고 한나라가 있으면 초나라를 치는데, 이것도 천하가 밝게 보고 있는 바입니다. 그렇지만 산동(의 여섯 나라들)은 능히 그 (진나라가 가는) 길을 바꿀 수 없어서 병사가 약해집니다. 약해도 능히 서로 하나가 되지 못하는데, 이것이 어찌 진나라[楚→秦]가 지혜롭고 산동의 나라들이 어리석어서이겠습니까? 이것이 신이 산동의 나라들을 위해 근심하는 바입니다.

호랑이가 장차 날짐승들에게 나아가지만 날짐승들은 호랑이가 자기에게 나아간 것을 알지 못하여 (날짐승끼리) 서로 싸워서 둘 다 피로해지니, 그래서 호랑이에게 그 주검이 돌아갈 것입니다. 그러므로 날짐승에게 호랑이가 자신들에게 다가옴을 알려주고, 결코 서로 다투지 못하게 해야 합니다. 지금 산동의 주인들은 진나라가 자기에게 다가옴을 알지 못한 채로 오히려 서로 싸워서 양쪽이 피폐해지고 있으니, 그래서 그 나라가 진나라에게 돌아가게 된다고 한 것입니다. 아는 것이 날짐승만 못하고 멀리 떨어져 있으니, 바라건대 왕께서는 깊이 헤아리소서.

謂趙王曰: "三晉合而秦弱, 三晉離而秦強, 此天下之所明也. 秦之有燕而伐趙, 有趙而伐燕; 有梁而伐趙, 有趙而伐梁; 有楚而伐韓, 有韓而伐楚; 此天下之所明見也. 然山東不能易其路, 兵弱也. 弱而不能相壹, 是何楚之知, 山東之愚也. 是臣所爲山東之憂也. 虎將即禽, 禽不知虎之即己也, 而相鬪兩罷, 而歸其死於虎. 故使禽知虎之即己, 決不相鬪矣. 今山東之主不知秦之即己也, 而尙相鬪兩敝, 而歸其國於秦, 知不如禽遠矣. 願王熟慮之也.

(2)

지금 일에 가히 급한 것이 있습니다.

진나라는 한나라와 양나라를 치고 동쪽으로 주나라 왕실[周室]을 엿보는 것이 심해져서, 오직 잠이 들어야만 잊습니다. (그런데도) 지금 남쪽으로 가서 초나라를 공격하는 것은 삼진(三晉)이 크게 힘을 합치는 것을 미워하기 때문입니다. 지금 초나라에 대한 공격을 멈췄다가 다시 한 것이 이미 오 년이 되었는데, 밀어낸[攘] 땅이 천여 리입니다. 지금 (진나라 昭王이) 초나라 왕[懷王]에게 이르기를, '정말로 (임금의) 옥 같은 발걸음(玉趾)을 들어 (진나라에) 와서 과인을 보면, 틀림없이 초나라와 더불어 형제의 나라가 될 것입니다. 꼭 초나라를 위해 한나라와 양나라를 공격하여 초나라의 옛 땅을 돌려주겠습니다'라고 했습니다. 초나라 왕이 진나라의 말을 아름답게 여기면서 한나라와 양나라가 자기를 구원하지 않음에 화를 내었으니, 반드시 진나라에 들어갈 것입니다. (진나라는) 계책이 있기 때문에 조나라에 사신을 보내고[殺→發] 연나라를 조나라에게 미끼로 줌으로써 삼진을 떨어뜨리려 하고 있습니다.

지금 왕께서 진나라 말을 아름답게 여기고 연나라를 공격하려 하시는데, 연나라를 공격하게 되면 밥을 먹다 미처 배가 부르기도 전에 화(禍)가 이미 미치게 될 것입니다. 초나라 왕이 진나라에 들어가서 진나라와 초나라가 하나가 되면 동쪽을 바라보며 한나라를 공격하게 되는데, 한나라는 남쪽으로 내려와도 초나라가 없고 북쪽으로 가도 조나라가 없습니다. (그래서) 한나라는 정벌을 기다리지 못해서, 떼어낸 땅[割]을 손에 들고[挈] 말이나 토끼처럼 (진나라가 있는) 서쪽으로 달려 갈 것입니다. 그리하여 진나라가 한나라와 최고의 교분을 맺고 나면 진나라의 재앙은 쉽게[安] 양나라로 옮겨가게 됩니다. 진나라의 강함에다 초나라와 한나라의 도움[用]이 있게 되면 양나라는 (앉아서) 정벌이 오기만을 기다리지 못합니다. 떼어낸 땅을 손에 들고 말이나 토끼처럼 (진나라가 있는) 서쪽으로 달려가면 진나라는 양나라와 최고의 교분을 맺게 되고, 이에 진나라의 재앙을 인도하여 조나라에게로 밀어내게 될 것입니다. 강한 진나라가 한나라, 양나라, 초나라를 가지고 있고 더불어 연나라의 노여움이 있으니, (조나라는) 땅을 잘라주는 것이 (다른 나라와) 견주어서[比] 심할 것입니다. (조)나라의 행하는 바[擧=行]가 이와 같아서 신이 오게 된 것이니, 신이 그래서 아뢰기를 일이 가히 급하게 해야 한다고 말씀드렸던 것입니다.

今事有可急者, 秦之欲伐韓·梁東窺於周室甚, 惟寐亡之. 今南攻楚者, 惡三晉之大合也. 今攻楚休而復之, 已五年矣, 攘地千餘里. 今謂楚王: '苟來擧玉趾而見寡人, 必與楚爲兄弟之國, 必爲楚攻韓·梁, 反楚之故地.' 楚王美秦之語, 怒韓·梁之不救己, 必入於秦. 有謀故殺使之趙, 以燕餌趙, 而離三晉. 今王美秦之言而欲攻燕, 攻燕, 食未飽而禍已及矣. 楚王入秦, 秦·楚爲一, 東面而攻韓. 韓南無楚, 北無趙, 韓不待伐, 割挈馬兔而西走. 秦與韓爲上交, 秦禍安移於梁矣. 以秦之强, 有楚·韓之用, 梁不待伐矣. 割挈馬兔而西走, 秦與梁爲上交, 秦禍案攘於趙矣. 以强秦之有韓·梁·楚, 與燕之怒, 割比深矣. 國之擧此, 臣之所爲來. 臣故曰: 事有可急爲者.

(3)

초나라 왕이 (진나라에) 아직 들어가지[入] 않았을 때에 미쳐서, 삼진이 서로 가까이하고 서로 (약속을) 굳건히 해서 날카로운 군대를 내어 한나라와 양나라의 서쪽 변경을 지킨다면 초나라 왕은 이를 듣고서 반드시 진나라에 들어가지 않을 것이고, 진나라는 반드시 화를 내어서 머뭇거리다가[循] 초나라를 공격하게 될 것입니다. 이는 진나라의 재앙이 초나라를 떠나지 않은 것으로, 삼진에게는 좋은 일입니다. 만일 초나라 왕이 들어갔다고 해도, 삼진이 크게 힘을 모아 단단해진 모습을 보이면 진나라는 반드시 초나라 왕을 내보내지 않고 곧바로 더 많은 땅을 나누게 할 것입니다. 이는 진나라의 재앙이 초나라를 떠나지 않은 것으로, 삼진에게 이로움이 있습니다. 원컨대 왕께서 깊이 헤아려 주십시오. 급합니다!"

조나라 왕이 이로 인해 병사를 일으켜 남쪽으로 가게 해서 한나라와 양나라의 서쪽 변경을 지켜주었다. 진나라 왕이 삼진의 단단함을 보고는, 과연 초나라 왕 앙(印)을 내보내지 않고서 더 많은 땅을 요구하였다.

及楚王之未入也, 三晉相親相堅, 出銳師以戍韓·梁西邊, 楚王聞之, 必不入秦, 秦必怒而循攻楚, 是秦禍不離楚也, 便於三晉. 若楚王入, 秦見三晉之大合而堅也, 必不出楚王, 即多割, 是秦禍不離楚也, 有利於三晉. 願王之熟計之也急!" 趙王因起兵南戍韓·梁之西邊. 秦見三晉之堅也, 果不出楚王印, 而多求地.

합종과 연횡에 대한 말 중에서 이보다 좋은 것은 없다. 조나라가 일찍이 겪고서 그 효험이 이미 드러났고, 그래서 장의가 가히 꺾일 것을 알게 되었다. 그 효험이 뒤에 크게 보이지 않은 것은 제후들이 한결같지 않았기 때문이며, 이는 그 헤아림이 밝

지도 않고 지혜롭지도 않았기 때문이다. 아! 애석하도다!(鮑本彪謂: 從橫之說, 未有

善於此者也. 趙少嘗之, 其效已見, 是以知張儀之可折也. 爲其效不大見於後, 則是諸

侯之不一也, 是其計之不明不智也. 吁, 惜哉!)

조책 2
趙策

19-1 소진이 연나라로부터 조나라로 가서 처음으로 합종을 말하다

【蘇秦從燕之趙始合從】

(1)

소진(蘇秦)이 연나라로부터 조나라로 가서 처음으로 합종(合從)을 말했다. (소진이) 조나라 왕을 설득하여 말했다.

"천하의 경대부, 재상과 다른 사람의 신하에서부터 마침내 벼슬 없는 선비[布衣之士]에 이르기까지 대왕이 마땅함을 행한 것보다 높거나 빼어나지 못하기 때문에, 모두가 왕 앞에서 가르침을 받들고 충성을 늘어놓기를 원했던 날이 오래되었습니다. 비록 그러하나, 봉양군(奉陽君)이 (뛰어난 이를) 질투하여 대왕께서 일을 맡기지 못했기 때문에 바깥에서 온 손님들과 떠돌며 이야기하는 선비[游談之士]들이 감히 왕 앞에서 남김없이 충성을 다할 수 없었습니다. 지금 봉양군이 돌아가시고 나자[捐館舍]**16** 대왕이 마침내 지금 그런 뒤에 선비와 백성과 더불어 서로 가까워졌으니, 신은 그런 까닭에 감히 어리석은 계책을 바치

---

16 표포 주: 예(禮)에서는 부인이 죽은 것을 일러 '집을 덜어낸다[捐館舍]'고 했는데, 대개 (남녀 불문하고) 또한 통용해서 일컫는다.(鮑本, 禮, 婦人死曰捐館舍, 蓋亦通稱.)

고 어리석은 충성을 드러내고자[效] 합니다.

대왕을 위해 계책을 내면, 백성을 편안케 하고 일을 없게 만드는 것[無事]만 못하니 청컨대 억지로[有爲] 쓰지[庸=用] 마십시오. 백성을 편안케 하는 근본은 (어느 나라와) 사귈지를 고르는 데 달려있습니다. 사귈 나라를 골라서 얻게 되면 백성이 편안하고, 사귈 나라를 골랐지만 얻지 못하면 백성이 몸을 마칠 때까지 편안하지 못합니다. 청컨대 바깥의 근심을 이야기해 드리겠습니다. 제나라와 진나라가 (조나라의) 두 적국이 되면 백성은 편안함을 얻지 못하고, 진나라에 의지하여 제나라를 공격하게 되면 또한 백성은 편안함을 얻지 못합니다. 그래서 무릇 다른 사람의 주인을 도모하거나 다른 사람의 나라를 정벌할 때는 언제나 힘들게 다른 사람과의 사귐을 자르고 끊어버리는[斷絶] 말이 나오게 되니, 원컨대 대왕께서는 삼가시어 입에서 나오지 않게 되어야 합니다.

蘇秦從燕之趙, 始合從, 說趙王曰: "天下之卿相人臣, 乃至布衣之士, 莫不高賢大王之行義, 皆願奉教陳忠於前之日久矣. 雖然, 奉陽君妒, 大王不得任事, 是以外賓客游談之士, 無敢盡忠於前者. 今奉陽君捐館舍, 大王乃今然後得與士民相親, 臣故敢獻其愚, 效愚忠. 爲大王計, 莫若安民無事, 請無庸有爲也. 安民之本, 在於擇交. 擇交而得則民安, 擇交不得則民終身不得安. 請言外患: 齊·秦爲兩敵, 而民不得安; 倚秦攻齊, 而民不得安; 倚齊攻秦, 而民不得安. 故夫謀人之主, 伐人之國, 常苦出辭斷絶人之交, 願大王愼無出於口也.

(2)

　청컨대 좌우를 막아 주시면 분명하게[曰→白] 다른 바를 음과 양만 가지고 말씀드리겠습니다.

　대왕께서 정말로 신의 말을 들어 주신다면, 연나라는 틀림없이 모직[氈=毛織]과 갓옷, 말과 개가 있는 땅을 보내게 되고, 제나라는 틀림없이 바닷가 귀퉁이의 물고기와 소금이 나는 땅을 보내게 되고, 초나라는 틀림없이 귤[桔=橘]과 유자가 나는 운몽(雲夢) 땅을 보내게 되고, 한나라와 위나라는 틀림없이 모두 봉토(封地)와 탕목읍[湯沐之邑]을 보내어 쓰게 해서, 귀한 친척들과 숙부와 형제[父兄]들이 모두 봉을 받아 제후[侯]가 될 수 있습니다. 무릇 땅을 자르고 그 알맹이를 가져오는 것은 오패(五伯)가 군대를 엎고 장수를 붙잡아야 얻을 수 있는 바이며, 귀한 친척을 제후로 봉하는 것은 탕왕이나 무왕이 (걸왕과 주왕을) 내쫓아서[放] 죽이고 싸운 까닭입니다. 지금 대왕께서는 두 팔을 늘어뜨린 채 (땅을 얻고, 친척을 제후로 만드는) 두 가지를 가질 수 있으니, 이것이 신이 왕을 위해 바라는 바입니다.

　대왕께서 진나라와 함께하면 진나라는 반드시 한나라와 위나라를 약하게 할 것이며, 제나라와 함께하면 제나라는 반드시 초나라와 위나라를 약하게 할 것입니다. 위나라가 약해지면 하수 바깥을 잘라 주게 되고, 한나라가 약해지면 의양(宜陽)을 바치게 됩니다. 의양을 바치게 되면 상군(上郡)이 끊어지고, 하수 바깥이 잘려나가게 되면 길이 통하지 않게 됩니다. 초나라가 약해지면 (조나라는) 구원받을 바가 없습니다. 이 세 가지 계책은 깊이 헤아리지 않으면 안 됩니다.

　무릇 진나라가 지도(軹道)를 떨어뜨린 뒤, 남양(南陽)으로 움직여서 한나라를 겁주고 주나라를 포위하면 조나라는 스스로 녹아 없어지게[銷鑠] 됩니다. 위(衛)나라를 눌러[據] 기수[淇=淇水]를 얻으면 제나라는 반드시 (진나라) 조정으로 들어오게 되는데, (다시) 진나라가 이미 산동으로 가기를 원하면 반드시 갑병을 들어서 조나라로 향하게 될 것입니다. 진나라 갑병이 하수를 건너 장수를 넘고 번오(番吾)를 점거하면 군대가 반드시 한단(邯鄲) 아래에서 싸우게 될 것이니, 이것이 신이 대왕을 위해 근심하는 까닭입니다.

請屏左右, 曰言所以異, 陰陽而已矣. 大王誠能聽臣, 燕必致氈裘狗馬之地, 齊必致海隅魚鹽之地, 楚必致桔柚雲夢之地, 韓·魏皆可使致封地湯沐之邑, 貴戚父兄皆可以受封侯. 夫割地效實, 五伯之所以覆軍禽將而求也; 封侯貴戚, 湯·武之所以放殺而爭也. 今大王垂拱而兩有之, 是臣之所以爲大王願也. 大王與秦, 則秦必弱韓·魏; 與齊則齊必弱楚·魏. 魏弱則割河外, 韓弱則效宜陽. 宜陽效則上郡絕, 河外割則道不通. 楚弱則無援. 此三策者, 不可不熟計也. 夫秦下軹道則南陽動, 劫韓包周則趙自銷鑠, 據衛取淇則齊必入朝. 秦欲已得行於山東, 則必舉甲而向趙. 秦甲涉河逾漳, 據番吾, 則兵必戰於邯鄲之下矣. 此臣之所以爲大王患也.

(3)

지금 시절을 맞아서, 산동에 세워진 나라 중에 조나라보다 강한 나라는 없습니다. 조나라는 땅이 사방으로 이천 리에다 갑주를 입은 병사가 수십만, 수레가 천 승, 말이 만 마리이며 군량은 수십 년을 지탱할 [支] 수 있습니다. 서쪽으로 상산(常山)이 있고 남쪽으로는 하수[河]와 장수[漳]가 있으며 동쪽으로는 청하(淸河)가 있고 북쪽으로는 연나라가 있습니다. 연나라는 정말로 약한 나라라서 두려워하기에는 충분치 않습니다.

장차 진나라가 천하에서 두렵고 해롭다고 여기는 나라 중에 조나라만한 나라가 없습니다. 그렇지만 진나라가 감히 병기와 갑옷을 들어 조나라를 치지 못하는 이유는 왜 그렇겠습니까? 한나라와 위나라가 그 뒤에서 나무랄까[議=非] 두려워하기 때문입니다. 그렇기 때문에 한나라, 위나라는 조나라의 남쪽 울타리[蔽]입니다. 진나라가 한나라와 위나라를 공격하는 것은 (조나라와 달리) 그렇지 않습니다. 막아줄 만한 이름난 산과 큰 강이 없어서, 점점 누에가 (뽕잎을) 먹어 들어가듯이 나라의 도읍까지 붙어서[傅] 막히게 될 것입니다. 한나라와 위나라가 진나라를 이겨내지 못하면 반드시 들어가서 신하가 될 것입니다. 한나라와 위나라가 진나라의 신하가 되고 나면 진나라에게는 한나라, 위나라라는 간격이 없어지게 되어 화가 조나라에 적중하게 될 것입니다. 이것이 신이 대왕을 위해 근심하는 까닭입니다.

當今之時, 山東之建國, 莫若趙強. 趙地方二千里, 帶甲數十萬, 車千乘, 即萬匹, 粟支數十年; 西有常山, 南有河漳, 東有清河, 北有燕國. 燕固弱國, 不足畏也. 且秦之所畏害於天下者, 莫如趙. 然而秦不敢舉兵甲而伐趙者, 何也? 畏韓·魏之議其後也. 然則韓·魏, 趙之南蔽也. 秦之攻韓·魏也, 則不然. 無有名山大川之限, 稍稍蠶食之, 傅之國都而窒矣. 韓·魏不能支秦, 必入臣. 韓·魏臣於秦, 秦無韓·魏之隔, 禍中於趙矣. 此臣之所以爲大王患也.

(4)

신이 듣기에, 요임금은 세 명 사내가 농사지을 땅[三夫之分]¹⁷도 없었고 순임금은 한치 한자의 땅[咫尺之地]도 없었지만 천하를 소유했습니다. 우왕은 백 명의 사람도 모은 바가 없었지만 제후들에게 왕 노릇을 했고, 탕왕과 무왕의 병사는 삼천을 넘지 않고 수레가 삼백 승을 넘지 않았지만 세워져 천자가 되었습니다. 정말로 바른 길을 얻었기 때문입니다. 그래서 눈 밝은 주인이 밖으로 그 적국의 강하고 약한 점을 헤아리고[料] 안으로 그 용사와 병졸이 많고 적음과 뛰어나고 모자란 점을 헤아리면[度], 두 군대가 서로 맞붙는 것을 기다리지 않고도 이기고 지고 남거나 없어지는 기틀[機]과 마디[節]를 정말로 이미 가슴속에서 본다고 했습니다. 어찌 여러 사람의 말에 가려져 깜깜한 가운데서 일을 결정하시겠습니까?

臣聞, 堯無三夫之分, 舜無咫尺之地, 以有天下. 禹無百人之聚, 以王諸侯. 湯·武之卒不過三千人, 車不過三百乘, 立爲天子. 誠得其道也. 是故明主外料其敵國之强弱, 內度其士卒之衆寡·賢與不肖, 不待兩軍相當, 而勝敗存亡之機節, 固已見於胸中矣, 豈掩於衆人之言, 而以冥冥決事哉!

(5)

신이 몰래 천하의 지도를 가지고 생각해보았습니다. 제후들의 땅은 진나라의 다섯 배이며, 제후들의 병졸을 헤아려 보면 진나라의 열

---

17 밭 300무(畝)로, 옛날에는 사내 한 명에게 100무를 주어 경작하게 했다.

배입니다. 여섯 나라가 힘을 합쳐 하나가 되어서 서쪽을 바라보며 진나라에 활을 쏘면 진나라가 깨지는 것은 틀림없습니다. (그런데) 지금 진나라에 깨져서, 서쪽을 바라보고 진나라를 섬기면서 진나라의 신하가 되었습니다. 무릇 다른 사람을 깨뜨리는 것과 다른 사람에게 깨지는 것, 다른 사람을 신하로 삼는 것과 다른 사람의 신하가 되는 것, 이를 어찌 가히 같은 날에 함께 말할 수 있겠습니까!**18**

무릇 연횡을 말하는 사람[橫人]들은 모두 제후들의 땅을 갈라서 진나라에 주어 화평을 이루고자 합니다. 진나라에게 주어 화평을 이루면 곧 높은 대와 아름다운 궁실에서 피리와 거문고 소리를 듣고 다섯 가지 맛의 조화로움을 살피며 앞에는 수레가 있고 뒤에는 큰 정원이 있으며 아름다운 여인의 교태로운 웃음소리가 있겠지만, 끝내 진나라의 재앙이 있어도 그 근심을 같이하려 하지 않습니다. 그런 까닭으로 연횡을 말하는 사람은 밤낮으로 힘써 진나라의 권세를 가지고 제후들을 협박하여[恐嚇=威脅, 恐喝] 땅을 자르기를 요구하고 있습니다. 원컨대 대왕께서는 깊이 헤아리십시오.

臣竊以天下地圖案之. 諸侯之地五倍於秦, 料諸侯之卒, 十倍於秦. 六國
并力爲一, 西面而弓秦, 秦破必矣. 今見破於秦, 西面而事之, 見臣於秦.
夫破人之與破於人也, 臣人之與臣於人也, 豈可同日而言之哉! 夫橫人
者, 皆欲割諸侯之地以與秦成. 與秦成, 則高臺‧美宮室, 聽竽瑟之音,
察五味之和, 前有軒轅, 後有長庭, 美人巧笑, 卒有秦患, 而不與其憂. 是

---

18 '같은 날에 함께 말할 수 없다(不可同日而語)'라는 말은 '서로 차이가 너무 커서 함께 거론하거나 비교할 수 없다' 또는 '전혀 비교할 수도 없는 사물을 같은 위치에 놓고 말할 수 없다'는 뜻으로, 소진이 처음으로 사용한 어구이다.

故橫人日夜務以秦權恐嚇諸侯, 以求割地. 願大王之熟計之也.

(6)

신이 듣기에, 눈 밝은 왕이 의심을 끊고 참소를 물리치며 길거리에서 하는 말의 흔적을 막고 패거리 짓는 무리의 문을 틀어막으며, 그렇게 해서 임금을 높이고 땅을 넓히며 병사를 강하게 하는 계책을 신이 임금 앞에서 충심으로 진술하겠습니다.

그러므로 몰래 대왕을 위한 계책을 내자면, 한나라, 위나라, 제나라, 초나라, 연나라, 조나라가 하나가 되어서 여섯 나라가 합종하여 가까이하고, 그들을 인도하여[儐] 진나라를 배반케 하는 것만 못합니다. 천하의 장수와 재상에게 영을 내려서, 서로 항수(洹水)가에 모여 회합해서 인질을 교환하고 백마를 죽여 맹세하게 하십시오. 맹약하여 말하기를, '진나라가 초나라를 공격하면, 제나라와 위나라는 각각 날카로운 병사를 내어 초나라를 돕고, 한나라는 군량길을 끊고, 조나라는 하수와 장수를 건너고, 연나라는 상산(常山)의 북쪽을 지킨다. 진나라가 한나라와 위나라를 공격하면, 초나라가 그 뒤를 끊고, 제나라는 날카로운 병사를 내어 한나라를 돕고, 조나라는 하수와 장수를 건너고, 연나라는 운중(雲中)을 지킨다. 진나라가 제나라를 공격하면, 초나라가 그 뒤를 끊고, 한나라는 성고(成皐)를 지키고, 위나라는 오도(午道)를 틀어막고, 조나라는 하수와 장수와 박관(博關)을 건너고, 연나라는 날카로운 병사를 내어 제나라를 돕는다. 진나라가 연나라를 공격하면, 조나라는 상충산(上層山)을 지키고, 초나라는 무관(武關)에 군진을 치고[軍], 제나라는 발해(渤海)를 건너고, 한나라와 위나라는 날카로운 병사를 내어 연나라를 돕는다. 진나라가 조나라를 공격하면, 한나라[鏵=韓]는 이양(姨陽=宜陽)에 군진을 치고, 초나라는 무관에 군진을 치고, 위나라는 하수 바깥에 군진을 치고, 제나라는 발해를 건너고, 연나라는 날카로운 병사를 내어 조나라를 돕는다. 제후 중에 먼저 맹약을 배반하는 자는 다섯 나라가 함께 치겠다'라고 하십시오. 여섯 나라가 합종하여 가까이 지내며 진나라를 배척하면, 진나라는 반드시 감히 함곡관(函穀關)에서 병사를 내어 산동을 해치지 못할 것입니다! 이와 같으면 패업(伯業)이 이루어질 것입니다!"

臣聞, 明王絶疑去讒, 屏流言之跡, 塞朋黨之門, 故尊主廣地强兵之計, 臣得陳忠於前矣. 故竊大王計, 莫如一韓·魏·齊·楚·燕·趙, 六國從親, 以儐畔秦. 令天下之將相, 相與會於洹水之上, 通質刑白馬以盟之. 約曰: 秦攻楚, 齊·魏各出銳師以佐之, 韓絶食道, 趙涉河漳, 燕守常山之北. 秦攻韓·魏, 則楚絶其後, 齊出銳師以佐之, 趙涉河漳, 燕守雲中. 秦攻齊, 則楚絶其後, 韓守成皐, 魏塞午道, 趙涉河漳·博關, 燕出銳師以佐之. 秦攻燕, 則趙守上層山, 楚軍武關, 齊涉渤海, 韓·魏出銳師以佐之. 秦攻趙, 則鏵軍姨陽, 楚軍武關, 魏軍河外, 齊涉渤海, 燕出銳師以佐之. 諸侯有先背約者, 五國共伐之. 六國從親以擯秦, 秦必不敢出兵於函穀關以害山東矣! 如是則伯業成矣!"

(7)

조나라 왕이 말했다.

"과인이 나이가 적고 나라에 군림한 날이 얕아서, 일찍이 사직의 장구한 계책을 들을 수 없었소. 지금 뛰어난 손님[上客]께서 천하를 보존하고 제후를 편안케 하려는 뜻이 있으니, 과인이 삼가 나라를 가지고 따르겠습니다."

마침내 소진을 무안군(武安君)으로 봉하고, 꾸민 수레 백 승과 황금 천 일, 흰 벽옥 백 쌍, 비단 천 묶음(純)을 주어 제후와 맹약하게 하였다.

趙王曰: "寡人年少, 蒞國之日淺, 未嘗得聞社稷之長計. 今上客有意存天下, 安諸侯, 寡人敬以國從." 乃封蘇秦爲武安君, 飾車百乘, 黃金千鎰, 白璧百雙, 錦繡千純, 以約諸侯.

합종을 맺는 것은 천하의 [바라는] 마음이며, 정말로 형세도 그러했기 때문이다. 무릇 진나라가 천하를 삼키려는 마음이 있어서 [욕심을] 남김없이 하여도 그치지 않았는데, 제후 모두가 병통으로 여기면서 물리치고 싶어 했으니, 이는 이런 마음이었기 때문이다. 같은 배를 타고 바람을 만나면 호(胡=吳)와 월나라 사람이라도 서로 구원하기를 마치 자기 머리와 눈과 손발과 같았으니, 이는 그 형세 때문이었다. 천하의 마음으로써 천하의 형세를 행하여 마치 물이 아래로 나아가듯 하게 되면 누가 능히 막을 수 있겠는가? 그래서 종이라고 말하는 것이다. 종이란 따르는 것이고 고분고분하다는 것이다. (그러나) 이에 할 수 없는 바는 제후의 마음이 하나가 아니기 때문이다. 무릇 그 마음이 하나가 되지 않으면 밝게 헤아리고 지혜롭게 셈할 수 없으니, 누군가는 적은 이득을 보고 서로 뺏으려 하고 누군가는 작은 원한을 닦고 서로 공격하며, 누군가는 이름이나 실속에 눈이 멀어 연횡을 말하는 사람을 위해 무섭게 을러대고[恐喝] 있었다. 이는 장의가 틈사이로 (미끼를) 던져서 일으킨 것이다. 제후의 지혜가 늘어선 닭보다 조금이라도 영특하다면 진나라 사람이 스스로 보호하기에 흡족하지 못했을 것인데 어찌 능히 아울러 삼키려는 거동을 도모할 수 있었겠는가! 장의는 진나라 땅의 형세가 유리하고 병졸이 강하며 용사의 무력이 뛰어나

천하를 마음대로 하기에 충분하다고 말했지만, 하늘의 때와 사람의 화합, 도리와 다움의 위엄, 어질고 마땅함의 은택을 가지고 열거해보면 일어나고 망한 수와 같지 않다고 할 수 있겠는가? 비록 그렇다 해도, 하나의 합종이나 하나의 연횡은 모두 한 쪽으로 쏠린 논리이기 때문에, 왕다운 왕이 일어나면 합종과 연횡은 모두 폐기되고 천하는 안정될 따름이니 이 시절에 논할 바는 아니었다.(彪謂: 從約者, 天下之心, 亦 其勢也. 夫秦有呑天下之心, 不盡不止. 諸侯皆病之, 而欲償之, 此其心也. 同舟遇風, 胡·越之相救, 如手足於其頭目, 此其勢也. 以天下之心, 行天下之勢, 如水之就下, 孰 能禦之? 故謂之從. 從者, 從也, 順也. 其所不可者, 諸侯之心不一. 夫其心不一者, 非 明計智算也, 或見少利而相侵, 或修小怨而相伐, 或眩於名實而爲橫人之所恐喝. 此 張儀所以投隙而起. 使諸侯之智少靈於連雞, 則秦人自保之不給, 安能圖併呑之擧耶! 儀謂秦地形勢便, 兵強士武, 足以橫天下, 然則天時·人和, 道德之威, 仁義之澤, 擧無 與於興亡之數乎? 雖然, 一從一橫, 皆一偏之論, 有王者作, 則從橫皆廢, 而天下定, 而 非所以論於此時也.)

19-2 진나라가 조나라를 공격하다【秦攻趙】

(1)

진나라가 조나라를 공격하자 소자(蘇子)가 (조나라를 위해) 진나라 왕에게 일러주며 말했다.

"신이 듣기에, 눈 밝은 왕이 그 백성에게 하는 바는 넓게 논의하고 일로써 시험하기[技藝=試之以事] 때문에 관리는 일에 모자람이 없고 힘이 지치지 않는다고 했습니다. (왕) 앞에서 말하면 많이 듣고 때에 맞 게 쓰니, 그렇게 함으로써 일이 업적을 무너뜨리지 않고 잘못됨이 드러

나지 않습니다. 신이 바라건대, 왕께서는 신이 아뢰는 바를 살피시어
한 시절의 쓰임으로 공효를 드러내게 해주십시오.

신이 듣건대, 무거운 보물을 품고 있는 사람은 밤에 길을 나서지 않
으며, 큰 일[功=事]을 맡은 자는 가볍게 상대하지 않는다고 하였습니
다. 그래서 뛰어난 자는 무거운 일을 맡으면 행실을 공손히 하고, 지혜
로운 자는 성과[功=成果]가 커지면 말을 고분고분하게 합니다. 이 때문
에 백성이 그 높으신 분을 미워하지 않고 세상이 그 업적을 질투하지
않습니다.

신이 듣건대, (땅이) 백 배가 큰 나라의 백성들은 뒤쳐지는 것을 좋
아하지 않으며¹⁹ 공로와 업적이 세상에서 높으면 다른 사람의 주인은
다시 행하게 하지 않는다고 했습니다. 힘이 다한 백성을 어진 사람은
쓰지 않으니, 구해서 얻으면 돌아와서 아무 일 없이[靜=無事] 지내게
하는 것이 뛰어난 주인의 다스림[制=治]이요 공이 크면 백성을 쉬게
하는 것이 병사를 쓰는 길입니다. 지금 병사를 쓰는데, 몸을 마칠 때까
지 쉬지 못하고 힘이 다해도 풀어주지 않는 채로 조나라를 노엽게 해
서[趙怒→怒趙], 반드시 그곳을 자기 읍으로 만들려 합니다. 조나라가
겨우겨우 남아 있으려 하겠습니까! 그러나 (조나라는) 사방으로 통하
는[四輪=四通] 나라이기 때문에 지금 비록 한단을 얻는다 해도 나라
의 오래가는 이익이 아닙니다. 생각건대, 땅이 넓어도 갈지 않고 백성
이 파리해도 쉬지 못하며 또한 엄하기를 형벌로써 하게 되면, 비록 따
른다 해도 (원망이) 그치지 않을 것입니다. 속담에 말하기를 '싸워서 이

---

19 포표 주: '앞을 다투어 달려든다'는 말이다. (오사도가) 바로잡아 말한다: 이미 땅이 넓기 때문에
백성들이 뒤에 남아 일을 다시 하는 것을 좋아하지 않는 것이다.(鮑本, 爭先附之. 正曰, 地既廣
矣, 民不樂其後之復有事也.)

기고도 나라가 위태로운 것은 일이 끊어지지 않기 때문이다. 공이 큰
데도 권세가 가벼운 것은 땅이 들어오지 않기 때문이다'라고 했으니,
그래서 지나치게 일을 맡기면 아비는 자식에게서도 얻지 못하며 그치
지 않고 요구하면 임금은 신하에게서도 얻지 못합니다. 그러므로 미미
한 것을 드러내는 자는 강해지고, 백성을 쉬게 하는 것을 살피면서 쓰
는 자가 패자가 되며, 가벼움이 무겁게 되는 것을 밝히는 자는 왕다운
왕이 되는 것입니다."

秦攻趙, 蘇子爲謂秦王曰: "臣聞明王之於其民也, 博論而技藝之, 是故
官無乏事而力不困; 於前言也, 多聽而時用之, 是故事無敗業而惡不章.
臣願王察臣之所謁, 而效之於一時之用也. 臣聞懷重寶者, 不以夜行;
任大功者, 不以輕敵. 是以賢者任重而行恭, 知者功大而辭順. 故民不惡
其尊, 而世不妒其業. 臣聞之: 百倍之國者, 民不樂後也; 功業高世者, 人
主不再行也; 力盡之民, 仁者不用也; 求得而反靜, 聖主之制也; 功大而
息民, 用兵之道也. 今用兵終身不休, 力盡不罷, 趙怒必於其己邑, 趙僅
存哉! 然而四輪之國也, 今雖得邯鄲, 非國之長利也. 意者, 地廣而不耕,
民羸而不休, 又嚴之以刑罰, 則雖從而不止矣. 語曰: '戰勝而國危者, 物
不斷也. 功大而權輕者, 地不入也.' 故過任之事, 父不得於子; 無已之求,
君不得於臣. 故微之爲著者強, 察乎息民者爲用者伯, 明乎輕之爲重者
王."

(2)
진나라 왕이 말했다.
"과인이 병사를 어루만지고[案=按] 백성을 쉬게 하면, (그 사이에)

천하는 반드시 합종하여 장차 이로써 진나라를 거스를 것이오.”

소자가 말했다.

“신은 천하가 합종하여도 진나라를 거스를 수 없음을 알고 있습니다. 신은 전단(田單)과 여이(如耳)가 크게 잘못하고 있다고 여깁니다. 어찌 단지 전단과 여이만이 큰 잘못을 저지르겠습니까? 천하의 주인들역시 남김없이 죄가 있습니다! 무릇 (세상의 주인들이) 헤아리기를[慮], 망한 제나라와 피폐해진 초나라와 너덜너덜해진 위나라와 (앞으로 어찌 될지) 알 수 없는 조나라를 거두어서 진나라를 궁지에 몰아넣고 한나라를 꺾고자 했으니, 신은 지극히 어리석다고 생각합니다.

무릇 제나라 위(威)왕과 선(宣)왕은 세상의 뛰어난 주인이었습니다. (위왕은) 은덕을 펼쳐 땅을 넓히고 나라를 부유하게 했으며 백성을잘 썼고, 장수는 무(武)를 갖추고 병사는 굳셌습니다. 선왕이 이를 써서 뒤에 한나라를 깨뜨리고[富→破] 위나라를 위협했으며 남쪽으로내려가서 초나라를 치고 서쪽으로 가서 진나라를 공격하니, 제나라병사들 때문에 (진나라는) 효산[崤] 요새 위에서 곤경에 처했습니다. 십년 동안 땅에서 밀려나자 진나라 사람들은 (두려워서 제나라의) 자취를멀리하고 복종하지 않았습니다. (그러나 싸움에 이기고도) 그 때문에 제나라는 (그 땅이) 텅텅 비고 (그 백성들은) 힘들어했습니다[戾=疾]. 저 제나라 병사가 깨어진 까닭과, 한나라와 위나라가 겨우 살아남은 이유가무엇이겠습니까? 이는 곧 초나라를 치고 진나라를 공격했기 때문에뒤에 그 재앙을 받은 것입니다.

지금 (세상의 주인들은) 부유하기는 제나라 위왕과 선왕이 남긴 것만못하고, 우수한 병사[精兵]도 부유한 한나라나 굳센 위나라의 곳간에있는 것만 못하며, 장차 전단이나 사마양저[司馬=司馬穰苴]의 헤아림도 가지고 있지 않습니다. 깨어진 제나라, 피폐해진 초나라, 너덜너덜 해진 위나라, 어찌 될지 모르는 조나라를 거두어 진나라를 궁지에 몰아넣고 한나라를 꺾고자 하는 것은, 신은 지극히 잘못된 계산이라고 여깁니다.

신은 합종으로 하나가 됨은 이루어지지 못할 것이라고 생각합니다. (유세하는) 손님들 중에 (일을) 어렵게 만드는 자[刑名家]들이 있으니, 지금 신은 세상의 골칫거리로 여깁니다. 무릇 (申不害나 韓非 같은) 형명(刑名)의 무리[家]는 모두 '흰말은 말이 아니다'라고 말합니다만, 이미 흰말이 실제의 말이어야 마침내 흰말이 흰말로 될 수 있는 것입니다.[20] 이것이 신이 근심으로 삼는 바입니다.

秦王曰: "寡人案兵息民, 則天下必爲從, 將以逆秦." 蘇子曰: "臣有以知天下之不能爲從以逆秦也. 臣以田單·如耳爲大過也. 豈獨田單·如耳爲大過哉? 天下之主亦盡過矣! 夫慮收亡齊·罷楚·敝魏與不可知之趙, 欲以窮秦折韓, 臣以爲至愚也. 夫齊威·宣, 世之賢主也, 德博而地廣, 國富而用民, 將武而兵强. 宣王用之, 後富韓威魏, 以南伐楚, 西攻秦, 爲齊兵困於崤塞之上, 十年攘地, 秦人遠跡不服, 而齊爲虛戾. 夫齊兵之所以破, 韓·魏之所以僅存者, 何也? 是則伐楚攻秦, 而後受其殃也. 今富非有齊威·宣之餘也, 精兵非有富韓勁魏之庫也, 而將非有田單·司

---

20 포표 주: 만일 흰말로 하여금 실제의 말이게끔 하려면 반드시 흰말이 되어야 하는데, 천하의 말이 모두 백마인 것은 아니다. 그러므로 말이 아니라고 말한 것이다.(鮑本, 如使白馬實馬, 必有白馬之爲, 而天下之馬不皆爲白馬, 故曰非馬.)
희다는 것은 색으로서 명명된 개념이고, 말이란 것은 형태로 명명된 개념이다. 따라서 색과 형태라는 두 개념이 합쳐진 '백마'와 형태라는 하나의 개념으로만 된 '말'은 별개일 수밖에 없다. 예열(倪說)은 이러한 논변으로 당시 자기가 소속되어 있던 직하학당의 학사들을 항복시켰다고 한다.

馬之慮也. 收破齊·罷楚·弊魏·不可知之趙, 欲以窮秦折韓, 臣以爲至 誤. 臣以從一不可成也. 客有難者, 今臣有患於世. 夫刑名之家, 皆曰, 白 馬非馬也. 已若白馬實馬, 乃使有白馬之爲也. 此臣之所患也.

(3)

옛날에, 진나라가 병사를 내려 보내 (위나라의) 회(懷) 땅을 공격해 서 그 사람들을 복속시키자 세 나라[趙, 齊, 楚]가 합종하였습니다. (조 나라의) 조사(趙奢)와 (제나라의) 포녕(鮑佞)이 이끌었지만, 초나라 사람 중에서는 네 사람만이 일어나 따랐습니다. 회 땅에 이르렀지만 구원하 지 못했고, 진나라가 떠나갔지만 쫓지 못했습니다. 세 나라가 진나라 를 미워하고 회 땅을 아꼈기 때문이겠습니까, 회(懷)를 미워하는 것을 잊고 진나라를 아꼈기 때문이겠습니까? 무릇 공격을 받았지만 구원 하지 않았고 물러났지만 쫓지 않았던 것은, 이는 세 나라 병사가 피곤 했기 때문이고 조사와 포녕의 능력 때문이었습니다. 그 때문에 땅을 찢어서 패한 제나라에 주게 된 것입니다.[21]

전단이 제나라의 좋은 군사[良]를 이끌고 병사들이 제나라 안에서 마음대로 다니게 한 지가 14년이지만, 몸을 마칠 때까지 감히 병사를 두어 진나라를 공격하고 한나라를 꺾을 수 없을 것입니다. 봉토 안만 치달릴 뿐이었으니, 합종하여 하나로 이룬 것이 어디에[惡] 있는지를 알지 못하겠습니다."

---

21 (오사도가) 바로잡아 말한다: 땅을 찢어 패한 제나라에 주었다는 것은 당시 다섯 나라가 제나라 를 정벌한 일을 가리킨다. 세 나라가 회 땅을 구원하지 않았기 때문에 결국에는 땅을 찢어서 패 배한 제나라에 주어야만 했다.(正曰: 裂地敗齊, 當是指五國伐齊之事. 三國之不救懷, 卒裂地以 敗齊.)

이에 진나라 왕이 병사를 풀고 조용한 모습[靜態]으로 (나라 밖으로) 나오지 않으니, 제후는 쉬게 되고 천하는 평안하여 이십구 년 동안 서로 공격하지 않았다.

昔者, 秦人下兵攻懷, 服其人, 三國從之. 趙奢·鮑佞將, 楚有四人起而從之. 臨懷而不救, 秦人去而不從. 不識三國之憎秦而愛懷邪? 忘其憎懷而愛秦邪? 夫攻而不救, 去而不從, 是以三國之兵困, 而趙奢·鮑佞之能也. 故裂地以敗於齊. 田單將齊之良, 以兵橫行於中十四年, 終身不敢設兵以攻秦折韓也, 而馳於封內, 不識從之一成惡存也." 於是秦王解兵不出於靜態諸侯休, 天下安, 二十九年不相攻.

진나라가 조나라를 공격하자, 소진이 진나라에 적대하는 합종은 여섯 나라의 이익이 서로 달라 이루어질 수 없는 일이라고 설득함으로써 철군을 이끌어 내고 삼십년간의 평화를 가져왔다.

19-3 장의가 진나라를 위해 연횡을 하고자 조나라 왕을 설득하다
【張儀爲秦連橫說趙王】

(1)

장의가 진나라를 위해 연횡을 하고자 조나라 왕을 설득하며 말했다.

"저희 나라 진나라 왕[惠王]이 사신으로 신을 보내어 감히 대왕의 어사(御史=史官)²²에게 글을 바치게 했습니다.

대왕께서 천하를 거두고 이끌어서 진나라를 물리치고 계시니, 진나라 병사는 감히 함곡관(函穀關)을 15년 동안이나 나오지 못하고 있습니다. 대왕의 위엄이 천하와 산동에 행해지고 있습니다. 저희 나라는 두렵고 무서워서 덜덜 떨면서 엎드려 있으니, 갑옷을 깁고 병기를 갈고 수레와 기마를 꾸미고 말을 달려서 활쏘기를 익히면서 힘써 밭을 갈아 곡식을 쌓는 중에 봉토 안쪽에서 사방을 지키며 근심 속에 살고 두려움에 처하면서도 감히 움직이거나 술렁대지 못하는 것은, 오직 대왕께서 허물을 꾸짖을[督過] 뜻을 가지고 계시기 때문입니다.

지금 진나라가 (조나라) 대왕의 힘을 가지고서, 서쪽으로 가서 파촉(巴蜀)을 들어 올리고 한중(漢中)을 아울렀으며, 동쪽으로 가서 두 주나라를 거두고 구정(九鼎)을 서쪽으로 옮기고는 백마 나루터[白馬之津]를 지키고 있습니다. 진나라가 비록 외지고 멀리 있지만, 그러나 마음속에서 성내고 원망하며[忿悁] 노여움을 품고 있던 날들이 오래되었습니다. 지금 저희 임금[宣君→寡君]께서는 해진[微=敝] 갑주와 무딘 병기를 가지고 민지(澠池)에 군진을 친 뒤 하수[河]를 건너고 장수[漳]를 넘기를 바라고 있으며, 파오(番吾)를 점거하여 (조나라 도읍인) 한단(邯鄲) 아래에서 맞아 싸우려 하고 있습니다. 원컨대 갑자일[甲子之日]에 서로 싸워서, 이로써 은나라와 주나라의 일과 같이 바로잡고자 합니다. 삼가 사신으로 신을 먼저 보내어 좌우에게 알리게[聞=告] 하셨습니다.

---

22 포표 주: 주나라 종백이 속한 관직으로, 진나라도 그로 말미암아 가지고 있었고 조나라 또한 가지고 있었다. 여기서 이를 말한 까닭은 왕을 직접 드러내지 않기 위해서이다.(鮑本, 周宗伯屬官, 秦因之, 而趙亦有. 言此者, 不斥王也.)

張儀爲秦連橫, 說趙王曰: "弊邑秦王使臣敢獻書於大王御史. 大王收率天下以儐秦, 秦兵不敢出函穀關十五年矣. 大王之威, 行於天下山東. 弊邑恐懼懾伏, 繕甲厲兵, 飾車騎, 習馳射, 力田積粟, 守四封之內, 愁居懾處, 不敢動搖, 唯大王有意督過之也. 今秦以大王之力, 西擧巴蜀, 并漢中, 東收兩周而西遷九鼎, 守白馬之津. 秦雖辟遠, 然而心忿悁含怒之日久矣. 今宣君有微甲鈍兵, 軍於澠池, 愿渡河逾漳, 據番吾, 迎戰邯鄲之下. 愿以甲子之日合戰, 以正殷紂之事. 敬使臣先以聞於左右.

(2)

무릇 대왕이 믿는 바 합종이라 여기는 것은 소진(蘇秦)의 계책에 의지하고 있습니다. (소진은) 제후를 어지럽히고[熒=眩] 홀려서, 옳은 것을 그르다 하고 그른 것을 옳다 하면서 도리어 제나라를 엎어버리려 했지만, 그러나 하지 못하게 되자 스스로 제나라 저잣거리에서 수레에 찢겨 죽겠다고[車裂] 하고 있습니다. 무릇 천하가 하나로 될 수 없음은 정말로 명확합니다. 지금 초나라가 진나라와 더불어 형제[昆弟]의 나라가 됐고, 한나라와 위나라는 동쪽 울타리[東蕃]의 신하가 됨을 칭하고 있으며, 제나라는 물고기와 소금이 나는 땅을 바쳤으니 이는 조나라의 오른팔이 잘린 것입니다. 무릇 오른팔을 잘리고도 다른 사람과 싸우기를 청한다면 그 무리를 잃고 홀로 살게 되니, 위태롭지 않기를 구하려 욕심내지만 어찌 얻을 수 있겠습니까?

지금 진나라는 세 명의 장군을 보냈으니, 일군(一軍)은 오도(午道)를 틀어막고 제나라에 말해 군대를 일으켜서 청하(淸河)를 건너 한단(邯鄲) 동쪽에 군진을 치게 했으며, 일군은 성고(成皐)에 군진을 치고 한나라와 위나라를 몰고 가서 하수 밖[河外]에 주둔하고 있으며, 일 군은 민지(澠池)에 군진을 치고 있습니다. 이에 약조하여 말하기를, 네 나라[秦, 韓, 魏, 齊]가 하나가 되어 조나라를 공격하게 되면, 조나라를 깨뜨려서 그 땅을 넷으로 나눈다고 했습니다. 그래서 감히 뜻을 숨기고 실상을 감출 수 없으니, 먼저 좌우에게 알려드리겠습니다. 신이 절절히 대왕을 위해 계책을 낸다면, 민지에서 진나라와 만나서 얼굴을 서로 보면서 몸소 서로 (약속을) 맺는 것만 못할 것입니다. 신이 병사를 어루만지며 공격이 없도록 요구할 것이니, 바라건대 왕께서 계책을 정해 주십시오."

凡大王之所信以爲從者, 恃蘇秦之計. 熒惑諸侯, 以是爲非, 以非爲是, 欲反覆齊國而不能, 自令車裂於齊之市. 夫天下之不可一亦明矣. 今楚與秦爲昆弟之國, 而韓·魏稱爲東蕃之臣, 齊獻魚鹽之地, 此斷趙之右臂也. 夫斷右臂而求與人鬪, 失其黨而孤居, 求欲無危豈可得哉? 今秦發三將軍, 一軍塞午道, 告齊使興師度淸河, 軍於邯鄲之東; 一軍軍於成皋, 驅韓·魏而軍於河外; 一軍軍於澠池. 約曰, 四國爲一, 以攻趙, 破趙而四分其地. 是故不敢匿意隱情, 先以聞於左右. 臣切爲大王計, 莫如與秦遇於澠池, 面相見而身相結也. 臣要求案兵無攻, 願大王之定計."

(3)

조나라 왕이 말했다.

"돌아가신 왕께서 있던 시절에는, 봉양군이 재상으로 있으면서 권력을 오로지하고 세력을 마음대로 하니, 돌아가신 왕을 가려 어둡게 하면서 다스리는[官=治] 일을 홀로 명했습니다. 과인이 궁에 머물 때에는, 사부에게 맡겨져서 나라를 위한 모책을 함께 내지 못했습니다. 돌아가신 왕[先生=先王]이 여러 신하를 버리셨을 때[棄=薨]에는 과인이 나이가 어려서 사직을 받들어 제사지낸 날이 얕았지만, 사사로운 마음으로 정말로 몰래 의심하였습니다. 하나로 합종하여 진나라를 섬기지 않음은 나라에 오래도록 이익이 되지 않습니다. 이에 장차 바라건대 마음을 바꾸고 헤아림을 옮기고자 하니, 땅을 쪼개서 앞의 잘못을 사죄하고 진나라를 섬기겠습니다. 바야흐로 장차 수레를 묶고 빨리 나아가서 사자(使者)의 밝은 말[詔]을 듣고자 합니다."

이에 마침내 수레 삼백 승을 거느리고 민지(澠池)로 들어가서 조현하고, 하간(河間) 땅을 잘라내어 진나라를 섬겼다.

趙王曰: "先王之時, 奉陽君相, 專權擅勢, 蔽晦先王, 獨制官事. 寡人宮居, 屬於師傅, 不能與國謀. 先生棄群臣, 寡人年少, 奉祠祭之日淺, 私心固竊疑焉. 以爲一從不事秦, 非國之長利也. 乃且願變心易慮, 剖地謝前過以事秦. 方將約車趨行, 而適聞使者之明詔." 於是乃以車三百乘入朝澠池, 割河間以事秦.

장의가 합종의 하나됨이 오래갈 수 없음을 말하면서 제나라, 한나라, 위나라와 함께 조나라를 치겠다고 알리자, 조나라가 몸을 굽히고 진나라를 섬기겠다고 하였다.

19-4 무령왕이 아무 일 없이 낮에 머물고 있었는데 【武靈王平晝間居】

(1)

무령왕(武靈王)이 아무 일 없이 낮에 머물고 있었는데, (조나라 재상인) 비의(肥義)가 모시고 앉아 있다가 말했다.

"왕께서는 세상 일[世者=世事]이 바뀌는 것을 염려하시고, 갑주 입은 병사의 쓰임을 저울질하시며, (조나라의 시조인) 간자[簡]와 양자[襄] 두 분의 자취를 생각하시고, 호(胡)나 적(狄) 같은 북쪽 오랑캐의 이익을 헤아리고 계십니까?"

왕이 말했다.

"잇는[嗣] 자가 앞선 이의 은덕을 잊지 않음이 임금의 도리요, 폐백[質]을 드리고[錯=委] 눈 밝은 임금이 오래가도록 힘씀이[23] 신하가 중시할[論] 바요. 이에 뛰어난 임금은, 가만히 있을 때에는 백성에게 일을 편하게 하는 가르침을 일러주고, 움직일[動=動而] 때에는 옛날 앞선 시절의 공적을 밝혀주어야 하오. 다른 사람의 신하가 된 자는, 막혀[窮] 있을 때에는 윗사람에게 고분고분하고[弟=順] 사양하는 절도가 있어야 하고, 통하게 되었을 때에는 백성을 돕고 임금의 일을 보태주어야 하오. 이 두 가지가 임금과 신하의 본분[分=本分]이오.

지금 내가 양주(襄主=趙襄子)의 업적을 계승해서 호(胡)나 적(翟=狄)의 땅(鄕)을 열고[啟] 싶지만, 끝내 세상에서 (나와 같이 생각하는 자를) 보지 못했소. 약한 자를 대적하면 힘을 씀은 적고 성과[功]는 많으니, 가히 백성의 노고를 다하지 않고도 지나간 옛날의 공훈[勛=勳]을 누릴 수 있소. 무릇 세상에 높은 공이 있는 사람은 반드시 남겨진 세속의 쌓인 허물을 짊어지게 되고, (세속과 같은 생각을 하지 않고) 홀로 생각하여 근심하는 사람은 반드시 뭇 사람의 원망[愬=怨]을 받게 되오. 지금 내가 장차 오랑캐 옷을 입고 말을 탄 채 활 쏘는 것을 백성에

---

23 또는 '임금의 장점을 밝히는 데 힘쓰다'로 옮길 수 있다.

게 가르치려 하는데, 그렇게 되면 세상은 틀림없이 과인에 대해 말이
많을 것이오."

武靈王平晝間居, 肥義侍坐, 曰: "王慮世者之變, 權甲兵之用, 念簡·襄
之跡, 計胡·狄之利乎?" 王曰: "嗣不忘先德, 君之道也; 錯質務明主之
長, 臣之論也. 是以賢君靜而有道民便事之教, 動有明古先世之功. 爲人
臣者, 窮有弟長辭讓之節, 通有補民益主之業. 此兩者, 君臣之分也. 今
吾欲繼襄主之業, 啟胡·翟之鄕, 而卒世不見也. 敵弱者, 用力少而功多,
可以無盡百姓之勞, 而享往古之勛. 夫有高世之功者, 必負遺俗之累; 有
獨知之慮者, 必被庶人之恐. 今吾將胡服騎射以敎百姓, 而世必議寡人
矣."

(2)

비의(肥義)가 말했다.

"신이 듣기에, 의심스러운 일은 성과가 없고 의심스러운 행실은 이
름을 얻을 수 없다고 했습니다. 지금 왕께서 바로 세속에 남겨질 근심
을 짊어지려는 마음을 정하셨다면, 거의 천하에서 (이러쿵저러쿵) 하는
말을 돌아보지 마십시오. 무릇 지극한 다움으로 평가(論=評)받는 자
는 세속에는 어울리지 않으며, 큰 공업을 이루려는 자는 무리와 계책
을 만들지 않습니다. 옛날 순임금이 유묘(有苗)에 가서 춤을 추고 우임
금이 소매를 걷어 올리고[袒] 나국(裸國)에 들어간 것은, 욕심을 기르
려 함이 아니라 뜻을 즐겁게 함이며 덕을 평가받으려는 것이 아니라
성과를 찾기 위해서였습니다. 어리석은 자는 일을 이루는 데 어둡고
지혜로운 자는 싹트기도 전에 보니, 왕께서 이에 마침내 행하십시오."

왕이 말했다.

"과인은 오랑캐 옷[胡服]을 의심하는 것이 아니라 세상이 비웃을
까 걱정하는 것이오. 미친 사내가 즐거워하면 지혜로운 자는 이를 애
달파하고, 어리석은 자가 웃으면 빼어난 자는 이를 서글퍼하오. 세상
에 나를 따르는 사람이 있다 해도 오랑캐 옷을 입는 일은 아직 알 수가
없지만, 비록 세상이 나를 비웃으며 내몰아도 오랑캐 땅[胡地]과 중산
(中山) 땅은 내가 반드시 가져야겠소."

肥義曰:"臣聞之, 疑事無功, 疑行無名. 今王即定負遺俗之慮, 殆毋顧天
下之議矣. 夫論至德者, 不和於俗; 成大功者, 不謀於衆. 昔舜舞有苗, 而
禹袒入裸國, 非以養欲而樂志也, 欲以論德而要功也. 愚者闇於成事, 智
者見於未萌, 王其遂行之." 王曰:"寡人非疑胡服也, 吾恐天下笑之. 狂夫
之樂, 知者哀焉; 愚者之笑, 賢者戚焉. 世有順我者, 則胡服之功未可知
也. 雖驅世以笑我, 胡地中山吾必有之."

(3)

왕이 드디어 오랑캐 옷[胡服]을 입고, 왕손설(王孫緤)을 시켜 공자
성(成)에게 일러 말했다.

"과인이 오랑캐 옷을 입고 장차 조회를 열 것이니, 또한 숙부[叔]도
(오랑캐 옷을) 입기를 바랍니다. 집안에서는 어버이 말을 듣고 나라에서
는 임금의 말을 듣는 것이 옛날이나 지금이나 모두의 일[公]이 행해지
는 것이며, 자식이 어버이를 배반하지 않고 신하가 주인을 거스르지
않는 것이 앞선 뛰어난 왕들의 두루 통하는 마땅함입니다. 지금 과인
이 가르침을 일으켜서 옷을 바꾸는데 숙부가 따르지[服] 않는다면, 나

는 세상이 이를 말 삼을까 걱정됩니다.

　무릇 나라를 다스리는 데에는 일정함이 있으니 백성을 이롭게 함을 뿌리로 삼으며, 정사를 쫓는 데도 길이 있으니 정령[令]이 행해지는 것을 으뜸으로 합니다. 그래서 덕을 밝히는 것은 천한 자에게 평가하게[論] 함에 달려있고, 정사가 행해지는 것은 높은 자에게 믿게 함에 달려있습니다. 지금 오랑캐 옷을 입는 뜻은, 욕심을 기르려 함이 아니라 뜻을 즐겁게 함입니다. 일을 하면 나오는 바가 있고, 공을 세우면 멈추는 바가 있습니다. 일이 이루어지며 공이 세워지고 난 뒤에 은덕 또한 드러납니다. 지금 과인은 숙부가 정사를 따르는 길을 거스르고 여러 숙부[公叔]의 의견에 보태줄까 두렵습니다. 또 과인이 듣기에, 섬기기를 나라에 이롭게 하는 자는 행실에 기울어짐[邪]이 없고, 귀한 친척으로 말미암은 자는 이름에 허물이 없다고 했습니다. 그래서 과인은 왕의 숙부[公叔]로서의 마땅함을 바라고 그리워하고 있으니, 이로써 오랑캐 옷을 입는 공업을 이루게 해주십시오. 설(緤)을 시켜 숙부에게 아뢰니, 청컨대 입어주십시오."

　　王遂胡服. 使王孫緤告公子成曰: "寡人胡服, 且將以朝, 亦欲叔之服之也. 家聽於親, 國聽於君, 古今之公行也; 子不反親, 臣不逆主, 先王之通誼也. 今寡人作教易服, 而叔不服, 吾恐天下議之也. 夫制國有常, 而利民爲本; 從政有經, 而令行爲上. 故明德在於論賤, 行政我在於信貴. 今胡服之意, 非以養欲而樂志也. 事有所出, 功有所止. 事成功立然後德且見也. 今寡人恐叔逆從政之經, 以輔公叔之議. 且寡人聞之, 事利國者行無邪, 因貴戚者名不累. 故寡人愿募公叔之義, 以成胡服之功. 使緤謁之叔, 請服焉."

(4)

공자성(公子成)이 두 번 절하고 말했다.

"신은 정말로 왕께서 오랑캐 옷을 입는다는 것을 들었지만, 말재주가 없고 병으로 누워 있기 때문에 빨리 달릴 수 없어서 먼저 나아오지 못했습니다. 왕께서 지금 명하셨는데, 신은 정말로 감히 이 어리석은 충심을 남김없이 하고자 합니다. 신이 듣기에 중국이란, 귀 밝고[聰] 눈 밝고[明] 일머리 있고[睿] 지혜로운[知] 자가 머무는 곳이요, 온갖 사물과 재물과 쓸거리[財用]가 모이는 곳이요, 뛰어나고 빼어난 이들이 가르치는 곳이요, 어질고 마땅함이 베풀어지는 곳이요, 시(詩)·서(書)·예(禮)·악(樂)이 쓰이는 곳이요, 특이하거나 민첩한 기술과 재주[藝]가 시험되는 곳이요, 먼 나라에서 살피려고 오는 곳이요, 오랑캐가 마땅함을 행하는 곳입니다. 지금 왕께서는 이를 풀어버리고 먼 나라의 옷을 입음[襲]으로써 옛날의 가르침을 바꾸고 옛 도리를 고치며 사람의 마음을 거스르고, 배움을 배반하고 중국을 떠나려 하십니다. 신이 바라건대 대왕께서는 헤아려주십시오."

公子成再拜曰:"臣固聞王之胡服也, 不佞寢疾, 不能趨走, 是以不先進. 王今命之, 臣固敢竭其愚忠. 臣聞之, 中國者, 聰明睿知之所居也, 萬物財用之所聚也, 賢聖之所教也, 仁義之所施也, 詩書禮樂之所用也, 異敏技藝之所試也, 遠方之所觀赴也, 蠻夷之所義行也. 今王釋此, 而襲遠方之服, 變古之教, 易古之道, 逆人之心, 畔學者, 離中國, 臣愿大王圖之."

(5)

사자가 왕에게 보고하자, 왕이 말했다.

"나는 진실로 숙부가 병이 난 것을 들었다."

바로 공숙성(公叔成)의 집에 가서, 스스로 청하면서 말했다.

"무릇 옷이란 쓰임을 편하게 하는 것이며, 예란 일을 편하게 하는 것입니다. 이로써 빼어난 이는 그 마을을 살피고 나서 마땅함을 따르고 그 일로 말미암아 예를 만드니, 그 백성을 이롭게 하고 그 나라를 두텁게 하려는 까닭입니다. 머리를 풀고[被髮] 몸에 무늬를 새기며 어깨에 문신을 하고[錯臂] 왼쪽으로 깃을 여미는 것은 (남쪽) 구월(甌越)의 백성(의 풍속)입니다. 이를 검게 물들이고[黑齒] 피부에 색을 집어넣으며[雕題]²⁴ 메기껍질 관[鯷冠]을 서툴게 꿰매어[秫縫] 쓰는 것은 오나라의 풍습입니다. 예와 복식이 같지 않지만 그 편하게 하는 것은 하나입니다. 이에 마을이 다르면 쓰는 것도 변하고, 일이 다르면 머무는 곳도 바뀝니다. 그래서 빼어난 이는 정말로 그 백성을 가히 이롭게 하기 위해 그 쓰임을 하나만 하지 않으며, 과연 그 일을 가히 편하게 하기 위해 그 예를 같게 하지 않습니다. 유자(儒者)는 하나의 스승이 있어도 예가 다르고, 중국은 같은 풍속이지만 가르침이 서로 떨어져 있으니, 하물며 산속 골짜기에서 편히 사는 사람은 어떻겠습니까? 그래서 물러나고 나아감이 다르면 지혜로운 자는 (억지로) 하나로 만들지 않으며, 빼어난 이도 멀고 가까운 곳의 복식을 똑같게 할 수 없습니다. 궁벽한 마을에는 다른 습속이 많고 잘못 배운 사람은 변명거리가 많으니, 알지

---

24 표포 주: 조제(雕題)란, 그 피부에 새겨서 붉거나 푸른 개흙을 집어넣는 것이다.(鮑本, 雕題者, 刻 其肌, 以丹青涅之.)

못하면 의심하지 말고 자기와 다르다고 해서 틀렸다고 하지 않는 것이 좋은 것을 찾는 공정한 길[公]입니다. 지금 경(卿=叔)이 말한 바는 습속[俗]에 대한 것이요, 제가 말한 바는 습속을 만드는 까닭에 대한 것입니다.

지금 우리나라 동쪽에는 하수, 박수[薄]와 낙수[洛]의 물이 있는데, 제나라와 중산과 더불어서 함께하고 있어서 배[舟楫]를 쓸 수 없습니다. 상산(常山)으로부터 대(代), 상당(上黨)에 이르기까지 동쪽으로는 연나라와 동호(東胡)[25]의 경계가 있고, 서쪽으로는 누번(樓煩), 진나라, 한나라의 변경이 있는데, 그런데도 말 타고 활을 쏘는[騎射] 데 대한 대비가 없습니다. 그래서 과인은 장차 배들을 쓰기 위해 모아들인 후 물가에 사는 백성을 찾아 이로써 하수, 박수와 낙수의 물을 지키도록 하며, 옷을 바꿔 입으며 말 타고 활을 쏘게 해서 그 세 오랑캐, 누번, 진나라, 한나라의 변경을 대비하려고 합니다. 또 옛날 간임금[簡主=簡子]께서 진양(晉陽)을 틀어막지 않았기에 (땅이) 상당(上黨)에까지 미쳤으며, 양왕(襄王=襄子)이 융(戎)족을 아우르고 대(代)를 차지함으로써 여러 호(胡)족을 밀어냈으니, 이는 어리석은 자도 알 수 있는 명백한 바입니다. 앞선 시절 중산이 제나라의 강한 병사를 등에 업고 우리 땅을 침략해서 우리 백성을 약탈하며 얽어매고 물을 끌어들여서 호(鎬) 땅을 에워쌌는데, 사직의 신령이 아니었다면 바로 호(鎬) 땅은 거의 지키지 못했을 것입니다. 돌아가신 왕께서 분하게 여겼지만 그 원한은 아직까지 능히 갚을 수 없었습니다.

---

25 동호(東胡)는 오환(烏丸)의 선조로서 뒤에 선비(鮮卑)가 되는데, 흉노의 동쪽에 있었기 때문에 동쪽 오랑캐라 했다.

지금 말 타고 활을 쏠 수 있는 옷으로, 가깝게는 상당의 지형을 대비할 수 있고 멀리는 중산의 원한을 갚을 수 있습니다. 그러니 숙부께서 중국의 풍속만을 따르려는 것은 간임금과 양임금의 뜻을 거스르는 것이며, 옷을 바꾸는 것을 미워하는 이름을 얻게 되면 나랏일을 잊은 부끄러움도 있게 되는 것이니, 과인이 그대에게 바라는 바가 아닙니다!"

使者報王. 王曰: "吾固聞叔之病也." 即之公叔成家, 自請之曰: "夫服者, 所以便用也; 禮者, 所以便事也. 是以聖人觀其鄕而順宜, 因其事而制禮, 所以利其民而厚其國也. 被髮文身, 錯臂左衽, 甌越之民也. 黑齒雕題, 鯷冠秫縫, 大吳之國也. 禮服不同, 其便一也. 是以鄕異而用變, 事異而處易. 是故聖人苟可以利其民, 不一其用; 果可以便其事, 不同其禮. 儒者一師而禮異, 中國同俗而敎離, 又況山谷之便乎? 故去就之變, 知者不能一; 遠近之服, 賢聖不能同. 窮鄕多異, 曲學多辯, 不知不疑, 異於己而不非者, 公於求善也. 今卿之所言者, 俗也. 吾之所言者, 所以制俗也. 今吾國東有河·薄洛之水, 與齊·中山同之, 而無舟楫之用. 自常山以至代·上黨, 東有燕·東胡之境, 西有樓煩·秦·韓之邊, 而無騎射之備. 故寡人且聚舟楫之用, 求水居之民, 以守河·薄洛之水; 變服騎射, 以備其參胡·樓煩·秦·韓之邊. 且昔者簡主不塞晉陽, 以及上黨, 而襄王兼戎取代, 以攘諸胡, 此愚知之所明也. 先時中山負齊之強兵, 侵掠吾地, 系累吾民, 引水圍鄗, 非社稷之神靈, 即鄗幾不守. 先王忿之, 其怨未能報也. 今騎射之服, 近可以備上黨之形, 遠可以報中山之怨. 而叔也順中國之俗以逆簡·襄之意, 惡變服之名, 而忘國事之恥, 非寡人所望於子!"

(6)

공자성이 두 번 절하고, 머리를 조아리면서 말했다.

"신이 어리석어 왕의 의견에 두루 통하지 못하고 감히 세속의 소문 [間→聞]을 말했습니다. 지금 간임금과 양임금의 뜻을 잇고 돌아가신 임금의 뜻을 따르시는 것이라면 신이 감히 명[今→命, 令]을 듣지 않겠 습니까?"

두 번 절하자, 이에 오랑캐 옷을 내려주었다.

公子成再拜稽首曰: "臣愚不達於王之議, 敢道世俗之間. 今欲繼簡·襄 之意, 以順先王之志, 臣敢不聽今." 再拜. 乃賜胡服.

(7)

조문(趙文)이 나아가 간언하며 말했다.

"농부는 애쓰고 군자는 기르는 것이 다스림의 큰 길이요, 어리석 은 자는 뜻을 진술하고 지혜로운 자는 평가하는 것이 가르침의 길이 며, 신하는 충심을 숨기지 않고 임금은 말을 막지 않는 것이 나라의 복 [祿=福]입니다. 신이 비록 어리석지만, 원컨대 마음속을 다하고 싶습 니다."

왕이 말했다.

"근심에는 미움[惡]이나 성가심[擾]이 없고, 충성에는 허물이나 죄 가 없소. 그대는 이에 말을 하시오."

조문이 말했다.

"지금 세상의 습속을 돕는 것이 옛날의 도리이고, 의복에 늘 일정 함이 있는 것이 예의 제도이며, 법을 닦으며 허물을 없게 하는 것이 백성의 직분입니다. 이 세 가지는 앞선 빼어난 이들이 가르친 바입니다. 지금 임금께서 이를 풀어버리고 먼 나라의 옷을 답습하는 것은 옛 가르침을 바꾸고 옛 도리를 고치는 것이니, 신이 바라건대 왕께서는 이를 헤아려주십시오."

왕이 말했다.

"그대는 속세의 일을 말한 것이오. 언제나 백성은 습속에 물들어 있고[泥], 배우는 자는 들었던 바에 잠겨 있소. 이 둘은 벼슬을 이루고 정사를 따르게 하는 방법이지만, 멀리 보고 이야기를 시작하는 방법이 아니오. 또 저 (夏, 殷, 周) 삼대(三代)는 서로 같은 옷을 입지 않고도 왕 노릇을 했고, 오패(五伯)는 가르침을 같게 하지 않고도 다스렸소. 지혜로운 자가 가르침을 일으키면 어리석은 자가 제어되고, 뛰어난 자가 풍속을 의논하면 능력이 없는 자가 묶이게 되오. 무릇 옷을 입도록 명[制] 받은 백성들이 더불어 (그들의) 마음을 따지는[論] 것은 필요치 않으며, 습속에 묶여 있는 무리들이 더불어 (과인이 오랑캐 옷을 입히려는) 뜻에 이르도록 하는 것도 필요치 않소. 그러므로 형세가 습속과 함께 바뀌고 예가 변화와 함께 갖춰지는 것이 빼어난 이의 도리요, 가르침을 이어받아 움직이며 법을 쫓고 사사로움이 없는 것이 백성의 직분이요. 배움을 아는 사람은 능히 더불어 듣고서 옮겨갈 수 있으며, 예의 변화에 두루 통하는 사람은 능히 때와 더불어 바뀔 수가 있소. 그러므로 자기를 위해 일하는 자는 다른 사람을 기다리지 않고, 지금 (새로운 것을) 만들려는 자는 옛것을 따르지[法] 않소. 그대는 이에 풀어버리시오."

趙文進諫曰: "農夫勞而君子養焉, 政之經也. 愚者陳意而知者論焉, 敎

之道也. 臣無隱忠, 君無蔽言, 國之祿也. 臣雖愚, 願竭其中." 王曰: "慮無
惡擾, 忠無過罪, 子其言乎." 趙文曰: "當世輔俗, 古之道也. 衣服有常, 禮
之制也. 修法無惌, 民之職也. 三者, 先聖之所以敎. 今君釋此, 而襲遠方
之服, 變古之敎, 易古之道, 故臣愿王之圖之." 王曰: "子言世俗之間. 常
民泥於習俗, 學者沉於所聞. 此兩者, 所以成官而順政也, 非所以觀遠而
論始也. 且夫三代不同服而王, 五伯不如敎而政. 知者作敎, 而愚者制
焉, 賢者議俗, 不肖者拘焉. 夫制於服之民, 不足與論心; 拘於俗之衆, 不
足與致意. 故勢與俗化, 而禮與變俱, 聖人之道也. 承敎而動, 循法無私,
民之職也. 知學之人, 能與聞遷; 達於禮之變, 能於與時化. 故爲己者不
待人, 制今者不法古, 子其釋之."

(8)

조조(趙造)가 간언하며 말했다.

"충심을 감추고 남김없이 하지 않으면 간신의 무리이고, 사사로움
으로 나라를 그릇되게 하면 천한 무리입니다. 간사함을 범한 자는 몸
을 죽이고, 나라를 낮춘 자들은 씨족[宗]을 멸해야[族=族滅] 합니다.
이 두 가지는 앞선 뛰어난 임금들이 형벌을 밝힌 것으로, 신하의 큰 죄
입니다. 신이 비록 어리석어도, 원컨대 충심을 다하고자 하니 죽음을
감추지[遁] 않겠습니다."

왕이 말했다.

"뜻을 남김없이 말하며 꺼리지 않음이 충심이요, 위에서 말을 가리
지[蔽] 않음이 밝음이오. 충심은 위태로움을 피하지 않고 밝음은 사람
을 물리치지 않으니, 그대는 이에 말하시오!"

趙造諫曰:"隱忠不竭, 奸之屬也. 以私誤國, 賤之類也. 犯奸者身死, 賤
國者族宗. 反此兩者, 先聖之明刑, 臣下之大罪也. 臣雖愚, 願盡其忠, 無
遁其死." 王曰:"竭意不諱, 忠也. 上無蔽言, 明也. 忠不辟危, 明不距人.
子其言乎."

(9)

조조가 말했다.

"신이 듣기에, 빼어난 이는 백성을 바꾸려 하지 않고 오히려 가르치
며, 지혜로운 자는 습속을 바꾸려 하지 않고 오히려 (백성을) 움직이게
합니다. 백성에 말미암아서 가르치는 자는 수고롭지 않아도 공을 이루
고, 습속에 의거하여 움직이게 하는 자는 길[徑]을 잘 헤아려서 쉽게
보도록 합니다. 지금 왕께서 바꾸기[易=변법]를 시작하면서 습속을 따
르지 않고 오랑캐 옷을 입는 일에서 세상을 돌아보지 않으니, 백성을
가르치고 예를 이루는 방법이 아닙니다. 또 옷을 기괴하게 입게 되면
[服奇] 뜻이 음란해지고, 습속이 한쪽으로 치우치면[辟=僻] 백성을 어
지럽힙니다. 그렇기 때문에 나라를 다스리는 자는 기괴하거나 치우친
옷[奇辟之服]을 답습하지 않으니, 중국이 오랑캐[蠻夷]의 행실을 가까
이하지 않는 것은 백성을 가르치고 예를 이루는 방법이 아니기 때문
입니다. 장차 모범을 쫓으면 허물이 없고 예를 닦으면 기울어지지 않으
니, 신이 바라건대 왕께서는 이를 헤아려주십시오."

趙造曰:"臣聞之, 聖人不易民而教, 知者不變俗而動. 因民而教者, 不勞
而成功據俗而動者, 慮徑而易見也. 今王易初不循俗, 胡服不顧世, 非所
以教民而成禮也. 且服奇者志淫, 俗辟者亂民. 是以蒞國者不襲奇辟之

服, 中國不近蠻夷之行, 非所以敎民而成禮者也. 且循法無過, 修禮無
邪, 臣願王之圖之.”

(10)

왕이 말했다.

“옛날과 지금이 습속이 같지 않다지만, 어떤 옛날을 모범으로 삼
겠소? 제왕은 서로를 그대로 따르지[襲] 않는데, 어떤 예를 따르겠소?
복희(宓戲＝伏羲)와 신농(神農)은 가르쳤지만 주벌하지 않았고, 황제(黃
帝)와 요임금과 순임금은 주벌을 했지만 화를 내지 않았소. 급기야 삼
왕(三王: 夏 禹王, 殷 湯王, 周 文王·武王)에 이르러서는 때를 살펴서 법
을 만들고 일로 말미암아 예를 제정했으니, 법률[法]과 제도[度]와 법
령[制令]은 각각 그 마땅함을 따랐으며 옷과 복식, 기물과 도구는 각각
그 쓰임에 편하게 하였소. 그래서 예는 세상마다 그 길이 반드시 하나
가 아니었으며, 나라에 편하면 반드시 옛날을 모범으로 하지는 않았
소. 맡긴 일을 감당해내면[勝任] 곧 드러나[現] 일어나게 되니, (예를) 서
로 그대로 따르지 않더라도 왕이 되었지만 하나라와 은나라는 시들었
음에도[衰] 예를 바꾸지 않아서 멸망하였소. 그렇기 때문에, 옛것을 반
대함을 그르다고[非] 할 수도 없지만 (옛날) 예법을 따른다고 해서 칭송
할 만한 것도 아니오.

또 옷을 기괴하게 입어서[服奇] 뜻이 음란하게 되는 것이라면 추
(鄒)나라와 노나라에는 기괴한 행실이 없었을 것이며, 습속이 한쪽으
로 치우쳐서 백성이 바뀌는 것이라면 이에 오나라, 월나라에는 뛰어난
백성[俊民]이 없었을 것이오. 이렇기 때문에 빼어난 이는 자기 몸을 이
롭게 하는 것을 일러 복식[服]이라 하고, 일을 편하게 하는 것을 일러

가르침이라 하고, 나아가고 물러나는 것을 일러 맺음[節]이라 하니, 의복을 제정하는 것은 백성을 가지런하고 일정하게 하려는 까닭이지 뛰어난 자를 평가[論]하려는 바가 아니오. 그러므로 빼어난 이는 습속과 더불어 흐르고, 뛰어난 이는 변화와 더불어 갖추어 가오.

속담에 말하기를, '글로써 말을 모는 자는 말의 실상을 남김없이 다 알 수가 없으며, 옛것으로 지금 것을 만들려는 자는 일의 변화에 두루두루 통하지 못한다'라고 했소. 그러므로 옛것을 모범으로 따른 공적은 세상을 높이기에 충분치 않고, 옛것을 모범으로 배워서는 지금 것을 만들기에 충분치 않소. 그대도 이에 반대하지 마시오."

王曰: "古今不同俗, 何古之法? 帝王不相襲, 何禮之循? 宓戲·神農教而不誅, 黃帝·堯·舜誅而不怒. 及至三王, 觀時而制法, 因事而制禮, 法度制令, 各順其宜; 衣服器械, 各便其用. 故禮世不必一其道, 便國不必法古. 勝任即現興也[26], 不相襲而王. 夏殷之衰也, 不易禮而滅. 然則反古未可非, 而循禮未足多[27]也. 且服奇而志淫, 是鄒·魯無奇行也; 俗辟而民易, 是吳·越無俊民也. 是以聖人利身之謂服, 便事之謂教, 進退之謂節, 衣服之制, 所以齊常民, 非所以論賢者也. 故聖與俗流, 賢與變俱. 諺曰: '以書爲御者, 不盡於馬之情. 以古制今者, 不達於事之變.' 故循法之功, 不足以高世; 法古學, 不足以制今. 子其勿反也."

무령왕이 부국강병을 위해 말을 탄 채 활을 쏘기 편한 오랑캐 옷을 입는 변법(變法)

---

26 다른 판본에는 "빼어난 이가 일어나게 되어(聖人之興也)"로 되어 있다.
27 족다(足多)란, 칭송할 만큼 아름다움이 많은 것이다.(足以稱美; 『史記』, 「遊俠列傳序」)

을 이루고자 여러 부형과 신하들을 설득한 것이다.

19-5 왕이 주소를 세워서 사부로 삼다【王立周紹爲傅】

(1)

왕이 주소(周紹)를 세워서 사부[傅]로 삼으며, 말했다.

"과인이 처음으로 현(縣)에 갔을 때 그대[子]가 아이였던[爲子] 때를 맞아, 번오(番吾)를 지나고 있었는데 돌을 밟고 말을 탈 수 있는 자리²⁸ 보다 높은 사람들이 모두 그대의 효를 말했소. 그래서 과인이 그대에게 벽옥[璧]을 가지고서 안부를 묻고 술과 음식을 보내면서 그대를 보기를 구했는데, 그대는 병이 났다고 알리며 사양했소. 사람들 중에 그대를 이야기한 자가 말하기를, '아버지에게 효성스런 아들이니, 임금에게 충성스런 신하가 될 것입니다'라고 했소. 그래서 과인은 그대가 절제[制]와 사려[慮]로써 분별하여 사람을 인도할 수 있고 위태로워도 어려움을 붙잡을 수 있으며, 충심은 가히 뜻을 본받게[寫] 할 수 있고 믿음은 가히 멀리를 기대할 수 있다고 여겼소. 시에서 말하기를, '어려움을 극복하는 것은 용기로써 하고 어지러움을 다스리는 것은 지혜로 하는 것이 일의 계책이다. 사부를 세우는 것은 행실로써 하고 젊은이를 가르치는 것은 배움으로써 하는 것이 마땅함의 길[經]이다. 계책을 따라서 일을 하면 실패해도 남에게 폐를 끼치지 않으며[累→不累], 의

---

28 포표 주: 천석(踐石)이란 말을 탈 수 있는 사람을 말한다. 「예기」 '왕의 돌을 씻다'의 주에 나오며, 말을 올라 탈 때 밟는 돌이다.(鮑本, 踐石, 謂能騎乘者. 禮洗王石注, 乘馬石.)

104

견을 찾아서 실행하면 막히더라도 근심하지 않는다'라고 했소. 그래서 과인은 그대가 오랑캐 옷을 입고서 왕자[乎→子]의 사부가 되기를 바라고 있소."

王立周紹爲傅, 曰: "寡人始行縣, 過番吾, 當子爲子之時, 踐石以上者皆道子之孝. 故寡人問子以璧, 遺子以酒食, 而求見子. 子謁病而辭. 人有言子者曰: '父之孝子, 君之忠臣也.' 故寡人以子之制慮, 爲辯足以道人, 危足以持難, 忠可以寫意, 信可以遠期. 詩云: '服難以勇, 治亂以知, 事之計也. 立傅以行, 教少以學, 義之經也. 循計之事, 失而累; 訪議之行, 窮而不憂.' 故寡人欲子之胡服以傅王乎."

(2)
주소가 말했다.
"왕께서 말[論]을 놓치고 계시는데, 천한 신하가 감히 맡을 바가 아닙니다."
왕이 말했다.
"자식을 판단[選=知]함은 아비만 못하고 신하를 평가함은 임금만 못하니, 임금은 과인이오."
주소가 말했다.
"사부를 세움에는 도리가 여섯 가지 있습니다."
왕이 말했다.
"여섯 가지란 무엇이오?"
주소가 말했다.
"지혜[知]와 생각[慮]이 성급하지 않아서 변화에 두루 통하고, 몸의 행실이 너그럽고 은혜로워서 예에 두루 통하고, (사나운) 위엄도 그 자리를 옮기게 할 수 없고, 무거운 이익도 그 마음을 바꿀 수 없고, 가르침을 받들되 마음대로 하지[快=縱逸] 않고, 아랫사람과 어울리되 [和] 위태롭지 않은 것입니다. 이 여섯 가지가 사부의 자질[才]인데, 신은 하나도 없습니다. 속마음을 숨기고 다하지 못함은 신의 죄이며, 명에 빌붙어서[傅=附] 벼슬을 욕보이는[仆=辱] 것은 유사(有司)를 번거롭게 하는 것으로서 관리의 부끄러움입니다. 왕께서는 말을 바꿔주시기를 청합니다."

周紹曰: "王失論矣, 非賤臣所敢任也." 王曰: "選子莫若父, 論臣莫若君. 君, 寡人也." 周紹曰: "立傅之道六." 王曰: "六者何也?" 周紹曰: "知慮不躁達於變, 身行寬惠達於禮, 威嚴不足以易於位, 重利不足以變其心, 恭於教而不快, 和於下而不危. 六者, 傅之才, 而臣無一焉. 隱中不竭, 臣之罪也. 傅命仆官, 以煩有司, 吏之恥也. 王請更論."

(3)
왕이 말했다.
"이 여섯 가지를 알고 있기 때문에 그대를 시키는 것이오."
주소가 말했다.
"이에 나라에는 미처 왕의 오랑캐 옷이 통하지 못하고 있습니다. 비록 그러하나, 신은 왕의 신하입니다. 왕께서 거듭 명을 내리시니 신이 영을 듣지 않을 수 있겠습니까?"
그러고는 두 번 절한 뒤 오랑캐 옷을 내려 받았다.

王曰: "知此六者, 所以使子." 周紹曰: "乃國未通於王胡服. 雖然, 臣, 王之臣也, 而王重命之, 臣故不聽令乎?" 再拜, 賜胡服.

(4)

왕이 말했다.

"과인이 왕자를 그대에게 맡기니, 그대가 두텁게 아껴주고 추함을 보이지 않게 해주시오. 도로써 이끌어 마땅함을 행하게 해주시고, 배움[學]에서 수고로움[苦][29]에 빠지지 않게 해주시오. 임금을 섬기는 것은 그 뜻을 고분고분하게 따르고 그 뜻을 거스르지 않는 것이요, 돌아가신 임금[先=先君]을 섬기는 것은 그 (업적이) 높음을 밝히고 그 남겨진 자식[孤]을 배신하지 않는 것이오. 그러므로 가히 명할 수 있는 신하가 있으니 이는 나라의 복[祿=福]이오. 그대가 능히 이를 행한다면, 그로써 과인을 섬기기를 다하는[畢] 것이오. 서에서 말하기를, '사특한 것을 버리는 일에 의심하지 않으며, 뛰어난 이에게 맡기면 두 마음을 먹지 말라'라고 했으니, 과인이 그대와 더불게 되면 다른 사람을 쓰지 않겠소."

마침내 주소에게 오랑캐 복식의 옷과 갓, 황금 고리[師比]가 있는 혁대[具帶=革帶]를 내려주고 왕자의 사부로 삼았다.

王曰: "寡人以王子爲子任, 欲子之厚愛之, 無所見醜. 御道之以行義, 勿令溺苦於學. 事君者, 順其意, 不逆其志. 事先者, 明其高, 不倍其孤. 故

---

29 표표 주: 익(溺)과 고(苦)는 모두 수고롭다는 뜻이니, 배움에서 수고로운 것은 인도해 줌이 없기 때문이다.(鮑本, 溺苦, 皆勞也. 勞於學, 以無導之者故也.)

有臣可命, 其國之祿也. 子能行是, 以事寡人者畢矣. 書云: '去邪無疑, 任賢勿貳.' 寡人與子, 不用人矣." 遂賜周紹胡服衣冠, 具帶黃金師比, 以傳王子也.

주소를 설득하여 왕자의 사부를 맡기면서, 오랑캐 옷을 받아들이도록 요청하였다.

19-6 조연이 오랑캐 옷을 뒤로 미루다【趙燕後胡服】

조연(趙燕)이 오랑캐 옷을 뒤로 미루자, 왕이 영을 내려 그를 꾸짖으며[讓=責] 말했다.

"섬기는 주인이 행하면 뜻을 다하고 힘을 남김없이 해서, 은미하게 간언하여 시끄럽지[譁] 않아야 하고 응대하면서도 원망하지 않아야 한다. 윗사람에게 거스르는 것을 스스로 자랑으로 삼지 않아야 하며, 사사로움을 세우는 것을 이름으로 삼지 않아야 한다. 아들은 도리에 고분고분하면서 거스르지 않아야[拂] 하고, 신하는 일을 행함에 사양하며 다투지 않아야 한다. 자식이 사사로운 방법을 쓰면 집안은 반드시 어지러워지고, 신하가 사사로이 마땅함을 쓰면 나라는 반드시 위태로워진다. 어버이와 반대로 행하게 되면 내리사랑 하는[慈] 아버지라도 자식으로 여기지[子] 않으며, 주인을 거스르고 스스로 이루게 되면 은혜로운 주인이라도 신하로 여기지 않는다. 과인이 오랑캐 옷을 입었는데 그대가 홀로 입지 않으니, 주인을 거스른 죄가 (이보다) 더 클 수 없다. 다스림을 따르면서 다른 사람에게 허물을 짓고[累] 주인을 거스르기를 좋아하니, 사사로움을 행함이 이보다 큰 것이 없다. 그래서 과인은 친족까지 형벌로 죽이는[刑戮] 죄를 범할까 두려워, 유사의 법으로써 밝히게 하겠다."

조연이 두 번 절하고 머리를 조아리며 말했다.

"전에 관리가 오랑캐 옷 입기를 명하였는데, 베푸심이 천한 신까지 이르렀지만 신이 영을 잊어버리고 기한을 넘겼습니다. 다시 욕을 당하지[侵辱] 않게 가르쳐 주시니 왕의 은혜입니다. 신이 삼가 옷을 입는 것을 따르고, 명령하시는[今→令] 날을 기다리겠습니다."

趙燕後胡服, 王令讓之曰: "事主之行, 竭意盡力, 微諫而不譁, 應對而不怨, 不逆上以自伐, 不立私以爲名. 子道順而不拂, 臣行讓而不爭. 子用私道者家必亂, 臣用私義者國必危. 反親以爲行, 慈父不子; 逆主以自成, 惠主不臣也. 寡人胡服, 子獨弗服, 逆主罪莫大焉. 以從政爲累, 以逆主爲好, 行私莫大焉. 故寡人恐親犯刑戮之罪, 以明有司之法." 趙燕再拜稽首曰: "前吏命胡服, 施及賤臣, 臣以失令過期, 更不用侵辱敎, 王之惠也. 臣敬循衣服, 以待今日."

친족에게 임금을 섬기는 도리로써 설득하여 오랑캐 옷을 받아들이도록 했다.

19-7 왕이 원양을 해체하다【王破原陽】

(1)

왕이 (步兵이 주둔하던) 원양(原陽)을 해체하고[破] 기병이 사는 마을[騎邑]로 삼으니, 우찬(牛贊)이 나아가서 간언하며 말했다.

"나라에는 변치 않는[固=不變] 법과 명령[籍=令甲]이 있고 병사를 다스리는[兵=兵事] 데에도 일정한 길이 있으니, 법과 명령을 바꾸면 어지러워지고 길을 잃으면 약해집니다. 지금 원양을 해체해서 기병이 사는 마을로 만들면, 이는 법과 명령을 바꾸고 길을 버리는 것입니다. 또 그 병사를 훈련시키면 그 적을 가볍게 할 수 있고, 기물[用=械用]에 익숙해지면 그 어려움을 쉽게 바꿀 수 있습니다. 지금 백성이 그 기물에 익숙해져 있으니, 이를 바꾸는 것은 임금을 해치고 나라를 약하게 만드는 것입니다. 그래서 이익이 백 배가 되지 않으면 그 습속을 바꾸지 않고, 공적이 열 배가 되지 않으면 그 기물을 바꾸지 않습니다. 지금 왕께서 보졸[卒=步卒]을 해체하고 병사를 흩어지게 하면서 말 타는 것과 말 타고 활쏘기를 받드시니, 신은 공격하여 빼앗는 이익이 잃어버릴 비용보다 못할까 두렵습니다."

王破原陽, 以爲騎邑. 牛贊進諫曰:"國有固籍, 兵有常經, 變籍則亂, 失經則弱. 今破原陽, 以爲騎邑, 是變籍而棄經也. 且習其兵者輕其敵, 便其用者易其難. 今民便其用而變之, 是損君而弱國也. 故利不百者不變俗, 功不什者不易器. 今王破卒散兵, 以奉騎騎射, 臣恐其攻獲之利, 不如所失之費也."

(2)

왕이 말했다.

"옛날과 지금은 이로움이 다르고, 멀고 가까움에 따라 쓰임도 바뀐다. 음과 양은 도리가 같지 않고, 사계절도 마땅히 똑같지 않다. 그래

110

서 뛰어난 이가 때를 살필 때는 때만 살피는 것이 아니며[30], 군사를 만드는 것[制兵]이 병사만 만드는 것은 아니다. 그대는 관부(官府)의 법과 명령을 만들었지만 도구[器械]의 이로움은 알지 못하며, 병기와 갑옷의 쓰임을 알고 있지만 음양의 마땅함은 알지 못한다. 병기가 쓰임에 맞지 않는데, 어찌 병기를 바꿀 수 없단 말인가? 가르침이 일에 편하지 않으면, 어찌 세속을 바꾸지 않을 수 있겠는가? 옛날 돌아가신 임금이신 양주(襄主)께서 대(代)나라와 함께 땅을 바꾸고 경계에 성을 쌓은 뒤 봉하여 부르기를 무궁지문(無窮之門)이라 했으니, 후손에게 밝혀서 먼 곳의 땅을 기대했기 때문이다. 지금 무거운 갑옷과 병기를 들고 가면 험난한 곳을 넘을 수 없으니, 어질고 마땅함이 있고 도리와 다움이 있다고 해도 와서 조현[朝=朝見]하게 만들 수 없다. 내가 듣기에, 믿음은 공업[功]을 버리지 않고 지혜는 때를 놓치지[遺=失] 않는다고 했다. 지금 그대가 관부의 법과 명령을 가지고 과인의 일을 어지럽히고 있으나, 그대가 알 바가 아니다."

王曰: "古今異利, 遠近易用. 陰陽不同道, 四時不一宜. 故賢人觀時, 而不觀於時; 制兵, 而不制於兵. 子制官府之籍, 不知器械之利; 知兵甲之用, 不知陰陽之宜. 故兵不當於用, 何兵之不可易? 敎不便於事, 何俗之不可變? 昔者先君襄主與代交地, 城境封之, 名曰無窮之門, 所以昭後而期遠也. 今重甲循兵, 不可以逾險, 仁義道德, 不可以來朝. 吾聞信不棄功, 知不遺時, 今子以官府之籍, 亂寡人之事, 非子所知."

---

30 포표 주: 때는 속(俗)과 같다. 세속을 살펴서 변화하되 속(俗)만 들여다보는 것은 아니다.(鮑本. 時, 猶俗也. 視俗而變, 不爲俗所窺.)

(3)

우찬이 두 번 절하고 머리를 조아리며 말했다.

"신이 감히 영을 듣지 않을 수 있겠습니까?"

왕[至→王]이 드디어 (우찬에게) 오랑캐 옷을 내려서 기병을 거느리고 오랑캐[胡] 땅으로 들어가게 했다. 유유(遺遺)의 문을 나서서 구한(九限)의 견고함을 넘어 다섯 길[五徑]의 험난함을 끊고 유중(榆中)에 이르니, 땅을 연[辟] 것이 천 리나 되었다.

牛贊再拜稽首曰: "臣敢不聽令乎?" 至遂胡服, 率騎入胡, 出於遺遺之門, 逾九限之固, 絕五徑之險, 至榆中, 辟地千里.

무령왕이 마침내 기병을 길러 오랑캐 땅에 쳐들어가게 해서 땅을 개척하였다.

조책 3
趙策

20-1 조나라 혜문왕 30년【趙惠文王三十年】

(1)

　조나라 혜문왕(惠文王) 30년, (제나라) 재상인 도평군(都平君) 전단
(田單)**31**이 조사(趙奢)**32**에게 물어보며 말했다.

　"제가 장군의 병법을 좋아하지 않는 것이 아니지만, 인정하지 못하
는[不服] 바는 단지 장군이 많은 사람을 쓴다는 점입니다. 많은 사람을
쓰면 백성으로 하여금 농사를 짓지 못하게 만들어서 양식을 수레에
실어 공급할 수 없게 됩니다. 이는 앉아서 스스로 깨지는 길이니, 제가
할 바가 아닙니다. 제가 듣기에 제왕의 병법은 사람을 쓰는 것이 3만을
넘지 않는데, 그런데도 천하가 복종한다고 합니다. 지금 장군은 반드

---

31 임치(臨淄) 사람으로, 성은 규(媯)이고 씨(氏)는 전(田)이며 이름은 단(單)이다. 전국시대 제(齊)나
라 장수이자 제나라 종실(宗室)의 친척이다. 벼슬은 처음에 임치(臨淄)의 시연(市掾)을 지냈고,
제나라가 위급할 때 즉묵(卽墨)을 사수했다. 이때 소꼬리에 불을 붙여 연나라 군대를 격파하고
700여 성을 수복했고, 그 공으로 상국(相國)이 되고 안평군(安平君)에 봉해졌다.

32 조(趙)나라 장수로, 혜문왕(惠文王) 29년 진(秦)나라가 알여(閼與)를 공격하자 왕명을 받들고 가
서 구원했는데, 도중에 28일 동안 병사를 주둔시키고 참호를 쌓으면서 나가지 않음으로써 진나
라를 기만했다. 이어 1박 2일 동안 군대를 급하게 전선으로 진격시킨 후, 군사(軍士) 허력(許歷)
의 계책을 받아들여서 병사를 보내어 북산(北山)에 거점을 확보했다. 진나라 군대가 나중에 와
서 산을 점령하려고 했지만 여의치 않았는데, 이 틈을 타고 군대를 풀어 공격해서 진나라 군대
를 대패시켰다. 이 공으로 마복군(馬服君)에 봉해졌다.

시 10만에서 20만의 무리를 업고서 이에 쓰려고 하니, 이것이 제가 인정하지 못하는 바입니다."

趙惠文王三十年, 相都平君田單問趙奢曰: "吾非不說將軍之兵法也, 所以不服者, 獨將軍之用衆. 用衆者, 使民不得耕作, 糧食輓賃不可給也. 此坐而自破之道也, 非單之所爲也. 單聞之, 帝王之兵, 所用者不過三萬, 而天下服矣. 今將軍必負十萬·二十萬之衆乃用之, 此單之所不服也."

(2)

마복군(馬服君=趙奢)이 말했다.

"그대는 단지 군대의 일[兵=兵事]에 두루 통하지 못했을 뿐 아니라, 또한 때와 형세에도 밝지 못합니다. 무릇 오나라 간장[干=干將]의 칼을 살[肉]에 시험해보면 소나 말을 자를 수 있고 쇠에 시험해보면 쟁반[盤]이나 주전자[匜]를 끊을 수 있습니다만, 기둥 위에 붙여놓고[薄=迫] 내려치면 끊어져 세 조각이 나고 바위를 모루로 삼아 내려치면 쪼개져 백 조각이 됩니다. 지금 3만의 무리를 가지고 강한 나라의 병사와 맞서는 것은 칼로 기둥을 때리고 바위를 치는 것과 같은 모양입니다. 또 저 오나라 간장의 칼은 다루기가 어렵습니다. 칼등의 두터움이 없으면 칼끝이 들어가지 못하고, 날 주위[脾=近刃處]가 얇지 못하면 날로 끊을 수 없습니다. 이 둘을 아울러 갖고 있다 해도 손잡이의 둥근 고리[釣→鉤], 칼자루[咢→柄], 칼코등이[鐔], 몽수(蒙須=劍繩: 칼고리에 끼우는 수실)가 없으면 (맨손으로) 그 칼날을 잡고 찔러야 해서, 미처 들어가기도 전에 손이 잘리게 될 것입니다. 그대에게 10~20만의 무리도 없고 또 이런 칼 손잡이의 고리, 칼자루, 칼코등이, 몽수와 같은 편한 기물(의 도움)도 없다면, 단지 3만으로 천하를 다니는 것을 어찌 그대가 능히 해내겠습니까?

또한, 옛날에는 사해 안이 나뉘어 만 개의 나라가 되었습니다. 성이 비록 커도 300장을 넘지 않았고 사람이 비록 많아도 3,000가(家)를 넘지 않았으니, 병사 3만을 모아서 여기에 대드는 것이 어찌 어렵겠습니까! 옛날에 만 개였던 나라가 지금은 나뉘어 싸우고 있는 나라[戰國] 일곱이 되었으니, 능히 수십만 병사가 갖추어져야 오래도록 견딜[曠日持久] 수 있습니다. 몇 년 전 그대의 제나라가 이미 그랬습니다.[33] 제나라가 20만 무리를 가지고 형(荊=楚)나라를 공격하여 5년 만에 마침내 끝냈으며, 조나라는 20만 무리를 가지고 중산을 공격하여 5년 만에 마침내 돌아왔습니다. 지금 제나라가 한나라와 서로 대적하여[方=比, 敵] 에워싸고 공격하고 있는데, 어찌 감히 '나는 이에 3만을 거느리고 이를 구하겠소!'라고 말할 수 있겠습니까? 지금 1,000장 높이의 성과 만 개의 집안이 있는 성이 서로 바라볼 정도인데, 3만의 무리로써 구하려[索=求] 하면 1,000장 높이의 성을 에워싸고자 해도 그 한쪽 귀퉁이만 가능하고 들에서 싸우기에도 충분치 않으니, 그대는 장차 이를 가지고 무엇을 하시겠습니까?"

도평군이 서글퍼하며 크게 탄식하여 말했다.

"제가 미치지 못했습니다."

馬服曰: "君非徒不達於兵也, 又不明其時勢. 夫吳干之劍, 肉試則斷牛

---

33 포표 주: 3만으로써 수십만에 맞서면 반드시 패망하게 된다는 말이다. 제나라가 일찍이 연나라 소왕(昭王)에게 깨어졌으니, 그래서 이렇게 말한 것이다.(鮑本, 言以三萬拒數十萬, 必敗亡也. 齊嘗爲燕昭所破, 故云.)

馬, 金試則截盤匜; 薄之柱上而擊之, 則折爲三, 質之石上而擊之, 則碎
爲百. 今以三萬之衆而應強國之兵, 是薄柱擊石之類也. 且夫吳干之劍
材難, 夫毋脊之厚, 而鋒不入, 無脾之薄而刃不斷. 兼有是兩者, 無釣䤩
鐔蒙須之便, 操其刃而刺, 則未入而手斷. 君無十餘·二十萬之衆, 而爲
此釣䤩鐔蒙須之便, 而徒以三萬行於天下, 君焉能乎? 且古者, 四海之內,
分爲萬國. 城雖大無過三百丈者; 人雖衆, 無過三千家者, 而以集兵三
萬, 距此奚難哉! 今取古之爲萬國者, 分以爲戰國七, 能具數十萬之兵,
曠日持久, 數歲, 即君之齊已. 齊以二十萬之衆攻荊, 五年乃罷. 趙以二十
萬之衆攻中山, 五年乃歸. 今者, 齊·韓相方, 而國圍攻焉, 豈有敢曰, 我其
以三萬救是者乎哉? 今千丈之城, 萬家之邑相望也, 而索以三萬之衆,
圍千丈之城, 不存其一角, 而野戰不足用也, 君將以此何之?" 都平君喟
然太息曰: "單不至也!"

나라가 많고 백성이 적을 때 쓰던 옛날의 법을 지금도 쓸 수는 없다.

20-2 조나라가 기학을 시켜 진나라에 가게 하다【趙使機郝之秦】

조나라가 기학(機郝)을 시켜 진나라에 가서 (진나라 선태후의 同母弟
인) 위염(魏冉)을 재상으로 삼도록 청하게 하니, 송돌(宋突)이 기학에게
일러주며 말했다.

"진나라가 들어주지 않으면 (지금 진나라 재상인) 누완(樓緩)이 반드
시 공을 원망할 것입니다. 공이 몰래 누자에게 알려주기를 '진나라 왕
에게 (위염을 쓰는 것을) 서둘러 하지는 마시라고 청하십시오'라고 하는

것만 못합니다. 진나라 왕이 위염을 재상으로 삼는 일을 서두르지 않
는 것을 보게 되면 장차 공의 말을 들어주지 않을 것입니다. 이 일이 이
루어지지 않으면 (누완에게 은덕을 입히는 것이고, 이루어지면) 위염은 정말
로 공에게 고마워할[德] 것입니다."**[34]**

> 趙使機郝之秦, 請相魏冉. 宋突謂機郝曰: "秦不聽, 樓緩必怨公. 公不若
> 陰辭樓子曰: '請無急秦王.' 秦王見之相魏冉之不急也, 且不聽公言也,
> 是事而不成, [以德樓子, 事成.]**[35]** 魏冉固德公矣."

누완과 위염 중 누가 재상이 되더라도 기학에게 이로울 수밖에 없는 형국을 만들어
낸 것이다.

20-3 제나라가 연나라를 깨뜨리자 조나라는 연나라를 보존하고 싶어 하다
【齊破燕趙欲存之】

제나라가 연나라를 깨뜨리자 조나라는 연나라를 보존하고 싶어
하니, 악의(樂毅)가 조나라 왕에게 일러주며 말했다.

"지금 (다른 왕들과의) 약속도 없이 제나라를 공격하면 제나라는 반

---

34 (오사도가) 보충하여 말한다:『사기』에 따르면, 조나라 사람 누완이 와서 진나라 재상이 됐지만 여
러 차례 이로움이 없자, 마침내 구액(仇液=機郝)을 보내어 운운하면서, 구액이 이를 따르자 진
나라는 과연 누완을 면직시키고 위염을 재상으로 삼았다고 한다(補曰: 史, 趙人樓緩來相秦, 數
不利, 乃使仇液云云. 於是仇液從之, 而秦果免樓緩, 而魏冉相.)
35 포표 주: "是事而不成" 다음에 "以德樓子事成" 여섯 글자를 덧붙이니, 『사기』에 이 여섯 글자
가 보완되어 있기 때문이다.(鮑本, 成下補以德樓子事成六字. 以史補此六字.)

드시 조나라를 원수로 여길 것입니다. 하수 동쪽 땅을 연나라 땅과 바꾸자고 제나라에게 청하는 것만 못합니다. 조나라는 하수 북쪽을 가지고, 제나라는 하수 동쪽을 가지며, 연나라와 조나라는 틀림없이 다툼이 없을 것입니다. 이는 두 나라가 가까이 지내게 되는 것입니다. 하수 동쪽의 땅이 제나라를 강하게 만들어주는 데다 연나라가 조나라를 돕고 조나라가 연나라를 도우면, 천하가 (제나라를) 미워하게 되어 반드시 모두 왕을 섬기면서 제나라를 치려 할 것입니다. 이는 천하를 말미암아 제나라를 깨뜨리는 것입니다."

왕이 말했다.

"좋은 말이오."

마침내 하수 동쪽 땅을 가지고 제나라와 바꾸었더니 초나라와 위나라가 이를 미워하여, 탁활(淖滑)과 혜시(惠施)에게 영을 내려 조나라에 가게 해서 제나라를 치고 연나라를 보존하자고 청하였다.

齊破燕, 趙欲存之. 樂毅謂趙王曰: "今無約而攻齊, 齊必讎趙. 不如請以河東易燕地於齊. 趙有河北, 齊有河東, 燕·趙必不爭矣. 是二國親也. 以河東之地强齊, 以燕以趙輔之, 天下憎之, 必皆事王以伐齊. 是因天下以破齊也." 王曰: "善." 乃以河東易齊, 楚·魏憎之, 令淖滑·惠施之趙, 請伐齊而存燕.

제나라와 땅을 바꾸면 제나라를 더 강하게 만들어주지만 그 대신에 연나라와 조나라의 관계가 굳건해지고 천하의 도움을 받을 수 있다.

20-4 진나라가 조나라를 공격하여 란, 이석, 학 땅을 뽑아내다

【秦攻趙藺離石祁拔】

(1)

진나라가 조나라를 공격하여 란(藺), 이석(離石), 학(祁) 땅을 뽑아내자, 조나라가 공자 오(部)를 진나라에게 인질로 주면서 초(焦), 여(黎), 우호(牛狐)의 성을 내어주고 란, 이석, 학을 조나라에게 바꿔줄 것을 청하였다. (그러나) 조나라가 진나라를 배신하고 초 야, 우호를 주지 않으니, 진나라 왕이 화가 나서 공자 증(繪)에게 영을 내려 땅을 청하게 했다. 조나라 왕이 이에 정주(鄭朱)에게 영을 내려서 대답하여 말했다.

"저 란, 이석, 학의 땅은 조나라에서 너무 멀지만[曠遠] 대국과는 가깝습니다. 앞선 왕들의 밝음과 앞선 신하들의 힘이 있어서 능히 가지고 있을 수 있었지만 지금 과인은 (능력이) 미치지 못하고, 이에 사직도 능히 편안케[恤] 하지 못하는데 어찌 능히 란, 이석, 학 땅을 거두어서 편안케 하겠습니까? 과인에게 말을 듣지 않는 신하[不令之臣]가 있어서 실로 이런 일이 일어났으니, 과인이 감히 아는 바가 아닙니다."

끝내 진나라를 배신하였다.

秦攻趙, 藺・離石・祁拔. 趙以公子部爲質於秦, 而請內焦・黎・牛狐之城, 以易藺・離石祁於趙. 趙背秦, 不予焦・黎・牛狐. 秦王怒, 令公子繪請地. 趙王乃令鄭朱對曰: "夫藺・離石・祁之地, 曠遠於趙, 而近於大國. 有先王之明與先臣之力. 故能有之. 今寡人不逮, 其社稷之不能恤, 安能收恤藺・離石祁乎? 寡人有不令之臣, 實爲此事也, 非寡人之所敢知." 卒倍秦.

(2)

진나라 왕이 크게 화를 내며 위호역(衛胡易)에게 영을 내려 조나라
를 치게 했다. 오여(於與)를 공격하자 조사가 장차 구원하려 했고, 위나
라는 공자 구(咎)에게 영을 내려 날카로운 군대를 이끌고 안읍(安邑)에
머물며 진나라를 협공하게 했다. 진나라는 오여에서 패하자 도리어 위
나라 기(幾) 땅을 공격하였는데, 염파(廉頗)³⁶가 기 땅을 구원하여 진
나라 군대를 크게 무너뜨렸다.

秦王大怒, 令衛胡易伐趙, 攻於與. 趙奢將救之. 魏令公子咎以銳師居
安邑, 以挾秦. 秦敗於於與, 反攻魏幾, 廉頗救幾, 大敗秦師.

**조나라가 진나라에게 빼앗긴 땅을 찾기 위해 다른 땅을 준다고 거짓 약속을 한 뒤
위나라와 함께 진나라에 대항하여 꺾어버린 것이다.**

---

36 전국시대 조(趙)나라 사람으로, 조나라 혜문왕(惠文王) 때 장군이 되고, 나중에 상경(上卿)으로
승진했다. 제(齊)나라와 위(魏)나라를 공격해 여러 차례 크게 이김으로써 제나라의 기(幾)와 위나
라의 방릉(防陵), 안양(安陽) 등 많은 땅을 빼앗았다. 장평(長平) 전투에서 견고하게 수비하여 진
(秦)나라 군대로 하여금 3년 동안 출병했지만 얻은 것 없이 돌아가게 만들었다. 나중에 진나라
의 반간계에 걸려 해직됨에 따라 조나라는 조괄(趙括)을 장수로 기용해서 대패한다. 효성왕(孝
成王) 15년 연(燕)나라가 대군을 일으켜 침입하자 오히려 역공을 취해 연나라 장수 율복(栗腹)
을 죽이고 연나라의 수도를 포위한 뒤 5개 성을 할양받고 화친을 맺었다. 이 공으로 위문(尉文)
에 봉해졌고, 신평군(信平君)이 되어 가상국(假相國)에 임명되었다. 도양왕(悼襄王) 때 낙승(樂
乘)으로 대신하게 하자 위나라로 달아나 대량(大梁)에서 살았고, 나중에 초(楚)나라에서 늙어 죽
었다. 인상여(藺相如)와 생사를 같이하기로 하면서 문경지교(刎頸之交)를 맺은 일이 유명하다.

20-5 부정이 조나라를 제나라, 위나라와 합하려고 하다

【富丁欲以趙合齊魏】

부정(富丁)이 조나라를 제나라, 위나라와 합하려고 했고, 누완(樓緩)은 조나라를 진나라, 초나라와 합하려 했다. 부정은 주보(主父)[37]가 누완의 말을 들어주어 진나라, 초나라와 합할 것을 두려워하였는데, 사마천(司馬淺)이 부정을 위해 주보에게 일러주며 말했다.

"제나라에 고분고분하느니만 못합니다. 지금 우리가 제나라를 따르지 않고 진나라를 치면, 진나라와 초나라는 틀림없이 힘을 모아 한나라와 위나라를 공격할 것입니다. 한나라와 위나라가 제나라에 급변을 알리면, 제나라는 진나라를 치고 싶지 않아서 틀림없이 조나라를 가지고 평계를 댈 것입니다. 그러면 진나라를 치는 자는 조나라가 되므로, 한나라와 위나라는 반드시 조나라를 원망할 것입니다.

제나라 군대가 (진나라를 치기 위해) 서쪽으로 가지 않으면 한나라는 (진나라가 두려워서) 반드시 진나라 말을 듣고 제나라를 어기게 될 것인데, (한나라가) 제나라를 어기고 진나라에 붙으면 군대가 반드시 조나라로 몰려들 것입니다. 지금 우리가 (제나라에) 고분고분한데도 제나라가 서쪽으로 가지 않는다면 한나라와 위나라는 반드시 제나라와의 관계를 끊을 것이고, 제나라를 끊고 나면 모두 우리를 섬기게 될 것입니다. (그러므로) 장차 우리가 제나라를 고분고분 따르면 제나라는 서쪽

---

37 조나라의 무령왕(武靈王)으로, 재위 27년에 작은 아들 하(何=惠文王)에게 왕위를 물려주고 스스로 주보(主父)라고 불렀다. 따로 맏아들 장(章)을 대안양군(代安陽君)에 봉했는데, 혜문왕 4년에 장이 병사를 일으켜 왕위를 다투다가 실패하고 주보가 사는 사구궁(沙丘宮)에 머물렀다. 이에 이태(李兌)가 궁실을 석 달 동안 포위했고, 장이 먼저 죽은 뒤 그도 굶어죽었다.

으로 가지 않을[而→不] 수 없습니다. 지난날[日者] 누완이 위나라에 머문 석 달 동안에도 제나라와 위나라의 교분을 흩어놓지는 못했습니다. 지금 우리가 (제나라에) 고분고분하면 제나라와 위나라는 과연 서쪽으로 가게 될 터이니, 이에 제나라는 피로해지고 진나라는 힘이 빠지게 되어 조나라는 틀림없이 천하의 무거운 나라가 될 것입니다."

주보가 말했다.

"내가 세 나라[한나라, 위나라, 제나라]와 함께 진나라를 공격한다면 이에 모두 힘이 빠질 것이다."

(사마천이) 말했다.

"그렇지 않습니다. 우리가 세 나라와 약속을 맺고 진나라에 알린다 해도 중산국과는 미처 화해하지 않고 있습니다. 세 나라가 진나라를 치고 싶다면 과연 반드시 우리 말을 들어줌으로써 우리와 합하려할 것입니다. 중산국이 들어주면 이에 우리는 왕께서 그참에 중산을 흔들어서 땅을 차지하면 됩니다. 중산이 들어주지 않으면 세 나라가 틀림없이 끊어버릴 것이므로, 이에 중산은 외롭게 됩니다. 세 나라가 우리와 화해하지 못하면 (중산으로) 비록 적더라도 병사를 내보내면 됩니다. 우리가 병사를 나누어서 중산을 외롭게 만들면[孤樂→孤] 중산은 반드시 망합니다. 우리가 이미 중산을 망하게 한 뒤에 남은 병사로써 세 나라와 더불어 진나라를 공격한다면, 이에 우리는 한 번 일어나서 진나라와 중산의 두 곳에서 땅을 차지할 수 있습니다."

富丁欲以趙合齊·魏, 樓緩欲以趙合秦·楚. 富丁恐主父之聽樓緩而合秦·楚也. 司馬淺爲富丁謂主父曰: "不如以順齊. 今我不順齊伐秦, 秦·楚必合而攻韓·魏. 韓魏告急於齊, 齊不欲伐秦, 必以趙爲辭, 則伐秦者

趙也, 韓·魏必怨趙. 齊之兵不西, 韓必聽秦違齊. 違齊而秦, 兵必歸於
趙矣. 今我順順而齊不西, 韓·魏必絶齊, 絶齊則皆事我. 且我順齊, 齊
無而西. 日者, 樓緩坐魏三月, 不能散齊·魏之交. 今我順而齊·魏果西,
是罷齊敝秦也, 趙必爲天下重國." 主父曰: "我於三國攻秦, 是俱敝也."
曰: "不然. 我約三國而告之秦, 以未構中山也. 三國欲伐秦之果也必聽
我, 欲合我. 中山聽之, 是我以王因饒中山而取地也. 中山不聽, 三國必
絶之, 是中山孤也. 三國不能和我雖少出兵可也. 我分兵而孤樂中山, 中
山必亡. 我已亡中山, 而以餘兵與三國攻秦, 是我一擧而兩取地於秦·中
山也."

중산을 얻고 싶어 하는 주보의 마음을 이용하여 조나라를 제나라, 위나라와 힘을
합치게 만들었다.

20-6 위나라가 부정을 통하여 장차 진나라와 합하려고 하다
【魏因富丁且合於秦】

위나라가 부정(富丁)을 통하여 장차 진나라와 합하려고 하자 조나
라가 두려워서 위나라에 땅을 주며 (위나라 재상인) 설공(薛公 = 孟嘗君)
에게 들어주기를 청하려 하니, 교자해(敎子欬)가 이태(李兌)[38]에게 일러

---

38 전국시대 때 조나라 대신. 무령왕이 작은 아들인 공자 하(何)에게 왕위를 물려주고 이태를 태부
에 임명하자, 안양군(安陽君) 장(章)이 불만을 품고 반란을 일으켰으나 이태의 반격으로 성공하
지 못했다. 공자 장은 무령왕이 묵고 있던 사구궁(沙邱宮)으로 도망쳤고, 그 뒤를 추격하여 사구
궁으로 진입한 이태가 공자 장을 잡아서 죽이고는, 후환이 두려워서 사구궁을 포위한 끝에 무령
왕마저 굶어죽게 만들었다. 효성왕은 이태를 사구(司寇)에 임명하여 조나라의 정사를 맡겼다.

주며 말했다.

"조나라는 연횡하여 합하는 것을 두려워해서 위나라에 땅을 떼어 주고 설공이 들어주기를 바라고 있습니다. 공이 주보로 하여금 그 땅을 주최에게 밑천으로 주고 위나라에 재상으로 삼기를 청하는 것만 못합니다. 주최는 천하로 하여금 진나라를 욕보이게 했기 때문에, 지금 (주최가) 위나라의 재상이 되면 위나라와 진나라는 반드시 나빠질[虛] 것입니다. 제나라와 위나라가 비록 굳세다[勁] 해도 진나라가 없으면 조나라를 해칠 수 없습니다. (또한) 위나라 왕이 들어주면 이는 제나라를 가볍게 만드는 것입니다. 진나라와 위나라가 비록 굳세다 해도 제나라가 없으면 조나라를 얻을 수 없습니다. 이는 조나라에 이롭고 주최에게 유리한 것입니다."

魏因富丁且合於秦, 趙恐, 請效地於魏而聽薛公. 教子欬謂李兌曰: "趙畏橫之合也, 故欲效地於魏而聽薛公. 公不如令主父以地資周最, 而請相之於魏. 周最以天下辱秦者也, 今相魏, 魏秦必虛矣. 齊·魏雖勁, 無秦不能傷趙. 魏王聽, 是輕齊也. 秦·魏雖勁, 無齊不能得趙. 此利於趙而便於周最也."

위나라와 진나라가 연횡하여 가까워지려 하자, 조나라에서는 진나라의 원수인 주최를 위나라 재상으로 만들어 위나라와 진나라 사이를 멀어지게 하고 아울러 제나라와 위나라와 관계를 가볍게 만드는 계책을 내었다.

20-7 위나라가 사람을 시켜 평원군을 통해 조나라에 합종을 청하게 하다

【魏使人因平原君請從於趙】

위나라가 사람을 시켜 (조나라 공자인) 평원군(平原君)을 통해 조나라에 합종을 청하게 했는데, 세 차례 말을 했지만 조나라 왕[孝成王]이 들어주지 않았다. (평원군이) 나오다가 우연히 우경(虞卿)을 만나, 말했다.

"나를 위해서, 들어가면 꼭 합종[從=合從]하자고 말해주시오."

우경이 들어가자 왕이 말했다.

"조금 전 평원군이 위나라를 위해 합종을 청했지만 과인은 들어주지 않았소. 이에 그대는 어떻소?"

우경이 말했다.

"위나라의 잘못입니다."

왕이 말했다.

"그렇소. 그래서 과인은 들어주지 않았소."

우경이 말했다.

"왕 또한 허물이 있습니다."

왕이 말했다.

"왜 그렇소?"

우경이 말했다.

"무릇 강한 나라와 약한 나라가 일을 벌일 때, 강한 나라는 그 이로움을 얻고 약한 나라는 그 해로움을 입습니다. 지금 위나라가 합종을 구하는데 왕께서 들어주지 않으셨으니, 이는 위나라가 해로움을 구하는데 왕께서 이로움을 사양하신 것입니다. 신이 그래서 말씀드리기를,

위나라가 잘못하고 있지만 왕 또한 허물이 있다 한 것입니다."

魏使人因平原君請從於趙. 三言之, 趙王不聽. 出遇虞卿曰: "爲入必語
從." 虞卿入, 王曰: "今者平原君爲魏請從, 寡人不聽. 其於子何如?" 虞卿
曰: "魏過矣." 王曰: "然, 故寡人不聽." 虞卿曰: "王亦過矣." 王曰: "何也?"
曰: "凡强弱之擧事, 强受其利, 弱受其害. 今魏求從, 而王不聽, 是魏求
害, 而王辭利也. 臣故曰, 魏過, 王亦過矣."

합종을 바라는 위나라는 아쉬운 바가 있기 때문이니, 이때에 이로움을 얻어내야
한다.

20-8 평원군이 풍기에게 청하다【平原君請馮忌】

평원군(平原君=趙勝)이 풍기(馮忌)에게 청하며 말했다.
"내가 북쪽으로 가서 상당을 치고 병사를 내어서 연나라를 공격하
고자 하는데, 어떻습니까?"
풍기가 대답하며 말했다.
"안 됩니다. 저 진나라 장수 무안군(武安君) 공손기(公孫起=白起)는
일곱 번 이긴 위세를 올라타고 마복의 아들[馬服之子]**39**과 더불어 장평
(長平) 아래서 싸워 조나라 군대를 크게 패배시켰는데, 그참에 그 나머

---

39 마복(馬服)은 조나라 장수 조사(趙奢)이니, 마복의 아들이란 조사의 아들인 조괄(趙括)을 말
한다.

지 병사로 한단의 성을 에워쌌습니다. 그러나 조나라가, 망하고 패한 나머지 무리를 이끌고 깨어진 군대의 피폐한 것들을 거두어서 지키자 진나라는 한단 아래에서 피로해졌습니다. 조나라가 지켜서 뽑히지 않은 까닭은, 공격은 어렵고 지키는 것은 쉬웠기 때문입니다.

(그런데) 지금 조나라는 일곱 번 이겼던 위세가 있지 않고, 연나라에 장평의 재앙이 있었던 것도 아닙니다. 지금 일곱 번 패한 참화가 미처 회복되지도 않았는데 피로한 조나라가 강한 연나라를 공격하려고 욕심을 내니, 이는 약한 조나라로 하여금 강한 진나라가 되어 공격하게 하고 강한 연나라로 하여금 약한 조나라가 되어 지키게 하는 것입니다. 거기에다 강한 진나라는 병사를 쉬게 함으로써 조나라의 피폐함을 징계[承=懲戒]하려고 하고 있습니다. 이는 곧 강한 오나라가 망한 까닭이며, 약한 월나라가 패자가 된 까닭입니다. 그래서 신은 연나라를 공격할 수 있는 바를 미처 보지 못했습니다."

평원군이 말했다.

"좋습니다."

平原君請馮忌曰: "吾欲北伐上黨, 出兵攻燕, 何如?" 馮忌對曰: "不可. 夫以秦將武安君公孫起乘七勝之威, 而與馬服之子戰於長平之下, 大敗趙師, 因以其餘兵, 圍邯鄲之城. 趙以亡敗之餘衆, 收破軍之敝守, 而秦罷於邯鄲之下, 趙守而不可拔者, 以攻難而守者易也. 今趙非有七克之威也, 而燕非有長平之禍也. 今七敗之禍未復, 而欲以罷趙攻強燕, 是使弱趙爲強秦之所以攻, 而使強燕爲弱趙之所以守. 而強秦以休兵承趙之敝, 此乃強吳之所以亡, 而弱越之所以霸. 故臣未見燕之可攻也." 平原君曰: "善哉!"

> 장평의 전쟁 후유증이 있는 조나라가 연나라를 공격하는 것은, 마치 강한 진나라가 약한 조나라가 지키는 성을 공격하거나 약한 조나라가 강한 연나라가 지키는 성을 공격하는 것과 같아서 도모하기 어렵다.

20-9 평원군이 평양군에게 일러주다【平原君謂平陽君】

평원군(平原君)이 (동생인) 평양군(平陽君)에게 일러주며 말했다.

"(위나라) 공자 모(牟)가 진나라에 머물고 있을 때, 장차 (위나라가 있는) 동쪽으로 돌아가려고 응후(應侯=范雎)에게 인사를 했다고 한다. 응후가 말하기를, '공자가 장차 떠나게 되었으니, 어찌 내게 가르쳐 줄 것이 없습니까?' 라고 하자, 말하기를 '장차 군(君)께서 명을 내려 명하시지 않아도, 신이 정말로 또한 군에게 드릴 말씀이 있습니다. 무릇 귀함은 부유함을 함께 갖기를 기대하지 않지만 그런데도 부유함이 이르고, 부유함은 기름진 쌀과 고기[梁肉]와 더불어 갖기를 기대하지 않지만 그런데도 기름진 쌀과 고기가 이르게 됩니다. 기름진 쌀과 고기는 교만하고 사치함과 더불어 갖기를 기대하지 않지만 그런데도 교만하고 사치함이 이르게 됩니다. 교만하고 사치함은 죽어 망하는 것을 더불어 기대하지 않지만, 그런데도 죽어 망하는 것이 이르게 됩니다. 여러 세상 전에 이에 걸려든[坐] 사람이 많습니다'라고 하자, 응후가 말하기를 '공자가 가르친 바가 두텁습니다'라고 했다. 내[僕]가 이를 얻어 듣고서는 마음속에서 잊을 수가 없었다. 바라건대 그대 또한 잊지 말라."

평양군이 말했다.

"삼가 받아들이겠습니다."

平原君謂平陽君曰: "公子牟游於秦, 且東, 而辭應侯. 應侯曰: '公子將
行矣, 獨無以教之乎?' 曰: '且微君之命命之也, 臣固且有效於君. 夫貴不
與富期, 而富至, 富不與梁肉期, 而梁肉至; 梁肉不與驕奢期, 而驕奢至;
驕奢不與死亡期, 而死亡至. 累世以前, 坐此者多矣.' 應侯曰: '公子之所
以教之者厚矣.' 僕得聞此, 不忘於心. 願君之亦勿忘也." 平陽君曰: "敬
諾."

이 말은 부유하고 귀함은 쇠붙이나 돌과 같다는 것이다. 능히 허리띠에 적어 두거나
안석과 지팡이에 새겨 두거나 세숫대야나 사발에 새겨 넣어 둔다면, 어찌 나라가
망하고 집안이 무너지는 일이 있겠는가?(鮑本彪謂: 此言者, 富貴之金石也. 有能書
諸紳, 銘之几杖, 勒之盤盂, 則何亡國敗家之有?)

20-10 진나라가 장평에서 조나라를 공격하여 크게 깨뜨리다
【秦攻趙於長平】

(1)

　진나라가 장평(長平)에서 조나라를 공격하여 크게 깨뜨리고 나서,
병사를 이끌고 돌아가면서 그참에 다른 사람을 시켜 조나라에 6개성
을 요구하며[索] 강화하자고 했다. 조나라의 계책이 미처 정해지지 못

했는데, 누완(樓緩)이 새로 진나라에서 왔다. 조나라 왕[孝成王][40]과 누완이 더불어 이를 헤아리며 말했다.

"진나라에게 성을 주면 어찌되고, 주지 않으면 어찌되는가?"

누완이 사양하면서 말했다.

"이는 다른 사람의 신하가 능히 알 수 있는 바가 아닙니다."

왕이 말했다.

"비록 그러다 하더라도, 시험 삼아 그대의 사사로운 의견을 말해보시오."

누완이 말했다.

"왕께서는 정말로 저 공보문백(公甫文伯)의 어머니에 대 들어보셨습니까? 공보문백이 노나라에서 벼슬을 살다 병으로 죽었는데, 부인 중에 스스로 방 안에서 죽은 자가 16명[2×8]이었습니다. 그 어머니가 듣고는 기꺼이 곡하려 들지 않았습니다. (집안일을 맡은 어멈인) 상실(相室)이 말하기를 '어찌 아들이 죽었는데도 곡을 하지 않습니까?' 하자, 그 어머니가 말했습니다. '공자(孔子)는 뛰어난 사람인데, 그가 노나라에서 쫓겨날 때 이 사람은 따라가지 않았다. 그런데 지금 (그가) 죽으니 부인 중에 그를 위해 죽은 자가 16명이다. 일이 이처럼 되었다는 것은, 덕 있는 사람[長者]에게는 엷게 대하고 부인에게는 두텁게 대했기 때문

---

40 효성왕(?~기원전 245년)은 전국시대 조나라의 국군(國君)으로 이름이 단(丹)이고 혜문왕(惠文王)의 아들이다. 즉위한 초기 태후(太后)가 집정을 했는데, 진(秦)나라가 조나라를 공격해 세 개 성이 함락되었다. 4년 진나라가 한(韓)나라의 상당(上黨)을 공격하자 상당수(上黨守) 풍정(馮亭)이 지키지 못하고 상당을 들어 조나라로 들어왔다. 7년 진나라의 반간계(反間計)에 속아 조괄(趙括)로써 염파(廉頗)를 대신하여 장군으로 삼아 진나라의 장평(長平)에서 일전을 벌였는데, 조나라가 대패하여 전사한 장병이 40여 만에 이르렀다. 진나라 군대가 진군해 한단(邯鄲)을 포위하니, 초(楚)나라와 위(魏)나라가 와서 구원했다. 15년 연나라가 조나라를 공격했는데, 염파를 장군으로 삼아 반격해서 대승을 거두고 연나라 장군 율복(栗腹) 등을 죽였다. 18년 진나라의 공격으로 조나라의 유차(楡次) 등 37개 성이 함락되었다. 21년 동안 재위했다.

이 아니겠는가?' 그러므로 어머니의 말을 쫓으면 뛰어난 어머니가 되고 부인의 말을 쫓으면 반드시 질투하는 아녀자를 벗어날 수 없으니, 그 말은 하나이지만 말하는 사람이 다르면 사람의 마음도 바뀌게 됩니다.

지금 신이 새로 진나라에서 왔으니, 주지 말라고 말하면 좋은 계책이 아닐 것이요, 주라고 말하면 왕께서 신이 진나라를 위한다 여길 것이 두렵습니다. 그래서 감히 대답할 수 없습니다. (그렇더라도) 신에게 왕을 위해 계책을 내게 한다면, 주느니만 못합니다."

왕이 말했다.

"허락하오."

秦攻趙於長平, 大破之, 引兵而歸. 因使人索六城於趙而講. 趙計未定. 樓緩新從秦來, 趙王與樓緩計之曰: "與秦城何如? 不與何如?" 樓緩辭讓曰: "此非人臣之所能知也." 王曰: "雖然, 試言公之私." 樓緩曰: "王亦聞夫公甫文伯母乎? 公甫文伯官於魯, 病死. 婦人爲之自殺於房中者二八. 其母聞之, 不肯哭也. 相室曰: '焉有子死而不哭者乎?' 其母曰: '孔子, 賢人也, 逐於魯, 是人不隨. 今死, 而婦人爲死者十六人. 若事是者, 其於長者薄, 而於婦人厚?' 故從母言之, 之爲賢母也; 從婦言之, 必不免爲妒婦也. 故其言一也, 言者異, 則人心變矣. 今臣新從秦來, 而言勿與, 則非計也; 言與之, 則恐王以臣之爲秦也. 故不敢對. 使臣得爲王計之, 不如予之." 王曰: "諾."

(2)

우경(虞卿)이 듣고 들어가 왕을 뵙자, 왕이 누완의 말을 알려주었다. 우경이 말했다.

"이는 꾸며낸 말입니다."

[진나라가 한단을 에워싼 것을 풀어주자 조나라 왕이 (진나라에) 들어가 조현하고, 조석(趙郝)을 시켜 진나라를 섬길 것을 약조하고 6개 현을 끊어내어 화해했다.]

왕이 말했다.

"무슨 말인가?"

우경이 말했다.

"진나라가 조나라를 공격하다가 진력이 나서 돌아간 것입니까? 왕께서는 진나라의 힘이 여전히 능히 나아갈 수 있는데도 왕을 어여삐 여겨 공격하지 않는 것이라고 여기십니까?"

왕이 말했다.

"진나라는 우리를 공격하기 위해 힘을 남겨두지 않았으니, 틀림없이 힘이 다하여 돌아간 것이오."

우경이 말했다.

"진나라는 그 (강한) 힘으로 공격해도 능히 얻지 못하고, 힘이 다해서 돌아갔습니다. 왕께서 또한 그 힘으로도 공격할 수 없었던 땅을 밑천으로 대어주시니, 이는 진나라를 도와 스스로를 공격하는 것입니다. 내년에 진나라가 다시 왕을 공격하면 왕은 구원받을 수 없습니다."

虞卿聞之, 入見王, 王以樓緩言告之. 虞卿曰: "此飾說也." [秦旣解邯鄲之圍, 而趙王入朝, 使趙郝約事於秦, 割六縣而講.]⁴¹ 王曰: "何謂也?" 虞卿曰: "秦

---

41 포표 주: "秦旣解邯鄲之圍而趙王入朝使趙郝約事於秦割六縣而講" 24글자는 원주가 잘못

之攻趙也, 倦而歸乎? 王以其力尙能進, 愛王而不攻乎?" 王曰: "秦之攻
我也, 不遺餘力矣, 必以倦而歸也." 虞卿曰: "秦以其力攻其所不能取, 倦
而歸. 王又以其力之所不能攻以資之, 是助秦自攻也. 來年秦復攻王, 王
無以救矣."]

(3)

왕이 다시 우경의 말을 누완에게 알리자, 누완이 말했다.

"우경이 능히 진나라 힘이 미치는 바를 남김없이 알 수 있습니까?
정말로 진나라 힘이 다 이르지 않았음을 알면서도 이 탄환만한 땅을
오히려 주지 않았다가, 만일 진나라가 내년에 다시 왕을 공격하게 되
면 나라 안쪽 땅을 잘라주지 않고 강화할 수 있겠습니까?"

왕이 말했다.

"정말로 그대의 잘라주자는 말을 들어주면, 그대가 능히 내년에
진나라가 다시 우리를 공격하지 않도록 할 수 있겠는가?"

누완이 대답하여 말했다.

"이는 신이 감히 맡을 바가 아닙니다. 옛날 삼진(三晉: 韓, 魏, 趙)이
진나라와 교류할 때는 서로 좋았는데 지금 진나라가 한나라와 위나라
는 놓아두고[釋] 단지 왕만 공격하고 있는 것은, 왕께서 진나라를 섬기
는 바가 한나라와 위나라만 못하기 때문입니다. 지금 신이 족하(足下)

붙어온 것이다. (오사도가) 보충하여 말한다: 이 24자는 간책이 빠져서 여기에 잘못 놓여있게 된
것이다. 『사기』에 따르면 이 장의 첫머리에 들어가야 할 것으로 보이니, 이 책문은 사실 한단 포
위공격 이후의 이야기가 아니기 때문이다.(鮑本, 原注衍, "秦旣解邯鄲之圍而趙王入朝使趙郝約
事於秦割六縣而講", 二十四字. 補曰: 此二十四字脫簡誤在此, 史以爲章首者. 此策實非邯鄲圍
解後事也.)

를 위해서 가까이 지내다 등져서 받게 된 공격[負親之攻]⁴²을 풀어주고 관문을 열어 폐백이 통하게 하면 제나라는 한나라, 위나라와 수교할 [交=修交] 것입니다. 내년이 되어도 왕이 홀로 진나라에게 받아들여지지 못하면, (이는) 왕이 진나라를 섬기는 바가 반드시 한나라와 위나라의 뒤에 있는 것입니다. 이는 신이 감히 맡을 바가 아닙니다."

王又以虞卿之言告樓緩. 樓緩曰: "虞卿能盡知秦力之所至乎? 誠知秦力之不至, 此彈丸之地, 猶不予也, 令秦來年復攻王, 得無割其內而媾乎?" 王曰: "誠聽子割矣, 子能必來年秦之不復攻我乎?" 樓緩對曰: "此非臣之所敢任也. 昔者三晉之交於秦, 相善也. 今秦釋韓·魏而獨攻王, 王之所以事秦必不如韓·魏也. 今臣爲足下解負親之攻, 啟關通敝, 齊交韓·魏. 至來年而王獨不取於秦, 王之所以事秦者, 必在韓·魏之後也. 此非臣之所敢任也."

(4)

왕이 누완의 말을 알려주자, 우경이 말했다.

"누완의 말은, 화친하지 않았다가 내년에 진나라가 다시 왕을 공격하면 나라 안쪽 땅을 잘라주어도 화친할 수 없고, 지금 화친한다 해도 누완은 반드시 진나라가 다시 공격하지 않도록 해줄 수는 없다는 것입니다. (그렇다면) 비록 잘라준다 해도 무슨 이로움이 있겠습니까? 내년에 다시 공격하면 다시 그 (진나라의) 힘으로 능히 가져갈 수 없는 것

---

42 포표 주: 조나라가 일찍이 진나라와 내 몸처럼 지내다가 다시 등졌기 때문에 진나라가 공격했으니, 지금 화친하려면 그것을 해결해야 한다는 것이다.(鮑本, 趙嘗親秦而復負之, 故秦攻之, 今爲媾所以解也.)

을 잘라주고 화친해야 하니, 이는 스스로를 남김없이 없애는 방법입니다. 화친하지 않느니만 못합니다.

진나라가 비록 공격을 잘해도 6개 성을 차지할 수 없으며, 조나라가 비록 능히 지키지 못한다 해도 6개 성을 잃을 정도에는 이르지 않습니다. 진나라가 힘이 빠져 돌아갔으니 병사는 반드시 피로할 것입니다. 우리가 5개 성으로 천하를 거두어서 피로한 진나라를 공격하면, 이는 우리가 천하에게 잃은 것을 진나라에서 보상으로 가져오는 것입니다. 우리나라가 오히려 이로우니, 앉아서 땅을 잘라주어 스스로 약해지고 진나라를 강하게 하는 것과 비교해서 어느 쪽이 낫겠습니까?

지금 누완이 말하기를 '진나라가 한나라와 위나라와 잘 지내면서 조나라를 공격하는 것은 틀림없이 왕께서 진나라를 섬기는 것이 한나라 위나라만 못하기 때문이다'라고 했는데, 이는 왕에게 해[歲]마다 6개 성을 가지고 진나라를 섬기게 만듦으로써 곧 앉아서 땅을 남김없이 다 없애도록 하는 것입니다. 내년에 진나라가 다시 땅을 잘라달라고 요구하면 왕께서는 장차 주시겠습니까? 주지 않으면 이는 앞서 주었던 귀한 땅을 버리고 진나라의 재앙만 돋우는 것이며, 주면 땅이 없어도 바쳐야 합니다. 속담에서 말하기를, '강한 자가 공격을 잘하면 약한 자는 능히 스스로를 지킬 수 없다'라고 했습니다. 지금 주저앉아서 진나라 말을 들어주면 진나라 병사는 힘쓰지 않고도 땅을 많이 얻게 되니, 이는 진나라를 (더욱) 강하게 만들고 조나라를 (더욱) 약하게 만드는 것입니다. (땅을) 보태줌으로써 더욱 진나라를 강하게 하고 잘라내어 더욱 조나라를 약하게 하면, 그 계책은 정말로 그치지 않게 됩니다.

또 진나라는 호랑이나 이리와 같은 나라로서 예와 마땅함의 마음이 없습니다. 그들의 요구는 그침이 없지만 왕의 땅은 다함이 있습니

다. 다함이 있는 땅을 가지고 그치지 않는 요구를 맞춰주다 보면, 그
추세를 보아 반드시 조나라는 없어질 것입니다. 그래서 말하기를 '이
는 꾸며낸 말입니다'라고 한 것이니, 왕께서는 반드시 주지 말아야 합
니다."

왕이 말했다.

"그리하시오."

王以樓緩之言告, 虞卿曰: "樓緩言不媾來年秦復攻王, 得無更割其內而
媾. 今媾, 樓緩又不能必秦之不復攻也, 雖割何益? 來年復攻, 又割其力
之所不能取而媾也, 此自盡之術也. 不如無媾. 秦雖善攻, 不能取六城;
趙雖不能守, 而不至失六城. 秦倦而歸, 兵必罷. 我以五城收天下以攻罷
秦, 是我失之於天下, 而取償於秦也. 吾國尙利, 孰與坐而割地, 自弱以
强秦? 今樓緩曰: '秦善韓‧魏而攻趙者, 必王之事秦不如韓‧魏也.' 是使
王歲以六城事秦也, 即坐而地盡矣. 來年秦復求割地, 王將予之乎? 不
與, 則是棄前貴而挑秦禍也; 與之則無地而給之. 語曰: '强者善攻, 而弱
者不能自守.' 今坐而聽秦, 秦兵不敝而多得地, 是强秦而弱趙也. 以益愈
强之秦, 而割愈弱之趙, 其計固不止矣. 且秦, 虎狼之國也, 無禮義之心.
其求無已, 而王之地有盡. 以有盡之地, 給無已之求, 其勢必無趙矣. 故
曰: 此飾說也. 王必勿與." 王曰: "諾."

(5)

누완이 듣고 들어와 왕을 뵙자, 왕이 또 우경의 말을 알려 주었다.
누완이 말했다.

"그렇지 않습니다. 우경은 하나를 알았지만 미처 그 둘은 알지 못

합니다. 무릇 진나라와 조나라가 엮여서 어려움을 겪게 되면 천하 모두가 기뻐하니, 왜 그렇겠습니까? 말하기를, '우리는 장차 강한 자를 통하여 약한 자에게 올라타리라'라고 합니다.

지금 조나라 병사가 진나라에 곤욕을 겪고 있는데, 천하에서 싸움을 축하하는 자들은 틀림없이 남김없이 진나라 쪽에 있습니다. 그래서 빨리 땅을 잘라주고 화평을 구함으로써 천하가 계산하지 못하게 하고 진나라 마음을 달래는 것만 못합니다. 그렇지 않으면 천하는 장차 진나라의 노여움을 통해 조나라가 힘 빠진 틈을 올라타서[秦→乘] (땅을 나누기를) 오이 쪼개듯이 할 것입니다. 조나라가 장차 망하면 어찌 진나라를 도모합니까? 왕께서는 이를 가지고서 결단하시고, 다시 헤아리지 마십시오."

樓緩聞之, 入見於王, 王又以虞卿言告之. 樓緩曰: "不然, 虞卿得其一, 未知其二也. 夫秦·趙構難, 而天下皆說, 何也? 曰, '我將因強而乘弱.' 今趙兵困於秦, 天下之賀戰者, 則必盡在於秦矣. 故不若亟割地求和, 以不算天下, 慰秦心. 不然, 天下將因秦之怒, 秦趙之敝而瓜分之. 趙且亡何秦之圖? 王以此斷之, 勿復計也."

(6)

우경이 듣고 또 들어와서 왕을 뵙고 말했다.

"위험합니다, 누자(樓子)가 진나라를 위함이! 무릇 조나라 병사가 진나라에 곤욕을 겪고 있는데 다시 땅을 잘라 화평을 구한다면, 이는 오히려 천하를 의심하게 하는 것인데 어떻게 진나라의 마음을 달랜다는 것입니까? 이는 정말로 천하에 약한 모습을 크게 보이는 것이 아닙니까?

또 신이 주지 말자고 말한 것은, 정말로 주지 않을 따름[己]이라는 뜻이 아닙니다. 진나라가 왕에게 6개 성을 요구하면 왕께서는 5개 성을 제나라에 바치십시오. 제나라는 진나라의 깊은 원수이기 때문에 왕의 5개 성을 얻으면 나란히 서쪽으로 가서 진나라를 공격할 것이니, 제나라가 왕의 말을 들으면 말이 끝나기를 기다리지 않아도 될 것입니다. 이는 왕께서 제나라에 잃은 것을 진나라에서 찾는 것으로, 한 번 나아가 붙어서 세 나라[韓, 魏, 齊]와 가까운 관계를 맺음으로써 진나라와 처지를 바꾸게 될 것입니다."

조나라 왕이 말했다.

"좋습니다."

그 참에 우경을 보내어 동쪽으로 가서 제나라 왕을 뵙고 함께 진나라를 도모할 것을 청했다. 우경이 미처 돌아오지도 않았는데 진나라 사자가 이미 조나라에 와 있었다. 누완이 듣고는 도망쳐 떠나갔다.

虞卿聞之, 又入見王曰: "危矣, 樓子之爲秦也! 夫趙兵困於秦, 又割地爲和, 是愈疑天下, 而何慰秦心哉? 是不亦大示天下弱乎? 且臣曰勿予者, 非固勿予而已也. 秦索六城於王, 王以五城賂齊. 齊, 秦之深讎也, 得王五城, 并立而西擊秦也, 齊之聽王, 不待辭之畢也. 是王失於齊而取償於秦, 一即着結三國之親, 而與秦易道也." 趙王曰: "善." 因發虞卿東見齊王, 與之謀秦. 虞卿未反, 秦之使者已在趙矣. 樓緩聞之, 逃去.

욕심 많은 진나라에게 6개 성을 주고도 안전을 보장받지 못하느니, 차라리 제나라에게 5개 성을 주고 동맹을 맺는 것이 유리하다고 설득하였다.

20-11 진나라가 조나라를 공격하자 평원군이 사람을 보내어 위나라에 구원을 청하다【秦攻趙平原君使人請救於魏】

진나라가 조나라를 공격하자 평원군(平原君)이 사람을 보내어 위나라에 구원을 청하였다. 신릉군(信陵君)이 병사를 내어 한단 성 아래에 이르자 진나라가 병사를 풀었다. 우경이 평원군을 위해 봉지를 더해줄 것을 청하면서, 조나라 왕에게 일러주며 말했다.

"무릇 하나의 병졸도 싸우지 않고 한 자루의 창도 치켜들지 않은 채로 두 나라의 우환을 풀어낸 것은 평원군의 힘입니다. 다른 사람의 힘을 쓰고도 그 사람의 공을 잊으면 안 됩니다."

조나라 왕이 말했다.

"좋습니다."

장차 땅을 더해주려 하였다. 공손룡(公孫龍)이 듣고는 평원군을 뵙고 말했다.

"군께서는 군대를 엎어버리고 장수를 죽이는 공업이 없는데도 동무성(東武城)을 봉지로 받았습니다. 조나라의 호걸 같은 선비들 중에 군보다 나은[右]**43** 사람이 많이 있는데도 군께서 상국이 된 것은, (왕의) 친족이기 때문입니다. 무릇 군께서는 동무성을 봉지로 받을 때에, 공이 없다고 사양하지 않았으며 조나라 재상의 도장을 차고도 능력이 없음을 사죄하지 않았으며 한 번 나라의 근심을 풀었다고 해서 욕심을 내어 봉지를 더해줄 것을 구하였습니다. 이는 친척이라 봉지를 받

---

43 포표 주: 우(右)란 사람의 도리에서 높여주는 바이다. (오사도가) 보충해서 말한다. 진나라와 한나라 이전에는 오른쪽을 높였으니, 말하기를 "자리가 염파보다 높았다"라고 하는 것과 같은 경우이다.(鮑本, 右者, 人道所尊. 補曰: 秦·漢以前, 用右爲上, 如云, "位在廉頗右.")

는 것이지만 나라 사람들은 공업을 헤아려볼 것입니다. 군을 위해 계책을 내자면, 받지 않고 편히 있느니만 못합니다."

평원군이 말했다.

"삼가 말씀을 받아들이겠습니다."

마침내 봉지를 받지 않았다.

秦攻趙, 平原君使人請救於魏. 信陵君發兵至邯鄲城下, 秦兵罷. 虞卿爲平原君請益地, 謂趙王曰: "夫不鬥一卒, 不頓一戟, 而解二國患者, 平原君之力也. 用人之力, 而忘人之功, 不可." 趙王曰: "善." 將益之地. 公孫龍聞之, 見平原君曰: "君無覆軍殺將之功, 而封以東武城. 趙國豪杰之士, 多在君之右, 而君爲相國者以親故. 夫君封以東武城不讓無功, 佩趙國相印不辭無能, 一解國患, 欲求益地, 是親戚受封, 而國人計功也. 爲君計者, 不如勿受便." 平原君曰: "謹受令." 乃不受封.

조나라 재상인 평원군이 위나라의 힘을 빌려 진나라의 포위를 푼 공으로 봉지를 더하려 하자, 다른 사람들은 그렇게 생각하지 않을 것이므로 받지 말라고 설득하였다.

20-12 진나라와 조나라가 장평에서 싸우다【秦趙戰於長平】

(1)

진나라와 조나라가 장평(長平)에서 싸웠지만, 조나라가 이기지 못하고 도위(都尉) 1명을 잃었다. 조나라 왕이 누창(樓昌)과 우경(虞卿)을 불러 말했다.

"군대가 싸웠지만 이기지 못하고, 또 도위가 죽었다. 과인이 갑옷을 걷어 올리고 쫓아가려 하는데, 어떠한가?"

누창이 말했다.

"이득이 없습니다. 무거운 사신을 보내어 화친하느니만 못합니다."

우경이 말했다.

"무릇 화친을 말하는 사람은 화친하지 않으면 군대가 반드시 깨어지게 될 것이라 여기는데, 화친을 제어하는 것은 진나라에 달려있습니다. 장차 왕께서 진나라를 (대적하여 싸울 것을) 말씀하시는 것은 왕의 군대를 깨뜨리고 싶어서입니까, 아닙니까?"

왕이 말했다.

"진나라는 힘을 남기지 않고 쏟아부어 반드시 장차 조나라 군사를 깨뜨릴 것이오."

우경이 말했다.

"왕께서 즐겁게 신의 말을 들어주십시오. 사신을 보내고 무거운 보물을 내어 초나라, 위나라에 붙어야 합니다. 초나라와 위나라는 왕의 무거운 보물을 얻고자 해서 반드시 우리 사신을 들일 것이니, 조나라 사신이 초나라와 위나라에 들어가면 진나라는 반드시 천하가 합종할 것을 의심하여 장차 반드시 두려워할 것입니다. 이와 같이 하면 (진나라와의) 화친은 마침내 이루어질 수 있습니다."

秦趙戰於長平, 趙不勝, 亡一都尉. 趙王召樓昌與虞卿曰: "軍戰不勝, 尉復死, 寡人使卷甲而趨之, 何如?" 樓昌曰: "無益也, 不如發重使而爲媾." 虞卿曰: "夫言媾者, 以爲不媾者軍必破, 而制媾者在秦. 且王之論秦也,

欲破王之軍乎? 其不邪?" 王曰: "秦不遺餘力矣, 必且破趙軍." 虞卿曰:
"王聊聽臣, 發使出重寶以附楚・魏. 楚・魏欲得王之重寶, 必入吾使. 趙
使入楚・魏, 秦必疑天下合從也, 且必恐. 如此, 則媾乃可爲也."

(2)

조나라 왕이 들어주지 않고 평양군(平陽君)과 더불어 화친하고
자 정주(鄭朱)를 보내 진나라에 들어가게 하니, 진나라가 받아들였다
[內=納]. 조나라 왕이 우경을 불러 말했다.

"과인이 평양군을 시켜 진나라와 강화토록 했고 진나라는 이미 정
주를 받아들였으니, 그대는 어찌 여기는가?"

우경이 청하며 말했다.

"왕께서는 틀림없이 강화를 얻지 못할 것이고, 군사는 반드시 깨어
질 것입니다. 천하에서 싸움에 이긴 것을 축하하려는 사람들이 모두
진나라에 있습니다. 정주는 조나라의 귀한 사람인데 진나라에 들어갔
으니, 진나라 왕[昭王]은 응후(應侯=范雎)와 함께 반드시 무겁게 여기
는 모습을 드러내어 천하에 보일 것입니다. 초나라와 위나라는 조나라
가 (진나라와) 화친한다고 여겨서 틀림없이 왕을 구원하지 않을 것입니
다. 천하가 왕을 구원하지 않을 것임을 진나라가 알게 되었으니 화친
은 이루어질 수 없습니다."

조나라가 끝내 화친을 얻지 못하고 군사는 과연 크게 무너졌다. 왕
이 진나라에 들어가니, 진나라가 조나라 왕을 머물도록 하고 난 뒤에
야 화친을 허락했다.

趙王不聽, 與平陽君爲媾, 發鄭朱入秦, 秦內之. 趙王召虞卿曰: "寡人使

平陽君媾秦, 秦已內鄭朱矣, 子以爲奚如?" 虞請曰: "王必不得媾, 軍必
破矣, 天下之賀戰勝者皆在秦矣. 鄭朱, 趙之貴人也, 而入於秦, 秦王與
應侯必顯重以示天下. 楚·魏以趙爲媾, 必不救王. 秦知天下不救王, 則
媾不可得成也." 趙卒不得媾, 軍果大敗. 王入秦, 秦留趙王而後許之媾.

장평 싸움에서 진 후, 초나라와 위나라의 도움을 얻어 진나라를 두렵게 하자는 우
경의 말을 듣지 않고 진나라와 직접 강화를 맺으려 하다가 끝내 대패하고 조나라
왕은 진나라에 억류되었다.

20-13 진나라가 조나라 한단을 에워싸다 【秦圍趙之邯鄲】

(1)

진나라가 조나라 한단을 에워싸니, 위나라 안리왕(安厘王=安釐王)
이 장군 진비(晉鄙)를 시켜 조나라를 구원하게 했다. (진비가) 진나라를
두려워하여 탕음(蕩陰)에서 멈춰 나아가지 않았는데, 위나라가 객장
신원연(新垣衍)으로 하여금 틈을 타고 한단으로 들어가게 해서 평원
군을 통해 조나라 왕에게 일러주며 말했다.

"진나라가 급히 조나라를 에워싼 까닭은, 앞서 제나라 민왕과 더불
어 억지로 제(帝)라 부르기 위해 다투다가 이윽고 다시 제(帝)를 버리
고 돌아갔으니 제나라 때문입니다. 지금 제나라 민왕(閔王=湣王)은 이
미 더욱 약해졌습니다. 바야흐로 지금 오직 진나라만이 천하의 우두
머리[雄]가 되니, 이는 반드시 한단을 탐내서가 아니라 그 뜻이 제(帝)
로 불리기를 구하려는 것입니다. 조나라가 정말로 사신을 보내어 진나

라 소왕(昭王)을 높여서 제(帝)라고 부르면 진나라는 반드시 기뻐하며 병사를 풀고 물러날 것입니다."

평원군이 망설이며[猶豫], 미처 결정할 수가 없었다.

秦圍趙之邯鄲. 魏安釐王使將軍晉鄙救趙. 畏秦, 止於蕩陰, 不進. 魏使客將軍新垣衍間入邯鄲, 因平原君謂趙王曰: "秦所以急圍趙者, 前與齊閔王爭強爲帝, 已而復歸帝, 以齊故. 今齊閔王已益弱. 方今唯秦雄天下, 此非必貪邯鄲, 其意欲求爲帝. 趙誠發使尊秦昭王爲帝, 秦必喜, 罷兵去." 平原君猶豫未能有所決.

(2)

이때에 (제나라 사람) 노중련(魯仲連)⁴⁴이 마침 조나라에 머물고 있다가 진나라가 조나라를 에워쌌다는 사실을 맞이하게 되었다. 위나라가 장차 조나라에게 진나라를 높여서 제(帝)로 부르도록 권했다는 말을 듣고, 마침내 평원군을 만나 말했다.

"일이 장차 어찌됩니까?"

평원군이 말했다.

"제[勝=趙勝]가 어찌 감히 일을 말하겠습니까? 백만의 무리가 밖에서 꺾였고, 지금 또 안에서는 한단이 에워싸여 쫓아낼 수가 없습니다. 위나라 왕이 장군 신원연(辛垣衍)을 보내 조나라에게 진나라를 제(帝)로 부르라고 합니다. 지금 그 사람이 여기에 있으니, 제가 어찌 감

---

44 전국시대 제(齊)나라의 높은 절의(節義)를 가진 은사(隱士)이다. 그는 무도(無道)한 진(秦)나라가 천하를 차지한다면 "나는 동해로 걸어 들어가 죽겠다(連有踏東海而死耳)"라고 맹세하여 그 절의를 높인 바 있다.

히 일에 대해 말하겠습니까?"

노련이 말했다.

"처음에는 내가 군을 천하의 뛰어난 공자로 여겼는데, 내가 마침내 지금 이렇게 된 뒤에야 군이 천하의 뛰어난 공자가 아님을 알겠소. 양나라 객장 신원연은 어디에 있습니까? 내가 청컨대 군을 위해 꾸짖어 돌아가도록 하겠습니다."

평원군이 말했다.

"제가 청하여 불러서 선생께 보이도록 하겠습니다."

평원군이 드디어 신원연을 보고 말했다.

"동쪽 나라[東國=齊] 사람 중에 노련 선생이 있는데, 그 사람이 여기에 있으니 제가 바라건대 소개하여 장군을 뵙게 하고자 합니다."

신원연이 말했다.

"제가 듣기에 노련 선생은 제나라의 높은 선비라고 했습니다. (그러나) 제가 다른 사람의 신하로서 사신의 직분이 있으니, 저는 노련 선생을 만나기를 바라지 않습니다."

평원군이 말했다.

"제가 이미 (만난다는 말을 노련에게) 흘리고 말았습니다."

신원연이 허락했다.

此時魯仲連適游趙, 會秦圍趙. 聞魏將欲令趙尊秦爲帝, 乃見平原君曰: "事將奈何矣?" 平原君曰: "勝也何敢言事? 百萬之衆折於外, 今又內圍邯鄲而不能去. 魏王使將軍辛垣衍令趙帝秦. 今其人在是, 勝也何敢言事?" 魯連曰: "始吾以君爲天下之賢公子也, 吾乃今然後知君非天下之賢公子也. 梁客辛垣衍安在? 吾請爲君責而歸之." 平原君曰: "勝請召而見之於先生." 平原君遂見辛垣衍曰: "東國有魯連先生, 其人在此, 勝請爲紹介, 而見之於將軍." 辛垣衍曰: "吾聞魯連先生, 齊國之高士也. 衍, 人臣也使事有職. 吾不願見魯連先生也." 平原君曰: "勝已泄之矣." 辛垣衍許諾.

(3)

노련이 신원연을 보고도 아무 말이 없자, 신원연이 말했다.

"내가 여기[北→此] 에워싸인 성 안에 머무는 사람들이 모두 평원군을 찾고 있음을 보았습니다. 내가 지금 선생의 옥 같은 모습을 보니 평원군에게서 찾는 바가 없는 것 같은데, 어찌 이 에워싸인 성 안에 오랫동안 머물면서 떠나지 않습니까?"

노련이 말했다.

"세상은 (주나라의 절개 있는 선비인) 포초(鮑焦)가 조용히 살지 못해 죽었다고 여겨서 모두 비난하고 있습니다. 지금 많은 사람들은 알지도 못하면서 (포초가) 자기 한 몸만을 위했다고 합니다. 저 진(秦)이란 나라는 힘써 일한 자를 버리고 (적의) 머리를 바치는 공로[首功]를 높이는[上][45] 나라입니다. 권세로써 그 선비를 부리고 노예[虜=奴隷]로써 그 백성을 부립니다. 저들이 바로 마음대로 해서 제(帝)로 불리고 (세월이) 지나서 마침내 천하의 가운데에 있게 되면, 나는 동쪽 바다에 가서 죽는 일이 있게 됩니다. 나는 백성들을 위해 참을 수가 없습니다! 장군을 보자고 한 것은 조나라를 돕고 싶어서입니다."

---

45 포표 주: 진나라는 작위를 20등급으로 나누었는데, 싸움에서 머리를 베는 것이 공을 헤아려 작위를 받을 때 제일 높은 것으로 인정되었다.(鮑本, 秦制爵二十等, 戰獲首級者, 計功受爵, 時所尊上也.)

신원연이 말했다.

"선생이 그들을 어떻게 돕습니까?"

노련이 말했다.

"내가 장차 양나라와 연나라로 하여금 돕도록 하겠습니다. 제나라와 초나라는 (이미) 진실로 돕고 있습니다."

신원연이 말했다.

"연나라는 제가 청해서 따르게 하겠습니다. 이에 양나라 같은 경우는, 제가 곧 양나라 사람인데 선생은 어떻게 능히 양나라가 돕게 하겠습니까?"

노련이 말했다.

"양나라는 아직 진나라가 제를 칭하는 해로움을 보지 못했으니, 양나라에게 진나라가 제를 칭하는 해로움을 보게 하면 반드시 조나라를 도울 것입니다."

신원연이 말했다.

"진나라가 제를 칭하는 해로움은 장차 어떤 것입니까?"

노중련이 말했다.

"옛날 제나라 위왕(威王)이 일찍이 어질고 마땅함을 행하여, 천하 제후를 이끌고 주나라에 조현하였습니다. 주나라는 가난하고 또한 미미해져서 제후들이 조현하지 않았지만 제나라만이 홀로 조현하였습니다. 일 년 남짓 있다가, 주나라 열왕(烈王, 기원전 401~369년)[46]이 붕(崩)하시자 제후 모두 조문하였는데, 제나라가 뒤에 왔습니다. 주나라

---

46 이열왕(夷烈王)으로도 불린다. 안왕(安王)의 아들로서 성은 희(姬)이고 이름은 희(喜)이며, 동주(東周)의 임금으로 재위는 7년이다. 6년에 제나라 위왕이 와서 조현하였다.

가 화를 내며 제나라에 나아가 말하기를, '하늘이 무너지고 땅이 끊어져 천자가 자리에서 내려왔는데도[下席], 동쪽 울타리 신하 전영제(田嬰齊=威王)는 뒤늦게 왔다. 이에 베어야겠다'라고 했습니다. 위왕이 발끈하면서 말하기를 '제기랄[叱嗟]! 네[而] 어미는 종이다'라고 해서, 끝내 천하의 웃음거리가 되었습니다. (열왕이) 살아있을 때는 조현을 했다가 죽었을 때는 꾸짖었으니, 정말로 차마 있을 수 없는 일입니다. 저천자(에 대해서)도 정말로 그러했으니 이는 족히 괴상한 일도 아닐 것입니다."

신원연이 말했다.

"선생은 어찌 저 종복[仆=僕]을 보지 못하셨습니까? 10명이 한 사람을 따르는 것이 어찌[寧] 힘으로 이기지 못해서이고 지혜가 모자라서이겠습니까? 두려워하기 때문입니다."

노중련이 말했다.

"그러면 양나라는 틀림없이 진나라에게 견주면 종복과 같다는 말입니까?"

신원연이 말했다.

"그렇습니다."

노중련이 말했다.

"그렇다면 내가 장차 진나라 왕에게 양나라 왕을 삶아서 젓갈을 담그라고[醢] 해야겠습니다."

신원연이 불쾌한 표정으로 좋아하지 않은 채 말했다.

"아! 정말로 매우 심합니다, 선생의 말씀이! 선생이 또한 어찌 진나라에게 양나라 왕을 삶아서 젓을 담그라고 할 수 있습니까?"

魯連見辛垣衍而無言. 辛垣衍曰: "吾視居北圍城之中者, 皆有求於平原君者也. 今吾視先生之玉貌, 非有求平原君者, 曷爲久居此圍城之中而不去也?" 魯連曰: "世以鮑焦無從容而死者, 皆非也. 今衆人不知, 則爲一身. 彼秦者, 棄禮義而上首功之國也. 權使其士, 虜使其民. 彼則肆然而爲帝, 過而遂正於天下, 則連有赴東海而死矣. 吾不忍爲之民也! 所爲見將軍者, 欲以助趙也." 辛垣衍曰: "先生助之奈何?" 魯連曰: "吾將使梁及燕助之. 齊·楚則固助之矣." 辛垣衍曰: "燕則吾請以從矣. 若乃梁, 則吾乃梁人也, 先生惡能使梁助之耶?" 魯連曰: "梁未睹秦稱帝之害故也, 使梁睹秦稱帝之害, 則必助趙矣." 辛垣衍曰: "秦稱帝之害將奈何?" 魯仲連曰: "昔齊威王嘗爲仁義矣, 率天下諸侯而朝周. 周貧且微, 諸侯莫朝, 而齊獨朝之. 居歲餘, 周烈王崩, 諸侯皆弔, 齊後往. 周怒, 赴於齊曰: '天崩地坼, 天子下席, 東藩之臣田嬰齊後至, 則斮之.' 威王勃然怒曰: '叱嗟, 而母婢也.' 卒爲天下笑. 故生則朝周, 死則叱之, 誠不忍其求也. 彼天子固然, 其無足怪." 辛垣衍曰: "先生獨未見夫僕乎? 十人而從一人者, 寧力不勝, 智不若耶? 畏之也." 魯仲連曰: "然梁必比於秦若僕耶?" 辛垣衍曰: "然." 魯仲連曰: "然吾將使秦王彭醢梁王." 辛垣衍怏然不悅曰: "嘻, 亦太甚矣, 先生之言也! 先生又惡能使秦烹醢梁王?"

(4)

노중련이 말했다.

"정말로 내가 말하는 것을 기다려 주시오. 옛날에 귀후(鬼侯), 악후(鄂侯), 문왕(文王)은 주(紂)임금의 삼공(三公)이었습니다. 귀후는 자식이 있었는데, 예뻐서 주임금에게 들여졌지만 주임금이 밉다고 여겨 젓갈로 담가서[醢] 귀후에게로 돌려보냈습니다. 악후가 이를 급히 간쟁하며 빠르게 변론을 했는데, 악후도 포(脯)를 떠버렸습니다. 문왕이 듣고는 한숨을 쉬며 한탄하자, 유리(牖里)에 있는 창고[車→庫]에 100일 동안 가둬놓고는 내버려두어 죽게 하려 했습니다. 어찌 다른 사람들과 더불어 갖춰져야 제나 왕으로 부르는데 끝내 포를 뜨고 젓갈을 담는 지경까지 나아갔겠습니까?

제나라 민왕이 장차 노나라로 가려는데, 이유자(夷維子)가 채찍[策=馬鞭]을 잡고서 따라가며 노나라 사람에게 일러 말했습니다. '그대는 장차 어찌 우리 임금을 대접하겠는가?' 노나라 사람이 말하기를, '내가 장차 10개의 태뢰(太牢)[47]로써 그대 임금을 대접하겠소'라고 하자, 유자(維子)가 말했습니다. '그대는 어떤 예를 가져다가 우리 임금을 대접하려는가? 저 우리 임금이란 분은 천자이시다. 천자가 순수(巡狩)[48]를 하면 제후들은, 자기 궁실을 피하고, 문빗장과 자물쇠[管鍵=筦鍵]를 바치고, 옷자락을 여미고, 안석[几]을 품에 안고 당 아래에서 음식을 살피다가 천자가 다 드시면 물러나서 (자기) 조정 일을 돌보는 것이다.' 노나라 사람이 그 열쇠[籥]를 던지고는 과연 받아들이지 않았습니다. (민왕이) 노나라에 들어가지 못하게 되자, 장차 설(薛) 땅으로 가기 위해 추(鄒) 땅에서 길을 빌렸습니다. 이때를 맞아 추나라 임금이 죽었기 때문에 민왕이 들어가서 조문하려 했습니다. 이유자가 추나라의 (임금의) 아들[孤]에게 이르며 말하기를 '천자가 조문하면 상주[主

---

47 (1) 나라의 제사에 소, 양, 돼지를 아울러 바치는 것을 말한다. (2) 소, 양, 돼지 세 짐승의 고기를 모두 쓴 요리로, 아주 훌륭한 음식을 말한다. 양고기와 돼지고기의 두 가지만 쓴 음식을 소뢰(小牢)라고 한다.

48 천자(天子)가 천하를 돌아다니며 천지산천에 제사하고 각지의 정치와 민심의 동향을 살피는 고대 중국의 풍습이다. 구체적으로는 순수를 통해서 토지의 개간과 전야(田野)의 상태, 노인에 대한 봉양, 현자에 대한 존중, 인재의 등용 등을 살펴보았으며, 그 공과(功過)에 따라 봉토를 증삭하였다.

任]는 반드시 장차 빈소의 관을 등진 채 남쪽 방향에서 북쪽을 바라보도록 자리를 만들고, 그런 뒤에 천자가 남쪽을 바라보면서 조문하는 것이다'라고 하자, 추나라의 뭇 신하들이 말했습니다. '꼭 이렇게 해야 한다면, 우리는 장차 칼에 엎어져 죽겠다.' 그래서 감히 추나라에 들어가지 못했습니다. 추나라와 노나라의 신하들은 (임금이) 살아서도 섬기고 봉양하지 못했고 죽어서도 입에 구슬과 씻은 쌀을 넣어주지[飯含] 못했는데, 다시 (제나라 민왕이) 추나라와 노나라의 신하들에게 천자의 예를 행하고 싶어 했으니 끝내 들이지 않았습니다.

지금 진나라가 만승의 나라이지만 양나라 또한 만승의 나라입니다. 모두 만승의 나라에 의지하며 서로 왕의 이름으로 부르는데, (위나라는) 그 한 번 싸워서 이기는 것을 보고는 따르기를 원하면서 제라고 합니다. 이는 삼진의 대신(大臣)을 추나라와 노나라의 종복이나 첩[仆妾]만도 못하게 만드는 것입니다. 또한 진나라가 제지를 받지 않고[無己=無止之] 제라고 불리게 되면, 장차 제후의 대신들을 바꾸고 옮기게 할 것입니다. 저들은 장차 이른바 능력이 없는 자들에게서 빼앗아 이른바 뛰어난 자에게 줄 것이며, 미워하는 자에게서 빼앗아 아끼는 자에게 줄 것입니다. 저들은 또한 장차 그 딸로 하여금 참언을 잘하는 첩이나 제후의 아내[妃姬]로 삼아서 양나라 궁 안에 살게 할 것이니, 양나라 왕이 어찌 편안함을 얻을 수 있겠습니까? 장군은 또 어떻게 오래도록 총애를 얻을 수 있겠습니까?"

魯仲連曰: "固也, 待吾言之. 昔者, 鬼侯之鄂侯·文王, 紂之三公也. 鬼侯有子而好, 故入之於紂, 紂以爲惡, 醢鬼侯. 鄂侯爭之急, 辯之疾, 故脯鄂侯. 文王聞之, 喟然而嘆, 故拘之於牖里之庫, 百日而欲舍之死. 曷爲與

人俱稱帝王, 卒就脯醢之地也? 齊閔王將之魯, 夷維子執策而從, 謂魯
人曰: '子將何以待吾君?' 魯人曰: '吾將以十太牢待子之君.' 維子曰: '子
安取禮而來待吾君? 彼吾君者, 天子也. 天子巡狩, 諸侯辟舍, 納於管鍵,
攝衽抱几, 視膳於堂下, 天子已食, 退而聽朝也.' 魯人投其籥, 不果納. 不
得入於魯, 將之薛, 假途於鄒. 當是時, 鄒君死, 閔王欲入吊. 夷維子謂鄒
之孤曰: '天子吊, 主任必將倍殯柩, 設北面於南方, 然後天子南面吊也.'
鄒之群臣曰: '必若此, 吾將伏劍而死.' 故不敢入於鄒. 鄒·魯之臣, 生則
不得事養, 死則不得飯含. 然且欲行天子之禮於鄒·魯之臣, 不果納. 今
秦萬乘之國, 梁亦萬乘之國. 俱據萬乘之國, 交有稱王之名, 賭其一戰而
勝, 欲從而帝之, 是使三晉之大臣不如鄒·魯之仆妾也. 且秦無已而帝,
則且變易諸侯之大臣. 彼將奪其所謂不肖, 而予其所謂賢; 奪其所憎, 而
與其所愛. 彼又將使其子女讒妾爲諸侯妃姬, 處梁之宮, 梁王安得晏然
而已乎? 而將軍又何以得故寵乎?"

(5)

이에 신원연이 일어나 두 번 절하고 사과하며 말했다.

"처음에 선생을 용렬하다 여겼는데, 내가 마침내 오늘에야 선생이
천하의 선비인 것을 알았습니다. 제가 물러나기를 청하며, 감히 다시
진나라를 제라 칭하지 않겠습니다."

진나라가 장차 이를 듣고, 군사를 50리 뒤로 물렸다.

於是, 辛垣衍起, 再拜謝曰: "始以先生爲庸人, 吾乃今日而知先生爲天
下之士. 吾請去, 不敢復言帝秦." 秦將聞之, 爲卻軍五十里.

(6)

마침 위나라 공자 무기(無忌=信陵君)가 진비(晉鄙)의 군사를 빼앗아서 조나라를 구하기 위해 진나라를 치자, 진나라가 군사를 끌고 물러갔다. 이에 평원군이 노중련을 봉하고 싶어 했다. 노중련이 사양한 것이 세 차례였으며, 끝내 기꺼이 받지 않았다. 평원군이 마침내 술자리를 베풀어, 술자리가 무르익자 일어나서 노중련의 장수[壽]를 빌며 천금을 앞에 놓았다. 노중련이 웃으며 말했다.

"천하의 선비를 귀하게 여기는 까닭은, 다른 사람을 위해 환란을 헤쳐 나가고 어려움을 풀어주며 분쟁이나 어지러움[紛亂]을 해결하면서도 얻으려 하는 바가 없기 때문입니다. 만약 얻으려는 사람이 있다면 이는 장사꾼[商賈] 같은 사람이니, 저는 차마 하지 못합니다."

마침내 평원군에게 인사하고 떠나갔는데, 죽을 때까지 다시 보지 못했다.

適會魏公子無忌奪晉鄙軍, 以救趙擊秦, 秦軍引而去. 於是平原君欲封魯仲連. 魯仲連辭讓者三, 終不肯受. 平原乃置酒, 酒酣, 起前以千金爲魯連壽. 魯連笑曰: "所貴於天下之士者, 爲人披患·釋難·解紛亂而無所取也. 即有所取者, 是商賈之人也, 仲連不忍爲也." 遂辭平原君而去, 終身不復見.

진나라를 제라 불러주면 조나라의 위험이 풀릴 것이라는 말에 대하여, 진나라가 제가 되면 다른 나라를 종복 취급할 것이라고 위나라를 설득하여 조나라를 구원하게 했다.

20-14 장상국을 설득하다【說張相國】

(누군가가) 장상국(張相國)[49]을 설득하며 말했다.

"그대는 어찌 능히 조나라 사람을 엷게[少=薄] 대하면서도 조나라 사람이 그대를 두텁게[多=厚] 대하게 할 수 있겠습니까? 그대는 어찌 능히 조나라 사람을 미워하면서도 조나라 사람이 그대를 아끼도록 할 수 있겠습니까? 무릇 아교칠은 아주 끈적거리지만 멀리 있는 것을 붙일 수 없으며, 기러기 털은 아주 가볍지만 스스로 들어올릴 수 없습니다. (그러나) 저 맑은 바람에 나부끼게 되면 사해를 마음대로 다니게 되니, 그러므로 일이 간결하면 성공이 오는 것은 그로 말미암기 때문입니다.

지금 조나라는 만승의 강한 나라로, 앞에는 장수(漳水)와 부수(滏水)가 있고 오른쪽에는 상삼(常釤)이, 왼쪽에는 하간(河間)[50]이, 북쪽에는 대(代) 땅이 있습니다. 갑옷을 두른 병사가 100만으로, 일찍이 강한 제나라를 누르고 있었기에 40여 년 동안 진나라는 욕심내는 바를 얻을 수 없었습니다. 이를 통해 살펴보면, 조나라는 천하에서 가볍지 않습니다. 지금 그대가 만승의 강한 조나라를 쉽게 여기면서도 얻을 수 없는 작은 양나라를 그리워하고 생각하고 있으니, 신이 몰래 그대를 위해 생각하면 (그런 태도를) 가지지 않았으면 합니다."

장상국이 말했다.

"좋습니다."

---

49 포표 주: 대개 양나라 사람으로 조나라의 재상이 되었기 때문에 일찍이 양나라를 그리워하고 조나라를 낮춘 것이다.(鮑本, 蓋梁人相趙, 嘗懷梁而鄙趙者.)

50 장수(漳水)와 황하(黃河) 사이의 땅으로, 연나라, 조나라, 제나라의 경계 지역이다.

이때 이후로 많은 사람들이 넓게 모여 있는 중에 설 때면 (장상국은) 일찍이 조나라 사람의 장점을 말하지 않은 적이 없었고 조나라 풍속의 좋은 점을 말하지 않는 적이 없었다.

說張相國曰: "君安能少趙人, 而令趙人多君? 君安能憎趙人, 而令趙人愛君乎? 夫膠漆, 至粘也, 而不能合遠; 鴻毛, 至輕也, 而不能自擧. 夫飄於淸風, 則橫行四海. 故事有簡而來成者, 因也. 今趙萬乘之强國也, 前漳·滏, 右常鈐, 左河間, 北有代, 帶甲百萬, 嘗抑强齊, 四十餘年而秦不能得所欲. 由是觀之, 趙之於天下也不輕. 今君易萬乘之强趙, 而慕思不可得之小梁, 臣竊爲君不取也." 君曰: "善." 自是之後, 衆人廣坐之中, 未嘗不言趙人之長者也, 未嘗不言趙俗之善者也.

일은 이루기 위해서는 가까이 있는 사람들로부터 도움을 받아야 하므로, 지금 있는 조나라를 믿고 의지해야 한다.

20-15 정동(鄭同)이 북쪽으로 가서 조나라 왕을 뵙다 【鄭同北見趙王】

(정나라 사람인) 정동(鄭同)이 북쪽으로 가서 조나라 왕을 뵈니, 조나라 왕이 말했다.

"그대는 남쪽 지방의 널리 알려진 선비[傳士→博士]인데, 무엇을 가르쳐주겠는가?"

정동이 말했다.

"신은 남쪽 지방 초원에 사는 변방 사람인데, 어찌 충분히 답하겠습니까? 비록 그렇지만, 왕의 앞에 이르렀으니 어찌 감히 대답하지 않겠습니까? 신이 어린 시절에 부모님이 일찍이 병법[兵]을 가르쳐 주셨습니다."

조나라 왕이 말했다.

"과인은 병법을 좋아하지 않소."

정동이 그참에 손을 어루만지면서 하늘을 처다보고 웃으며 말했다.

"병법이란 정말로 천하의 교활한 자[狙=狡猾]들이나 기뻐하는 것이라, 신은 그래서 대왕이 좋아하지 않는 것이라고 생각합니다.

신이 또한 일찍이 병사의 일을 가지고 위나라 소왕(昭王)을 설득한 적이 있는데, 소왕이 말하기를 '과인은 기쁘지 않다'라고 해서 신이 말했습니다. '왕께서 하시는 일이 능히 허유(許由)와 같습니까? 허유는 천하에 아무런 누를 끼치지 않았기 때문에 (천자의 자리를) 받지 않았습니다. 지금 왕께서 이미 돌아가신 왕께서 전해준 나라를 받았으니, 종묘가 편안하고 나라 땅[壤地=疆土]이 깎여 나가지 않으며 사직에는 혈식(血食)⁵¹이 이어지기를 바라고 있습니까?' 왕이 말하기를, '그렇소'라고 했습니다. 지금 어떤 사람이 수후의 구슬[隨侯之珠]이나 지구의 팔찌[持丘之環]나 만금의 재물을 가지고 때마침 들판에서 묵게 되었는데, 안으로 맹분(孟賁)의 위세나 형경(荊慶=成荊과 慶忌)의 결단력이 없고 밖으로 활이나 쇠뇌[弩]의 지킴이 없다면 하룻저녁[宿夕]이 지나지 않아 그는 반드시 위태로워질 것입니다. 지금 강하고 욕심 많은 나라

---

51 털과 피가 있는 희생을 종묘에 바쳐서 지내는 제사, 혹은 자손이 이어지고 그런 제사가 지속되는 것을 말한다.

가 있어서 왕의 국경에 들이닥쳐 왕의 땅을 요구하는데, 이치를 가지고 말해줘도 안되고 마땅함을 가지고 설득해도 듣지 않습니다. 싸우는 나라들[戰國] 사이에서 지키는[守圍→守圍] 도구가 없으면 왕께서는 이에 장차 무엇을 가지고 당해내려 하십니까? 만일 왕에게 병사가 없다면 이웃나라가 뜻을 얻을 것입니다."

조나라 왕이 말했다.

"과인이 가르침을 받들기를 청합니다."

鄭同北見趙王. 趙王曰: "子南方之傳士也, 何以教之?" 鄭同曰: "臣南方草鄙之人也, 何足問? 雖然, 王致之於前, 安敢不對乎? 臣少之時, 親嘗教以兵." 趙王曰: "寡人不好兵." 鄭同因撫手仰天而笑之曰: "兵固天下之狙喜也, 臣故意大王不好也. 臣亦嘗以兵說魏昭王, 昭亦曰: '寡人不喜.' 臣曰: '王之行能如許由乎? 許由無天下之累, 故不受也. 今王既受先王之傳, 欲宗廟之安, 壤地不削, 社稷之血食乎?' 王曰: '然.' 今有人操隨侯之珠, 持丘之環, 萬金之財, 時宿於野, 內無孟賁之威, 荊慶之斷, 外無弓弩之御, 不出宿夕, 人必危之矣. 今有強貪之國, 臨王之境, 索王之地, 告以理則不可, 說以義則不聽. 王非戰國守圍之具, 其將何以當之? 王若無兵, 鄰國得志矣." 趙王曰: "寡人請奉教."

개인적으로 군사를 쓰는 일을 좋아하지 않을 수는 있으나, 나라와 사직을 보존하기 위해서는 어떻게 해야겠느냐고 물은 것이다.

20-16 건신군이 조나라에서 귀하게 되다【建信君貴於趙】

건신군(建信君)이 조나라에서 귀하게 되었다. (위나라의) 공자 위모(魏牟)가 조나라를 지나게 되자 조나라 왕[孝成王]이 그를 맞이하였는데, 돌아보고[顧] 되돌아와서 자리에 이르자 앞에 여러 자[尺]의 비단[帛]이 있었다. 장차 공인[工]에게 갓을 만들게 영을 내렸기 때문인데, 공인이 손님이 온 것을 보고 그참에 자리를 피한[辟=避] 것이었다. 조나라 왕이 말했다.

"공자가 마침내 (종자들이 탄) 수레를 뒤로 하고 달려와서 뜻하지 않게 과인에게 오셨으니, 바라건대 천하를 위하는 방법을 듣고자 하오."

위모가 말했다.

"왕께서 능히 왕의 나라를 무겁게 하기를, 마치 여기 몇 자의 비단같이 하게 되면 왕의 나라는 크게 다스려질 것입니다."

조나라 왕이 기뻐하지 않는 모습을 얼굴빛에 드러내며 말했다.

"돌아가신 왕[先生=先王]께서 과인이 덕 없음을 알지 못하여 사직을 받들게 하셨지만, 어찌 감히 나라를 이와 같이 가벼이 여기겠습니까?"

(위모가) 말했다.

"왕께서는 노여워 마시고, 청하건대 왕을 위해 말씀드리겠습니다."

(계속하여) 말했다.

"왕께서 이런 몇 자 비단이 있는데, 어찌 먼저 (왕을 가까이 모시는 신하인) 낭중(郎中)을 시켜 갓을 만들게 하지 않습니까?"

왕이 말했다.

"낭중은 갓 만드는 것을 알지 못합니다."

위모가 말했다.

"갓을 만들다가 망가지면 어찌 왕의 나라가 어그러집니까[虧=損]? 그런데도 왕께서는 꼭 공인을 기다린 뒤에야 비로소 만들게 합니다. 지금 천하를 위해 다스리는 사람[工] 중에 혹은 아닌 사람이 있습니다. 사직이 텅 비고 어그러졌으며 선왕이 혈식을 받지 못하고 있는데, 그런데도 왕께서는 공인에게 주지 않고 마침내 어리고 잘생긴 자[幼艾=建信君]와 함께하고 있습니다. 장차 왕의 돌아가신 임금[帝=惠文王]께서는 서수(犀首)[52]에게 수레를 몰게 하고 마복군을 곁에 두고서 진나라와 함께 각축(角逐)을 벌였는데, 진나라가 그 시절에는 그 칼끝[鋒]을 피하려고[適=避] 했습니다. (그런데) 지금 왕께서는 마음을 다잡지 못하고[憧憧] 건신군에게 가마를 몰게 해서 강한 진나라와 각축을 벌이고 있으니, 신은 진나라가 왕의 수레 옆 판자[輢=輴]를 꺾어버릴까 두렵습니다."

建信君貴於趙. 公子魏牟過趙, 趙王迎之, 顧反至坐, 前有尺帛, 且令工以爲冠. 工見客來也, 因辟. 趙王曰: "公子乃驅後車, 幸以臨寡人, 願聞所以爲天下." 魏牟曰: "王能重王之國若此尺帛, 則王之國大治矣." 趙王不說, 形於顏色, 曰: "先生不知寡人不肖, 使奉社稷, 豈敢輕國若此?" 魏牟曰: "王無怒, 請爲王說之." 曰: "王有此尺帛, 何不令前郎中以爲冠?" 王

---

52 공손연(公孫衍)을 말한다. 전국시대 위(魏)나라 사람으로, 처음에 진(秦)나라의 대량조(大良造)로서 제(齊)나라와 위(魏)나라를 설득하여 조(趙)나라를 공격하도록 유도, 소진(蘇秦)의 종약(縱約)을 깨뜨렸다. 나중에 위나라로 들어가 상(相)이 되었다. 위나라 양왕(襄王) 원년, 각국이 진(秦)나라에 대항해 연합하자는 합종책(合縱策)을 올려서 장의(張儀)의 연횡책에 맞서는 한편, 진나라의 후방을 습격해 승리를 거두었다. 5국에서 유세하여 초(楚)나라와 한(韓)나라, 월(越)나라, 연(燕)나라, 위나라 등의 승상(丞相)에 임명되었다.

曰: "郞中不知爲冠." 魏牟曰: "爲冠而敗之, 奚虧於王之國? 而王必待工
而後乃使之. 今爲天下之工, 或非也, 社稷爲虛戾, 先王不血食, 而王不以
予工, 乃與幼艾. 且王之先帝, 駕犀首而驂馬服, 以與秦角逐. 秦當時, 適
其鋒. 今王憧憧, 乃輦建信以與强秦角逐, 臣恐秦折王之椅也."

하찮은 비단 갓을 만들 때도 전문가를 쓰는데, 하물며 천하를 도모하는 일은 어떻
겠는가?

20-17 위나라 영공이 옹달과 미자하를 가까이 두다
【衛靈公近雍疽彌子瑕】[53]

위(衛)나라 영공(靈公, 기원전 534~493년)[54]이 옹달(雍疽)과 미자하
(彌子瑕)[55]를 가까이 두니, 두 사람은 임금을 오로지하는 위세로 좌우

---

53 황비열의 안(案): 이 장은 공자 모가 위(衛)나라 일을 끌어다가 왕에게 알리는 내용이니 마땅히
앞 장과 연결되며, 위령공 시대는 전국시대에 들어가지 않는다.(丕烈案: 此公子牟引衛事以告王,
宜連上. 衛靈公未入戰國也.)
위(衛)나라는 춘추시대 소국으로 서울은 복양(濮陽)이고, 기원전 254년 위(魏)나라에게 망하
였다.
54 춘추시대 위(衛)나라의 국군(國君)으로, 이름은 원(元)이고 헌공(獻公)의 손자이다. 영공 13년 제
표(齊豹)와 북궁희(北宮喜) 등이 난을 일으키자 달아났다가, 얼마 뒤 제표가 북궁희에게 죽임을
당하자 돌아올 수 있었다. 33년 진(晉)나라와 맹약을 맺으면서 수모를 당하자 마침내 진나라에
반기를 들었다. 39년 태자 괴외(蒯聵)가 영공의 부인 남자(南子)를 죽이려다 실패하자, 영공의 노
여움을 두려워하여 송(宋)나라로 달아났다가 얼마 뒤 진나라로 들어갔다. 태자의 출분(出奔)에
화가 난 영공이 소자(少子) 영(郢)을 세우려고 했지만 영이 사양했다. 얼마 뒤 죽었는데, 재위 기
간은 42년이었다.
55 춘추시대 위(衛)나라 사람으로, 영공(靈公) 때 대부(大夫)를 지냈다. 영공의 남다른 총애를 받아
서, 어머니가 아프다는 소식을 듣자 군주의 수레를 타고 문병을 다녀왔다. 법에 따르면 월형(刖
刑)에 처해야 하지만 영공은 효성이 지극하다면서 용서했다. 또 군주의 과수원에서 복숭아를 먹
다가 남은 것을 영공에게 바쳤는데, 영공은 자신을 사랑하는 마음이 지극하다면서 칭찬했다. 그
러나 사랑이 식어가자 영공은 앞의 두 일을 들어 죄를 묻고 내쫓아버렸다. 충신 사추(史鰌)가 죽

를 덮고 있었다. 복도정(復途偵)이 임금에게 이르며 말했다.

"어제 신이 꿈에 임금을 뵈었습니다."

임금이 말했다.

"그대는 무슨 꿈을 꾸었는가?

(복도정이) 말했다.

"꿈에서 부뚜막 임금[灶君=竈君]을 뵈었습니다."

임금이 화가 나서 얼굴빛을 바꾸며 말했다.

"내가 듣기에, 꿈에 다른 사람의 임금된 자를 보면 (또) 꿈에서 해[日]도 본다고 했다. 지금 그대가 말하기를 꿈에서 부뚜막 임금을 봤다 하고 임금이라 했으니, 말이 되면 괜찮지만 말이 되지 않으면 죽이겠다."

대답하여 말했다.

"해란 아울러 천하를 밝히는 것으로 한 가지 물건으로는 능히 가릴 수 없습니다. 그렇지만 부뚜막은 그렇지 않아서, 그 앞에 있는 사람은 불을 쬘[煬] 수 있지만 뒤에 있는 사람은 볼 수 없습니다. 지금 신은 다른 사람 중에 임금에게서 불을 쬐는 사람이 있다고 의심하고 있어서, 그래서 꿈에서 부뚜막 임금을 보았다고 한 것입니다."

임금이 말했다.

"좋은 말이다."

이에, 그참에 옹달과 미자하를 내보내고 사공구(司空狗)를 세웠다.

衛靈公近雍疽·彌子瑕. 二人者, 專君之勢以蔽左右. 復途偵謂君曰: "昔

어서도 시체로서 간하자 감동한 영공이 미자하를 물리친 것이라고 한다.

日臣夢見君." 君曰: "子何夢?" 曰: "夢見灶君." 君忿然作色曰: "吾聞夢見

人君者, 夢見日. 今子曰夢見灶君而言君也, 有說則可, 無說則死." 對曰:

"日, 幷燭天下者也, 一物不能蔽也. 若灶則不然, 前之人煬, 則後之人無

從見也. 今臣疑人有煬於君者也, 是以夢見灶君." 君曰: "善." 於是, 因廢

雍疽 · 彌子瑕, 而立司空狗.

임금이 고루 은택을 내리지 않으니, 이는 임금이 가로막고 있는 신하를 총애하고

있는 것이다.

20-18 누군가가 건신군에게 왕을 섬기는 방법 일러주다
【或謂建信君之所以事王者】

누군가가 건신군(建信)에게 일러주며 말했다.

"그대가 왕을 섬기는 방법은 미색[色=美色]이고, (조나라 사람인) 집

(箕)이 왕을 섬기는 방법은 지혜입니다. 미색은 늙을수록 시들지만, 지

혜는 늙을수록 더 많아집니다. 날이 감에 따라 지혜가 많아지면 시들

고 미워진 미색을 쫓아내게 되니, 그대는 틀림없이 곤경에 처할 것입

니다."

건신군이 말했다.

"어찌해야 합니까?"

말했다.

"(천하의 준마인) 기(驥)와 같은 말은, 나란히 달리면 5리만 가도 피곤

해지지만 기를 타고서 몰고 가면 힘들이지 않아도 길을 많이 갈 수 있

습니다. 그대가 집(蕺)에게 홀로 결정하는 수레를 타고 홀로 결정하는
위세로 몰면서 한단에 머물며 안으로는 나랏일을 다스리고 밖으로는
제후를 자극하게 하면, 집(蕺)의 일을 말하는 사람이 없게 될 것입니
다. 그대가 그참에 왕에게 말을 해서 무겁게 꾸짖으면 집(蕺)의 수레굴
대[軸]는 이제 꺾이게 될 것입니다."

건신군이 두 번 절하고 명을 받고서, 들어가 왕에게 말하여 두텁게
집(蕺)에게 맡기고는 일을 가지고서 능히 무겁게 꾸짖었다. 1년이 채 안
되어 집(蕺)이 도망쳐 달아났다.

或謂建信: "君之所以事王者, 色也. 蕺之所以事王者, 知也. 色老而衰, 知
老而多. 以日多之知, 而逐衰惡之色, 君必困矣." 建信君曰: "奈何?" 曰:
"并驥而走者, 五里而罷; 乘驥而御之, 不倦而取道多. 君令蕺乘獨斷之
車, 御獨斷之勢, 以居邯鄲; 令之內治國事, 外刺諸侯, 則蕺之事有不言者
矣. 君因言王而重責之, 蕺之軸今折矣." 建信君再拜受命, 入言於王, 厚
任蕺以事能重責之. 未期年而蕺亡走矣.

총애를 오로지하기 위해 지혜로운 신하에게 막중한 일과 책임을 떠넘긴 뒤, 일을
가지고 질책하여 도망가게 만든 것이다.

20-19 진나라 사람 성상이 건신군에게 일러주다 【苦成常謂建信君】

진[苦→晉]나라 사람 성상(成常)이 건신군에게 일러주며 말했다.

"천하가 합종을 따르는데 홀로 조나라만 (합종을 따르지 않으면서) 진

나라를 미워하는 것은 왜 그렇겠습니까? 위나라가 (진나라 사신인) 여유(呂遺=呂遼)를 죽이니 천하가 위나라와 교류하고 있습니다.[56] 지금 하간(河間) 땅을 거두어들이는 것이, 이에 여유를 죽인 것과 비교하면 어찌 다르겠습니까? 그대는 오직 (하간 땅을 거두어들일 생각이 없다는) 빈 말을 풀어내고 병들었다고 속이고 있으니, 문신후(文信侯=呂不韋)는 오히려 장차 알게 될 것입니다. 합종하여 공이 있게 되면, 어찌 하간을 거두어들일 수 없을까 걱정하십니까? 합종하여 공이 없으면, 하간을 거두어들인들 무슨 이득이 있겠습니까?"

苦成常謂建信君曰: "天下合從, 而獨以趙惡秦, 何也? 魏殺呂遺, 而天下交之. 今收河間, 於是與殺呂遺何以異? 君唯釋虛僞疾, 文信猶且知之也. 從而有功乎, 何患不得收河間? 從而無功乎, 收河間何益也?"

진나라에 대항하는 합종에 성공한다면 하간 땅을 차지하기 위해 여불위의 눈치를 볼 필요가 없다.

20-20 희사가 건신군을 만나다 【希寫見建信君】

희사(希寫)가 건신군을 만나니, 건신군이 말했다.

"문신후(文信侯)가 저[仆=僕]에게 아주 예가 없습니다. 진나라에서

---

56 포표 주: 천하가 진나라를 미워할 때, 진나라가 요를 무겁게 여겼기 때문에 (위나라는) 요를 죽이고 여러 나라들과 교류하였다. 그렇기 때문에 진나라가 위나라를 미워함이 아주 심했다.(鮑本, 天下惡秦, 秦重遼, 故殺遼而諸國交之. 然則秦惡魏深矣.)

사람을 보내와서 벼슬을 하게 했는데, 제가 그에게 벼슬을 주어 승상이 되고 작위가 오대부(五大夫)가 되게 해주었습니다. (그런데도) 문신후가 저에게 예가 없음이 아주 심합니다."

희사가 말했다.

"신은 지금 세상에서 일을 맡은 사람[用事者]은 장사꾼[商賈]보다 못하다고 여깁니다."

건신군 발끈하며 말했다.

"그대는 일을 맡은 사람을 낮추고 장사꾼을 높입니까?"

희사가 말했다.

"그렇지 않습니다. 무릇 좋은 상인은 다른 사람과 더불어 사고파는 값[賈=價]을 다투지 않고, 삼가 때를 살핍니다[司=伺]. 때맞춰 낮아지면 사들이니 비록 귀하다 해도 이미 낮아졌기 때문이며, 때맞춰 귀해지면 파니 비록 낮은 것이라 해도 이미 귀해졌기 때문입니다. 옛날 문왕이 유리(牖里)에서 붙잡혀 있었고 무왕이 옥문(玉門)에서 묶여 있었지만 끝내 주임금의 머리를 잘라 태백(太白) 깃발에 걸었으니, 이것이 무왕의 공입니다. 지금 그대는 문신후와 더불어 권세로써는 서로 짝할 수조차 없는데도 문신후가 예가 적음을 꾸짖고 있으니, 신이 몰래 그대를 위해 (그런 태도를) 갖지 않았으면 합니다."

希寫見建信君. 建信君曰: "文信侯之於仆也, 甚無禮. 秦使人來仕, 仆官之丞相, 爵五大夫. 文信侯之於仆也, 甚矣其無禮也." 希寫曰: "臣以爲今世用事者, 不如商賈." 建信君悖然曰: "足下卑用事者而高商賈乎?" 曰: "不然. 夫良商不與人爭買賣之賈, 而謹司時. 時賤而買, 雖貴已賤矣; 時貴而賣, 雖賤已貴矣. 昔者, 文王之拘於牖里, 而武王羈於玉門, 卒斷紂

之頭而縣於太白者, 是武王之功也. 今君不能與文信侯相亢以權, 而責
文信侯少禮, 臣竊爲君不取也."

때에 맞춰 사람을 평가해야지, 과거에 그랬다는 이유로 하대하면 안 된다.

20-21 위개가 건신군에게 일러주다【魏尩謂建信君】

위개(魏尩)가 건신군에게 일러주며 말했다.

"어떤 사람이 올무[系蹄]를 설치해서 호랑이를 잡았는데, 호랑이
는 화가 나서 발[蹯]을 자르고 달아났습니다. 호랑이의 실상이 자기 발
을 아끼지 않는 것은 아닙니다. 그러나 한 마디[寸] 고리에 걸린 발 때
문에 7척의 몸을 해칠 수가 없었으니, 저울에 달아본 것입니다. 지금
나라는 다만 7척의 몸 정도가 아니지만, 그대의 몸은 왕에게 있어서
한 마디 고리에 걸린 발조차도 안 됩니다.[57] 바라건대 공은 깊게 헤아
리십시오."

> 魏尩謂建信君曰: "人有置系蹄者而得虎. 虎怒, 決蹯而去. 虎之情非不
> 愛其蹯也. 然而不以環寸之蹯, 害七尺之軀者, 權也. 今有國, 七尺軀也.
> 而君之身於王, 非環寸之蹯也. 願公之熟圖之也."

---

57 포표 주: 왕이 장차 나라를 아끼게 되면 건신군을 없애버리게 될 것이라는 말이다.(鮑本, 言王且
以愛國, 故去之.)

호랑이도 살기 위해 발을 끊고 도망가는데, 조나라가 살려면 건신군이 스스로를 끊어내야 한다고 설득한 것이다.

20-22 진나라가 조나라를 공격하는 북과 방울소리가 북쪽 당에 들려오다
【秦攻趙鼓鐸之音聞於北堂】

진나라가 조나라를 공격하는 북과 방울소리가 북쪽 당에 들려오니, 희비(希卑)가 말했다.

"무릇 진나라가 조나라를 공격하는 것은 마땅히 급하기가 이와 같지는 않을 것입니다. 이는 (내응하는) 병사를 부르는 것입니다. 반드시 대신 중에 연횡[衡=横]하려는 자가 있을 뿐이니, 왕께서 그 사람을 알고 싶으시면 내일 아침 여러 신하들을 이끌고 물어보십시오. 먼저 연횡을 이야기하는 사람이 곧 그 사람입니다."

(다음날 아침) 건신군이 과연 먼저 연횡을 이야기했다.

秦攻趙, 鼓鐸之音聞於北堂. 希卑曰: "夫秦之攻趙, 不宜急如此. 此召兵也. 必有大臣欲衡者耳, 王欲知其人, 旦日贊群臣而訪之, 先言橫者, 則其人也." 建信君果先言橫.

조나라 내에서 진나라와 내응하려는 자는 반드시 연횡을 주장할 것이다.

20-23 제나라 사람 이백이 효성왕을 뵈다【齊人李伯見孝成王】

제나라 사람 이백(李伯)이 효성왕(孝成王)을 뵈니, 왕이 기뻐하며 대(代) 땅의 군수로 삼았다. 있은 지 얼마 되지 않아, 다른 사람이 (이백이) 반란을 일으켰다고 알려왔다. 효성왕이 바야흐로 밥을 먹고 있었는데, 음식을 내려놓지 않았다. 얼마 되지 않아 알린 자가 다시 왔지만 효성왕은 응하지 않았다. (식사가) 끝나자, 마침내 (이백이) 사자로 하여금 말해 왔다.

"제나라가 병사를 들어 연나라를 쳤는데, 연나라를 치는 것을 명분으로 삼아 병사를 이끌고 조나라를 습격할까 두려워서 병사를 내어 스스로 대비했습니다. 지금 연나라와 제나라가 이미 부딪쳤으니, 신이 청컨대 그 허술한 곳을 요격하면 땅을 가히 많이 잘라낼 수 있습니다."

이때부터, 효성왕을 위해 바깥에서 따르며 섬기는 자들은 대궐 안에서 스스로를 의심할까 (걱정)하는 자가 없었다.

齊人李伯見孝成王. 成王說之, 以爲代郡守. 而居無幾何, 人告之反. 孝成王方饋, 不墮食. 無幾何, 告者復至, 孝成王不應. 已, 乃使使者言: "齊擧兵擊燕, 恐其以擊燕爲名, 而以兵襲趙, 故發兵自備. 今燕‧齊已合, 臣請要其敝, 而地可多割." 自是之後, 爲孝成王從事於外者, 無自疑於中者.

멀리서 일하는 자들을 의심하지 않아야 제대로 일할 수 있다.

조책 4
趙策

21-1 제나라를 위해 조나라 왕에게 글을 바치다【爲齊獻書趙王】

제나라를 위해 조나라 왕에게 글을 바치고, 사신 여복추(與復醜)가 말했다.

"신이 한 번 뵙고 나면 능히 천하에 이름난 보물이 왕께서 앉아계신 곳으로 (스스로) 이르도록 할 수 있습니다. 그런데 신은 남몰래 왕께서 시험 삼아 신을 만나보지 않고 신을 곤궁하게[窮] 만드는 것을 이상하게 생각하고 있습니다. 뭇 신하 중에 틀림없이 신을 능력 없는 사람으로 여기는 사람이 많아서, 그래서 왕께서 신을 어렵게[重=難] 본 때문입니다. 신을 능력이 없다고 여기는 사람들은, 다른 것이 아니라, 왕의 병사를 써서 자기의 사사로움을 이루고 싶어 하는 자들입니다. 그렇지 않다면 사귐이 한쪽으로 쏠린 바가 있기 때문이며, 그렇지 않다면 지혜가 충분치 않은 것이며, 그렇지 않다면 천하를 가지고 왕을 거듭 두렵게 하여 왕에게서 어떤 행동을 얻으려는 까닭입니다.

신이 제나라로 하여금 왕을 쫓아 섬기게 하면, 왕께서는 능히 연나라를 없애고 능히 한나라와 위나라를 없애고 능히 진나라를 공격하여 진나라를 외롭게 할 수 있습니다. 신이 제나라로 하여금 왕께 높은 이름에 이르게 하면, 천하의 누가 감히 왕에게 높은 이름에 이르게 하지 않겠습니까? 신이 제나라에게 왕께 땅을 드리도록 하면, 천하의 누가 감히 왕에게 땅을 드리지 않겠습니까? 신이 제나라로 하여금 왕을 위해 연나라에, 더 나아가 한나라, 위나라에 (왕의 높은) 이름을 요구한다면 누가 감히 거절하겠습니까?

신의 능력은 아마도 앞에서 이미 볼 수 있었습니다. 제나라가 먼저 왕을 무겁게 여기면 그 때문에 천하가 남김없이 왕을 무겁게 대할 것이지만, 제나라가 없으면 천하는 반드시 모두 왕을 가볍게 대할 것입니다. 진나라가 강하지만 제나라가 (진나라를 도와주는 것이) 없기 때문에 왕을 무겁게 대하는 것이고, 연나라와 위나라는 스스로 제나라가 (연나라, 위나라를 도와주는 것이) 없기 때문에 왕을 무겁게 대하는 것입니다. 지금 왕께서는 제나라가 없으면 홀로 어찌 천하를 어렵지[重=難] 않게 얻을 수 있겠습니까? 그러므로 왕께 권하여 제나라와 끊자고 하는 자는 지혜가 충분하지 못하거나 아니면 충성스럽지 못한 자입니다. 그렇지 않으면 왕의 병사를 써서 그 사사로움을 이루고 싶어 하는 자이며, 그렇지 않으면 천하의 무거움으로써 왕을 가볍게 하여 왕에게서 어떤 행동을 얻으려는 자이며, 그렇지 않으면 자리는 높으나 능력이 낮은 자입니다. 원컨대 왕께서는 제나라가 없는 것의 이로움과 해로움을 깊이 생각하시기 바랍니다."

爲齊獻書趙王, 使臣與復醜[58]曰: "臣一見, 而能令王坐而天下致名寶. 而臣竊怪王之不試見臣, 而窮臣也. 群臣必多以臣爲不能者, 故王重見臣

---

58 포표(鮑彪)와 요굉(姚宏) 판본에는 "使臣與復醜" 5자가 빠져 있다. (오사도가) 보충해서 말한다. 이 글자가 왜 있는지 불분명한데, 다른 책간에서 빠지거나 틀린 글자가 아닌가 의심된다.

也. 以臣爲不能者, 非他, 欲用王之兵, 成其私者也. 非然, 則交有所偏重

者也; 非然, 則知不足者也; 非然, 則欲以天下之重恐王, 而取行於王者

也. 臣以齊循事王, 王能亡燕, 能亡韓·魏, 能攻秦, 能孤秦. 臣以爲齊致

尊名於王, 天下孰敢不致尊名於王? 臣以齊致地於王, 天下孰敢不致地

於王? 臣以齊爲王求名於燕及韓·魏, 孰敢辭之? 臣之能也, 其前可見

已. 齊先重王, 故天下盡重王; 無齊, 天下必盡輕王也. 秦之強, 以無齊之

故重王, 燕·魏自以無齊故重王. 今王無齊獨安得無重天下? 故勸王無

齊者, 非知不足也, 則不忠者也. 非然, 則欲用王之兵成其私者也; 非然,

則欲輕王以天下之重, 取行於王者也; 非然, 則位尊而能卑者也. 願王之

孰慮無齊之利害也."

제나라가 있기 때문에 천하가 조나라를 중시하고 있는데 제나라를 멀리하자는 자

들이 많으니, 조나라 왕은 이를 염두에 두고 헤아리기 바란다고 글을 올렸다.

21-2 제나라가 송나라를 공격하고 싶어 하다【齊欲攻宋】

(1)

　제나라가 송나라를 공격하고 싶어 했으나, 진나라가 기가(起賈)를
시켜 못하게 하였다. 제나라가 이에 조나라를 끌어들여(抹=收) 송나라
를 치자, 진나라 왕(昭王)이 화가 나서 조나라에 원한을 품었다(屬). 이
태(李兌)가 다섯 나라와 약조하여 진나라를 쳤지만 성과가 없자, 천하
의 병사를 성고(成皋)에 머무르게 한 뒤 몰래 진나라와 강화하였다. 또
진나라와 더불어 위나라를 공격함으로써 (진나라의) 원한을 풀고 봉지

를 받고 싶어 했다.

齊欲攻宋, 秦令起賈禁之. 齊乃抹趙以伐宋. 秦王怒, 屬怨於趙. 李兌約

五國以伐秦, 無功留天下之兵於, 而陰構於秦. 又欲與秦攻魏, 以解其怨

而取封焉.

(2)

위나라 왕[昭王]이 기뻐하지 않자, (누군가가) 제나라에 가서 제나라

왕[湣王]에게 이르며 말했다.

"신이 족하(足下)를 위해 위나라 왕에게 일러주며 (이렇게) 말하겠습

니다.

'삼진이 모두 진나라의 근심을 가지고 있는데, 지금 진나라를 공격

하는 것은 조나라를 위한 것입니다. 다섯 나라가 조나라를 치면 조나

라는 반드시 없어지고, 진나라가 이태를 쫓아내면 이태는 반드시 죽

습니다. 지금 진나라를 치는 것은 이태를 죽음에서 구하는 것입니다.

지금 조나라가 천하의 갑병을 성고(成皐)에 머무르게 하면서 몰래 진

나라에 (위나라를) 팔아먹으려 하고 있습니다. 강화가 이루어지면 진나

라에게 위나라를 공격하게 함으로써 그의 사사로운 봉지를 만들려고

하는데, 왕이 조나라를 섬긴다고 해서 무엇을 얻겠습니까? 또 왕께서

일찍이 장수를 건너 몸소 한단에 조현하면서 음(陰), 성(成) 땅을 끌어

안고 호(蒿), 갈(葛), 벽(薜) 땅을 등에 진 채로 조나라의 울타리[蔽]가

되어주었는데, 그런데도 조나라는 왕을 위해 행한 바가 없습니다. (심지

어 이태는) 지금 또 하양(何陽→河陽)과 고밀(姑密) 땅을 그 아들에게 봉

해주고, 이에 진나라에게 왕을 공격하게 함으로써 음(陰) 땅을 쉽게 차

지하려고 합니다.

사람은 비교한 연후에야 뛰어난지 아닌지를 가릴 수 있는데, 왕께서 만약 조나라를 섬기는 것의 반만 가지고 제나라를 거두는 방법을 쓰신다면 천하에 감히 왕을 도모하려는 자가 있겠습니까? 왕께서 제나라를 섬기면 들어가서 조현하는 굴욕도 없고 땅을 잘라주는 비용도 없을 것입니다. 제나라는 왕을 위해서 연나라와 조나라의 코앞에 (모든 병사를 내보냈기 때문에) 나라를 비운 채로 2천 리 밖에서 병사를 썼습니다. 그러므로 성을 공격하고 들판에서 싸울 때는 일찍이 왕을 위해 먼저 화살과 돌을 무릅쓰지 않은 적이 없었고, 두 큰 읍[都]을 얻고 하동을 잘라내어서는 남김없이 왕에게 바쳤습니다. 이때부터 그 뒤에 이르기까지, 진나라가 위나라를 공격하면 제나라 갑병이 일찍이 일 년이 되기도 전에 왕의 국경에 이르지 않은 적이 없습니다. 청하여 묻건대, 왕께서는 제나라에 보답하는 것이 가능하십니까? (제나라 사람인) 한민(韓呡=韓珉)이 조나라에 있으니 제나라에서 3천 리나 떨어져 있는데, 왕께서는 이를 가지고 제나라를 의심하여 진나라와 몰래 하는 바가 있다고 말씀하셨습니다. 지금 왕께서 또한 설공(薛公=田文=孟嘗君)을 옛날부터 안다고 해서 재상으로 삼고 한서(韓徐)를 좋다고 여겨 상교(上交)로 삼으며 우상(虞商)을 높여 대객(大客)으로 삼아서 옆에 두고 있는데[挾], 왕께서는 진실로 도리어 제나라를 의심하시는 것입니까?'

이에[於→於是] 위나라 왕이 이 말을 들으면 말문이 막혀서[詘=辭塞] 아마도 (제나라) 왕 섬기기를 매우 고분고분하게 행할[循=行順] 것이며 조나라를 원망하게 될 것입니다.

신이 바라건대, (제나라) 왕께서는 자주[日→日=亟] 위나라 말을 들더라도 미워함을 드러낼 필요가 없으니, 신이 왕을 위해 그 원망을 조나라로 미루도록 청하겠습니다. 바라건대 왕께서 몰래 조나라를 무겁게 대해 주시더라도 진나라로 하여금 왕께서 조나라를 무겁게 여긴다는 것을 알게 하지[見=知] 마십시오. 진나라가 이를 보게 되면 장차 또한 조나라를 무겁게 대할 것입니다. 제나라와 진나라가 서로 조나라를 무겁게 대하게 되면 신은 반드시 연나라와 한나라와 위나라 또한 조나라를 무겁게 대하는 것을 보게 될 것이니, 모두 장차 감히 조나라를 다스리려고 하지 못하게 될 것입니다. 다섯 나라가 조나라를 섬기게 되면, 조나라는 가까운 쪽을 좇아 진나라와 힘을 모으게 될 것이니 반드시 왕보다 높아질 것입니다.

신은 그러므로, 왕께서 천하를 두루 겁박한[偏劫→遍劫] 뒤에는 모두 단지 말로써 달래셨으면[私甘] 합니다.[59] 왕께서 신을 사신으로 보내어 한나라, 위나라, 연나라를 이끌고 조나라를 겁박한 뒤에는 단(丹)을 시켜 말로써 달래주고, 조나라로써 한나라, 위나라를 겁박한 뒤에는 신을 시켜 달래주며, 삼진으로 하여금 진나라를 겁박한 뒤에는 순(順)을 시켜 달래주고, 천하로 하여금 초나라를 겁박한 뒤에는 민(岷)을 시켜 달래주십시오. 그렇게 하면 천하 모두가 진나라를 핍박하고 왕을 섬기면서 감히 서로 사사롭게 하지 못할 것입니다. 교류가 안정되고 나면, 그런 뒤에 왕께서 고르십시오."

魏王不說, 之齊, 謂齊王曰: "臣爲足下謂魏王曰: '三晉皆有秦患, 今之攻

---

59 (오사도가) 포본을 보충하여 말한다: 편겁(遍劫)은 위세로써 무리를 위협하는 것이고, 사감(私甘)이란 단지 말로써 달래는 것이다.(鮑本補曰: 遍劫者, 衆脅之以威. 私甘者, 獨說之以言.)

秦也, 爲趙也. 五國伐趙, 趙必亡矣. 秦逐李兌, 李兌必死. 今之伐秦也,
以救李子之死也. 今趙留天下之甲於成皐, 而陰鬻之於秦, 已講, 則令秦
攻魏以成其私封, 王之事趙也何得矣? 且王嘗濟於漳, 而身朝於邯鄲,
抱陰·成, 負蒿·葛·薛, 以爲趙蔽, 而趙無爲王行也. 今又以何陽·姑密
封其子, 而乃令秦攻王, 以便取陰. 人比然而後如賢不, 如王若**60**用所以
事趙之半收齊, 天下有敢謀王者乎? 王之事齊也, 無入朝之辱, 無割地之
費. 齊爲王之故, 虛國於燕·趙之前用兵於二千里之外, 故攻城野戰, 未
嘗不爲王先被矢石也. 得二都, 割河東, 盡效之於王. 自是之後, 秦攻魏,
齊甲未嘗不歲至於王之境也. 請問王之所以報齊者可乎? 韓珉處於趙,
去齊三千里, 王以此疑齊, 曰有秦陰. 今王又挾國外薛公以爲相, 善韓
徐以爲上交, 尊虞商以爲大客, 王固可以反疑齊乎?' 於魏王聽此言也甚
詘, 其欲事王也甚循. 其怨於趙. 臣願王之曰聞魏而無庸見惡也, 臣請
爲王推其怨於趙, 愿王之陰重趙, 而無使秦之見王之重趙也. 秦見之且
亦重趙. 齊·秦交重趙, 臣必見燕與韓·魏亦且重趙也, 皆且無敢與趙
治. 五國事趙, 趙從親以合於秦, 必爲王高矣. 臣故欲王之偏劫天下, 而
皆私甘之也. 王使臣以韓·魏與燕劫趙, 使丹也甘之; 以趙劫韓·魏, 使
臣也甘之; 以三晉劫秦, 使順也甘之; 以天下劫楚, 使珉也甘之. 則天下
皆偪秦以事王, 而不敢相私也. 交定, 然後王擇焉."

조나라 이태가 다섯 나라를 배신하고 위나라를 치려 하자 누군가가 제나라 왕에게

가서, 위나라 왕에게 제나라로부터 받은 은혜를 말하면서 조나라와의 거리를 멀게

---

60 황비열의 안(案): 이 문장에서 여(如)나 약(若) 중의 한 글자는 마땅히 연문이다.(札記조烈案: 此
如若二字, 當衍其一.)

하고, 다른 나라들을 한편으로는 겁주고 한편으로는 달래가면서 진나라를 핍박하게 하면 제나라가 주도권을 가지게 될 것이라고 설득하였다.

21-3 제나라가 장차 송나라를 공격하려 하자 진나라와 초나라가 막다 【齊將攻宋而秦楚禁之】

(1)

제나라가 장차 송나라를 공격하려 하자 진나라와 초나라가 막았다. 제나라가 그참에 조나라와 함께하길 바랐지만, 조나라는 들어주지 않았다. 제나라가 마침내 공손연(公孫衍)을 시켜, 송나라를 공격하면 봉토를 정해주겠다고 이태를 설득했다. 이태가 이에 제나라 왕[湣王]에게 일러주며 말했다.

"신이 삼진을 단단히 하여 진나라를 공격하려는 까닭은, 제나라를 이롭게 하고 진나라를 부수려는 것이 아니라 송나라를 공격하려는 것입니다. 그런데 송나라가 태자를 두어 왕으로 삼고 아랫사람이 그 윗사람을 내 몸처럼 여기며 지키기를 단단히 하니, 신은 그 때문에 족하(足下)께서 빨리 병사와 백성을 돌려보내 쉬도록 하고 싶었던 것입니다. 그런데 지금 태자가 달아나게 되자 태자와 잘 지냈던 여러 사람들이 모두 죽을 마음을 갖고 있습니다. 만일 다시 공격하면 그 나라는 반드시 어지러움이 있을 터인데 태자는 밖에 있으니, 지금야말로 정말로 송나라를 들어낼 때입니다.

齊將攻宋, 而秦·楚禁之. 齊因欲與趙, 趙不聽. 齊乃令公孫衍說李兌以攻宋而定封焉. 李兌乃謂齊王曰: "臣之所以堅三晉以攻秦者, 非以爲齊得利秦之毁也, 欲以使攻宋也. 而宋置太子以爲王, 下親其上而守堅, 臣是以欲足下之速歸休士民也. 今太子走, 諸善太子者, 皆有死心. 若復攻之, 其國必有亂, 而太子在外, 此亦擧宋之時也.

(2)

신이 족하를 위해 공손연(公孫衍)을 시켜서 봉양군(奉陽君)을 설득하여 말하기를, '그대의 몸이 늙었으니 봉토가 일찍 정해지지 않으면 안 됩니다. 그대를 위해 봉토를 헤아려보면 송나라보다 나은 것이 없으며, 다른 나라는 가능하지 않습니다. 무릇 진나라 사람들은 탐욕스러우니 한나라와 위나라는 (진나라와 가까워) 위태롭고, 연나라와 초나라는 궁벽[僻=辟]하며, 중산의 땅은 척박합니다. 그러므로 음(陰) 땅만한 곳이 없습니다. 지금 때를 놓치면 다시 얻을 수 없습니다. 송나라의 죄가 무겁고 제나라의 노여움이 심하니, 어지러운 송나라를 없애고[殘] 강대한 제나라의 도움을 얻으면 이는 백 대에 한 번 있는 기회입니다' 라고 했습니다. 봉양군이 매우 탐을 내어 오직 크게 봉토를 얻을 생각뿐이라 해도 제나라에는 크게 달라질 것이 없습니다. 신이 원컨대, 족하께서는 크게 병사를 내어 송나라에 대한 공격을 일으켜서 병사를 이르게 할 필요도 없으니, 잠시 밭 갈기가 끝나기를 기다리면서 봉양군이 족하에게 호응하는 것을 살피십시오. 음 땅을 걸고서 달래주고 연나라를 고분고분하게 해서 압박하게 하며, 그래서 신하가 충성하기를 기다려 봉토를 주면 일은 반드시 이루어집니다.

신은 또한 바라건대, 족하께서 지닌 땅을 양안군(襄安君)에게 주어 그가 신에게 도움이 되도록 해주십시오. 족하께서 마침내 송나라를 없애고 나면 이 두 땅[61]이 잘되는데[時=是, 善, 好], 족하께서 무엇을 아끼겠습니까? 만일 족하께서 송나라에서 뜻을 얻지 못한다면, 동맹인 나라[연과 조]가 어찌 감히 바라겠습니까? 족하께서 이를 가지고 신을 도와주시면 신은 연나라를 고분고분하게 하고 조나라를 관망하게 할 것이니, 족하께서는 (송나라를) 쳐서 궤멸시키고 천하를 결정하실 수 있습니다."

臣爲足下使公孫衍說奉陽君[62]曰: '君之身老矣, 封不可不早定也. 爲君慮封, 莫如於宋, 他國莫可. 夫秦人貪, 韓·魏危, 燕·楚辟, 中山之地薄, 莫如於陰. 失今之時, 不可復得已. 宋之罪重, 齊之怒深, 殘亂宋, 得大齊, 定身封, 此百代之一時也.' 以奉陽君甚食之, 唯得大封, 齊無大異. 臣願足下之大發攻宋之擧, 而無庸致兵, 姑待已耕, 以觀奉陽君之應足下也. 縣陰以甘之, 循有燕以臨之, 而臣待忠之封, 事必達成. 臣又願足下有地效於襄安君以資臣也. 足下果殘宋, 此兩地之時也, 足下何愛焉? 若足下不得志於宋, 與國何敢望也. 足下以此資臣也, 臣循燕觀趙, 則足下擊潰而決天下矣."

이태가 제나라에, 송나라를 치기 위해 봉토를 탐내는 봉양군과 양안군을 이용하는 책략을 내었다.

---

61 (오사도가) 바로잡아 말한다: 두 땅은, 제나라와 조나라가 나란히 얻게 될 송나라 땅을 말한다.(正曰: 兩地, 言齊與趙可並得宋地.)

62 이태의 봉호가 봉양군인데, 문맥상 스스로를 설득한다는 것은 이치에 맞지 않으므로 여기서의 봉양군은 다른 사람이어야 한다. 일설에는 여기서의 봉양군은 숙후(肅侯)의 동생으로 조나라 재상인 공자 성(成)이라고 하지만, 『사기』에서도 봉양군이 누구인지 분명히 밝히고 있지 않으므로 알 수 없다.

21-4 다섯 나라가 진나라를 쳤지만 성과가 없다【五國伐秦無功】

(1)

다섯 나라가 진나라를 쳤지만 성과[功]가 없자 성고(成皐)에서 그만두었다. 조나라는 진나라와 강화를 맺고 싶었고 초나라와 위나라 한나라도 장차 호응했지만, 진나라는 바라지 않았다. 소대(蘇代)가 제나라 왕에게 일러주며 말했다.

"신이 족하를 위해 (조나라) 봉양군(奉陽君=이태)을 만났습니다. 신이 봉양군에게 일러 (다음과 같이) 말해주었습니다.

'천하가 흩어져서 진나라를 섬기면 진나라는 틀림없이 송나라를 점거할 텐데, (진나라 재상인) 위염(魏冉=穰侯)은 반드시 군이 가지고 있는 음 땅을 질투할 것입니다. 진나라 왕은 탐욕스럽고 위염은 질투하고 있으니, 음 땅을 얻을 수 없을 뿐입니다.

군께서 (진나라와) 강화를 맺지 않으면 제나라는 반드시 송나라를 공격할 것입니다. 제나라가 송나라를 공격하면 초나라도 반드시 송나라를 공격하고, 위나라도 반드시 송나라를 공격하며, 연나라와 조나라가 돕게 됩니다. 다섯 나라가 송나라를 점거하면 한두 달이 되지 않아서 음 땅을 반드시 얻을 것입니다. 음 땅을 얻고 강화를 맺은 뒤에는 비록 진나라에 변고가 있더라도 걱정이 없을 것입니다. 만일 (음땅을) 얻지 못했는데도 어쩔 수 없이 반드시 강화를 맺어야 한다면, 원컨대 다섯 나라와 다시 약속을 단단히 하십시오. (다섯 나라는) 조나라(의 지원을) 얻기를 원할 것이니, 족하께서 기운차게 나서서(雄飛) 한나라의 큰 관리들과 더불어 동쪽으로 가서 힘쓰면[免=勉] 제나라 왕이 꼭 한민[岷=珉]을 부르지 않아도 될 것입니다. 신을 시켜 맹약을 지키게 하고, 만일 맹약을 배반하는 자가 있으면 네 나라가 공격해야 합니다. 맹약을 배반하는 자가 없다면, 진나라가 맹약을 범해 오면 다섯 나라가 다시 단단히 해서 물리치면[賓=償] 됩니다.

그런데 지금은 한나라, 위나라가 제나라와 더불어 서로 의심하고 있으니, 만일 다시 맹약을 단단히 하지 않은 채로 강화를 맺으면 신은 동맹국[與國]이 크게 어지러워질까 두렵습니다. 제나라, 진나라는 다시 힘을 합치지 못하니, 반드시 하나가 고개를 들면 하나가 숙여서 하나만 있게 될 것입니다[踦重=觭重][63]. 뒤에 남아 우뚝 선 자와 더불어 힘을 모은다 해도 전혀 조나라의 이로움이 아닐 것입니다. 장차 천하가 흩어져 진나라를 섬기게 되면, 이는 진나라가 천하를 제어하는 것입니다. 진나라가 천하를 제어하면 (조나라는) 장차 무엇을 가지고 천하를 위하겠습니까? 신이 바라건대, 군께서는 일찍 헤아리십시오.

五國伐秦無功, 罷於成皐. 趙欲構於秦, 楚與魏·韓將應之, 秦弗欲. 蘇代謂齊王曰: "臣以爲足下見奉陽君矣. 臣謂奉陽君曰: '天下散而事秦, 秦必據宋. 魏冉必妒君之有陰地也. 秦王貪, 魏冉妒, 則陰不可得已矣. 君無構, 齊必攻宋. 齊攻宋, 則楚必攻宋, 魏必攻宋, 燕·趙助之. 五國據宋, 不至一二月, 陰必得矣. 得陰而構, 秦雖有變, 則無患矣. 若不得已而必構, 則願五國復堅約. 願得趙, 足下雄飛, 與韓氏大吏東免, 齊王必無召呡也. 使臣守約, 若與有倍約者, 以四國攻之. 無倍約者, 而秦侵約, 五國復堅而賓之. 今韓·魏與齊相疑也, 若復不堅約而講, 臣恐與國之大亂

---

63 포표 주: 짐승의 뿔이 하나는 솟아 있고 하나는 숙인 것을 일러 기(觭)라 하고, 오로지 하나만 있는 것을 중(重)이라 한다.(鮑本, 角一俯一仰曰觭, 言有一重.)

也. 齊·秦非復合也, 必有踦重者矣. 後合與踦重者, 皆非趙之利也. 且天下散而事秦, 是秦制天下也. 秦制天下, 將何以天下爲? 臣願君之蚤計也.

(2)

천하가 다투어 진나라를 섬기면 여섯 가지 일이 일어나는데, 모두 조나라에게는 이롭지 않습니다.

천하가 다투어 진나라를 섬기면 진나라 왕은 바다를 등지고 있는 제나라를 받아들이고 가깝다가 교분을 배신했던 나라들과 합쳐서[64], 이로써 중국을 점거하고 삼진(三晉)에게 이득을 요구할 것입니다. 이것이 바로 진나라에서 일으킬 일입니다. 진나라가 이러한 계책을 행하면 조나라에 이롭지 않으며 군께서도 끝까지 음(陰) 땅을 얻지 못하니, 이것이 첫 번째 이유입니다.

천하가 다투어 진나라를 섬기면 진나라 왕은 한민(韓珉)을 제나라에 들이고, 성양군(成陽君)을 한나라에 들이고, 위회(魏懷)를 위나라의 재상으로 삼아 다시 공손연(公孫衍)과 합쳐서 두 왕[제나라, 조나라]과 교류하게 하고, 왕분(王賁)과 한타(韓他)를 초나라[曹→楚]로 가게 해서, 모두 일어나 일을 행하게 합니다. 이것이 바로 진나라에서 일으킬 일입니다. 진나라가 이러한 계책을 행하면 조나라에 이롭지 않으며 군께서도 또 음 땅을 얻지 못하니, 이것이 두 번째 이유입니다.

천하가 다투어 진나라를 섬기면 진나라 왕은 제나라를 받아들이고 조나라를 받아들여서, 세 개의 강한 나라가 서로 가까이 지내면서

---

64 표표 주: 천하가 일찍이 연횡하여 진나라와 가까이 지냈는데, 이윽고 등졌다가 지금 다시 모이게 된다는 말이다.(鮑本, 天下嘗橫而親秦矣. 已而負之, 今復合之.)

위나라를 점거하여 안읍(安邑)을 요구할 것입니다. 이것이 바로 진나라에서 일으킬 일입니다. 진나라가 이러한 계책을 행하면 제나라와 조나라가 호응할 것이므로, 위나라는 치는 것을 기다리지 못하고 안읍을 끌어안고 진나라에게 맡길 것입니다. 진나라가 안읍의 풍요로움을 얻고 위나라와 맨 윗줄의 교분을 맺으면 한나라는 반드시 들어가서 진나라에 조현하게 될 것이니, 조나라를 제치고[過=勝] 이미 안읍을 차지하게 됩니다. 이것이 바로 진나라에서 일으킬 일입니다. 진나라가 이러한 계책을 행하면 조나라에 이롭지 않으며 군께서도 반드시 음 땅을 얻지 못하니, 이것이 세 번째 이유입니다.

천하가 다투어 진나라를 섬기면 진나라는 연나라, 조나라와의 교류를 단단하게 한 뒤 제나라를 치고 초나라를 거두어들이면서 한민과 더불어 위나라를 공격할 것인데, 이것이 바로 진나라에서 일으킬 일이니, 진나라가 이러한 계책을 행하면 연나라와 조나라가 호응할 것입니다. 연나라와 조나라가 제나라를 치면서 병사가 처음으로 쓰이게 되면 진나라는 이로 말미암아 초나라를 거두고 위나라를 공격하게 되는데, 한두 달이 걸리지 않아 위나라는 반드시 깨어질 것입니다. 진나라가 안읍을 들어내고 여극(女戟)을 틀어막으며 한나라의 태원(太原)을 끊어버리고, 지도(軹道), 남양(南陽), 호(好) 땅으로 내려가서 위나라를 치고 한나라를 끊으며 두 주나라를 포위하게 되면 조나라는 스스로 없어지고 벗겨져 나가서 나라가 진나라에 말라버리고[燥] 병사는 제나라에 나뉘게 됩니다. 조나라의 이로움이 아니며 군은 몸을 마칠 때까지 음 땅을 얻지 못하게 되니, 이것이 네 번째 이유입니다.

천하가 다투어 진나라를 섬기면 진나라는 삼진과의 교분을 단단히 하고 제나라를 공격할 것인데, (조나라는) 나라가 깨지고 재물

[曹→財]이 오그라들며 병사는 제나라에게 동쪽으로 나뉘게 됩니다. 이에 진나라는 병사를 어루만지면서[桉→按] 위나라를 공격할 것이니, 이것이 바로 진나라에서 일으킬 일입니다. 진나라가 이러한 계책을 행하면 군은 병사를 어루만지며[桉→按兵] 위나라를 구원할 것인데, 이는 제나라를 공격하여 이미 피폐해진 병사를 가지고서 (위나라를) 구원하려고 진나라와 더불어 다투고 싸우는 것입니다. 군이 구원하지 못하면 어찌 한나라와 위나라가 서쪽으로 가서 (진나라와) 모이는 것을 벗어날 수 있겠습니까? (조)나라는 (진나라의) 계책 가운데에 있게 되어, 군은 몸을 마칠 때까지 음 땅을 얻지 못하게 됩니다. 이것이 다섯 번째 이유입니다.

천하가 다투어 진나라를 섬기면 진나라는 (천하를) 어루만져주는 것을 마땅함으로 삼아서, 망한 나라를 살려주고 끊어진 제사를 이어주며 위태로운 것을 굳건히 해주고 약한 것을 붙잡아주며 죄 없는 임금을 안정시키고자 할 것이니, 틀림없이 중산(中山)을 일으켜 (중산의 후예인) 등(勝)에게 줄 것입니다. 그러면, (이미) 조나라는 송나라와 같은 운명인데[65] 어느 겨를에 음 땅을 말하겠습니까? 이것이 여섯 번째 이유입니다.

그러므로 (신은) 군께서 반드시 (진나라와) 강화를 맺지 말아야 음 땅을 틀림없이 얻을 수 있을 것이라고 말한 것입니다.'

天下爭秦有六擧, 皆不利趙矣. 天下爭秦, 秦王受負海內之國, 合負親之

---

65 표교 주: 이때 송나라는 작고 약했으니, 조나라가 중산을 잃고 진나라 명을 듣게 되면 송나라와 같아질 것이라는 말이다.(鮑本, 此時宋小弱. 言趙失中山, 聽命於秦, 與宋同也.)

交, 以據中國, 而求利於三晉, 是秦之一擧也. 秦行是計, 不利於趙, 而君終不得陰, 一矣. 天下爭秦, 秦王內韓珉於齊, 內成陽君於韓, 相魏懷於魏, 復合衍交兩王, 王賁·韓他之曹, 皆起而行事, 是秦之一擧也. 秦行是計也, 不利於趙, 而君又不得陰, 二矣. 天下爭秦, 秦王受齊受趙, 三强三親, 以據魏而求安邑, 是秦之一擧也. 秦行是計, 齊·趙應之, 魏不待伐, 抱安邑而信秦, 秦得安邑之饒, 魏爲上交, 韓必入朝秦, 過趙已安邑矣, 是秦之一擧也. 秦行是計, 不利於趙, 而君必不得陰, 三矣. 天下爭秦, 秦堅燕·趙之交, 以伐齊收楚, 與韓珉而攻魏, 是秦之一擧也. 秦行是計, 而燕趙應之. 燕·趙伐齊, 兵始用, 秦因收楚而攻魏, 不至一二月, 魏必破矣. 秦擧安邑而塞女戟, 韓之太原絕, 下軹道·南陽·好, 伐魏, 絕韓, 包二周, 即趙自消爍矣. 國爍於秦, 兵分於齊, 非趙之利也. 而君終身不得陰, 四矣. 天下爭秦, 秦堅三晉之交攻齊, 國破曹屈, 而兵東分於齊, 秦桉兵攻魏, 取安邑, 是秦之一擧也. 秦行是計也, 君桉救魏, 是以攻齊之已弊, 救與秦爭戰也; 君不救也, 韓·魏焉免西合? 國在謀之中, 而君有終身不得陰, 五矣. 天下爭秦, 秦安爲義, 存亡繼絕, 固危扶弱, 定無罪之君, 必起中山與勝焉. 秦起中山與勝, 而趙·宋同命, 何暇言陰? 六矣. 故曰君必無講, 則陰必得矣.'

(3)

봉양군이 말하기를 '좋습니다' 하고는, 마침내 진나라와 화의를 끊고 제나라와 위나라를 거두어 음 땅을 차지하는 것을 이루겠다고 하였습니다."

奉陽君曰: '善.' 乃絕和於秦, 而收齊·魏以成取陰."

5국이 진나라를 치는 것이 실패하고 조나라가 진나라와 몰래 강화하려 하자, 소대

가 조나라 봉양군 이태에게 6가지 가능한 상황을 가지고서 봉양군이 음 땅을 얻지

못하는 이유를 말함으로써 강화하려는 생각을 꺾어버렸다.

21-5 누완이 장차 은밀한 일로 사신으로 가게 되어 떠나는 인사를 하다
【樓緩將使伏事辭行】

(1)

누완(樓緩)이 장차 은밀한[伏=隱] 일로 사신으로 가게 되어 떠나는
인사를 하면서, 조나라 왕에게 일러주며 말했다.

"신이 비록 힘을 다하고 지혜를 다 짜낸다 해도 죽어서 다시는 왕
을 뵙지 못할 것입니다."

왕이 말했다.

"이는 무슨 말인가? 정말로 또 글로 써두고 두텁게 경에게 의지하
고 있소."

누자가 말했다.

"왕께서는 (송나라) 공자 모이(牟夷)가 송나라에서 있었던 일을 듣
지 못했습니까? (귀한 신분이라) 고기가 아니면 먹지 않았습니다.[66] 문장
(文張)이 송나라 왕과 잘 지냈는데, (그가) 공자 모이를 싫어하자 송나라
[寅→宋] 왕도 그렇게 했습니다. 지금 신과 왕의 관계는 송나라와 공자

---

66 포표 주: 귀함을 말한다. 고기를 먹는다는 것은 위(位)에 있다는 것이다.(鮑本. 言其貴. 肉食. 在
位者.)

모이의 관계와 같지 않으며, 신을 미워하는 자들은 문장을 넘어섭니다.[67] 그래서 신은 죽어서 다시 왕을 뵙지 못하게 되리라 한 것입니다."

왕이 말했다.

"그대는 힘써 행하시오. 과인이 그대와 더불어 맹세한 말이 있소."

누자가 마침내 떠났다.

樓緩將使, 伏事, 辭行, 謂趙王曰: "臣雖盡力竭知, 死不復見於王矣." 王曰: "是何言也? 固且爲書而厚寄卿." 樓子曰: "王不聞公子牟夷之於宋乎? 非肉不食. 文張善宋, 惡公子牟夷, 寅然. 今臣之於王非宋之於公子牟夷也, 而惡臣者過文張. 故臣死不復見於王矣." 王曰: "子勉行矣, 寡人與子有誓言矣." 樓子遂行.

(2)

뒷날 중모(中牟)에서 반란이 일어나자 양나라에 들어갔다. 정탐하던 자가 와서 말했으나 왕은 들어주지 않으며, 말했다.

"내가 이미 누자와 한 말이 있다."

後以中牟反, 入梁. 候者來言, 而王弗聽, 曰: "吾已與樓子有言矣."

『사기』에는 없는 이야기이다. 보충해서 말하면, 중모는 조나라 읍인데 앞선 글에서 볼 수 있다. 조나라가 장평에서 무너진 뒤에 땅을 잘라 진나라와 강화를 맺고자 누

---

67 표포 주: 모이는 친아들인데도 문장이 유세객으로서 송나라가 자기 말을 듣도록 할 수 있었는데, 하물며 자기는 어떻겠냐는 말이다.(鮑本, 言牟夷之親, 而文張以遊客能使宋聽其說, 況己乎?)

완이 진나라에서 와서 조나라 왕과 더불어 계책을 내었다는 말이 있었다. 이 장의 시기는 고찰할 수 없다. 중모의 반란으로 위나라에 들어갔다고 했으니, 혹시 비밀스럽게 일을 꾸민 것일까?(鮑本史不書. 補曰: 中牟, 趙邑也, 見前策. 趙敗長平後欲割地搆秦, 樓緩自秦來, 趙王與之計云云. 此章時不可考. 以中牟反, 入梁, 或者秘謀之事歟?)

21-6 우경이 조나라 왕에게 청하다【虞卿請趙王】

(1)

우경(虞卿)이 조나라 왕에게 청하며 말했다.

"사람의 속마음(情)으로 볼 때, 다른 사람에게 조현 받는 것이 낫습니까? 차라리 다른 사람에게 조현하는 것이 낫습니까?"

조나라 왕이 말했다.

"다른 사람 또한 다른 사람에게 조현 받으려 할 뿐이지, 어떤 까닭으로 다른 사람에게 조현하려 하겠소?"

우경이 말했다.

"저 위나라가 합종의 주인인데, 거치적거리는[違] 자가 있으니 바로 범좌(范座=范痤)입니다. 지금 왕께서 능히 백 리의 땅[百里之地]에 만 집[戶]이 있는 큰 읍을 가지고서 위나라에 범좌를 죽여 달라고 청하면 합종의 (주도적인) 일을 조나라로 옮길 수 있습니다."

조나라 왕이 말했다.

"좋습니다."

이에 사람을 시켜 백 리 땅을 가지고 위나라에 범좌를 죽여 달라고 청하였다. 위나라 왕이 허락하고 사도를 시켜서 범좌를 잡아들였지만, 미처 죽이지는 않았다.

虞卿請趙王曰: "人之情, 寧朝人乎? 寧朝於人也?" 趙王曰: "人亦寧朝人耳, 何故寧朝於人?" 虞卿曰: "夫魏爲從主, 而違者范座也. 今王能以百里之地, 若萬戶之都, 請殺范座於魏. 范座死, 則從事可移於趙." 趙王曰: "善." 乃使人以百里之地, 請殺范座於魏. 魏王許諾, 使司徒執范座, 而未殺也.

(2)

범좌가 위나라 왕에게 글을 바쳐서 말했다.

"신이 듣기에, 조나라 왕이 백 리 땅을 가지고 제[座] 몸을 죽여 달라 청했다고 합니다. 저 죄 없는 범좌를 죽이는 것은 제가 덕이 엷기 때문인데, 백 리 땅은 큰 이득입니다. 신이 몰래 생각해보니 대왕을 위해 좋은 일이지만, 비록 그러하나 한 가지 일이 남아있습니다. 백 리 땅을 얻지 못하게 되어도 죽은 자는 다시 살릴 수 없으니, 그리되면 임금께서는 틀림없이 천하의 웃음거리가 될 것입니다! 신이 몰래 생각건대, 사람을 죽이고 나서 흥정하는[市] 것은 차라리 사람을 살린 채로 흥정하는 것만 못하다고 여겨집니다."

范座獻書魏王曰: "臣聞趙王以百里之地, 請殺座之身. 夫殺無罪范座, 座薄故也; 而得百里之地, 大利也. 臣竊爲大王美之. 雖然, 而有一焉, 百里之地不可得, 而死者不可復生也, 則主必爲天下笑矣! 臣竊以爲與其以死人市, 不若以生人市使也."

(3)

또 그 뒤에 재상이 된 신릉군(信陵君)에게 글을 남겨 말했다.

"무릇 조나라, 위나라는 맞서 싸우는 나라입니다. 조나라 왕이 한 치 한자 땅[咫尺]을 준다는 글을 보내자 위나라 왕께서는 가벼이 죄 없는 저를 죽이려 하십니다. 제가 비록 덕이 없지만 그래도 위나라의 재상을 하다가 벗어난 사람으로, 일찍이 위나라의 일 때문에 조나라에 죄를 지은 적이 있습니다. 무릇 나라 안에 쓸 수 있는 신하가 없다면 밖에서 비록 땅을 얻어도 형세상 지킬 수 없습니다. 그러하나, 지금 능히 위나라를 지킬 수 있는 사람으로는 그대만한 사람이 없습니다. 왕께서 조나라 말을 들어 주어 저를 죽인 뒤에, 강한 진나라가 욕심냈던 바를 이어받아서[襲] 조나라가 잘려나간 땅의 몇 곱[倍]을 요구하게 되면 그대는 장차 무엇을 가지고 그치게 하겠습니까? 이는 그대에게 누가 됩니다."

신릉군이 말했다.

"좋은 말이오."

급히 왕에게 말하여 (범좌를) 내보내게 했다.

又遺其後相信陵君書曰: "夫趙·魏, 敵戰之國也. 趙王以咫尺之書來, 而魏王輕爲之殺無罪左座, 座雖不肖, 故魏之免相望⁶⁸也. 嘗以魏之故, 得罪於趙. 夫國內無用臣, 外雖得地, 勢不能守. 然今能守魏者, 莫如君矣. 王聽趙殺座之後, 強秦襲趙之欲, 倍趙之割, 則君將何以止之? 此君之累也." 信陵君曰: "善." 遽言之王而出之.

---

68 표교 주: '망(望)'자는 의미 없이 덧붙여진 글이다.(鮑本, 衍望字.)

합종의 주도권을 조나라로 가져오기 위해 위나라에게 땅을 주고 범좌를 죽이라고 요청했지만, 범좌가 이런 선례를 남기면 다른 나라가 똑같이 요구할 때 어찌할 것인지를 물었다.

21-7 연나라가 송나라 사람 영분을 봉해서 고양군으로 삼다
【燕封宋人榮蚡爲高陽君】

연나라가 송나라 사람 영분(榮蚡)을 봉해서 고양군(高陽君)으로 삼아, 장수가 되어 조나라를 공격하게 했다. 조나라 왕이 이로 말미암아 제수(濟水) 동쪽 3개 성을 잘라서 여(廬), 고당(高唐), 평원(平原), 능(陵) 땅에 있는 성읍 및 시장 57곳을 합하여[슈=合] 제나라에게 줄 것을 명하고, 안평군(安平君=田單)을 요구하여 장수로 삼다. 마복군(馬服君=趙奢)이 평원군(平原君)에게 일러주며 말했다.

"나라에 어찌 사람이 없음이 심합니까! 군께서 안평군을 이르게 하여 장수로 삼으면서 마침내 제수 동쪽 3개와 성시와 읍 57곳을 제나라에 주었으니, 이는 선생이 적국과 더불어 싸워서 군사가 엎어지고 장수가 죽어가면서 차지했던 땅을 갈라서 적국에 주는 것입니다. 지금 군께서는 이를 제나라에 주고 안평군을 요구하여 장수로 삼으니, 나라에 어찌 사람이 없음이 심합니까! 장차 군께서는 어찌 저[奢]를 장수로 삼지 않으십니까? 제가 일찍이 죄에 저촉되어[抵] 연나라에 머물렀는데, 연나라가 저를 상곡(上穀)의 태수[守]로 삼았기 때문에 연나라의 통로와 골짜기 요새는 제가 익혀서 알고 있습니다. 백 일 안쪽으로, 천하에서 군사가 미처 모이기 전에 저는 이미 나아가서 연나라

190

에 도착해 있을 것입니다. 그런데 군께서는 어찌 안평군을 요구하여 장수로 삼았습니까?"

평원군이 말했다.

"장군은 (마음을) 푸시오. 제[仆=僕]가 이미 저의 임금[仆主]에게 말했더니 임금께서 다행히 제 말을 들어주셨습니다. 장군은 더 말하지 마시오."

마복군이 말했다.

"군이 잘못한 것입니다. 군이 안평군을 요구한 까닭은 제나라의 연나라에 대한 관계가 (서로) 간을 먹고 피를 밟는 원수이기 때문입니다. 이에 저는 그렇지 않습니다. 만일 안평군이 어리석으면 정말로 영분을 당해낼 수 없으며, 안평군이 지혜로우면 또한 기꺼이 연나라 사람들과 싸우려 하지 않을 것입니다. 이 둘을 말하면 안평군은 반드시 하나를 택할 것이지만, 비록 그러하나 이 둘은 하나일 뿐입니다. 만일 안평군이 지혜로우면 어찌 조나라를 강하게 만들겠습니까? 조나라가 강하면 제나라는 다시 패자가 될 수 없습니다. 지금 강한 조나라 병사를 얻어서 연나라 장수를 막게 되었으니, 오랫동안 길게 끌면서 여러 해를 보냄으로써 사대부의 남은 자식들의 힘을 도랑과 보루에서 남김없이 쓰게 하고, 수레와 갑옷과 화살(羽毛=箭)을 찢어지고 해지게 만들며, 나라 창고와 곡식 창고를 텅 비게 만들 것입니다. 그리하여 두 나라가 병사를 쓰느라고 번갈아 피폐해지면, 마침내 (자신의) 병사를 이끌고 (제나라로) 돌아갈 것입니다. 저 두 나라의 병사를 남김없이 다 쓰게 되는 것으로는 이보다 밝은 것이 없습니다."

여름에 군대가 솥을 걸고 밥을 지어 3개 성을 얻었는데, 성의 크기가 사방 100치(雉)[69]를 넘지 못했다. 과연 마복의 말대로였다.

燕封宋人榮蚡爲高陽君, 使將而攻趙. 趙王因割濟東三城令盧·高唐·平原陵地城邑市五十七, 命以與齊, 而以求安平君而將之. 馬服君謂平原君曰: "國奚無人甚哉! 君致安平君而將之, 乃割濟東三令城市邑五十七以與齊, 此夫子與敵國戰, 覆軍殺將之所取·割地於敵國者也. 今君以此與齊, 而求安平君而將之, 國奚無人甚也! 且君奚不將奢也? 奢嘗抵罪居燕, 燕以奢爲上穀守, 燕之通谷要塞, 奢習知之. 百日之內, 天下之兵未聚, 奢已即着燕矣. 然則君奚求安平君而爲將乎?" 平原君曰: "將軍釋之矣, 仆已言之仆主矣. 仆主幸以聽仆也. 將軍無言已." 馬服君曰: "君過矣! 君之所以求安平君者, 以齊之於燕也, 茹肝涉血之仇耶. 其於奢不然. 使安平君愚, 固不能當榮蚡; 使安平君知, 又不肯與燕人戰. 此兩言者, 安平君必處一焉. 雖然, 兩者有一也. 使安平君知, 則奚以趙之強爲? 趙強則齊不復霸矣. 今得強趙之兵, 以杜燕將, 曠日持久數歲, 令士大夫餘子之力, 盡於溝壘, 車甲羽毛裂敝, 府庫倉廩虛, 兩國交以習之, 乃引其兵而歸. 夫盡兩國之兵, 無明此者矣." 夏, 軍也縣釜而炊. 得三城也, 城大無能過百雉者. 果如馬服之言也.

연나라가 조나라를 치자 조나라는 연나라를 크게 이긴 제나라 안평군을 빌려 장수로 삼았지만 안평군은 연나라와 조나라의 힘만 축내었으니, 마복군의 말대로였다.

---

69 포표 주: 『춘추』 노나라 은공 원년의 주에 따르면, 사방 1장(丈)을 저(堵)라 하고, 3저를 치(雉)라 한다.(鮑本, 隱元年注, 方丈曰堵, 三堵爲雉.)

21-8 세 나라가 진나라를 공격하자 조나라는 중산을 공격하다

【三國攻秦趙攻中山】

세 나라[魏, 齊, 韓]가 진나라를 공격하자 조나라는 중산(中山)을 공격하여 부류(扶柳)를 차지했고, 5년이 지나자 호타(乎沱=呼沱)까지 마음대로 하게 되었다. 제나라 사람 융곽(戎郭)과 송돌(宋突)이 (조나라 신하인) 구학(仇郝)에게 일러주며 말했다.

"차라리 중산의 새로운 땅을 남김없이 돌려주느니만 못합니다. 중산이 이를 근거로 제나라에게 말하기를 '네 나라[魏, 韓, 趙, 中山]가 장차 위(衛)나라에 길을 빌려 (제나라 장수인) 장자(章子=匡章)가 (지키고 있는) 길을 지나려고 합니다'라고 하면, 제나라가 이를 듣고서 반드시 (莒에 있는) 고(鼓) 땅을 줄 것입니다."

三國攻秦, 趙攻中山, 取扶柳, 五年以擅乎沱. 齊人戎郭·宋突謂仇郝曰: "不如盡歸中山之新地. 中山案此言於齊曰, 四國將假道於衛, 以過章子之路. 齊聞此, 必效鼓."

조나라가 마침내 중산의 많은 땅을 차지하자, 제나라에서 조나라의 힘을 빼기위해 중산을 회복시키기 위한 계책을 낸 것이다.

21-9 조나라가 조장으로 하여금 합종하게 하다【趙使趙莊合從】

조나라가 조장(趙莊=莊豹)으로 하여금 합종하게 해서 제나라를 치고자 했다. 제나라가 청하여 땅을 바친다고 하자, 조나라는 (이미 제나라가 굽혔으므로) 그로 말미암아 조장을 낮추보게 되었다. (東周 사람) 제명(齊明)이 이 때문에 조나라 왕에게 이르며 말했다.

"제나라는 합종하는 사람들을 두려워하기 때문에 땅을 준 것입니다. 지금 들건대 조장을 낮추고 장근(張勲)을 귀히 여기신다고 하니, 제나라는 반드시 땅을 주지 않을 것입니다."

조나라 왕이 말했다.

"좋습니다."

마침내 조장을 불러 그를 귀히 여겼다.

趙使趙莊合從, 欲伐齊. 齊請效地, 趙因賤趙莊. 齊明爲謂趙王曰: "齊畏從人之合也, 故效地. 今聞趙莊賤, 張勲貴, 齊必不效地矣." 趙王曰: "善." 乃召趙莊而貴之.

합종하여 제나라를 칠 것이 두려워서 땅을 주려 했으니, 합종을 반대하는 사람이 득세하면 땅을 줄 이유가 없다.

21-10 적장이 양나라에서 오다【翟章從梁來】

적장(翟章)이 양나라에서 와서 조나라 왕[孝成王]과 매우 잘 지냈으니, 조나라 왕이 그를 세 차례나 재상으로 불렀지만 적장이 사양하고 받지 않았다. 전사(田駟)가 주국(柱國)인 한향(韓向)에게 일러주며 말했다.

"신이 청컨대, 경(卿)을 위해 그를 찔러 죽이겠습니다. 손님이 만일 죽으면 왕께서는 반드시 화를 내며 (재상인) 건신군(建信君)을 주살할 것이고, 건신군이 죽으면 경이 반드시 재상이 될 것입니다. 건신군이 죽지 않으면, 교류를 하면서 몸을 마칠 때까지 버리지 않으신다면 그로 인해 경은 건신군에게 덕을 베푸는 것입니다."

翟章從梁來, 甚善趙王. 趙王三延之以相, 翟章辭不受. 田駟謂柱國韓向曰: "臣請爲卿刺之. 客若死, 則王必怒而誅建信君. 建信君死, 則卿必爲相矣. 建信君不死, 以爲交, 終身不敝, 卿因以德建信君矣."

왕이 신뢰하는 손님을 죽이고 건신군에게 뒤집어씌운 뒤에, 건신군이 죽으면 대신하여 재상이 되려는 계책을 내었다.

21-11 풍기가 여릉군을 위해 조나라 왕에게 일러주다
【馮忌爲廬陵君謂趙王】

(세객인) 풍기(馮忌)가 (孝成王의 同母弟인) 여릉군(廬陵君)을 위해 조나라 왕에게 일러주며 말했다.
"왕께서 여릉군을 쫓아내신 것은 연나라를 위해서입니다."
왕이 말했다.
"내가 무겁게 대하는 바는 연나라도 진나라도 아니다."
대답하여 말했다.
"진나라가 세 차례나 우경(虞卿)을 가지고 말을 했지만 왕께서는 따르지 않았습니다. 그런데 지금 연나라가 한 번 여릉군에 대해 말을 하자 왕께서는 그를 쫓아내었습니다. 이는 왕께서 강한 진나라를 가벼이 여기고 약한 연나라를 무겁게 여기는 것입니다."

왕이 말했다.

"나는 연나라 때문이 아니라, 내가 정말로 앞으로 그를 쫓아내려 했다."

"그렇다면 왕께서 여릉군을 쫓아낸 것이 또한 연나라 때문도 아니니, 아끼는 아우를 쫓아냈으면서도 또한 연나라와 진나라를 아우른 것도 아닙니다. 신이 대왕을 위해 몰래 생각하면 취할 바가 아닙니다."

馮忌爲廬陵君謂趙王曰: "王之逐廬陵君, 爲燕也." 王曰: "吾所以重者, 無燕·秦也." 對曰: "秦三以虞卿爲言, 而王不逐也. 今燕一以廬陵君爲言, 而王逐之. 是王輕強秦而重弱燕也." 王曰: "吾非爲燕也, 吾固將逐之." "然則王逐廬陵君又不爲燕也. 行逐愛弟, 又兼無燕·秦, 臣竊爲大王不取也."

비록 연나라를 핑계로 했다 해도, 약한 나라의 말을 듣고 동생을 내쫓는 것은 나라의 빈틈을 보이는 행동이다.

21-12 풍기가 조나라 왕을 뵙기를 청하다【馮忌請見趙王】

풍기(馮忌)가 조나라 왕을 뵙기를 청하자 행인(行人)이 뵙게 해주었다. 풍기가 손을 잡고 머리를 수그리며 말을 하려 했지만, 감히 하지 못했다. 왕이 그 까닭을 묻자 대답하여 말했다.

"손님 중에 복자(服子)에게 다른 사람을 (소개하여) 뵙게 한 자가 있었는데, 이윽고 그 죄를 청하였습니다. 복자가 말하기를, '공의 손님은 오직 세 가지 죄가 있습니다. 나를 바라보고 웃었으니 이는 윗사람을 범한[狎=犯] 것이며, 이야기하면서 스승[師]이라 부르지 않았으니 이는 배반한 것이며, 교분이 얕은데 말을 깊게 하니 이는 어지럽게[亂] 만든 것입니다'라고 했습니다. 이에 손님이 말하기를, '그렇지 않습니다. 무릇 사람을 바라보고 웃은 것은 바로 온화했기 때문이며, 말하면서 스승이라 부르지 않은 것은 바로 범상한 말이었기 때문이며, 교분이 얕은데도 말을 깊게 한 것은 바로 충성스러웠기 때문입니다. 옛날에 요임금이 띠풀집 안[草茅之中]에서 순임금을 볼 때는 이랑을 높여서 자리를 깔아주고 뽕나무로 덮어서[庇桑] 그늘을 만들어주었는데, (시간이 지나) 그늘이 옮겨가자 천하를 주고 전했습니다. 이윤(伊尹)이 쇠솥과 도마[鼎俎]를 지고 탕왕을 찾아가니, 성과 이름도 미처 드러내지 않았는데도 삼공 벼슬을 받았습니다. 만일 교분이 얕다고 깊은 이야기를 할 수 없다면 천하가 전해지지 못했고 삼공 자리도 얻지 못했을 것입니다'라고 했습니다."

조나라 왕이 말했다.

"매우 좋소."

풍기가 말했다.

"지금 바깥 신하가 교분이 얕지만 깊이 이야기하고 싶은데, 가능하십니까?"

왕이 말했다.

"청컨대 가르침을 받들겠소."

이에 풍기가 마침내 이야기했다.

馮忌請見趙王, 行人見之. 馮忌接手免首, 欲言而不敢. 王問其故, 對曰: "客有見人於服子者, 已而請其罪. 服子曰: '公之客獨有三罪: 望我而笑, 是狎也; 談語而不稱師, 是倍也; 交淺而言深, 是亂也.' 客曰: '不然. 夫望人而笑, 是和也; 言而不稱師, 是庸說也; 交淺而言深, 是忠也. 昔者堯見舜於草茅之中, 席隴畝而蔭庇桑, 陰移而授天下傳. 伊尹負鼎俎而干湯, 姓名未著而受三公. 使夫交淺者不可以深談, 則天下不傳, 而三公不得也.'" 趙王曰: "甚善." 馮忌曰: "今外臣交淺而欲深談, 可乎?" 王曰: "請奉教." 於是馮忌乃談.

오랜 사귐이 있어야만 깊은 이야기를 할 수 있는 것이 아니다.

21-13 손님이 조나라 왕을 뵙다【客見趙王】

손님이 조나라 왕[孝成王]을 뵙고 말했다.

"신이 듣기로 왕께서 다른 사람을 시켜 말[馬]을 사신다고 하던데, 그런 일이 있습니까?"

왕이 말했다.

"있었소."

"무슨 까닭으로 지금까지 보내지 않았습니까?"

왕이 말했다.

"아직 말을 볼 줄 아는 공인[相馬之工]을 얻지 못했소."

대답하여 말했다.

"왕께서는 어찌 건신군(建信君)을 보내지 않습니까?"

왕이 말했다.

"건신군은 나랏일이 있고, 또한 말 보는 법을 알지 못하오."

말했다.

"왕께서는 어찌 기희(紀姬)를 보내지 않습니까?"

왕이 말했다.

"기희는 아녀자라 말 보는 법을 알지 못하오."

대답하여 말했다.

"말 사는 일을 잘하는 것이 어떻게 나라에 보탬이 됩니까?"

왕이 말했다.

"나라에 보탬이 되지 않소."

"말을 사는 것이 나쁘면 어떻게 나라에 위태롭습니까?"

왕이 말했다.

"나라가 위태롭지는 않소."

대답하여 말했다.

"그렇다면 말 사는 것을 잘하거나 못하는 경우가 모두 나라에 보탬이 되거나 위태로움을 주지 않습니다. 그런데도 왕께서는 말을 사면서 꼭 공인을 기다리십니다. (그런데) 지금 천하를 다스릴 때, 들고 놓는 것 [擧錯]이 잘못되면 나라와 집안이 헛되이 어그러지고 사직이 혈식(血食)을 먹지 못하게 되는데, 그런데도 왕께서 공인을 기다리지 않고 건신군과 함께하시는 것은 왜 그렇습니까?"

조나라 왕이 미처 대답할 수 없었다. 손님이 말했다.

"곽연(燕郭)[70]의 법에는 이른바 상옹(桑雍)[71]이라는 것이 있는데, 왕께서는 이를 알고 계십니까?"

왕이 말했다.

"미처 듣지 못했소."

"이른바 상옹이란 남의 비위를 맞추는 좌우의 가까운 자들로, 부인(夫人)이나 배우(優), 아끼는 어린아이[孺子]까지 이릅니다. 이 모두는 능히 왕이 취하고 어두운 틈을 올라타서 왕으로부터 욕심나는 바를 구하는 자들입니다. 이에 능히 (이들이) 안에서 얻을 수 있게 되면 곧 대신은 바깥에서 굽은 법을 행하게 됩니다. 해와 달이 바깥에서 빛나도 그 해치는 것이 안에 있으니, 그 미워하는 자를 삼가고 대비하는 가운데 화근[禍]이 아끼는 자에게도 있음을 알아야 합니다."

客見趙王曰: "臣聞王之使人買馬也, 有之乎?" 王曰: "有之." "何故至今不遣?" 王曰: "未得相馬之工也." 對曰: "王何不遣建信君乎?" 王曰: "建信君有國事, 又不知相馬." 曰: "王何不遣紀姬乎?" 王曰: "紀姬婦人也, 不知相馬." 對曰: "買馬而善, 何補於國?" 王曰: "無補於國." "買馬而惡, 何危於國?" 王曰: "無危於國." 對曰: "然則買馬善而若惡, 皆無危補於國. 然而王之買馬也, 必將待工. 今治天下, 擧錯非也, 國家爲虛戾, 而社稷不血食, 然而王不待工, 而與建信君, 何也?" 趙王未之應也. 客曰: "燕郭之法, 有所謂桑雍者, 王知之乎?" 王曰: "未之聞也." "所謂桑雍者, 便

---

70 (오사도가) 포본을 보충하여 말한다: 진나라에서 점을 담당하는 대부 곽언(郭偃)으로, 복언이라고도 불렀다.(鮑本補曰: 晉掌卜大夫郭偃, 乃卜偃也.)

71 옹(雍)이란 곧 종기[癰]를 말하니, 상옹(桑雍)이란 뽕나무 속에 좀이 슬어 속에서부터 갉아먹어 들어가서 말라죽는 것을 말한다.

辟左右之近者, 及夫人優愛孺子也. 此皆能乘王之醉昏, 而求所欲於王者也. 是能得之乎內, 則大臣爲之枉法於外矣. 故日月暉於外, 其賊在於內, 謹備其所憎, 而禍在於所愛.＂

건신군이나 기희와 같은 자들은 상옹과 같은 사람이라고 간언하였다.

21-14 진나라가 위나라를 공격하여 영읍을 차지하다【秦攻魏取寧邑】

(1)

진나라가 위나라를 공격하여 영읍(寧邑)을 차지하게 되자, 제후들이 모두 하례를 드렸다. 조나라 왕이 사자를 보내어 가서 하례하게 했으나 세 번이나 되돌아왔으니, 통할 수가 없었다. 조나라 왕이 걱정하며, 좌우에게 일러 말했다.

"진나라가 강함을 가지고 영읍을 얻었고, 이로써 제나라와 조나라를 제압하려 하오. 제후 모두가 하례하기에 나도 가서 하례하려 했지만 통하지 못했으니, 이에 반드시 우리에게 더욱 병사를 보낼 터인데 어찌하면 좋겠소?"

좌우에서 말했다.

"사자가 세 번이나 가서 통하지 못한 것은 반드시 사신으로 보낸 자가 딱 맞는 사람이 아니었기 때문입니다. 양의(諒毅)라고 불리는 자는 말 잘하는 선비[辯士]인데, 대왕께서 시험 삼아 부려보십시오."

秦攻魏, 取寧邑, 諸侯皆賀. 趙王使往賀, 三反不得通. 趙王憂之, 謂左右曰: "以秦之强, 得寧邑, 以制齊‧趙. 諸侯皆賀, 吾往賀而獨不得通, 此必加兵我, 爲之奈何?" 左右曰: "使者三往不得通者, 必所使者非其人也. 曰諒毅者, 辯士也, 大王可試使之."

(2)

양의가 몸소 명을 받고 갔다. 진나라에 이르자, 진나라 왕[昭襄王]에게 글을 바치고 말했다.

"대왕께서 땅을 넓혀 영읍을 얻었기에 제후 모두가 하례하였습니다. 저희 나라 임금 또한 몰래 기뻐하면서 감히 편안히 있지 못하여, 아래 신하에게 패물을 받들게 해서 세 차례 왕의 조정에 이르렀지만 사자가 통하지 못했습니다. 사자에게 만일 죄가 없다면 원컨대 대왕께서는 그 기쁨을 끊지 마시고, 만일 사자에게 죄가 있다면 원컨대 죄를 청합니다."

진나라 왕이 사자를 시켜서 회답[報]하여 말했다.

"내가 조나라에 시키는 일을 작거나 크거나 간에 모두 들어준다면 글과 패물을 받겠지만, 만일 내 말을 따르지 않겠다면 사자는 돌아가라."

양의가 대답하여 말했다.

"아래 신하가 온 것은 정말로 큰 나라 뜻을 잇기를 원해서인데, 어찌 감히 어려움이 있겠습니까? 대왕께서 명령하는 바가 있으면 청하건대 받들고 서쪽으로 가겠으니, 감히 의심하지 마십시오."

諒毅親受命而往. 至秦, 獻書秦王曰: "大王廣地寧邑, 諸侯皆賀, 敝邑寡君亦竊嘉之, 不敢寧居, 使下臣奉其幣物三至王廷, 而使不得通. 使若無

罪, 愿大王無絶其歡; 若使有罪, 愿得請之." 秦王使使者報曰: "吾所使
趙國者, 小大皆聽吾言, 則受書幣. 若不從吾言, 則使者歸矣." 諒毅對曰:
"下臣之來, 固愿承大國之意也, 豈敢有難? 大王若有以令之, 請奉而西
行之, 無所敢疑."

(3)

이에 진나라 왕이 마침내 사자를 보면서 말했다.

"조표(趙豹=趙莊)와 평원군(平原君)은 여러 차례 과인을 속이고 희
롱했다. 조나라가 능히 이 두 사람을 죽일 수 있다면 가하다. 만일 죽일
수 없다면, 청컨대 지금 제후를 이끌고 한단 성 아래서 명을 받겠다."

양의가 말했다.

"조표와 평원군은 친척으로 저희 임금의 같은 어머니가 나은 동생
이니, 대왕께 섭양군(葉陽君=華陽君)과 경양군(涇陽君)이 있는 것과 같
습니다. 대왕께서 효로써 다스리는 것이 천하에 소문이 나서, 옷이나
복장은 몸에 걸칠 때[處] 편하게 하고 음식을 먹을 때는 입에 맞게[嗛]
하는데 일찍이 섭양군, 경양군과 나누지 않은 적이 없으며, 섭양군과
경양군의 수레, 말, 옥과 복장은 대왕의 옷이나 탈것[服御]과 다른 것
이 없다고 했습니다. 신이 듣기에, '둥지를 엎고 알을 훼손하면 봉황(鳳
皇)이 날아오지 않으며, (짐승의) 태(胎)를 쪼개고 새끼[夭]를 불태우면
기린(騏驎)이 나타나지 않는다'라고 했습니다. 지금 신에게 대왕의 명
령을 받고 돌아가서 보고하게 하면 저희 나라 임금은 무섭고 두려워
서 감히 행하지 않을 수 없을 터인데, 이에 섭양군과 경양군의 마음이
상하지는 않겠습니까?"

於是秦王乃見使者, 曰: "趙豹·平原君, 數欺弄寡人. 趙能殺此二人, 則可. 若不能殺, 請今率諸侯受命邯鄲城下." 諒毅曰: "趙豹·平原君, 親, 寡君之母弟也, 猶大王之有葉陽·涇陽君也. 大王以孝治聞於天下, 衣服使之便處體, 膳啖使之嗛於口, 未嘗不分於葉陽·涇陽君. 葉陽君·涇陽君之車馬衣服, 無非大王之服御者. 臣聞之: '有覆巢毀卵, 而鳳皇不翔; 刳胎焚夭, 而騏驎不至.' 今使臣受大王之令以還報, 敝邑之君, 畏懼不敢不行, 無乃傷葉陽君·涇陽君之心乎?"

(4)

진나라 왕이 말했다.

"허락하니, (조표와 건신군이) 정사를 하게 하지 말라."

양의가 말했다.

"저희 나라 임금이 동생[母弟]을 가르치지[敎誨] 못하여 큰 나라를 미워하게 만들었으니, 청컨대 쫓아내고 정사에 참여하지 못하게 함으로써 큰 나라의 말을 거행하겠습니다."

진나라 왕이 마침내 좋아하며 그 선물을 받고 후하게 대접하였다.

秦王曰: "諾勿使從政." 諒毅曰: "敝邑之君, 有母弟不能敎誨, 以惡大國, 請黜之, 勿使與政事, 以稱大國." 秦王乃喜, 受其幣而厚遇之.

진나라가 조나라 왕의 친척과 동생을 죽이라고 하자, 진나라 왕이 자기 동생들을 아끼는 것을 들어서 변명함으로써 목숨을 구하였다.

21-15 조나라가 요가를 시켜 한나라, 위나라와 약속을 맺다

【趙使姚賈約韓魏】

조나라가 요가(姚賈)[72]를 시켜 한나라, 위나라와 약속을 맺자, 한나라와 위나라가 그를 가깝게 대했다. 거모(擧茅)가 요가를 위해 조나라 왕에게 일러주며 말했다.

"요가[賈]는 왕의 충성스런 신하입니다. 한나라와 위나라가 그를 얻고자 하여 가깝게 대하면서, 장차 왕에게 그를 쫓아내게 한 뒤 자기들이 그참에 받아들이려는 것입니다. 지금 왕께서 그를 쫓아내면 이는 한나라와 위나라가 얻고자 하는 바이고, 왕의 충성스런 신하는 죄가 있게 됩니다. 그러므로 왕께서 쫓아내지 않는 것만 못하니, 왕의 뛰어남을 밝혀서 한나라와 위나라가 부르는 것을 꺾어버리십시오."

趙使姚賈約韓・魏, 韓・魏以友之. 擧茅爲姚賈謂趙王曰: "賈也, 王之忠臣也. 韓・魏欲得之, 故友之, 將使王逐之, 而己因受之. 今王逐之, 是韓・魏欲得, 而王之忠臣有罪也. 故王不如勿逐, 以明王之賢, 而折韓・魏招之."

---

72 요가는 양나라 사람으로 처음에는 조나라의 모신이 되어 합종의 계책으로 초나라와 연합해서 삼진과 함께 진나라를 공격했는데, 뒤에 진나라는 용간책(用間策)을 써서 조나라로 하여금 요가를 쫓아내게 만들었다. 이에 요가는 진나라로 도망갔다. 진나라가 육국을 멸했던 싸움 당시, 요가가 명을 받들어 돈과 뇌물을 초, 연, 조, 위나라 4국의 주요 인물들에게 무겁게 써서 합종을 와해시키자 진나라 왕이 크게 기뻐하며 상경으로 삼았다. 나중에 요가와 한비(韓非)가 서로 다투었는데, 한비가 진시황에게 "요가는 대대로 문지기의 자손이고, 양나라 도둑의 아들이자 조나라의 쫓겨난 신하"라고 말하자 요가가 이에 불만을 품고 이사의 음모에 가담하여 한비를 해쳐서 죽였다.(『維基百科』)

조나라 왕이 다른 나라에서 중시하는 신하를 쫓아내려 하자, 이웃나라들이 탐내는 인재를 버리지 말라고 말해주었다.

21-16 위나라가 형산에서 초나라를 무너뜨리다【魏敗楚於陘山】

위나라가 형산(陘山)에서 초나라를 무너뜨리고 당명(唐明)[73]을 붙잡자, 초나라 왕이 두려워서 소응(昭應)에게 태자를 받들어 (제나라) 설공(薛公)에게 화의를 맡기도록 하였다. 주보(主父=趙武靈王)가 (초나라와 위나라의 화해를) 무너뜨리고 싶어서 마침내 진나라와 결맹하고 초나라, 송나라와 연합하여 교류하였으니, 구학(仇郝)을 송나라 재상으로 삼게 하고 누완(樓緩)을 진나라 재상으로 삼게 하였다. 초나라 왕이 조나라와 송나라와 합하게 되자[禽=合] 위나라와의 화해는 끝내 무너졌다.

魏敗楚於陘山, 禽唐明. 楚王懼, 令昭應奉太子以委和於薛公. 主父欲敗之, 乃結秦連楚[74]宋之交, 令仇郝相宋, 樓緩相秦. 楚王禽趙·宋, 魏之和卒敗.

위나라와 싸워서 진 초나라가 제나라를 통해 화해를 시도하자, 조나라가 진나라와

---

73 포표 주: 당명을 잡은 것은 초나라 위왕 11년의 일로, 이때는 조나라 무령왕이 아직 세워지지 않았을 때이다. 회왕 28년에 진나라, 제나라, 한나라, 위나라가 초나라를 공격했고, 당매를 죽인 때가 이 35년의 일이다. '명(明)'은 어찌 '매(昧)'의 잘못이 아니겠는가?(鮑本, 楚威十一年, 魏敗我陘山, 時武靈未立. 懷二十八年, 秦·齊·韓·魏攻楚, 殺唐昧, 此三十五年. 明豈昧之訛邪?)

74 요본에는 일찍이 '楚'자가 없다.(姚本, 曾去楚.)

송나라와 힘을 합쳐 저지하였다.

21-17 진나라가 춘평후를 부르다【秦召春平侯】

진나라가 (조나라 태자인) 춘평후(春平侯)를 부르고는 그참에 (억지로) 머무르게 했다. 세균(世鈞＝泄鈞)이 그를 위해 문신후(文信侯＝呂不韋)에게 일러주며 말했다.

"춘평후는 조나라 왕[悼襄王]이 아주 아끼는데, 낭중(郎中)들이 매우 질투해서 예전에 같이 모의하여 말하기를 '춘평후가 진나라에 들어가면, 진나라가 반드시 그를 잡아둘 것이다'라고 했습니다. 그런데 모의한 대로 진나라에 들어왔고 지금 군께서 그를 붙잡아두었으니, 이는 헛되이 조나라를 끊은 것이며 낭중들의 계책에 적중된 것입니다. 그러므로 군께서 춘평후를 보내고 평도후(平都侯)를 머무르게 하는 것만 못합니다. 춘평후라는 사람의 말은 조나라 왕에게서 행해질 것이니, 반드시 두텁게 땅을 잘라주고 조나라가 군을 섬기면서 평도후의 몸값을 낼 것입니다."

문신후가 말했다.

"좋습니다."

그로 인해 (춘평후와) 더불어 뜻[意]을 맞춰보고[接] 그를 돌려보냈다.

秦召春平侯, 因留之. 世鈞爲之謂文信侯曰: "春平侯者, 趙王之所甚愛也, 而郞中甚妒之, 故向與謀曰: '春平侯入秦, 秦必留之.' 故謀而入之秦. 今君留之, 是空絶趙, 而郎中之計中也. 故君不如遣春平侯而留平都侯. 春平侯者言行於趙王, 必厚割趙以事君, 而贖平都侯." 文信侯曰: "善." 因與接意而遣之.

조나라 태자를 인질로 두는 대신에 그를 돌려보내고 평도후를 대신하게 하면 조나라가 반드시 후하게 선물을 보내올 것이라고 문신군을 설득하였다.

21-18 조나라 태후가 새롭게 조정 일을 맡다【趙太后新用事】

(1)

조나라 태후[惠文王威后]가 새롭게 조정 일을 맡자 진나라가 (이 틈을 타서) 급히 공격했다. 조나라(趙氏)가 제나라에 구원을 청하니, 제나라가 말했다.

"반드시 (태후의 아들인) 장안군(長安君)을 인질로 주면 병사를 곧 내보내겠소."

태후가 기꺼워하지 않자, 대신이 강하게 간언하였다. 태후가 좌우에게 밝히며 일렀다.

"장안군을 인질로 삼으라고 다시 말하는 자가 있으면 늙은이[老婦]가 반드시 그 얼굴에 침을 뱉겠다[唾]."

좌사(左師) 촉섭(觸讋=觸龍)이 태후를 뵙기를 원했다. 태후가 성난 기운이 바짝 오른[盛氣] 채로 인사를 하니, 들어와서 천천히 걷다가 (태후 앞에) 이르러 스스로 사죄하며 말했다.

"늙은 신이 일찍이 발에 병이 있어 빨리 달리지 못한 까닭에 뵙지 못한 것이 오래되었습니다. 몰래 스스로 태후를 생각해보니[恕], 태후의 옥체에 반드시 쇠약해진[郄=衰弱] 바가 있을까 두렵습니다. 그래서 멀리서라도 태후를 뵙기를 바랐습니다."

태후가 말했다.

"늙은이는 가마에 기대어 다닌다오."

(촉섭이) 말했다.

"날마다 음식을 드시는 데에 줄어듦은 없습니까?"

(태후가) 말했다.

"죽에 기댈 뿐이오."

(촉섭이] 말했다.

"늙은 신이 지금까지 별로 먹고 싶지 않았는데, 이에 스스로 억지로 걷는 것을 날마다 3~4리 정도 하였더니 조금씩 음식을 즐기는[耆=嗜] 것이 늘어나서 몸이 좋아졌습니다."

태후가 말했다.

"늙은이는 할 수 없구려."

태후의 얼굴빛이 조금 풀어졌다.

趙太后新用事, 秦急攻之. 趙氏求救於齊, 齊曰: "必以長安君爲質, 兵乃出." 太后不肯, 大臣強諫. 太后明謂左右: "有復言令長安君爲質者, 老婦必唾其面," 左師觸讋願見太后. 太后盛氣而揖之. 入而徐趨, 至而自謝, 曰: "老臣病足, 曾不能疾走, 不得見久矣. 竊自恕, 而恐太后玉體必有所郄也, 故願望見太后." 太后曰: "老婦恃輦而行." 曰: "日食飲得無衰乎?" 曰: "恃粥耳." 曰: "老臣今者殊不欲食, 乃自強步, 日三四里, 少益耆食, 和於身也." 太后曰: "老婦不能." 太后之色少解.

(2)

좌사공이 말했다.

"늙은 신의 천한 자식 중에 서기(舒祺)는 제일 어리고 능력도 없습
니다. 그런데 신은 시들어 버렸으니, 몰래 아끼며 가엽게 여기고 있습
니다. 원컨대 군복[補黑衣=衁服=戎服]의 겉치레[面]라도 얻게 해서 왕
궁[王官→王宮]을 지키게 해주시길 바라서, 죽음을 무릅쓰고 말씀드립
니다."

태후가 말했다.

"삼가 허락하오. 나이가 어찌되오?"

(좌사공이) 대답하여 말했다.

"15살입니다. 비록 어립니다만, 원컨대 미처 (제) 무덤[溝壑=墓]을
메우기 전에 부탁드립니다."

태후가 말했다.

"사내[丈夫]들도 정말로 그 어린 아들을 아끼며 가엽게 여깁니까?"

(좌사공이) 대답하여 말했다.

"여인들보다 심합니다."

태후가 웃으며 말했다.

"여인들은 특별히 심하다오."

(좌사공이) 대답하여 말했다.

"늙은 신이 몰래 생각건대 태후-[媼][75]께서 (연나라에 시집간 딸인) 연
후(燕后)를 아끼심이 장안군보다 더하다고 여기고 있습니다."

(태후가) 말했다.

---

75 온(媼)은 여자 늙은이[女老]를 부르는 말이다.

"그대가 잘못 안 것이오. 장안군보다 심하지는 않소."

좌사공이 말했다.

"부모가 자식을 아끼면 그를 위한 계책이 깊고도 멀리까지 이릅니다. 태후께서 연후를 보낼 때 그 발뒤꿈치를 붙잡고 울었는데, 생각하니 그 멀리 가는 것이 슬프고 또한 애달팠기 때문입니다. 이미 떠났지만 생각하지 않음이 없어서, 제사를 올릴 때면 반드시 기도를 올리고 축원하여 말하기를, '반드시 (이혼하거나 자식이 없어) 돌아오게 되는 일이 없게 해주시오'라고 하십니다. 어찌 계책이, 길고 오래가며 자손이 계속 이어서 왕이 되는 것이 아니겠습니까?"

태후가 말했다.

"그렇구려."

좌사공이 말했다.

"지금까지, (夏, 殷, 周) 삼대 이전부터 조씨가 조나라를 세울 때까지, 조나라 임금의 자손이 제후가 되어 이에 계속해서 자리를 잇는 사람이 있습니까?"

(태후가) 말했다.

"있은 적이 없소."

(좌사공이) 말했다.

"단지 조나라가 아니라도, 제후 중에 자리에 있는 자가 있습니까?"

(태후가) 말했다.

"늙은이는 들어보지 못했소."

"이는 가까이는 화가 자기 몸에 미치고 멀리는 그 자손에 미치기 때문입니다. 어찌 다른 사람의 주인된 사람의 자손이 반드시 좋지 않다고 하겠습니까? 자리는 존귀하지만 공이 없고 두텁게 봉록을 받지만 수고로움이 없으면서 끼고 있는 무거운 보물이 많기 때문입니다. 지금 태후께서 장안군의 자리를 높이고 기름진 땅으로 봉해주며 무거운 보물을 많이 주시고는, 그런데도 나라에 공을 세우지 못하도록 하십니다. 하루아침에 산과 언덕이 무너지게 되면[76] 장안군이 어찌 조나라에 스스로 맡길 수 있겠습니까? 늙은 신이 몰래 생각하기에 태후께서 장안군을 위한 계책이 짧은 것 같아서, 그래서 그 아낌이 연후보다 못하다고 여긴 것입니다."

태후가 말했다.

"허락하오. 그대가 시키는 대로 하겠소."

이에 장안군을 위해 수레 백승을 매어 주고 제나라에 인질로 보내니, 제나라 병사가 마침내 출발하였다.

左師公曰: "老臣賤息舒祺, 最少, 不肖. 而臣衰, 竊愛憐之. 願令得補黑衣之面, 以衛王官, 沒死以聞." 太后曰: "敬諾. 年幾何矣?" 對曰: "十五歲矣. 雖少, 願及未塡溝壑而托之." 太后曰: "丈夫亦愛憐其少子乎?" 對曰: "甚於婦人." 太后笑曰: "婦人異甚." 對曰: "老臣竊以爲媼之愛燕后賢於長安君." 曰: "君過矣, 不若長安君之甚." 左師公曰: "父母之愛子, 則爲之計深遠. 媼之送燕后也, 持其踵而爲之泣, 念悲其遠也, 亦哀之矣. 已行, 非弗思也, 祭祀必祝之, 祝曰: '必勿使反.' 豈非計久長, 有子孫相繼爲王也哉?" 太后曰: "然." 左師公曰: "今三世以前, 至於趙之爲趙, 趙主之子孫侯者, 其繼有在者乎?" 曰: "無有." 曰: "微獨趙, 諸侯有在者乎?" 曰: "老婦不聞也." "此其近者禍及身, 遠者及其子孫. 豈人主之子孫則必不善

---

76 태후가 죽게 되는 날이 오게 된다는 뜻이다.

哉? 位尊而無功, 奉厚而無勞, 而挾重器多也. 今媪尊長安君之位, 而封之以膏腴之地, 多予之重器, 而不及令有功於國. 一旦山陵崩, 長安君何以自托於趙? 老臣以媪爲長安君計短也, 故以爲其愛不若燕后." 太后曰: "諾, 恣君之所使之." 於是爲長安君約車百乘質於齊, 齊兵乃出.

(3)

(조나라의 뛰어난 선비인) 자의(子義)가 이를 듣고 말했다.

"다른 사람의 주인의 자손이라도 피붙이인 친척이건만 오히려 공이 없는 존귀함과 수고로움이 없는 봉록에 기대어서는 금이나 옥의 무거움을 지킬 수 없는데, 하물며 다른 사람의 신하는 오죽하겠는가?"

子義聞之曰: "人主之子也, 骨肉之親猶不能恃無功之尊, 無勞之奉, 而守金玉之重也, 而況人臣乎?"

진나라가 어린 왕이 들어선 틈을 타서 공격하자, 제나라가 출병을 조건으로 태후의 아들을 인질로 원했다. 좌사공이 공이 없는 귀한 자손이 태후가 죽고 난 후 어떻게 될지 모르니 이참에 나라를 위한 공을 세우도록 설득하여 인질로 보냈다.

21-19 진나라가 왕전을 시켜 조나라를 공격하다【秦使王翦攻趙】

진나라가 왕전(王翦)을 시켜 조나라를 공격하니, 조나라는 이목(李牧)과 사마상(司馬尙)을 시켜 방어하게 하였다. 이목이 여러 차례 진나라 군사를 깨뜨려 도망치게 하고 진나라 장수 환기(桓齮)를 죽였다. 왕전이 미워하여 마침내 조나라 왕의 총신 곽개(郭開) 등에게 금을 많이 주면서, 반간(反間)을 꾀하여 이렇게 말했다.

"이목과 사마상이 진나라와 더불어 조나라를 배반하고, 진나라에서 많은 봉토를 가지게 되기를 바라고 있다."

조나라 왕이 이를 의심하여, 조총(趙蔥)과 안위(顏聚)를 대신하여 장군으로 삼으면서 이목을 목 베고 사마상을 폐하였다. 석 달 뒤에 왕전이 그로 인해 갑자기 공격하여 조나라를 크게 깨뜨려서, 조나라 군사를 죽이고 조나라 왕 천(遷)[77]과 그 장수 안위를 사로잡았으며 마침내 조나라를 없애버렸다.

秦使王翦攻趙, 趙使李牧·司馬尙御之. 李牧數破走秦軍, 殺秦將桓齮. 王翦惡之, 乃多與趙王寵臣郭開等金, 使爲反間, 曰: "李牧·司馬尙欲與秦反趙, 以多取封於秦." 趙王疑之, 使趙蔥及顏聚爲代將, 斬李牧, 廢司馬尙. 後三月, 王翦因急擊, 大破趙, 殺趙軍, 虜趙王遷及其將顏聚, 遂滅趙.

조나라 장수인 이목과 사마상이 진나라와 내통한다는 거짓말을 퍼트려서 조나라 왕으로 하여금 이목을 죽이고 사마상을 쫓아내게 만들었다.

---

77 국시대 조(趙)나라의 10대 국군이자 5대 왕이며 조씨의 24대 종주이다. 도양왕의 서자로, 조나라의 마지막 군주이다. 간신 곽개(郭開)를 중용해 나라를 멸망의 구렁텅이에 빠뜨렸다.

戰國策

위(魏)나라의 선조는 필공(畢公) 고(高)의 후예이다. 무왕의 아우 고(高)가 필 땅에 봉해져서 필성(畢姓)을 가지게 되었는데 후대에 봉토가 끊어졌고, 먼 후손인 필만(畢萬)이 진(晉)나라 헌공(獻公)을 섬기면서 공을 세워 위(魏) 땅에 봉해짐으로써 위만(魏萬)이라는 호칭으로 불리게 되었다. 필만의 아들 위무자(魏武子)가 공자 중이(重耳)를 섬겼는데, 후에 중이가 망명에서 돌아와 진나라 문공(文公)이 되자 위 땅에 봉해지고 대부의 반열에 오름으로써 위 땅을 다스리게 되었다.

기원전 445년 위씨로서 문후(文侯)가 임금이 되면서 내정에는 이극(李克)과 서문표(西門豹), 군사에는 오기(吳起)와 악양(樂羊) 등 뛰어난 신하들을 들어 썼으며, 그리하여 문후 22년(기원전 403년)에 한나라, 조나라와 함께 주나라 왕에 의해 제후의 반열에 올랐다. 이때부터 전국시대가 열리게 된다.

기원전 396년 문후가 죽고 아들 무후가 뒤를 이었으며, 안읍(安邑)에 성을 쌓았다.

기원전 370년 무후가 사망하고 아들 혜왕(惠王)이 자리에 나아갔다. 공숙좌(公叔座)가 추천하는 위앙(衛鞅)을 쓰지 않으니, 위앙은 진(秦)나라로 도망쳐서 진나라 효공에게 발탁되어 변법을 추진하게 된다. 30년(기원전 341년) 방연과 태자 신(申)이 이끄는 위나라 병사가 조나라를 치자 조나라의 구원 요청으로 전기(田忌)와 손빈(孫臏)이 제나라 병사를 이끌고 진출하여 마릉(馬陵)에서 부딪치니, 위나라 군대가 크게 깨져서 방연(龐涓)은 죽고 태자 신은 자살하였다. 이듬해 진나라 상앙(商鞅)의 병사에게 하서 땅을 빼앗긴 후 안읍에서 대량으로 도읍을 옮겼다.

기원전 319년 혜왕(惠王)이 죽고 아들 양왕(襄王)이 세워졌다. 그해 제후들과 만나서 서로 왕으로 부르기로 했다. 2년(기원전 317년) 장의가 진(秦)나라를 위해 연횡책을 성사시키고자 유세하자 이를 받아들이며 진나라에게 하외(河外)의 땅을 바치기로 했다. 13년 장의가 위나라 재상이 되었다.

양왕이 죽고 아들 애왕(哀王)이 세워졌으며, 장의가 진나라로 돌아갔다. 첫해에 다섯 나라(韓, 魏, 楚, 趙, 燕)가 진나라를 공격했으나 이기지 못하고 돌아왔다. 애왕 23년 애왕이 죽고, 아들 소왕(昭王)이 세워졌다. 소왕 13년 한나라와 합쳐 이궐(伊闕)에서 진나라 장수 백기와 맞섰지만 12만 병사를 잃고 크게 꺾이고 하동 땅 400리를 바치고 화친하였다.

[『사기』에는 애왕이 양왕의 아들로서 왕위를 이었다고 기록되어 있지만, 실제로는 혜왕의 아들 양왕이 기원전 318년에 자리에 나아가 기원전 296년에 죽자 그의 아들 소왕(昭王)이 즉위하였다. 그러므로 양왕 원년에서부터 애왕(哀王) 원년까지의 기록은 모두 위나라 혜왕의 기록이고, 애왕이 즉위한 해는 실제로는 양왕이 즉위한 해라고 보아야 한다. 두예(杜預)와 화교(和嶠)는 모두 사마천이 혜왕의 시대를 두 왕의 연대로 잘못 나누어 표기한 것으로 보았다. 즉 양왕이 죽고 아들 애왕(哀王)이 세워졌다는 기사는 혜왕(惠王)이 죽고 아들 양왕(襄王)이 세워진 것으로 보는 것이 옳을 것 같다.]

기원전 277년 소왕이 죽고 아들인 안희왕(安僖王＝安釐王)이 세워졌다. 기원전 257년, 진나라가 조나라의 수도 한단을 포위하자 위기에 처한 조나라는 위나라에 구원을 청했다. 이때 신릉군이 거짓 왕명으로 군대를 거두어, 장수 진비(晉鄙)를 죽인 뒤 8만의 병사를 이끌고 조나라로 가서 진나라를 물리치고 포위를 풀었다. 조나라에 머물던 신릉군은 안희왕 30년(기원전 247년)에 위나라로 귀국하여 다섯 나라의 병사를 이끌고 하외에서 진나라를 꺾었다

안희왕 34년(기원전 243년), 안희왕이 죽고 태자 오(午)가 그 뒤를 이었으니 경민왕(景湣王)이다. 경민왕이 세워진 지 15년 만에 죽고 아들 가(假)가 세워졌으나 기원전 225년 진나라가 대량을 포위하자 항복하였고, 끝내 위나라는 멸망하였다.

	시호(諡號)	이름	재위기간	재위 년도
8	위문후(魏文侯)	사(斯)	38년	기원전 425~387년
9	위무후(魏武侯)	격(擊)	26년	기원전 395~370년
10	위혜왕(魏惠王)	앵(罃)	미상	기원전 369~334년(미상)
11	위양왕(魏襄王)	사(嗣)	미상	기원전 334~318년(미상)
12	위애왕(魏哀王)	미상	미상	기원전 318~296년(미상)
13	위소왕(魏昭王)	속(遫)	19년	기원전 295~277년
14	위안희왕(魏安釐王)	어(圉)	34년	기원전 276~243년
15	위경민왕(魏景湣王)	오(午)	15년	기원전 242~228년
16	위왕가(魏王假)	가(假)	3년	기원전 227~225년

위책 1
魏策

22-1 지백이 위환자에게 땅을 달라고 하다【知伯索地於魏桓子】

지백(知伯)이 위환자(魏桓子)¹에게 땅을 달라고 했는데 위환자가 주지 않으니, 임장(任章)이 말했다.

"어떤 까닭으로 주지 않습니까?"

환자가 말했다.

"까닭도 없이 땅을 찾아서, 그래서 주지 않았다.

임장이 말했다.

"까닭도 없이 땅을 찾으면 이웃나라가 반드시 무서워하며, 거듭 욕심을 내며 싫증을 모르면 천하가 반드시 두려워합니다. 군께서 땅을 주면 지백은 반드시 교만해집니다. 교만하면서 적을 가벼이 여기면 이웃나라들은 두려워서 서로 가까이합니다. 서로 가깝게 지내는 나라의 병사로써 적을 가볍게 여기는 나라를 맞이하니, 지씨의 명은 길지 않을 것입니다! 「주서(周書)」²에서 말하기를 '장차 무너뜨리고 싶으면 반

---

1 춘추시대 위씨 9대 종주이자 진(晉)나라의 경(卿)이다. 기원전 453년에 조양자(趙襄子), 한강자(韓康子)와 함께 지백(知伯)의 횡포를 분쇄, 지씨를 멸하고 지씨의 땅과 진(晉)나라 공실(公室)의 땅을 나눠 가졌다. 사후 작위를 아들 위사(魏斯)가 이었는데, 이때 진(晉)나라로부터 자립하여 주나라 왕실로부터 제후로 인정받았으니 그가 바로 위나라 문후(文侯)이다.

2 「주서(周書)」는 『상서(尙書)』 곧 『서경(書經)』 중에서 「태서(泰書)」로부터 「진서(秦書)」까지의 32편

드시 잠깐이라도 도와주어야 하고, 장차 차지하고 싶으면 반드시 잠깐이라도 주어야 한다'라고 했습니다. 군께서는 차라리 (땅을) 주어서 지백을 교만하게 하느니만 못합니다. 군께서 어찌 천하가 지씨를 도모하는 것을 풀어버리고[釋] 홀로 내 나라만 가지고 지씨의 밑천[質=資]이 되려 하십니까?"

군이 말했다.

"좋다."

곧 1만 가구가 있는 읍 하나를 주니, 지백이 크게 기뻐했다. 그참에 채(蔡)와 고량(皋梁) 땅을 조나라에게 찾으니 조나라는 주지 않았고, 그로 인해 (지백이) 진양(晉陽)을 에워쌌다. 한씨와 위씨가 바깥에서 배반하고 조씨가 안에서 호응하자, 지씨는 마침내 망하게 되었다.

知伯索地於魏桓子, 魏桓子弗予. 任章曰: "何故弗予?" 桓子曰: "無故索地, 故弗予." 任章曰: "無故索地, 鄰國必恐; 重欲無厭, 天下必懼. 君予之地, 知伯必驕. 驕而輕敵, 鄰國懼而相親. 以相親之兵, 待輕敵之國, 知氏之命不長矣! 周書曰: '將欲敗之, 必姑輔之; 將欲取之, 必姑與之.' 君不如與之, 以驕知伯. 君何釋以天下圖知氏而獨以吾國爲知氏質乎?" 君曰: "善." 乃與之萬家之邑一. 知伯大說. 因索蔡·皋梁於趙, 趙弗與, 因圍晉陽. 韓·魏反於外, 趙氏應之於內, 知氏遂亡.

상대방 욕심을 맞춰 주어 교만하게 만든 다음, 힘을 모으면 도모할 수 있다.

을 일컫는다. 그런데 이 구절은 『노자(老子)』 36장에 실려 있으니, 없어진 주서 즉 『일주서(逸周書)』가 아닌가 한다.

22-2 한나라와 조나라가 서로 병난을 일으키다【韓趙相難】

한나라와 조나라가 서로 병난[難=兵難]을 일으켰는데, 한나라가 위나라에 병사를 요구하며 말했다.

"바라건대, 군사를 빌려 조나라를 치겠습니다."

위나라 문후(文侯)가 말했다.

"과인과 조나라는 형제이니 감히 따를 수 없습니다."

조나라 또한 병사를 구해 한나라를 공격하려 하자, 문후가 말했다.

"과인과 한나라는 형제이니 감히 따를 수 없습니다."

두 나라가 병사를 얻지 못하자 화를 내며 돌아갔다. 이윽고 마침내 문후가 자기를 위해 강화해 준 것을 알고, 모두 위나라에 조현하였다.

韓趙相難. 韓索兵於魏曰: "願得借師以伐趙." 魏文侯曰: "寡人與趙兄弟, 不敢從." 趙又索兵以攻韓, 文侯曰: "寡人與韓兄弟, 不敢從." 二國不得兵, 怒而反. 已乃知文侯以講於己也, 皆朝魏.

삼진의 결속을 위해 한나라와 조나라를 화해시킨 것이다.

22-3 악양이 위나라 장수가 되어 중산을 공격하다【樂羊爲魏將而攻中山】

악양(樂羊)[3]이 위나라 장수가 되어 중산(中山)을 공격했다. 그 아들

---

3 악양(樂陽)으로도 쓴다. 전국시대 위(魏)나라 문후(文侯) 때 사람이다. 중산(中山)을 공격하는 임

이 중산에 있었는데, 중산의 임금이 그 아들을 삶아서 끓인 국[羹]을 보내왔다. 악양이 천막 아래에 앉아 이를 먹기를 한 그릇을 다하였다. 문후(文侯)가 사찬(師贊)을 바라보고 이르면서 말했다.

"악양이 내 나라 바깥일로 그 아들의 고기를 먹는구나."

찬(贊)이 대답하여 말했다.

"그 아들 고기조차 오히려 먹을 수 있다면, 그 누구인들 먹지 못하겠습니까!"

악양이 중산을 깨뜨리자, 문후가 그 공에 상을 주었지만 그 마음은 의심스러워했다.[4]

樂羊爲魏將而攻中山. 其子在中山, 中山之君烹其子而遺之羹, 樂羊坐於幕下而啜之, 盡一杯. 文侯謂睹師贊曰: "樂羊以我之國外, 食其子之肉." 贊對曰: "其子之肉尙食之, 其誰不食!" 樂羊旣罷中山, 文侯賞其功而疑其心.

공명(功名)을 위해 가장 가까운 자식의 고기조차 먹을 수 있다면, 무슨 일인들 하지 못하겠는가!

무릎를 맡았을 때 아들이 그곳에 있었는데, 중산의 군주가 아들을 삶아 죽여서 그 국을 보내자 한 그릇을 다 마셔버렸다. 3년 만에 함락시키고 돌아오자 문후가 그에게 비방하는 편지 한 궤짝을 보여주니, 이에 중산을 함락한 것은 주군(主君)의 공이지 자신의 공이 아니라고 말했다. 영수(靈壽)에 봉해졌고, 자손들도 대대로 이곳에 살게 되었다. 연(燕)나라 장수 악의(樂毅)도 그의 후손이다.

4 「중산책(中山策)」, 33-9 '악양이 위나라 장수가 되다(樂羊爲魏將)'에 같은 내용이 나온다.

22-4 서문표가 업 땅의 현령이 되다【西門豹爲鄴令】

서문표(西門豹)⁵가 업(鄴) 땅의 현령이 되어 위나라 문후(文侯)에게 떠나는 인사를 올리자, 문후가 말했다.

"네가 가거든, 반드시 네 공을 성취하여 네 이름을 이루도록 하라."

서문표가 말했다.

"감히 여쭙건대, 공을 얻고 이름을 이루는 것에는 정말로 방법이 있습니까?"

문후가 말했다.

"있다. 무릇 시골 마을의 늙은이에게 먼저 (선비가 앉는 좋은 곳에) 앉을 자리를 받게 하고, 네가 들어가면 뛰어나고 좋은 선비를 물어 스승으로 섬기며, 그들이 다른 사람의 좋은 점을 가리고 다른 사람의 나쁜 점을 들어올리기 좋아하는지를 찾아서, 참여하고 징험하도록 해라. 무릇 일은 서로 같은 무리이지만 아닌 것이 많다. 검은 가라지[幽莠]가 어릴 때는 벼와 비슷하고, 검은 소[驪牛]에 누런빛이 있으면 호랑이와 비슷하고, 흰 뼈는 상아와 헷갈리고[疑], 무부돌[武夫石＝武砆]은 옥(玉)처럼 보인다. 이 모두 비슷하지만 아닌 것이다."

西門豹爲鄴令, 而辭乎魏文侯. 文侯曰: "子往矣, 必就子之功, 而成子之名." 西門豹曰: "敢問就功成名, 亦有術乎?" 文侯曰: "有之. 夫鄉邑老者

---

5 전국시대 초기 위(魏)나라 사람으로, 공자의 제자인 복상(卜商, 자는 子夏)에게서 배웠다. 문후(文侯) 때 업(鄴)의 현령이 되어 선정을 베풀었다. 백성을 동원하여 12개의 수로(水路)를 파서 논으로 강물을 끌어들이는 관개사업(灌漑事業)을 펼쳐 농업생산 증대에 이바지했다. 또 그 고장 사람들이 무신(巫神)을 믿어서 해마다 미녀를 골라 하수의 신[河伯]을 위해 강물에 던지는 폐단이 있자 주창자인 무당을 강물에 던짐으로써 일소했다.

而先受坐之士, 子入而問其賢良之士而師事之, 求其好掩人之美而揚
人之醜者, 而參驗之. 夫物多相類而非也, 幽莠之幼也似禾, 驪牛之黃也
似虎, 白骨疑象, 武夫類玉, 此皆似之而非者也."

공자가 말했다. 비슷한데 아닌 것을 미워한다. 가라지를 미워하는 것은 싹을 어지럽
힐까 두렵기 때문이며, 말 잘하는 것을 미워하는 것은 마땅함을 어지럽힐까 두렵기
때문이며, 이익을 말하는 것을 미워하는 것은 믿음을 어지럽힐까 두렵기 때문이며,
정나라 음악을 미워하는 것은 악을 어지럽힐까 두렵기 때문이며, 보라색을 미워하
는 것은 붉은 색을 어지럽힐까 두렵기 때문이며, 향원을 미워하는 것은 덕을 어지
럽힐까 두렵기 때문이다. 군자는 길을 되돌릴 뿐이다. 길이 바르면 뭇 백성이 흥하
고, 뭇 백성이 흥하면 이에 기울어지고 못된 것들이 없어진다. (孔子曰 : 惡似而非
者: 惡莠, 恐其亂苗也; 惡佞, 恐其亂義也; 惡利口, 恐其亂信也; 惡鄭聲, 恐其亂樂也;
惡紫, 恐其亂朱也; 惡鄉原, 恐其亂德也. 君子反經而已矣. 經正, 則庶民興; 庶民興,
斯無邪慝矣.〈孟子-盡心章句〉)

22-5 문후(文侯)가 우인과 사냥을 기약했다【文侯與虞人期獵】

문후(文侯)가 우인(虞人)[6]과 사냥을 기약했다. 그날에 술을 마시고
즐겼는데, 하늘에서 비가 내렸다. 문후가 장차 나서려 하자, 좌우에서
말했다.

"오늘 술을 마시고 즐겼으며 하늘에서 또한 비가 내리고 있는데,

---

6 포표 주: 우인(虞人)은 산과 연못을 담당하는 벼슬이다.(鮑本, 虞人, 掌山澤之官.)

공께서는 장차 어디로 가시려는지요?"

문후가 말했다.

"내가 우인과 더불어 사냥을 기약했으니, 비록 즐겼지만 어찌 한 번의 기약을 없앨 수 있겠는가?"

마침내 가서 자신이 스스로 약속을 미루었다. 위나라가 이때부터 비로소 강해졌다.

文侯與虞人期獵. 是日, 飮酒樂, 天雨. 文侯將出, 左右曰: "今日飮酒樂, 天又雨, 公將焉之?" 文侯曰: "吾與虞人期獵, 雖樂, 豈可不一會期哉!" 乃往, 身自罷之. 魏於是乎始強.

임금의 말이 내뱉어지면 지켜져야 나라가 강해질 수 있다.

22-6 위나라 문후가 전자방과 더불어 술을 마시면서 음악을 평하다
【魏文侯與田子方飮酒而稱樂】

위나라 문후(文侯)가 전자방(田子方)[7]과 더불어 술을 마시면서 음악을 평했다. 문후가 말했다.

---

7 전국시대 때 위(魏)나라 사람으로, 이름은 무택(無擇)이다. 자공(子貢)에게 공부했고, 위나라 문후(文侯)의 스승이 되었다. 공성계(公成季)가 문후에게 말하기를, "전자방이 비록 현인이지만 영토를 가진 군주는 아닙니다. 군주께서 그와 예를 나란히 하신다면 가령 전자방보다 나은 사람이 있다면 무엇을 더해 주시렵니까?(田子方雖賢人, 非有土之君. 君與之齊禮, 設有賢于子方者, 何以加之)"라고 묻자, 문후는 전자방이 어진 사람(仁人)이라고 하면서 어진 사람은 나라의 보물이라고 대답했다.

"종소리가 같지 않구나! 왼쪽이 높다."

전자방이 웃었다. 문후가 말했다.

"어찌 웃습니까?"

자방이 말했다.

"신이 듣기에, 임금이 눈 밝으면 다스림[官=治]을 좋아하고 눈 밝지 못하면 음악을 좋아한다고 했습니다. 지금 임금께서 소리를 깊이 살피시는데, 신은 임금께서 다스림에는 귀머거리가 될까 걱정됩니다."

문후가 말했다.

"좋습니다. 삼가 명을 받들겠습니다."

魏文侯與田子方飮酒而稱樂. 文侯曰: "鍾聲不比乎, 左高." 田子方笑. 文侯曰: "奚笑?" 子方曰: "臣聞之, 君明則樂官不明則樂音. 今君審於聲, 臣恐君之聾於官也." 文侯曰: "善, 敬聞命."

뛰어난 임금은 사석의 즐거움 속에서도 가르침을 받아들인다.

22-7 위나라 무후가 여러 대부들과 더불어 서하에서 배를 타다
【魏武侯與諸大夫浮於西河】

(1)

위나라 무후가 여러 대부들과 더불어 서하(西河)에서 배를 타고서, 칭찬하며 말했다.

"강과 산의 험준함이 어찌 정말로 믿음직하고 단단하지 않은가!"

왕종(王鍾)이 왕을 모시면서 말했다.

"이것이 진(晉)나라가 강할 수 있었던 까닭입니다. 만일 잘 닦는다면 패왕의 업이 갖춰질 것입니다."

오기(吳起)[8]가 대답하여 말했다.

"우리 임금의 말은 나라를 위태롭게 하는 길이며, 그대의 말 또한 아부하는 것이니 위태롭습니다."

무후가 성이 나서 말했다.

"그대의 말에는 이유가 있겠지?"

魏武侯與諸大夫浮於西河, 稱曰: "河山之險, 豈不亦信固哉!" 王鍾侍王, 曰: "此晉國之所以強也. 若善修之, 則霸王之業具矣." 吳起對曰: "吾君之言, 危國之道也; 而子又附之, 是危也." 武侯忿然曰: "子之言有說乎?"

(2)

오기가 대답하여 말했다.

---

8 오자(吳子)로 통칭된다. 위(衛)나라 사람이며, 증자(曾子)에게 배우고 노군(魯君)을 섬겼다. 제(齊)나라가 노나라를 침공했을 때 노나라는 그를 장군으로 삼으려고 했는데, 그의 아내가 제나라 여자였으므로 의심을 받았다. 이에 그는 아내를 죽여 충성을 나타낸 뒤 노나라의 장군이 되어 제나라 군대를 격파하였다. 그러나 노나라 사람들이 오기를 모질고 박정한 사람이라고 왕에게 고함으로써 노나라를 떠나게 되었다. 이에 위(魏)나라로 가서 문후(文侯)를 섬겨 장군이 되었고, 진(秦)나라를 쳐서 5성(城)을 빼앗았다. 병사들을 사랑하여 생활을 같이하였고, 문후의 아들 무후(武侯)가 위나라 산천이 험한 것을 자랑하자 나라의 자랑은 군왕의 덕에 있다고 설파하여 문후를 감격시키기도 하였다. 그러나 위나라 공주가 그를 싫어하였기 때문에 다시 위나라를 떠나게 되니, 초(楚)나라에 가서 도왕(悼王)의 재상이 되어 법치적 개혁을 통해 초나라를 강대하게 만들었다. 그러나 초나라 귀족들의 질시를 받아서 도왕이 죽은 뒤 대신들에게 피살되었다. 손무(孫武: 孫子)와 병칭되는 병법가로서 『오자』라는 병법에 관한 책을 남겼다.

"강과 산의 험준함은 (나라를) 보호하기에 충분치 않으니[9], 이 패왕의 업은 여기에서 나오는 것이 아닙니다.

옛날 삼묘(三苗)가 머문 곳에는 왼쪽에 팽이(彭蠡)의 물결이 있었고 오른쪽에는 동정(洞庭)의 물이 있었으며 문산(文山)이 그 남쪽에 있었고 형산(衡山)이 그 북쪽에 있었습니다. 이런 험한 땅에 기대었지만 다스림이 좋지 못하자 우임금이 추방하여 쫓아냈습니다.

저 하나라 걸왕의 나라는 왼쪽에는 천문산(天門山)의 북쪽이 있었고 오른쪽에는 천계산(天溪山)의 남쪽이 있었으며 여산(廬山)과 고산(睾山)이 그 북쪽에 있었고 이수(伊水)와 낙수(洛水)가 그 남쪽에서 나왔습니다. 이런 험준함이 있었지만 다스림이 좋지 못하자 탕왕이 정벌하였습니다.

은나라 주왕의 나라는 왼쪽에는 맹문산(孟門山)이, 오른쪽에는 장수(漳水)와 부수(釜水)가 있었으며 앞에는 하수가 띠를 두르고 있었고 뒤에는 산으로 덮여 있었습니다. 이런 험준함이 있었지만 다스림이 좋지 못하자 무왕이 정벌하였습니다.

또한 임금께서 따르는 신하를 내 몸 같이 여겨 싸움에서 이겨서 성을 항복시킨 것은, 성이 높지 않은 것도 아니었고 사람이 많지 않은 것도 아니었습니다. 그런데도 가히 아우를 수 있었던 것은 (상대방의) 다스림이 나빴기 때문입니다. 이로 말미암아 살피면, 땅의 형세가 험하고 막혀 있다 해도 어찌 패왕이 될 수 있겠습니까?"

吳起對曰: "河山之險, 信不足保也; 是伯王之業, 不從此也. 昔者, 三苗

9　요굉 주: 어떤 판본에는 '信'자가 없다.(姚本, 一本無信字.)

之居, 左彭蠡之波, 右有洞庭之水, 文山在其南, 而衡山在其北. 恃此險
也, 爲政不善, 而禹放逐之. 夫夏桀之國, 左天門之陰, 而右天溪之陽,
廬·嶧在其北, 伊·洛出其南. 有此險也, 然爲政不善, 而湯伐之. 殷紂之
國, 左孟門而右漳·釜, 前帶河, 後被山. 有此險也, 然爲政不善, 而武王
伐之. 且君親從臣而勝降城, 城非不高也, 人民非不衆也, 然而可得幷
者, 政惡故也. 從是觀之, 地形險阻, 奚足以霸王矣!"

(3)

문후가 말했다.

"좋다. 내가 드디어 오늘 빼어난 이의 말을 들었다! 서하(西河)의 다
스림은 오로지 그대에게 맡기겠소."

武侯曰: "善. 吾乃今日聞聖人之言也! 西河之政, 專委之子矣."

**산과 강의 험준함으로 나라를 보전하는 것이 아니라, 제대로 된 다스림이 있어야
나라가 보전된다.**

22-8 위나라 공숙좌가 위나라 장수가 되다【魏公叔痤爲魏將】

(1)

위나라 공숙좌(公叔痤)가 위나라 장수가 되어 한나라, 조나라와 더
불어 회수[澮] 북쪽에서 싸워서 (조나라 장수) 악조(樂祚)를 붙잡았다.
위나라 왕이 기뻐하며 성 밖에서 맞이하고, 백만의 녹에 해당되는 밭

을 상으로 주었다. 공숙좌가 되돌아 달려와서 두 번 절하고 사양하며
말했다.

"무릇 사졸이 무너지지 않고 똑바로 달리면서 옆으로 기울어지지
않으며 용마루가 흔들려도 피하지 않는 것, 이는 오기가 남겨준 가르
침으로 신이 능히 할 수 없는 것입니다.

미리 땅의 험하고 막힌 것을 이리저리 살펴서[脈形]¹⁰ 이롭고 해로
움을 결단하여 대비하고 삼군의 병사들이 어지럽게 홀리지 않도록 한
것은 파녕(巴寧)과 찬양(爨襄)의 힘 때문입니다.

앞에 상벌을 걸어두고 뒤에서 백성에게 훤하게 믿게 한 것은 왕의
밝은 법 때문입니다.

적을 상대하는 것이 가능하다고 보면 북을 치고, 감히 기다리거나
게을리하지 않은 것은 신 때문입니다.

왕께서는 단지 신의 (북 치는) 오른손이 게으르지 않았다고 신에게
상을 주시는 것은 어째서입니까? 신이 무슨 힘이 있었겠습니까?"

왕이 말했다.

"좋다."

이에 오기의 후손을 찾아 밭 20만을 내려주고, 파녕(巴寧)과 찬양
(爨襄)에게는 각각 밭 10만을 주었다.

魏公叔痤爲魏將, 而與韓·趙戰澮北, 禽樂祚. 魏王說, 迎郊, 以賞田百
萬祿之. 共叔痤反走, 再拜辭曰: "夫使士卒不崩, 直而不倚, 撓揀而不辟

---

10 포표 주: 맥(脈)은 숨겨진 곳을 보는 것이고, 형(形)은 드러난 곳을 살피는 것이다.(鮑本, 脈見其
幽, 形見其顯.)

者, 此吳起餘敎也, 臣不能爲也. 前脈形地之險阻, 決利害之備, 使三軍
之士不迷惑者, 巴寧·爨襄之力也. 縣賞罰於前, 使民昭然信之於後者,
王之明法也. 見敵之可也鼓之, 不敢待倦者, 臣也. 王特爲臣之右手不
倦賞臣, 何也? 臣何力之有乎?" 王曰: "善." 於是索吳起之後, 賜之田二十
萬. 巴寧·爨襄田各十萬.

(2)

왕이 말했다.

"공숙이 어찌 덕이 높은 사람[長者]이 아니겠는가! 이미 과인을 위
해 강한 적을 이겼으며 또한 뛰어난 이의 후손을 버리지 않았고 능력
있는 선비의 업적을 가리지 않았으니, 공숙에게 어찌 보태주지 않을
수 있겠는가!"

다시 밭 40만을 줌으로써 100만의 위에다 더하여 140만이 되게 하
였다. 그래서 『노자(老子=道德經)』(81장)에서 말하기를 "빼어난 이는 쌓
아두지 않고 남김없이 다른 사람의 것이라고 여기지만 오히려 자기가
소유하게 되니, 이미 다른 사람에게 주었기 때문에 자기는 오히려 많
아지게 된다"라고 했으니, 공숙이 여기에 해당할 것이다.

王曰: "公叔豈非長者哉! 旣爲寡人勝强敵矣, 又不遺賢者之後, 不掩能
士之跡, 公叔何可無益乎?" 故又與田四十萬, 加之百萬之上, 使百四十
萬. 故老子曰: "聖人無積, 盡以爲人, 己愈有; 旣以與人, 己愈多." 公叔當
之矣.

공숙좌는 강한 적을 이기고도 자랑하지 않았으며(不伐) 뛰어난 이의 공로를 가리지

않고 그들의 후손을 버리지 않았다.

22-9 위나라 공숙좌가 병이 나다【魏公叔痤病】

(1)

위나라 공숙좌(公叔痤)가 병이 나자 혜왕(惠王)이 가서 문안하였다. 말했다.

"공숙이 병이 났는데 피할 수가 없으니, 이에 장차 사직은 어찌해야 하오?"

공숙좌가 대답하며 말했다.

"제 어서자(御庶子)[11] 가운데 공손앙(公孫鞅=魏鞅=商鞅)이 있으니, 원컨대 왕께서 나랏일을 그에게 다스리게 하십시오. 능히 다스리게 할 수 없다면 나라 밖으로 나가게 하지 마십시오."

왕이 호응하지 않고, 나가서 좌우에게 일러 말했다.

"어찌 슬프지 않은가! 공숙의 뛰어남을 가지고 과인에게 이르기를 반드시 나랏일을 앙(鞅)에게 다스리라 하니, 정말로 어그러지지[悖] 않았는가?"

魏公叔痤病, 惠王往問之. 曰: "共叔病, 即不可諱, 將奈社稷何?" 公叔痤
對曰: "痤有御庶子公孫鞅, 愿王以國事聽之也. 爲弗能聽, 勿使出竟."

---

11 표표 주: 이는 공족의 벼슬로, 나라와 태자의 벼슬이 구분된다. (오사도가) 바로잡아 말한다. 공
숙이 말하기를 "내가 어서자가 있는데"라고 하였으니, 공숙좌의 가신임을 알 수 있다.(鮑本, 此
公族官, 別於國官及太子官. 正曰: 公叔曰, "痤有御庶子", 知爲痤之家臣.)

王弗應, 出而謂左右曰:"豈不悲哉! 以公叔之賢, 而謂寡人必以國事聽
鞅, 不亦悖乎!"

(2)

공숙좌가 죽자 공손앙이 듣고는, 장례를 마치자 서쪽 진나라로 갔
다. (진나라) 효공(孝公)이 받아서 그를 쓰니, 진나라는 과연 날마다 강
해졌고 위나라는 날마다 깎여 나갔다.

이는 공숙이 어그러진 것이 아니라 혜왕이 어그러진 것이다. 어그
러진 사람의 근심은, 정말로 어그러지지 않은 사람을 어그러졌다고 하
는 것이다.

公孫痤死, 公孫鞅聞之, 已葬, 西之秦, 孝公受而用之. 秦果日以強, 魏日
以削. 此非公叔之悖也, 惠王之悖也. 悖者之患, 固以不悖者爲悖.

뛰어난 이의 사람 보는 법을 무시하여 인재를 놓치게 된 것이다.

22-10 소자가 조나라와 합종하려고 위나라 왕을 설득하다
【蘇子爲趙合從說魏王】

(1)

소자(蘇子=蘇秦)가 조나라와 합종하려고 위나라 왕을 설득하여
말했다.

"대왕의 땅은 남쪽으로는 홍구(鴻溝), 진(陳), 여남(汝南), 유허(有

許), 언(鄢), 곤양(昆陽), 조릉(兆陵), 무양(舞陽), 신처(新郪)가 있으며, 동쪽으로는 회(淮), 영(潁), 기(沂), 황(黃), 촉조(燭棗), 해양(海楊), 무망(無杧)이 있으며, 서쪽에는 장성의 경계가 있고, 북쪽으로는 하외(河外), 권(卷), 연(衍), 연(燕), 산조(酸棗)가 있으니, 땅이 사방으로 천 리입니다. 땅의 이름은 비록 작아도 밭에 농막이 있고 큰 집이 있어서, 일찍이 풀 먹여 소와 말이나 기르는 (척박한) 땅은 없습니다. 백성이 많고 수레와 말이 많아서 낮이나 밤이나 다니는 것이 쉬지 않으니, 삼군(三軍)이 숫자가 많은 것이 이상하지 않습니다. 신이 몰래 헤아려보면 대왕의 나라는 초나라보다 아래가 아닙니다. 그러나 연횡하자는 사람[橫人]이 왕에게 모략하여, 밖으로는 호랑이나 이리 같은 진나라와 친교를 맺고 천하를 침탈함으로써 끝내 나라에 근심이 있게 하고 그 화를 벗지 못하게 하려고 합니다. 무릇 강한 진나라 세력을 끼고서 안으로는 그 임금을 겁주니, 죄 중에 이를 넘는 것이 없을 것입니다.

또 위나라는 천하에서 강한 나라이며, 대왕은 천하에서 뛰어난 임금입니다. 지금 마침내 서쪽을 바라보며 진나라를 섬길 뜻이 있어서, (스스로) 동쪽 울타리라 부르며 (진나라 임금이 순수할 때 머물) 제(帝)의 궁을 쌓고 갓과 띠를 받아서 봄가을로 제사를 지내니, 신이 몰래 대왕을 위해 부끄럽게 생각합니다.

蘇子爲趙合從, 說魏王曰: "大王之地, 南有鴻溝·陳·汝南, 有許·鄢·昆陽·兆陵, 舞陽·新郪; 東有淮·潁·沂·黃·燭棗·海楊·無杧; 西有長城之界; 北有河外·卷·衍·燕·酸棗, 地方千里. 地名雖小, 然而廬田廡

舍**¹²**, 曾無所芻牧牛馬之地. 人民之衆, 車馬之多, 日夜行不休已, 無以異
於三軍之衆. 臣竊料之, 大王之國, 不下於楚. 然横人謀王, 外交強虎狼
之秦, 以侵天下, 卒有國患, 不被其禍. 夫挾強秦之勢, 以內劫其主, 罪無
過此者. 且魏, 天下之強國也; 大王, 天下之賢主. 今乃有意西面而事秦,
稱東藩, 筑帝宫, 受冠帶, 祠春秋, 臣竊爲大王愧之.

(2)

　신이 듣건대, 월왕 구천은 그저 그런[散]**¹³** 병졸 3천으로 간수(干遂)
에서 (오나라 왕) 부차를 붙잡았으며, 무왕은 병졸 3천과 전차 3백 대로
목의 들판[牧之野=牧野]에서 주왕을 목 베었습니다. 어찌 그 사졸이
많아서겠습니까? 정말로 그 위세를 떨칠 수 있었기 때문입니다. 지금
몰래 듣건대 대왕의 군대는, 무장한 병사가 20여 만이고 (머리에 푸른 띠
를 두른) 창두(蒼頭)가 20만[千→十]이며 분격(奮擊)이 20만, (취사와 잡역
을 하는) 흔도(廝徒)가 10만, 수레가 6백 승, 기마가 5천 필이라 합니다.
이는 월왕 구천이나 무왕을 멀리 넘어선 것입니다!

　지금 뭇[辟→群] 신하들의 이야기에 겁을 먹고 신하가 되어 진나라
를 섬기려고 하십니다. 무릇 진나라를 섬기려면 반드시 땅을 자르고
인질을 바쳐야 하니, 그러므로 병사를 쓰지 않았는데도 나라는 이미
어그러지게 됩니다. 무릇 뭇 신하들 중에 진나라를 섬기자고 말하는
사람은 모두 간신이지 충신이 아닙니다. 저 다른 사람의 신하가 그 임

---

12 요굉(姚宏)은 "여전무사(廬田廡舍)"를 "전사여무(田舍廬廡)"로 적고 있다. 표포 주: 여(廬)는 밭
　　가운데 있는 집이고, 무(廡)는 복도가 바깥을 감싼 집을 말한다.(姚本, 曾作田舍廬廡, 鮑本, 廬,
　　田間屋, 廡, 廊下周屋.)
13 표포 주: 매섭거나 날래지가 않은 군사를 말한다.(鮑本, 散, 則非梟勇.)

금의 땅을 갈라 외국과 교류할 것을 구해서 구차하게 하루아침의 공을 차지하고는 뒤도 돌아보지 않으니, 임금의 집안[公家]은 깨어지고 사사로운 가문만 이루게 될 뿐인데도 밖으로 강한 진나라의 위세를 끼고서 안으로 그 임금을 겁주어서 땅을 자르게 하고 있습니다. 원컨대 대왕께서는 깊게 살피십시오.

臣聞越王勾踐以散卒三千, 禽夫差於干遂; 武王卒三千人, 革車三百乘, 斬紂於牧之野. 豈其士卒衆哉? 誠能振其威也. 今竊聞大王之卒, 武力二十餘萬, 蒼頭二千萬, 奮擊二十萬, 廝徒十萬, 車六百乘, 騎五千匹. 此其過越王勾踐·武王遠矣! 今乃劫於辟臣之說, 而欲臣事秦. 夫事秦必割地效質, 故兵未用而國已虧矣. 凡群臣之言事秦者, 皆奸臣, 非忠臣也. 夫爲人臣, 割其主之地以求外交, 偷取一旦之功而不顧其後, 破公家而成私門, 外挾強秦之勢以內劫其主以求割地, 願大王之熟察之也.

(3)

「주서(周書)」에서 말하기를, '면면이 이어져 끊어지지 않는데, 멍하니 있으면 어찌해야 하는가? 터럭만할 때 뽑지 않으면 장차 도끼자루가 되리라'라고 했습니다. 앞서 생각함이 정해지지 않으면 뒤에 큰 근심이 있으니, 장차 어찌하시겠습니까? 대왕께서는 정말로 신의 말을 들어줄 수 있습니다. 여섯 나라가 합종하여 가까이 지내면서 마음을 오로지하고 힘을 아우른다면 반드시 강한 진나라의 걱정이 없을 것입니다. 그래서 저희 나라 조나라 왕께서 사신에게 어리석은 계책을 바치고 밝은 약조를 받들게 하였으니, 대왕의 말[詔]에 달려있습니다."

위나라 왕이 말했다.

"과인이 덕이 없어서 일찍이 밝은 가르침을 들을 수 없었소. 지금 그대[主君]가 조나라 왕[肅侯]의 말을 가지고 조서를 내리니, 삼가 나라를 가지고 따르겠소."

周書曰: '綿綿不絶, 縵縵奈何; 毫毛不拔, 將成斧柯.' 前慮不定, 後有大患, 將奈之何? 大王誠能聽臣. 六國從親, 專心幷力, 則必無強秦之患. 故敝邑趙王使使臣獻愚計, 奉明約, 在大王詔之." 魏王曰: "寡人不肖, 未嘗得聞明教. 今主君以趙王之詔詔之, 敬以國從."

소진이, 연횡하여 진나라를 섬기자는 자들은 사의를 챙기려는 사람이라 하면서 위나라의 강성함을 가지고 여섯 나라가 힘을 합치면 진나라를 막아낼 수 있다고 설득하여 합종하게 만들었다.

22-11 장의가 진나라를 위해 연횡을 가지고 위나라 왕을 설득하다
【張儀爲秦連橫說魏王】

(1)

장의(張儀)가 진나라를 위해 연횡을 가지고 위나라 왕을 설득하면서 말했다.

"위나라는 땅이 사방으로 천 리에 이르지 못하며, 병졸들이 30만을 넘지 못합니다. 땅은 사방으로 평평하고, 제후들과 사방으로 통하는 것이 나뭇가지가 퍼지고 바퀴살이 모이는 것과 같으며, 이름난 산이나 큰 강의 험한 곳도 없습니다. 정(鄭) 땅에서 대량[梁]까지 백 리를 넘지 않고 진(陳) 땅에서 대량[梁]까지도 2백여 리여서, 말로 치닫고 사람이 뛰면 힘이 빠지지 않아도 대량에 이릅니다. 남쪽으로 초나라와 경계를 이루고 서쪽으로 한나라와 경계를 이루며 북쪽으로 조나라와 경계를 이루고 동쪽으로 제나라와 경계를 이루어, 병졸들이 사방으로 수자리를 서고 정장(亭障)¹⁴을 지키는 자들이 대열을 이루고 있습니다. 곡식을 배에 싣고 창고에 쌓는 사람도 10만 밑으로는 안 될 것입니다.

이런 위나라 땅의 모양 때문에, 그래서 싸움터가 되는 것입니다. 위나라 남쪽으로 초나라와 같이하고 제나라와 같이하지 않으면 제나라가 그 동쪽을 공격하며, 동쪽으로 제나라와 같이하며 조나라와 같이하지 않으면 조나라가 그 북쪽을 공격하며, 한나라와 합하지 않으면 한나라가 그 서쪽을 공격하며, 초나라와 가까이하지 않으면 초나라가 그 남쪽을 공격합니다. 이것이 이른바 네 번 나뉘고 다섯 번 찢기는[四分五裂] 길입니다.

張儀爲秦連橫, 說魏王曰: "魏地方不至千里, 卒不過三十萬. 地四平, 諸侯四通, 條達輻湊, 無有名山大川之阻. 從鄭至梁, 不過百里; 從陳至梁, 二百餘里. 馬馳人趨, 不待倦而至梁. 南與楚境, 西與韓境, 北與趙境, 東與齊境, 卒戍四方, 守亭障者參列. 粟糧漕庾, 不下十萬. 魏之地勢, 故戰場也. 魏南與楚而不與齊, 則齊攻其東; 東與齊而不與趙, 則趙攻其北; 不合於韓, 則韓攻其西; 不親於楚, 則楚攻其南. 此所謂四分五裂之道也.

---

14 변방의 요새에 설치하여 사람들이 드나드는 것을 검열하던 관문을 말한다.

(2)

　장차 저 제후 중에 합종하는 자들은 이로써 사직을 편안케 하고 임금을 높이며 군대를 강하게 하고 이름을 드러낸다고 합니다. 합종을 하는 자들은 천하를 하나로 만들고는 형제가 되기를 약속하여, 흰말을 잡아 환수(洹水)가에서 맹약을 함으로써 이를 서로 단단히 만듭니다. (그런데) 무릇 형[昆=兄]과 동생처럼 가까이하고 부모와 같이 여긴다면서 오히려 돈과 재물을 다툽니다. 그러면서 속이고 거짓을 꾸미다가[詐僞] 다시 되돌려서[反覆] 소진의 찌꺼기 같은 계책에 의지하고 싶어 하지만, 이에 이룰 수 없다는 것 또한 밝혀졌습니다.

　　且夫諸侯之爲從者, 以安社稷·尊主·強兵·顯名也. 合從者, 一天下·約
　　爲兄弟·刑白馬以盟於洹水之上以相堅也. 夫親昆弟, 同父母, 尙有爭
　　錢財. 而欲恃詐僞反覆蘇秦之餘謀, 其不可以成亦明矣.

(3)

　대왕께서 진나라를 섬기지 않으면 진나라가 병사를 내려 보내 하외(河外)를 공격하고 권(卷), 연(衍), 연(燕), 산조(酸棗)를 뽑아내며 위(衛)나라를 겁주어 진양(晉陽)을 차지하게 될 것입니다. 그리되면 조나라는 남쪽으로 내려오지 못하게 되고, 조나라가 남쪽으로 오지 못하면 위나라는 북쪽으로 가지 못하게 되며, 위나라가 북쪽으로 가지 못하면 합종하는 길이 끊어지게 되고, 합종하는 길이 끊어지면 대왕의 나라는 위태롭지 않기를 바라더라도 얻을 수가 없습니다. 진나라가 한나라를 옆에 끼고 위나라를 공격하면, 한나라는 진나라에 겁을 먹어서 감히 들어주지 않을 수 없습니다. 진나라와 한나라가 하나의 나라가 된다면 위나라가 망하는 것은 가히 서서 기다릴 것이 틀림없으니, 이는 신이 대왕의 근심으로 여기는 바입니다. 대왕을 위해 계책을 낸다면 진나라를 섬기는 것만한 바가 없으니, 진나라를 섬기면 초나라와 한나라는 반드시 감히 움직이지 못할 것입니다. 초나라와 한나라의 근심이 없으면 대왕은 베개를 높이고 누울 수 있으며 나라는 틀림없이 걱정이 없을 것입니다.

大王不事秦, 秦下兵攻河外, 拔卷·衍·燕·酸棗, 劫衛取晉陽, 則趙不南; 趙不南, 則魏不北; 魏不北, 則從道絶; 從道絶, 則大王之國欲求無危不可得也. 秦挾韓而攻魏, 韓劫於秦, 不敢不聽. 秦·韓爲一國, 魏之亡可立而須也, 此臣之所以爲大王患也. 爲大王計, 莫如事秦, 事秦則楚·韓必不敢動; 無楚·韓之患, 則大王高枕而臥, 國必無憂矣.

(4)

또 저 진나라가 약하게 하고 싶은 나라 중에 초나라만한 나라가 없으며, 능히 초나라를 약하게 할 수 있는 나라 중에 위나라만한 나라가 없습니다. 초나라가 비록 부유하고 크다는 이름은 있지만 그 실상은 텅 비어 있으며, 그 병졸이 비록 많지만 말만 많고 가벼이 달아나서 쉽게 패배하기 때문에 감히 단단하게 싸우지 못합니다. 위나라 병사가 남쪽으로 향하여 (초나라를) 치면 초나라를 이기는 것은 틀림없습니다. 무릇 초나라를 어그러뜨리고 위나라에게 보태주려면 초나라를 공격하고 진나라로 돌아가십시오[適=歸]. 이것이 안으로는 화를 떠넘기고 나라를 편안케 함이니, 이것이 좋은 일입니다. 대왕이 신의 말을 듣지 않아서 진나라 갑병이 나가 동쪽으로 가게 되면, 비록 (그때 가서) 진나라를 섬긴다 해도 얻지 못할 것입니다.

且夫秦之所欲弱莫如楚, 而能弱楚者莫如魏. 楚雖有富大之名, 其實空
虛; 其卒雖衆, 多言而輕走, 易北, 不敢堅戰. 魏之兵南面而伐, 勝楚必
矣. 夫虧楚而益魏, 攻楚而適秦, 內嫁禍安國, 此善事也. 大王不聽臣, 秦
甲出而東, 雖欲事秦而不可得也.

(5)

또 무릇 합종하는 사람[從人]은 큰소리[奮辭]를 많이 치지만 믿을
바가 적습니다. 한 명의 제후 왕을 설득하고는 나갈 때면 (왕의) 수레에
오르며, 한 나라와 약속하여 돌아와서는 그것이 이루어지면 (자신이)
제후에 봉해질 기반을 만듭니다. 그래서 천하의 떠도는 선비들은 밤낮
으로 팔에 힘을 주고[搤腕] 두 눈을 부릅뜨고서[瞋目] 이를 갈며[切齒]
합종의 이로움을 말함으로써 다른 사람의 주인된 자를 설득하지 않
은 적이 없습니다. 다른 사람의 주인이 그 말을 훑어보면 그 말에 끌리
게 되니, 어찌 홀리지[眩=惑] 않을 수 있겠습니까? 신이 듣기에, 깃털도
쌓이면 배를 가라앉히고 가벼운 것도 모이면 수레 축을 부러뜨리며 입
[口]이 많으면 쇠도 녹인다고 했습니다. 그러므로 바라건대 대왕께서
는 깊이 헤아려주십시오."
    위나라 왕이 말했다.
    "과인이 꾸물대고 어리석어서 먼저 헤아리는 것을 놓쳤소. 청컨대
동쪽 울타리라 부르고, 제궁(帝宮)을 짓고, 갓과 띠를 받고, 봄가을로
제사지내고, 하외(河外) 땅을 바치겠소."

且夫從人多奮辭而寡可信, 說一諸侯之王, 出而乘其車; 約一國而反, 成

而封侯之基. 是故天下之游士, 莫不日夜搤腕瞋目切齒以言從之便, 以

說人主. 人主覽其辭, 牽其說, 惡得無眩哉? 臣聞積羽沈舟, 群輕折軸,

衆口鑠金, 故愿大王之熟計之也." 魏王曰: "寡人蠢愚, 前計失之. 請稱

東藩, 筑帝宮, 受冠帶, 祠春秋, 效河外."

장의가 중원 한가운데라는 지리적으로 불리한 면과 진나라의 힘을 가지고서 위나

라를 위협하여 연횡하도록 만들었다.

22-12 제나라와 위나라가 약속을 맺고 초나라를 치기로 하다
【齊魏約而伐楚】

제나라와 위나라가 약속을 맺고 초나라를 치기로 하면서, 위나라
는 동경(董慶)을 제나라에 인질로 보냈다. 초나라가 제나라를 공격하
여 크게 무너뜨렸지만 위나라가 구원하지 않으니, 전영(田嬰)[15]이 화가
나서 장차 동경을 죽이려 했다. (위나라 사람인) 간이(旰夷)가 동경을 위
해 전영에게 일러주며 말했다.

"초나라가 제나라를 공격하여 크게 무너뜨렸지만 감히 깊이 들어
오지 못한 까닭은, 위나라가 장차 제나라에 들어오리라 여겨서 그 뒤

---

15 전국시대 제나라의 공족(公族)으로, 위왕(威王)의 아들이며 맹상군(孟嘗君)의 아버지이다. 처음
장수가 되어 마릉(馬陵) 전투에 참여하여 공을 세웠다. 제나라 임금이 나라를 통치하는 일에 싫
증이 나서 모든 일을 그에게 맡겼는데, 그가 권력을 농단하고 사익을 챙겨 거부가 되었다. 처음
에 팽성(彭城)에 봉해졌다가 나중에 설(薛)로 옮겼다. 스스로 성곽(城郭)과 종묘(宗廟)를 경영하
면서 호강(豪强)한 세력들과 결탁했다. 설공(薛公) 혹은 정곽군(靖郭君)으로 불렸다.

를 의심했기 때문입니다. 지금 동경을 죽이면 이는 초나라에게 위나라가 없음을 보여주는 것입니다. 위나라가 화를 내어 초나라와 합하게 되면 제나라는 틀림없이 위태롭게 됩니다. 동경을 귀하게 대우하여 위나라와 잘 지냄으로써 초나라가 의심하게 하는 것만 못합니다."

齊魏約而伐楚, 魏以董慶爲質於齊. 楚攻齊, 大敗之, 而魏弗救. 田嬰怒, 將殺董慶. 盱夷爲董慶謂田嬰曰: "楚攻齊, 大敗之, 而不敢深入者, 以魏爲將內之於齊, 而疑之其後. 今殺董慶, 是示楚無魏也. 魏怒合於楚, 齊必危矣. 不如貴董慶以善魏, 而疑之於楚也."

맹약을 맺고 받아둔 인질을 함부로 죽이면 맹약이 깨지게 되고 도리어 적과 손잡을 수 있으니 억지로라도 살려두어야 한다.

22-13 소진이 위나라에 붙잡히다【蘇秦拘於魏】

소진(蘇秦)[16]이 위나라에 붙잡혀 있을 때, 달아나 한나라로 가려 했지만 위나라가 관문을 닫아서 통과할 수 없었다. 제나라가 (소진의 동생인) 소려(蘇厲)를 (위나라로) 보내어 위나라 왕[哀王]에게 일러주며 말했다.

"제나라가 송나라 땅으로써 경양군(涇陽君)[17]을 봉하기를 청했지만

---

16 『사기』「소진열전(蘇秦列傳)」에는 소진의 동생인 소대(蘇代)로 되어 있다.

17 공자 리(悝, 기원전 325~266년)로, 진나라 혜문왕(惠文王)과 선태후(宣太后)의 아들이자 소양왕(昭襄王)의 동생이며 고릉군 불(高陵君 巿)과는 동복형제이다.

진나라가 받지 않았습니다. 무릇 진나라는 제나라를 지닌 채로 송나라 땅도 얻는 것이 이롭지 않은 바가 없지만 받지 않았으니, 그 까닭은 제나라 왕과 소진을 믿지 못하기 때문입니다. 지금 진나라가 제나라와 위나라가 합치지 못함이 이처럼 심한 것을 보면, 반드시 제나라는 진나라를 속일 필요가 없어져서 진나라가 제나라를 믿게 될 것입니다. 제나라와 진나라가 힘을 모으고 경양군이 송나라 땅을 가지게 되면, 이는 위나라에게 이로운 바가 아닙니다. 그러므로 왕께서 다시 소진을 동쪽으로 보내어 진나라가 반드시 제나라를 의심하여 들어주지 않게 하는 것만 못합니다. 제나라와 진나라가 합치지 못하면 천하에는 걱정거리가 없으니, 제나라를 치는 것이 이루어져서 땅을 넓히게 될 것입니다."

蘇秦拘於魏, 欲走而之韓, 魏氏閉關而不通. 齊使蘇厲爲之謂魏王曰: "齊請以宋地封涇陽君, 而秦不受也. 夫秦非不利有齊而得宋地也, 然其所以不受者, 不信齊王與蘇秦也. 今秦見齊·魏之不合也如此其甚也, 則齊必不欺秦, 而秦信齊矣. 齊·秦合而涇陽君有宋地, 則非魏之利也. 故王不如復東蘇秦, 秦必疑齊而不聽也. 夫齊·秦不合, 天下無憂, 伐齊成, 則地廣矣."

만약 소진를 풀어주지 않으면 제나라는 진나라와 연합해서 위나라의 송 땅을 쳐서 그 땅을 진나라 경양군에게 주겠다고 겁을 준 것이다.

22-14 진진이 진나라 사신이 되어 제나라로 가다【陳軫爲秦使於齊】

(1)

진진(陳軫)[18]이 진나라 사신이 되어 제나라로 가다가, 위나라를 지나면서 서수(犀首)[19]에게 만나기를 요청했다. 서수가 진진(의 요청)을 물리치자 진진이 말했다.

"제가 동쪽으로 가는 까닭은 일 때문입니다. 공께서 저를 보지 않으시면, 저는 장차 떠나야 해서 다른 날을 기다릴 수 없습니다."

서수가 마침내 그를 만났다. 진진이 말했다.

"공은 일을 싫어합니까? 어떻게 먹고 마시면서 일은 하지 않습니까? 일이 없으면 반드시 왔을 것입니다."

서수가 말했다.

"제가 능력이 없어서 일을 제대로 할 수는 없지만, 어찌 감히 일을 싫어하겠습니까?"

진진이 말했다.

"청하건대 천하의 일을 공에게 옮기겠습니다."

서수가 말했다.

"어떻게요?"

진진이 말했다.

"위나라가 이종(李從)을 시켜 수레 백 승으로 초나라에 사신을 보

---

18 제나라 출신의 종횡가로, 장의와 함께 진(秦)나라 혜왕(惠王)을 섬겼는데 모두 중용되어 총애를 다투었다.

19 위나라 사람으로, 이름은 연(衍)이고 성은 공손씨(公孫氏)이다. 장의와는 사이가 좋지 않았고, 위나라 재상을 지냈다.

냈는데, 공께서 그 가운데에 있으면서 가히 의심받게 할 수 있습니다. 공이 위나라 왕에게 일러서 말하기를, '신이 연나라, 조나라와 같이한 지가 오래되었는데, 여러 차례 사람을 시켜 신을 부르며 일이 없으면 반드시 오라고 했습니다. 지금 신이 일이 없으니, 청컨대 아뢰고 가려고 합니다. 오래 있지 않고 열흘[旬]이나 닷새를 기약합니다'라고 하십시오. 왕께서는 반드시 공을 막을 말이 없을 것입니다. 공이 가게 된다면 그참에 스스로 조정에서 말하기를, '신이 급히 연나라와 조나라에 사신으로 가게 되었으니, 빨리 수레와 가는 데 필요한 도구를 갖추어라'라고 하십시오."

서수가 말했다.

"허락합니다."

위나라 왕에게 알렸고, 왕이 허락하자 바로 연나라와 조나라로 사신 가는 것을 분명하게 밝혔다.

陳軫爲秦使於齊, 過魏, 求見犀首. 犀首謝陳軫. 陳軫曰: "軫之所以東者, 事也. 公不見軫, 軫且行, 不得待異日矣." 犀首乃見之. 陳軫曰: "公惡事乎? 何爲飮食而無事? 無事必來." 犀首曰: "衍不肖, 不能得事焉, 何敢惡事?" 陳軫曰: "請移天下之事於公." 犀首曰: "奈何?" 陳軫曰: "魏使李從以車百乘使於楚, 公可以居其中而疑之. 公謂魏王曰: '臣與燕·趙故矣, 數令人召臣也, 曰無事必來. 今臣無事, 請謁而往. 無久, 旬·五之期.' 王必無辭以止公. 公得行, 因自言於廷曰: '臣急使燕·趙, 急約車爲行具.'" 犀首曰: "諾." 謁魏王, 王許之, 即明言使燕·趙.

(2)

제후의 손님들이 이를 듣고는 모두 사람을 시켜서 자기 왕들에게 알리며 말했다.

"이종이 수레 백 승의 벼슬로 초나라에 사신을 가고, 서수 또한 수레 30승의 벼슬로 연나라와 조나라에 사신을 갑니다."

제나라 왕이 이를 듣고는 천하보다 뒤에 위나라를 얻을까 두려워하여[20] 일을 서수에게 맡기니, 서수가 제나라 일을 받았다. 이에 위나라 왕이 서수의 사행을 막으니, 연나라와 조나라가 듣고 또한 일을 서수에게 맡겼다. 초나라 왕[懷王]이 듣고 말했다.

"이종이 과인과 약속을 맺었는데, 지금 연나라, 제나라와 조나라가 모두 일을 서수에게 맡기고[因] 있다. 서수는 반드시 과인을 원할 것이고, 과인도 그를 원한다."

마침내 이종을 배신하고 일을 서수에게 맡겼다. 위나라 왕이 말했다.

"서수를 사신으로 보내지 않은 까닭은 일을 맡길 수 없다고 여겼기 때문이다. 지금[슈→今] 네 나라가 일을 맡기니, 과인 또한 일을 맡기겠다."

서수가 드디어 천하의 일을 주관하게 되었고, 다시 위나라 재상이 되었다.

諸侯客聞之, 皆使人告其王曰: "李從以成百乘使楚, 犀首又以車三十乘

---

20 포본에 따르면, 위나라를 얻는 일에 다른 제후들보다 뒤처지는 것을 두려워한 것이다.(鮑本, 恐得魏後於諸侯.)

使燕·趙." 齊王聞之, 恐後天下得魏, 以事屬犀首, 犀首受齊事. 魏王窒其

行使. 燕·趙聞之, 亦以事屬犀首. 楚王聞之, 曰: "李從約寡人, 今燕·齊·

趙皆以事因犀首, 犀首必欲寡人, 寡人欲之." 乃倍李從, 而以事因犀首.

魏王曰: "所以不使犀首者, 以爲不可. 令四國屬以事, 寡人亦以事因焉."

犀首遂主天下之事, 復相魏.

진진이 서수를 재촉하여 사신으로 나가게 해서 천하 제후들에게 위나라가 합종을
주도하는 모습을 보이게 함으로써 서수가 천하의 일을 맡게 하였으니, 아마도 진진
은 장의와 경쟁관계였기 때문에 합종하는 세력을 의도적으로 키워주었을 것이다.

22-15 장의가 진진을 미워하여 위나라 왕에게 말하다
【張儀惡陳軫於魏王】

장의(張儀)가 진진(陳軫)을 미워하여 위나라 왕[惠王]에게 말했다.

"진진이 초나라 섬기기를 잘하면서 땅을 구하는데 매우 힘을 쏟고
있습니다."

좌화(左華)가 진진에게 일러주며 말했다.

"장의가 위나라 왕에게 잘해주어서 위나라 왕이 그를 매우 아낍니
다. 공이 비록 백 번을 설득해도 오히려 들어 주지 않을 것입니다. 공이
장의의 말을 밑천으로 초나라 왕[懷王]에게 보고하는[反＝報之] 것만
못합니다."

진진이 말했다.

"좋습니다."

그참에 사람을 시켜 먼저 초나라 왕에게 이야기했다.

張儀惡陳軫於魏王曰: "軫善事楚, 爲求壤地也, 甚力之." 左華謂陳軫
曰: "儀善於魏王, 魏王甚愛之. 公雖百說之, 猶不聽也. 公不如儀之言爲
資而反於楚王." 陳軫曰: "善." 因使人先言於楚王.

**진진이 초나라 왕에게 장의가 위왕에게 자신에 대해 한 말을 알려줌으로써 초나라
땅을 구한다는 오해를 피하려 한 것이다.**

22-16 장의가 진진을 궁지에 몰고 싶어하다【張儀欲窮陳軫】

(1)

장의(張儀)가 진진(陳軫)을 궁지에 몰고 싶어 위나라에서 재상으로
삼는다고 하여 부른 후, 오면 장차 가두려고[悟→圄] 하였다. (진진이 위
나라로) 떠나려 하자 그 아들 진응(陳應)이 공(公=翁=父)의 행차를 막
고서 말했다.

"이 일이 그 모략이 매우 깊으니²¹ 살피지 않을 수 없습니다. 정강
(鄭強)이 진나라를 나서며²² 말한 것을 제가 알고 있습니다. 저 위나라
는 초나라, 제나라와 (관계를) 끊고 싶어서 반드시 무겁게 아버지를 맞

---

21 포표 주: 담(湛)이란 그 모략이 심한 것을 말한다.(鮑本, 湛, 謂其謀之深.)
22 포표 주: 정강이 진나라를 떠나 초나라에 있었다. (오사도가) 보충해서 말한다. 「한책」에 따르면,
정강은 금을 지고 진나라에 들어와서 한나라를 칠 것을 청했다고 한다.(鮑本, 強自秦出在楚. 補
曰: 韓策, 鄭強載金入秦, 請伐韓.)

이할 것입니다. (초나라 도읍인) 영(郢)에서 아버지를 잘 대해주지 않는 자들은 아버지가 떠나기를 바라기 때문에 반드시 왕에게 권하여 아버지에게 수레를 많이 주게 할 것입니다. 아버지는 송나라에 이르면 길에서 병을 칭하여 가지 마시고, 사람을 시켜 제나라 왕에게 일러 말하기를 '위나라에서 나를 맞이하려는 까닭은 제나라와 초나라를 끊어내고 싶기 때문입니다'라고 하십시오."

張儀欲窮陳軫, 令魏召而相之, 來將悟之. 將行, 其子陳應止其公之行, 曰: "物之湛者, 不可不察也. 鄭強出秦曰, 應爲知. 夫魏欲絕楚·齊, 必重迎公. 郢中不善公者, 欲公之去也, 必勸王多公之車. 公至宋, 道稱疾而毋行, 使人謂齊王曰: '魏之所以迎我者, 欲以絕齊·楚也.'"

(2)

제나라 왕이 말했다.

"그대는 동쪽으로[果→東] 위나라에 가지 말고 과인을 보러 오시오. 청컨대 그대를 봉하겠소."

그참에 노후(魯侯)의 수레로 그를 맞이하였다.

齊王曰: "子果無之魏而見寡人也, 請封子." 因以魯侯之車迎之.

진진의 아들이, 위나라가 아버지를 부르려면 무겁게 모셔가야 하는데 (그렇지 못하자) 이를 이상하게 여겨서, 제나라에 위나라가 초나라와 제나라를 끊어내려 한다는 것을 알게 하였다.

22-17 장의가 달아나서 위나라로 가다【張儀走之魏】

장의(張儀)가 달아나서 위나라로 가자 위나라가 장차 그를 맞으려 하였다. 장추(張醜=張丑)가 왕에게 간(諫)하여 들이지 말라고 했지만 왕에게서 (허락을) 얻지 못했다. 장추가 물러났다가, 다시 왕에게 간하며 말했다.

"왕께서는 정말로 늙은 첩이 그 집의 부인[主婦=嫡妻]을 섬긴다는 말을 들어보셨습니까? 자식이 자라고 용모가 시들면 거듭해서[重=再] 시집가버릴[家→嫁] 뿐입니다. 지금 신이 왕을 섬기는 것이 마치 늙은 첩이 그 집의 부인을 섬기는 것과 같습니다."

위나라가 이로 인해 장의를 받아들이지 않았다.

張儀走之魏, 魏將迎之. 張醜諫於王, 欲勿內, 不得於王. 張醜退, 復諫於王曰: "王亦聞老妾事其主婦者乎? 子長色衰, 重家而已. 今臣之事王, 若老妾之事其主婦者." 魏因不納張儀.

첩이 늙으면 다시 시집가면 그만인데, 무엇 때문에 힘들게 본부인을 섬기겠는가! 늙은 장추도 떠나면 그만이다.

22-18 장의가 위나라를 진나라, 한나라와 합치다【張儀欲以魏合於秦韓】

장의(張儀)가 위나라를 진나라, 한나라와 합쳐서 제나라, 초나라를 공격하고 싶어 했는데, 혜시(惠施)²³는 위나라를 제나라, 초나라와 합치고 싶어서 병사를 준비하고 있었다. 많은 사람들이 왕의 처소에서 장자를 위해 편들자, 혜자(惠子)가 왕에게 일러주며 말했다.

"작은 일이라도 된다고 말하는 자나 안 된다고 말하는 자가 딱 반인데, 하물며 큰 일은 어떻겠습니까? 위나라가 진나라, 한나라와 연합하여 제나라 초나라를 공격하는 것은 큰 일인데, 그런데 왕의 뭇 신하들 모두가 된다고 여깁니다. 이것이 이에 되는지도 알지 못하는 것이지, 이처럼 명확한 것입니까? 그런데도 뭇 신하들이 술수를 아는 것이 이처럼 모두 같습니까? 이것이 이에 된다고 해도 미처 이처럼 명확하지는 않을 것이며, 뭇 신하들이 술수를 안다고 해도 또한 모두가 같지는 않을 것입니다. 이는 그 절반이 틀어 막혀[塞] 있는 것입니다. 이른바 임금을 겁주는 까닭은 그 절반을 잃었기 때문입니다."

張儀欲以魏合於秦·韓而攻齊·楚. 惠施欲以魏合於齊·楚以案兵. 人多爲張子於王所. 惠子謂王曰: "小事也, 謂可者謂不可者正半, 況大事乎? 以魏合於秦·韓而攻齊·楚, 大事也, 而王之群臣皆以爲可. 不知是其可也, 如是其明耶? 而群臣之知術也, 如是其同耶? 是其可也, 未若是其明也, 而群臣之知術也, 又非皆同也, 是有其半塞也. 所謂劫主者, 失其半者也.

---

23 전국시대 송나라 사람으로, 명가(名家)에 속하는 학자이다. 장자(莊子)와 같은 시대의 사람이고, 공손룡(公孫龍)보다 약간 앞 시대 사람이다. 일찍이 위(魏)나라의 혜왕(惠王)과 양왕(襄王)을 섬겨 재상이 되었다. 제(齊)나라, 초(楚)나라와 연합하여 전쟁을 없앨 것을 주장하며 합종책(合縱策)을 수립했으나, 나중에 종횡가(縱橫家) 장의(張儀)에게 쫓겨나서 초나라와 송나라로 갔다. 장자와 가깝게 지내 그로부터 "혜시는 재주가 많아 그 책이 다섯 수레나 된다.(惠施多方, 其書五車)"라는 칭송을 받았으며, 나중에 고향으로 돌아와서 여생을 마쳤다. 명가 중에서 궤변이 가장 뛰어났다고 하며, 저서에 『혜자(惠子)』가 있었다고 하지만 전하지 않는다.

중대한 사안에 찬반이 갈리지 않고 한쪽으로 쏠리는 것은 누군가가 입을 틀어막고 있기 때문이다.

22-19 장의가 진나라에 의해 위나라 재상이 되다【張子儀以秦相魏】

장의(張儀)가 진나라에 의해 위나라 재상이 되자, 제나라와 초나라 가 화를 내어 위나라를 공격하려 했다. (위나라 사람) 옹저(雍沮)가 장자 에게 일러 말했다.

"위나라가 공을 재상으로 삼은 까닭은, 공이 재상이 되면 나라와 집안이 편안해지고 백성들에게 근심이 없어질 것이기 때문입니다. 그 런데 지금 공이 재상이 되자 위나라가 병란을 받게 되니, 이는 위나라 의 계책이 잘못된 것입니다. 제나라와 초나라가 위나라를 공격하면 공 은 반드시 위태로워질 것입니다."

장자가 말했다.

"그렇다면 어찌해야 하오?"

옹저가 말했다.

"청컨대 제나라와 초나라에게 공격을 풀도록 하겠습니다."

옹저가 제나라와 초나라 임금에게 일러주며 말했다.

"왕께서는 정말로 장의가 진나라 왕과 약조를 맺은 것에 대해 들으 셨습니까? 말하기를, '왕이 만일 저[儀]를 위나라 재상으로 삼으시면 제나라와 초나라는 장의를 미워하여 반드시 위나라를 공격할 것입니 다. 위나라가 싸워서 이기면 이는 제나라와 초나라 병사가 꺾이므로 제가 정말로 위나라를 얻는 것이며, 만일 위나라가 이기지 못하면 위나라는 반드시 진나라를 섬겨 그 나라를 지탱할 것이니 틀림없이 땅을 잘라 왕께 선물할 것입니다. 만일 다시 공격하고 싶어도 그 다 닳아 없어진 힘으로 진나라에 대응하기에는 충분치 않을 것입니다'라고 했답니다. 이것은 장의가 진나라 왕과 더불어 몰래 서로 교결을 맺은 바입니다. 지금 장의가 위나라 재상이 되었는데 (위나라를) 공격하면, 이는 장의의 계책을 진나라에게 마땅하게 만드는 일이지 장의의 길을 궁지로 모는 방법이 아닙니다."

제나라와 초나라의 왕이 말했다.

"좋소."

마침내 바로 위나라에 대한 공격을 풀었다.

張子儀以秦相魏, 齊·楚怒而欲攻魏. 雍沮謂張子曰: "魏之所以相公者, 以公相則國家安, 而百姓無患. 今公相而魏受兵, 是魏計過也. 齊·楚攻魏, 公必危矣." 張子曰: "然則奈何?" 雍沮曰: "請令齊·楚解攻." 雍沮謂齊·楚之君曰: "王亦聞張儀之約秦王乎? 曰: '王若相儀於魏, 齊·楚惡儀, 必攻魏. 魏戰而勝, 是齊·楚之兵折, 而儀固得魏矣; 若不勝魏, 魏必事秦以持其國, 必割地以賂王. 若欲復攻, 其敝不足以應秦.' 此儀之所以與秦王陰相結也. 今儀相魏而攻之, 是使儀之計當於秦也, 非所以窮儀之道也." 齊·楚之王曰: "善." 乃遽解攻於魏.

장의가 위나라 재상이 되는 것을 반대하여 제나라와 초나라가 위나라를 공격하려 했지만, 진나라 왕과 더불어 어떠한 경우에도 진나라와 위나라에 유리하도록 계책을 세워놓았음을 알려주어 공격을 그치게 만들었다.

22-20 장의가 진나라와 위나라의 재상을 아우르고자 하다

【張儀欲并相秦魏】

장의가 진나라와 위나라의 재상을 아우르고자 해서 위나라 왕에게 일러 말했다.

"제가 청컨대 진나라가 (한나라 땅인) 삼천(三川)을 공격하고 왕께서 그 틈에 남양(南陽)을 달라고 약조하시면 한나라는 망할 것입니다."[24]

사염(史厭)이 (초나라 대신인) 조헌(趙獻)에게 일러 말했다.

"공께서는 어찌 초나라로써 장의가 위나라 재상이 되고자 하는 것을 돕지 않습니까? 한나라는 망하는 것이 두려워 반드시 남쪽으로 와서 (구원해 달라고) 초나라로 달려올 것입니다. 장의가 진나라와 위나라의 재상을 겸하게 되면 공 또한 반드시 초나라와 한나라의 재상을 아우르게 될 것입니다.

張儀欲并相秦 · 魏. 故謂魏王曰: "儀請以秦攻三川, 王以其間約南陽, 韓氏亡." 史厭謂趙獻曰: "公何不以楚佐儀求相之於魏. 韓恐亡, 必南走楚. 儀兼相秦 · 魏, 則公亦必并相楚 · 韓也."

장의가 조헌으로 말미암아 재상 자리를 얻으면 반드시 조헌에게 고마워할 것이며, 초나라가 한나라를 얻으면 장의가 반드시 공격을 늦출 것이다.(鮑本儀因獻得相, 必德獻. 楚得韓, 儀必緩攻, 韓亦德獻也.)

---

24 포표 주: 약(約)이란 한나라가 남양을 위나라에게 주게 하는 일을 말한다. 이렇게 되면 한나라는 반드시 망할 것이다.(鮑本, 約, 謂使韓以此與魏. 韓氏必亡.)

22-21 위나라 왕이 장차 장의를 재상으로 삼으려 하다【魏王將相張儀】

위나라 왕[襄王]이 장차 장의를 재상으로 삼으려 하자, 서수(犀首)가 이롭게 여기지 않아서 사람을 시켜 한나라 공숙[韓公叔]에게 일러주어 말했다.

"장의가 진나라와 위나라를 합치려 합니다. 그가 말하기를, '위나라가 남양을 공격하고 진나라가 삼천을 공격하면 한나라는 반드시 망한다'라고 했습니다. 장차 위나라가 장자를 높이는 까닭은 땅을 얻고 싶기 때문이니, 곧 한나라 남양을 들어내려 합니다. 그대가 어찌 적게라도 (땅을) 맡겨서 공손연(公孫衍=犀首)의 공이 되게 해주신다면 진나라와 위나라의 친교를 가히 못 쓰게 할 수 있습니다. 이와 같이 되면 위나라는 반드시 진나라를 도모하고, 장의를 버리고 한나라를 거두어서 공손연을 재상으로 삼을 것입니다."

공숙이 믿을 만하다고 여겨서 그참에 맡기니, 서수가 공이 있게 되어 과연 위나라 재상이 되었다.

魏王將相張儀, 犀首弗利, 故令人謂韓公叔曰: "張儀以合秦·魏矣. 其言曰: '魏攻南陽, 秦攻三川, 韓氏必亡.' 且魏所以貴張子者, 欲得地, 則韓之南陽舉矣. 子盍少委焉, 以爲衍功, 則秦·魏之交可廢矣. 如此, 則魏必圖秦而棄儀, 收韓而相衍." 公叔以爲信, 因而委之, 犀首以爲功, 果相魏.

서수는 장의가 싸움을 통해 한나라 땅을 얻는 공로로써 위나라 재상이 되는 것이 두려워, 몰래 한나라에게 땅을 요구하여 스스로 위나라 재상이 되었다.

22-22 초나라가 위나라에게 6개 성을 허락하다【楚許魏六城】

초나라가 위나라에게 6개 성을 허락하고, 함께 제나라를 쳐서 연나라를 보존하자고 하였다. 장의가 (이 계책을) 무너뜨리고 싶어서 위나라 왕에게 일러주며 말했다.

"제나라가 3국[楚, 魏, 燕]이 연합하는 것을 무서워하니, 반드시 연나라 땅을 돌려주고 초나라에게 굽힐[下] 것입니다. 그리하여 초나라와 조나라가 반드시 들어준다면 위나라에게 6개 성을 주지 않게 될 것입니다. 이는 왕께서 초나라와 조나라에 대한 모책을 잃고, 제나라와 진나라에 원한을 심어두는 것입니다. 제나라가 마침내 조나라를 쳐서 승구(乘丘)를 차지하고 침탈당한 땅을 거두어들이게 되면 (위나라 땅인) 허(虛=殷虛)와 둔구(頓丘)도 위태로워지고, 초나라가 남양(南陽)의 구이(九夷)를 깨뜨리고 패(沛) 땅을 들이게[內=納] 되면 허(許)와 언릉(鄢陵)이 위태로워집니다. 왕께서 얻게 되는 곳은 (초나라가 주기로 했던 6개 성 대신에) 신관(新觀)뿐인데, 길은 송(宋)나라와 위(衛)나라가 제어하고[制]²⁵ 있습니다. (초나라가 땅을 주지 않아서) 일이 무너지면 조나라가 뒤쫓아 달려오고[驅], (땅을 주어서) 일이 이루어지더라도 결과[功=結果]는 송나라와 위(衛)나라에 달려있게 됩니다."

위(魏)나라 왕이 들어주지 않았다.

楚許魏六城與之伐齊而存燕. 張儀欲敗之, 謂魏王曰: "齊畏三國之合

---

25 포표 주: 비록 신관을 얻어도 나올 수 있는 길은 여전히 두 나라밖에 없다는 것을 말한다.(鮑本, 言雖得新觀, 路所從出, 又限二國.)

也, 必反燕地以下楚, 楚·趙必聽之, 而不與魏六城. 是王失謀於楚·趙,

而樹怨而於齊·秦也. 齊遂伐趙, 取乘丘, 收侵地, 虛·頓丘危. 楚破南陽

九夷, 內沛, 許·鄢陵危. 王之所得者, 新觀也. 而道塗宋·衛爲制, 事敗

爲趙驅, 事成功縣宋·衛." 魏王弗聽也.

장의가 세 나라의 연합을 깨기 위해, 제나라가 연나라에게 땅을 돌려주고 초나라에
게 굽힌다면 위나라에게 득될 것이 없다고 설득했지만 들어주지 않았다.

22-23 장의가 공중에게 알려주다【張儀告公仲】

(앞 글에서 이어진다.)

장의가 공중(公仲)에게 알려주고, 기근[饑] 때문이라고 영을 내
려 한나라 왕에게 (위나라 땅과) 가까운 하외(河外)를 (돌아볼 것을) 권
[賞=勸]하였다. 위나라 왕이 두려워하여 장자에게 물으니, 장자가 말
했다.

"진나라는 제나라를 구원하고 싶고 한나라는 남양(南陽)을 공격
하고 싶기 때문에, 진나라와 한나라가 연합하여 남양을 치려는 것입
니다. 다른 이유는 없습니다. 장차 두 왕의 만남[26]을 놓고 왕을 위해 점
쳐보면, 왕께서 진나라를 만나지 않으신다면 한나라에 대한 점괘도
결정[27]될 것입니다."

---

26 포표 주: 두 임금이 서로 만나면 믿음을 말하고 도타움을 닦게 되니, 그래서 만난다는 것은 서
로에게 좋은 일이라는 말이다.(鮑本, 兩君相遇, 則講信修睦, 故遇者, 相好也.)

27 포표 주: 결정되었다는 것은 다른 의심이 없는 것이다. 한나라는 위나라가 진나라와 더불어 만

위나라 왕이 드디어 오히려 진나라와 만남으로써 한나라를 믿게 하고 위나라를 넓혀주며 조나라를 구원하였고, 초나라를 밀어내자 [尺一斥] (초나라는) 급히 (위나라와 초나라 사이의 땅인) 혁(革)에서 내려갔다. (초나라가) 제나라를 치는 일은 드디어 무너졌다.

張儀告公仲, 令以饑故, 賞韓王以近河外. 魏王懼, 聞張子. 張子曰: "秦欲救齊, 韓欲攻南陽, 秦·韓合而欲攻南陽, 無異也. 且以遇卜王, 王不遇秦, 韓之卜也決矣." 魏王遂尙遇秦, 信韓·廣魏·救趙, 尺楚人, 遽於革下. 伐齊之事遂敗.

장의가 한나라로 하여금 위나라를 겁주게 한 뒤, 다시 한 번 위나라 임금에게 진나라가 원하는 것은 제나라를 구하는 일뿐이라고 말하여 화의를 맺었다.

22-24 서주의 싸움【徐州之役】

서주(徐州) 싸움에서 서수(犀首)가 양나라 왕에게 일러주며 말했다.

"어찌하여 겉으로는 제나라와 함께하면서 몰래 초나라와 맺지를 않으십니까? 두 나라가 왕을 믿기 때문에 제나라와 초나라는 반드시 싸우게 될 것입니다. 제나라가 싸워서 초나라를 이기면 함께 그 틈을

나지 않을 것이라 여기고 있으니, 위나라가 우리를 미워하는 것을 알기 때문에 반드시 진나라와 합하여 위나라를 공격하게 될 것이라는 말이다.(鮑本, 決, 無他疑. 韓以魏不與秦遇, 知其惡我, 必合秦而攻魏.)

올라타서 반드시 (초나라 요새인) 방성(方城)의 바깥을 차지하게 되고,
초나라가 싸워서 제나라를 이기면 함께 그 틈을 올라타서 이에 태자[28]
의 원수를 갚을 수 있습니다."

徐州之役, 犀首謂梁王曰: "何不陽與齊而陰結於楚? 二國恃王, 齊‧楚
必戰. 齊戰勝楚, 而與乘之, 必取方城之外; 楚戰勝齊, 而與乘之, 是太子
之讎報矣."

**서수가 위나라가 제나라와 초나라 사이에서 중립을 지키면서 이득을 얻는 술책을
말하였다.**

22-25 진나라가 동주를 무너뜨리다【秦敗東周】

진나라가 동주(東周)를 무너뜨리고 위나라와 (한나라 땅인) 이궐(伊
闕)에서 싸워 (위나라 장수) 서무(犀武)를 죽였다. 위나라가 공손연(公孫
衍)에게 영을 내려 (진나라가) 이긴 틈을 타 국경에 머무르게 한 뒤, 한
껏 낮추어 말하면서[卑辭] 땅을 잘라주어 진나라에 강화하겠다고 청
하였다. (누군가가 위나라 사람인) 두루(竇屢)를 위해 위나라 왕에게 일러
말하였다.

"신은 공손연이 진나라의 크고 작은 일들을 들어주는 까닭을 알지
못하지만, 신이 능히 공손연이 잘라주는 땅의 반으로써 진나라에게

---

28 태자 신(申)을 말한다. 마릉(馬陵) 싸움에서 제나라의 포로가 되어 자결했다.

왕과 강화를 맺도록 하겠습니다."

왕이 말했다.

"어떻게 말인가?"

대답하여 말했다.

"왕께서 두루에게 관내후(關內侯)를 주어 조나라에 가도록 영을 내리는[令趙→令之趙] 것만 못합니다. 왕께서 그 행차를 무겁게 여기고 두텁게 받들어 주십시오. 그참에 여럿에게 알려서 말하기를, '듣자니, 주나라와 위나라가 두루로 하여금 위나라 땅을 잘라서 (趙肅侯의 동생이며 재상인) 봉양군(奉陽君)에게 주게 하고 진나라 말을 들어주기로 했다'라고 하십시오. 무릇 주나라 임금, 두루, 봉양군과 양후(穰侯=魏冉)와의 관계는 서로 목을 팔아먹을(貿首) 정도의 원수입니다. 지금 화의를 행하려는 자는 두루이며, 땅을 자르는 것을 제어하는 자는 봉양군입니다. 태후[진나라 宣太后]는 이것이 (동생인) 양후(穰侯)로 말미암지 않은 것을 걱정하여 (화의를) 무너뜨리고 싶어 할 것이니, 반드시 (공손연의 안보다) 작게 자른 땅으로써 연합할 것을 왕에게 청하고 동주에게 위나라와 화해하게 할 것입니다."

秦敗東周, 與魏戰於伊闕, 殺犀武. 魏令公孫衍乘勝而留於境, 請卑辭割地, 以講於秦. 爲竇屢謂魏王曰: "臣不知衍之所以聽於秦之少多, 然而臣能半衍之割, 而令秦講於王." 王曰: "奈何?" 對曰: "王不若與竇屢關內侯, 而令趙. 王重其行而厚奉之. 因揚言曰: '聞周·魏令竇屢以割魏於奉陽君, 而聽秦矣.' 夫周君·竇屢·奉陽君之與穰侯, 貿首之仇也. 今行和者, 竇屢也; 制割者, 奉陽君也. 太后恐其不因穰侯也, 而欲敗之, 必以少割請合於王, 而和於東周與魏也."

위나라가 진나라에게 진 뒤 화해를 위해 땅을 내주어야 하는데, 진나라 실권자 양후의 원수인 위나라 두루, 조나라 봉양군을 화의 과정에 끼워 넣어서 회담을 어렵게 만들면 양후가 공을 세우기를 기대하는 선태후는 적은 땅으로 만족할 것이다.

22-26 제나라 왕이 장차 연나라, 조나라, 초나라의 재상을 위나라 땅에서 만나다【齊王將見燕趙楚之相於衛】

제나라 왕[閔王]이 장차 연나라, 조나라, 초나라의 재상을 위(衛)나라 땅에서 만나면서, 맹약에서는 위(魏)나라를 멀리하려 하였다. 위(魏)나라 왕이 두려워하면서, 그들이 위나라를 칠 것을 모의할까 걱정하여 공손연(公孫衍)에게 알렸다. 공손연이 말했다.

"왕께서 신에게 백금을 주시면, 신이 청하여 맹약을 무너뜨리겠습니다."

왕이 선물할 수레를 준비하여 백금을 실어주었다. 서수(犀首=公孫衍)가 제나라 왕이 이르는 날을 기다리면서 먼저 수레 50승으로써 위(衛) 땅에 이르러, 제나라 사람들과 사사로이 만나[間=私見之] 백금을 주면서 제나라 왕을 먼저 뵐 것을 청하였다. 마침내 만날 수 있게 되자, 그참에 오랫동안 앉아서 편안하고 조용하게 세 나라 서로간의 원한을 이야기했다. (누군가가) 제나라 왕에게 일러주며 말했다.

"왕께서 세 나라와 더불어 맹약을 맺으며 위나라를 멀리하셨는데, 위나라가 공손연을 보내어 지금 오랫동안 같이 이야기를 나누었습니다. 지금 왕께서는 (마음을 바꿔) 세 나라를 도모하실 뿐이겠군요."

제나라 왕이 말했다.

"위나라 왕이 과인이 오는 것을 듣고 공손 선생을 보내어 과인을 위로했지만, 과인은 더불어 말을 하지 않았다."

세 나라가 서로 제나라 왕의 만남을 믿지 않아서, 만나는 일은 마침내 무너졌다.

齊王將見燕·趙·楚之相於衛, 約外魏. 魏王懼, 恐其謀伐魏也, 告公孫衍. 公孫衍曰: "王與臣百金, 臣請敗之." 王爲約車, 載百金. 犀首期齊王至之曰, 先以車五十乘而至衛間齊, 行以百金, 以請先見齊王, 乃得見. 因久坐安, 從容談三國之相怨. 謂齊王曰: "王與三國約外魏, 魏使公孫衍來, 今久與之談, 是王謀三國也已." 齊王曰: "魏王聞寡人來, 使公孫子勞寡人, 寡人無與之語也." 三國之不相信齊王之遇, 遇事遂敗.

제나라 왕이 위나라를 빼고 연나라, 조나라, 초나라 재상만을 만날 계획이 있자, 위나라 공손연이 앞서서 뇌물을 주고 제나라 왕을 만났다. 그저 이런저런 이야기만 나눌 뿐이었지만 다른 나라에서 모두 제나라와 위나라의 관계를 믿지 못하여 일이 어그러졌다.

22-27 위나라가 공손연에게 영을 내려 진나라에 강화를 요청하게 하다
【魏令公孫衍請和於秦】

위나라가 공손연에게 영을 내려 진나라에 강화를 요청하게 하자,

기모회(綦母恢)[29]가 그에게 가르쳐 주며 말했다.

"땅을 많이 잘라주지 마시오. 말하기를, '화해가 이루어져 정말로 진나라가 강화를 무겁게 여긴다면 왕과 더불어 만날 것이며, 화해가 이루어지지 않으면 뒤에는 반드시 능히 위나라가 진나라와 더불어 연합하지 않을 것이다'라고 하십시오."

魏令公孫衍請和於秦, 綦母恢教之語曰: "無多割. 曰, 和成, 固有秦重和, 以與王遇; 和不成, 則後必莫能以魏合與秦者矣."

진나라와 강화를 할 때에 땅을 많이 주지 말고, 이번에 위나라와 화해하지 못하면 다시는 합칠 기회가 없을 것이라고 설득하게 하였다.

22-28 공손연이 위나라 장군이 되다 【公孫衍爲魏將】

공손연이 위나라 장군이 되었지만, 그 재상 전수(田繻=田需)와 사이가 좋지 않았다. 계자(季子)가 공손연을 위해 양나라 왕에게 이르며 말했다.

"왕께서는 어찌 저 소와 말이 나란히 수레를 끄는 것(服牛驂驥)[30]

---

29 위나라에서 재상으로 삼으려던 주나라의 신하로, 기모(綦母)가 성이고 회(恢)가 이름이다.

30 소가 수레를 끌고 말이 곁말이 된다는 말로, 마치 소와 말이 나란히 수레를 끄는 것과 같다. 청말민초의 학자 곽희분(郭希汾)은 『전국책상주(戰國策詳註)』에서 이렇게 설명한 바 있다. "옛날에는 수레 하나를 말 넷이 끌었는데, 끌채(轅)를 끼면 복(服)이라 하고 양쪽 옆에 있으면 곁말(驂)이라 했다. 복우참기(服牛驂驥)란 소와 말이 나란히 가마를 끄는 것을 말한다.(古者一車四馬, 夾轅爲服, 兩旁爲驂. 服牛驂驥, 言牛與驥並駕也.)"

을 보지 못하셨습니까? 100걸음을 갈 수가 없습니다. 지금 왕께서 공
손연을 장수로 삼을 수 있다고 여겨 그를 쓰시면서 (또) 재상의 계책을
들어주신다면, 이것은 (서로 맞지 않는) 소와 말이 나란히 수레를 끄는
격입니다. 소와 말이 모두 죽게 되면 그 공업을 이룰 수가 없으니, 왕의
나라는 반드시 다치게 됩니다! 바라건대 왕께서는 이를 살피십시오."

公孫衍爲魏將, 與其相田繻不善. 季子爲衍謂梁王曰: "王獨不見夫服牛
驂驥乎? 不可以行百步. 今王以衍爲可使將, 故用之也; 而聽相之計, 是服
牛驂驥也. 牛馬俱死, 而不能成其功, 王之國必傷矣! 願王察之."

**이는 뛰어난 이를 쓰면서 능력이 없는 자에게 틈을 노리게 한다는 이야기인데, 공
손연이 그런 사람은 아닌 것 같다. (鮑本彪謂: 此用賢而使不肖間之之說也, 而衍也
非其人也)**

위책 2
魏策

23-1 서수와 전분이 제나라와 위나라의 병사를 얻어서 조나라를 치고 싶어 하다【犀首田盼欲得齊魏之兵以伐趙】

서수(犀首)와 (제나라 장수인) 전분(田盼)이 제나라와 위나라의 병사를 얻어서 조나라를 치고 싶어 했지만, 양나라 임금과 전씨 임금[田侯=제나라 閔王]은 하고 싶지 않았다. 서수가 말했다.

"청컨대 나라에서 5만 명을 내면 5개월이 지나지 않아서 조나라는 깨질 것입니다."

전분이 말했다.

"무릇 가볍게 병사를 쓰면 그 나라는 쉽게 위태로워지며, 쉽게 계책을 쓰면 그 몸이 쉽게 막히게 됩니다. 공이 지금 조나라를 깨뜨리는 일이 아주 쉽다고 말한 것은 그 뒤에 허물로 남을까 두렵습니다."

서수가 말했다.

"공은 지혜롭지 못합니다. 저 두 임금이란 분이 정말로 이미 욕심내고 있지 않은데 지금 공 또한 말하기를 어려움이 있다고 두려워하니, 이러면 조나라를 칠 수 없으며 (우리) 두 사람이 도모한 일아 막히게[困] 됩니다. 또 공이 바로 쉽다고 말했으면 (두 임금이 걱정할) 일은 이미 떠나갔을 것입니다. 무릇 싸움[難]이 갖춰져서 병사들이 얽히게 된

후에는 전씨 임금과 양나라 임금이 그 위태로움을 보고서 또한 어찌 감히 병졸을 풀어서 우리에게 주지 않겠습니까?"

전분이 말했다.

"좋습니다."

마침내 두 임금에게 서수의 말을 들어주라고 권하니, 서수와 전분이 드디어 제나라와 위나라의 병사를 얻게 되었다. 병사가 아직 국경을 나가지 않았을 때 양나라 임금과 전씨 임금은 그들이 싸움에 이르러서 질까 두려워, 모든 병사를 일으켜서 따르게 하여 조나라를 크게 무너뜨렸다.

犀首·田盼欲得齊·魏之兵以伐趙, 梁君與田侯不欲. 犀首曰: "請國出五萬人, 不過五月而趙破." 田盼曰: "夫輕用其兵者, 其國易危; 易用其計者, 其身易窮. 公今言破趙大易, 恐有後咎." 犀首曰: "公之不慧也. 夫二君者, 固已不欲矣. 今公又言有難以懼之, 是趙不伐, 而二士之謀困也. 且公直言易, 而事已去矣. 夫難構而兵結, 田侯·梁君見其危·又安敢釋卒不我予乎?" 田盼曰: "善." 遂勸兩君聽犀首. 犀首·田盼遂得齊·魏之兵. 兵未出境, 梁君·田侯恐其至而戰敗也, 悉起兵從之, 大敗趙氏.

처음 병사를 내는 것이 어렵지, 발병만 하면 두 임금은 지는 것이 두려워 모든 지원을 해줄 것이다.

23-2 서수가 양나라 임금을 뵙다【犀首見梁君】

서수가 양나라 임금을 뵙고 말했다.

"신이 힘을 다하고 지혜를 짜내어 왕께 땅을 넓히고 이름을 높여 드리고 싶었지만, (위나라 재상인) 전수(田需＝田繻)가 대궐[中＝禁中]에서 부터[從＝由] 신[君→臣]을 무너뜨리고 있고 왕 또한 그의 말을 들어주시니, 이 때문에 신은 끝내 공을 이루지 못할 것입니다. 전수가 없어지면 신이 장차 곁에서 모시겠지만, 전수가 모시면 신이 떠날 것을 청합니다."

왕이 말했다.

"전수는 과인의 손이나 발과 같은 신하[股掌之臣＝股肱之臣]이다. 그대에게 편하지 않겠지만, 그를 죽이거나 도망가게 하면 천하에게 무엇이라 이를 말이 없고 안으로 들이면 여러 신하에게 무엇이라 할 말이 없다! 지금 내가 그대를 밖으로 보내고 영을 내려 그대의 일을 감히 안으로 들이지 못하게 하겠으며, 그대의 일을 들이는 자는 내가 그대를 위해 죽이거나 쫓아내겠다. 어찌[胡＝何] 하겠는가?"

서수가 허락했다. 동쪽으로 가서 전영(田嬰)을 만나 그와 더불어 맹약을 맺고, (전영의 아들인) 문자(文子＝田文, 孟嘗君)를 불러서 그를 위나라 재상으로 삼고 자신은 한나라에서 재상이 되었다.

犀首見梁君曰: "臣盡力竭知, 欲以爲王廣土取尊名, 田需從中敗君, 王又聽之, 是臣終無成功也. 需亡, 臣將侍; 需侍, 臣請亡." 王曰, "需, 寡人之股掌之臣也. 爲子之不便也, 殺之亡之, 毋謂天下何, 內之無若群臣何也! 今吾爲子外之, 令毋敢入子之事. 入子之事者, 吾爲子殺之亡之, 胡如?" 犀首許諾. 於是東見田嬰, 與之約結; 召文子而相之魏, 身相於韓.

서수가 정적인 전수를 누르기 위해, 위왕에게 모함하는 말을 들어주지 않겠다는 다짐을 받아내다.

23-3 소대가 전수를 위해 위나라 왕을 설득하다【蘇代爲田需說魏王】

소대(蘇代)가 전수(田需)를 위해 위나라 왕을 설득하며 말했다.

"신이 청하여 묻건대, 전문(田文)이 위나라를 위하는 것과 제나라를 위하는 것 중에 어느 쪽이 낫습니까?"

왕이 말했다.

"제나라를 위하는 것만 못하오."

"공손연(公孫衍)이 위나라를 위하는 것과 (자기 고국인) 한나라를 위하는 것 중에 어느 쪽이 낫습니까?"

왕이 말했다.

"한나라를 위하는 것만 못하오."

그러자 소대가 말했다.

"공손연은 장차 한나라를 높이고[右] 위나라를 낮추며[左], 전문은 장차 제나라를 높이고 위나라를 낮출 것입니다. 두 사람이 장차 왕의 나라에서 쓰여서 세상에 일을 벌이게 되더라도 (두 나라 사이에서) 도리를 지키는 것이 가능하지 못할 것이며, 왕 또한 이런 일을 들을 바 없을

것입니다. 왕의 나라가 비록 조금씩 잠기고 조금씩 약해져도[滲]³¹ 즐
겁다면 그들을 따르는 것도 가능하겠지만, 왕께서 전수[需]를 옆에 두
고[舍=厝] 두 사람이 하는 바를 헤아리게 하느니만 못합니다. 두 사람
이 말하기를 '전수는 내 사람이 아니다. 내가 일을 벌였는데 위나라에
이롭지 않다면 전수가 반드시 왕에게 (알려) 나를 꺾게 할 것이다'라고
했다고 하니, 두 사람은 반드시 감히 딴 마음[外心]을 먹지 않을 것입
니다. 두 사람이 하는 바가 위나라에 이로운지 아니면 위나라에 이롭
지 않은지를 왕께서 (전수를) 곁에 두고[厝=舍] 헤아리게 하시면, 신은
(왕의) 몸을 위해서도 이롭고 일에서 편하다고 여깁니다."

왕이 말했다.

"좋소."

과연 전수를 곁에 두었다

蘇代爲田需說魏王, 曰: "臣請問文之爲魏, 孰與其爲齊也?" 王曰: "不如
其爲齊也." "衍之爲魏, 孰與其爲韓也?" 王曰: "不如其爲韓也." 而蘇代
曰: "衍將右韓而左魏, 文將右齊而左魏. 二人者, 將用王之國, 擧事於世,
中道而不可, 王且無所聞之矣. 王之國雖滲樂而從之可也. 王不如舍需
於側, 以稽二人者之所爲. 二人者曰: '需非吾人也, 吾擧事而不利於魏,
需必挫我於王.' 二人者必不敢有外心矣. 二人者之所爲之, 利於魏與不
利於魏, 王厝於側以稽之, 臣以爲身利而便於事." 王曰: "善." 果厝需於
側.

---

31 포표 주: '삼(滲)'이란 조금씩 잠기고 조금씩 약해지는 것으로, 마치 그릇이 새는 것과 같다.(鮑本.
言浸微浸弱, 如漏器然.)

공손연과 전문이 벌이는 일이 위나라에 이로운지 아닌지를, 두 사람의 정적인 전수에게 헤아리게 하라고 설득하였다.

23-4 사거가 왕에게 서수를 비난하다【史擧非犀首於王】

사거(史擧)[32]가 왕[魏襄王]에게 서수(犀首)를 비난했다. 서수가 그를 궁지에 몰고 싶어서 장의(張儀)에게 일러주며 말했다.

"청컨대 왕께 나라를 선생(先生=張儀)에게 양보해주라고 하면 왕은 요임금이나 순임금이 됩니다. 선생이 받지 않더라도 또한 허유(許由)가 되며, 제가 바라건대 이로 말미암아 왕이 1만 호의 읍을 선생에게 이르게 하겠습니다."

장의가 기뻐하였고, 그참에 사거에게 여러 차례 서수를 만나게 했다. 왕이 (사거와 서수가 여러 번 만났다는 말을) 듣고는 (사거에게) 일을 맡기지 않으니[33], 사거가 인사도 못하고 떠났다.

> 史擧非犀首於王. 犀首欲窮之, 謂張儀曰: "請令王讓先生以國, 王爲
> 堯·舜矣; 而先生弗受, 亦許由也. 衍請因令王致萬戶邑於先生." 張儀
> 說, 因令史擧數見犀首, 王聞之而弗任也, 史擧不辭而去.

진나라에서 와있던 사거가 서수를 비난하자 서수가 정적인 장의에게 1만 호의 봉

---

32 진나라 하채(下蔡) 사람으로, 진나라 재상인 감무(甘茂)가 그에게 백가(百家)의 학설을 배웠다.
33 포표 주: 맡긴다는 것은 믿는다는 것과 같다. 사거가 이미 비난을 하고서도 자주 서수를 만났다고 하니, 그래서 왕이 의심스러워한 것이다.(鮑本任, 猶信也. 擧旣非之, 而數見之, 故王疑之.)

읍을 얻어주겠다고 했고, 기뻐한 장의가 진나라에서 외교 사절로 와있던 사거와의 만남을 여러 차례 주선해주었다. 이에 위나라 왕이 사거를 의심하였다.

23-5 초나라 왕이 양나라 남쪽을 공격하다【楚王攻梁南】

초나라 왕[懷王]이 양나라 남쪽을 공격했는데, 한나라가 그참에 (위나라) 장(薔) 땅을 에워쌌다. (위나라 사람인) 성회(成恢)가 서수(犀首)를 위해 한나라 왕[襄王]에게 일러 말했다.

"빠르게 장 땅을 공격하면 초나라 군대가 반드시 나아갈 것입니다. 위나라가 지탱하지 못하면 (친하게 지내려고) 팔을 서로 붙잡으며 초나라 말을 들을 것이니, 한나라는 반드시 위태로워집니다. 그러므로 왕께서 장 땅을 풀어주는 것만 못합니다. 위나라는 한나라의 근심이 없으면 반드시 초나라와 싸우게 될 것입니다. 싸워서 이기지 못하면 대량을 지키지 못할 터인데 하물며 장 땅을 보존할 수 있겠습니까? 만일 싸워서 이긴다고 해도 병사가 피로하고[罷=疲] 힘이 빠져서 대왕께서 장 땅을 공격하는 일이 쉬워질 것입니다."

楚王攻梁南, 韓氏因圍薔. 成恢爲犀首謂韓王曰: "疾攻薔, 楚師必進矣. 魏不能支, 交臂而聽楚, 韓氏必危, 故王不如釋薔. 魏無韓患, 必與楚戰, 戰而不勝, 大梁不能守, 而又況存薔乎? 若戰而勝, 兵罷敝, 大王之攻薔易矣."

같은 때에 초나라와 한나라가 위나라를 공격하자 서수의 입장을 위해, 한나라가 공

격을 멈추면 위나라가 초나라와 강하게 맞붙을 것이기 때문에 어떤 경우에도 한나라가 장 땅을 얻게 된다고 한나라 왕을 설득하였다.

23-6 위나라 혜왕이 죽다【魏惠王死】

(1)

위나라 혜왕(惠王, 기원전 400~334년)[34]이 죽고, 장례 날짜가 정해졌다. 하늘에서 큰 눈이 내려 소의 눈[目] 높이까지 쌓이고 성곽이 무너졌지만, 장차 잔도(棧道)를 세워 장례를 치르려 했다. 신하들 대부분이 태자에게 간하며 말했다.

"눈이 이처럼 심한데 상을 행하면 백성들이 반드시 매우 병통으로 여길 것입니다. 관청에서 쓰이는 비용 또한 대지 못할까 두려우니, 청컨대 기일을 늦추고 날을 다시 잡아주십시오."

태자가 말했다.

"다른 사람의 자식이 되어, 백성의 노고와 나라의 비용 때문에 돌아가신 분[先生=先王]의 상을 행하지 못하는 것은 마땅하지 못하오. 그대들은 다시 말하지 마시오."

---

34 전국시대 위나라의 국군(國君)으로, 양혜왕(梁惠王)으로도 불린다. 이름은 앵(罃)이고 무후(武侯)의 아들이다. 즉위한 뒤 대량(大梁)으로 천도했다. 조(趙)나라 및 한(韓)나라와의 관계가 악화되었고, 제(齊)나라 군대에 의해 마릉(馬陵)에서 대패했으며, 여러 차례 진(秦)나라와의 전투에서도 패했다. 봉택(逢澤) 회의를 소집해 후(侯)에서 왕(王)으로 호칭을 바꾸었다. 자신을 낮추고 폐백을 후하게 하여 현자(賢者)를 초빙하자 추연(鄒衍), 순우곤(淳于髡), 맹가(孟軻=孟子) 등이 대량으로 몰려들었는데, 맹자가 일찍이 왕에게 인의(仁義)를 행하라고 권했지만 쓰지 못했고, 국세가 점점 시들어 갔다. 36년 동안 재위했다.

魏惠王死, 葬有日矣. 天大雨雪, 至於牛目, 壞城郭, 且爲棧道而葬. 群臣
多諫太子者, 曰: "雪甚如此而喪行, 民必甚病之. 官費又恐不給, 請弛期
更日." 太子曰: "爲人子, 而以民勞與官費用之故, 而不行先生之喪, 不義
也. 子勿復言."

(2)

여러 신하들이 모두 감히 말을 못하고, 서수에게 알렸다. 서수가 말
했다.

"내가 이직 이를 가지고 말한 적이 없는데, 이는 오직 혜공(惠公=惠
施)만이 할 수 있소. 청컨대 혜공에게 알리겠소."

群臣皆不敢言, 而以告犀首. 犀首曰: "吾未有以言之也, 是其唯惠公乎!
請告惠公."

(3)

혜공이 말했다.

"승락하오."

가마를 타고 태자를 뵙고 말했다.

"장례 날이 정해졌습니까?"

태자가 말했다.

"그렇소."

혜공이 말했다.

"옛날 왕인 (주나라 문왕의 아버지인) 계력(季歷)[35]을 초산(楚山) 끝자락[尾]에서 장사지낼 때 난수(灤水)가 그 묘로 흘러들어가서 관(棺) 앞쪽 나무머리[和=頭木]가 보였습니다. 문왕이 말하기를, '아! 돌아가신 임금께서 반드시 한 번 더 여러 신하와 백성을 보고 싶었던 것이리라. 그래서 난수를 끌어들여 보이게 했다'라고 하였습니다. 이에 (관을) 꺼내어 아침에 (장막을) 펴서 거기에 모시고, 백성 모두가 보게 한 뒤 3일 만에 다시 장례를 치렀습니다. 이것이 문왕의 마땅함입니다.

지금 장례 날짜가 정해졌는데, 눈이 심하게 와서 소의 눈까지 이르러 움직이는 것도 어려운데 태자께서는 날짜를 맞추려는 까닭으로 급히[亟] 장례를 치르고자 거리낌이 없는 것 같습니다! 바라건대 태자께서는 날을 바꾸십시오. 돌아가신 왕께서는 반드시 조금 더 머물러 사직을 붙잡아주고 검은 머리 백성(黔首)을 편안케 하고 싶으셔서, 그래서 눈이 심하게 오게 하셨을 것입니다. 그참에 기한을 늦추고 다시 날을 잡는다면, 이것이 문왕의 마땅함입니다. 이와 같은데 하지 않는다면, 생각건대 문왕을 본받는 것이 부끄러워서입니까?"

태자가 말했다.

"매우 좋습니다. 삼가 기한을 늦추고 다시 날을 잡겠소."

---

35 성은 희(姬)이고, 이름은 계력(季歷)이다. 중국 상(商)나라 시대의 제후국이던 주(周)의 군주였으므로 공계(公季)나 주공계(周公季)로 불리며, 뒷날 손자인 주나라 무왕(武王)에 의해 왕으로 추존되어 왕계(王季)나 주왕계(周王季) 등으로도 불린다. 단보(亶父)의 셋째아들로 태어났으며, 생모는 태강(太姜)이다. 태임(太任)을 아내로 맞이해 창(昌, 주나라 문왕)과 괵중(虢仲), 괵숙(虢叔)을 낳았다. 단보가 죽은 뒤 주족 군주의 지위에 오른 계력은 아버지가 남긴 정치의 도리를 잘 따르고 성실하게 의(義)를 행해 제후들의 순종을 이끌어냈다. 『후한서(後漢書)』에 인용된 『죽서기년(竹書紀年)』의 기록에 따르면, 계력은 융족(戎族) 정벌에 큰 공을 세워 상나라 왕인 문정(文丁)에게 목사(牧師)의 지위를 받기도 했다. 문정 11년에도 계력은 예도(翳徒)에서 융적을 물리치고 세 명의 적장을 사로잡았다. 하지만 주족의 세력이 커지는 것을 우려한 문정이 승리에 대한 보상으로 보물을 준다고 하여 계력을 새고(塞庫)로 보낸 뒤에, 그곳에 그를 가두어 굶겨 죽였다.

惠公曰: "諾." 駕而見太子曰: "葬有日矣." 太子曰: "然." 惠公曰: "昔王季
歷葬於楚山之尾, 欒水齧其墓, 見棺之前和. 文王曰: '嘻! 先君必欲一見
群臣百姓也夫, 故使欒水見之.' 於是出而爲之張於朝, 百姓皆見之, 三日
而後更葬. 此文王之義也. 今葬有日矣, 而雪甚, 及牛目, 難以行, 太子爲
及日之故, 得毋嫌於欲亟葬乎? 願太子更日. 先王必欲少留而扶社稷·
安黔首也, 故使雪甚. 因弛期而更爲日, 此文王之義也. 若此而弗爲, 意
者羞法文王乎?" 太子曰: "甚善. 敬弛期, 更擇日."

(4)

혜자는 헛되이 그 말을 행하지 않았고, 또 위나라 태자에게 그 돌
아가신 왕의 장례를 치르지 않게 하면서도 그참에 문왕의 마땅함을
이야기했다. 문왕의 마땅함을 말하여 천하에 보여주었으니, 어찌 작은
공이겠는가?

惠子非徒行其說也, 又令魏太子未葬其先王而因又說文王之義. 說文
王之義以示天下, 豈小功也哉!

**혜시가 자식된 도리로 장례를 미루지 못하는 태자를 위해, 문왕의 일화를 끄집어내
어 장례를 늦출 명분을 만들어 주었다.**

23-7 다섯 나라가 진나라를 치다【五國伐秦】

(1)

다섯 나라[韓, 趙, 魏, 齊, 楚]가 진나라를 쳤지만 아무런 공도 없이 돌아갔다. 그 뒤에 제나라가 송나라를 치려고 하였지만 진나라가 막았는데, 제나라가 송곽(宋郭)을 진나라로 보내어 힘을 모아 송나라를 칠 것을 청하니 진나라 왕[昭王]이 허락했다. (그러자) 위나라 왕이 제나라와 진나라가 힘을 모으는 것이 두려워서 진나라와 강화하고 싶어했다.

> 五國伐秦, 無功而還. 其後, 齊欲伐宋, 而秦禁之. 齊令宋郭之秦, 請合而以伐宋. 秦王許之. 魏王畏齊·秦之合也, 欲講於秦.

(2)

(누군가가) 위나라 왕에게 일러주며 말했다.

"진나라 왕이 송곽에게 일러 말하기를, '송나라 성을 나누고 강한 송나라를 복속시킨 것은 여섯 나라이고, 송나라가 힘이 빠진 틈을 올라타서 (제나라) 왕과 더불어 이득을 다투는 나라는 초나라와 위나라이다. 청하건대 (제나라) 왕에게 초나라가 위나라를 치는 것을 막지 말게 하고, 왕 홀로 송나라를 들어내라고 하라. 왕이 송나라를 칠 때는 청컨대 군셈[剛]과 부드러움[柔]을 둘 다 쓰도록 하라. 송나라와 같은 나라는 속여도 거스르는 것이 아니며, 죽여도 원수가 되지 않는다. 왕은 그들과 더불어 강화해서 땅을 차지하려 하지 말고, 이미 땅을 얻었다 해도 또다시 힘을 다해 공격하라. 송나라 함락을 기대할 뿐이다'라고 했답니다.

謂魏王曰: "秦王謂宋郭曰: '分宋之城, 服宋之強者, 六國也. 乘宋之敝, 而與王爭得者, 楚·魏也. 請爲王毋禁楚之伐魏也, 而王獨擧宋. 王之伐 宋也請剛柔而皆用之. 如宋者, 欺之不爲逆者, 殺之不爲讎者也. 王無與 之講以取地, 旣已得地矣, 又以力攻之, 期於啗宋而已矣.'

(3)

신이 이 말을 듣고 몰래 왕을 위해 슬퍼하고 있으니, 진나라는 반드시 장차 왕에게 이 방법을 쓸 것입니다. 또 반드시 장차 왕에게 말해서 땅을 구하려 하고, 이미 땅을 얻었어도 또다시 힘을 다해 왕을 공격할 것입니다. 또 반드시 왕에게 일러 말하기를 왕으로 하여금 제나라를 가볍게 여기게 해서 제나라와 위나라의 친교가 나빠지면, 또한 장차 제나라를 거두어서 왕에게 요구하기 편하게 할 것입니다. 진나라는 일찍이 이런 방법을 초나라에 썼고 또한 일찍이 이런 방법을 한나라에도 썼으니, 바라건대 왕께서 깊게 헤아리십시오.

진나라가 위나라를 잘 대해 주는 것은 믿을 수 없을 뿐입니다. 그래서 왕을 위해 계책을 낸다면, 가장 윗길은 진나라를 치는 것이고, 그 다음은 진나라를 물리치는[賓=擯] 것이고, 그 다음은 약속을 단단히 하고 거짓으로[詳=佯] 강화하면서 (원래의) 동맹국[與國]들과 서로 멀어지지 않는 것입니다. 진나라와 제나라가 힘을 모으면 (위)나라는 할 수 있는 것이 없을 뿐입니다. 왕께서 이에 신의 말을 들어주신다면, 반드시 더불어 강화하지 마십시오.

臣聞此言, 而竊爲王悲, 秦必且用此於王矣. 又必且曰王以求地, 既已得地, 又且以力攻王. 又必謂王曰使王輕齊, 齊·魏之交已醜, 又且收齊以更索於王. 秦嘗用此於楚矣, 又嘗用此於韓矣, 願王之深計之也. 秦善魏不可知也已. 故爲王計, 太上伐秦, 其次賓秦, 其次堅約而詳講, 與國無相離也. 秦·齊合, 國不可爲也已. 王其聽臣也, 必無與講.

(4)

진나라는 권세가 무겁고 위염[魏再→魏冉=穰侯]은 눈 밝고 무르익은 사람이라[36], 그 때문에 다시 족하(足下)에게 진나라를 해치자고 말하는 자들이 있어도[又爲→有謂] 감히 드러내지 마십시오. 천하가 영을 내려 진나라를 치는 것을 몰래 권하더라도 감히 도모하지는 마십시오. 천하가 진나라를 해치려는 것을 보게 되면 먼저 동맹국을 팔아서 스스로를 (어려움에서) 풀어내십시오. 천하가 영을 내려 진나라를 배척하고자 해서 동맹국에게 겁박을 받아 어쩔 수 없었다고[不得已] 하십시오. 천하가 안 된다고 하면 먼저 (여러 나라를) 떠나서 진나라와 가장 좋은 친교를 맺음으로써 스스로를 무겁게 하십시오.

이와 같은 (말을 하는) 자들은 왕을 팔아서 밑천을 만들려는 자들이니, 어찌 환란에서 나라가 벗어날 수 있겠습니까? 환란에서 나라가 벗어나는 것은 반드시 (앞에서 말한) 세 항목[節=項目]을 다해야[窮] 합니다. (먼저) 제일 윗길을 해보고, 윗길이 안 되면 그 중간을 해보고, 중간이 안 되면 하책[下=下策]을 써보십시오. 하책이 안 되면 진나라와

---

36 황비열의 안(案): 이는 마땅히 "秦權重"이 하나의 구가 되고 "魏冉明"이 하나의 구가 되어야 하니, '위(魏)' 한 글자는 잘못 중복된 것이다.(札記조烈案: 此當讀秦權重爲一句, 魏冉明爲一句. 魏字誤複.)

함께하지 않겠다는 것을 밝히고는 살기 위해서라도 진나라를 없애십시오. 그리하여 진나라로 하여금 어떤 원한이나 이익(百怨百利)도 (생각함이) 없이 오직 (위나라를) 막는 것만이 거듭 편안해지는 길이라 여기게 하십시오. 족하에게 (동맹국을) 팔고 진나라와 힘을 모으게 하는 것은, 이는 환난에서 나라를 벗어나게 하는 사람들의 헤아림입니다. 신이 어찌 이를 마땅하다 하겠습니까? 비록 그렇다 해도 바라건대 족하께서 신의 계책을 평가해[論] 주십시오.

秦權重魏, 魏再明熟, 是故又爲足下傷秦者, 不敢顯也. 天下可令伐秦則陰勸而弗敢圖也. 見天下之傷秦也, 則先鬻與國而以自解也. 天下可令賓秦, 則爲劫於與國而不得已者. 天下不可, 則先去而以秦爲上交以自重也. 如是人者, 鬻王以爲資者也, 而焉能免國於患? 免國於患者, 必窮三節, 而行其上. 上不可, 則行其中, 中不可, 則行其下; 下不可, 則明不與秦, 而生以殘秦, 使秦皆無百怨百利, 唯已之曾安. 令足下鬻之以合於秦, 是免國於患者之計也. 臣何足以當之? 雖然, 願足下之論臣之計也.

(5)

연나라와 제나라는 원수의 나라이지만 진나라와는 형제의 교분이 있습니다. 원수의 나라와 힘을 모아서 사돈[婚姻]의 나라를 치는 것을 신은 괴롭게 여깁니다. 황제(黃帝)가 탁록(涿鹿)의 들판에서 싸웠을 때 서융(西戎)의 병사는 오지 않았으며, 우임금이 삼묘(三苗)를 공격할 때 동이(東夷)의 백성들은 일어나지 않았습니다. 연나라로써 진나라를 치는 것은 황제(黃帝)도 어려워하는 바이지만, 그래도 신은 연나라 갑병을 이르게 하고 제나라 병사를 일으키려고 합니다.

燕齊讎國也; 秦, 兄弟之交也. 合讎國以伐婚姻, 臣爲之苦矣. 黃帝戰於
涿鹿之野, 而西戎之兵不至; 禹攻三苗, 而東夷之民不起. 以燕伐秦, 黃
帝之所難也, 而臣以致燕甲而起齊兵矣.

(6)

　신 또한 삼진(三晉)의 관리들을 두루 섬겨서, 봉양군(奉陽君), 맹상
군(孟嘗君), 한민(韓㟭＝韓珉), 주최(周最), 한여위(韓餘爲＝韓徐爲)와 같
은 무리가 되어 따르면서 몸을 낮추겠습니다. 그들은 진나라를 치려는
것이 의심스러워서 두렵겠지만 또한 제가 스스로 진나라를 미워하고
있으니, 그들을 거머쥐고[扮＝并＝握] 천하에 있는 진나라 부절[符＝符
節]을 태울 것을 청하는 사람은 신이 될 것이요, 다음에 부절의 맹약
을 태우라고 전할 사람도 신이 될 것이요, 다섯 나라에게 진나라 관문
을 닫으라는 약속하게 하는 사람도 신이 될 것입니다. 봉양군과 한여
위는 이미 화답해왔고, 소수(蘇修)과 주영(朱嬰)은 이미 모두 (조나라 도
읍인) 한단(邯鄲)에서 몰래 (도모하고) 있으며, 신 또한 제나라 왕에게 가
서 (진나라와의 약속을) 무너뜨리라고 설득하겠습니다. 천하가 모두 강
화를 맺고 그참에 소수를 시켜 천하에 말을 퍼트려서 제나라와 가장
높게 교분을 맺게 했는데도, (제나라가 진나라) 병사를 청해서 위나라를
치게 한다면 신 또한 죽음으로써 싸우겠습니다. 그런데 과연 (제나라
의) 서쪽 (조나라)에서 소수로 말미암아 거듭해서 보고되고 있습니다.

　신이 진나라 권세가 무겁다는 것을 알지 못하는 바는 아니지만, 그
러나 그렇게 해야 하는 까닭은 족하 때문입니다.”

臣又偏事三晉之吏, 奉陽君·孟嘗君·韓㟭·周最·周·韓餘爲徒從而下

之. 恐其伐秦之疑也, 又身自醜於秦, 扮之請焚天下之秦符者, 臣也; 次傳

焚符之約者, 臣也; 欲使五國約閉秦關者, 臣也. 奉陽君·韓餘爲旣和矣,

蘇修·朱嬰旣皆陰在邯鄲, 臣又說齊王而往敗之. 天下共講, 因使蘇修

游天下之語, 而以齊爲上交, 兵請伐魏, 臣又爭之以死. 而果西因蘇修重

報. 臣非不知秦權之重也, 然而所以爲之者, 爲足下也."

다섯 나라가 진나라를 공격했지만 실패하고 각 나라들이 진나라와 강화하려 하자,
누군가가 위나라 왕에게 진나라에게 대처하는 방법은 다시 다섯 나라가 합종하는
것뿐이라고 권하며 설득하였다.

23-8 위나라 문자, 전수, 주소가 서로 잘 지내다【魏文子田需周宵相善】

(위나라) 문자(文子=田文=孟嘗君), 전수(田需), 주소(周宵)가 서로 잘
지내면서, 서수에게 죄를 씌우고 싶어 했다. 서수(犀首)가 걱정이 되어
위나라 왕에게 이르며 말했다.

"지금 근심하는 바는 제나라입니다. (맹상군의 아버지인) 영자(嬰
子=田嬰=靖郭君)가 제나라 왕[閔王]에게 말하면 행해지니, 왕께서 제
나라를 얻고자 하신다면 이에 문자를 불러 그를 재상으로 삼지 않으
십니까? 그는 반드시 힘써 제나라가 왕을 섬기도록 할 것입니다."

왕이 말했다

"좋소."

그참에 문자를 불러 재상으로 삼았다. 서수가 (전문이) 전수와 주소
를 배신하게 만든 것이다.

魏文子·田需·周宵相善, 欲罪犀首. 犀首患之, 謂魏王曰: "今所患者, 齊
也. 嬰子言行於齊王, 王欲得齊, 則是不召文子而相之? 彼必務以齊事
王." 王曰: "善." 因召文子而相者. 犀首以倍田需·周宵.

전수와 주소가 비록 전문과 잘 지내고 있지만 지금 서수가 전문을 천거하면 전문은
반드시 서수와 잘 지내게 될 것이고, 서수와 잘 지내게 되면 그가 잘 지냈던 사람들
을 다시 등지게 될 것이다.(鮑本二人雖善文, 今衍薦文, 文必善衍, 善衍則復背其所
善.)

23-9 위나라 왕이 영을 내려 혜시를 초나라로 가게 하다
【魏王令惠施之楚】

위나라 왕이 영을 내려 혜시(惠施)를 초나라로 가게 하고, 서수(犀
首)를 제나라로 가게 했다. 두 사람을 고르게 (대우)하고 수레의 수도
고르게 하여 장차 교분이 어떨지를 헤아려보려(測交)[37] 함이었다. (초나
라 왕이 이를 듣고)[38] 혜시가 그참에 사람을 시켜 먼저 초나라에 가게 하
면서 말했다.

"위나라가 서수에게 제나라로 가게 하고 혜시에게 초나라로 가게
하면서 두 사람을 고르게 대한 까닭은, 장차 교분이 어떨지를 헤아려

---

37 표포 주: 어느 나라가 우리 사신을 두텁게 대하는지를 살펴봄으로써 그가 나를 두텁게 대하는
지를 알 수 있다는 것이다.(鮑本, 視何國厚吾使, 因知其厚我.)
38 (오사도가) 포본을 보충하여 말한다: "초왕문지(楚王聞之)" 네 글자는 문장(文章)에 잘못 낀 자
구(字句)일 것이다.(鮑本補曰: 四字恐因下文衍.)

보려 하기 때문입니다."

초나라 왕이 듣고, 그참에 도성 밖에서 혜시를 맞이하였다.

魏王令惠施之楚, 令犀首之齊. 鈞二子者, 乘數鈞, 將測交也. 楚王聞之, 施因令人先之楚, 言曰: "魏令犀受之齊, 惠施之楚, 鈞二子者, 將測交也." 楚王聞之, 因郊迎惠施.

혜시가 초나라 왕에게, 위나라 왕이 사신을 대접하는 것을 보고 교분을 헤아리려 한다는 사실을 일러주었다.

23-10 위나라 혜왕이 국경 안에서 많은 군사를 일으키다
【魏惠王起境內衆】

위나라 혜왕(惠王)이 국경 안에서 많은 군사를 일으켜서 태자 신(申)을 장수로 삼아 제나라를 공격하였다. 손님이 (태자의 아우인) 공자 리(理)에게 전하여 말하게 했다.

"어찌 공자께서는 왕과 태후 앞에서 울면서 태자가 가는 것을 막지 않습니까? 일이 이루어지면 은덕을 심어둘 수 있고, 이루어지지 않으면 왕이 될 것입니다. 태자는 어려서 군대의 일[兵=兵事]이 익숙하지 못합니다. (제나라의) 전분(田盼)은 오래된 장수이고 손자(孫子=孫臏)는 병사를 잘 쓰기 때문에 싸우면 반드시 이기지 못할 것이며, 이기기 못하면 반드시 붙잡히게 됩니다. 공자가 왕에게 이를 간쟁하여, 왕이 공자 말을 들어주면 공자는 반드시[不→必] 봉토를 받게 될 것입니다. 공자 말을 들어주지 않으면 태자는 반드시 패하게 되는데, 패하면 반드시 공자가 세워지게 되고 세워지면 반드시 왕이 됩니다."

魏惠王起境內衆, 將太子申而攻齊. 客謂公子理之傳曰: "何不令公子泣王太后, 止太子之行? 事成則樹德, 不成則爲王矣. 太子年少, 不習於兵. 田盼宿將也, 而孫子善用兵, 戰必不勝, 不勝必禽. 公子爭之於王, 王聽公子, 公子不封; 不聽公子, 太子必敗; 敗, 公子必立; 立必爲王也."

태자가 가는 것을 막는 것은 바르고 마땅함이지, 은덕을 심어두거나 왕이 되려는 것은 속이는 것이다. 그래서 무릇 속이는 것과 바른 것 사이에는 머리카락만한 틈도 받아들일 수 없으니, 사람이 의논하는데 어찌 혹 바른 말이 나오다가도 미처 끝나기도 전에 속임수가 따라 나올 수 있겠는가! 오직 그 마음이 바르지 않기 때문이다.(鮑本彪謂: 止太子之行, 正誼也; 而志於樹德·爲王, 則譎矣. 故夫譎正之間不容髮, 人議論豈以或出於正言未卒而譎隨之, 惟其心之不正故也.)

23-11 제나라와 위나라가 마릉에서 싸우다【齊魏戰於馬陵】

(1)

제나라와 위나라가 마릉(馬陵)에서 싸웠는데, 제나라가 크게 위나라를 이겨서 태자 신(申)을 죽이고 10만의 군사를 엎어버렸다. 위나라 왕이 혜시(惠施)를 불러 알리며 말했다.

"저 제나라는 과인의 원수로, 원한은 죽을 때까지 잊지 못한다. 나라가 비록 작아도 내가 늘 모든 병사를 일으켜 제나라를 공격하고자 했는데, 어떠한가?"

대답하여 말했다.

"안 됩니다. 신이 듣기에, 왕다운 왕은 도리를 얻고 패자(霸者)는 계책을 안다고 했습니다. 지금 왕께서 신에게 알려주는 말씀은 도리에도 떨어져 있고[疏] 계책과도 멀리 있습니다. 왕께서는 정말로 먼저 조나라와 원한을 풀고, 그 뒤에 제나라와 싸워야 합니다. 지금 싸워서는 이기지도 못합니다. 나라에는 지켜 싸울 준비가 안 돼 있는데 왕께서 또다시 (병사를) 모두 일으켜 제나라를 공격하고자 하시니, 이는 신이 (도리와 계책에 대해) 말했던 바가 아닙니다. 왕께서 만일 제나라에 보복하고 싶다! 라고 하시면, 이참에 옷을 바꿔 입고 뜻을 꺾어서[折節] 제나라에 조현하는 것만 못합니다. 그러면 초나라 왕[威王]이 틀림없이 화를 낼 것이니, 왕께서 다른 사람을 (제나라와 초나라 사이를) 다니게 하면서 그 싸움을 붙이면 초나라는 반드시 제나라를 공격할 것입니다. 쉬고 있던 초나라로써 피로한 제나라를 친다면 (제나라는) 반드시 초나라에게 잡힐 것입니다. 이는 왕께서 초나라로 하여금 제나라를 해치게 하는 방법입니다."

위나라 왕이 말했다.

"좋소."

이에 사람을 보내어 제나라에 '바라건대 신하[臣畜]로서 조현하겠습니다'라고 보고하였다.

齊·魏戰於馬陵, 齊大勝魏, 殺太子申, 覆十萬之軍. 魏王召惠施而告之曰: "夫齊, 寡人之讐也, 怨之至死不忘. 國雖小, 吾常欲悉起兵而攻之, 何如?" 對曰: "不可. 臣聞之, 王者得度, 而霸者知計. 今王所以告臣者, 疏

於度而遠於計. 王固先屬怨於趙, 而後與齊戰. 今戰不勝, 國無守戰之備
王又欲悉起而攻齊, 此非臣之所謂也. 王若欲報齊乎, 則不如因變服折
節而朝齊, 楚王必怒矣. 王游人而合其鬪, 則楚必伐齊. 以休楚而伐罷齊,
則必爲楚禽矣. 是王以楚毁齊也." 魏王曰: "善." 乃使人報於齊, 愿臣畜
而朝.

(2)

(마릉 싸움에서 큰 공을 세운) 전영(田嬰)이 허락하자, 장추(張丑=張醜)
가 말했다.

"안 됩니다. 싸워서 위나라를 이기지 못했더라도 조현 받는 예를
얻고 위나라와 더불어 강화함으로써 (함께) 초나라를 떨어뜨릴 수 있
으니, 이는 크게 이기는 것입니다. (그런데) 지금은 싸워서 위나라를 이
겼으니, 10만의 군사를 엎어버리고 태자 신을 잡았으며 만승의 위나
라를 신하로 삼고 진나라와 초나라를 낮추었습니다. 이에 아마도 (우리
제나라 왕의) 사납고 모질었던 마음[暴於戾→暴戾]이 안정되었을 것입니
다.[39] 또 초나라 왕의 사람됨은 병사를 쓰기를 좋아하고 이름을 날리
는 것에 매우 힘쓰기 때문에, 끝내 제나라의 근심이 될 것은 이 초나라
입니다."

전영이 들어주지 않고, 마침내 위나라 왕을 받아들여 그와 함께 나
란히 제나라 임금에게 조현하기를 두세 번 거듭했다. 조나라가 이를
부끄러워했다. 초나라 왕이 화가 나서 스스로 (병사를) 이끌고 제나라

---

39 포표 주: 두 나라가 제나라의 난폭하고 이지러진 것을 일러 결단함이라 했다는 말이다. (오사도
가) 바로잡아 말한다: '정(定)'이란 그친다는 뜻이니, 제나라의 노여움이 그치게 되었다는 말이
다.(鮑本, 言二國謂齊暴戾決矣. 正曰: 定, 止也. 謂齊之怒止.)

를 치자 조나라가 호응하여, 제나라를 서주에서 크게 무너뜨렸다.

田嬰許諾. 張丑曰: "不可. 戰不勝魏, 而得朝禮, 與魏和而下楚, 此可以大勝也. 今戰勝魏, 覆十萬之軍, 而禽太子申; 臣萬乘之魏, 而卑秦·楚, 此其暴於戾定矣. 且楚王之爲人也, 好用兵而甚務名, 終爲齊患者, 比楚也." 田嬰不聽, 遂內魏王, 而與之并朝齊侯再三. 趙氏醜之. 楚王怒, 自將而伐齊, 趙應之, 大敗齊於徐州.

혜시의 제나라와 초나라에 대한 책략은 흑백을 보고 한둘을 헤아린 것처럼 밝다고 말할 수 있다. 그런데 태자가 군대를 이끄는 것을 막지 못한 것은 왜 그런 것인가? 어찌 말을 했지만 들어주지 않은 것인가? 그래서 혜시의 지혜를 가지고도 이에 마릉의 싸움에 대한 책략을 힘써 헤아리지 못한 것이리라. 장추란 사람은 또한 혜시와 같은 부류의 지혜로운 사람인가?(彪謂: 施之策齊·楚, 如視白黑數一二, 可謂明矣. 而不能止太子之將, 何邪? 豈言之而不聽邪? 以施之智, 其於策馬陵之戰不勞慮矣. 張丑者, 亦施之倫歟?)

23-12 혜시가 한나라와 위나라의 교분을 맺다【惠施爲韓魏交】

혜시(惠施)가 한나라와 위나라의 교분을 맺기 위해 태자 명(鳴)에게 제나라에 인질이 되도록 했다. (위나라) 왕이 태자를 보고 싶어 하자, 주창(朱倉)이 왕에게 일러 말했다.

"어찌 병을 핑계대지 않습니까? 신이 청컨대 영자(嬰子)를 설득해서 말하기를, '위나라 왕이 나이가 있고 지금 병이 들었으니, 공께서 태자를 돌려보내 그에게 덕을 쌓는 것만 못합니다. 그렇지 않으면 공자 고(高)가 초나라에 있으니 초나라가 장차 들여서 그를 세울 것입니다. 이는 제나라가 헛되이 인질만 품고 마땅하지 않은 일을 행하는 것입니다'라고 하겠습니다."

惠施爲韓·魏交, 令太子鳴爲質於齊. 王欲見之, 朱倉謂王曰: "何不稱病? 臣請說嬰子曰: '魏王之年長矣, 今有疾, 公不如歸太子以德之. 不然, 公子高在楚, 楚將內而立之, 是齊抱空質行不義也.'"

자기 나라에 있는 인질을 돌려보내서 왕이 되지 못하게 한다면 헛되이 인질만 잡고 있는 것이다.

23-13 전수가 위나라 왕에게 귀하게 대접받다【田需貴於魏王】

전수(田需)가 위나라 왕에게 귀하게 대접받자, 혜자(惠子)가 말했다.

"그대는 반드시 좌우를 잘 대해주어야 합니다. 지금 저 버드나무[楊]는 가로[橫]로 심어도 살고 거꾸로[倒] 심어도 살며 꺾어서 심어도 삽니다. 그러나 10명에게 버드나무를 심게 해도 1명이 뽑아버리면 버드나무는 살릴 수 없습니다. 10명이나 되는 많은 사람을 가지고 쉽게 사는 나무[物=楊]를 심어놓고도 1명을 이기지 못하는 까닭이 무엇이겠습니까? 심기는 어려워도 뽑는[去=拔] 것은 쉽기 때문입니다. 지금 그대가 비록 스스로 왕에게 심어졌지만, 그대를 없애려는 자들이 많으면 그대는 반드시 위태롭게 될 것입니다."

田需貴於魏王, 惠子曰: "子必善左右. 今夫楊, 橫樹之則生, 倒樹之則生,
折而樹之也生. 然使十人樹楊, 一人拔之, 則無生楊矣. 故以十人之衆, 樹
易生之物, 然而不勝一人者, 何也? 樹之難而去之易也. 今子雖自樹於王,
而欲去子者衆, 則子必危矣."

'그대는 반드시 좌우를 잘 대해주어야 합니다'라는 말에서 바로 군자와 소인의 마음
씀씀이를 가히 볼 수 있다.(鮑本補曰: "子必善左右」, 則君子小人之用心可見矣.)

23-14 전수가 죽다【田需死】

전수(田需)가 죽자, 소어(昭魚)가 소대(蘇代)에게 일러주며 말했다.
"전수가 죽었지만, 나는 장의(張儀), 설공(薛公＝田文), 서수(犀首) 중
의 한 사람이 위나라 재상이 되는 것이 두렵소."
소대가 말했다.
"그렇다면 재상으로 누구를 하는 것이 그대에게 편하겠소?"
소어가 말했다.
"나는 태자가 스스로 재상이 되기를 바라오."
소대가 말했다.
"청하건대 그대를 위해 북쪽으로 가서 양나라 왕을 뵌다면, 반드
시 (태자에게) 재상을 시키실 것이오."
소어가 말했다.

"어떻게 말이오?"

소대가 말했다.

"그대는 이에 양나라 왕이라고 하면, 내가 청컨대 그대를 설득하겠소."

소어가 말했다.

"어떻게 말이오?"

대답하며 말했다.

"제가 초나라에서 왔는데, 소어가 매우 근심하고 있었습니다. 제가 말하길, '그대는 무슨 근심을 하시오'라고 하자, 말했습니다. '전수가 죽었지만 나는 장의, 설공, 서수 중 한 사람이 위나라 재상이 되는 것이 두렵소.' 제가 말하기를, '근심하지 마시오. 양(梁=魏)나라 왕은 덕이 있는 군주[長主]라서 틀림없이 장의를 재상으로 삼지 않을 것이오. 장의가 위나라 재상이 되면 반드시 진나라를 높이고 위나라를 낮출 것이오. 설공이 위나라 재상이 되면 반드시 제나라를 높이고 위나라를 낮출 것이고, 서수가 위나라 재상이 되면 반드시 한나라를 높이고 위나라를 낮출 것이오. 양나라 왕은 덕이 있는 군주[長主]라서 틀림없이 재상을 시키지 않을 것이오'라고 했습니다. 제가 말씀드리겠습니다. '태자가 스스로 재상이 되는 것만 못합니다. 이 세 사람 모두 태자가 오랫동안 재상으로 있지 않을 것이라고 여겨서, 모두 장차 자기 나라의 힘을 빌려 위나라를 섬기는 데 힘쓰면서 승상의 도장을 욕심낼 것입니다. 만승의 나라 셋을 붙잡아 돕게 하면 위나라는 반드시 편안해질 것입니다. 그래서 말하기를, 태자가 스스로 재상이 되는 것만 못하다고 한 것입니다.'"

드디어 북쪽으로 가서 양나라 왕을 뵙고 이 말을 알리자, 태자가 과연 재상이 되었다.

田需死. 昭魚謂蘇代曰: "田需死, 吾恐張儀·薛公·犀首之有一人相魏
者." 代曰: "然則相者以誰而君便之也?" 昭魚曰: "吾欲太子之自相也." 代
曰: "請爲君北見梁王, 必相之矣." 昭魚曰: "奈何?" 代曰: "君其爲梁王,
代請說君." 昭魚曰: "奈何?" 對曰: "代也從楚來, 昭魚甚憂. 代曰: '君何
憂?' 曰: '田需死, 吾恐張儀薛公·犀首有一人相魏者.' 代曰: '勿憂也. 梁
王長主也, 必不相張儀. 張儀相魏, 必右秦而左魏. 薛公相魏, 必右齊而
左魏. 犀首相魏, 必右韓而左魏. 梁王, 長主也, 必不使相也.' 代曰: '莫如
太子之自相. 是三人皆以太子爲非固相也, 皆將務以其國事魏, 而欲丞
相之璽. 以魏之强, 而持三萬乘之國輔之, 魏必安矣. 故曰, 不如太子之
自相也.'" 遂北見梁王, 以此語告之, 太子果自相.

다른 나라 출신을 재상으로 삼지 말고 태자를 재상으로 삼으면, 그들은 훗날 자기
가 재상이 되기 위해 자기 나라가 위나라를 돕도록 힘쓸 것이다.

23-15 진나라가 위나라 재상 신안군을 부르다【秦召魏相信安君】

(1)

진나라가 위나라 재상 신안군(信安君)을 불렀지만 신안군이 가고
싶지 않았다. 소대(蘇代)가 그를 위해 진나라 왕을 설득하여 말했다.

"신이 듣기에 충성스러우면 반드시 무리[當→黨]를 짓지 않으며, 무
리를 지으면 반드시 충성스럽지 않다고 했습니다. 지금 신이 바라건대

대왕께 신의 어리석은 뜻을 진술하고자 하는데, 아래 관리들에게 충성스럽지 못하다 해서 스스로 목을 베는[要領] 죄를 짓지 않을까 두렵습니다. 바라건대 대왕께서 살펴주십시오.

지금 대왕께서 사람을 시켜 위나라에서 일을 맡게 해서 이로써 그 교분을 완전하게 하셨지만, 신은 위나라와의 교류가 더욱 의심스러워질까 두렵습니다. 장차 (신안군을 불러) 이로써 조나라를 틀어막게 하시더라도[40] 신은 다시 조나라가 더욱 굳세질까 두렵습니다.

무릇 위나라 왕이 위신(魏信=信安君)을 아끼는 버릇[愛習][41]이 심합니다. 지혜와 능력이 있어서 맡겨 씀이 두터우니, 그가 진나라를 두려워하고 꺼리면서도[惡=憚] 철저하게[嚴] 높이는 것은 분명합니다. 지금 왕께서 사람을 보내 위나라에 들여보내도 쓰지 않는다면, 왕이 보낸 사람이 위나라에 들어가도 이득이 없습니다. 만일 쓴다면, 위나라는 반드시 아끼고 익숙한 바를 버리고 두렵고 꺼리는 바를 써야 합니다. 이것이 위나라가 불안해하는 까닭입니다. 무릇 만승의 일을 버리고 물러나는 것은 위신(魏信)이 행하기 어려운 바입니다. 무릇 다른 사람의 임금을 편치 않은 곳에 있게 하고 다른 사람의 재상에게 능히 할 수 없는 바를 하게 한다면, 이렇게 해서 가깝게 된다 해도 어려움이 오래가게 될 것입니다. 신은 그래서 위나라와의 교류가 더욱 의심스러워질까 두렵습니다.

또 위신이 일을 그만두면 조나라의 모책을 내는 자들은 틀림없이

---

40 포표 주: 신안군이 반드시 조나라를 높이기 때문에, 진나라는 신안군을 부르고 조나라를 쳐서 위나라와 조나라가 통하지 못하게 하려 할 것이라는 말이다.(鮑本, 信安必右趙者, 秦召而伐之, 欲魏不通趙.)

41 애착(愛着)하는 마음을 일으키는 습성(習性)을 말한다.(『일본어사전』)

말하기를, '진나라에서 버려지게 만들었으니, 진나라는 조나라에도 반드시 그들이 아끼고 믿는 자를 보내어 쓰게 할 것이다. 이는 조나라가 살아도 우리는 망하는 것이요, 이는 조나라가 편안해져도 우리는 위태로워지는 것이다'라고 할 것입니다. 그런즉 위에서는 들판에서 싸우려는 기세가 있게 되고, 아래에서는 단단히 지키려는 마음을 갖게 됩니다. 신은 그래서 조나라가 더욱 굳세질 것이 두렵습니다.

秦召魏相信安君, 信安君不欲往. 蘇代爲說秦王曰: "臣聞之, 忠不必當, 當必不忠. 今臣願大王陳臣之愚意, 恐其不忠於下吏, 自使有要領之罪. 願大王察之. 今大王令人執事於魏, 以完其交, 臣恐魏交之益疑也. 將以塞趙也, 臣又恐趙之益勁也. 夫魏王之愛習魏信也, 甚矣. 其智能而任用之也, 厚矣; 其畏惡嚴尊秦也, 明矣. 今王之使人入魏而不用, 則王之使人入魏無益也. 若用, 魏必舍所愛習而用所畏惡, 此魏之所以不安也. 夫舍萬乘之事而退, 此魏信之所難行也. 夫令人之君處所不安, 令人之相行所不能, 以此爲親, 則難久矣. 臣故恐魏交之益疑也. 且魏信舍事, 則趙之謀者必曰: '舍於秦, 秦必令其所愛信者用趙. 是趙存而我亡也, 是趙安而我危也.' 則上有野戰之氣, 下有堅守之心, 臣故恐趙之益勁也.

(2)

대왕께서는 위나라와의 교분을 완전하게 만들면서 조나라를 조심하게 하고 싶습니까? 위신(魏信)을 쓰면서 그 이름을 높여주는 것만 못합니다. 위신이 (진나라) 왕을 섬기면 나라가 편안해지고 이름이 높아지며, 왕을 떠나면 나라가 위태롭고 권세가 가벼워질 것입니다. 그렇기 때문에 위신이 주인을 섬기는 것은, 위로는 그 주인을 위해 충성하는 바가 있게 되고 아래로는 스스로를 위해 두텁게 하는 바가 있게 되니, 그가 왕을 섬기는 것이 반드시 완전해질 것입니다.

(이렇게 되면) 조나라에서 일을 맡은 자들은 틀림없이 말하기를, '위나라의 이름난 족속들도 우리보다 높지 않고, 토지의 결실도 우리보다 두텁지 못하다. 위신이 (한나라와) 위나라를 가지고서 진나라를 섬기자 진나라가 아주 좋게 대하니, 나라는 편안함을 얻고 몸은 높은 자리를 차지하였다. 지금 우리는 인질을 데려오는 일 때문에 진나라 병사와 어려움이 얽혀서[講→構] 나라가 깎이는 위태로운 형세에 처해 있으니, 쓸 만한 계책이 아니다. 밖에서 원한을 맺고 안에서 근심이 생겨서[主→生] 몸이 죽고 없어지는 처지에 있으니, 완전한 일이 아니다' 라고 할 것입니다. 저들이 장차 그 앞의 일에 아파하고 그 지나간 행실을 후회하면서 이익을 바란다면, 반드시 많이 땅을 잘라서 왕에게 깊이 몸을 굽히게 될 것입니다. 그리하면 대왕께서는 팔을 늘어뜨린 채로 잘라준 땅을 이롭고 무겁게 여기시면 됩니다. 이는 요임금과 순임금도 찾았지만 얻지 못한 것입니다. 신이 바라건대 대왕께서는 살펴주십시오."

大王欲完魏之交, 而使趙小心乎? 不如用魏信而尊之以名. 魏信事王, 國安而名尊; 離王, 國危而權輕. 然則魏信之事主也, 上所以爲其主者忠矣, 下所以自爲者厚矣, 彼其事王必完矣. 趙之用事者必曰: '魏氏名族不高於我, 土地之實不厚於我. 魏信以韓·魏事秦, 秦甚善之, 國得安焉, 身取尊焉. 今我講難於秦兵爲招質, 國處削危之形, 非得計也. 結怨於外, 主患於中, 身處死亡之地, 非完事也.' 彼將傷其前事, 而悔其過行, 冀

其利, 必多割地以深下王. 則是大王垂拱者割地以爲利重, 堯·舜之所
求而不能得也. 臣願大王察之."

---

① 진나라가 위나라 재상인 신안군을 소환하려 하자, 이는 위나라를 두렵게 만들고
조나라를 덩달아 진나라에 대항하게 만드는 일이므로 차라리 신안군을 높이 대
접하여 조나라로 하여금 진나라에 붙어서 이익을 얻게 하도록 만드는 것이 낫다
고 설득하였다.
② 요와 순임금은 천하를 사양하였는데 어찌 땅을 사랑한단 말인가? 이는 다만 변
사가 자기 일을 무겁게 하고 싶어서 지나치게 말한 것이니, 이와 같은 자들은 한
결같지 않다.(鮑本彪謂: 堯·舜讓天下而何愛於地! 此特辯士欲重其事而言之過,
若此者不一也.)

23-16 진나라와 초나라가 위나라를 공격하여 피지를 에워싸다
【秦楚攻魏圍皮氏】

(1)

진나라와 초나라가 위나라를 공격하여 (하수 동쪽에 있는) 피지(皮
氏)를 에워쌌다. (누군가가) 위나라를 위해 초나라 왕[懷王]에게 일러 말
했다.

"진나라와 초나라가 위나라에게 이기면 위나라 왕은 무서워하며
도망가서 반드시 진나라와 합하려[舍→合] 할 것인데, 왕께서는 어찌
진나라를 배반하고 위나라 왕과 함께하지 않습니까? 위나라 왕이 기
뻐하며 반드시 태자를 들이게[內=納] 될 것입니다. 진나라는 초나라

를 잃을까 걱정되어 반드시 이곳의 바깥 성 땅을 왕에게 바칠 것이니,
(그때에) 왕께서 비록 다시 (진나라와) 함께 위나라를 공격해도 괜찮습
니다."

초나라 왕이 말했다.

"좋소."

이에 진나라를 배반하고 위나라와 같은 편이 되니, 위나라가 태자
를 초나라에 (인질로) 들여 넣었다.

秦·楚攻魏圍皮氏. 爲魏謂楚王曰: "秦·楚勝魏, 魏王之恐也見亡矣, 必
舍於秦, 王何不倍秦而與魏王? 魏王喜, 必內太子. 秦恐失楚, 必效此外
城地於王, 王雖復與之攻魏可也." 楚王曰: "善." 乃倍秦而與魏. 魏內太
子於楚.

(2)

진나라가 두려워서 초나라에게 성이 있는 땅을 허락하고, 함께 다
시 위나라를 공격하고 싶어 했다. 저리질(樗里疾)이 화가 나서 위나라
와 함께 초나라를 공격하고 싶었지만, 태자가 초나라에 있기 때문에
위나라가 기꺼워하지 않을 것을 걱정하였다. (진나라 사신이) 저리질을
위해 초나라 왕에게 일러 말했다.

"바깥에 있는 신하 저리질이 신을 시켜 알리며 말하기를, '저희 나
라 왕이 성이 있는 땅을 바치고 싶어 하지만, 위나라 태자가 여전히 초
나라에 있기 때문에 감히 드리지 못하고 있습니다. 왕께서 위나라의
인질을 내보내시면 신이 청해서 땅을 드리고, 다시 진나라와 초나라
의 교분을 단단히 해서 빠르게 위나라를 공격하겠습니다'라고 했습

니다."

초나라 왕이 말했다.

"허락하오."

이에 위나라 태자를 내보내니, 진나라가 이로 말미암아 위나라와 힘을 합쳐 초나라를 공격했다.

秦恐, 許楚城地, 欲與之復攻魏. 樗里疾怒, 欲與魏攻楚, 恐魏之以太子
在楚不肯也, 爲疾謂楚王曰: "外臣疾使臣謁之, 曰: '敝邑之王欲效城地,
而爲魏太子之尙在楚也, 是以未敢. 王出魏質, 臣請效之, 而復固秦·楚
之交, 以疾攻魏.'" 楚王曰: "諾." 乃出魏太子. 秦因合魏以攻楚.

초나라가 동맹을 맺은 진나라를 배신하고 위나라와 손잡으려 하자, 거꾸로 진나라
가 초나라에 인질로 가 있는 위나라 태자를 빼낸 뒤 위나라와 힘을 합쳐 초나라를
공격했다.

23-17 방총이 태자와 함께 한단(邯鄲)에 인질로 가다
【龐蒽與太子質於邯鄲】

방총(龐蒽=龐恭)[42]이 태자와 함께 (조나라 도읍인) 한단(邯鄲)에 인질
로 가면서, 위나라 왕에게 일러 말했다.

"지금 한 사람이 저잣거리에 호랑이가 있다고 말하면 왕께서는 이

---

42 위(魏)나라 장군으로, 마릉 싸움에서 손빈(孫臏)에게 패한 위장(魏將) 방연(龐涓)의 조카이다.

말을 믿으시겠습니까?"

왕이 말했다.

"아니다."

"두 사람이 저잣거리에 호랑이가 있다고 말하면 왕께서는 이 말을 믿으시겠습니까?"

왕이 말했다.

"과인은 의심스러워할 것이다."

"세 사람이 저잣거리에 호랑이가 있다고 말하면 왕께서는 이 말을 믿으시겠습니까?"

왕이 말했다.

"과인은 믿을 것이다."

"무릇 저잣거리에 호랑이가 없다는 것은 명백한 일이지만 세 사람이 말하면 호랑이가 만들어집니다. 지금 한단과 대량 사이의 거리는 저잣거리보다 먼데 헐뜯는 신하는 세 사람을 넘을 것입니다. 바라건대 왕께서는 살펴주십시오."

왕이 말했다.

"과인이 스스로 알고 있다."

이에 인사드리고 떠났지만 헐뜯는 말이 먼저 이르렀다. 뒤에 태자가 인질 생활을 끝냈지만, 과연 (방총이 임금을 다시) 만날 수 없었다.[43]

龐蔥與太子質於邯鄲, 謂魏王曰: "今一人言市有虎, 王信之乎?" 王曰:

---

43 요본에 따르면 "후에 과연 (방총이) 위나라 임금을 볼 수 없었다"라고 했지만, 유진옹(劉辰翁)은 "후에 과연 방총을 볼 수 없었다"라고 풀었다.(姚本, 曾作, "於是辭行, 而讒言先至, 後果不得見魏君矣", 劉作, "於是辭行, 而讒言先至, 後果不見龐君.")

"否.""二人言市有虎, 王信之乎?" 王曰: "寡人疑之矣." "三人言市有虎, 王
信之乎?" 王曰: "寡人信之矣." 龐蔥曰: "夫市之無虎明矣, 然而三人言而
成虎. 今邯鄲去大梁也遠於市, 而議臣者過於三人矣. 願王察之矣." 王
曰: "寡人自爲知." 於是辭行, 而讒言先至. 後太子罷質, 果不得見.

태자와 멀리 인질로 떠나게 되면 반드시 헐뜯는 말이 나와서 왕과 신하 사이에 틈
이 생길 것이다.

23-18 양나라 왕 위영이 범대에서 제후들과 술잔을 들다
【梁王魏嬰觴諸侯於范臺】

양나라 왕 위영(魏嬰=惠王)이 범대(范臺)에서 제후들과 술잔을 들
었다. 술자리가 무르익자, 노나라 임금[魯共公]에게 술잔을 들 것을 청
했다. 노나라 임금이 자리에서 일어나 좋은 말로 골라서 말했다.

"옛날 제(帝)의 딸이 희적(儀狄)에게 술을 빚게 하였는데, 잘 만들어
지자 우임금에게 올렸습니다. 우임금이 마시니 맛이 좋았는데, 마침내
희적을 멀리하고 맛난 술을 끊으면서 말했습니다. '뒷날 틀림없이 술
때문에 그 나라를 잃는 일이 있을 것이다.'

제나라 환공이 밤중[夜半]에 입이 출출하자, 역아(易牙)가 부치고
볶고 지지고 구워서[煎熬燔炙]⁴⁴ 다섯 가지 맛이 어울리게 만들어 올

---

44 (오사도가) 포본을 보충하여 말한다: 물기가 있는 것을 말린 것을 전(煎)이라 하고, 전을 말린 것
을 오(熬)라 하고, 고기를 불속에서 굽는 것을 번(燔)이라 하고, 불 가까이에 대는 것을 자(炙)라
고 한다.(鮑本補曰: 有汁而乾曰煎, 乾煎曰熬, 肉爇之曰燔, 近火曰炙.)

렸습니다. 환공이 먹고서 배가 불러 새벽이 오는 것을 깨닫지 못하다가 말했습니다. '뒷날 틀림없이 맛 때문에 그 나라를 잃는 일이 있을 것이다.'

진나라 문공이 남지위(南之威)를 얻어서 사흘 동안 조정 일을 듣지 않다가, 마침내 남지위를 밀어내고 멀리하면서 말했습니다. '뒷날 틀림없이 여색 때문에 그 나라를 잃는 일이 있을 것이다.'

초나라 왕이 강대에 올라 붕산(崩山)을 바라보았는데, 왼쪽에는 강이 있고 오른쪽에는 호수가 있어서 이리저리 떠도는[彷徨] 것이 그 즐거움이 죽는 것마저 잊게 할 정도였습니다. 마침내 강대에서 맹약을 맺고는 오르지 않고서 말했습니다. '뒷날 틀림없이 높은 대와 연못[陂池]⁴⁵ 때문에 그 나라를 잃는 일이 있을 것이다.'

지금 주인된 임금[主君]의 높이 든 것은 희적의 술이며, 주인된 임금의 맛은 역아의 요리이며, 왼쪽에 백대가 있고 오른쪽에 여수가 있으니 남지위의 아름다움이며, 앞에는 협림이 있고 뒤에는 난대가 있으니 강대의 즐거움입니다. 이 중에 하나만 있어도 충분히 나라를 망하게 할 수 있는데, 지금 주인된 임금께서는 이 네 가지를 모두 가지고 있습니다. 경계하지 않을 수 있겠습니까!"

양나라 왕이 잘했다고 칭찬하는 말을 계속했다.

梁王魏嬰觴諸侯於范臺. 酒酣, 請魯君擧觴. 魯君興, 避席擇言曰: "昔者帝女令儀狄作酒而美, 進之禹, 禹飮而甘之, 遂疏儀狄, 絶旨酒, 曰: '後

---

45 포표 주: 『서경』의 주에 이르기를, 제방을 일러 파(陂)라 하고 고인 물을 일러 지(池)라 한다고 했다.(鮑本, 書註, 澤障曰陂, 停水曰池.)

世必有以酒亡其國者.' 齊桓公夜半不嗛, 易牙乃煎敖燔炙, 和調五味而進之, 桓公食之而飽, 至旦不覺, 曰: '後世必有以味亡其國者.' 晉文公得南之威, 三日不聽朝, 逐推南之威而遠之, 曰: '後世必有以色亡其國者.' 楚王登強臺而望崩山, 左江而右湖, 以彷徨, 其樂忘死, 逐盟強臺而弗登, 曰: '後世必有以高臺陂池亡其國者.' 今主君之尊, 儀狄之酒也; 主君之味, 易牙之調也; 左白臺而右閭須, 南威之美也; 前夾林而後蘭臺, 強臺之樂也. 有一於此, 足以亡其國. 今主君兼此四者, 可無戒與!" 梁王稱善相屬.

노나라 임금이 세속의 즐거움에 빠지면 나라를 잃을 수 있다고 경계하여 말해주었다.

위책 3
魏策

24-1 진나라와 조나라가 약속을 맺고 위나라를 치다【秦趙約而伐魏】

(1)

진나라와 조나라가 약속을 맺고 위나라를 치자, 위나라 왕이 근심하였다. (제나라 사람인) 망묘(芒卯)가 말했다.

"걱정하지 마십시오. 신이 청하건대, 장의(張倚)를 사자로 보내 조나라 왕[惠文王]에게 일러 말하기를 '저 업(鄴) 땅은 과인이 정말로 형세(刑=形=形勢)를 놓고 보면 갖고 싶지 않습니다. 지금 대왕께서 진나라를 거두어 위나라를 공격하니, 과인이 업을 가지고 대왕을 섬길 것을 청합니다'라고 하십시오."

조나라 왕이 기뻐하며, 상국(相國)을 불러 명령하여 말하였다.

"위나라 왕이 업을 가지고 과인을 섬기기를 청하면서, 과인에게 진나라와 (관계를) 끊으라 한다."

상국이 말했다.

"진나라를 거두어 위나라를 치더라도 이득이 업을 넘지 못합니다. 지금 병사를 쓰지 않고도 업을 얻는다면, 청컨대 위나라의 말을 허락하십시오."

秦·趙約而伐魏, 魏王患之. 芒卯曰: "勿憂也. 臣請發張倚使謂趙王曰,
夫鄴, 寡人固刑弗有也. 今大王收秦而攻魏, 寡人請以鄴事大王." 趙王
喜, 召相國而命之曰: "魏王請以鄴事寡人, 使寡人絶秦." 相國曰: "收秦
攻魏, 利不過鄴. 今不用兵而得鄴, 請許魏."

(2)

장의(張倚)가 이로 말미암아 조나라 왕에게 일러주며 말했다.

"저희 나라 관리 중에 성을 바치려는 자가 이미 업에 있습니다. 대
왕께서는 장차 무엇을 가지고 위나라에 보답할 것입니까?"

조나라 왕이 그참에 관문을 닫고 진나라와 관계를 끊자, 진나라
가 조나라를 크게 미워하였다. 망묘가 조나라 사자에게 응답하여 말
했다.

"저희 나라가 대왕을 섬기는 까닭은 업을 완전하게 하기 위해서였
습니다. (그런데) 지금 업을 바치려[郊→效] 하고 있으니, (이는) 사자[張
倚]의 죄이며 저는 알지 못합니다."

조나라 왕이 위나라가 진나라의 화를 이어받을까[承] 두려워서,
급히 5개 성을 잘라주고서 위나라와 힘을 합쳐 진나라에 버텨야[支]
했다.

張倚因謂趙王曰: "敝邑之吏效城者, 已在鄴矣. 大王且何以報魏?" 趙
王因令閉關絶秦. 秦·趙大惡. 芒卯應趙使曰: "敝邑所以事大王者, 爲完
鄴也. 今郊鄴者, 使者之罪也, 卯不知也." 趙王恐魏承秦之怒遽割五城
以合於魏而支秦.

위나라 망묘가 장의를 시켜서 업 땅을 조나라에 주겠다고 하여 진나라와 단교하게 한 뒤, 모르는 일이라고 잡아떼어 조나라 처지를 궁색하게 만들었다.

24-2 망묘가 진나라 왕에게 일러주며 말하다【芒卯謂秦王】

(1)

망묘가 진나라 왕[昭王]에게 일러주며 말했다.

"대왕의 선비 중에 아직 (다른 나라) 속에 들어가 있는 자[46]들이 없습니다. 신이 듣기에 눈 밝은 왕은 (다른 나라) 속에 들어가 있는 자들을 등지지 않고 행한다고 했습니다. 왕께서 위나라 땅 중에 욕심내는 곳은 장양(長羊), 왕옥(王屋), 낙림(洛林)의 땅입니다. 왕께서 능히 신을 위나라 사도(司徒)가 되게 하시면, 신이 위나라로 하여금 그 땅을 바치게 할 수 있습니다."

진나라 왕이 말했다.

"좋다."

그참에 그에게 맡겨서 위나라 사도가 되게 하였다.

芒卯謂秦王曰: "王之士未有爲之中者也. 臣聞明王不背中而行. 王之所欲於魏者長羊·王屋·洛林之地也. 王能使臣爲魏之司徒, 則臣能使魏獻之." 秦王曰: "善." 因任之以爲魏司徒.

---

46 포표 주: 중(中)이란 여러 나라 안에 들어가서 일을 하는 것이 마치 안에서 호응하는 듯한 것을 말한다.(鮑本. 中. 謂用事於諸國之中. 猶內應云.)

(2)

(망묘가) 위나라 왕에게 이르며 말했다.

"왕께서 근심하는 바는 상지(上地) 땅입니다. 진나라가 위나라에서 욕심내는 곳은 장양과 왕옥, 낙림의 땅이니, 왕이 (그것을) 진나라에 바치면 상지는 근심걱정이 없습니다. 그참에 (진나라에) 병사를 내려 동쪽으로 가서 제나라를 치자고 청하면 땅을 넓히는 때가 반드시 멀지 않을[必遠→必不遠] 것입니다."

위나라 왕이 말했다.

"좋다."

이로 말미암아 땅을 진나라에 바쳤다.

謂魏王曰: "王所患者上地也. 秦之所欲於魏者, 長羊·王屋·洛林之地也. 王獻之秦, 則上地無憂患. 因請以下兵東擊齊, 攘地必遠矣." 魏王曰: "善." 因獻之秦.

(3)

땅을 들인 지 몇 달이 지나도록 진나라 병사가 내려오지 않았다. 위나라 왕이 망묘에게 일러주며 말했다.

"땅을 벌써 들인 지 몇 달인데, 진나라 병사가 내려오지 않으니 왜 그런 것인가?"

망묘가 말했다.

"신이 죽을죄를 지었습니다. 비록 그러하나, 신이 죽으면 진나라와의 계약이 훼손되어[折=毁] 왕께서는 진나라를 꾸짖을 수 없습니다. 왕께서 이참에 이 죄를 용서하시면, 신이 왕을 위해 진나라에 약속에 대해 꾸짖겠습니다."

이에 진나라로 가서 진나라 왕에게 일러주며 말했다.

"위나라가 장양, 왕옥, 낙지의 땅을 바친 까닭은 대왕의 병사를 내려 함께 동쪽으로 가서 제나라를 치려는 뜻이 있었습니다. 지금 땅을 이미 들였는데, 그런데도 진나라 병사가 내려오지 않으니 신은 곧 죽은 사람이 됩니다. 비록 그렇게 되면, 뒤에 산동(山東)의 선비 중에 이익을 가지고 왕을 섬기는 사람이 없게 될 것입니다."

진나라 왕이 걱정하면서 말했다.

"나라에 일이 있어서 미처 병사를 내려주지 못했소. 지금 병사를 거느리고 따르겠다."

뒤에 10일이 지나자 진나라 병사를 내려주었다. 망묘가 진나라와 위나라의 병사를 아울러 이끌고 동쪽으로 가서, 제나라를 쳐서 22개 현의 땅을 열었다.

地入數月, 而秦兵不下. 魏王謂芒卯曰: "地已入數月, 而秦兵不下, 何也?" 芒卯曰: "臣有死罪. 雖然, 臣死, 則契折於秦, 王無以責秦. 王因赦其罪, 臣爲王責約於秦." 乃之秦, 謂秦王曰: "魏之所以獻長羊 · 王屋 · 洛林之地者, 有意欲與下大王之兵東擊齊也. 今地已入, 而秦兵不可下, 臣則死人也. 雖然, 後山東之士, 無以利事王者矣." 秦王懼然曰: "國有事, 未澹下兵也, 今以兵從." 後十日, 秦兵下. 芒卯并將秦 · 魏之兵, 以東擊齊, 啟地二十二縣.

진나라가 위나라로부터 땅만 받고 제나라를 치는 것을 돕지 않자, 앞으로 천하의 누가 진나라를 위해 일하겠느냐고 아뢰어 병사를 내게 하였다.

24-3 진나라가 화 땅에서 위나라를 무너뜨리다【秦敗魏於華】

(1)

진나라가 화(華)땅에서 위나라를 무너뜨려서 망묘(芒卯)를 달아나게 하고 (위나라 도읍인) 대량(大梁)을 에워쌌다. 수가(須賈)[47]가 위나라를 위해 (진나라) 양후(穰侯=魏冉)에게 이르며 말했다.

"신이 듣기에, 위나라 대신과 친척 부형들이 모두 위나라 왕에게 이렇게 일러 말했다고 합니다.

'처음에 혜왕(惠王)이 조나라를 칠 때, 싸워서 삼량(三梁)에서 이기고 10만의 군사로 한단(邯鄲)을 뽑아냈지만 조나라는 땅을 잘라주지 않았고 한단은 다시 돌아왔습니다. 제나라 사람들이 연나라를 공격하여 (연나라 재상인) 자지(子之)[48]를 죽이고 오래된 나라를 깨뜨렸지만, 연나라는 땅을 잘라주지 않았고 연나라는 다시 돌아왔습니다. 연나라와 조나라가 나라를 보전하고 군대가 굳세진 까닭은 땅을 제후들에게 아우르게 하지 않았기 때문이니, 그들은 능히 어려움을 참으며

---

47 전국시대 위(魏)나라 사람으로, 위나라에서 중대부(中大夫)를 지냈으며 범수(范睢)가 가난할 때 일찍이 모신 바 있었다. 범수가 그를 따라 제(齊)나라에 사신으로 갔는데, 제나라 양왕(襄王)이 범수의 구변 솜씨를 듣고 사람을 시켜서 범수에게 금 10근과 소고기, 술을 하사했지만 사양하고 받지 않았는데, 이를 알게 된 수가는 크게 화를 내며 범수가 위나라의 기밀을 몰래 제나라에 흘렸다고 여기게 되었다. 그래서 귀국한 뒤 위나라 재상에게 이 사실을 고발하니, 범수는 위나라 재상에게 끌려가서 거의 죽을 만큼 심하게 문초를 받았다. 수가가 나중에 진(秦)나라로 사신을 갔을 때, 그는 이미 죽은 줄 알았던 범수가 진나라로 망명해 소왕(昭王)의 재상이 된 줄 몰랐다. 범수가 밤에 몰래 남루한 옷을 입고 수가를 찾아가니, 수가가 제포(絲袍: 두텁게 솜을 넣어 짠 옷) 한 벌을 내주었다. 이에 범수는 옛 친구에 대한 정의가 있다고 하여 보복하지 않고 귀국시켰다.

48 전국시대 연(燕)나라 사람이다. 연왕(燕王) 쾌(噲)의 상(相)이 되자 권력을 장악하고 독단적으로 일을 처리했는데, 쾌가 소대(蘇代)와 녹모수(鹿毛壽)의 말만 듣고 그에게 왕위를 양보했다. 3백석 이상 관리의 새인(璽印)을 회수하여 자신이 새롭게 관직을 임명하니, 재위한 지 3년 만에 연나라가 크게 어지러워졌다. 이에 태자(太子) 평(枰)이 장군 시파(市波)와 함께 병사를 일으켜 공격했지만 이기지 못하고 시파는 전사했다. 제나라 선왕(宣王)이 기회를 틈타 연나라를 공격하니, 쾌는 죽고 자지는 피살되었다.

땅을 내주는 일을 무겁게 여겼습니다. 송나라와 중산은 여러 차례 정벌을 당하면 여러 차례 땅을 잘라주었으니, 그렇게 따라가다 망했습니다. 신은 연나라와 조나라가 모범이 되고 송나라과 중산은 따라 해서는 안 된다고 여깁니다.

무릇 진나라는 탐욕스럽고 거친 나라로 가까운 나라가 없습니다. 누에가 뽕잎을 먹듯이 위나라를 뜯어먹었고 옛 진나라 땅[晉國=三晉]을 남김없이 다 가져갔으며 싸워서 포자[辜子→暴子=暴鳶]에게 이겨 8개 현을 잘라 받았는데, 땅이 미처 들어오지 않았는데도 병사를 다시 낼 것입니다. 저 진나라가 어찌 (땅을) 갖는 일에 싫증을 내겠습니까! 지금 또다시 망묘를 달아나게 하고 북쪽의 땅[北地=北宅]을 들이는데[入=納], 이것은 단지 양나라를 공격하는 곳이 아니라 장차 왕에게 겁을 주어 더 많은 땅을 받으려는 것이니 왕께서는 반드시 들어주지 마십시오.

지금 왕께서 초나라와 조나라에게 고분고분 따르면서(循=順) (진나라와) 강화를 맺게 되면 초나라와 조나라는 화를 내면서 왕과 더불어 다투어 진나라를 섬길 것이며, 진나라는 반드시 받아줄 것입니다. 진나라가 초나라와 조나라 병사를 끼고서 다시 공격하게 되면 나라가 망하는 것을 구원하려 해도 얻을 수 없을 뿐입니다. 원컨대 왕께서는 반드시 강화를 맺지 말아야 합니다. 왕께서 만약 강화하고 싶으면, 반드시 작게 땅을 잘라주고 인질이 있어야 합니다. 그렇지 않으면 틀림없이 속습니다.'

이는 신이 위나라에서 들은 바이니, 군께서 이를 가지고 일을 헤아리십시오.

秦敗魏於華, 走芒卯而圍大梁. 須賈爲魏謂穰侯曰: "臣聞魏氏大臣父兄皆謂魏王曰: '初時惠王伐趙, 戰勝乎三梁, 十萬之軍拔邯鄲, 趙氏不割, 而邯鄲復歸. 齊人攻燕, 殺子之, 破故國, 燕不割, 而燕國復歸. 燕·趙之所以國全兵勁, 而地不幷乎諸侯者, 以其能忍難而重出地也. 宋·中山數伐數割, 而隨以亡. 臣以爲燕·趙可法, 而宋·中山可無爲也. 夫秦貪戾之國而無親, 蠶食魏, 盡晉國, 戰勝睪子, 割八縣, 地未畢入而兵復出矣. 夫秦何厭之有哉! 今又走芒卯, 入北地, 此非但攻梁也, 且劫王以多割也, 王必勿聽也. 今王循楚·趙而講楚·趙怒而與王爭事秦, 秦必受之. 秦挾楚·趙之兵以復攻, 則國救亡不可得也已. 願王之必無講也. 王若欲講, 必少割而有質, 不然必欺.' 是臣之所聞於魏也, 願君之以是慮事也.

(2)

「주서(周書)」에서 말하기를, '오직 천명은 늘 일정함이 없다'라고 했는데, 이는 뜻밖의 일[幸=僥倖]은 헤아릴[數=卜] 수 없다[49]는 말입니다. 무릇 싸워서 포자(睪子→暴子)를 이기고 8개 현을 잘라 받는 것은, 이는 병사의 힘이 뛰어나서도 아니고 계책이 교묘해서도 아닙니다. 하늘의 행운이 많았기 때문입니다. 지금 다시 망묘를 달아나게 하고 북쪽 땅[北地] 땅을 들이고자 대량을 공격하고 있으니, 이는 하늘의 행운이 스스로 늘 그러하다고 여기기 때문입니다. 지혜로운 자는 그렇게 생각하지 않습니다.

---

49 '자주 있는 일이 아니다'로 옮길 수도 있다.

周書曰: '維命不於常.' 此言幸之不可數也. 夫戰勝睪子, 而割八縣, 此非
兵力之精, 非計之工也, 天幸爲多矣. 今又走芒卯, 入北地, 以攻大梁, 是
以天幸自爲常也. 知者不然.

(3)

신이 듣기로 위나라는 그 모든 현의 뛰어난 병사를 모조리 모아서
대량을 머물며 지키게 하고 있다고 하니, 신이 생각건대 30만 아래는
아닐 것입니다. 30만 무리를 가지고서 10길 높이 성을 지키면, 신은 비
록 탕왕이나 무왕이 다시 살아나도 쉽게 공격하지 못할 것이라고 생각
합니다. 가볍게 초나라와 조나라 병사를 믿어 10길 높이 성을 타고 넘
어서 30만 무리를 머리에 이고[戴] 반드시 (성을) 들어내겠다고 마음먹
는[志] 것은, 신이 생각건대 천하가 처음 나눠진 뒤부터 지금에 이르기
까지 일찍이 있었던 적이 없습니다. 공격해서 뽑아내지 못하면 진나라
병사는 틀림없이 피로해질 것이니, (양후의 봉지인) 음(陰=陶邑) 땅은 반
드시 없어지고 앞서 세운 공은 틀림없이 버려질 것입니다.

지금 위나라는 바야흐로 의심스러워하며 조금만 땅을 잘라주고
(진나라를) 거두려 하고 있습니다. 바라건대 (군께서는) 초나라와 조나라
병사가 이르러 미처 대량을 공격하는 것을 스스로 떠맡지 마시고, 빨
리 (위나라로부터) 작은 땅이라도 거두십시오. 위나라가 바야흐로 의심
하겠지만 그래도 작은 땅을 잘라줌으로써 화평을 이루게 되므로 반드
시 욕심을 낼 것이니, 군께서는 원하는 바를 얻을 수 있습니다. 그리하
면 초나라와 조나라는 위나라가 먼저 이미 강화를 맺은 것에 화를 내
어, 반드시 다투어 진나라를 섬길 것입니다. 합종이 이에 뿔뿔이 흩어
지게 되면 군께서는 뒤에 (어느 나라와 연횡할지) 고르시면 됩니다.

또 군께서는 일찍이 옛 진나라 땅[晉國]을 잘라서 땅을 차지했는데, 어찌 꼭 병사를 쓰려고 하십니까? 무릇 병사를 쓰지 않아도 위나라가 강읍(絳邑)과 안읍(安邑)을 바쳐오고, 또 음 땅을 위해 두 기틀을 넓혀서 옛 송나라 땅을 남김없이 다 가져오며, 위(衛)나라가 우탄(尤憚=單父)을 바쳐올 것입니다. 진나라 병사에게 이미 영을 내렸더라도 군께서 이를 제어하신다면, 무엇을 구한들 얻지 못하겠으며 무엇을 한들 이루지 못하겠습니까?

신이 바라건대 군의 깊은 헤아림으로 위태로운 일을 하지 마십시오."

臣聞魏氏悉其百縣勝兵, 以止戍大梁, 臣以爲不下三十萬. 以三十萬之衆, 守十仞之城, 臣以爲雖湯·武復生, 弗易攻也. 夫輕信楚·趙之兵, 陵十仞之城, 戴三十萬之衆, 而志必擧之, 臣以爲自天下之始分以至於今, 未嘗有之也. 攻而不能拔, 秦兵必罷, 陰必亡, 則前功必棄矣. 今魏方疑, 可以少割收也. 愿之及楚·趙之兵未任於大梁也, 亟以少割收. 魏方疑, 而得以少割爲和, 必欲之, 則君得所欲矣. 楚·趙怒於魏之先己講也, 必爭事秦. 從是以散, 而君後擇焉. 且君之嘗割晉國取地也, 何必以兵哉? 夫兵不用, 而魏效絳·安邑, 又爲陰啟兩機, 盡故宋, 衛效尤憚. 秦兵已令, 而君制之, 何求而不得? 何爲而不成? 臣愿君之熟計而無行危也."

(4)
양후(穰侯)가 말했다.

"좋습니다."

이에 양나라를 에워싼 것을 그만두었다.

穰侯曰: "善." 乃罷梁圍.

---

① 진나라가 위나라를 무너뜨리자 수가가 양후에게 가서, 지금 진나라의 승리는 요행이라 치부하면서 위나라는 땅을 주지 않고 강화하기를 바라고 있는데 위나라가 항전하면 이길 수 없으니 빨리 강화하여 땅을 조금이라도 받아내라고 말하였다.

② 수가의 이야기는 진나라를 그치게 하기에 충분치 않다. 위나라를 위함이 지나치고, 그래서 진나라를 설득하기에 절절하지 못하다. 저 진나라가 천행을 얻었다고 하면서 위태로운 일을 하지 않기를 바라고 있으니, 진나라가 어찌 이를 믿겠는가? 진나라가 이를 하게 되면 어떤 위태로움이 있는가? 또 위나라를 위함이 지나치게 심하고 나아감이 충분히 진나라를 의심케 하는데, 어찌 이를 막을 수 있겠는가? 양나라를 에워쌌던 것을 풀어준 것은 장차 다른 까닭이 있었기 때문이지, 수가의 힘이 아니다.(鮑本彪謂: 賈之說, 不足以已秦也, 爲其爲魏也過深, 而說秦者不切. 夫以秦爲天幸, 而欲其無行危也, 秦豈信之哉! 秦行是何危之有? 且其爲魏之過深也, 適足以疑秦, 豈沮於是哉! 梁圍之解, 將別有故, 非賈力也.)

24-4 진나라가 화 땅에서 위나라를 무너뜨리자 위나라 왕이 장차 진나라에 들어와 조현하려 하다【秦敗魏於華魏王且入朝於秦】

(1)

진나라가 화(華) 땅에서 위나라를 무너뜨리자 위나라 왕이 장차 진나라에 들어와 조현하려 했다. 주흔(周訢=周訴)이 왕에게 일러주며 말했다.

"송나라 사람 중에 공부하는 자가 있었는데, 3년 만에 돌아와서는 그 어미 이름을 불렀습니다. 그 어미가 말하기를 '네가 3년을 배우고는 돌아와서 내 이름을 부르다니, 왜 그러는 것이냐?'라고 하자, 그 아들이 말했습니다. '제가 뛰어나다고 여기는 사람들도 요임금이나 순임금을 넘지 못하는데, 요나 순이라고 해도 이름을 부릅니다. 제가 크다고 여기는 것 중에 하늘이나 땅보다 큰 것이 없지만, 하늘이나 땅이라 해도 (이름을) 부릅니다. 지금 어머니가 뛰어나도 요나 순을 넘지 못하고 어머니가 크다 해도 하늘이나 땅을 넘지 못하는데, 이에 이름을 부르는 것이 어머니께 이롭습니다.' 그 어미가 말했습니다. '네가 배운 것을 장차 남김없이 행할 수 있겠느냐? 그렇더라도 바라건대 네가 어미의 이름을 부르는 것을 바꾸어 주어라. 네가 배운 것을 장차 행하지 못할 바가 있겠느냐? 그렇다면 바라건대 네가 장차 어미 이름을 부르는 것을 뒤에 남겨 두어라.'

지금 왕께서 진나라를 섬기는데, 오히려 입조(入朝)하는 것을 바꿀 수 있는 바가 있습니까? 바라건대 왕이 바꿀 수 있다면 입조를 뒤에 하십시오."

위나라 왕이 말했다.

"그대는 과인이 들어가면 나오지 못할까 근심하는가? 허관(許綰)이 나를 위해 기도하면서 말하기를, 들어가서 나오지 못하신다면 청컨대 목을 걸고 과인을 따라 죽겠다고 했다."

주흔이 대답하며 말했다.

"신과 같은 천박함으로도, 지금 다른 사람 중에 신에게 말하기를 '깊이를 헤아릴 수 없는 연못에 들어가도 반드시 나올 수 있으니, 나오지 못하면 청컨대 한 마리 쥐새끼의 머리로 너를 위해 따라 죽게 하겠다'라고 하면, 신은 반드시 하지 않을 것입니다. 지금 진나라는 알 수 없는 나라로서 깊이를 헤아릴 수 없는 연못과 같으며, 허관의 목은 쥐 새끼의 머리와 같습니다. 왕에게 알지 못하는 진나라로 들어가게 하면 서 쥐새끼의 머리를 가지고 왕을 따라 죽는다고 하니, 신은 몰래 왕께 서 (이런 계책을) 취하지 마셨으면 합니다. 장차 양나라가 없어지는 것과 하내(河內)가 없어지는 것 중 어느 쪽이 더 급합니까?"

왕이 말했다.

"양나라가 급하다."

"양나라가 없어지는 것과 몸이 없어지는 것 중에서는 어느 쪽이 더 급합니까?"

왕이 말했다.

"내 몸이 급하다."

(주흔이) 말했다.

"세 가지를 놓고 보면, 몸이 위에 있고 하내(河內) 땅은 그 아래입니다. 진나라가 아직 그 아래를 찾지도 않았는데 그 위를 바치시려 하니, 하실 수 있겠습니까?"

秦敗魏於華, 魏王且入朝於秦. 周訢謂王曰: "宋人有學者, 三年反而名 其母. 其母曰: '子學三年, 反而名我者, 何也?' 其子曰: '吾所賢者, 無過 堯·舜, 堯舜名. 吾所大者, 無大天地, 天地名. 今母賢不過堯·舜, 母大不 過天地, 是以名利母也.' 其母曰: '子之於學者, 將盡行之乎? 愿子之有以 易名母也. 子之於學也, 將有所不行乎? 愿子之且以名母爲後也.' 今王 之事秦, 尙有可以易入朝者乎? 愿王之有以易之, 而以入朝爲後." 魏王 曰: "子患寡人入而不出邪? 許綰爲我祝曰: 入而不出, 請存殉寡人以頭."

周訴對曰: "若臣之賤也, 今人有謂臣曰, 入不測之淵而必出, 不出, 請以
一鼠首爲女存殉者, 臣必不爲也. 今秦不可知之國也, 猶不測之淵也; 而
許綰之首, 猶鼠首也. 內王於不可知之秦, 而殉王以鼠首, 臣竊爲王不取
也. 且無梁孰與無河內急?" 王曰: "梁急." "無梁孰與無身急?" 王曰: "身
急." 曰: "以三者, 身, 上也; 河內, 其下也. 秦未索其下, 而效其上, 可乎?"

(2)

왕이 여전히 들어주지 않자, 지기(支期)가 말했다.

"왕께서는 초나라 왕[頃襄王]을 살펴보시다가, 초나라 왕이 진나라
에 들어가면 왕께서 수레 셋을 가지고 그보다 앞서 가십시오. 초나라
왕이 들어가지 않으면, 초나라와 위나라가 하나가 되어 오히려 진나라
를 막을 수 있습니다."

왕이 마침내 그쳤다. 왕이 지기에게 이르며 말했다.

"내가 처음에 이미 응후(應侯=范睢)에게 응낙했으니, 지금 가지 않
으면 그를 속이는 것이 된다."

지기가 말했다.

"왕께서는 근심하지 마십시오. 신이 (위나라 재상인) 장신후(長信侯)
가 (응후에게) 청하여 왕을 들이지 않도록 하겠습니다. 왕께서는 신을
기다리십시오."

王尚未聽也. 支期曰: "王視楚王. 楚王入秦, 王以三乘先之; 楚王不入,
楚·魏爲一, 尚足以捍秦." 王乃止. 王謂支期曰: "吾始已諾於應侯矣, 今
不行者欺之矣." 支期曰: "王勿憂也. 臣使長信侯請無內王, 王待臣也."

(3)

지기(支期)가 장신후(長信侯)에게 이야기하며 말했다.

"왕이 명하여 상국을 부르셨습니다."

장신후가 말했다.

"왕께서는 신이 무엇을 하기를 바라십니까?

지기가 말했다.

"신은 알지 못합니다. 왕께서 급히 군을 부르십니다."

장신후가 말했다.

"내가 진나라에게 왕을 들이게 한 것이 차라리 진나라를 위한 것이겠습니까? 나는 위나라를 위한 것이라 여깁니다."

지기가 말했다.

"군께서는 위나라를 위해 계책을 내지 마시고, 군께서 이에 스스로를 위해 계책을 내십시오. 장차 죽는 게 편하시겠습니까, 사는 게 편하시겠습니까? 빈궁한 것이 편하시겠습니까, 귀한 것이 편하시겠습니까? 군께서는 먼저 스스로를 위해 계책을 내시고, 뒤에 위나라를 위해 계책을 내십시오."

장신후가 말했다.

"누공(樓公=樓緩)이 장차 들어올 것이니[50], 신이 바로 따르겠습니다.

지기가 말했다.

"왕께서 급히 군을 부르시는데, 군께서 가지 않으면 피가 군의 옷깃

---

50 포표 주: 늦추어 천천히 처리하려는 것이다. 그가 들어오기를 기다려서 의논하고 싶었기 때문이다.(鮑本, 緩也. 俟其入欲與之議.)

에 뿌려질 것이오!"

支期說於長信侯曰: "王命召相國." 長信侯曰: "王何以臣爲?" 支期曰:
"臣不知也, 王急召君." 長信侯曰: "吾內王於秦者, 寧以爲秦邪? 吾以爲
魏也." 支期曰: "君無爲魏計, 君其自爲計. 且安死乎? 安生乎? 安窮乎?
安貴乎? 君其先自爲計, 後爲魏計." 長信侯曰: "樓公將入矣, 臣今從." 支
期曰: "王急召君, 君不行, 血濺君襟矣!"

(4)

장신후가 떠나자, 지기가 그 뒤를 따랐다. 장차 왕을 뵈려는데, 지기
가 먼저 들어가서 왕에게 일러주며 말했다.

"병든 것처럼 하고 그를 만나십시오. 신이 벌써 겁을 주었습니다."

장신후가 들어와서 왕을 뵙자, 왕이 말했다.

"병이 심하니 어찌하겠나! 내가 애초에 벌써 응후에게 응낙했는
데, 생각건대 비록 길에서 죽는다 해도 가야겠지?"

장신후가 말했다.

"왕께서는 가지 마십시오. 신이 능히 응후에게서 얻어낼 수 있으
니, 원컨대 왕은 걱정하지 마십시오."

長信侯行, 支期隨其後. 且見王, 支期先入謂王曰: "僞病者乎而見之, 臣
已恐之矣." 長信侯入見王, 王曰: "病甚奈何! 吾始已諾於應侯矣, 意雖
道死, 行乎?" 長信侯曰: "王毋行矣! 臣能得之於應侯, 願王無憂."

위나라가 화(華) 땅에서 진나라에 패해서 왕이 진나라에 입조하게 되자 왕의 신변

을 걱정하여 차라리 땅을 바치고 들어가지 말 것을 권하였고, 마침내 범수와 막역한 장신후를 협박하여 왕이 입조하지 않아도 된다는 허락을 받아내도록 했다.

24-5 화양의 싸움【華軍之戰】

(1)

화양[華軍→華陽]의 싸움에서 위나라가 진나라를 이기지 못했다. 이듬해가 되자, 장차 단간숭(段干崇)을 시켜 땅을 잘라주고 강화를 맺으려 했다. 손신(孫臣)이 위나라 왕[安釐王]에게 일러 말했다.

"위나라가 그때에[上=當其時] 무너졌지만 땅을 잘라주지 않은 것은 이기지 못한 것을 잘 이용했다고 말할 수 있으며, 진나라가 그때에 이겼지만 땅을 잘라내지 못한 것은 승리를 이용하지 못한 것이라 말할 수 있습니다. 지금 1년이 되어 마침내 땅을 잘라주기를 원하고 있으니, 이는 뭇 신하들이 사사롭게 한 것으로 왕은 알지 못합니다. 또 (진나라가 주는 벼슬을 나타내는) 도장을 욕심내는 자는 단간자(段干子)인데 왕께서는 이로 말미암아 그를 시켜 땅을 잘라주게 하셨고, 땅을 원하는 자는 진나라인데 왕께서는 이로 말미암아 그를 시켜 도장을 받아오게 하셨습니다. 무릇 도장을 받고자 하는 자는 땅을 마름질하고 있고 땅을 원하는 자는 도장을 쥐고 있으니, 그 형세가 반드시 위나라는 없다 여길 것입니다. 장차 저 간신들은 정말로 모든 땅을 가지고 진나라를 섬길 것입니다. 땅을 가지고 진나라를 섬기는 것은, 비유하면 마치 땔감을 안고 불을 끄는 것과 같습니다. 땔감이 다하지 않는 한 불은 그치지 않는데, 지금 왕의 땅은 다함이 있으나 진나라의 요구는 끝이 없습니다. 이것이 땔감과 불의 이야기입니다."

華軍之戰, 魏不勝秦. 明年, 將使段干崇割地而講. 孫臣謂魏王曰: "魏不
以敗之上割可謂善用不勝矣; 而秦不以勝之上割, 可謂不能用勝矣. 今
處期年乃欲割, 是群臣之私而王不知也. 且夫欲璽者, 段干子也, 王因使
之割地; 欲地者, 秦也, 而王因使之受璽. 夫欲璽者制地, 而欲地者制璽,
其勢必無魏矣. 且夫奸臣固皆欲以地事秦. 以地事秦, 譬猶抱薪而救火
也. 薪不盡, 則火不止. 今王之地有盡, 而秦之求無窮, 是薪火之說也."

(2)

위나라 왕이 말했다.

"좋다. 비록 그렇지만 내가 이미 진나라에 허락했으니 고칠[革=改,
更] 수 없다."

대답하여 말했다.

"왕께서 어찌 도박[博者=博戲, 局戲]에서 (으뜸 패인) 효(梟)[51]를 쓰는
것을 보지 못하십니까? 먹고 싶으면 먹고 쥐고 싶으면 쥐면 됩니다. 지
금 임금께서는 뭇 신하들에게 겁을 먹어 진나라에 허락하면서 그참에
말하시기를 바꿀 수 없다고 하시니, 어찌 지혜를 쓰심이 효 패만 못하
십니까?"

위나라 왕이 말했다.

---

51 포표 주: 승리를 가장 잘 얻는 것과 같다. (오사도가) 보충하여 말한다. 『사기정의』에 이르기를,
팻말 머리에 올빼미가 새겨져 있는데, 던져서 효를 얻으면 그 기물들을 모두 먹을 수 있고, 만일
이롭지 않으면 다른 길로 갈 수도 있다고 했다.(鮑本, 猶上善用勝矣. 補曰: 正義云, 博頭有刻爲
梟鳥形者, 擲得梟者, 合食其子. 若不便, 則爲餘行也.)

"좋다."

이에 단간숭이 가는 것을 그치게[案=止]했다

魏王曰: "善. 雖然, 吾已許秦矣, 不可以革也." 對曰: "王獨不見夫博者之
用梟邪? 欲食則食, 欲握則握. 今君劫於群臣而許秦, 因曰不可革, 何用
智之不若梟也?" 魏王曰: "善." 乃案其行.

화양 싸움에 진 뒤 화의를 위해 땅을 진나라에 바치려 하자, 땅을 바치는 것은 대신
들이 자기 사사로움을 위해 내릴 결정으로서 땅을 주고 안주고는 왕에게 달려 있으
니 주지 말라고 설득하였다. 그런데 『통감강목』에는 '왕이 들어주지 않고 끝내 남양
땅을 주어 화해했다고 되어 있다.(通鑑綱目云, 王不聽, 卒以南陽爲和.)

24-6 제나라가 위나라를 치고 싶어 하다【齊欲伐魏】

(1)

제나라가 위나라를 치고 싶어 하자, 위나라가 사람을 시켜 순우곤
(淳於髡)**52**에게 일러주며 말했다.

---

52 전국시대 때 사람으로, 제(齊)나라 직하(稷下) 출신의 변사이다. 학문이 깊었지만, 익살과 다변
(多辯)으로 더 유명했다. 천한 신분 출신으로 몸도 작고 학문도 잡학(雜學)에 지나지 않았지만,
기지가 넘치는 변설로 제후를 섬겨 사명을 다했고 군주를 풍간(諷諫)하기도 했다. 대부(大夫)가
되었다. 초(楚)나라가 제나라로 쳐들어 왔을 때 조(趙)나라의 병사를 이끌고 이를 구했다고도 한
다. 그의 변론은 『전국책』과 『사기』 「골계열전(滑稽列傳)」에 기록되어 있으며, 『맹자』의 「이루상
(離婁上)」에도 맹자와의 논전이 수록되어 있다. 따오기를 초나라에 전해주라는 제나라 왕의 명
을 받고는 성문을 나선 직후 따오기를 날려 보내고 빈 새장만을 전해주었는데, 초나라 왕에게
말을 잘해서 온전하게 전해주었을 때보다 더 많은 선물을 받고 나왔다고 한다. 또 제나라 선왕
(宣王)이 밤낮으로 술독에 빠져 국정을 돌보지 않자 은어(隱語)로써 설득하여 바로잡기도 했다.

"제나라가 위나라를 치고 싶어 하는데, 능히 위나라의 근심을 풀어 줄 수 있는 사람은 오직 선생뿐입니다. 저희 나라의 보물인 벽옥 2쌍과, 무늬가 있는 말 8필[53]로서 선생께서 청하여 이르도록 하겠습니다."

순우곤이 말했다.

"그러시오."

(순우곤이 대궐에) 들어가서 제나라 왕을 설득하여 말했다.

"초나라는 제나라의 원수이자 적이지만, 위나라는 제나라의 동맹국입니다. 무릇 동맹의 나라를 치는 것은 원수인 적에게 그 (싸우고 난 뒤) 남은 너덜너덜해진 나라를 제압하게 하는 것으로, 이름도 추하고 알맹이도 위태로우니 왕께서 가질 바가 아닙니다."

제나라 왕이 말했다.

"좋소."

이에 위나라를 치지 않았다.

齊欲伐魏, 魏使人謂淳於髡曰: "齊欲伐魏, 能解魏患, 唯先生也. 敝邑有寶璧二雙, 文馬二駟, 請致之先生." 淳於髡曰: "諾." 入說齊王曰: "楚, 齊之仇敵也; 魏, 齊之與國也. 夫伐與國, 使仇敵制其餘敝, 名醜而實危, 爲王弗取也." 齊王曰: "善." 乃不伐魏.

나중에 위(魏)나라로 갔는데, 혜왕(惠王)이 경상(卿相)에 임용하려 했지만 사양하고 떠났다.
53 포표 주: 문(文)이란 털색이 무늬를 이룬 것을 말하며, 말 네 마리를 사(駟)라 한다.(鮑本. 文. 毛色成文. 馬四匹爲駟.)

(2)

손님이 제나라 왕에게 일러 말했다.

"순우곤이 위나라를 치지 말자고 한 것은, 위나라에서 벽옥과 말을 받았기 때문입니다."

왕이 순우곤에게 일러주며 말했다.

"듣자니 선생께서 위나라로부터 벽옥과 말을 받았다고 하는데, 그런 일이 있소?"

말했다.

"있습니다."

"그렇다면 선생의 과인을 위한 계책은 무엇이오?"

순우곤이 말했다.

"위나라를 치는 일이 편치 않다면, 위나라가 비록 (칼로) 저를 찌른다 해도 왕에게 무슨 보탬이 되겠습니까? 만일 정말로 편하다면[不便→便], 위나라가 비록 저를 봉해준다 한들 왕에게 무슨 손해가 되겠습니까? 장차 대왕께서는 동맹국을 쳤다는 비난을 받지 않게 되고, 위나라는 망하는 위태로움을 당하지 않게 되고, 백성은 전쟁의 환난을 입지 않게 되고, 저는 벽옥과 말의 보물을 가지게 되는데, 왕께 무슨 손해가 되겠습니까?"

客謂齊王曰: "淳於髡言不伐魏者, 受魏之璧·馬也." 王以謂淳於髡曰: "聞先生受魏之璧·馬, 有諸?" 曰: "有之." 「然則先生之爲寡人計之何如?" 淳於髡曰: "伐魏之事不便, 魏雖刺髡, 於王何益? 若誠不便, 魏雖封髡, 於王何損? 且夫王無伐與國之誹, 魏無見亡之危, 百姓無被兵之患, 髡有璧·馬之寶, 於王何傷乎?"

순우곤이, 자기가 뇌물을 받고 동맹국인 위나라 치는 것을 막은 일은 제나라 왕에게도 좋고, 위나라에도 좋고, 백성도 좋고, 자기도 보물을 받아서 좋다고 하면서 무엇이 문제냐며 익살스럽게 설득하였다.

24-7 진나라가 장차 위나라를 치려고 하다【秦將伐魏】

(1)

진나라가 장차 위나라를 치려고 했다. 위나라 왕이 이를 듣고 밤에 맹상군(孟嘗君)[54]을 만나 알려주며 말했다.

"진나라가 장차 위나라를 공격한다고 하니, 그대가 과인을 위해 계책을 세운다면 어떻게 하겠는가?"

맹상군이 말했다.

"제후들의 구원이 있으면 나라를 가히 보존할 수 있습니다."

왕이 말했다.

"과인은 그대가 해주기를 바라오."

무겁게 여겨 수레 100승을 준비했다.

秦將伐魏. 魏王聞之, 夜見孟嘗君, 告之曰: "秦且攻魏, 子爲寡人謀, 奈何?" 孟嘗君曰: "有諸侯之救, 則國可存也." 王曰: "寡人愿子之行也." 重爲之約車百乘.

---

54 포표 주: 『사기』「맹상군열전」에 따르면, 제나라 민왕이 교만했기 때문에 (맹상군이) 위나라로 도망치니 위나라에서 그를 재상으로 삼았다고 한다.(鮑本, 本傳, 齊閔驕, 故奔魏, 魏相之.)

(2)

맹상군이 조나라로 가서, 조나라 왕[惠文王]에게 일러 말했다.

"제[文=田文]가 바라건대, 병사를 빌려주시어 위나라를 구원해 주십시오."

조나라 왕이 말했다.

"과인은 할 수 없소."

맹상군이 말했다.

"무릇 감히 병사를 빌리려는 까닭은 왕께 충성하려는 것입니다."

왕이 말했다.

"(이유를) 들을 수 있습니까?"

맹상군이 말했다.

"무릇 조나라 병사가 위나라 병사보다 강할 수는 없으며, 위나라 병사가 조나라보다 약할 수도 없습니다. 그러나 조나라 땅은 해마다 [歲] 위태롭지 않았고 백성들도 해마다 (전쟁으로) 죽어 나가지 않았는데, 위나라 땅은 해마다 위태로웠고 백성들은 해마다 죽어 나갔습니다. 왜 그랬겠습니까? 그 서쪽에서 (위나라가) 조나라를 가려[蔽] 주었기 때문입니다. 지금 조나라가 위나라를 구원하지 않는다면 위나라는 진나라와 피를 입술에 바르는 맹세[歃盟]를 하게 될 것입니다. 이는 강한 진나라와 국경을 맞대는 것이어서, 땅 또한 장차 해마다 위태롭게 되고 백성 또한 장차 해마다 죽어 나갈 것입니다. 이것이 제가 대왕에게 충성하는 까닭입니다."

조나라 왕이 허락하고 병사 10만과 수레 300승을 일으켰다.

孟嘗君之趙, 謂趙王曰: "文願借兵以救魏." 趙王曰: "寡人不能." 孟嘗君

曰: "夫敢借兵者, 以忠王也." 王曰: "可得聞乎?" 孟嘗君曰: "夫趙之兵,
非能強於魏之兵; 魏之兵非能弱於趙也. 然而趙之地不歲危, 而民不歲
死; 而魏之地歲危, 而民歲死者, 何也? 以其西爲趙蔽也. 今趙不救魏,
魏歃盟於秦, 是與強秦爲界也, 地亦且歲危, 民亦且歲死矣. 此文之所
以忠於大王也." 趙王許諾, 爲起兵十萬, 車三百乘.

(3)

다시 북쪽으로 가서 연나라 왕[昭王]을 뵙고 말했다.

"옛날 공자(公子=田嬰)께서 늘 (연나라와 위나라) 두 왕의 교류를 맺
어주었습니다. 지금 진나라가 장차 위나라를 공격하려고 하니, 원컨대
대왕께서 구원해주십시오."

연나라 왕이 말했다.

"내 나라에 (곡식이) 제대로 익지 못한 해가 2년인데, 지금 다시 수
천 리를 가서 위나라를 도와야 하니 장차 어찌해야 해야겠소?"

전문이 말했다.

"무릇 수천 리를 가서 구원하려고 들어가는 것은 이 나라에 이롭
기 때문입니다. 지금 위나라 왕이 도성 문[國門]만 나서도 멀리 있는
(진나라) 군사를 바라볼 수 있는데, (이리 되고 나면) 비록 수천 리를 가서
사람을 구하려 한들 가히 얻을 수 있겠습니까?"

연나라 왕이 여전히 허락하지 않았다. 전문이 말했다.

"신이 왕에게 편한 계책을 바쳤는데도 왕께서는 신의 충심어린 계
책을 쓰지 않으시니, 저는 떠날 것을 청합니다. 천하에 장차 큰 변고가
있을까 두렵습니다."

왕이 말했다.

"큰 변고 이야기를 들을 수 있겠소?"

말했다.

"진나라가 위나라를 공격했는데 (위나라가) 미처 능히 이기지 못한다면 누대는 이미 불태워지고 놀 곳[游]도 이미 빼앗겨 버릴 것입니다. 이때 연나라가 위나라를 구원하지 않는다면 위나라 왕은 뜻을 꺾고[折節] 땅을 잘라서 나라의 반을 진나라에 주게 될 것이며, 진나라는 틀림없이 떠날 것입니다. 진나라가 이미 위나라를 떠나고 나면 위나라 왕은 한나라와 위나라 병사들을 모두 모으고 또 서쪽에서 진나라 병사를 빌리며 그참에 조나라의 무리를 가지고서, 네 나라가 연나라를 공격하게 될 것입니다. 이렇게 되면 왕께는 장차 어떤 이로움이 있겠습니까? 그 이로움이 수천 리를 가서 다른 사람을 돕는 데 있겠습니까, (아니면) 이로움이 연나라 남쪽 문을 나와 적의 군대를 바라보게 되는 데 있겠습니까? 바로 길이 가까워 군량 나르는 것 또한 쉬우니, 왕께서는 무엇을 이롭다 여기십니까?"

연나라 왕이 말했다.

"그대는 떠나시오. 과인이 그대의 말을 들어주겠소."

마침내 이 때문에 병사 8만과 수레 200승을 일으켜 전문을 쫓아갔다.

又北見燕王曰: "先日公子常約兩王之交矣. 今秦且攻魏, 願大王之救之." 燕王曰: "吾歲不熟二年矣, 今又行數千里而以助魏, 且奈何?" 田文曰: "夫行數千里而救人者, 此國之利也. 今魏王出國門而望見軍, 雖欲行數千里而助人可得乎?" 燕王尚未許也. 田文曰: "臣效便計於王, 王不用臣之忠計, 文請行矣. 恐天下之將有大變也." 王曰: "大變可得聞乎?"

曰: "秦攻魏未能克之也, 而臺已燔, 游已奪矣. 而燕不救魏, 魏王折節割地, 以國之半與秦, 秦必去矣. 秦已去魏, 魏王悉韓·魏之兵, 又西借秦兵, 以因趙之衆, 以四國攻燕, 王且何利? 利行數千里而助人乎? 利出燕南門而望見軍乎? 則道里近而輸又易矣, 王何利?" 燕王曰: "子行矣, 寡人聽子." 乃爲之起兵八萬, 車二百乘, 以從田文.

(4)

위나라 왕이 크게 기뻐하며 말했다.

"군이 연나라와 조나라 병사를 아주 많이 그리고 빨리 얻어왔구려."

진나라 왕이 두려워서 땅을 잘라주며 위나라에 강화를 청하자 이로 말미암아 연나라와 조나라의 병사는 돌아갔으니, 그리하여 전문을 봉해주었다.

魏王大說, 曰: "君得燕·趙之兵甚衆且亟矣." 秦王大恐, 割地請講於魏. 因歸燕·趙之兵, 而封田文.

전문은 가히 말을 잘하는 사람이라고 일컬을 수 있다, 그가 조나라를 설득할 때는 가깝게 하면서도 핍박하지 않았고, 그가 연나라를 설득할 때는 곧으면서도 거만하지 않았다. 저 큰소리치거나 헛되이 꾸짖는 것과 비교하면 다르다.(鮑本彪謂: 田文可謂善言者矣. 其說趙也, 邇而不偪. 其說燕也, 直而不倨. 與夫嘵口虛喝者, 異矣.)

24-8 위나라가 장차 진나라와 더불어 한나라를 공격하려 하다

【魏將與秦攻韓】

(1)

위나라가 장차 진나라와 더불어 한나라를 공격하려 하자, 주기(朱己=無忌)가 위나라 왕에게 일러 말했다.

"진나라는 융적(戎翟)과 더불어 풍속이 같아서 호랑이나 이리의 마음이 있으니, 탐내고 우악스럽고 이득을 좋아하지만 믿음이 없으며 예와 마땅함 그리고 덕을 행하는 것을 알지 못합니다. 정말로 이익이 있으면 친척이나 형제도 돌아보지 않으니, 마치 금수와 같을 뿐입니다. 이것은 천하가 같이 알고 있는 바로, 두텁게 베풀어 주거나 덕을 쌓아 줄 수 없습니다. 그러므로 태후는 어머니인데도 걱정으로 죽었고, 양후(穰侯)는 외삼촌[舅]으로서 공이 더 이상 클 수 없는데도 끝내 내쫓겼으며, 두 동생은 죄가 없는데도 다시 봉국을 빼앗겼습니다. 그 친척과 형제에게도 이와 같은데, 하물며 원수이자 대적하는 나라에게 대해서는 어떻겠습니까!

魏將與秦攻韓, 朱己謂魏王曰: "秦與戎翟同俗, 有虎狼之心, 貪戾好利而無信, 不識禮義德行. 苟有利焉, 不顧親戚兄弟, 若禽獸耳. 此天下之所同知也, 非所施厚積德也. 故太后母也, 而以憂死; 穰侯舅也, 功莫大焉, 而竟逐之; 兩弟無罪, 而再奪之國. 此於其親戚兄弟若此, 而又況於仇讎之敵國也.

(2)

지금 대왕께서 진나라와 더불어 한나라를 침으로써 더욱 진나라와 가까워지려는 것을 신은 매우 의아스럽게 여깁니다. 왕께서 알지 못하신다면 눈 밝지 못한 것이고, 뭇 신하들이 알고 있지만 이를 바로잡는 말을 하지 않는 것은 충심이 없는 것입니다.

무릇 저 한나라는 한 명의 여자(女子)가 한 명의 힘없는 임금[桓惠王]을 받들고 있어서[55] 안에 큰 어지러움이 있는데, 밖에서 어찌 능히 강한 진나라와 위나라 병사를 지탱할 수 있겠습니까? 왕께서는 (한나라가) 깨어지지 않을 것이라고 여기십니까? 한나라가 망하고 진나라가 옛 정나라 땅을 남김없이 차지해서 대량(大梁)과 이웃하게 되면 왕께서는 편안하다고 여기시겠습니까? 왕께서는 옛 땅을 얻고 싶어서 지금 강한 진나라의 화근을 업으려 하는데, 왕께서는 이득이라 생각하십니까?

今大王與秦伐韓而益近秦, 臣甚或之, 而王弗識也, 則不明矣. 群臣知之, 而莫以此諫, 則不忠矣. 今夫韓氏以一女子承一弱主, 內有大亂. 外安能支强秦·魏之兵, 王以爲不破乎? 韓亡, 秦盡有鄭地, 與大梁鄰, 王以爲安乎? 王欲得故地, 而今負强秦之禍也, 王以爲利乎?

---

55 (오사도가) 보충하여 말한다: 『대사기』에 이르기를, 「한세가」에는 이 일이 올라있지 않은데, 반드시 이때는 한나라 왕이 어려서 모후가 정권을 쥐고 있었을 것이다. 이때에는 진나라 선태후, 조나라 혜문후, 제나라 왕의 왕후가 모두 정사를 오로지했으니, 한나라 또한 그러했을 것이다.(補曰: 大事記云, 韓世家不載其事, 必是時韓王少, 母后用事也. 愚按, 是時秦宣太后·趙惠文后·齊君王后皆專政, 韓亦然也.)

(3)

진나라는 일이 없는 나라가 아닙니다. 한나라가 망한 뒤에는 반드시 장차 일을 편하게 하려고 할 것이니, 일을 편하게 하려면 반드시 쉬우면서도 이득이 있는 곳[易與利]으로 나아가야 합니다. 쉬우면서도 이득이 있는 곳으로 나아가려면 반드시 초나라와 조나라는 치지 않을 것이니, 이는 무엇 때문입니까?

저 산[太行山]을 넘고 하수(河水)를 건너서[逾=踰] 한나라 상당을 가로질러[絶] 강한 조나라를 치게 되면, 이는 다시 (옛날에 趙奢가 진나라를 무너뜨렸던) 알여(閼與)의 일이 되기 때문에 진나라는 반드시 하지 않을 것입니다. 만일 하내(河內)로 길을 돌려 업(鄴)과 조가(朝歌)을 등지고[倍=背] 장수(漳水)와 부수(滏水)를 가로질러서 조나라 병사와 더불어 한단 성 밖에서 승부를 가린다면, 이는 지백(智伯)의 재앙을 받는 것이기 때문에 진나라는 또한 감히 하지 않을 것입니다. 초나라를 치기 위해서는 길을 건너 산골짜기로 3,000리[三十→三千]를 가서 위태롭고 막힌 요새를 공격해야 하는데, 가야 할 바가 아주 멀고 공격할 바가 아주 어렵기 때문에 진나라는 또한 하지 않을 것입니다. 만일 하외(河外)로 길을 돌려 대량을 등진 채로 오른쪽으로 상채(上蔡)와 소릉(召陵)을 돌아서 초나라 병사와 더불어 진의 성 밖[陳郊]에서 겨루는 일 또한 진나라는 감히 하지 않을 것입니다.

그러므로 말하기를, 반드시 초나라와 조나라를 치지 않고 또 위(衛)나라와 제나라를 공격하지 않는다고 한 것입니다. 한나라가 망한 뒤에 병사를 내는 날이 오더라도 위(魏)나라가 아니면 공격하지 않을 것입니다.

秦非無事之國也, 韓亡之後, 必且便事; 便事, 必就易與利; 就易與利, 必
不伐楚與趙矣. 是何也? 夫越山逾河, 絕韓之上黨而攻強趙, 則是復閼
與之事也, 秦必不爲也. 若道河內, 倍鄴·朝歌, 絕漳·滏之水, 而以與趙
兵決勝於邯鄲之郊, 是受智伯之禍也. 秦又不敢. 伐楚, 道涉而谷行三十
里, 而攻危隘之塞, 所行者甚遠, 而所攻者甚難, 秦又弗爲也. 若道河外,
背大梁, 而右上蔡·召陵, 以與楚兵決於陳郊, 秦又不敢也. 故曰, 秦必
不伐楚與趙矣, 又不攻衛與齊矣. 韓亡之後, 兵出之日, 非魏無攻矣.

(4)

진나라는 전부터 지니고 있던 회(懷), 지[地→茅], 형구(刑丘)를 지
나 무너진 나루에 성을 쌓아서[城垝津] (위나라 땅인) 하내(河內)를 압박
하면(臨), 하내의 공(共), 급(汲)만큼 위태로운 땅이 없습니다. 진나라에
정(鄭) 땅이 있는데, 원옹(垣雍)을 얻어 형택(滎澤)의 물길을 터서 대량
(大梁)에 물을 대면 대량은 반드시 없어집니다.

왕의 사자(使者)가 크게 잘못을 했었는데, 이에 진나라에 안릉씨
(安陵氏)를 헐뜯었기 때문에 진나라가 그들을 주살하고[許→誅] 싶어
한 지가 오래되었습니다. 그런데 진나라 땅인 섭양(葉陽), 곤양(昆陽)이
(안릉의 봉지인) 무양(舞陽), 고릉(高陵)과 이웃이 되자, 사자의 악담을 들
어주어 안릉씨를 쫓아가서 그들을 없애버렸습니다. 진나라가 무양의
북쪽을 감싸고[繞] 동쪽으로 가서 허를 압박하면 남쪽 (한)나라는 반
드시 위태로워집니다. 남쪽 나라가 비록 위태롭지 않다 해도 위나라가
어찌 편안함을 얻겠습니까? 또 저 한나라를 미워해서 안릉씨를 받아
들이지 않은 것은 그럴 수 있다고 해도, 저 진나라가 남쪽 나라를 아끼
지 않는 것을 근심조차 하지 않는 것은 잘못입니다.

秦故有懷·地·刑丘之, 城垝津, 而以之臨河內, 河內之共·汲莫不危矣.
秦有鄭地, 得垣雍, 決熒澤, 而水大梁, 大梁必亡矣. 王之使者大過矣,
乃惡安陵氏於秦, 秦之欲許之久矣. 然而秦之葉陽·昆陽與舞陽·高陵
鄰, 聽使者之惡也, 隨安陵氏而欲亡之. 秦繞舞陽之北, 以東臨許, 則南
國必危矣. 南國雖無危, 則魏國豈得安哉? 且夫憎韓不受安陵氏可也,
夫不患秦之不愛南國非也.

(5)

　지난날[異日] 진나라가 하수 서쪽에 있었을 때는 진(晉)나라와 양
(梁) 땅의 거리가 1,000리 정도였고 그 사이에 주나라와 한나라가 있었
습니다. 임향[林=林鄉]에 군진을 치고부터 지금에 이르기까지 진나라
는 열 차례 위나라를 공격해서 다섯 차례 도성 안[國中]으로 들어 왔
는데, 변방의 성들이 남김없이 뽑혔습니다. 문대(文臺)가 무너지고 수
도(垂都)가 불탔으며 숲의 나무를 베어내어 사슴들이 다 없어졌고 도
성[國]이 계속 에워싸였습니다. 또 양나라 북쪽을 오랫동안 달려 동쪽
으로 가서 도(陶)와 위(衛)의 성 밖에 이르고 북쪽으로 가서 함(闞)에
이르렀으니, 진나라에게 없어진 곳을 헤아리자면 산북(山北), 하외(河
外), 하내(河內)의 큰 현은 백 단위가 되고 이름 있는 도읍은 십 단위가
될 정도입니다.

　진나라가 하수 서쪽에 있었을 때는 진(晉)나라와 양(梁) 땅의 거리
가 1,000리였는데도 오히려 재앙이 이와 같았습니다. 하물며 (지금) 진
나라에게는 한나라가 없고 정(鄭) 땅이 있으며, 하수(河水)와 산이 막
아주지 못하며, 주나라와 한나라가 사이에 끼어있지도 않습니다. 대량
에서 떨어진 거리는 100리밖에 안 되니, 그 재앙은 틀림없이 (진나라가

하수 서쪽에 있었던) 그때의 100배일 것입니다.

지난날 합종이 이루어지지 않으니, 초나라와 위나라는 의심하였고 한나라는 어쩔 수 없이 약속을 맺지 못했습니다. 지금 한나라가 병난[兵=兵難]을 받은 지 3년입니다. 진나라는 흔들면서 강화하자고 하지만, 한나라는 망하게 될 것을 알기에 오히려 들어주지 않고 있습니다. 그러면서 인질을 보내어 조나라와 만나고, 천하를 위해 차례로 나아가서[雁行] 칼날을 둔하게[頓刃] 해주기를 청하고 있습니다. 신이 살펴보건대, 초나라와 위나라는 반드시 (연나라와) 더불어 공격할 것입니다. 이것은 왜 그렇겠습니까? 모두 진나라가 끝이 없어서, 천하의 병사를 남김없이 없애고 세상[海內]의 모두 백성을 신하로 삼지 않으면 반드시 멈추지 않을 것임을 알고 있기 때문입니다. 이런 까닭으로 신은 왕께서 합종의 일을 따르기를 바라고 있으니, 왕께서 빨리 초나라와 조나라의 약속을 받아들이고 한나라(와 위나라)의 인질을 옆에 끼고서 한나라 보존을 위해 힘쓰시며, 그참에 한나라에게 옛 땅을 요구하시면 한나라는 반드시 바치게 될 것입니다. 이와 같이 하면 선비와 백성의 힘을 들이지 않고도 옛 땅을 얻게 되어 그 공업이 진나라와 더불어서 같이 한나라를 치는 것보다 많게 되고, 강한 진나라와 더불어 이웃이 되는 재앙이 없게 됩니다.

異日者, 秦乃在河西, 晉國之去梁也, 千里有餘, 河山以蘭之, 有周·韓而間之. 從林軍以至於今, 秦十攻魏, 五入國中, 邊城盡拔. 文臺墮, 垂都焚, 林木伐, 麋鹿盡, 而國繼以圍. 又長驅梁北, 東至陶·衛之郊, 北至乎闕, 所亡乎秦者, 山北·河外·河內, 大縣數百, 名都數十: 秦乃在河西, 晉國之去大梁也尙千里, 而禍若是矣. 又況於使秦無韓而有鄭地, 無河山

334

以蘭之, 無周·韓以間之, 去大梁百里, 禍必百此矣. 異日者, 從之不成
矣, 楚·魏疑而韓不可得而約也. 今韓受兵三年矣, 秦撓之以講, 韓知亡,
猶弗聽, 投質遇趙, 而請爲天下雁行頓刃. 以臣之觀之, 則楚·趙必與之
攻矣. 此何也? 則皆知秦之無窮也, 非盡亡天下之兵, 而臣海內之民, 必
不休矣. 是故臣願以從事乎王, 王速受楚·趙之約, 而挾韓·魏之質, 以
存韓爲務, 因求故地於韓, 韓必效之. 如此則士民不勞而故地得, 其功多
於與秦共伐韓, 然而無與强秦鄰之禍.

(6)

무릇 한나라를 보존하고 위나라를 편안케 해서 천하를 이롭게 할
수 있으니, 이것은 정말로 왕에게 큰 기회가 될 뿐입니다. 한나라 상당
(上黨)을 공(共)과 막(莫)에 통하게 하여, 길이 열리면 그참에 관문을
만들어서 들고나는 사람에게 세금을 매길 수 있습니다. 이렇게 하면
위나라는 한나라가 지닌 상당 땅을 바탕으로 해서 무거워질 것입니다.
같이 세금을 거두어 같이 부유해질 수 있으니, 한나라는 반드시 위나
라에게 은덕을 주고 위나라를 아끼며 위나라를 무겁게 여기고 위나라
를 두려워하게 됩니다. 한나라는 틀림없이 감히 위나라를 배반하지 못
하게 될 것이니, 이에 한나라는 위나라의 현(縣)과 같이 됩니다. 위나라
가 한나라를 얻어 현처럼 여기면 위(衛), 대량(大梁)과 하외(河外)는 반
드시 편안해질 것입니다. 지금 한나라를 보존하지 못하면, 두 주(周)나
라는 반드시 위태로워지고 안릉(安陵) 땅은 (주인이) 반드시 바뀝니다.
그리하여 초나라와 조나라가 크게 깨어지고 위나라와 제나라가 매우
두려워하면, 천하가 서쪽을 향해 진나라로 치달려서 입조해 신하가 되
는 날이 멀지 않게 됩니다."

夫存韓安魏而利天下, 此亦王之大時已. 通韓之上黨於共 · 莫, 使道已
通, 因而關之, 出入者賦之, 是魏重質韓以其上黨也. 共有其賦, 足以富
國, 韓必德魏 · 愛魏 · 重魏 · 畏魏, 韓必不敢反魏. 韓是魏之縣也. 魏得
韓以爲縣, 則衛 · 大梁 · 河外必安矣. 今不存韓, 則二周必危, 安陵必易.
楚 · 趙楚大破, 衛 · 齊甚畏, 天下之西鄉而馳秦, 入朝爲臣之日不久."

위나라가 진나라와 더불어 한나라를 공격하려 하자 주기가, 진나라는 탐욕스러워
서 한나라가 사라지고 나면 다음 대상으로 위나라를 선택할 것이 자명하므로 한나
라를 도와서 보존해주고 위나라와 한나라 사이에 천하로 통하는 관문을 만들라고
위나라 왕에게 설득하였다. 관문을 만들어 이익을 챙기면 나라가 부유해지고 한나
라를 위나라에 종속되게 만들 수 있기 때문이다.

24-9 섭양군이 위나라와 약속을 맺다【葉陽君約魏】

(조나라) 섭양군(葉陽君=奉陽君=李兌)이 위나라와 약속을 맺자 위
나라 왕이 장차 그 아들을 봉해주려 했는데, (누군가가) 위나라 왕에게
일러주며 말했다.

"왕께서 일찍이 몸소 장수(漳水)를 건너서 한단에 조현한 뒤 갈
(葛), 설(薛), 음(陰), 성(成) 땅을 끌어안고 조나라에게 (왕의 개인 봉지인)
양읍(養邑)까지 주었지만, 조나라는 왕에게 준 것이 없습니다. 왕께서
능히 또다시 그 아들을 하양[間陽→河陽]과 고밀[姑衣→姑密]에 봉하
려 하십니까? 신은 왕께서 가져가실 바가 아니라고 생각합니다."

위나라 왕이 이에 멈추게 했다.

葉陽君約魏, 魏王將封其子, 謂魏王曰: "王嘗身濟漳, 朝邯鄲, 抱葛薛·
陰·成以爲趙養邑, 而趙無爲王有也. 王能又封其子問陽姑衣乎? 臣爲
王不取也." 魏王乃止.

위나라 왕이 조나라에게 계속 땅을 떼어주려 하자, 한 신하가 조나라로부터 받은 것
이 없다는 점을 상기시키며 말렸다.

24-10 진나라가 조나라에게 위나라를 공격하게 하다【秦使趙攻魏】

진나라가 조나라에게 위나라를 공격하게 하자, 위나라가 조나라
왕[惠文王]에게 일러주며 말했다.

"위나라를 공격하는 것은 조나라가 망하는 시작입니다. 옛날 진
(晉)나라 사람이 우(虞)나라를 망하게 하고자 괵(虢)나라를 쳤으니, 괵
나라를 친 것은 우나라가 망하는 시작이었습니다.

옛날 순식(荀息)이 말과 벽옥으로 우나라에 길을 빌렸는데, 궁지기
(宮之奇)가 간언했지만 들어주지 않고 끝내 진나라에 길을 빌려주었습
니다. 그랬더니 진나라 사람들은 괵나라를 치고서 돌아오는 길에 우나
라까지 차지하고 말았습니다. 그러므로 『춘추(春秋)』에서는 기록하기
를, 우나라 임금[虞公]에게 죄가 있다고 하였습니다.

지금 나라 중에 조나라보다 강한 나라가 없습니다. 제나라, 진나라
를 아우르고 있으며, 왕께서는 뛰어나시고 명성이 있는[有聲] 분이 (다
스림을) 돕고 있습니다. (그러므로 진나라에게) 뱃속의 질병이라고 여겨지
는 나라는 조나라입니다. 위나라는 조나라에게 괵나라이고, 조나라는

위나라에게 우나라입니다. 진나라 말을 들어 위나라를 공격하는 것은 우나라가 하는 짓입니다. 원컨대 왕께서는 깊이 헤아려주십시오."

秦使趙攻魏, 魏謂趙王曰: "攻魏者, 亡趙之始也. 昔者, 晉人欲亡虞而伐虢, 伐虢者, 亡虞之始也. 故荀息以馬與璧假道於虞, 宮之奇諫而不聽, 卒假晉道. 晉人伐虢, 反而取虞. 故春秋書之, 以罪虞公. 今國莫強於趙, 而并齊·秦, 王賢而有聲者相之, 所以爲腹心之疾者, 趙也. 魏者, 趙之虢也; 趙者, 魏之虞也. 聽秦而攻魏者, 虞之爲也. 願王之熟計之也."

순망치한(脣亡齒寒): 『춘추좌씨전(春秋左氏傳)』 희공(僖公) 5년에 나오는 말이다. 춘추시대 말엽(기원전 655년), 진(晉)나라 헌공(獻公)은 괵(虢)나라를 공격할 야심을 품고 우(虞)나라 임금에게 그곳을 지나도록 허락해줄 것을 요청했다. 우나라의 현인 궁지기(宮之奇)가 헌공의 속셈을 알고 우왕에게 간언했다. "괵나라와 우나라는 한 몸이나 다름없는 사이라, 괵나라가 망하면 우나라도 망할 것입니다. 옛 속담에도 수레의 짐받이 판자와 수레는 서로 의지하고(輔車相依), 입술이 없어지면 이가 시리다(脣亡齒寒)고 했습니다. 이는 바로 괵나라와 우나라의 관계를 말한 것입니다. 결코 길을 빌려주어서는 안 될 것입니다." 그러나 뇌물에 눈이 어두워진 우나라 임금은 "진과 우리는 동종(同宗)의 나라인데 어찌 우리를 해치겠소?"라며 듣지 않았다. 궁지기는 후환이 두려워 "우나라는 올해를 넘기지 못할 것이다"라는 말을 남기고 가족과 함께 우나라를 떠났다. 진나라는 궁지기의 예견대로 12월에 괵나라를 정벌하고 돌아오는 길에 우나라까지 정복하고 우나라 임금을 사로잡아버렸다.

24-11 위나라 태자가 초나라에 머무르다【魏太子在楚】

(1)

위나라 태자[공자 政=魏昭王]가 초나라에 머물렀는데, 언릉(鄢陵)에서 (누군가가 태자를 따라온) 누자(樓子=樓鼻=樓[56][57])에게 일러 말했다.

"공은 반드시 장차 제나라와 초나라가 힘을 모아 (위나라 땅인) 피지 (皮氏)를 구원해주기를 기다리고 있겠지만, 지금 제나라와 초나라의 이치로는 반드시 힘을 모으지 못할 것입니다. 저 (위나라 재상인) 적자 (翟子=翟强)가 나라에서 미움을 받는 것은 그대가 없기 때문입니다. 그의 사람들 모두가 제나라와 진나라가 힘을 모아 초나라를 손에 쥐고서 그대를 가볍게 하려고 하니, 공은 반드시 제나라 왕에게 일러서 말하기를, '위나라가 병난(兵難)을 받게 된 것은 실로 진나라가 앞장서서 (위나라를) 치자고 한 것이 아니라, 초나라에서 위나라가 왕을 섬기는 것을 미워해서 진나라에 권하여 위나라를 공격하게 한 것입니다'라고 하십시오. 제나라 왕[閔王]이 그런 까닭으로 초나라를 치고 싶어 하고 또한 (초나라가) 자기를 잘 대하지 않는 것에 화가 나 있기 때문에, 반드시 위나라에게 땅을 가지고 진나라에 청하여 화해하도록 권할 것입니다. (초나라는) 장자(張子=張儀)의 강한 위세로써 진나라와 한나라로부터 무겁게 여겨졌지만 제나라 왕이 미워하기 때문에 위나라 왕[襄王]

---

56 전국시대 진(秦)나라 사람으로, 진나라 혜문군(惠文君)의 이복동생이고 이름은 질(疾)이다. 위남 (渭南) 음향(陰鄉)의 저리(樗里)에 살아서 저리자라 했고, 저리질(樗里疾)이라고 부른다. 변설(辨 說)에 능하고 해학이 풍부하면서 지혜가 많아 진나라 사람들이 지낭(智囊)으로 불렀다. 혜문군 8년 우경(右更)이 되었고, 경원(更元) 13년 조(趙)나라와 초(楚)나라를 공격하는 데 공을 세워 엄 군(嚴君)에 봉해졌다. 진나라 무왕(武王) 2년에 우승상(右丞相)이 되었다.

57 표요 주: 합종을 따르는 사람을 가리킨다. (오사도가) 보충하여 말한다: "자공이 누구인지는 알 수 없다."(鮑本, 指合從之人. 補曰: 茲公未詳.)

은 감히 의지할 수 없습니다.

(다만) 지금 제나라와 진나라를 무겁게 여기고 초나라를 밀쳐내어서 그대가 가볍게 되는 것을 신은 그대를 위해 걱정하고 있습니다. (제나라와 위나라가) 고르게 땅을 내어줌으로써 진나라와 화해하더라도 어찌 초나라로부터 말미암겠습니까? 진나라가 빠르게 초나라를 공격해서 초나라가 병사를 돌리게 되면 위나라 왕은 반드시 두려워할 것입니다. 공이 그참에 분수(汾水) 북쪽을 진나라에 주어 화해하시고 모여서 가깝게 지내면서 제나라를 외롭게 만들면, 진나라와 초나라가 공을 무겁게 여겨서 그대는 틀림없이 (위나라의) 재상이 될 수 있습니다. 신이 생각하기에 진나라 왕과 저리질(樗里疾)도 이를 바랄 터이니, 신이 공을 위해 그들을 설득할 것을 청합니다."

魏太子在楚. 謂樓子於鄢陵曰: "公必且待齊·楚之合也, 以救皮氏. 今齊·楚之理, 必不合矣. 彼翟子之所惡於國者, 無公矣. 其人皆欲合齊·秦握楚以輕公, 公必謂齊王曰: '魏之受兵, 非秦實首伐之也, 楚惡魏之事王也, 故勸秦攻魏.' 齊王故欲伐楚, 而又怒其不己善也, 必令魏以地聽秦而爲和. 以張子之强, 有秦·韓之重, 齊王惡之, 而魏王不敢據也. 今以齊·秦之重, 外楚以輕公, 臣爲公患之. 鈞之出地, 以爲和於秦也, 豈若由楚乎? 秦疾攻楚, 楚還兵, 魏王必懼, 公因寄汾北以予秦而爲和, 合親以孤齊, 秦·楚重公, 公必爲相矣. 臣意秦王與樗里疾之欲之也, 臣請爲公說之."

(2)

이에 저리자(樗里子=樗里疾)[58]에게 청하여 말했다.

"피지(皮氏) 땅을 공격하는 것, 이것은 왕께서 맨 앞에 두는 일입니다. 그런데도 뽑아내지 못한다면 천하는 장차 이를 가지고 진나라를 가벼이 여길 것입니다. 또 피지를 가지게 되면 한나라와 위나라를 공격하기에도 이롭습니다."

저리자가 말했다.

"내가 이미 위나라와 합쳤으니 쓸모가 없습니다."

대답하여 말했다.

"신이 원컨대 비루한 마음으로 그대의 마음을 생각해보겠으니, 공은 죄라 여기지 마십시오. 피지를 갖는 것이 나라의 큰 이득인데도 위나라에 주었던 것은, 공이 끝내 스스로 지킬 수 없다고 여겼기 때문입니다. 그래서 이를 위나라에 주었던 것입니다. 지금 공의 힘은 이를 지키고도 남습니다만, 어떤 까닭으로 갖지 않으시는 것입니까?"

저리자가 말했다.

"어쩌란 말이오?"

말했다.

"위나라 왕이 의지하는 나라는 제나라와 초나라이며, 쓰는 자는 누비(樓鼻=樓鼻)와 적강(翟强)입니다. 지금 제나라 왕이 위나라 왕에게 일러 말하기를, '제나라를 공격에 말려들게[講→搆] 하려 한다는 것이

---

58 (오사도가) 바로잡아 말한다: 북영(北郢)은 초나라의 의성(宜城)으로, 곧 군(郡)이다. 『사기』 「위염전」에 "북택으로 들어가 마침내 대량을 에워쌌다"로 되어 있는데, 여기에는 잘못 바뀌어 "북영에 올라탔다"로 되어 있다.(正曰: 北郢乃楚之宜城, 即郡也. 史魏冉傳, "入北宅, 遂圍大梁", 此訛爲 "乘北郢"也.)

왕의 병사들 이야기이니, 그래서 구원하지 않겠소'라고 했습니다. (또) 초나라 왕은 위나라가 누자를 쓰지 않고 적강을 시켜서 (제나라와 진나라를) 화해하게 만든 것에 화를 내어 원망스런 얼굴로 교류를 끊어버렸습니다. 위나라 왕은 망할 것을 두려워하고 있으며, 적강은 제나라와 진나라를 합치고 초나라를 밀어냄으로써 누비를 가볍게 만들고 있습니다.

공께서 위나라의 화해를 어루만지면서, 다른 사람을 시켜 누자에게 일러 말하기를 '그대가 능히 분수 북쪽을 나에게 줄 수 있겠소? 청컨대 초나라와 합하고 제나라를 밀어내어 이로써 공을 무겁게 하는 것, 이것이 내가 할 일이오'라고 하시는 것만 못합니다. 누자와 초나라 왕은 반드시 빨리 처리할 것입니다. 또 다시 적자에게 일러 '그대는 능히 분수 북쪽을 나에게 줄 수 있겠소? 반드시 제나라와 힘을 모으고 초나라를 밀어냄으로써 그대를 무겁게 하겠소'라고 하십시오. 적강과 제나라 왕은 반드시 빠르게 일할 것입니다. 이는 공께서 밖으로는 초나라와 제나라를 얻어서 부리시고[用] 안으로는 누비와 적강을 보좌하게 하시는 것이니, 무슨 까닭으로 하동에 땅을 갖지 못할 수 있겠습니까?"

乃請樗里子曰: "攻皮氏, 此王之首事也, 而不能拔, 天下且以此輕秦. 且有皮氏, 於以攻韓·魏, 利也." 樗里子曰: "吾已合魏矣, 無所用之." 對曰: "臣愿以鄙心意公, 公無以爲罪. 有皮氏, 國之大利也, 而以與魏, 公終自以爲不能守也, 故以與魏. 今公之力有餘守之, 何故而弗有也?" 樗里子

曰: "奈何?" 曰: "魏王之所恃者, 齊·楚也; 所用者, 樓[59][60]·翟强也. 今齊

王謂魏王曰: '欲講攻於齊王兵之辭也, 是弗救矣.' 楚王怒於魏之不用

樓子, 而使翟强爲和也, 怨顔已絶之矣. 魏王之懼也見亡, 翟强欲合齊·

秦外楚, 以輕樓[61][62]; 樓[63][64]欲合秦·楚外齊, 以輕翟强. 公不如按魏之和,

使人謂樓子曰: '子能以汾北與我乎? 請合於楚外齊, 以重公也, 此吾事

也.' 樓子與楚王必疾矣. 又謂翟子: '子能以汾北與我乎? 必爲合於齊外

於楚, 以重公也.' 翟强與齊王必疾矣. 是公外得齊·楚以爲用, 內得樓[65]

[66]·翟强以爲佐, 何故不能有地於河東乎?"

위나라 내부가 분열되어서 태자와 누비는 초나라에 의지하고 재상인 적강은 제나

---

59 전국시대 위(魏)나라 사람으로, 이름은 단(丹)이고 규는 자이다. 위나라 혜왕(惠王)의 신하로 있
으면서 축성과 수리(水利)를 전담했는데, 스스로 우(禹)보다 낫다고 자부했다. 전세(田稅)를 줄여
20분의 1로 해야 한다고 주장했다. 일설에는 상업으로 치부(致富)한 백규와 같은 인물이라고도
한다.

60 진나라 신하인 미융(芈戎)으로, 선태후(宣太后)의 동생이자 진나라 소왕(昭王)의 외삼촌이다. 먼
저 화양군(華陽君)에 봉해졌다가 다시 신성군(新城君)에 봉해졌다.

61 포표 주: 여러 나라를 가지고 살피고 고찰하여 행한다는 것으로, 저 사람들과 나를 살핀다는 말
이다.(鮑本, 以諸國參考而行, 言參彼己也.)

62 포표 주: 구(構)란 연합하여 싸운다는 뜻이니, 조나라를 거두어 도와주면 조나라는 반드시 진나
라와 싸우게 될 것이라는 말이다.(鮑本, 構者, 合其戰也. 收趙而助之, 趙必與秦合戰)

63 포표 주: 조나라를 거두지 않으면 조나라가 홀로 헐고 꺾어진 병사로써 진나라에 대적할 수는
없을 것이라는 말이다.(鮑本, 言不收趙, 趙不能以毁折之兵獨與秦合戰.)

64 (오사도가) 바로잡아 말한다: (포표의) 주에서는 '비지(鼻之)'를 이름이라 하였으나 잘못이다. ('지'
자는) 다음에 이어지는 두 '지(之)'자와 마찬가지로 어세를 돕는 글자이다. 관비는 아마도 누비(樓
鼻)인 듯하니, 관계된 설은 앞에 보인다.(正曰: 註作'鼻之'名, 謬. 下兩'之'字亦語助. 管鼻恐即樓
鼻, 說見前.)

65 포표 주: '폐(蔽)'자는 '소(蘇)'자가 되어야 한다. 진나라가 가볍게 여겨서 나무하고 풀 베는 허드
렛일 하는 자조차 주지 않았다는 말이다.(鮑本, 蔽作蘇, 言秦輕之, 無與爲樵蘇者.)

66 (오사도가) 바로잡아 말한다: 현자(見者)란 윗사람이 아랫사람을 불러서 만나고자 할 때 그 명령
을 전하는 신하를 말하니, 의례에 그 신하로 하여금 현자의 색부(嗇夫)로 삼아서 그 사이에서 살
피게 했다. 보충하여 말한다: 색부란, 『서경』의 주석에 "폐백을 주관하는 관리"라고 하였다. 진나
라 직제에 따르면, 마을마다 색부를 두어 옥송을 맡고 부세를 거두게 하였다.(正曰: 見者, 謂引見
傳命之臣. 儀使其臣爲見者之嗇夫, 以間伺之. 補曰: 嗇夫, 書註, "主幣之官", 秦制, 鄉有嗇夫, 職
獄訟, 收賦稅.)

라에 의지해서 진나라에 잘 보이기 위해 서로 다투고 있는데, 어떤 자가 진나라 저

리자에게 이런 상황을 이용하여 필요한 땅을 얻어내는 계책을 알려주었다.

위책 4
魏策

25-1 진나라 왕에게 글을 바치다【獻書秦王】

(누군가가) 진나라 왕[昭襄王]에게 글을 바쳐 말했다.

"옛날 몰래 듣기로 대왕께는 양나라로 병사를 내보내려는 모책이 있다 하는데, 모책이 잘 헤아리고 나온 것이 아니라서 걱정스러우니 원컨대 대왕께서 충분히 헤아려 주십시오.

양나라는 산동의 허리입니다. 여기에 뱀이 있는데 그 꼬리를 치면 그 머리가 구원해 주고 그 머리를 치면 그 꼬리가 구원해 주며 그 가운데 몸통을 치면 머리와 꼬리가 모두 구원해 줍니다. 지금 양나라 왕은 천하에서 가운데 몸통입니다. 진나라가 양나라를 공격하는 것은, 이는 천하에게 산동의 척추를 끊고자 함을 보여주는 것이지만, (한편으로) 이는 산동의 머리와 꼬리 모두가 몸통을 구원할 수 있는 기회[時]이기도 합니다. 산동이 망하게 되면 반드시 두려울 것이고, 두려우면 반드시 크게 힘을 모으게 되어 산동은 오히려 강해지니, 신이 볼 때 진나라는 반드시 큰 걱정을 가히 서서 기다려야 합니다.

신이 몰래 대왕을 위해 계책을 세운다면, 남쪽으로 (병사를) 내는 것만 못합니다. 남쪽 방향에서 일을 벌인다면 그 병사가 약해서 천하가 반드시 구원할 수 없을 것이니, 땅을 넓힐 수 있고 나라를 부유하게 할 수 있으며 병사를 강하게 할 수 있고 임금을 높일 수도 있습니다. 왕께서는 탕왕이 걸왕을 친 것을 듣지 못하셨습니까? 시험 삼아 약한 밀수씨(密須氏)에게 힘으로 가르침을 줌으로써 밀수씨를 얻고 탕왕은 걸왕을 복속시켰습니다. 지금 진나라는 산동과 원수가 되고 있습니다. 먼저 약한 나라에게 힘으로 가르치지 않는다면 병사가 크게 꺾이고 나라에는 틀림없이 큰 근심이 생길 것입니다."

진나라가 과연 남쪽으로 가서 남전(藍田), 언(鄢), 영(郢) 땅을 공격하였다.

獻書秦王曰: "昔竊聞大王之謀出事於梁, 謀恐不出於計矣, 願大王之熟計之也. 梁者, 山東之要也. 有蛇於此, 擊其尾, 其首救; 擊其首, 其尾救; 擊其中身首尾皆救. 今梁王, 天下之中身也. 秦攻梁者, 是示天下要斷山東之脊也, 是山東首尾皆救中身之時也. 山東見亡必恐, 恐必大合, 山東尙强, 臣見秦之必大憂可立而待也. 臣竊爲大王計, 不如南出. 事於南方, 其兵弱, 天下必能救, 地可廣大, 國可富, 兵可强, 主可尊. 王不聞湯之伐桀乎? 試之弱密須氏以爲武敎, 得密須氏而湯之服桀矣. 今秦國與山東爲讎, 不先以弱爲武敎, 兵必大挫, 國必大憂." 秦果南攻藍田 · 鄢 · 郢.

진나라가 위(魏)나라를 치려 하자, 위나라는 삼진의 가운데에 위치해 있어서 한나라와 위(衛)나라가 서로 도우려 할 것이므로 먼저 약한 초나라를 치는 것이 좋겠다는 글을 올렸다.

25-2 8년에, 위나라 왕에게 일러주다【八年謂魏王】

8년에, (누군가가) 위나라 왕에게 일러주며 말했다.

"옛날 조(曹)나라가 제나라에 기대어 진(晉)나라를 가볍게 여겼는데, 제나라가 희(釐)와 거(莒)나라를 치자 진(晉)나라 사람들이 조(曹)나라를 없앴습니다. 증(繒)나라는 제나라에 기대어 월나라를 사납게 대하다가, 제나라에서 (전화가 왕위를 빼앗은) 화자(和子=田和)의 난이 생기는 틈에 월나라가 증나라를 없애버렸습니다. 정(鄭)나라는 위나라에 기대어 한나라를 가볍게 대하다가, (위나라가) 유관(楡關)을 치자 한나라가 정나라를 없앴습니다. 원(原)나라는 진(秦)나라와 적(翟)나라에 기대어 진(晉)나라를 가볍게 대하다가, 진나라와 적나라에 크게 흉년이 들었을 때 진(晉)나라가 원나라를 없애버렸습니다. 중산국은 제나라와 위나라에 기대어 조나라를 가볍게 대하다가, 제나라와 위나라가 초나라를 치는 사이에 조나라가 중산국을 없애버렸습니다. 이 다섯 나라가 없어진 이유는 모두가 (다른 나라에) 기댔기(恃) 때문입니다. 단지 이 다섯 나라만 그러한 것이 아니라, 천하에서 없어진 나라는 (모두) 그러합니다.

무릇 나라가 기대지 말아야 할 까닭은 많은데, 그 변화를 헤아릴 수 없기 때문입니다. 혹 다스림과 교화를 닦지 못했거나 위아래가 모이지 못했으면 기대서는 안 되며, 혹은 제후의 이웃나라에 우환이 있으면 기대서는 안 되며, 혹은 그해 수확을 받들지 못해서 쌓아둔 것이 남김없이 없어지면 기대서는 안 되며, 혹은 이로움에서 옮겨가서 재앙과 견주게 되면 기대서는 안 됩니다. 신은 이것으로써 나라는 반드시 (다른 나라에) 기대서는 안 된다는 것을 알았습니다. 지금 왕께서 초나라가 강한 것에 기대고 (초나라 재상인) 춘신군(春申君=黃歇)의 말을 믿으면서 이를 가지고 진나라를 밀쳐내고[質=賓] 있으니, 오랜 뒤에는 [久=後] (어찌 될지) 알 수 없습니다. 만약 춘신군에게 변고가 있으면 이에 왕께서는 홀로 진나라의 근심을 받아야 합니다. 곧 왕께서는 만승의 나라를 가지고 있지만 한 사람의 마음을 명(命)처럼 여기고 있는 것입니다. 신이 이를 가지고 완전하지 못하다고 여기니, 원컨대 왕께서는 충분히 헤아려 주십시오."

八年, 謂魏王曰: "昔曹恃齊而輕晉, 齊伐釐·莒而晉人亡曹. 繒恃齊以悍越, 齊和子亂而越人亡繒. 鄭恃魏以輕韓, 伐楡關而韓氏亡鄭. 原恃秦·翟以輕晉, 秦·翟年穀大凶而晉人亡原. 中山恃齊·魏以輕趙, 齊·魏伐楚而趙亡中山. 此五國所以亡者, 皆其所恃也. 非獨此五國爲然而已也, 天下之亡國皆然矣. 夫國之所以不可恃者多, 其變不可勝數也. 或以政教不修, 上下不輯, 而不可恃者; 或有諸侯鄰國之虞, 而不可恃者; 或以年穀不奉, 畜積竭盡, 而不可恃者; 或化於利, 比於患. 臣以此知國之不可必恃也. 今王恃楚之強, 而信春申君之言, 以是質秦, 而久不可知. 即春申君有變, 是王獨受秦患也. 即王有萬乘之國, 而以一人之心爲命也. 臣以此爲不完, 愿王之熟計之也."

남을 믿고 기댔던 나라는 모두 망했는데, 위나라는 초나라와 춘신군에 기대어 진나라를 손님처럼 대하고 있으니 나중에 상황이 바뀔 것을 미리 대비해야 한다.

25-3 위나라 왕이 장모에게 묻다【魏王問張旄】

위나라 왕이 장모(張旄)에게 물어보면서 말했다.

"내가 진나라와 함께 한나라를 치고자 하는데, 어떠한가?"

장모가 대답하여 말했다.

"한나라가 장차 앉아서 망하는 것을 기다리겠습니까[胥=待]? 장차 땅을 잘라주고 천하와 합종하겠습니까?"

왕이 말했다.

"한나라는 장차 땅을 잘라주고 천하와 합종할 것이다."

장모가 말했다.

"한나라가 위나라를 원망하겠습니까? 진나라를 원망하겠습니까?"

왕이 말했다.

"위나라를 원망할 것이다."

장모가 말했다.

"한나라가 진나라를 강하게 여기겠습니까? 위나라를 강하게 여기겠습니까?"

왕이 말했다.

"진나라를 강하게 여길 것이다."

장모가 말했다.

"한나라가 장차 땅을 잘라주면서, 강하게 여기는 쪽을 따르고 원망하지 않는 쪽과 함께하겠습니까? (아니면) 장차 땅을 잘라주면서, 강하게 여기지 않는 쪽을 따르고 원망하는 쪽과 함께하겠습니까?"

왕이 말했다.

"한나라는 장차 땅을 잘라주면서, 그가 강하게 여기는 쪽을 따르고 그가 원망하지 않는 쪽과 함께할 것이다."

장모가 말했다.

"한나라를 공격하는 일은 왕께서 스스로 아실 것입니다."

魏王問張旄曰:"吾欲與秦攻韓, 何如?" 張旄對曰:"韓且坐而胥亡乎? 且割而從天下乎?" 王曰:"韓且割而從天下." 張旄曰:"韓怨魏乎? 怨秦乎?" 王曰:"怨魏." 張旄曰:"韓强秦乎? 强魏乎?" 王曰:"强秦." 張旄曰:"韓且割而從其所强, 與所不怨乎? 且割而從其所不强, 與其所怨乎?" 王曰:"韓將割而從其所强, 與其所不怨." 張旄曰:"攻韓之事, 王自知矣."

위나라가 진나라에 기대어 한나라를 치려고 하자, 한나라가 진나라보다 위나라를 더 미워하게 될 것이니 공격하지 말기를 바란 것이다.

25-4 손님이 사마이기에게 일러주다【客謂司馬食其】

손님이 (위나라 사람인) 사마이기(司馬食其)에게 일러주며 말했다.

"오래 생각한 뒤에 천하를 가히 하나로 만들 수 있다고 하는 자가 있으니 이는 바로 천하를 모르는 것입니다. 홀로 위나라가 진나라를 지탱하기를 바라는 자가 있으니 이는 또한 위나라를 모르는 것입니다. 자공(茲公)[67]이 이런 두 가지를 알지 못한다고 말하는 자가 있으니 이

---

67 이름은 무기(無忌)이다. 위(魏)나라 소왕(昭王, 기원전 295~277년 재위)의 아들로, 안리왕(安釐

는 또한 자공을 알지 못하는 것입니다. 자공이 합종을 하자고 하는데, 그가 이야기하는 것이 무엇 때문이겠습니까? 합종하면 자공이 무거워지고 합종하지 않으면 자공이 가벼워지기 때문이니, 자공의 (벼슬) 자리만 중요하고 (합종이 제대로 되는지) 그 실상은 기대하고 있지 않습니다.

그대는 어찌해서 빨리 세 나라(의 합종 관계)를 매우 단단하게 만들고(方堅) 나서, 스스로 (등지고) 진나라에 팔지 않습니까? 진나라는 반드시 그대를 받아들일 것입니다. 그렇지 않다면, 연횡을 주창하는 자들이 그대를 가지고 진나라에 힘을 모으도록 도모할 것이니, 이는 그대의 밑천을 가져다가 그대의 원수에게 밑천으로 대주는 꼴입니다."

客謂司馬食其曰: "慮久以天下爲可一者, 是不知天下者也. 欲獨以魏支秦者, 是又不知魏者也. 謂茲公不知此兩者, 又不知茲公者也. 然而茲公爲從, 其說何也? 從則茲公重, 不從則茲公輕, 茲公之處重也, 不實爲期. 子何不疾及三國方堅也, 自賣於秦, 秦必受子. 不然, 構者將圖子以合於秦, 是取子之資, 而以資子之讎也."

합종을 주장하는 사람들은 천하가 하나가 될 수 없다는 것도 모르면서 자기 벼슬만 바라는 사람들이니, 사마이기에게 반드시 먼저 진나라에 알리고 연횡을 주창해야 한다고 설득하였다.

王=安僖王)의 이복동생이다. 안리왕이 즉위한 뒤에 신릉(信陵, 지금의 하남성 寧陵縣) 지역에 봉(封)해져 신릉군(信陵君)으로 불리게 되었다. 수천 명의 인재를 빈객(賓客)으로 거느려 이른바 '전국사군(戰國四君)'으로 꼽힌다.

25-5 위나라와 진나라가 초나라를 치다【魏秦伐楚】

위나라와 진나라가 초나라를 치는데, 위나라 왕은 하고 싶지 않았다. 누완(樓緩)이 위나라 왕에게 일러 말했다.

"왕께서 진나라와 함께 초나라를 치지 않으면 초나라가 장차 진나라와 함께 왕을 공격할 것입니다. 왕께서 진나라와 초나라가 싸우게 한 뒤 왕께서 번갈아 제어하는 것만 못합니다."

> 魏·秦伐楚, 魏王不欲. 樓緩謂魏王曰: "王不與秦攻楚, 楚且與秦攻王. 王不如令秦·楚戰, 王交制之也."

누완은 이때 진나라를 위해 계책을 내었을 뿐이다. 그래서 그 다음해에 진나라 재상이 되었다.(鮑本緩時爲秦計耳, 故明年相秦.)

25-6 양후가 대량을 공격하다【穰侯攻大梁】

양후(穰侯=魏冉)가 대량을 공격하여 북택[北郢=北宅]에 올라타자 위나라가 장차 따르려 했다. (누군가가) 양후에게 일러 말했다.

"군께서는 초나라를 공격해서 완(宛)과 양(穰)을 얻어 (양후의 봉읍인) 도(陶) 땅을 넓혔고, 제나라를 공격해서 강(剛)과 박(博)을 얻어 도 땅을 넓혔으며, 허(許)와 언릉(鄢陵)을 얻어서 도 땅을 넓혔습니다. 그런데도 진나라 왕이 묻지 않는 것은 왜 그렇겠습니까? 대량이 아직 망하지 않았기 때문입니다. 오늘 대량이 망하면 허와 언릉은 반드시 책잡힐[議] 것이며, 책잡히면 군께서는 틀림없이 막히게 될 것입니다. 군을 위해 계책을 내면, 공격하지 않는 쪽이 이롭습니다."

穰侯攻大梁, 乘北郢[68], 魏且從. 謂穰侯曰: "君攻楚得宛穰以廣陶, 攻齊得剛·博以廣陶, 得許·鄢陵以廣陶, 秦王不問者, 何也? 以大梁之未亡也. 今日大梁亡, 許·鄢陵必議, 議則君必窮. 爲君計者, 勿攻便."

양후가 지금까지 위나라를 공격하여 얻은 땅으로 모두 자기의 봉읍을 넓혔는데, 이제 대량이 망하고 나면 진나라 왕이 그대로 두고 보지는 않을 것이므로 이쯤에서 그치는 것이 이롭다고 말해주었다.

25-7 백규가 신성군에게 일러주다【白珪謂新城君】

백규(白珪=白圭)[69]가 신성군(新城君)[70]에게 일러 말했다.

"밤에 길을 가는 사람은 능히 간사한 짓을 하지 않아도 개가 자기에게 짖지 못하도록 막을 수가 없습니다. 그러므로 신이 능히 왕[秦昭王]에게 군을 책잡는 말을 하지 않을 수는 있지만, 다른 사람이 군에게

---

68 전국시대 위(魏)나라 사람으로, 안리왕(安釐王) 때 장군을 지냈다. 진(秦)나라가 한단(邯鄲)을 포위하자 조(趙)나라가 위나라에 구원을 요청했는데, 위나라에서 그를 보내 조나라를 구하게 했지만 그는 병사를 주둔시켜 둔 채 사태를 관망만 했다. 이에 신릉군(信陵君)이 후생(侯生)의 계책을 써서 여희(如姬)를 통해 호부(虎符)를 훔치고, 역사(力士) 주해(朱亥)를 시켜 그를 살해한 후 병권을 빼앗아서 조나라를 구원하였다.

69 안릉은 소릉에 속해 있고, 소릉은 위나라 땅이다. 앞선 때에는 (관과 안릉) 두 곳이 모두 조나라에 속해 있었다.

70 포표 주: 버린다는[棄] 것은 싸워서 땅을 잃는 것이고, 쓴다는[用] 것은 땅을 잘라주는 것이다.(鮑本. 棄, 謂戰而喪地. 用, 謂割地賂之.)

신을 책잡는 말을 하는 것은 막을 수 없습니다."

白珪謂新城君曰: "夜行者能無爲奸, 不能禁狗使無吠己也. 故臣能無議
君於王, 不能禁人議臣於君也."

백규가 권력 있는 사람은 책잡을 수 없지만 자기 같은 사람은 얼마든지 책잡힐 수
있다고 이야기하며 신성군에게 넌지시 간언하였다.

25-8 진나라가 한나라 관 땅을 공격하다【秦攻韓之管】

(1)

진나라가 한나라 관(管) 땅을 공격하자 위나라 왕[昭王]이 병사를
보내 구원하려 했다. (위나라 사람인) 소기(昭忌)가 말했다.

"진나라는 강한 나라이며, 한나라와 위나라 땅은 진나라[梁→秦]
와 붙어 있습니다. (진나라가) 나와서 공격하지 않으면 그만이지만, 만
약 나와서 공격한다면 한나라가 아니면 반드시 위나라일 것입니다. 지
금 다행하게도 (진나라 병사가) 한나라를 만난 것은 위나라의 복입니다.
왕이 만약 구원한다면, 저 공격이 풀리는 곳은 반드시 한나라의 관 땅
일 것이며 공격이 이르는 곳은 틀림없이 위나라의 대량일 것입니다."

위나라 왕이 들어주지 않고, 말했다.

"만약 그로 말미암아 한나라를 구원하지 않는다면 한나라가 위나
라를 원망하여 서쪽으로 가서 진나라와 합할 것이니, 진나라와 한나
라가 화목하게[宜=和睦]되면 위나라가 위태롭다."

마침내 구원했다.

秦攻韓之管, 魏王發兵救之. 昭忌曰: "夫秦强國也, 而韓·魏壤梁, 不出
攻則已, 若出攻, 非於韓也必魏也. 今幸而遇韓, 此魏之福也. 王若救之,
夫解攻者, 必韓之管也; 致攻者, 必魏之梁也." 魏王不聽, 曰: "若不因救
韓, 韓怨魏, 西合於秦, 秦·韓爲宜, 則魏危." 遂救之.

(2)
진나라가 과연 관 땅을 풀고 위나라를 공격했다. 위나라 왕이 크게
두려워하며 소기에게 일러 말했다.

"그대의 말을 쓰지 않아 화가 이르렀는데, 어떻게 해야 하는가?"

소기가 이에 찾아가서 진나라 왕을 뵙고 말했다.

"신이 듣기에 밝은 임금의 다스림은 사사로움을 끼고서 다스리지
않는다는데, 이는 여러 말을 살펴서[參]   행한다는 뜻입니다. 원컨대
대왕께서는 위나라를 공격하지 마시고, 신의 말을 들어주십시오."

진나라 왕이 말했다.

"무엇인가?"

소기가 말했다.

"산동의 합종이 때때로 합치고 때때로 흩어지는데, 왜 그렇겠습
니까?"

진나라 왕이 말했다.

"모르겠소."

말했다.

"천하가 합해지는 것은 왕을 믿지[必=信賴] 못하기 때문이며, 흩어

지는 것은 왕을 믿기 때문입니다. 지금 한나라의 관 땅을 공격하여 나라를 위태롭게 하고는 미처 끝내지도 않은 채로 병사를 대량으로 옮기시니, 천하를 합종하게 만드는 이유로 이보다 더 좋은[精] 것이 없습니다. 진나라가 (땅을) 구하여 찾게 되면 (어느 나라도 혼자서는) 반드시 지탱할 수 없다고 여기게 되었기 때문입니다. 그래서 대왕을 위해 계책을 내자면, 제나라와 조나라(를 공격하는 것)만 못합니다. 진나라가 조나라를 제압하고 나면 연나라는 감히 진나라를 섬기지 않을 수 없으니, 형나라와 제나라가 홀로 합종할 수는 없습니다. 천하가 다투어 진나라에 맞서면 (진나라는) 약해질 것입니다."

진나라 왕이 마침내 그만두었다.

秦果釋管而攻魏. 魏王大恐, 謂昭忌曰: "不用子之計禍至, 爲之奈何?" 昭忌乃爲之見秦王曰: "臣聞明主之聽也, 不以挾私爲政, 是參行也. 愿大王無攻魏, 聽臣也." 秦王曰: "何也?" 昭忌曰: "山東之從, 時合時離, 何也哉?" 秦王曰: "不識也." 曰: "天下之合也, 以王之不必也; 其離也, 以王之必也. 今攻韓之管, 國危矣, 未卒而移兵於梁, 合天下之從, 無精於此者矣. 以爲秦之求索, 必不可支也. 故爲王計者, 不如齊·趙. 秦已制趙, 則燕不敢不事秦, 荆·齊不能獨從. 天下爭敵於秦, 則弱矣." 秦王乃止.

이웃나라에 병난이 있으면 구원해주는 것이 이웃을 구제하는 마땅함이니 위나라 소왕의 말은 옳지만, 진나라가 한나라를 치는데 위나라가 구원하면 진나라의 화를 돋우는 것이니 소기의 말 또한 옳다. 요컨대 합종의 약속이 단단하면 마땅히 구원하는 것이, 마치 싸우는 것을 같은 집안이 구원하는 바와 같다. 합종의 약속이 없는데 구원하는 것은 마치 마을에 싸움이 있는 것과 같으니, 머리를 풀어놓은 채 갓끈

을 맬 정도로 급하게 가는데 이를 어찌 그만둘 수 있겠는가?(鮑本彪謂: 鄰國有兵, 救之, 卹鄰之義, 昭王言是也. 秦伐韓而魏救之, 挑秦之禍, 昭忌之言亦是也. 要之, 從約堅則宜救, 猶救同室之鬥也. 無從約而救之, 則是鄕鄰有鬥, 被髮纓冠而往, 是豈不可已乎?)

25-9 진나라와 조나라가 어려움에 얽혀 싸우다【秦趙構難而戰】

진나라와 조나라가 어려움에 얽혀 싸우게 되었다. (누군가가) 위나라 왕[安釐王]에게 일러주며 말했다.

"조나라를 거두어[齊→收] 함께 힘을 모아서 진나라와 싸우는 것만 못합니다. 왕께서 조나라와 맺지 않는다면 조나라가 헐어빠진[毁] 병사로써는 (홀로 진나라와) 싸우지 못하게 되겠지만 , (조나라와) 맺고서 함께 진나라와 싸운다면 조나라는 반드시 다시 싸우게 되고 틀림없이 위나라를 무겁게 여길 것이니, 이는 나란히 진나라와 조나라를 제압하는 일입니다. 왕께서 혹 원하시면[欲焉而] 제나라와 조나라를 거두어서 형나라를 공격할 수도 있고, 혹은 원하시면 형나라와 조나라를 거두어서 제나라를 공격할 수도 있습니다. (그들은) 왕께서 동쪽의 우두머리[長]가 되는 것을 원하며 기다리고 있습니다."

秦·趙構難而戰. 謂魏王曰: "不如齊趙而構之秦. 王不構趙, 趙不以毁構矣; 而構之秦, 趙必復鬪, 必重魏; 是并制秦·趙之事也. 王欲焉而收齊·趙攻荊, 欲焉而收荊·趙攻齊, 欲王之東長之待之也."

위나라가 진나라에 대항하는 조나라를 도와주는 것은 진나라와 조나라를 동시에

제압하는 길이며, 이를 통해 제나라나 초나라를 공격하여 동쪽의 패자가 될 수도

있다고 설득하였다.

25-10 장평에서의 싸움【長平之役】

장평의 싸움이 있자, (조나라 신하인) 평도군(平都君)이 위나라 왕을 설득하며 말했다.

"왕께서는 어찌 합종하지 않으십니까?"

위나라 왕이 말했다.

"진나라가 내게 (한나라가 위나라에게 얻었던) 원옹(垣雍) 땅을 허락했소."

평도군이 말했다.

"신이 생각하건대 원옹은 말로만 잘라준다 한 것 같습니다."

위나라 왕이 말했다.

"무슨 말인가?"

평도군이 말했다.

"진나라와 조나라는 장평 아래에서 오랫동안 서로를 붙들고만 있을 뿐 결판을 내지 못하고 있습니다. 천하가 진나라에 합하면 조나라는 없어지고, 조나라에 합하면 진나라는 없어집니다. 그래서 진나라는 왕의 변심을 두려워하여 나라 밖에서 원옹을 가지고 왕에게 미끼로 삼은 것입니다. 진나라가 싸워서 조나라를 이기고 나면, 왕께서는 감히 원옹을 잘라달라고 꾸짖을 수 있겠습니까?"

위나라 왕이 말했다.

"감히 못하오."

"진나라가 싸워서 조나라를 이기지 못한다면, 왕께서는 능히 한나라에게 원옹을 잘라서 내놓으라고 할 수 있겠습니까?"

위나라 왕이 말했다.

"할 수 없소."

"신이 그래서 원옹은 말로만 잘라준다 한 것이라고 말씀드렸습니다."

위나라 왕이 말했다.

"좋습니다."

長平之役, 平都君說魏曰: "王胡不爲從?" 魏王曰: "秦許吾以垣雍." 平都君曰: "臣以垣雍爲空割也." 魏王曰: "何謂也?" 平都君曰: "秦 · 趙久相持於長平之下而無決. 天下合於秦, 則無趙; 合於趙, 則無秦. 秦恐王之變也, 國外以垣雍餌王也. 秦戰勝趙, 王敢責垣雍之割乎." 王曰: "不敢." "秦戰不勝趙, 王能令韓出垣雍之割乎?" 王曰: "不能." "臣故曰, 垣雍空割也." 魏王曰: "善."

장평에서 진나라와 조나라가 서로 대치하고 있을 때 평도군이 위나라 임금에게 합종을 권유하며, 진나라가 이기든 지든 약속한 원옹 땅을 위나라가 차지할 수 없다는 것을 말하였다.

25-11 누오가 진나라, 위나라와 약속하다【樓梧約秦魏】

누오(樓梧)가 진나라, 위나라와 약속을 맺고, 장차 진나라 왕에게 국경에서 만나자고 하였다. 위나라 왕에게 일러주며 말했다.

"만날 때 재상이 없으면 진나라는 반드시 재상을 두자고 할 것입니다. 들어주지 않으면 진나라와 교분이 나빠지며, 들어주면 나중에 왕께서 점찍은 신하는 뒤로 밀리게 됩니다. (진나라가 추천한 자는) 장차 제후들과의 모든 일들에 대해 능히 왕 위에서 영을 내리게 될 것입니다. 또한 진나라와 만나게 될 경우 진나라가 재상으로 삼은 자는 이에 제나라를 잃게 만들 것이니, 진나라는 반드시 왕의 강함을 가볍게 여길 것입니다.

(이는) 제나라를 지지하는 자를 재상으로 삼는 것만 못합니다. 제나라는 반드시 기뻐할 것이니, 이로써 (제나라를) 옹호하는 자(有雍者)가 진나라와 더불어 만나게 되면 진나라는 틀림없이 왕을 무겁게 대할 것입니다."

樓梧約秦魏, 將令秦王遇於境. 謂魏王曰: "遇而無相, 秦必置相. 不聽之, 則交惡於秦; 聽之, 則後王之臣, 將皆務事諸侯之能令於王之上者. 且遇於秦而相秦者, 是無齊也, 秦必輕王之強矣. 有齊者, 不若相之, 齊必喜, 是以有雍者與秦遇, 秦必重王矣."

제나라를 지지하는 자가 위나라 재상으로 있으면 진나라가 위나라를 감히 어찌하지 못할 것이다.

25-12 예송이 진나라와 조나라의 교분을 끊게 하려 하다

【芮宋欲絕秦趙之交】

(위나라 사람인) 예송(芮宋)이 진나라와 조나라의 교분을 끊게 하고 싶어서 위나라에게 진나라 태후[宣太后]의 양지(養地=湯沐邑)를 거두게 하자, 진나라 왕[昭王]이 화를 냈다[於秦→怒]. 예송이 진나라 왕에게 일러주며 말했다.

"위나라가 왕께 나라를 맡겼으나 왕께서 받지 않으시기에 조나라에 나라를 맡겼는데, [조나라 사람] 이학(李郝)이 신에게 일러 말하기를 '그대가 진나라와 교분이 없다 말해 놓고는 진나라 태후를 땅으로써 봉양하고 있으니, 이는 나를 속인 것이오'라고 했습니다. 그래서 저희 나라에서 거둬들인 것입니다."

진나라 왕이 화를 내고, 드디어 조나라와 교분을 끊었다.

芮宋欲絕秦·趙之交, 故令魏氏收秦太后之養地秦王於秦. 芮宋謂秦王曰: "魏委國於王, 而王不受, 故委國於趙也. 李郝謂臣曰: '子言無秦, 而養秦太后以地, 是欺我也.' 故敝邑收之." 秦王怒, 遂絕趙也.

조나라와 진나라 사이를 떨어뜨리기 위해, 조나라가 진나라 태후의 식읍을 거둠으로써 위나라가 진나라와 교분이 없다는 증거를 보이라 했다고 말하였다.

25-13 위나라를 위하여 초나라 왕에게 일러주다【爲魏謂楚王】

(누군가가) 위나라를 위하여 초나라 왕에게 일러주었다.

"진나라에게 위나라를 공격해 달라고 요구해도 진나라는 반드시 왕의 말을 들어주지 않을 것입니다. 이러면 (왕의) 지혜는 진나라에 막힌 것이 되고, 위나라와의 교류는 멀어지게 됩니다. 초나라와 위나라가 원한이 있으면 진나라는 무거워집니다. 왕께서 천하를 고분고분 따르다가 마침내 제나라를 쳐서 위나라에게 편한 땅을 주는 것만 못합니다. (그러면) 병사도 상하지 않고 교분도 바뀌지 않으면서 원하시는 바를 반드시 얻게 될 것입니다."

爲魏謂楚王, 曰: "索攻魏於秦, 秦必不聽王矣, 是智困於秦, 而交疏於魏也. 楚·魏有怨, 則秦重矣. 故王不如順天下, 遂伐齊, 與魏便地, 兵不傷, 交不變, 所欲必得矣."

초나라를 설득하여, 위나라에 원한이 있더라도 사이좋게 지내면서 제나라를 치는 편이 이롭다고 말하였다.

25-14 관비가 적강에게 진나라와 일을 같이 하도록 하다
【管鼻之令翟强與秦事】

관비(管鼻)가 (자신은 일을 맡고 싶지 않아서) 적강(翟强)에게 진나라와 일을 같이 하게 하고자, 위나라 왕에게 일러주며 말했다.

"저와 적강은 마치 진나라 사람[晉人=中原人]과 초나라 사람의 사이와 같습니다. 진나라 사람은 초나라 사람이 서두르는 것을 보면 칼을 차면서도 (일부러) 느릿느릿하지만, 초나라 사람은 그 느긋함을 미워하여 서두릅니다. 지금[令→今] 제가 진나라에 들어가서 객사를 옮기는데, (사람들이 많아서) 객사가 머무르기에 충분치 않았습니다. (그런데) 강이 들어가면 진나라에서는 허드렛일 하는 사람조차 주지 않을 것입니다. 강은 왕의 귀한 신하인데, 진나라가 이처럼 심하게 대한다면 어찌 가하겠습니까?"

管鼻之　令翟強與秦事, 謂魏王曰: "鼻之與強, 猶晉人之與楚人也. 晉人見楚人之急, 帶劍而緩之; 楚人惡其緩而急之. 令鼻之入秦之傳舍, 舍不足以舍之. 強之入, 無蔽　於秦者. 強, 王貴臣也, 而秦若此其甚, 安可?"

포본에 따르면, 진나라가 자신을 이미 두텁게 대우하고 있어서 가히 진나라와 더불어 일할 수 없는데, 진나라가 강을 가볍게 여기니 그를 무겁게 해서 진나라와 일을 하게 하면 될 것이라고 말한 것이다. (오사도가) 바로잡아 말한다. 적강은 제나라와 진나라를 합려서 초나라를 밀어내고 누비를 가볍게 하고 싶었으며, 누비는 진나라와 초나라를 합쳐서 제나라를 밀어내고 적강을 가볍게 하고 싶었다. 비와 강이 합하지 못했는데도 비가 강에게 진나라와 더불어 일하게 한 것은, 강이 그렇게 하는 것을 강이 용인한 것이다. 진나라에 비의 말이 들어가자, 그래서 강은 가볍게 되었다.(鮑本秦待己已厚, 可以不與秦事. 秦輕強矣, 欲其重之, 必令與秦事乃可. 正曰: 翟強欲合齊·秦外楚, 以輕樓鼻; 樓鼻欲合秦·楚外齊, 以輕翟強. 鼻·強不合, 而謂鼻令強與秦事者, 鼻容強爲之. 秦入鼻言, 故輕強.)

25-15 성양군이 한나라와 위나라가 진나라 말을 들어주기를 바라다
【成陽君欲以韓魏聽秦】

(한나라 사람인) 성양군(成陽君)이 한나라와 위나라가 진나라 말을 들어주기를 바랐지만, 위나라 왕은 이롭지 않다고 여겼다. (위나라 재상인) 백규(白圭)가 위나라 왕에게 일러주며 말했다.

"왕께서 몰래 다른 사람을 시켜[侯→使] 성양군을 설득하며 말하기를, '군이 진나라에 들어가면 진나라는 틀림없이 군을 억지로 머무르게 한 뒤, 한나라에게 땅을 많이 자르도록 할 것이오. 한나라가 들어주지 않으면, 진나라는 틀림없이 군을 억지로 머무르게 하고서 한나라를 칠 것이오. 그래서 군이 편안히 가려면 진나라에 인질을 요구하는 것만 못하오'라고 하는 것만 못합니다. 성양군이 반드시 진나라에 들어가지 않으면 진나라와 한나라가 감히 힘을 모으지 못해서 왕을 무겁게 여기게 될 것입니다."

成陽君欲以韓·魏聽秦, 魏王弗利. 白圭謂魏王曰: "王不如陰侯人說成陽君曰: '君入秦, 秦必留君, 而以多割於韓矣. 韓不聽, 秦必留君, 而伐韓矣. 故君不如安行求質於秦.' 成陽君必不入秦, 秦·韓不敢合, 則王重矣."

한나라 성양군이 위나라가 진나라 말을 들어 주기를 바라자, 위나라에서는 한나라 성양군이 진나라에 들어가지 못하도록 하기 위해 진나라가 반드시 땅을 원할 것이라고 설득하였다.

25-16 진나라가 영읍을 뽑다【秦拔寧邑】

진나라가 영읍(寧邑)을 뽑아버리자, 위나라 왕이 다른 사람
[之→人]을 시켜 진나라 왕에게 일러주며 말했다.

"왕께서 영읍을 돌려주시면, 내가 먼저 천하에 일러 강화를 맺도
록 하겠습니다."

위염(魏冉)이 (진나라 왕에게) 말했다[魏魏王→魏冉].

"왕께서는 들어주지 마십시오. 위나라 왕은 천하에 기댈 곳이 충
분치 않음을 보고서 먼저 강화를 맺으려 하고 있습니다. (그렇다면) 무
릇 영읍을 잃은 자가 마땅히 영읍의 두 배를 잘라서 강화를 구해야
하는데, 영읍을 얻은 자가 (대가도 없이) 어찌 능히 영읍을 돌려주겠습
니까?"

秦拔寧邑, 魏王令之謂秦王曰: "王歸寧邑, 吾謂先天下構." 魏魏王曰:
"王無聽. 魏王見天下之不足恃也, 故欲先構. 夫亡寧者, 宜割二寧以求
構; 夫得寧者, 安能歸寧乎?"

위나라 왕이 빼앗긴 땅을 돌려주면 강화를 맺겠다고 하자, 진나라에서 대가도 없이

돌려줄 수 없다고 말하였다.

25-17 진나라가 한단을 풀어주다【秦罷邯鄲】

진나라가 (조나라 도읍인) 한단(邯鄲)을 풀어주고, 위나라를 공격하

여 영읍(寧邑)을 차지하였다. (오나라 사람인) 오경(吳慶)이 위나라 왕이 진나라와 강화할까 두려워, 위나라 왕에게 일러주며 말했다.

"진나라가 왕을 공격하는데 왕께서는 그 까닭을 아십니까? 천하 가 모두 말하기를 왕께서 (진나라와) 가깝게 지낸다고 하지만, (실상은) 왕이 진나라를 가까이하지 않았기 때문에 진나라가 없애려 하는 바입 니다. 모두들 왕이 약하다고 말하지만 왕께서는 두 주나라보다 약하 지 않습니다. (그런데도) 진나라 사람들이 한단을 떠나 두 주나라를 지 나쳐 왕을 공격하는 것은, 왕을 쉽게 제어할 수 있다고 여겼기 때문입 니다. 왕께서도 또한 약함이 공격을 불러온다는 것을 알고 있습니까?"

秦罷邯鄲, 攻魏, 取寧邑. 吳慶恐魏王之構於秦也, 謂魏王曰: "秦之攻王 也, 王知其故乎? 天下皆曰王近也. 王不近秦, 秦之所去. 皆曰王弱也, 王 不弱二周. 秦人去邯鄲, 過二周而攻王者, 以王爲易制也. 王亦知弱之召 攻乎?"

진나라에 강화를 맺지 못하도록 하기 위해, 강화를 시도하는 것은 위나라의 약함을 드러내는 것이라고 설득하였다.

25-18 위나라 왕이 한단을 공격하고 싶어 하다【魏王欲攻邯鄲】

위나라 왕[惠王]이 한단을 공격하고 싶어 하자, 계량(季梁)이 듣고 는 길 중간에서 돌아왔다. 옷이 구겨졌지만[焦=卷] 펴지도 못하고 머 리에 흙먼지가 덮였어도 떨어내지 못한 채, 가서 왕을 뵙고 말했다.

"지금 신이 오면서 큰 길[行=道]에서 어떤 사람을 보았습니다. 바야흐로 북쪽을 바라보며 가마를 잡고 있다가, 신에게 알려주며 말했습니다. '내가 초나라에 가고 싶소.' 신이 말하기를 '그대는 초나라에 가려 하면서 장차 어찌 북쪽을 바라보고 있소?'라고 하자, 말했습니다. '내 말[馬]이 좋소.' 신이 말하기를 "말이 비록 좋아도, 이는 초나라로 가는 길이 아니오'라고 하자, 말했습니다. '내가 노잣돈[用=資]이 많소.' 신이 말하기를 '비록 노잣돈이 많아도, 이는 초나라로 가는 길이 아니오'라고 하자, 말했습니다. '내 마부가 마차를 잘 몬다오.' '여기 이 사람이 남보다 뛰어나도, 초나라와 거리[離=距離]가 오히려 멀어질 뿐이오.'

지금 왕의 움직임[動]은 패왕(霸王)을 이루고 싶어 하시고 거조[擧=擧措]는 천하에게 믿음을 받고 싶어 하십니다. 왕께서는 나라가 크고 병사가 훈련이 잘되고 날카로운 것에 기대어 땅을 넓히고 이름을 높이려 하시지만, 왕의 움직임이 오히려 잦아지면[數] 패왕과의 거리가 오히려 멀어질 뿐입니다. 마치 초나라에 이르려고 북쪽으로 가는 것과 같습니다."

魏王欲攻邯鄲, 季梁聞之, 中道而反, 衣焦不申, 頭塵不去, 往見王曰: "今者臣來, 見人於大行, 方北面而持其駕, 告臣曰: '我欲之楚.' 臣曰: '君之楚, 將奚爲北面?' 曰: '吾馬良.' 臣曰: '馬雖良, 此非楚之路也.' 曰: '吾用多.' 臣曰: '用雖多, 此非楚之路也.' 曰: '吾御者善.' '此是者愈善, 而離楚愈遠耳.' 今王動欲成霸王, 擧欲信於天下. 恃王國之大, 兵之精銳, 而攻邯鄲, 以廣地尊名, 王之動愈數, 而離王愈遠耳. 猶至楚而北行也.'"

진나라의 위험이 있는데도 조나라를 치려는 것은 패왕의 길이 아니라 오히려 멀어

질 뿐이라고 설득하였다.

25-19 주소가 궁타에게 일러주다【周冣謂宮他】

(위나라 신하인) 주소(周冣)가 (주나라 사람인) 궁타(宮他)에게 일러주
며 말했다.

"그대가 나를 위해 제나라 왕에게 일러 말하기를 '주소가 밖에 있
는 신하[外臣]가 되기를 원합니다'라고 해서, 제나라가 내가 위나라에
서 일할 수 있는 밑천이 되도록 해주시오."

궁타가 말했다.

"안 되오. 이는 제나라가 (공을) 가볍게 여길 바를 드러내는 것이오.
무릇 제나라는 위나라에서 힘이 없는 자(無魏者)로써 위나라에서 힘
이 있는 자(有魏者)를 해치려고 들지는 않을 것입니다. 그러므로 공이
위나라에서 권력을 갖고 있다는 것을 보여주는 것만 못합니다. 공이
말하기를 '왕께서 위나라에서 구하려는 바를, 신이 청하면 위나라에
서 들어줄 것입니다'라고 하면, 제나라는 틀림없이 공에게 밑천이 되어
줄 것입니다. 이는 공이 제나라의 힘을 가지게 되는 것이니, 제나라로
써 위나라에서 힘이 있게 되는 것입니다."

周冣謂宮他曰: "子爲冣謂齊王曰, 冣愿爲外臣. 令齊資我於魏." 宮他曰:
"不可, 是示齊輕也. 夫齊不以無魏者以害有魏者, 故公不如示有魏. 公
曰: '王之所求於魏者, 臣請以魏聽.' 齊必資公矣, 是公有齊, 以齊有魏

也."

제나라는 위나라에서 영향력 없는 자가 제나라의 힘을 얻어서 위나라에 영향력을 얻는 것보다, 본디 영향력이 있는 자가 도와주기를 바란다.

25-20 주최가 제나라와 좋게 지내다【周冣善齊】

주최(周冣＝周最)가 제나라와 좋게 지내고 적강(翟強)은 초나라와 좋게 지냈는데, 두 사람은 위나라에서 장의를 해치고 싶었다. 장자(張子)가 듣고는 그참에 자기 사람으로 하여금 현자(見者)의 색부(嗇夫)가 되게 해서 현자(見者)를 살피도록[間→間=候伺] 하였으니, 그로 말미암아 감히 장자를 해치지 못했다.

周冣善齊, 翟強善楚. 二子者, 欲傷張儀於魏. 張子聞之, 因使其人爲見者嗇夫聞見者, 因無敢傷張子.

주최가 장의를 중상하려 했지만, 장의가 왕이 사람을 만날 때 명령을 전하는 신하를 감시하여 틈을 내주지 않았다.

25-21 주최가 제나라에 들어가다【周冣入齊】

주최가 (위나라에서) 제나라에 들어가자, 진나라 왕[昭王]이 화를 내며 요가(姚賈)를 시켜 위나라 왕[昭王]을 꾸짖었다. 위나라 왕이 그 때문에 진나라 왕에게 일러주며 말했다.

"위나라가 왕을 위해 천하에 두루 통하게 할 수 있었던 까닭은 주최가 있었기 때문입니다. 지금 주최가 과인을 피하여 제나라로 들어갔으니, 제나라는 천하에 두루 통하지 못했습니다. 저희 나라에서 왕을 섬기면서 정말로 제나라가 누가 되지 않았습니다. 대국이 급히 병사를 내고 싶으면, 조나라를 재촉하시면 될 뿐입니다."

周最入齊, 秦王怒, 令姚賈讓魏王. 魏王爲之謂秦王曰: "魏之所以爲王通天下者, 以周最也. 今周最遁寡人入齊, 齊無通於天下矣. 敝邑之事王, 亦無齊累矣. 大國欲急兵, 則趣趙而已."

제나라와 진나라가 적이 되자, 위나라는 이미 주최를 써서 진나라가 천하에 두루 통하게 했기 때문에 제나라를 밀어냈다. 그런데 지금 주최가 제나라에 들어갔으나 천하가 알지 못하니, 위나라가 그를 제나라에 사신으로 보냈다고 말하면서 제나라 일을 무너뜨려서 그로 말미암아 제나라는 통하지 않게 되었다. (오사도가) 바로잡아 말한다. 제나라와 진나라가 적이 되자 제나라가 주최를 쫓아내고 위나라가 그를 거두었더니 천하가 위나라가 제나라와 함께하지 않음을 믿었고, 그래서 말하기를 진나라 왕을 위해 천하에 두루 통하게 했다고 한 것이다. 그런데 지금 주체가 몸을 피해 제나라에 들어가면 천하가 위나라는 주최를 끊어버렸고 제나라는 그를 거두었다는 것을 알았으니, 제나라가 어찌 천하에 두루 통하게 되겠는가?(鮑本齊·秦爲敵, 魏旣以最通天下於秦, 則外齊矣. 今最入齊, 天下不知, 以謂魏使之齊, 敗齊事, 因不通齊矣. 正曰: 齊·秦爲敵, 齊逐最而魏收之, 天下信魏之不與齊, 故曰爲王通天下. 今最遁入齊, 則天下知魏絶最, 而齊收之, 齊何以通於天下乎?)

25-22 진나라와 위나라가 동맹국이 되다【秦魏爲與國】

진나라와 위나라가 동맹국[與國]이 되자, 제나라와 초나라가 맹약을 맺고 위나라를 공격하려 했다. 위나라가 사람을 보내 진나라에 구원을 청하는 것이 수레 지붕이 서로 마주볼 정도로 이어졌지만, 진나라는 구원을 내지 않았다. 위나라 사람 중에 당저(唐且=唐雎)라는 자가 있었는데, 나이가 90여 세였다. (당저가) 위나라 왕[安釐王]에게 일러주며 말했다.

"늙은 신이 청하여 서쪽으로 가서 진나라를 설득하려고 하는데, (진나라의 구원) 병사를 신보다 먼저 보내게 하면 되겠습니까?"

위나라 왕이 말했다.

"삼가 허락합니다."

마침내 수레를 준비하여 떠났다. 당저가 진나라 왕을 뵙자, 진나라 왕[昭襄王]이 말했다.

"지팡이 짚은 사람이 거리낌 없이 마침내 멀리서 이곳에 이르렀으니, 심히 고생하셨습니다. 위나라가 와서 구원을 요구한 것이 여러 번이었기 때문에 과인이 위나라가 급한 것을 알고 있습니다."

당저가 대답하여 말했다.

"대왕께서 이미 위나라가 급한 것을 아시는데도 구원이 이르지 못한 것은, 이는 대왕의 계책[籌策=計策]을 짜는 신하들이 맡은 일을 하지 않았기 때문입니다. 또 저 위나라가 만승의 나라이면서도 동쪽 울타리라 부르며 갓과 띠를 받고 봄가을에 제사를 지내는 것은, 진나라의 강함이 함께 더불어 하기에 충분하다고 여기기 때문입니다. (그런데) 지금 제나라와 초나라 병사가 이미 위나라 성 밖에 있습니다. (진나

라) 대왕의 구원이 이르지 못했는데 위나라가 급해서 장차 땅을 잘라 주고 제나라와 초나라와 맹약을 하게 되면, (진나라) 왕께서 비록 구원 하고 싶어도 어찌 닿을 수 있겠습니까? 이는 만승의 나라인 위나라를 잃고 두 대적하는 제나라와 초나라를 강하게 만드는 일로, 몰래 대왕 의 계책[籌策=計策]을 짜는 신하들이 맡은 일을 하지 않았기 때문이라 고 생각합니다."

진나라 왕이 한숨을 쉬다 근심 중에 깨닫고 급히 병사를 일으켜 밤낮으로 위나라에 나아가니, 제나라와 초나라가 듣고 마침내 병사를 이끌고 돌아갔다. 위나라가 다시 온전해진 것은 당저의 설득 때문이 었다.

秦·魏爲與國. 齊·楚約而欲攻魏, 魏使人求救於秦, 冠蓋相望, 秦救不 出. 魏人有唐且者, 年九十餘, 謂魏王曰: "老臣請出西說秦, 令兵先臣出 可乎?" 魏王曰: "敬諾." 遂約車而遣之. 唐且見秦王, 秦王曰: "丈人芒然 乃遠至此, 甚苦矣. 魏來求救數矣, 寡人知魏之急矣." 唐且對曰: "大王 已知魏之急而救不至者, 是大王籌策之臣無任矣. 且夫魏一萬乘之國, 稱東藩, 受冠帶, 祠春秋者, 以爲秦之强足以爲與也. 今齊·楚之兵已在 魏郊矣. 大王之救不至, 魏急則且割地而約齊·楚, 王雖欲救之, 豈有及 哉? 是亡一萬乘之魏, 而强二敵之齊·楚也. 竊以爲大王籌策之臣無任 矣." 秦王喟然愁悟, 遽發兵, 日夜赴魏. 齊·楚聞之, 乃引兵而去. 魏氏復 全, 唐且之說也.

늙은 신하가 애써 온 것은 위나라가 진나라의 동쪽 울타리를 맡고 있다는 것을 상 기시키기 위함이었다.

25-23 신릉군이 진비를 죽이다【信陵君殺晉鄙】

신릉군(信陵君)⁷¹이 (위나라 장군인) 진비(晉鄙, ?~기원전 257년)⁷²를 죽이고 한단을 구했으니, 진나라 사람을 깨뜨리고 조나라를 보존한 것이었다. 조나라 왕[孝成王]이 스스로 성 밖에서 맞이하려 하자 당저(唐且)가 신릉군에게 일러주며 말했다.

"신이 들은 것을 말씀드리면, 일 중에 알 수 없는 것이 있고 알지 않으면 안 되는 것이 있으며, 잊을 수 없는 것이 있고 잊지 않으면 안 되는 것이 있습니다."

신릉군이 말했다.

"무엇을 말씀하십니까?"

대답하여 말했다.

"다른 사람이 나를 미워하는 것은 알지 않을 수 없으나, 내가 다른 사람을 미워하는 것을 알게 해서는 안 됩니다. 다른 사람이 나에게 은덕을 입힌 것은 잊을 수 없으나, 내가 다른 사람에게 덕을 입힌 것은 잊지 않으면 안 됩니다. 지금 군께서 진비를 죽이고 한단을 구원했으며 진나라 사람을 깨뜨려 조나라를 보존했으니, 이는 큰 덕입니다. 지금 조나라 왕이 스스로 성 밖에서 맞이하시니 끝내 조나라 왕을 뵙게

---

71 이름은 무기(無忌)이다. 위(魏)나라 소왕(昭王, 기원전 295~277년 재위)의 아들로, 안리왕(安釐王=安僖王)의 이복동생이다. 안리왕이 즉위한 뒤에 신릉(信陵, 지금의 하남성 寧陵縣) 지역에 봉(封)해져 신릉군(信陵君)으로 불리게 되었다. 수천 명의 인재를 빈객(賓客)으로 거느려 이른바 '전국사군(戰國四君)'으로 꼽는다.

72 전국시대 위(魏)나라 사람으로, 안리왕(安釐王) 때 장군을 지냈다. 진(秦)나라가 한단(邯鄲)을 포위하자 조(趙)나라가 위나라에 구원을 요청했는데, 위나라에서 그를 보내 조나라를 구하게 했지만 그는 병사를 주둔시켜 둔 채 사태를 관망만 했다. 이에 신릉군(信陵君)이 후생(侯生)의 계책을 써서 여희(如姬)를 통해 호부(虎符)를 훔치고, 역사(力士) 주해(朱亥)를 시켜 그를 살해한 후 병권을 빼앗아서 조나라를 구원하였다.

될 것인데, 신이 바라건대 군께서는 (덕을 베푼 일들을 모두) 잊어버리십시오."

신릉군이 말했다.

"제[無忌]가 삼가 가르침을 받아들이겠습니다."

信陵君殺晉鄙, 救邯鄲, 破秦人, 存趙國, 趙王自郊迎. 唐且謂信陵君曰: "臣聞之曰, 事有不可知者, 有不可不知者; 有不可忘者, 有不可不忘者." 信陵君曰: "何謂也?" 對曰: "人之憎我也, 不可不知也; 吾憎人也, 不可得而知也. 人之有德於我也, 不可忘也; 吾有德於人也, 不可不忘也. 今君殺晉鄙, 救邯鄲, 破秦人, 存趙國, 此大德也. 今趙王自郊迎, 卒然見趙王, 臣愿君之忘之也." 信陵君曰: "無忌謹受教."

애초에 위나라 왕의 명을 어기고 진비의 군사를 탈취하여 공을 세운 것이므로, 조나라로부터 상을 받게 되면 위나라 왕의 노여움을 사게 될 것이다.

25-24 위나라가 관 땅을 공격했지만 떨어뜨리지 못하다【魏攻管而不下】

(1)

위나라가 (한나라 땅이었지만 진나라가 차지하고 있는) 관(管) 땅을 공격했지만 떨어뜨리지 못했다. (위나라 속국인) 안릉(安陵)[73] 사람 중에 축고

---

73 안릉은 소릉에 속해 있고, 소릉은 위나라 땅이다. 앞선 때에는 (관과 안릉) 두 곳이 모두 조나라에 속해 있었다.

(縮高)가 있었는데, 그 아들이 관 땅을 지키고 있었다. 신릉군(信陵君)이 다른 사람을 시켜 안릉군(安陵君)에게 일러주며 말했다.

"군께서 이에 축고를 보내주시면, 내가 장차 그에게 벼슬을 주어 오대부(五大夫)로 삼고 지절위(持節尉)가 되게 하겠습니다."

안릉군이 말했다.

"안릉은 작은 나라이지만 반드시 그 백성을 (마음대로) 부릴 수 없습니다. 사자(使者)가 스스로 가면, 청컨대 관리로 하여금[使→使吏] 사자에게 말해서 축고[縞高縮→高]가 있는 곳에 이르러 다시 신릉군의 명을 전하게 하겠습니다."

축고가 말했다.

"군께서 제게 행차한[幸] 것은 장차 저를 써서 관을 공격하려는 까닭입니다. 무릇 아비로 하여금 자식이 지키는 곳을 공격하게 하면 다른 사람들이 크게 웃습니다. 신을 보자[是→見] (제가) 항복한다면 이는 주인을 배반하는 것인데, 아비가 자식을 배반하게 만드는 것은 또한 군께서 기뻐하실 바가 아닙니다. 감히 두 번 절하며 사양하겠습니다."

魏攻管而不下. 安陵人縮高, 其子爲管守. 信陵君使人謂安陵君曰: "君其遣縮高, 吾將仕之以五大夫, 使爲持節尉." 安陵君曰: "安陵, 小國也, 不能必使其民. 使者自往, 請使道使者, 至縞高之所, 復信陵君之命." 縮高曰: "君之幸高也, 將使高攻管也. 夫以父攻子守, 人大笑也. 是臣而下, 是倍主也. 父教子倍, 亦非君之所喜也. 敢再拜辭."

(2)

사자가 신릉군에게 보고하자 신릉군이 크게 화를 내며, 좀 더 무거운 사자(大使)를 보내 안릉군에게 가서 말하게 하였다.

"안릉 땅은 정말로 여전히 위나라 땅이오. 지금 내가 관 땅을 공격해서 떨어뜨리지 못하면, 진나라 병사가 내게 이르러 사직이 반드시 위태롭게 되오. 바라건대 그대가 산 채로 축고를 묶어서 이르게 하시오. 만일 이르지 않으면 내[無忌]가 하루아침에 10만의 군사를 일으켜 안릉의 성을 (다시) 세울 것이오."

안릉군이 말했다.

"내 돌아가신 임금 성후(成侯)께서 양왕(襄王=趙襄子)에게서 조서를 받고 이 땅을 지키게 되었고, (직접) 손으로 대부(大府)의 으뜸가는 법령[憲]을 받으셨습니다. 법령 첫머리에서 말하기를, '자식이 아비를 죽이고 신하가 임금을 시해하는 것은 언제든지 용서하지 마라. 나라에 비록 큰 사면이 있더라도 성을 떨어뜨리고 도망간 자는 같이 넣을 수 없다'라고 했습니다. 지금 축고가 삼가며 큰 자리를 사양한[解=辭] 것은 아비와 자식의 마땅함을 온전히 한 것입니다. 군께서 말하신 '반드시 살아서 이르게 하라'라는 것은 내게 양왕의 조서를 등지게 하고 [負=背] 대부의 으뜸가는 법령을 폐기하게 하는 것이니, 비록 죽더라도 끝내 감히 행하지 못하겠습니다."

使者以報信陵君, 信陵君大怒, 遣大使之安陵曰: "安陵之地, 亦猶魏也. 今吾攻管而不下, 則秦兵及我, 社稷必危矣. 愿君之生束縮高而致之. 若弗致也, 無忌但發十萬之師, 以造安陵之城." 安陵君曰: "吾先君成侯, 受詔襄王, 以守此地也, 手受大府之憲. 憲之上篇曰: '子弑父, 臣弑君, 有

常不赦. 國雖大赦, 降城亡子不得與焉.' 今縮高謹解大位, 以全父子之
義, 而君曰: '必生致之.' 是使我負襄王詔而廢大府之憲也, 雖死終不敢
行."

(3)
축고가 이를 듣고 말했다.

"신릉군의 사람됨은 사나우며 스스로를 위해서 쓸 뿐이다. 이 이야
기가 돌아가면 반드시 나라에 화가 된다. 내가 이미 나를 온전하게는
했지만, 다른 사람 신하로서의 마땅함이 없었다. 어찌 우리 임금에게
위나라의 근심이 있게 하겠는가."

마침내 사자의 객사에 가서 목을 찌르고 죽었다. 신릉군이 축고가
죽었다는 것을 듣고는 흰빛의 비단 상복[縞素]을 입고 머물던 객사를
피하며, 사자를 보내 안릉군에게 사죄하며 말했다.

"제[無忌]가 소인입니다. 생각하고 헤아리는 것이 막히는 바람에
군에게 말을 놓쳐버렸습니다. 감히 두 번 절하니, 죄를 풀어주시기 바
랍니다."

縮高聞之曰: "信陵君爲人, 悍而自用也. 此辭反, 必爲國禍. 吾已全己, 無
爲人臣之義矣, 豈可使吾君有魏患也." 乃之使者之舍, 刎頸而死. 信陵
君聞縮高死, 素服縞素辟舍, 使使者謝安陵君曰: "無忌, 小人也, 困於思
慮, 失言於君, 敢再拜釋罪."

마땅함이 없는 세상에도 마땅함을 행하는 사람이 있다.

25-25 위나라 왕이 용양군과 함께 배를 타고 낚시를 하다

【魏王與龍陽君共船而釣】

(1)

위나라 왕이 (총애하는 부인인) 용양군(龍陽君)과 함께 배를 타고 낚시를 하였는데, 용양군이 10여 마리 물고기를 낚고는 눈물을 흘렸다. 왕이 말했다.

"편치 않은 바가 있는가? 만일 그렇다면 어찌 자세히 알리지 않았는가?"

대답하여 말했다.

"신이 감히 편안하지 못할 바가 없습니다."

왕이 말했다.

"그렇다면 어찌 눈물을 흘리는가?"

말했다.

"신은 왕께서 잡은 물고기이기 때문입니다."

왕이 말했다.

"무슨 말인가?"

대답하여 말했다.

"신이 처음 물고기를 낚을 때는 신이 매우 기뻤지만, 뒤에 잡은 것이 또 더욱 컸습니다. 이 때문에 지금 신은 곧 신이 앞에 잡았던 물고기를 버리고 싶었습니다. 지금 신이 거칠고 사납지만[凶惡], 왕을 위해 잠자리 먼지를 떨어낼 수 있었습니다. 지금 신은 작위가 다른 사람의 임금에 이르렀고, 마당에 있으면 다른 사람들이 (나를 위해) 뛰어다니며, 길에서는 다른 사람을 물리치게 합니다. 사해 안에 아름다운 여인 또한 매우 많은데, 신이 왕께 뜻하지 않은 총애를 얻었다는 것을 들으면 반드시 치마를 걷어 올리고[褰=揭] 왕을 쫓아올 것입니다. 신 또한 마치 조금 전에 먼저 잡은 물고기와 같아서 장차 버려지게 될 것이니, 신이 어찌 눈물이 나지 않을 수 있겠습니까?"

위나라 왕이 말했다.

"잘못이다. 이런 마음이 있으면 어찌 자세히 알리지 않았는가?"

이에 사방 국경 안에 영을 배포하여 말했다.

"감히 아름다운 여인[美人]에 대해 말하는 자는 죽음이 일족 모두에게 미칠 것이다[族=族滅]."

魏王與龍陽君共船而釣, 龍陽君得十餘魚而涕下. 王曰: "有所不安乎? 如是, 何不相告也?" 對曰: "臣無敢不安也." 王曰: "然則何爲涕出?" 曰: "臣爲王之所得魚也." 王曰: "何謂也?" 對曰: "臣之始得魚也, 臣甚喜, 後得又益大, 今臣直欲棄臣前之所得魚也. 今以臣凶惡, 而得爲王拂枕席. 今臣爵至人君, 走人於庭, 辟人於途. 四海之內, 美人亦甚多矣, 聞臣之得幸於王也, 必褰裳而趨王. 臣亦猶曩臣之前所得魚也, 臣亦將棄矣, 臣安能無涕出乎?" 魏王曰: "誤! 有是心也, 何不相告也?" 於是布令於四境之內曰: "有敢言美人者族."

(2)

이를 가지고 살펴보면, 가까이에서 모시는[近習=近臣] 사람들은 이에 남을 헐뜯으러 나아가는[摯=進] 것이 단단하며 스스로 덮어씌우고[篡→冪] 얽어매는[繁→繫] 것이 완전하다. 지금 천리 밖에서부터 아름다운 여인을 올리기를 원하더라도, 그 바쳐진 사람이 어찌 반드시 총애를 얻을 수 있겠는가? 잠깐 동안 총애를 얻는다 해도, 어찌 반드시 나를 위해 쓰이겠는가? 그런데도 가까이에서 모시는 사람들은 서로 원망하면서, 나에게 화가 있음을 보지만 복이 있음을 미처 보지 못하며 원망이 있음을 보지만 덕이 있음을 미처 보지 못한다. 지혜를 쓰는 방법이 아니다.

由是觀之, 近習之人, 其摯讒也固矣, 其自篡繁也完矣. 今由千里之外, 欲進美人, 所效者庸必得幸乎? 假之得幸, 庸必爲我用乎? 而近習之人 相與怨, 我見有禍, 未見有福; 見有怨未見有德, 非用知之術也.

윗사람을 옭아매는 방법 중에는 다른 사람들이 아예 접근하는 길을 차단하는 방법이 있으니, 용양군의 말이 그렇다.

25-26 진나라가 위나라를 공격하여 급박하게 만들다【秦攻魏急】

(1)

진나라가 위나라를 공격하여 급박하게 만들자, (누군가가) 위나라왕[景閔王]에게 일러주며 말했다.

"버리는 것보다 쓰는 것이 쉽고[74], (싸우다) 죽는 것보다 차라리 버리는 것이 쉽습니다. 능히 버릴 수는 있지만 능히 쓸 줄을 모르고 능히

---

74 포표 주: 버린다는[棄] 것은 싸워서 땅을 잃는 것이고, 쓴다는[用] 것은 땅을 잘라주는 것이다.(鮑本, 棄, 謂戰而喪地. 用, 謂割地賂之.)

죽을 수는 있지만 능히 버릴 줄을 모르니, 이는 사람의 큰 허물입니다. 지금 왕께서 잃어버린 땅이 수백 리이고 잃어버린 성이 수십 개인데도 나라의 근심은 풀어지지 않았으니, 이는 왕께서 버리기만 했지 쓰려고 하지 않았기 때문입니다. 지금 진나라의 강함은 천하에 맞설 자가 없는데 위나라는 약한 것이 심해서, 이 때문에 왕께서 진나라에 인질로 있습니다. 왕 또한 능히 죽을 수는 있지만 능히 버릴 수 없었기 때문이니, 이는 거듭 허물을 짓는 것입니다. 지금 왕께서 능히 신의 계책을 쓰실 수 있다면, 이지러진(虧) 땅이라도 나라를 해치기에는 충분치 않고 몸을 낮추는 것이라도 몸을 괴롭게 하기에는 충분치 않아서, 환란을 풀고 원한을 갚을 수 있을 것입니다.

秦攻魏急. 或謂魏王曰: "棄之不如用之之易也, 死之不如棄之之易也. 能棄之弗能用之, 能死之弗能棄之, 此人之大過也. 今王亡地數百里, 亡城數十, 而國患不解, 是王棄之, 非用之也. 今秦之強也, 天下無敵, 而魏之弱也甚, 而王以是質秦, 王又能死而弗能棄之, 此重過也. 今王能用臣之計, 虧地不足以傷國, 卑體不足以苦身, 解患而怨報.

(2)

진나라가 사방 국경에서부터 (대궐) 안까지, 법을 집행하는 높은 관리[執法]에서부터 오랫동안 수레를 끌고 있는 자[長輓者]들에 이르기까지 모두 남김없이 말하기를, '노씨(嫪氏)와 같이할까, 여씨(呂氏)와 같이할까?'라고 합니다. 비록 아래로 마을 어귀나 위로 조정에 이르기까지 마치 이와 같습니다. 지금 왕께서는 땅을 잘라서 진나라에 주고 노애(嫪毐)의 공으로 여기게 하며, 몸을 낮추어 진나라를 높이는 것을 노애를 통해서 하십시오. 왕께서 나라를 가지고 노애를 도우면, 이로써 노애가 이기게 됩니다. 왕께서 나라를 가지고 노씨를 도우면 태후가 왕을 고맙게 생각하는 것이 골수까지 깊어져서, 왕과의 교분이 천하에서 가장 위에 있게 될 것입니다. 진나라와 위나라가 100번이나 서로 교류했지만 100번 서로 속여 왔습니다. 지금 노씨로 말미암아 진나라와 잘 지내어 교분이 천하에서 윗길이 되면, 천하의 누가 여씨를 버리고 노씨를 쫓지 않겠습니까? 천하가 반드시 여씨를 버리고[合→舍] 노씨를 쫓게 되면 왕의 원한을 갚을 수 있습니다."

秦自四境之內, 執法以下至於長輓者, 故畢曰: '與嫪氏乎? 與呂氏乎?' 雖至於門閭之下, 廊廟之上, 猶之如是也. 今王割地以賂秦, 以爲嫪毒功; 卑體以尊秦, 以因嫪毒. 王以國贊嫪毒, 以嫪毒勝矣. 王以國贊嫪氏, 太后之德王也, 深於骨髓, 王之交最爲天下上矣. 秦·魏百相交也, 百相欺也. 今由嫪氏善秦而交爲天下上, 天下孰不棄呂氏而從嫪氏? 天下必合呂氏而從嫪氏, 則王之怨報矣."

진나라 노애와 여불위의 권력 다툼에서 노애를 편들어줌으로써 노애가 이기도록 만들면, 태후의 덕으로 위나라는 위기를 모면할 뿐 아니라 여불위에 대한 원한도 갚을 수 있다.

25-27 진나라 왕이 사람을 시켜 안릉군에게 일러주다

【秦王使人謂安陵君】

진나라 왕[始皇]이 사람을 시켜 안릉군(安陵君)에게 일러주며 말했다.

"과인이 500리 땅으로 안릉과 바꾸고 싶은데, 안릉군은 이에 과인에게 허락하겠는가?"

안릉군이 말했다.

"대왕께서 은혜를 더해주어 큰 것으로써 작은 것을 바꿔주신다니 매우 좋습니다. 비록 그렇지만, 돌아가신 임금[先生=先君]에게서 받은 땅이기 때문에 바라건대 죽을 때까지 지키고 싶습니다. 감히 바꾸지 못하겠습니다."

진나라 왕이 좋아하지 않았다. 안릉군이 그참에 당저(唐且)에게 진나라에 사신으로 가게 했다. 진나라 왕이 당저에게 일러주며 말했다.

"과인이 500리 땅으로 안릉과 바꾸자고 했지만 안릉군이 과인의 말을 들어주지 않았다. 왜 그런 것인가? 또 진나라가 한나라를 멸하고 위나라를 없애버렸으면서도 안릉군에게 50리 땅을 남겨준 것은, 안릉군이 덕이 있는 사람[長者]이라고 여겼기 때문에 마음을 두지 않았던 것이다. 지금 내가 안릉군에게 10배로 땅을 넓혀주겠다고 청했는데도 안릉군이 과인을 거슬렀으니, 과인을 가벼이 여기는 것인가?"

당저가 대답하여 말했다.

"아닙니다. 그런 것이 아닙니다. 안릉군은 돌아가신 왕에게서 땅을 받아 지키고 있기 때문에, 비록 천 리 땅으로도 감히 바꾸지 못하는데 어찌 바로 500리겠습니까?"

진나라 왕이 발끈하여 화를 내면서 당저에게 일러주며 말했다.

"그대는 정말로 일찍이 천자의 노여움을 들어보았는가?"

당저가 대답하여 말했다.

"신은 미처 일찍이 듣지 못했습니다."

진나라 왕이 말했다.

"천자의 노여움은 엎어진 시체가 백만이고 흐르는 피가 천 리를 간다."

당저가 말했다.

"대왕께서는 일찍이 베옷 입은 선비의 노여움을 들어보셨습니까?"

진나라 왕이 말했다.

"베옷 입은 선비의 노여움은 정말로 갓을 벗고 맨발로 달아나다가 머리가 땅에 부딪칠 뿐이다."

당저가 말했다.

"이는 보통 사내[庸夫]의 노여움이지 선비의 노여움이 아닙니다. 전제(專諸)가 (오나라) 왕인 요(僚)를 찌를 때는 별똥별이 달로 떨어져 들어갔고[襲], 섭정(聶政)이 (한나라 재상인) 한외(韓傀)를 찌를 때는 흰 무지개가 해를 뚫었으며, 요리(要離)가 경기(慶忌)를 찌를 때는 푸른 [倉=蒼] 매가 건물 위를 부딪쳤습니다. 이 세 사람은 모두 베옷 입은 선비였는데, 노여움을 품고만 있고 미처 드러내지 않았는데도 좋거나 [休] 나쁜[祲] 징조가 하늘에서 내려왔습니다. 신이 더불어 장차 네 번째 사람이 되겠습니다. 만약 선비가 반드시 화를 낸다면 엎어진 시체는 둘이고 흐르는 피는 다섯 걸음밖에 되지 않겠지만 천하가 비단 상복을 입어야 합니다. 오늘이 바로 그날입니다."

칼을 빼들고 일어나자, 진나라 왕의 얼굴빛이 흔들리면서 두 무릎을 꿇고 허리를 세운[長跪] 채로 사죄하며 말했다.

"선생은 앉으라. 어찌 여기에 이르게 되었는가? 과인이 깨달았다. 저 한나라와 위나라가 멸망했지만 안릉이 오십 리 땅이나마 남게 된 것은, 다만[徒以] 선생이 있었기 때문이다."

秦王使人謂安陵君曰: "寡人欲以五百里之地易安陵, 安陵君其許寡人?" 安陵君曰: "大王加惠, 以大易小, 甚善. 雖然, 受地於先生, 愿終守之, 弗敢易." 秦王不說. 安陵君因使唐且使於秦. 秦王謂唐且曰: "寡人以五百里之地易安陵, 安陵君不聽寡人, 何也? 且秦滅韓亡魏, 而君以五十里之地存者, 以君爲長者, 故不錯意也. 今吾以十倍之地, 請廣於君, 而君逆寡人者, 輕寡人與?" 唐且對曰: "否, 非若是也. 安陵君受地於先王而守之, 雖千里不敢易也, 豈直五百里哉?" 秦王怫然怒, 謂唐且曰: "公亦嘗聞天子之怒乎?" 唐且對曰: "臣未嘗聞也." 秦王曰: "天子之怒, 伏尸百萬, 流血千里." 唐且曰: "大王嘗聞布衣之怒乎?" 秦王曰: "布衣之怒, 亦免冠徒跣, 以頭搶地爾." 唐且曰: "此庸夫之怒也, 非士之怒也. 夫專諸之刺王僚也, 彗星襲月; 聶政之刺韓傀也, 白虹貫日; 要離之刺慶忌也, 倉鷹擊於殿上. 此三子者, 皆布衣之士也, 懷怒未發, 休祲降於天, 與臣而將四矣. 若士必怒, 伏尸二人, 流血五步, 天下縞素, 今日是也." 挺劍而起, 秦王色撓, 長跪而謝之曰: "先生坐何至於此, 寡人諭矣. 夫韓·魏滅亡, 而安陵以五十里之地存者, 徒以有先生也."

당저가 진나라 왕에게 베옷 입은 선비가 뜻을 관철하기 위해 했던 보기를 들면서 진나라 왕을 겁박하여 안릉 땅을 지켜내었다.

7장

한나라

戰國策

中山策　　宋衛策　　燕策　　韓策　　魏策　　趙策

한나라의 선조는 주나라 무왕의 먼 후손인 한만(韓萬)이다. 진(晉)나라를 섬겨 한원(韓原) 땅에 봉해져서, 부르기를 한무자(韓武子)라고 했다. 한무자의 3대손인 한궐(韓厥)이 봉지를 쫓아서 한씨(韓氏)를 성씨로 삼았다.

진(晉)나라 경공(景公) 3년, 한궐은 사구(司寇)인 도안고(屠岸賈)가 조씨 집안을 없애려 할 때 조씨 집안의 남은 아들인 조무(趙武)을 도망치게 해주었고, 경공 14년에 조무가 복권되자 조씨의 제사를 잇게 해주면서 조씨(趙氏) 일족의 부흥에 힘을 보태주었다. 기원전 541년에 한궐은 육경(六卿)이 되었다. 기원전 453년에 한호(韓虎)가 조씨, 위씨(魏氏)와 함께 육경 중 가장 강력한 가문이었던 지씨(知氏)를 멸망시킨 뒤 위씨, 조씨, 한씨가 진(晉)나라의 영토를 분할하여 독립하였다. 기원전 403년, 주나라에 의해 한건(韓虔)이 경후(景侯)가 되어 제후의 반열에 오르게 되었다.

기원전 399년, 경후가 죽고 아들 열후(列侯)가 세워졌다. 열후 3년에 섭정(聶政)이 재상인 협루(俠累)를 죽였다. 열후가 죽고 아들 문후(文侯)가 세워졌다. 문후 2년에 정(鄭)나라를 정벌하여 양성을 차지하였고, 송나라를 쳐서 송나라 임금을 붙잡았다. 기원전 376년 열후가 죽고 아들 애후(哀侯)가 세워졌다. 원년에 위나라, 조나라와 진(晉)나라 땅을 나눠가졌으며, 이듬해에는 정(鄭)나라를 멸망시키고 도읍을 정(鄭)으로 옮겼다. 애후 6년에, 애후가 시해당하고 그 아들 의후(懿侯)가 세워졌다. 의후 2년(기원전 369년) 위나라가 한나라를 마릉(馬陵)에서 꺾었고, 9년에는 위나라가 회수(澮)에서 한나라를 꺾어버렸다.

기원전 359년, 의후가 죽고 아들 소후(昭侯)가 세워졌다. 여러 나라로부터 땅을 빼앗기다가 소후 8년에 신불해(申不害)를 재상으로 삼은 뒤로부터 나라 안이 다스려지고 제후들이 와서 침범하지 못했다. 기원전 333년 소후가 죽고 아들 선혜왕(宣惠王)이 세워졌고, 기원전 323년에 왕으로 부르게 하였다.

선혜왕 16년(기원전 317년), 진나라가 한나라를 수어(修魚)에서 무너뜨리자 장의(張儀)를 통해 진나라와 강화하려 했다. 그런데 한나라가 진나라와 강화하는 것을 막기 위해 초나라는 거짓으로 도와준다고 했고, 소왕이 이를 믿었다가 배반당하여 19년(기원전 314년) 안문(岸門)에서 진나라 병사에게 크게 무너져서 태자 창(倉)을 진나라에 인질로 보냈다. 선혜왕 21년, 진나라와 함께 초나라를 공격하여 초나라의 장수 굴개(屈丐)를 패퇴시키고 단양(丹陽)에서 8만 명을 목 베었다. 이해에 선혜왕이 죽고 태자 창(倉)이 자리에 나아가니, 그가 양왕(襄王)이다.

양왕 4년(기원전 308년), 진(秦)나라 무왕(武王)이 감무(甘茂)에게 한나라의 의양(宜陽)을 공격하게 하니 이듬해에 의양이 떨어졌다. 양왕 10년에 태자 영(嬰)이 진나라에 조회하고 돌아왔지만 12년에 죽자, 공자 구(咎)와 초나라에 인질로 있던 공자 기슬(蟣蝨)이 태자가 되기 위해 다투었다. 기원전 296년에 양왕이 죽고 태자 구(咎)가 즉위하니, 그가 이왕(釐王)이다.

이왕 3년(기원전 293년), 공손희(公孫喜)에게 주나라와 위나라의 군대를 이끌고 진나라를 공격하게 했지만, 진나라가 한나라의 24만 군사를 꺾고 이궐(伊闕)에서 공손희를 사로잡았다. 이때 진(秦)나라는 여러 차례 한나라를 침략하였고, 한나라 영토는 날마다 깎여나가고 있었다. 23년(기원전 273년), 조나라와 위나라가 한나라의 화양(華陽)을 공격하자 진서(陳筮)가 진나라에 사신으로 가서 구원군을 얻어왔다. 이해에 희왕이 죽고 아들 환혜왕(桓惠王)이 세워졌다.

환혜왕 때는 계속된 진나라의 공격으로 많은 땅을 잃고 말았다. 기원전 239년에 환혜왕이 죽고 아들 안(安)이 세워졌지만, 한왕 안 9년(기원전 230년)에 진나라는 한왕 안을 사로잡고 한나라의 땅을 전부 진나라에 귀속시켜서 영천군(潁川郡)으로 삼았다. 한나라가 마침내 멸망했다.

	시호(諡號)	이름	재위기간	재위년도
3	한문후(韓文侯)	유(猷)	10년	기원전 386~3771년
4	한애후(韓哀侯)	둔몽(屯蒙)	3년	기원전 376~374년
5	한의후(韓懿侯)	약산(若山)	12년	기원전 374~363년
6	한소후(韓昭侯)	무(武)	30년	기원전 362~333년
7	한선혜왕(韓宣惠王)	강(康)	21년	기원전 332~312년
8	한양왕(韓襄王)	창(倉)	16년	기원전 311~296년
9	한이왕(韓釐王)	구(咎)	23년	기원전 295~273년
10	한환혜왕(韓桓惠王)	연(然)	34년	기원전 272~239년
11	한왕안(韓王安)	안(安)	9년	기원전 238~230년

한책 1
韓策

26-1 삼진이 지씨를 깨뜨리고 나서【三晉已破智氏】

삼진(三晉)이 지씨(智氏)를 깨뜨리고 나서, 장차 그 땅을 나누려고 하였다. 단귀(段貴)가 한나라 왕에게 일러주며 말했다.

"땅을 나누면 반드시 (정나라 땅인) 성고(成皐)를 차지해야 합니다."

한나라 왕이 말했다.

"성고는 바위가 많고 물이나 흐르는[石溜] 땅이라서 과인에게는 쓸 데가 없다."

단귀가 말했다.

"그렇지 않습니다. 신이 듣기에, 1리의 두터움으로 1,000리의 저울을 움직이는 것은 땅의 형세[地=地勢]가 이롭기 때문입니다. 1만의 무리로 삼군을 깨뜨리는 것은 (정나라가) 생각지도 못할 것입니다. 왕께서 신의 말을 쓰신다면 한나라는 반드시 정나라를 차지할 수 있습니다."

왕이 말했다.

"좋은 말이다."

과연 성고를 차지하였다. 한나라가 정나라를 차지하기에 이른 것은 과연 성고에서부터[從=由] 시작된 것이었다.

三晉已破智氏, 將分其地. 段規謂韓王曰: "分地必取成皋." 韓王曰: "成

皋, 石溜之地也, 寡人無所用之." 段規曰: "不然, 臣聞一里之厚, 而動千

里之權者, 地利也. 萬人之眾, 而破三軍者, 不意也. 王用臣言, 則韓必取

鄭矣." 王曰: "善." 果取成皋. 至韓之取鄭也, 果從成皋始.

삼진이 지백의 땅을 나눠 가질 때, 요충지인 성고를 차지하면 정나라를 압박할 수

있으니 반드시 가져야 한다고 말했다.

26-2 대성오가 조나라에서 오다【大成午從趙來】

대성오(大成午)가 조나라에서 와서, 한나라의 신불해(申不害)[1]에게

일러주며 말했다.

"그대가 한나라로써 나를 조나라에 무겁게 여기도록 해주면, 청컨

대 (내가) 조나라로써 그대를 한나라에서 무겁게 여기도록 하겠소. 이

는 그대가 두 개의 한나라를 갖고, 나 또한 두 개의 조나라를 갖게 되

는 셈이오."

大成午從趙來, 謂申不害於韓曰: "子以韓重我於趙, 請以趙重子於韓,

是子有兩韓, 而我有兩趙也."

1　전국시대 한(韓)나라 때의 정치가이다. 형나라 출신으로 옛 정(鄭)나라의 관리였으나, 한나라 소
공(昭公)의 재상이 되어서 안으로 정치와 교화를 닦고 밖으로 제후들을 상대하길 15년간이었
다. 신불해가 죽을 때까지는 나라가 잘 다스려지고 군대가 강해져서 한나라를 침략하는 자가 없
었다. 부국강병을 꾀하고 법률과 형벌로서 나라를 다스릴 것을 주장하는 형명(刑名)을 내세웠다.
저서로 『신자(申子)』가 있다.

자기 나라에서 입지를 굳히기 위해 서로가 돕는다면 우리는 든든한 우군이 될 것이다.

26-3 위나라가 한단을 에워싸다【魏之圍邯鄲】

위나라가 한단을 에워쌌다. 신불해(申不害)가 처음으로 한나라 왕과 맞추기 시작할 때였기 때문에 왕이 원하는 바를 미처 알지 못해서, 말했다가 왕의 마음에 꼭 적중하지 못할까 두려웠다. 왕이 신자에게 물어보며 말했다.

"나는 (조나라와 위나라 중에) 누구와 함께하는 것이 좋은가?"

대답하여 말했다.

"이것은 편안함과 위태로움으로 가는 길목으로, 나라와 집안의 큰 일입니다. 신이 청하건대, 깊이 생각하고 고통스러울 정도로 생각해야 합니다."

이에 몰래 조탁(趙卓)과 한조(韓晶)에게 일러주며 말했다.

"그대들 모두 나라에서 말 잘하는 선비[辯士]인데, 무릇 다른 사람의 신하가 된 자는 말이 가히 반드시 쓰이게 되면 충성을 남김없이 할 뿐이다."

두 사람이 각각 이 일을 가지고 왕에게 의견을 올렸다. 신자가 몰래 왕이 좋아하는 바를 보고서 왕에게 말을 하니, 왕이 크게 기뻐했다.

魏之圍邯鄲也, 申不害始合於韓王, 然未知王之所欲也, 恐言而未必中於王也. 王聞申子曰: "吾誰與而可?" 對曰: "此安危之要, 國家之大事也.

臣請深惟而苦思之." 乃微謂趙卓·韓晶曰: "子皆國之辯士也, 夫爲人臣者, 言可必用, 盡忠而已矣." 二人各進議於王以事. 申子微視王之所說以言於王, 王大說之.

왕의 마음을 알아내기 위해 다른 사람을 시켜 각자 다른 말을 올리게 한 후, 왕의 반응을 보고 좋아하는 쪽으로 의견을 낸 것이다.

26-4 신자가 자기 친척 형에게 벼슬 줄 것을 청하다【申子請仕其從兄官】

신자(申子)가 자기 친척 형(從兄)에게 벼슬 줄 것을 청하자 소후(昭侯)[2]가 허락하지 않았다. 신자가 원망하는 빛이 있자, 소후가 말했다.

"이른바 그대에게서 배운 바가 아니다. 그대가 아뢴 것을 들어주어서 그대의 도리를 없애야 하겠는가? 아니면[亡] 그대의 방법[術]을 행해서 그대가 아뢴 것을 없애야 하겠는가? 그대는 늘 과인에게 공로에 따라서 (벼슬의) 등급[次第=等次]을 살펴보라고 가르쳤다. 지금 요구하는 바가 있더라도, 이것을 내가 장차 어찌 들어주겠는가?"

신자가 마침내 자리를 피하고, 죄를 청하며 말했다.

"임금께서는 정말로 바로 그 사람입니다!"

申子請仕其從兄官, 昭侯不許也. 申子有怨色. 昭侯曰: "非所謂學於子

---

2 전국시대 한나라의 6대 국군으로, 이름은 무(武)이다. 시호는 소후(昭侯)인데, 한희후(韓僖侯) 또는 한소희후(韓昭僖侯)로도 불린다.

者也. 聽子之謁, 而廢子之道乎? 又亡其行子之術, 而廢子之謁乎? 子尙
教寡人循功勞, 視次第. 今有所求, 此我將奚聽乎?" 申子乃辟舍請罪, 曰:
"君眞其人也!"

신불해가 사사로이 벼슬 청탁을 하자 소후가, 신불해의 가르침대로라면 청탁을 거
절해야 하고 청탁을 들어주면 가르침을 폐기해야 하는데, 어찌 들어주겠냐고 일갈
하였다.

26-5 소진이 초나라와 합종하기 위해 한나라 왕을 설득하다
【蘇秦爲楚合從說韓王】

(1)

소진(蘇秦)이 초나라와 합종하기 위해 한나라 왕을 설득하며 말
했다.

"한나라는 북쪽으로 공(鞏) 땅의 낙수[洛]와 성고(成皐)의 견고함
이 있고 서쪽으로 의양(宜陽)과 상판(常阪)의 요새가 있으며 동쪽으
로 완(宛), 양(穰), 유수(洧水)가 있고 남쪽으로 형산(陘山)이 있으니, 땅
이 사방 천 리이고 갑주 두른 병사가 수십만입니다. 천하의 강한 활과
군센 쇠뇌는 모두 한나라에서 나옵니다. 계자(谿子), 소부(少府), 시력
(時力), 거래(距來)는 모두 600보 밖으로까지 나아가며, 한나라 궁졸
[卒=弓卒]이 (쇠뇌를) 발에 걸고 시위를 당기면 100발을 쏴도 멈출 겨
를이 없는데 멀리 있는 사람은 가슴에 닿고 가까운 사람은 심장에 엄
습합니다. 한나라 보졸[卒=步卒]의 칼과 창은 모두 명산(冥山), 상계(棠

溪), 묵양(墨陽), 합백(合伯), 박(膊)에서 나옵니다. 등사(鄧師), 완풍(宛馮), 용연(龍淵), 대아(大阿) 같은 명검들은 모두 땅에서는 말과 소를 자르고 물에서는 고니와 기러기를 칠 수 있으며 적을 맞으면 바로 견고한 무장을 베어버립니다. 갑옷[甲], 방패[盾], 가죽신[鞮], 투구[鍪], 철로 만든 정강이받이[鐵幕], 가죽으로 된 손가락깍지[革抉], 방패 묶는 끈[㕙芮] 등 갖추어지지 않은 도구가 없습니다.

한나라 병졸이 용맹하게 견고한 갑옷을 입고 굳센 쇠뇌를 밟고서 날카로운 칼을 두르면 한 사람이 백 명을 당해낸다는 것은 아무리 말해도 충분치 않습니다. 한나라의 굳셈과 대왕의 뛰어남을 가지고 있으면서 이에 서쪽을 바라보며 진나라를 섬겨서, 동쪽 울타리라 부르고 (진나라) 제왕(帝王)의 궁전을 쌓으며 갓과 띠를 받고 봄가을 제사를 지냄으로써 어깨를 걸고 복종하려고 하십니다. 사직을 부끄럽게 하고 천하에 웃음거리가 됨이 이보다 더한 것이 없습니다.

그러므로 바라건대 대왕께서는 충분히 헤아려주시기를 바랍니다. 대왕이 진나라를 섬기면 진나라는 반드시 의양(宜陽), 성고(成皐)를 요구할 것이고, 지금 이에 바치면 내년에는 또다시 더욱 땅을 잘라달라고 요구할 것입니다. 주면 바로 대어줄 땅이 없어지며, 주지 않으면 앞선 공로는 버려지고 뒤에 다시 그 재앙을 받게 됩니다. 장차 저 대왕의 땅이 다 없어지더라도 진나라의 요구는 그치지 않을 것입니다. 무릇 다 없어진 땅으로써 그치지 않는 요구를 거스른다면 이것이 이른바 '원망을 사고 화근을 사는' 것으로, 싸우지 않았는데도 땅은 이미 깎여나가게 됩니다. 신이 속된 말을 들었는데, '차라리 닭의 부리가 될지언정 소의 엉덩이가 되지는 않겠다'라고 했습니다. 지금 대왕께서 서쪽을 바라보며 어깨를 걸고서 신하가 되어 진나라를 섬긴다면 소 엉덩이와 무엇이 다르겠습니까? 무릇 대왕의 뛰어남과 강한 한나라 병사를 끼고서도 소 엉덩이라는 이름을 얻게 되는 것을, 신이 몰래 대왕을 위해 부끄럽게 생각합니다."

蘇秦爲楚合從說韓王曰: "韓北有鞏·洛·成皋之固, 西有宜陽之常阪之塞, 東有宛·穰·洧水, 南有陘山, 地方千里, 帶甲數十萬. 天下之強弓勁弩, 皆自韓出. 谿子·少府時力·距來, 皆射六百步之外. 韓卒超足而射, 百發不暇止, 遠者達胸, 近者掩心. 韓卒之劍戟, 皆出於冥山·棠谿·墨陽·合伯膊. 鄧師·宛馮·龍淵·大阿, 皆陸斷馬牛, 水擊鵠鴈, 當敵即斬堅. 甲·盾·鞮·鍪·鐵幕, 革抉·芮, 無不畢具. 以韓卒之勇, 被堅甲, 蹠勁弩, 帶利劍, 一人當百, 不足言也. 夫以韓之勁, 與大王之賢, 乃欲西面事秦, 稱東藩, 筑帝宮, 受冠帶, 祠春秋, 交臂而服焉. 夫羞社稷而爲天下笑, 無過此者矣. 是故愿大王之熟計之也. 大王事秦, 秦必求宜陽·成皋. 今茲效之, 明年又益求割地. 與之, 即無地以給之; 不與, 則棄前功而後更受其禍. 且夫大王之地有盡, 而秦之求無已. 夫以有盡之地, 而逆無已之求, 此所謂市怨而買禍者也, 不戰而地已削矣. 臣聞鄙語曰: '寧爲雞口, 無爲牛後.' 今大王西面交臂而臣事秦, 何以異於牛後乎? 夫大王之賢, 挾強韓之兵, 而有牛後之名, 臣竊爲大王羞之."

(2)

한나라 왕이 씩씩거리며 얼굴빛이 변하더니, 소매를 걷어 올려[攘臂] 칼을 어루만지면서 하늘을 쳐다보다가 크게 탄식하여 말했다.

"과인이 비록 죽어도 반드시 진나라를 섬길 수는 없다. 지금 그대가 초나라 왕의 가르침으로 내게 알려주니, 삼가 사직을 받들어 따르겠소."

韓王忿然作色, 攘臂按劍, 仰天太息曰: "寡人雖死, 必不能事秦. 今主君
以楚王之教詔之, 敬奉社稷以從."

전형적인 합종의 논리인, '한나라는 지세의 이로움과 군사의 강함이 있는데도 임금
은 진나라를 받들려 한다. 진나라는 탐욕스러워 계속 땅을 요구할 것이니, 왕이 어
찌 천하의 손가락질을 견디며 사직을 받들 수 있겠는가?'라는 논리로써 합종을 이
끌어내었다.

26-6 장의가 진나라와 연횡하기 위해 한나라 왕을 설득하다
【張儀爲秦連橫說韓王】

(1)

장의(張儀)가 진나라와 연횡하기 위해 한나라 왕을 설득하여 말
했다.

"한나라는 땅이 험하고 거친 산에 있어서, 오곡이 자라는 것은 보
리가 아니면 콩이며, 백성이 먹는 것은 대개 콩밥[豆飯]과 콩잎 국[藿
羹]입니다. 한 해 (흉년이 들어 곡식을) 거두지 못하면 백성이 지게미와 쌀
겨[糟糠]도 싫다 하지 않으며, 땅이 사방 900리를 채우지 못해서 두 해
의 먹을 것도 (쌓아둘 수) 없습니다. 대왕의 병졸을 헤아려보면 모두 모
아도 30만을 넘지 않는데, 마구간 일꾼과 허드렛일꾼도 그 안에 있으
니 (그들과) 마을과 보루와 요새[鄣塞]를 지키고 순찰 도는 사람을 제외

하면 병졸이 20만을 넘지 않을 것입니다.

진나라에는 갑주를 두른 병사가 100여 만이고, 수레가 1천 대, 기마 1만 필에 호랑이나 사나운 새[摯=鷙] 같은 용사들이 있으며, 뛰고 달리면서 투구도 쓰지 않은 채로 다른 사람의 턱을 꿰뚫고자 창을 휘두르는 자가 이루 헤아릴 수 없는 지경입니다. 진나라 말은 좋은 말로 가지고 있고, 융병(戎兵=兵士)은 수가 많으며, 앞을 살핀 다음에 뒤에서 뛰어서 세 발[尋]³의 거리를 (발굽으로) 차고 뛰어오르는 말들이 이루 셀 수 없습니다. 산동의 병졸이 갑옷을 입고 투구를 쓰고서 싸움을 하면 진나라 사람은 갑옷을 벗고[捐=脫] 맨몸으로 뛰면서 적을 쫓는데, 왼손에는 사람의 머리를 들고 오른쪽에는 살아있는 포로를 옆구리에 끼고 있습니다. 진나라 병졸과 산동의 병졸을 비교하면 마치 맹분(孟賁)과 겁먹은 사내[怯夫]를 비교하는 것과 같으며, 무거운 힘으로 서로 누르면 마치 오획(烏獲)과 어린아이를 비교하는 것과 같습니다. 무릇 맹분, 오획과 같은 용사로써 복종하지 않는 약한 나라를 공격하면, 천 균(鈞)이나 되는 무거운 것을 새알[鳥卵]이 쌓인 위에다 떨어뜨리는 것과 다르지 않으니, 반드시 요행은 없을 것입니다.

제후들은 병사가 약하고 먹을 것이 부족하다는 것을 헤아리지 못한 채, 합종하자는 사람들의 달콤한 말과 좋은 이야기를 듣고서 한 패가 되어[比周] 서로 치켜세우고 있습니다. 모두가 말하기를 '내 계책을 들어주면 강함으로써 천하에 으뜸이 될 수 있습니다'라고 하지만, 무릇 사직의 오랜 이로움을 돌아보지 않고 찰나의 이야기를 들어주게 해

---

3 한 발(두 팔을 양 옆으로 폈을 때 두 손끝 사이의 길이)을 심(尋)이라 하는데, 여덟 자[尺]를 가리키기도 한다.

서 다른 사람의 주인을 그릇되거나 잘못되게 만드는 것으로는 이보다 큰 허물이 없습니다. 대왕께서 진나라를 섬기지 않으면 진나라가 갑병을 내려 보내 의양(宜陽)을 점거함으로써 한나라의 위쪽 땅을 끊고 잘라버릴 것입니다. (다시) 동쪽으로 가서 성고(成皐), 의양을 차지하고 나면 홍대(鴻臺)의 궁실과 상림(桑林)의 동산은 더 이상 왕의 소유가 아니게 될 것입니다. 성고에 요새를 쌓고 위쪽 땅을 끊으면 왕의 나라는 나뉘게 됩니다. 먼저 진나라를 섬기면 편안하고, 진나라를 섬기지 않으면 위태롭습니다. 무릇 화를 만들면서 복을 구하고, 계책이 낮고 원한이 깊은데도 진나라를 거스르고 초나라를 따른다면, 비록 망하기를 바라지 않더라도 얻을 수 없을 것입니다.

그러므로 왕을 위해 계책을 내자면, 진나라를 섬기는 것만 못합니다. 진나라가 바라는 바로는 초나라를 약하게 하는 것만한 바가 없고, 초나라를 약하게 할 수 있는 나라로는 한나라만한 나라가 없습니다. 한나라가 초나라보다 능히 강해서가 아니라, 땅의 형세가 그러합니다. 지금 왕께서 서쪽을 바라보며 진나라를 섬기면서 초나라를 공격해서 자기 땅으로 만든다면 진나라 왕이 반드시 기뻐할 것입니다. 무릇 초나라를 공격해서 그 땅을 내 것으로 만들고 재앙을 돌려서 진나라를 기쁘게 만드니, 계책 중에 이보다 좋은 것이 없습니다. 그래서 진나라 왕이 사신으로 보내 대왕의 어사(御史)에게 글을 바치게 하였으니, 모름지기 일을 결단하십시오.”

張儀爲秦連橫說韓王曰: “韓地, 險惡山居, 五穀所生, 非麥而豆; 民之所食, 大抵; 一歲不收, 民不厭糟糠; 地方不滿九百里, 無二歲之所食. 料大王之卒, 悉之不過三十萬, 而廝徒負養, 在其中矣, 爲除守徼亭障塞,

見卒不過二十萬而已矣. 秦帶甲百餘萬, 車千乘, 騎萬匹, 虎摯之士, 跿
跔科頭, 貫頤奮戟者, 至不可勝計也. 秦馬之良, 戎兵之衆, 探前趹後, 蹄
間三尋者, 不可稱數也. 山東之卒, 被甲冒胄以會戰, 秦人捐甲徒裎以趨
敵, 左挈人頭, 右挾生虜. 夫秦卒之與山東之卒也, 猶孟賁之與怯夫也,
以重力相壓, 猶烏獲之與嬰兒也. 夫戰孟賁·烏獲之士, 以攻不服之弱
國, 無以異於墮千鈞之重, 集於鳥卵之上, 必無幸矣. 諸侯不料兵之弱,
食之寡, 而聽從人之甘言好辭, 比周以相飾也, 皆言曰: '聽吾計則可以
強霸天下.' 夫不顧社稷之長利, 而聽須臾之說, 詿誤人主者, 無過於此
者矣. 大王不事秦, 秦下甲據宜陽, 斷絕韓之上地; 東取成皋·宜陽, 則鴻
臺之宮, 桑林之苑, 非王之有已. 夫塞成皋, 絕上地, 則王之國分矣. 先事
秦則安矣, 不事秦則危矣. 夫造禍而求福, 計淺而愿深, 逆秦而順楚, 雖
欲無亡, 不可得也. 故爲大王計, 莫如事秦. 秦之所欲, 莫如弱楚. 而能弱
楚者莫如韓. 非以韓能強於楚也, 其地勢然也. 僅王西面而事秦以攻楚,
爲敝邑, 秦王必喜. 夫攻楚而私其地, 轉禍而說秦, 計無便於此者也. 是
故秦王使使臣獻書大王御史, 須以決事."

(2)

한나라 왕이 말했다.

"손님께서 행차하여 가르쳐주시니, 청컨대 (한나라 땅을 진나라의) 군
현과 같이 해서 제왕의 궁실을 짓고 봄가을로 제사를 지내며 동쪽 울
타리라 부르면서 의양을 바치겠습니다."

韓王曰: "客幸而教之, 請比郡縣, 筑帝宮, 祠春秋, 稱東藩, 效宜陽."

연횡의 전형적인 논리인, '한나라는 지세의 열악함과 군사의 약함이 있지만 진나라는 강하기 때문에, 한나라를 치면 한나라는 망한다. 또 진나라가 원하는 것은 한나라가 아니다'라는 논리로써 연횡을 이끌어내었다.

26-7 선왕이 규류에게 이르다【宣王謂摎留】

선왕(宣王)이 규류(摎留)에게 일러주며 말했다.

"내가 공중(公仲=公仲侈)과 공숙(公叔=韓公叔) 둘 다 쓰고 싶은데, 어찌 가능하겠는가?"

대답하여 말했다.

"안됩니다. 진(晉)나라가 여섯 명의 경(六卿)을 썼다가 나라가 나뉘었고, (제나라) 간공(簡公)이 전성(田成)과 감지(監止)를 썼다가 간공이 시해 당했으며, 위나라가 양쪽으로 서수(犀受)와 장의(張儀)를 썼다가 서쪽 황하 바깥이 없어졌습니다. 지금 왕께서 둘을 쓰시면, 힘이 많은 자는 안으로 그 패거리를 심게 되고 모자란 자는 바깥 권세에 기대게 될 것입니다. 뭇 신하들이 혹은 안에 심어둔 패거리로 그 임금을 마음대로 하고 혹은 밖으로 교류해서 땅을 찢어발기게 되면, 왕의 나라는 틀림없이 위태롭습니다."

宣王謂摎留曰: "吾欲兩用公仲·公叔, 其可乎?" 對曰: "不可. 晉用六卿而國分, 簡公用田成·監止而簡公弒, 魏兩用犀受·張儀而西河之外亡. 今王兩用之, 其多力者內樹其黨, 其寡力者籍外權. 群臣或內樹其黨以擅其主, 或外爲交以裂其地, 則王之國必危矣."

두 명의 재상으로 나랏일을 보게 하면 반드시 권력다툼이 생기게 된다.

26-8 장의가 제나라 왕에게 이르다【張儀謂齊王】

(누군가가) 장의에게 일러 말했다.

"신이 제나라 왕에게 일러주며 말하기를, '왕께서 (한나라 재상인) 한붕(韓朋=公仲)을 밑천으로 삼아서, 그와 더불어 위나라에서 장의를 쫓아내는 것만 못합니다'라고 하겠습니다. 위나라가 그참에 서수(犀首)를 재상으로 삼게 되면 그로 말미암아 제나라와 위나라는 한붕을 제거하게 되고, (한나라는) 공숙(公叔)을 재상으로 삼아 진나라를 칠 것입니다. 공중(公仲)이 이를 들으면 반드시 제나라에는 들어가지 않고 위나라에서 공[張儀]을 의지하게 될 것입니다. 이에 공께서는 근심이 없게 됩니다."

> 張儀謂齊王曰[4]: "王不如資韓朋, 與之逐張儀於魏. 魏因相犀首, 因以齊·魏廢韓朋, 而相公叔以伐秦. 公仲聞之, 必不入於齊. 據公於魏, 是公無患."

이 책사의 계책은, '먼저 장의를 쫓아내지 않으면 서수[公孫衍]를 위나라에 합치게 할 수 없고, 위나라에 합치지 못하면 한붕을 없앨 수 없으며, 한붕이 화를 내면 다

---

4 포본에 따르면, '장(張)'자 앞에 '위(謂)'자를 보충해야 하고 '의(儀)'자 뒤에 '신(臣)'자를 보충해야 한다.(鮑本, 張上補謂字, 儀下補臣字.) 즉 "張儀謂齊王曰"은 "謂張儀臣謂齊王曰"이 되어야 한다.

시 장의와 잘 지내게 된다'라는 것이다.(鮑本此士計, 非先逐張儀, 不能得衍合魏; 非

合魏, 不能廢朋; 朋怒, 則復善儀矣)

26-9 초나라 소헌이 한나라 재상이 되다【楚昭獻相韓】

초나라 소헌(昭獻)이 한나라 재상이 되었는데, 진나라가 장차 한나
라를 공격하려고 하자 한나라가 소헌을 그만두게 했다. 소헌이 사람을
시켜 공숙(公叔)에게 일러주며 말했다.

"저[昭獻]를 귀하게 여김으로써 초나라(와의 관계)를 단단히 하는
것만 못하니, 진나라가 반드시 말하기를 초나라와 한나라가 힘을 합쳤
다고 할 것입니다."

楚昭獻相韓. 秦且攻韓, 韓廢昭獻. 昭獻令人謂公叔曰: "不如貴昭獻以
固楚, 秦必曰楚·韓合矣."

소헌을 재상으로 계속 있게 하면, 진나라는 초나라와 한나라 사이의 교분이 여전히
두텁다고 생각할 것이다.

26-10 진나라가 형 땅을 공격하다【秦攻陘】

진나라가 형(陘) 땅을 공격하자 한나라는 사람을 시켜 남양(南陽)
의 땅을 가지고 (항복하기 위해) 빨리 달려가게 했는데, 진나라는 이미

달려가서 형 땅을 공격하는 중이었다. 한나라가 이로 말미암아 남양의 땅을 잘라주었는데, 진나라는 땅을 받고 나서도 다시 형 땅을 공격하였다. 진진(陳軫)이 진나라 왕[惠王]에게 일러주며 말했다.

"(한나라는) 나라의 형세가 이롭지 않기 때문에 빨리 달려갔고, 교분이 가깝지 않았기 때문에 땅을 잘라주었습니다. 지금 땅을 잘라주었지만 교분은 가까워지지 않았고, 빨리 달려갔지만 병사를 멈추지 못했습니다. (이렇게 되면) 신은 산동(의 나라들)이 빨리 달려와서 땅을 잘라주며 왕을 섬기는 일을 하지 않게 될까 두렵습니다. 또 왕께서는 삼천(三川)에 100금을 요구하여 얻지 못했지만 한나라에 1,000금을 요구하자 하루아침에 갖추어졌습니다. 지금 왕께서 한나라를 공격하면 이는 가장 좋은 교분을 끊고 (한나라로 하여금 돈과 땅을 내주지 않게 만들어서 그들의) 사사로운 창고만 단단히 지켜주는 것이니, 몰래 왕을 위해 (형 땅을) 차지하지 말기를 바랍니다."

秦攻陘, 韓使人馳南陽之地. 秦已馳, 又攻陘, 韓因割南陽之地. 秦受地, 又攻陘. 陳軫謂秦王曰: "國形不便故馳, 交不親故割. 今割矣交不親, 馳矣而兵不止, 臣恐山東之無以馳割事王者矣. 且王求百金於三川而不可得, 求千金於韓, 一旦而具. 今王攻韓, 是絶上交而固私府也, 竊爲王弗取也."

진나라가 땅을 받았음에도 계속 공격하자, 욕심이 지나치면 교분을 끊고 땅을 내주지 않을 거라고 설득하였다.

26-11 다섯 나라가 약속을 맺고 진나라를 공격하다【五國約而攻秦】

(1)

다섯 나라[齊, 趙, 韓, 魏, 楚]가 약속을 맺고 진나라를 공격하기로 하고 초나라 왕이 합종의 우두머리가 되었지만, 진나라를 해치지도 못한 채 병사를 풀어버리고 성고(成皋)에 머물렀다. 위순(魏順)이 시구군(市丘君=沛丘君)에게 일러주며 말했다.

"다섯 나라가 (병사를) 풀고 나면, 반드시 시구(市丘)를 공격하여 이를 가지고 군대의 비용을 갚으려 할 것입니다. 임금께서 신을 밑천 삼으면, 신이 임금을 위해 천하가 시구를 공격하는 일을 멈추도록 요구하겠습니다."

시구군이 말했다.

"좋다."

그참에 그를 보냈다.

五國約而攻秦, 楚王爲從長, 不能傷秦, 兵罷而留於成皋. 魏順謂市丘君曰: "五國罷, 必攻市丘, 以償兵費. 君資臣, 臣要求爲君止天下之攻市丘." 市丘君曰: "善." 因遣之.

(2)

위순이 남쪽으로 가서 초나라 왕을 뵙고 말했다.

"왕께서 다섯 나라와 맹약을 맺고 서쪽으로 가서 진나라를 쳤지만, 진나라를 해치지 못했습니다. 천하가 장차 이를 가지고서 왕을 가볍게 여기고 진나라를 무겁게 대할 것인데, 그런 까닭으로 왕께서는 어찌 (앞으로의) 교분을 점쳐보지 않습니까?"

초나라 왕이 말했다.

"어찌 말인가?"

위순이 말했다.

"천하가 군사를 풀어버리고 나면 반드시 시구를 공격하여 군대의 비용을 갚으려 할 것입니다. 왕께서는 시구를 공격하지 말라고 영을 내리십시오. 다섯 나라가 왕을 무겁게 여긴다면 장차 왕의 말을 듣고 시구를 공격하지 않을 것이며, 왕을 무겁게 여기지 않는다면 장차 왕의 말을 반대하고 시구를 공격할 것입니다. 그렇게 되면 왕이 가벼운지 무거운지가 반드시 밝혀질 것입니다."

그래서 초나라 왕이 교분을 점쳐보았고, 시구는 남을 수 있었다.

魏順南見楚王曰: "王約五國而西伐秦, 不能傷秦, 天下且以是輕王而重秦, 故王胡不卜交乎?" 楚王曰: "奈何?" 魏順曰: "天下罷, 必攻市丘以償兵費. 王令之勿攻市丘. 五國重王, 且聽王之言而不攻市丘; 不重王, 且反王之言而攻市丘. 然則王之輕重必明矣." 故楚王卜交而市丘存.

다섯 나라의 연합군이 진나라 정벌에 실패하고 시구가 다섯 나라의 공격 대상이 되자, 시구국의 사신이 우두머리인 초나라 왕의 영향력이 여전히 통하는지를 알아보자는 명목으로 시구국을 치지 말도록 설득하였다.

26-12 정강이 800금을 싣고 진나라에 들어가다【鄭强載八百金入秦】

정강(鄭强=鄭彊)[5]이 8백금을 싣고 진나라에 들어가서 한나라를 칠 것을 청하려 했다. 영향(泠向)이 정강에게 일러주며 말했다.

"그대가 8백금을 가지고 다른 사람의 동맹국[與國]을 칠 것을 청한 다면 진나라는 반드시 들어주지 않을 것이오. 그대가 진나라 왕으로 하여금 공숙(公叔)을 의심하게 하는 것만 못하오."

정강이 말했다.

"어떻게 말이오?"

말했다.

"공숙이 초나라를 공격하려는 것은 기슬(幾瑟)[6]이 있기 때문이오. 그래서 먼저 초나라를 치자고 말한 것이오. 지금 이미 초나라 왕으로 하여금 기슬을 받들어 수레 100승으로 양적에 머물게 했고, 소헌(昭獻)으로 하여금 (방향을) 돌려 함께 머물게 한 것이 10여 일이 되었소. (공숙) 그는 이미 알고 있을 것이오. 기슬과 공숙은 원수이지만 소헌은 공숙의 사람이라, 진나라 왕이 들으면 반드시 공숙이 초나라를 위한 다고 의심할 것이오."

鄭强載八百金入秦, 請以伐韓. 泠向謂鄭强曰: "公以八百金請伐人之與國, 秦必不聽公. 公不如令秦王疑公叔." 鄭强曰: "何如?" 曰: "公叔之攻

---

5 포표 주: 정나라 공족인데, 한나라가 정나라를 없앴기 때문에 한나라 사람이 되었다.(鮑本, 鄭公族, 韓滅鄭, 故爲韓人.)

6 포표 주: 기슬은 한나라 태자 영의 동생으로 이때 초나라에 인질로 있었는데, 공숙과 잘 지내지 못했다.(鮑本, 幾瑟, 太子嬰弟, 時質楚, 公叔所不善.)

楚也, 以幾瑟之存焉, 故言先楚也. 今已令楚王奉幾瑟以車百乘居陽翟,

令昭獻轉而與之處, 旬有餘, 彼已覺. 而幾瑟, 公叔之讎也; 而昭獻, 公

叔之人也. 秦王聞之, 必疑公叔爲楚也.”

기슬은 한나라 왕이 아끼는 아들인데 초나라에 있어서, 진나라는 정말로 한나라가

초나라와 힘을 합쳤다고 의심하게 한 것이다. 공숙과 기슬이 원수여서 진나라가 의

심하지 않고 있었지만, 지금 공숙과 친한 사람과 더불어 거처하며 예를 고르게 갖

추니 진나라가 어찌 공숙이 초나라를 위한다고 의심하지 않겠는가? 초나라는 진나

라가 미워하는 나라이므로, 이에 한나라를 치는 것은 청을 기다리지 않아도 될 것

이다.(鮑本幾瑟, 韓愛子, 而在楚, 秦固疑其合楚. 公叔與幾瑟讎, 故秦不疑. 今叔所善

與之處而禮均, 然則秦安得不疑其爲楚? 楚, 秦所惡也, 其伐韓不待請矣.)

26-13 정강이 장의를 진나라에서 달아나게 하다【鄭强之走張儀於秦】

정강이 장의를 (헐뜯어서) 진나라에서 달아나게 하려고, 장의의 사

자에게 말하기를 반드시 초나라로 가라고 했다. 그 때문에 (초나라 벼슬

인) 태재(大宰)에게 일러주며 말했다.

“공께서 장의의 사자를 잡아두면, 내가 청하건대 서쪽으로 가서

진나라에서 장의를 도모하겠소.”

그리하여 그참에 진나라 왕에게 청하며 말했다.

“장의가 사람을 시켜 상용(上庸)[7]의 땅을 내준다 하여, 그래서 (저

---

7 표표 주: 진혜왕 13년에 상용을 차지하였으니, 지금 장의가 초나라에 상용을 준다고 말한 것은

를) 사신으로 보내 두 번 절하고 진나라 왕에게 알리게 했습니다."

진나라 왕이 화를 내자, 장의가 달아났다.

鄭強之走張儀於秦, 曰儀之使者, 必之楚矣. 故謂大宰曰:"公留儀之使
者, 強請西圖儀於秦." 故因而請秦王曰:"張儀使人致上庸之地, 故使使
臣再拜謁秦王." 秦王怒, 張儀走.

장의를 쫓아내기 위해, 장의가 초나라에 상용 땅을 돌려주려 한다는 정황을 만들
어서 진나라 왕에게 거짓으로 고하였다.

26-14 의양의 싸움【宜陽之役】

의양(宜陽)의 싸움에서, (진나라 사람) 양달(楊達)이 (감무의 정적인) 공
손현(公孫顯)에게 일러주며 말했다.

"청컨대 공을 위해 5만을 가지고 서주(西周)를 공격하게 해주십시
오. 얻으면, 이에 구정(九鼎)으로 감무(甘茂)를 누를[印→抑] 수 있습니
다. 그렇지 못하면, 진나라가 서주를 공격한 일을 천하가 미워하여 한
나라를 구원하는 일이 반드시 빠르게 이루어질 것이니 곧 감무의 일
이 무너지게 됩니다."

宜陽之役, 楊達謂公孫顯曰:"請爲公以五萬攻西周, 得之, 是以九鼎印

진나라를 화나게 하려는 것이었다.(鮑本, 秦惠十三年取上庸, 今言儀致之楚, 欲以怒秦.)

甘茂也. 不然, 秦攻西周, 天下惡之, 其救韓必疾, 則茂事敗矣."

감무가 의양을 뽑아내어 공을 세우기 전에 서주를 공격해서 구정을 얻어야 한다.
일이 성공하면 감무의 공을 깎아내릴 수 있고, 실패해도 천하의 공분을 일으켜 한
나라 의양에 천하의 구원군이 이르러서 감무는 실패하게 될 것이다.

26-15 진나라가 의양을 에워싸다【秦圍宜陽】

진나라가 의양(宜陽)을 에워싸자, (주나라 신하인) 유등(游騰)이 (한나
라 재상인) 공중(公仲)에게 일러주며 말했다.

"공은 어찌 조나라에게 (원래 조나라 땅이었던) 란(藺), 이석(離石), 학
(祁) 땅을 주지 않습니까? 인질을 받고 땅을 허락하게 되면 누완(樓緩)[8]
은 반드시 무너질 것입니다. (이에) 한나라와 조나라의 병사를 거두어
위나라를 압박하면 (위나라 신하인) 누비(樓鼻)는 무너질 것입니다. 한나
라가 (조나라와) 하나가 되면 위나라가 반드시 진나라를 배신해서 감무
(甘茂)는 틀림없이 무너질 것입니다. 성양(成陽) 땅을 가지고 제나라의
적강(翟強)에게 밑천으로 주면 초나라는 반드시 무너집니다. 모름지기
진나라는 반드시 무너지며, 진나라가 위나라를 잃으면 의양을 반드시
뽑아내지 못할 것입니다."

---

8 조나라 출신으로, 일찍이 조나라 왕의 명에 따라 진나라에 들어가서 진나라 소왕(昭王)의 재상
이 되었다. 재상에서 면직된 후 조나라로 돌아와서는, 조나라 왕에게 진나라에게 땅을 떼어주라
고 했으나 들어주지 않자 떠나갔다.

秦圍宜陽, 游騰謂公仲曰: "公何不與趙藺·離石·祁, 以質許地, 則樓緩必敗矣. 收韓·趙之兵以臨魏, 樓鼻必敗矣. 韓爲一, 魏必倍秦, 甘茂必敗矣. 以成陽資翟強於齊, 楚必敗之. 須秦必敗, 秦失魏, 宜陽必不拔矣."

의양이 공격당하자 합종을 성사시키고 연횡을 깨뜨리기 위해, 조나라에게 땅을 돌려주어 한편으로 만들고 위나라를 압박하여 한편으로 만듦으로써 삼진이 합심하면 진나라에 대항할 수 있으며, 다시 땅을 주고 제나라를 포섭하여 진나라의 우군인 초나라를 대응하게 하면 의양을 보존할 수 있다고 말하였다.

26-16 공중이 의양의 일로 감무와 원수가 되다【公仲以宜陽之故仇甘茂】

공중(公仲=韓朋)이 의양의 일로 감무(甘茂)와 원수가 되었다. 그 뒤에 진나라가 한나라에 무수(武遂) 땅을 돌려주었는데[9], 얼마 지나지 않아 진나라 왕은 감무가 무수 땅을 가지고 공중과 화해했다고 굳게 의심하였다. (한나라 사람) 두료[杜赫→杜聊]가 공중을 위해 진나라 왕에게 일러주며 말했다.

"한붕[明→朋=公仲]이 원컨대 감무를 통하여 왕을 섬기고자 합

---

9 (오사도가) 보충하여 말한다: 『사기』「감무전」의 기록이다. 소대가 상수에게 일러주며 말하기를 "한나라가 감무에게 나라를 맡겼을 때, 감무가 공중에게 무수를 허락하고 의양의 백성을 돌려주었습니다"라고 하였는데, 얼마 뒤 감무가 결국 진나라 왕에게 무수를 한나라에 다시 돌려줄 것을 청하였다. 상수와 공손석이 간쟁했지만 얻지 못하게 되자, 이로 말미암아 감무를 원망하고 헐뜯었다.(補曰: 史甘茂傳, 蘇代謂向壽曰, 韓氏委國於甘茂, 茂許公仲以武遂, 反宜陽之民. 既而甘茂竟言秦王以武遂復歸之韓, 向壽·公孫奭爭之不得, 由此怨讒茂.)

412

니다."

진나라 왕이 감무에게 크게 화를 내었고, 그래서 (감무의 정적인) 저리질(樗里疾)이 두료의 말에 크게 기뻐했다.

公仲以宜陽之故仇甘茂. 其後, 秦歸武遂於韓, 已而, 秦王固疑甘茂之以武遂解於公仲也. 杜赫爲公仲謂秦王曰: "明也願因茂以事王." 秦王大怒於甘茂, 故樗里疾大說杜聊.

감무의 정적들이 진나라 왕에게, 감무가 무수 땅을 돌려주고 공중과 화해했다고 믿게 하였다.

26-17 진나라와 한나라가 탁택에서 싸우다【秦韓戰於濁澤】

(1)

진나라와 한나라가 탁택(濁澤)에서 싸웠는데, 한나라가 다급해졌다. 공중붕[公仲明→公仲朋]이 한나라 왕에게 일러주며 말했다.

"동맹국[與國]도 믿을 수 없습니다만, 지금 진나라 마음은 초나라를 치고 싶어 합니다. 왕께서 장의를 통해 진나라와 화해하여 이름난 큰 읍 하나를 주고, 함께 초나라를 치는 것만 못합니다. 이것은 하나를 가지고 둘로 바꾸는 계책입니다."

한나라 왕이 말했다.

"좋은 말이오."

마침내 공중이 가는 일을 조심조심하며 장차 서쪽으로 가서 진나라와 강화를 맺으려 했다.

秦·韓戰於濁澤, 韓氏急. 公仲明謂韓王曰: "與國不可恃. 今秦之心欲伐
楚, 王不如因張儀爲和於秦, 賂之以一名都, 與之伐楚. 此以一易二之計
也." 韓王曰: "善." 乃儌公仲之行, 將西講於秦

(2)

초나라 왕이 이를 듣고 크게 두려워하며 진진(陳軫)을 불러 알리
니, 진진이 말했다.

"진나라가 우리를 치려 한 일은 오래되었는데, 지금 또다시 한나라
의 이름난 큰 읍 하나와 얻고 갑병을 갖추었습니다. 진나라와 한나라
는 나란히 남쪽으로 향할 것이니, 이는 진나라가 종묘와 사당에서 빌
었던 바입니다. 지금 (한나라 땅을) 이미 얻었기 때문에 초나라를 반드
시 칠 것입니다. 왕께서는 신의 말을 들어주십시오.

사방 국경 안을 경계하게 하고 군대를 엄선하여 한나라를 구원한
다고 말하고, 전차를 길에 가득 채우도록 명령을 내리십시오. 믿을 만
한 신하를 (사신으로) 보내는데, 그 수레를 많이 하고 그 선물을 무겁게
하여 왕께서 자기를 구원한다고 믿게 하십시오. 설령[縱] 한나라가 우
리의 말을 들어줄 수 없더라도 한나라는 반드시 왕에게 고마워할 것
이니, 반드시 기러기 행렬[雁行]처럼 (진나라 병사와) 나란히 오지는 않
을 것입니다. 이렇게 되면 진나라와 한나라는 화합하지 못해서, 비록
병사가 이른다 해도 초나라는 큰 병이 없을 것입니다. 능히 우리의 말
을 들어 진나라와의 화친을 끊어버린다면, 진나라는 반드시 크게 화
를 내며 이로써 한나라에 두텁게 원한을 가질 것입니다. 한나라가 초

나라의 구원을 얻으면 반드시 진나라를 가볍게 여기게 되고, 진나라
를 가볍게 여기게 되면 그 진나라에 대한 대응은 틀림없이 삼가지(敬)
않을 것입니다. 이는 진나라와 한나라 병사를 지치게 만듦으로써 초
나라의 환란을 벗어나는 길입니다."

楚王聞之大恐, 召陳軫而告之. 陳軫曰: "秦欲伐我久矣, 今又得韓之名
都一而具甲, 秦·韓幷兵南鄕, 此秦所以廟祠而求也. 今已得之矣, 楚國
必伐矣. 王聽臣, 爲之徹四境之內選師, 言救韓, 令戰車滿道路; 發信臣,
多其車, 重其幣, 使信王之救己也. 縱韓爲不能聽我, 韓必德王也, 必不
爲雁行以來. 是秦·韓不和, 兵雖至, 楚國不大病矣. 爲能聽我絶和於秦,
秦必大怒, 以厚怨於韓. 韓得楚救, 必輕秦. 輕秦, 其應秦必不敬. 是我
困秦·韓之兵, 而免楚國之患也."

(3)

초나라 왕이 크게 기뻐하며, 이에 사방 국경 안을 경계하고 군대를
엄선하였으며 한나라를 구원한다 말하여 믿을 만한 신하를 보냈는데,
그 수레를 많이 하고 그 선물을 무겁게 하였다. 한나라 왕에게 일러주
며 말했다.

"저희 나라가 비록 작아도 이미 모든 병력을 일으켰습니다. 원컨대
큰 나라에서 마침내 진나라에게 뜻을 마음껏 풀어내신다면, 저희 나
라는 장차 초나라를 가지고 임금을 위해 따라 죽겠습니다."

楚王大說, 乃徹四境之內選師, 言救韓, 發信臣, 多其車, 重其幣. 謂韓王
曰: "弊邑雖小, 已悉起之矣. 願大國遂肆意於秦, 弊邑將以楚殉韓."

(4)

한나라 왕이 크게 기뻐하며 이에 공중에게 그치게 하니, 공중이 말했다.

"안 됩니다. 실제로 우리를 괴롭히는[告→困] 자는 진나라이며, 빈말로 우리를 구원하는 자는 초나라입니다. 빈이름에 기대어 나아가서 가볍게 강한 진나라를 끊고 대적하면 반드시 천하의 웃음거리가 될 것입니다. 또한 초나라와 한나라는 형제의 나라가 아니며, 또 평소에 약속을 맺고 진나라를 치자고 모의하지도 않았습니다. 진나라가 초나라를 치고자 하자 초나라는 이참에 병사를 일으켜 한나라를 구원한다고 말하니, 이는 반드시 진진의 모책입니다. 또한 왕께서 사람을 보내어 진나라에 보고해 놓고서는 지금 가지 않으니, 이는 진나라를 속이는 일입니다. 강한 진나라의 화근을 가볍게 여기고 초나라의 모신(謀臣)을 믿으시면, 왕께서는 반드시 뉘우치게 될 것입니다."

한나라 왕이 들어주지 않고 드디어 진나라와의 화의를 끊어버렸다. 진나라가 과연 크게 화를 내어 군대를 일으켜서 한나라와 나문(邪門)에서 싸웠는데, 초나라의 구원은 이르지 않았고 한나라는 크게 무너졌다.

韓王大說, 乃止公仲. 公仲曰: "不可, 夫以實告我者, 秦也; 以虛名救我者, 楚也. 恃適之虛名, 輕絶强秦之敵, 必爲天下笑矣. 且楚·韓非兄弟之國也, 又非素約而謀伐秦矣. 秦欲伐楚, 楚因以起師言救韓, 此必陳軫之謀也. 且王以使人報於秦矣, 今弗行, 是欺秦也. 夫輕强秦之禍, 而信楚之謀臣, 王必悔之矣." 韓王弗聽, 遂絶和於秦. 秦果大怒, 興師與韓氏戰於邪門, 楚救不至, 韓氏大敗.

(5)

한나라 병사가 깎이고 약해진 것도 아니고 백성들이 사리에 어둡고 어리석은 것도 아닌데도 병사는 진나라에게 붙잡히고 모책[智]은 초나라의 웃음거리가 되었으니, 진진의 말을 지나치게 들어주어 한붕[明→朋]의 계책을 잃어버렸기 때문이다.

韓氏之兵非削弱也, 民非蒙愚也, 兵爲秦禽, 智爲楚笑, 過聽於陳軫, 失計於韓明也.

진나라 공격의 방향을 서로에게 돌리려고 한나라와 초나라가 계책을 세웠지만, 한나라는 초나라가 구원한다는 말을 굳게 믿었다가 진나라에게 무너지고 말았다.

26-18 안솔이 공중을 만나다 【顏率見公仲】

(주나라 신하인) 안솔(顏率)이 공중을 만나려 했지만 공중이 만나주지 않았다. 안솔이 공중의 알자(謁者)에게 일러주며 말했다.

"공중은 반드시 나를 거짓[陽=佯]으로 여겨서, 그래서 나를 보지 않는 것이오. 공중이 여색[內=女色]을 좋아하지만 나는 (그가) 선비를 좋아한다 말했으며, 공중이 재물을 쌓았지만 나는 (그가) 흩어서 베푼다고 말했으며, 공중이 행실이 없지만 나는 (그가) 마땅함을 좋아한다 말했소. 지금부터 나는 바르게 말할 뿐이오."

공중의 알자가 이를 공중에게 고하자, 공중이 바로 일어나서 그를 만났다.

顔率見公仲, 公仲不見. 顔率謂公仲之謁者曰: "公仲必以率爲陽也, 故不見率也. 公仲好內, 率曰好士; 仲嗇於財, 率曰散施; 公仲無行, 率曰好義. 自今以來, 率且正言之而已矣." 公仲之謁者以告公仲, 公仲遽起而見之.

---

① 안솔이 공중은 겉과 속이 다른 사람이라는 것을 밝히겠다고 협박하였다.

② 안솔의 이 말은 가히 공중을 움직일 만하다. 정말로 그런 사람이라면 비록 드러내놓고 말해도 다음에 무슨 해로움[益=損]이 되겠는가? 정말로 그렇지 않다면 바르게 말해도 내가 어찌 두렵겠는가? 이로써 공중이 몸소 행하는 자가 아님을 알 수 있다.(鮑本彪謂: 顔率此言, 可行公仲而已. 誠有是人, 雖陽言何益於德? 苟無是也, 正言之, 吾何懼. 以是知公仲非躬行者也.)

26-19 한나라 공중이 상수에게 일러주다【韓公仲謂向壽】

(1)

한나라 공중(公仲)이 (蘇代를 시켜서 진나라) 상수(向壽)에게 일러주며 말했다.

"짐승도 막히면 수레를 엎어버립니다. 공께서 한나라를 깨뜨리고 저를 욕보였지만, 저는 나라를 거두어 다시 진나라를 섬기면 스스로 반드시 봉토를 받을 수 있다고 여기고 있습니다. (그런데) 지금 공은 초나라와 화해했고, 나라 안[中=國中]에서는 (초나라의) 소영윤(小令尹)을 (진나라 땅인) 계양(桂陽=杜陽)에 봉했습니다. 진나라와 초나라가 힘을 합쳐 다시 한나라를 공격하면 한나라는 틀림없이 망합니다. 제가 몸소 사사로운 무리[私徒]를 이끌고 진나라와 싸우려고 하니, 원컨대 공께서는 충분히 헤아리십시오."

상수가 말했다.

"내가 진나라와 초나라를 합친 것은 한나라와 맞서려는 것이 아니니, 그대가 나를 위해 공중에게 알려주며 말하기를 '진나라와 한나라의 교분은 가히 합칠 수 있습니다'라고 해주시오."[10]

韓公謂向壽曰: "禽困覆車. 公破韓, 辱公仲. 公仲收國復事秦, 自以爲必可以封. 今公與楚解, 中封小令尹以桂陽. 秦‧楚合, 復攻韓, 韓必亡. 公仲躬率其私徒以鬪於秦, 願公之熟計之也." 向壽曰: "吾合秦‧楚, 非以當韓也, 子爲我謁之[公仲曰: '秦‧韓之交可合也.']."

(2)

(소대가) 대답하여 말했다.

"원컨대 공께 다시 말씀드리겠습니다. 속담에, '귀한 것을 귀하게 여기는 사람이 귀해진다'라고 했습니다. 지금 왕께서 공을 아끼고 익숙하게[愛習] 생각하는 것은 공손학(公孫郝)만 못하며, 지혜와 능력에서는 공이 감무만 못합니다. 지금 두 사람이 모두 일에서 (왕과) 가까움을 얻지 못했는데 공이 홀로 왕과 더불어 나랏일을 주관하고 결단하는 까닭은, 저들이 (왕의 믿음을) 잃어버렸기 때문입니다. 공손학은 한나

---

10 포표나 요굉의 주석에는 언급되지 않았지만, 공중이 한 말은 내용으로 볼 때 아래와 연결되어, 공중이 한 말이 아니라 상수가 한 말의 연장이라고 보는 것이 좀 더 자연스럽다. 이에 하단의 "公仲曰: '秦‧韓之交可合也'" 구절을 이곳으로 옮겨서 상수의 말 즉 "向壽曰: '吾合秦‧楚, 非以當韓也, 子爲我謁之'"와 연결시켰다.

라와 무리를 짓고 감무는 위나라와 무리를 지으니, 그래서 왕이 믿지 못합니다. 지금 진나라와 초나라가 강함을 다투는데 공은 초나라와 무리를 짓고 있으니, 이는 공손학이나 감무와 더불어 같은 길을 가는 것입니다. 공께서 어찌 다르다 하겠습니까?

사람들이 모두 말하기를 초나라에 많은 변고가 있다고 하는데도 공은 초나라가 틀림없다고 하니, 이는 스스로를 귀하게 만들기 위해서입니다. 공께서 왕과 더불어 그 변고를 모색하여 한나라로 하여금 이를 가지고 대비를 잘하게 하는 것만 못하니, 만일 이처럼 하면 재앙이 없을 것입니다. 한나라가 먼저 나라를 들어 공손학을 따랐고, 그 뒤에는 감무에게 나라를 맡겼으니, 이에 한나라는 공의 원수입니다. 지금 공께서는 한나라와 잘 지냄으로써 초나라를 대비하자고 말씀하셨으니, 밖에서 들어 쓸 때는 원수라도 피하지 않는 법입니다."

對曰: "願有復於公. 諺曰: '貴其所以貴者貴.' 今王之愛習公也, 不如公孫郝; 其知能公也, 不如甘茂. 今二人者, 皆不得親於事矣, 而公獨與王主斷於國者, 彼有以失之也. 公孫郝黨於韓, 而甘茂黨於魏, 故王不信也. 今秦·楚爭强, 而公黨於楚, 是與公孫郝·甘茂同道也. 公何以異之? 人皆言楚之多變也, 而公必之, 是自爲貴也. 公不如與王謀其變也, 善韓以備之, 若此, 則無禍矣. 韓氏先以國從公孫郝, 而後委國於甘茂, 是韓, 公之讎也. 今公言善韓以備楚, 是外擧不辟讎也."

(3)
상수가 말했다.
"나는 한나라와 합치기를 매우 원하오."

(소대가) 대답하여 말했다.

"감무가 공중에게 무수 땅으로 의양의 백성이 돌아오도록 허락했는데, 지금 공께서 헛되이 명령을 거두어들였으니 매우 어렵습니다."

상자(=상수)가 말했다.

"그렇다면 어찌해야 하오? 무수를 끝내 얻지 못할 뿐일 것이오."

(소대가) 대답하여 말했다.

"공은 어찌 진나라로 하여금 한나라를 위해 초나라에게 영천(潁川)을 요구하게 하지 않습니까? 이것은 이에 한나라가 잠시 맡겨 놓은 땅(寄地)입니다. 공이 요구하여 그 땅을 얻으면, 이는 명령이 초나라에서 이루어지고 그 땅으로써 한나라에 덕을 입히는 일입니다. 공이 요구했는데 그 땅을 얻지 못하면, 이는 한나라와 초나라의 원한이 풀어지지 않은 탓이니 교대로 진나라로 달려와 섬길 것입니다. 진나라와 초나라가 강함을 다툴 때 공께서 한나라를 공격한 것이 초나라의 잘못으로 된다면, 이는 진나라에게 이롭습니다."

상자가 말했다.

"어찌 (이롭다는) 말이오?"

(소대가) 대답하여 말했다.

"이것은 좋은 일입니다. 감무는 위나라로써 제나라를 갖기 원하고, 공손학은 한나라로써 제나라를 얻고자 합니다. 지금 공께서 의양을 차지한 것이 공이 되었으니, 초나라와 한나라를 거두어 편안케 해서 제나라와 위나라의 죄를 벌하십시오. 이로써 공손학과 감무의 일은 아무것도 아니게 될 것입니다.".

向壽曰: "吾甚欲韓合." 對曰: "甘茂許公仲以武遂, 反宜陽之民, 今公徒

令收之, 甚難." 向子曰: "然則奈何? 武遂終不可得已." 對曰: "公何不以
秦爲韓求潁川於楚, 此乃韓之寄地也. 公求而得之, 是令行於楚而以其
地德韓也. 公求而弗得, 是韓·楚之怨不解, 而交走秦也. 秦·楚爭强, 而
公過楚以攻韓, 此利於秦." 向子曰: "奈何?" 對曰: "此善事也. 甘茂欲以
魏取齊, 公孫郝欲以韓取齊, 今公取宜陽以爲功, 收楚·韓以安之, 而誅
齊·魏之罪, 是以公孫郝·甘茂之無事也."

진나라 상수가 의양을 지키면서 초나라와 연합하여 한나라를 공격하려 하자 한나
라 공중이 소대를 시켜 설득하기를, 공손학은 한나라와, 감무는 위나라와 친하기
때문에 진나라 왕이 믿지 못하고 있는데, 상수가 초나라와 친하게 되면 왕이 상수
도 의심할 것이니 차라리 초나라에게 한나라에게서 뺏은 땅을 돌려주라고 하면서,
한나라와 초나라를 한편으로 만들면 경쟁자인 공손학과 감무가 쌓은 공업을 무너
뜨릴 수 있다고 하였다.

26-20 누군가가 공중에게 일러주며 말하다【或謂公仲曰聽者聽國】

(1)

누군가가 공중에게 일러주며 말했다.

"듣는 것을 나라사람[國=國人]¹¹에게서만 하면 반드시 실상을 들
을 수 없습니다. 그래서 앞선 왕들은 저잣거리에서 상말[諺言]을 들었
으니, 원컨대 공께서 신의 말을 들어주십시오. 공께서는 진나라에 가

---

11 주나라 시절에는 경과 대부를 사족(士族)이라 부르기도 했고 국인(國人)이라 부르기도 했다.

운데 서겠다고[中立] 요구했지만 얻을 수 없었고, 공손학과 잘 지냄으로써 감무를 어렵게 하였고, 제나라 병사를 불러들여 위나라를 막도록 권했기 때문에**12** 초나라와 조나라 모두 공의 원수가 되었습니다. 신은 나라에서 이것이 근심이 될까 두려우니, 원컨대 공께서는 다시 진나라에게 가운데 서겠다고 요구하십시오."

或謂公仲曰: "聽者聽國, 非必聽實也. 故先王聽諺言於市, 願公之聽臣言也. 公求中立於秦, 而弗能得也, 善公孫郝以難甘茂, 勸齊兵以勸止魏, 楚·趙皆公之讎也. 臣恐國之以此爲患也, 願公之復求中立於秦也."

(2)
공중이 말했다.
"어찌해야 하오?"
대답하여 말했다.
"진나라 왕[昭王]은 공손학을 공과 같은 편으로 여겨 들어주지 않고, 감무는 공과 잘 지내지 못해서 공을 위해 말해주지 않을 것입니다. 공은 어찌 행원(行愿)을 통해 진나라 왕과 말을 나눠보려 하지 않습니까? 행원은 진나라 왕의 신하로써 사사로움이 없습니다[公=無私]. 신이 청하건대 공을 위해 (행원이) 진나라 왕에게 일러 말해주기를, '제나라와 위나라가 (교류의 측면에서) 합하거나 떨어지는 것 중에 어느 쪽이

---

12 표표 주: 공손학은 제나라와 친하므로 공손학과 잘 지내면 제나라가 위나라를 공격하는 것을 기뻐할 것이며, 감무는 위나라와 친하므로 감무를 어렵게 만들면 위나라가 제나라를 공격하는 것을 멈출 수 있을 것이라는 말이다.(鮑本, 郝善齊, 故善郝則喜於齊之攻魏; 茂善魏, 故難茂則可以止魏之攻齊.)

진나라에게 이롭습니까? 제나라와 위나라가 (군사의 측면에서) 결별하거나 합하는 것 중에 어느 쪽이 진나라가 강해지는 것입니까?[13]'라고 하면, 진나라 왕은 반드시 말하기를, '제나라와 위나라가 떨어지면 진나라가 무거워지고, 합하면 진나라가 가벼워진다. 제나라와 위나라가 결별하면 진나라가 강해지고, 합하면 진나라가 약해진다'라고 할 것입니다. 그러면 신이 바로 다음과 같이 말하겠습니다.

'지금 왕께서 공손학의 말을 들어주어 한나라와 진나라 병사를 거느리고 제나라에 대응하면서 위나라를 공격하면, 위나라는 감히 싸우지 못해서 땅을 돌려주고 제나라와 합하게 될 것입니다. 이는 진나라가 가벼워지는 것이니, 신은 공손학이 충성스럽지 못하다고 여깁니다. 지금 왕께서 감무의 말을 들어주어 한나라와 진나라 병사를 거느리고 위나라를 누르고[據] 제나라를 공격하면, 제나라는 감히 싸우지 못해서 땅을 잘라달라고 하지 않으면서 위나라와 합하게 될 것입니다. 이는 진나라가 가벼워지는 것이니, 신은 감무가 충성스럽지 못하다고 여깁니다.

그러므로 왕께서 한나라에게 가운데 서있으라고 명을 내리고 제나라를 공격하는 것만 못합니다. 왕께서 위나라를 구원하겠다고 말하면서 (한나라를) 굳세게 만들어주면, 제나라와 위나라는 서로 들어줄 수가 없어서 오랫동안 반드시 군대의 일에서 떨어져 있게 될 것입니다[久必兵交→久離兵史(事)]. 왕께서 욕심을 내어 공손학을 제나라에서 믿게 한 뒤 한나라를 위해 남양을 차지해서 곡천(穀川)과 바꿔 돌려주

---

13 포표 주: 떨어진다는 것은 교류의 측면에서 말하는 것이고, 결별한다는 것은 군대의 측면에서 말하는 것이다.(鮑本, 離以交言, 別以兵言.)

424

면, 이것은 (진나라) 혜왕(惠王)이 원하던 바였습니다. (또는) 왕께서 욕심을 내어 감무를 위나라에서 믿게 한 뒤 한나라와 진나라의 병사로써 위나라를 누르고 제나라를 물리치시면, 이것은 (진나라) 무왕의 바람이었습니다. 신은 한나라에 영을 내려 가운데 서게 하고 제나라를 공격하는[勁─攻] 것이 진나라의 가장 급한 일이라고 생각합니다. 공손학은 제나라와 편을 짓고서 기꺼이 말하지 않을 것이고 감무는 (나그네 신하이므로) 입지가 단단하지 못해[薄] 감히 말하지 못할 것이니, 이 두 사람은 왕의 큰 근심거리입니다. 바라건대 왕께서 충분히 헤아리십시오.'"

公仲曰: "奈何?" 對曰: "秦王以公孫郝爲黨於公而弗之聽, 甘茂不善於公而弗爲公言, 公何不因行願以與秦王語? 行願之爲秦王臣也公, 臣請爲公謂秦王曰: '齊·魏合與離, 於秦孰利? 齊·魏別與合, 於秦孰強?' 秦王必曰: '齊·魏離, 則秦重; 合, 則秦輕. 齊·魏別, 則秦強; 合, 則秦弱.' 臣即曰: '今王聽公孫郝以韓·秦之兵應齊而攻魏, 魏不敢戰, 歸地而合於齊, 是秦輕也, 臣以公孫郝爲不忠. 今王聽甘茂, 以韓·秦之兵據魏而攻齊, 齊不敢戰, 不求割地而合於魏, 是秦輕也, 臣以甘茂爲不忠. 故王不如令韓中立以攻齊, 齊王言[14]救魏以勁之, 齊·魏不能相聽, 久必兵交. 王欲, 則信公孫郝於齊, 爲韓取南陽, 易穀川以歸, 此惠王之願也. 王欲, 則信甘茂於魏, 以韓·秦之兵據魏以隙齊, 此武王之願也. 臣以爲令韓以中立以勁齊, 最秦之大急也. 公孫郝黨於齊而不肯言, 甘茂薄而不敢謁也, 此二人, 王之大患也. 願王之熟計之也.'"

---

14 포표 주: "齊王言"의 '제(齊)'자는 잘못 들어간 말로 보인다.(鮑本. 王上衍齊字.)

공중이 중립을 지키지 못하여 여러 나라와 감무, 공손학에게 미움을 받게 되자 누군가가, 사사로움이 없는 신하인 행원을 통해 진나라 왕에게, 공손학이나 감무가 하는 일은 모두 제나라나 위나라를 편들어 주는 말이니 들어주지 말고 (공중에게 이롭도록) 한나라를 중립에 둔 채 제나라를 공격하라고 설득할 것을 제안하였다.

26-21 한나라 공중이 재상이 되다【韓公仲相】

(1)

한나라 공중이 재상이 되었다. 제나라와 초나라가 서로 잘 지냈는데, 진나라와 위나라가 만나 장차 제나라와 잘 지냄으로써 제나라가 초나라를 끊게 했다. (초나라) 왕[頃襄王]이 경리(景鯉)를 시켜 진나라에 가게 했는데, 경리가 진나라와 위나라 만남에 참여하였다. 초나라 왕이 경리에게 화를 내며, 제나라가 (오해하여) 초나라가 만남에 참여한 것을 가지고 진나라, 위나라와 함께 음모를 꾸민다고 여길까 두려워서 장차 경리를 죄주려 했다.

韓公仲相. 齊楚之交善秦, 秦魏遇[15], 且以善齊而絶齊乎楚. 王使景鯉之秦, 鯉與於秦·魏之遇. 楚王怒景鯉, 恐齊以楚遇爲有陰於秦·魏也, 且罪景鯉.

---

15 포표 주: "齊楚之交善秦, 秦魏遇"가, 뒤의 진(秦)자 다음에 여(與)자가 보완되고 앞의 진(秦)자가 생략되어 "齊楚之交善, 秦與魏遇"로 되어 있다.(鮑本, 秦下補與字, 無上秦字.)

(2)

(누군가 경리를) 위하여 초나라 왕에게 일러 말했다.

"신은 경리가 모임에 참여한 것에 대해 경하 드립니다. 진나라와 위나라가 만난 것은 장차 제나라와 진나라를 합하고 제나라를 초나라와 끊게 하려는 것입니다. 지금 경리가 모임에 참여하자 제나라는 위나라가 자기를 진나라와 합하게 하고 나서 초나라를 공격하는 일을 믿지 못하게 되었습니다. 제나라는 또한 초나라가 진나라, 위나라와 음모를 꾸밀까 걱정하고 있기 때문에 반드시 초나라를 무겁게 여길 것입니다. 그래서 경리가 모임에 참여한 것이 대왕에게는 큰 밑천이 되었습니다.

지금 경리가 모임에 참여하지 않았다면 위나라가 제나라에게 초나라를 끊게 할 것이 분명합니다. 제나라가 이를 믿으면 반드시 왕을 가볍게 생각할 것입니다. 그래서 왕께서 경리에게 죄를 주지 않는 것만 못하니, 이로써 제나라로 하여금 (초나라가) 진나라와 위나라를 가지고 있음을 보게 하면, 제나라는 반드시 초나라를 무겁게 여길 것입니다. 또한 제나라는 진나라와 위나라를 의심할 것입니다."

왕이 말했다.

"허락하오."

그로 인해 죄 삼지 않고 그 반열(列=地位)을 높여주었다.

爲謂楚王曰: "臣賀鯉之與於遇也. 秦·魏之遇也, 將以合齊·秦而絶齊於楚也. 今鯉與於遇, 齊無以信魏之合己於秦而攻於楚也, 齊又畏楚之有陰於秦·魏也, 必重楚. 故鯉之與於遇, 王之大資也. 今鯉不與於遇,

魏之絶齊於楚明矣. 齊楚信之[16], 必輕王, 故王不如無罪景鯉, 以視齊於
有秦·魏, 齊必重楚, 而且疑秦·魏於齊." 王曰: "諾." 因不罪而益其列.

초나라 사신이 진나라와 위나라의 회맹에 참여하자 초나라 왕이 제나라와의 관계
가 깨질까 걱정했지만, 제나라는 초나라가 저울추가 될 것을 두려워하여 초나라를
더욱 무겁게 대할 것이라고 설득하여 경리를 죄주지 않도록 했다.

26-22 왕이 말하기를, 조금 전에 그대는 '천하에 상대가 없다'고 하더니
【王曰向也子曰天下無道】[17]

(위나라) 왕[景閔王]이 말했다.

"조금 전에 그대는 '천하에 상대[道→敵]가 없다'고 하더니, 지금
은 그대가 말하기를 '이에 장차 연나라를 공격한다'고 했소. 무슨 말
이오?"

(춘신군이) 대답하여 말했다.

---

16 포표 주: "齊楚信之"의 초(楚)자는 덧붙여진 글자이다.(鮑本, 衍楚字.)

17 (오사도가) 바로잡아 말한다: 요본에는 무릇 97글자가 「한책」의 한 장으로 있는데, 이는 「초책」에
실린 '우경이 춘신군에게 일러주다'의 글이 착간되어 잘못 들어간 것으로, 대략 같지 않은 부분
이 일부 있을 뿐이다. 포표는 「한책」에서 이 부분을 삭제했기 때문에 전적으로 그 문장을 볼 수
없지만, 이 글이 다시 「초책」의 뒷장에 있어야 한다는 것을 밝혀 말하지는 않았다. 황비열의 안
(案): 아래의 문장 "관앙이 춘신군에게 일러주며 말하다" 운운한 대목에 대해 오사도는 보충하
여 말하기를 "지금 그 문장을 자세히 살펴보니 마땅히 「초책」에 속하는 글이다" 했으니, 그 설이
옳다. 마땅히 이 책문의 "왕이 말하기를, 조금 전에" 운운한 대목에서부터 아래에 이어지는 "누
군가가 위왕에게 일러주다" 운운한 대목까지는 모두 「초책」의 말미에 있어야 한다. 「한책」 속으
로 잘못 삽입된 것이다.(鮑本正曰: 姚本凡九十七字, 在韓策自爲一章, 乃楚策虞卿謂春申之文脫
簡誤衍, 略有不同. 鮑於韓策既刪去, 全不見其文, 而於此復不明言在楚策後章. 札記丕烈案: 下
文"觀鞅謂春申曰"云云, 吳氏補曰, 今詳其文, 當屬楚, 其說是也. 當是自此策文"王曰向也"以下
連"或謂魏王"云云, 皆本在楚策尾. 誤錯入韓策中也.)

"지금 말[馬]이 힘이 세다고 하면 있을 수 있는 일이지만, 만일 천 균(鈞)의 무게를 이겨낸다[勝]고 말하면 그렇지 않다고 하는 것은 왜 그렇겠습니까? 무릇 천 균을 말이 짊어질 수 없기 때문입니다. 지금 초나라가 강하고 크다고 말하는 것은 있을 수 있지만, 만일 조나라와 위나라를 뛰어넘어 연나라에서 병사와 다투려 한다면 어찌 초나라가 맡을 수 있겠습니까? 초나라가 맡을 수 없는데도 초나라가 (억지로) 하게 되면, 이는 초나라를 약하게 하는 것입니다. 초나라가 힘이 다 빠지면 이는 위나라[楚→魏]가 강해지는 것이니, 이에 왕께서는 어느 쪽이 편하십니까?"

王曰: "向也子曰, '天下無道', 今也子曰, '乃且攻燕'者, 何也?" 對曰: "今謂馬多力則有矣, 若曰勝千鈞則不然者, 何也? 夫千鈞, 非馬之任也. 今謂楚強大則有矣, 若夫越趙·魏而鬪於燕, 則豈楚之任也哉? 且非楚之任, 而楚爲之, 是弊楚也. 強楚·弊楚, 其於王孰便也?"

말이 힘이 세다고 말했다 해서 정말로 천 균[3만 근]을 짊어질 수는 없으며, 초나라가 강하다고 말했다고 해서 두 개의 나라를 뛰어넘고 연나라를 공격할 수는 없다. 초나라가 연나라를 공격하면 힘이 다 빠지게 되니, 그렇게 되면 상대적으로 위나라가 강해진다.

26-23 누군가가 위나라 왕에게 일러주다【或謂魏王】

누군가가 위나라 왕[安釐王]에게 일러주어 말했다.

"왕께서 사방 강토의 안을 경계[儆=警] 하시며, 이에 왕을 따르는 자들에게 10일 안에 준비시켜서 갖추지 못한 자는 죽이십시오. 왕께서 그참에 깃발을 배(舟)[18] 위에 달아매십시오. 신이 왕을 위해 초나라에 가면, 왕께서는 잠깐 기다렸다가 신이 돌아오면 이에 행하십시오."

(초나라) 춘신군이 듣고, 사자에게 일러주며 말했다.

"그대는 나를 위해 돌아가라. (초나라) 왕[考烈王]을 뵙지 않아도 된다. 10일 내에 수만의 무리를 거느리고 지금 위나라 국경을 건너겠다."

진나라 사자가 듣고 이를 진나라 왕에게 알렸다. 진나라 왕이 위나라 왕에게 일러 말해주었다.

"대국이 뜻이 있어서 반드시 (진나라에 쳐들어) 온다면 이로써 (위나라 병사만으로도) 충분하오."

或謂魏王: "王儆四疆之內, 其從於王者, 十日之內, 備不具者死. 王因取其游之舟上擊之. 臣爲王之楚, 王胥臣反, 乃行." 春申君聞之, 謂使者曰: "子爲我反, 無見王矣. 十日之內, 數萬之衆, 今涉魏境." 秦使聞之, 以告秦王. 秦王謂魏王曰: "大國有意, 必來以是而足矣."

위나라가 진나라를 치기 위해 군사를 일으키고 초나라도 위나라와 합하기 위해 군사를 동원하자, 진나라 왕이 초나라와 위나라의 군대가 연합하는 것이 두려워서 위나라 왕에게 위나라의 군대만으로도 충분하다고 알렸다.

---

18 주(舟)의 뜻 중에 '끌 채'가 있어서 수레로도 볼 수 있으나, 별도의 주(註)가 없어서 그대로 배로 풀었다.

26-24 관앙이 춘신군에게 일러주다【觀鞅謂春申】

관앙(觀鞅=觀英=朱英)이 춘신군(春申)에게 일러주며 말했다.

"사람들은 모두 초나라가 강했는데 군께서 쓰이자 약해졌다고 여깁니다만, 제게 있어서는 그렇지 않습니다. 군보다 앞서 다스렸던 사람들은 20여 년 동안 일찍이 싸움[攻]을 본 적이 없었습니다. 지금 진나라는 민(澠)과 애(隘) 땅의 요새를 병사가 넘도록 하고 싶었지만 하지 못했으며, 두 주나라의 길을 빌려 한나라를 등지고 초나라를 공격하려 했지만 할 수 없었습니다. 지금은 그렇지 않으니, 위나라는 장차 아침저녁 사이에 망할 것입니다. 허(許)와 언릉(鄢陵), 오(梧) 땅을 능히 아끼지도 못하여 진나라에게 잘라주고 나면, 서로 간의 거리[去=相去]가 160리밖에 안 되기 때문입니다. 신이 본 바로는 진나라와 초나라가 싸우는 날이 가까울[也→近] 뿐입니다."

觀鞅謂春申曰: "人皆以楚爲強, 而君用之弱, 其於鞅也不然. 先君者, 二十餘年未嘗見攻. 今秦欲逾兵於澠隘之塞, 不使; 假道兩周倍韓以攻楚, 不可. 今則不然, 魏且旦暮亡矣, 不能愛其許·鄢陵與梧, 割以予秦去百六十里. 臣之所見者, 秦·楚鬪之日也已."

춘신군이 집권한 후 진나라의 공세가 강화되어 위나라는 버티지 못할 것이며, 그렇게 되면 초나라가 진나라와 맞붙을 날이 멀지 않았다.

26-25 공중이 여러 번 제후들에게 믿음을 주지 못하다

【公仲數不信於諸侯】

공중(公仲)이 여러 번 제후들에게 믿음을 주지 못하자, 제후들이 그가 (말하고 행하는 것을) 막아버렸다[錮]. 남쪽으로 가서 초나라에서 나랏일을 맡으려 했지만 초나라 왕이 들어주지 않았다. 소대(蘇代)가 초나라 왕[懷王]에게 말했다.

"들어주고, 그가 배반하는 것을 준비하는 것만 못합니다. 한붕 [明→朋]의 배반은 늘 조나라에 기대어 초나라를 배반하고, 제나라에 기대어 진나라를 배반하는 것이었습니다. 지금 네 나라가 그를 막고 있어서 들어갈 곳이 없으니, 정말로 신이 근심하고 있습니다. 이에 바야흐로 그는 미생(尾生=微生)[19]이 될 때가 되었습니다.

公仲數不信於諸侯, 諸侯錮之. 南委國於楚, 楚王弗聽. 蘇代爲楚王曰: "不若聽而備於其反也. 明之反也, 常仗趙而畔楚, 仗齊而畔秦. 今四國錮之, 而無所入矣, 亦臣患之. 此方其爲尾生之時也."

공중이 네 나라의 신뢰를 잃어 의지할 곳이 없어졌으니, 죽음으로써 신뢰를 보이지 않으면 안 될 것 같다.

---

19 (오사도가) 보충하여 말한다: 『장자』 「도척(盜跖)」편에, "미생이 여자와 다리 아래에서 만나기로 약속했는데, 물이 들이치고 줄지 않자 다리 기둥을 껴안고 죽었다"라는 기록이 있다.(補曰: 莊子, "尾生與女子期於梁下, 水至不去, 抱梁柱而死.")

한책 2
韓策

27-1 초나라가 옹지를 에워싸고 다섯 달이 지나다【楚圍雍氏五月】

(1)

초나라가 옹지(雍氏)를 에워싸고 다섯 달이 지났다. 한나라가 사자에게 영을 내려 진나라에 구원을 요청한 것이 수레 지붕이 서로 마주 볼 정도로 많았지만, 진나라 군대는 효산[崤＝崤山]을 내려오지 않았다. 한나라가 다시 상근(尚靳)에게 영을 내려 진나라에 사신으로 가게 해서, 진나라 왕[昭王]에게 일러주며 말했다.

"한나라의 진나라에 대한 관계는, 머물 때는 숨기고 가려주며 나가게 되면 기러기가 줄지어가듯 나란히 갑니다. 지금 한나라가 이미 병들어 있는데, 진나라 군대는 효산[崤＝崤山]을 내려오지 않습니다. 신이 듣기에 입술을 들어 올리면 그 이가 시리다고 하니, 바라건대 대왕께서는 충분히 헤아려주십시오."

선태후(宣太后)가 말했다.

"사자로 온 사람이 많은데, 오직 상근의 말만이 옳군요."

상자를 불러 들였다. 선태후가 상자에게 일러주며 말했다.

"내[妾]가 돌아가신 왕을 모실 때, 돌아가신 왕께서 그 넓적다리[髀＝股]를 내 몸에 올리면 나는 힘들어서 지탱할[疲→支] 수 없었지만,

그 몸을 내 위에 모두 올리면 나는 무겁게 여기지 않았소. 왜 그렇겠소? 그것이 작으나마 이로움이 있기 때문이었소. 지금 한나라를 돕는데 병사가 많지 않고 식량도 많지 않으면 곧 한나라를 구원하는 데 충분하지 않소. 무릇 한나라의 위태로움을 구원하려면 날마다 천금이 들 터인데, 다만 내게 작으나마 이로움이 있게 하지 않을 수 있겠소?"

楚圍雍氏五月. 韓令使者求救於秦, 冠蓋相望也, 秦師不下崤. 韓又令尙斬使秦, 謂秦王曰: "韓之於秦也, 居爲隱蔽, 出爲雁行. 今韓已病矣, 秦師不下崤. 臣聞之, 唇揭者其齒寒, 愿大王之熟計之." 宣太后曰: "使者來者衆矣, 獨尙之之言是." 召尙子入. 宣太后謂尙子曰: "妾事先王也, 先王以其髀加妾之身, 妾困不疲也; 盡置其身妾之上, 而妾弗重也, 何也? 以其少有利焉. 今佐韓, 兵不衆, 糧不多, 則不足以救韓. 夫救韓之危, 日費千金, 獨不可使妾少有利焉."

(2)
상근이 돌아와 글을 써서 한나라 왕에게 보고하자, 한나라 왕이 장취(張翠)를 보냈다. 장취가 병을 핑계 대고 하루에 현 하나씩만 갔다. 장취가 이르자, 감무(甘茂)가 말했다.

"한나라가 급하니, 선생이 병이 났는데도 오셨군요."

장취가 말했다.

"한나라가 아직은 급하지 않습니다만, 장차 급해질 것입니다."

감무가 말했다.

"진나라는 무거운 나라이며 슬기로운[知→智] 왕이 있어서, 한나라가 급한지 덜 급한지를 알지 못하는 것이 아닙니다. 지금 선생이 급하지 않다고 말했으니, 가능하겠습니까?"

장취가 말했다.

"한나라가 급하면 꺾고서 초나라에 들어가면 되는데, 신이 어찌 감히 오겠습니까?"

감무가 말했다.

"선생은 다시 말을 하지 마시오."

尙斬歸書報韓王, 韓王遣張翠. 張翠稱病, 日行一縣. 張翠至, 甘茂曰: "韓急矣, 先生病而來." 張翠曰: "韓未急也, 且急矣." 甘茂曰: "秦重國知王也, 韓之急緩莫不知. 今先生言不急, 可乎?" 張翠曰: "韓急則折而入於楚矣, 臣安敢來?" 甘茂曰: "先生毋復言也."

(3)

감무가 들어가서 진나라 왕에게 말했다,

"공중이 진나라 군대를 얻는다는 생각을 가지고(柄=持) 있기 때문에 감히 초나라를 막고 있습니다. 지금 옹지가 에워싸여 있는데 진나라 군대는 효산을 내려가지 않고 있으니, 이는 한나라를 없다고 여기는 것입니다. 공중은 장차 머리를 굽혀 조현하지 않게 될 것이고, 공숙(公叔)은 장차 나라를 가지고 남쪽으로 가서 초나라와 합할 것입니다. 초나라와 한나라가 하나가 되면 위나라는 감히 듣지 않을 수 없으니, 이에 초나라는 세 나라를 거느리고 진나라를 도모할 것입니다. 이와 같으면 진나라를 치는 형세가 이루어집니다. 알지 못하고 앉아서 공격을 기다리는 것과, 다른 사람을 치는 것을 비교하면 어느 쪽이 이롭습니까?"

진나라 왕이 말했다.

"좋소."

과연 효산에서 군대를 내려보내 한나라를 구원했다.

甘茂入言秦王曰: "公仲柄得秦師, 故敢捍楚. 今雍氏圍, 而秦師不下崤,
是無韓也. 公仲且抑首而不朝, 公叔且以國南合於楚. 楚·韓爲一, 魏氏
不敢不聽, 是楚以三國謀秦也. 如此則伐秦之形成矣. 不識坐而待伐,
孰與伐人之利?" 秦王曰: "善." 果下師於崤之救韓.

한나라가 초나라에게 공격을 받았지만 진나라가 이득을 따지며 구원하지 않자, 한
나라에서 그렇다면 초나라에게 항복하겠다고 겁박하여 구원병을 얻어내었다.

27-2 초나라가 옹지를 에워싸다【楚圍雍氏】

초나라가 옹지(雍氏)를 에워싸자 한나라가 영향[泠向=冷向]에게 영
을 내려 진나라에서 구원군을 빌려오게 하니, 진나라는 사신 공손매
(公孫昧)를 보내 한나라에 들어가게 했다. 공중(公仲)이 말했다.

"그대는 진나라가 장차 한나라를 구원하리라 여기시오? 아니라고
여기시오?

대답하여 말했다.

"진나라 왕께서 말하기를, '청컨대 남정(南鄭)과 남전(藍田)으로 길
을 잡고 들어가서 초나라를 공격하고자, 삼천(三川)에서 출병하여 공
을 기다리겠다'라고 하셨으니, 아마도 합세하지 않고 남정에 군진을 칠

것 같습니다."

공중이 말했다.

"어찌해야겠소?"

대답하여 말했다.

"진나라 왕께서는 반드시 장의(張儀)의 옛 모책[故謀]을 본받을[祖] 것입니다. 초나라 위왕(威王)이 대량[梁=大梁]을 공격했을 때 장의가 진나라 왕께 일러주며 말하기를, '초나라와 더불어 대량을 공격하면 위나라는 꺾여서 초나라로 들어가게 될 것이며, 한나라 또한 그와 동맹국입니다. 이는 진나라가 외롭게 되는 것입니다. 그러므로 병사를 내어 위나라를 굳세게 해주는 것만 못합니다'라고 했습니다. 이에 피지 땅을 공격해서 위나라를 굳건하게 해주자 (초나라) 위왕이 화를 내어 초나라와 위나라가 크게 싸우게 되었고, 진나라는 서하(西河) 밖을 차지하고 돌아갔습니다.

지금은 진나라가 장차 한나라를 구원하겠다고 드러내놓고[揚=陽] 말하지만, 속으로는 초나라와 잘 지내고 있기 때문에 공이 진나라를 믿고서 굳세게 지키더라도 반드시 가볍게 초나라와 싸울 것입니다. 초나라는 몰래 진나라가 (한나라를 위해) 병사를 쓰지 않겠다는 말을 얻었기 때문에 반드시 쉽게 공과 더불어 서로 버틸 것입니다. 공이 싸워서 초나라에 이기면, (진나라는) 마침내 공과 더불어 초나라를 올라타서 쉽게 삼천을 차지하고 돌아갈 것입니다. 공이 싸워서 초나라를 이기지 못하면, (진나라는) 삼천을 틀어막고 이를 지켜서 공이 구원할 수 없을 것입니다. 신은 이런 일을 아주 싫어합니다.

사마강(司馬康)이 3번 반복하여 (초나라 도읍인) 영(郢)에 갔다 왔고, 감무(甘茂)가 소헌(昭獻)과 함께 국경에서 만났는데 그 말이 도장을 거둔[收璽][20] 것이라고 하지만 아마도 실상은 오히려 (또 다른) 약속이 있었을 것입니다."

공중이 두려워하며 말했다.

"그렇다면 어찌해야 하오?"

대답하여 말했다.

"공은 반드시 한나라를 앞에 두고 진나라를 뒤로 미루며, 자신의 몸을 앞에 두고 장의를 뒤로 미뤄야 합니다.[21] 그렇게 하여 공께서 빨리 한나라를 제나라와 초나라에 합하는 것만 못하니, 진나라는 틀림없이 (진나라에 대한) 공격을 풀기 위해서 공에게 나라를 맡길 것입니다. 이는 공이 밖으로 밀어낸 바는 장의(의 계책)일 뿐이고[22], 이에 실상은 오히려 진나라를 잃지 않은 것입니다."

楚圍雍氏, 韓令冷向借救於秦. 秦爲發使公孫眛入韓. 公仲曰: "子以秦爲將救韓乎? 其不乎?" 對曰: "秦王之言曰, 請道於南鄭·藍田以入攻楚, 出兵於三川以待公, 殆不合, 軍於南鄭矣." 公仲曰: "奈何?" 對曰: "秦王必祖張儀之故謀. 楚威王攻梁, 張儀謂秦王曰: '與楚攻梁, 魏折而入於楚. 韓固其與國也, 是秦孤也. 故不如出兵以勁魏.' 於是攻皮氏. 魏氏勁,

---

20 포표 주: 도장은 군의 부절을 말하니, 그것을 거두었다는 것은 초나라가 한나라를 공격하는 것을 막으려 했다는 말이다. (오사도가) 바로잡아 말한다: 수(收)는 취(取)한다는 뜻이고 새(璽)는 도장[印]이니, 초나라 재상의 도장을 세운다는 말과 같다. 『사기색은』에서는 소현이 진나라 관리의 도장을 얻고 싶어 한 것이라고 여긴다.(鮑本, 璽, 軍符. 收之者, 言欲止楚之攻韓. 正曰: 收, 取也, 璽, 印也, 如楚置相璽之云. 索隱以爲昭獻欲得秦官之印璽.)

21 포표 주: 자기 의견을 먼저 두고 뒤에 장의의 옛 지혜를 뒤에 두는 것은, 진나라가 자기를 구원하기를 바라지만 한나라를 굳세게 하고 싶지는 않았기 때문이다.(鮑本, 先己所見, 後儀之故智. 言欲秦之救己, 而不欲其勁韓也.)

22 (오사도가) 바로잡아 말한다: 장의의 옛 지혜는 무너뜨리지 않은 채 장의만 밖으로 밀어내었기 때문이다.(正曰: 不墮儀之故智, 爲外於儀耳.)

威王怒, 楚與魏大戰, 秦取西河之外以歸. 今也其將揚言救韓, 而陰善
楚, 公恃秦而勁, 必輕與楚戰. 楚陰得秦之不用也, 必易與公相支也. 公
戰勝楚, 遂與公乘楚, 易三川而歸. 公戰不勝楚, 塞三川而守之, 公不能
救也. 臣甚惡其事. 司馬康三反之郢矣, 甘茂與昭獻遇於境, 其言曰收
璽. 其實猶有約也." 公仲恐曰: "然則奈何?" 對曰: "公必先韓而後秦, 先
身而後張儀. 以公不如亟以國合於齊·楚, 秦必委國於公以解伐. 是公
之所以外者儀而已, 其實猶之不失秦也."

공중에게 장의가 옛날 썼던 방법을 이용하여 한나라를 제나라, 초나라와 연합하게
해서 진나라를 고립시키면, 진나라가 공중을 무겁게 여길 것이라고 알려주었다.

27-3 공중이 한나라와 위나라의 땅을 바꾸려 하다【公仲爲韓魏易地】

공중(公仲)이 한나라와 위나라의 땅을 바꾸려 했다. 공숙(公叔)이
이 일을 두고 다투었지만 들어주지 않자 장차 망명하려 하니, 사척(史
惕)이 공숙에게 일러주며 말했다.

"공이 없어지면 땅을 바꾸는 일은 반드시 이루어집니다. 공이 말
도 없이 뒤에 돌아오면 장차 천하가 공을 가볍게 여길 것이니, 공이 고
분고분 따르느니만 못합니다. 무릇 한나라가 땅을 (위나라) 위쪽 땅과
바꾸면 조나라에 해롭고, 위나라가 (한나라) 아래쪽 땅과 바꾸면 초나
라에 해롭습니다. (그러니) 공이 초나라와 조나라에 알려주는 것만 못
합니다. 초나라와 조나라는 싫어할 것입니다. 초나라가 들으면 병사
를 일으켜 양장(羊腸)을 압박하게 되고 초나라가 들으면 병사를 보내

어 방성(方城)을 압박하게 될 것이니, 땅을 바꾸는 일은 반드시 실패합니다."

公仲爲韓·魏易地, 公叔爭之而不聽, 且亡. 史惕謂公叔曰: "公亡, 則易必可成矣. 公無辭以後反, 且示天下輕公, 公不若順之. 夫韓地易於上, 則害於趙; 魏地易於下, 則害於楚. 公不如告楚·趙. 楚·趙惡之. 趙聞之, 起兵臨羊腸, 楚聞之, 發兵臨方城, 而易必敗矣."

공숙이 한나라와 위나라가 땅을 바꾸는 일을 반대하다가 망명 위기에 몰리자, 사척이 몰래 이 일을 초나라와 조나라에 알려서 그들로 하여금 군사행동을 일으키게 하여 문제를 해결하자고 했다.

27-4 기선이 한나라 왕에게 진나라를 합치는 법을 가르쳐주다
【錡宣之教韓王取秦】

기선(錡宣)이 한나라 왕에게 진나라를 합치는(取=合) 법을 가르쳐주며 말했다.

"공숙(公叔)을 위해 수레 100승을 갖추고 초나라에 가서 삼천과 바꾼다고 말하십시오, 그참에 공중(公仲)에게 영을 내려 진나라 왕에게 일러 말해주기를, '삼천(三川) 사람들의 말이 「진나라 왕께서 반드시 우리 땅을 차지할 것이다」라고 하고 있습니다. 이래서는 한나라 왕의 마음이 풀어질 수 없습니다. 왕께서는 어찌 시험삼아 양자(襄子)[23]를 한나라에 인질로 보내어 한나라 왕에게, 왕께서 삼천을 차지하지 않겠다는 것을 알게 하지 않습니까?'라고 하십시오. 그참에 양자를 나오게 하면 (진나라) 태자에게도 덕을 입히는 것이 됩니다."

錡宣之教韓取秦, 曰: "爲公叔具車百乘, 言之楚, 易三川. 因令公仲謂秦王曰: '三川之言曰, 秦王必取我. 韓王之心不可解矣. 王何不試以襄子爲質於韓, 令韓王知王之不取三川也.' 因以出襄子而德太子."

진나라가 삼천 땅을 탐내자 삼천을 초나라 땅과 바꾼다는 소문을 내며 진나라에 제안하기를, 진나라 태자의 정적인 양자를 인질로 주어서 삼천을 빼앗지 않겠다는 뜻을 보이면 초나라와의 협상을 중지하겠다고 하면서, 성공하면 진나라 태자도 고맙게 여길 것이라고 했다.

27-5 양릉의 싸움【襄陵之役】

양릉(襄陵)의 싸움[24]에서 (위나라 세객인) 필장(畢長)이 공숙에게 일러주며 말했다.

"청컨대 병사를 쓰지 마십시오. 그러면 초나라와 위나라 모두 공의 나라를 고마워할 것입니다. 무릇 초나라는 (위나라) 공자 고(高)를 (위

---

23 포표 주: 양자는 진나라 공자 중에 태자와 잘 지내지 못했던 자이다.(鮑本, 秦諸公子不善太子者.)

24 초나라 소양이 위나라의 양릉에서 성 여덟 개를 빼앗은 싸움으로, 「제책(齊策)」에도 나온다.

나라 태자로) 두고 싶어서 반드시 병사를 가지고 위나라를 압박할 것입니다. 공께서는 어찌 사람을 시켜 (초나라 장군인) 소자(昭子=昭揚)를 설득하여 말하기를 '싸워서 반드시 이긴다고는 할 수 없으니, 청하건대 그대를 위해 병사를 일으켜 위나라로 가겠소'라고 하지 않습니까? 그대의 말로써 싸우지 않게 되는 것이니, 이에 태자 여[扁=與]와 소양(昭揚), 양나라 왕 모두 공에게 고마워할 것입니다."[25]

襄陵之役, 畢長謂公叔曰: "請毋用兵, 而楚·魏皆德公之國矣. 夫楚欲置公子高, 必以兵臨魏. 公何不令人說昭子曰: '戰未必勝, 請爲子起兵以之魏.' 子有辭以毋戰, 於是以太子扁·昭揚·梁王皆德公矣."

공숙에게 양릉 싸움에서 중립을 지키고 있다가, 초나라가 위나라를 압박하게 되면 그때 가서 위나라 편을 들어 싸움을 말리고 모두에게 덕을 베풀게 하라고 조언하였다.

27-6 공숙이 풍군을 진나라에 사신으로 보내다 【公叔使馮君於秦】

공숙(公叔)이 풍군(馮君)을 진나라에 사신으로 보내면서, 억류될까

---

25 (오사도가) 보충하여 말한다: 『대사기』「한세가」양왕 12년조에 따르면, 태자 영이 죽자 공자 구와 공자 기슬이 태자 자리를 두고 다투었는데, 이때 기슬은 초나라의 인질로 있었다. 초나라가 그를 들이고 싶어서 마침내 옹지를 에워쌌지만 기슬은 끝내 한나라로 돌아갈 수 없었고, 한나라는 공자 구를 태자로 세웠다고 한다. 그런데 『전국책』과 「세가」에 실린 내용을 비교하면 잘못 들어가거나 중복된 내용들이 있어서 상세히 고찰할 수가 없다.(補曰: 大事記, 韓世家襄王十二年, 太子嬰死, 公子咎·公子蟣虱爭爲太子. 時蟣虱質於楚, 楚欲內之, 遂圍雍氏. 蟣虱竟不得歸韓, 韓立咎爲太子. 戰國策與世家所載, 參錯重複, 不可詳考.)

두려워서 양향(陽向)에게 진나라 왕[昭王]을 설득하여 말하게 했다.

"풍군을 억류하고서 한나라 신하들과 잘 지내려 하는 것은 최상책 [上知]이 아닙니다. 임금께서 풍군을 잘 대해서 그를 진나라의 밑천으로 삼는 것만 못합니다. 풍군이 왕 덕택에 (영향력이) 넓어지면 공숙의 말을 듣지 않게 되고, 그렇게 해서 태자와 더불어 다투게[26] 되면 왕께서는 은택을 베푸는 것이 되고 한나라는 해를 입게 될 것입니다."

公叔使馮君於秦, 恐留, 敎陽向說秦王曰: "留馮君以善韓臣, 非上知也. 主君不如善馮君, 而資之以秦. 馮君廣王而不聽公叔, 以與太子爭, 則王澤布, 而害於韓矣."

한나라에서 보낸 사자가 억류되지 않도록 낸 꾀가, 사자를 잘 대해주면 태자를 세우는 일에서 진나라 편이 되겠다는 것이었다.

27-7 공숙에게 일러주며 말하다【謂公叔曰】

(누군가가) 공숙에게 일러주며 말했다.

---

26 (황비열의) 안(案): 『대사기』에 이르기를, 『전국책』의 '중서자 강이 태자에게 일러 말하기를' 운운한 대목에 대해 『사기』에서는 "소대가 한구에게 이르기를 '기슬이 도망하여 초나라에 있는데, 초나라 왕이 안으로 들이고자 하는 마음이 심합니다. 그러나 기슬이 일찍이 태자로 세워진다면 공자 구의 무리들을 받아들이지 않을 것입니다"라고 하였고, 『색은』에서는 이를 풀이하여 "백영(伯嬰)은 곧 태자 영인데, 영이 전에 죽었기 때문에 구와 기슬이 서로 세워지려고 다투었다"라고 하였다. 내가 생각건대, 이 『대사기』의 기록은 상고할 수가 없다.(按, 大事記云, 國策中庶子强謂太子云云. 史, 蘇代謂韓咎曰, 幾瑟亡在楚, 楚王欲內之甚, 然則幾瑟嘗爲太子, 不然公子咎之徒, 乃出奔也. 索隱曰, 伯嬰卽太子嬰, 嬰前死, 故咎與幾瑟爭立. 愚謂, 此大事記所謂不可考者.)

"공은 무수(武遂) 땅을 진나라에서 얻으려 하면서도 초나라가 하외(河外)를 들어 올릴 수 있다는 것을 걱정하지 않습니다. 공께서는 사람을 시켜 (먼저) 초나라 왕[懷王]을 두렵게 한 뒤에, (다시) 사람을 시켜 공을 위해 진나라에서 무수를 구하는 것만 못합니다.

초나라 왕에게 일러주며 말하기를, '무거운 사자(重使)를 보내 한나라를 위해 진나라에게 무수를 요구하려 합니다. 진나라 왕[昭王]이 들어주면 이는 만승의 나라로부터 행한 바[行=所行]를 얻어낸 것이니, 한나라는 무수를 얻고 진나라를 막아내어[恨→限] 진나라의 근심이 없어지면서 초나라(의 신뢰)를 얻게 됩니다. 한나라는 초나라의 (하나의) 현처럼 될 뿐입니다. 진나라가 들어주지 않으면, 이는 진나라와 한나라의 원한이 깊어지게 되니 초나라와 교분을 맺는 길입니다'라고 하십시오."

謂公叔曰: "公欲得武遂於秦, 而不患楚之能揚河外也. 公不如令人恐楚王, 而令人爲公求武遂於秦. 謂楚王曰: '發重使爲韓求武遂於秦. 秦王聽, 是令得行於萬乘之主也. 韓得武遂以恨秦, 毋秦患而得楚. 韓, 楚之縣而已. 秦不聽, 是秦·韓之怨深, 而交楚也.'"

진나라에게 무수를 얻으려 하면서, 초나라가 방해하지 못하도록 무수를 얻거나 못얻거나 간에 초나라와 교분을 맺을 것이라고 약속하게 하였다.

27-8 공숙에게 일러주며 말하기를, 배를 탈 때【謂公叔曰乘舟】

(누군가가) 공숙에게 일러주며 말했다.

"배를 탈 때, 배가 새는데 틀어막지 못하면 배는 가라앉습니다. 새는 배를 틀어막더라도, (水神인) 양후(陽侯)[27]의 물결을 가벼이 여기면 배는 엎어집니다. 지금 공께서는 스스로 설공(薛公=田嬰: 맹상군의 아버지)과 말이 된다고 해서 진나라를 가벼이 여기고 있습니다. 이는 새는 배를 틀어막고서는 양후의 물결을 가벼이 여기는 것이니, 바라건대 공께서는 살펴주십시오."

> 謂公叔曰: "乘舟, 舟漏而弗塞, 則舟沉矣. 塞漏舟, 而輕陽侯之波, 則舟覆矣. 今公自以辯於薛公而輕秦, 是塞漏舟而輕陽侯之波也, 愿公之察也."

공숙이 제나라와 말이 통한다고 여겨 진나라를 가볍게 생각하는 것은 잘못 헤아린 것이니, 다시 살필 것을 말하였다.

---

27 (오사도가) 보충하여 말한다: 『박물지』에 따르면, 진양국의 임금이 물에 빠져서 그로 인해 큰 바다의 신이 되었다고 한다.(補曰: 博物志, 晉陽國侯溺水, 因爲大海之神.)

27-9 제나라가 주최에게 정 땅으로 사신을 가게 하다【齊令周最使鄭】

(1)

제나라가 주최(周最)에게 (한나라 도읍인) 정(鄭=新鄭)²⁸ 땅으로 사신을 가게 해서, 한요(韓擾)를 세우고 공숙(公叔)을 폐하게 했다. 주최가 근심하면서 말했다.

"공숙이 주나라 임금과 교분이 있는데, 내게 영을 내려 정(韓=鄭)나라에 사신으로 가서 한요를 세우고 공숙을 폐하도록 했다. 항간에 말하기를, '집안에서 화가 났는데 저잣거리에서 얼굴을 붉힌다'라고 했다. 지금 공숙이 제나라를 원망하지만 어찌할 바가 없으니, 반드시 주나라 임금이 나를 매우 원망할 것이다."

사사(史舍)가 말했다.

"공께서 떠나시면 청컨대 공숙이 반드시 공을 무겁게 여기도록 하겠습니다."

齊令周最使鄭, 立韓擾而廢公叔. 周最患之, 曰: "公叔之與周君交也, 令我使鄭, 立韓擾而廢公叔. 語曰: '怒於室者色於市.' 今公叔怨齊, 無奈何也, 必周君而深怨我矣." 史舍曰: "公行矣, 請令公叔必重公."

(2)

주최가 떠나서 신정[鄭=新鄭]에 이르자, 공숙이 크게 화를 냈다. 사

---

28 (오사도가) 포본을 보충해서 말한다. 한나라가 정나라를 없애버린 뒤 옮겨서 그 땅을 도읍으로 삼았기 때문에 정이라고 불렀다.(鮑本補曰: 韓滅鄭, 徙都之, 故稱鄭.)

사가 들어와 만나서 말했다.

"주최는 정말로 사신으로 오고 싶지 않았지만, 신이 몰래 억지로 가게 했습니다. 주최가 오고 싶지 않았던 까닭은 공 때문이요, 신이 억지로 가게 한 것 역시 공을 위해서입니다."

공숙이 말했다.

"그 이야기를 듣고자 하오."

대답하여 말했다.

"제나라 대부의 자제들 중에 개를 기르는 자가 있었습니다. 개가 사납지만 꾸짖을 수 없었고, 꾸짖으면 반드시 사람을 물었습니다. 손님 중에 (개를) 꾸짖기를 청한 자가 있었는데, 사납게 노려보다가[疾視] 천천히 꾸짖자 개가 움직이지 않았고, 개가 드디어 다른 사람을 물고 싶은 마음이 없어졌습니다. 겨우겨우 주최가 정말로 족하(足下)를 섬기게 되었으니, 어쩔 수 없었기 때문에 사신으로 오게 된 것입니다. 그는 장차 예를 갖춰 그 말을 다 풀어서 느슨하게 하고 있습니다. 이 때문에 정나라[한나라] 왕은 제나라 왕[閔王]이 급하지 않다고 여겨서 반드시 허락하지 않게 될 것입니다.

지금 주최가 오지 않으면 다른 사람이 반드시 와서 압박할 것입니다. 오는 사자는 공과는 아무런 교분도 없고 한요에게는 덕을 베풀고 싶어 하니, 그가 사자로 오면 반드시 사납게 노려보면서[疾=疾視] 말하는 것이 틀림없이 급해질 것입니다. 이렇게 되면 정나라 왕은 반드시 허락하게 될 것입니다."

공숙이 말했다.

"좋습니다."

마침내 주최를 무겁게 여겼다. 왕이 과연 한요를 허락하지 않았다.

周最行至鄭, 公叔大怒. 史舍入見曰: "周最固不欲來使, 臣竊強之. 周最不欲來, 以爲公也; 臣之強之也, 亦以爲公也." 公叔曰: "請聞其說." 對曰: "齊大夫諸子有犬, 犬猛不可叱, 叱之必嚙人. 客有請叱之者, 疾視而徐叱之, 犬不動; 復叱之, 犬遂無嚙人之心. 僅周最固得事足下, 而以不得已之故來使, 彼將禮陳其辭而緩其言, 鄭王必以齊王爲不急, 必不許也. 今周最不來, 他人必來臨. 來使者無交於公, 而欲德於韓擾, 其使之必疾, 言之必急, 則鄭王必許之矣." 公叔曰: "善." 遂重周最. 王果不許韓擾.

교분이 있고 사정을 아는 주최가 오면 한나라 왕이 제나라 왕의 말을 들어주지 않게 말할 수 있지만, 공숙과 관계없는 자가 오면 반드시 공숙은 물러나야 할 것이다.

27-10 한나라 공숙이 기슬과 더불어 나라를 두고 다투다
【韓公叔與幾瑟爭國】

한나라 (재상인) 공숙(公叔)이 기슬(幾瑟)[29]과 더불어 나라(의 태자 자리)를 두고 다투었다. 정강(鄭強)이 초나라 왕[懷王]을 위해 한나라에 사신으로 가면서, 명령을 고쳐서[矯] (초나라 땅인) 신성(新城)과 양인(陽人)을 세자(世子=幾瑟)에게 합하게 하고 이로써 공숙과 더불어 나라를 다투게 하였다. 초나라가 화를 내며 장차 죄를 주려 하자, 정강이

---

29 기슬(幾瑟=蟣蝨)은 전국시대 한나라 양왕(襄王)의 아들이다. 태자 영(嬰)이 죽은 뒤에 공자 구(咎)와 기슬이 자리를 다투었는데, 기슬은 초나라에 인질로 있었다. 공자 구가 소대(蘇代)의 도움으로 자리에 나아가 한나라 희왕(釐王)이 되자 기슬은 끝내 한나라로 돌아오지 못했다.

말했다.

"신이 명령을 고쳐서 (땅을) 그에게 준 것은 나라를 위한 것입니다. 신이 말씀드리면, 세자가 신성과 양인을 얻으면 그로써 공숙과 더불어 나라를 다툴 것인데. (태자가 한나라를) 온전히 얻더라도 (공숙을 지지하는) 위나라가 반드시 한나라를 위급하게 할 것입니다. 한나라가 위급해지면 반드시 초나라에 목숨을 걸 것이니, 또한 어찌 신성과 양인을 감히 요구하겠습니까? 만약 싸워서 이기지 못하면 달아나게 되니, 죽지 않고 지금 다시 여기에 이른다 해도 또한 어찌 감히 땅을 말하겠습니까?"

초나라 왕이 말했다.

"좋다."

이에 죄를 주지 않았다.

韓公叔與幾瑟爭國. 鄭强爲楚王使於韓, 矯以新城·陽人合世子, 以與公叔爭國. 楚怒, 將罪之. 鄭强曰: "臣之矯與之, 以爲國也. 臣曰, 世子得新城·陽人, 以與公叔爭國, 而得全, 魏必急韓氏; 韓氏急, 必縣命於楚, 又何新城·陽人敢索? 若戰而不勝, 走而不死, 今且以至, 又安敢言地?" 楚王曰: "善." 乃弗罪.

한나라 태자 자리를 두고 공숙과 기슬이 다툴 때 정강이 초나라 땅을 허락 없이 기슬에게 주었지만, 실상은 나라를 얻어도 위나라에 위협을 받아 초나라에 도움을 받아야 하고 얻지 못하면 거의 죽을 지경일 것이기 때문에 땅을 주장하지 못하게 되리라 본 것이다.

27-11 한나라 공숙이 기슬과 더불어 나라를 두고 다투자 중서자 강이 태자에게 일러주다【韓公叔與幾瑟爭國中庶子強謂太子】

한나라 (재상인) 공숙(公叔)이 기슬(幾瑟)과 더불어 나라(의 태자 자리)를 두고 다투자 중서자(中庶子)[30] 강(強)이 태자(太子=幾瑟)에게 일러주며 말했다.

"제나라 군대가 미처 들어오지 않았을 때 급히 공숙을 공격하는 것만 못합니다."

태자가 말했다.

"안 되오. 나라 안에서 싸우게 되면 반드시 (나라가) 나누어집니다."

대답하여 말했다.

"일이 이루어지지 않으면 몸이 반드시 위태로우니, 오히려 어찌 나라가 온전하도록 도모할 수 있겠습니까?"

태자가 들어주지 않았고, 제나라 군대가 과연 들어오자 태자가 나가서 달아났다.

韓公叔與幾瑟爭國. 中庶子強謂太子曰: "不若及齊師未入, 急擊公叔." 太子曰: "不可. 戰之於國中必分." 對曰: "事不成, 身必危, 尙何足以圖國之全爲?" 太子弗聽, 齊師果入, 太子出走.

공숙이 제나라의 힘을 빌리자 먼저 공숙을 쳐야 한다고 했지만 나라가 나뉘는 것이

두려워 기슬이 반대했고, 결국 제나라가 들어오자 기슬은 망명해야 했다.

27-12 제명이 공숙에게 일러주다 【齊明謂公叔】

(東周의 세객인) 제명(齊明)이 공숙에게 일러주며 말했다.

"제나라가 기슬(幾瑟)을 드디어 쫓아냈지만[遂=逐] 초나라가 그를 잘 대해주고 있습니다. 지금 초나라는 제나라와 잘 지내려는 마음이 깊으니, 공께서는 어찌 제나라 왕께 아뢰어 초나라 왕에게 이르기를 '왕께서 나를 위해 기슬을 쫓아내어 그를 궁지에 몰아주십시오'라고 하지 않습니까? 초나라가 들어주면 이에 제나라와 초나라가 힘을 모으게 되어 기슬이 달아날 것이며, 초나라 왕이 들어주지 않으면 이는 한나라에 몰래 꾸미는 바가 있는 것입니다."

齊明謂公叔曰: "齊逐幾瑟, 楚善之. 今楚欲善齊甚, 公何不令齊王謂楚王: '王爲我逐幾瑟以窮之.' 楚聽, 是齊·楚合, 而幾瑟走也; 楚王不聽, 是有陰於韓也."

기슬이 초나라로 달아나자 공숙은 제나라를 업고 초나라에게 기슬을 쫓아내라고 요구하는데, 쫓아내면 제나라와 초나라가 연합하게 되고 쫓아내지 않으면 자신에 대해 초나라가 음모를 꾸민다고 보았다.

27-13 공숙이 장차 기슬을 죽이려 하다【公叔將殺幾瑟】

공숙이 장차 기슬을 죽이려고 하자, (누군가가) 공숙에게 일러주며 말했다.

"태자[씀]가 공을 무겁게 여기는 것은 기슬을 두려워해서입니다. 지금 기슬이 죽으면 태자는 걱정이 없어져서 반드시 그대를 가벼이 대할 것입니다. 한나라 대부들은 왕이 늙은 것을 보고 태자가 정사를 장악하기를 바라고 있으며, 정말로 그를 섬기고 싶어 합니다. 태자가 밖으로 기슬의 걱정이 없고 안으로 여러 대부를 거두어들여서 스스로를 보완하게 되면 공은 틀림없이 가벼워질 것입니다. 기슬을 죽이지 않음으로써 태자를 근심하게 하느니만 못하니, 태자는 반드시 죽을 때까지 공을 무겁게 생각할 것입니다."

公叔將殺幾瑟也. 謂公叔曰: "太子之重公也, 畏幾瑟也. 今幾瑟死, 太子無患, 必輕共. 韓大夫見王老, 冀太子之用事也, 固欲事之. 太子外無幾瑟之患, 而內收諸大夫以自輔也, 公必輕矣. 不如無殺幾瑟, 以恐太子, 太子必終身重公矣."

태자를 위해 기슬을 죽인다면 태자는 근심이 없어지고 여러 대부들이 태자를 지지해서 상대적으로 공숙의 영향력은 떨어질 것이니, 기슬을 죽이지 않는 편이 좋다.

27-14 공숙이 또 기슬을 죽이려 하다【公叔且殺幾瑟】

공숙이 또 기슬을 죽이려고 하니, 송혁(宋赫)이 그를 위해 공숙에게 일러주며 말했다.

"기슬이 능히 어지러움을 일으킬 수 있는 것은, 안으로 숙부와 형제들을 얻었고 밖으로 진나라와 초나라를 얻었기 때문입니다. 지금 공께서 죽이게 되면 태자는 걱정이 없어져서 반드시 공을 가벼이 여길 것입니다. 한나라 대부들은 왕[襄王]이 늙은 것을 알고 태자가 정해지면 반드시 몰래 태자를 섬길 것이며, 진나라와 초나라는 만일 한나라에 (기슬이 죽어) 없어진다면 틀림없이 몰래 (태자인) 백영(伯嬰)을 섬길 것입니다. (그러면 공에게는) 백영 역시 기슬과 같아집니다.

(그러므로) 공께서 (기슬을) 죽이지 않는 것만 못합니다. 백영은 두려워서 반드시 공에게 보호받으려 할 것입니다. 한나라 대부들이 기슬을 들어오지 못하게 할 수 없으면 반드시 감히 백영을 도와서 어지러움을 만들려 하지는 않을 것이고, 진나라와 초나라는 기슬을 끼고서 백영을 틀어막을 것입니다. 백영은 밖으로 진나라와 초나라의 권세가 없고 안으로 숙부나 형제들의 무리가 없으니, 틀림없이 어지러움을 일으키지 못합니다. 이것이 공에게는 편할 것입니다."[31]

公叔且殺幾瑟也, 宋赫爲謂公叔曰: "幾瑟之能爲亂也, 內得父兄, 而外得秦·楚也. 今公殺之, 太子無患, 必輕公. 韓大夫知王之老而太子定,

---

31 태자인 백영(伯嬰)이 어려서 죽었기 때문에 공자 구와 기슬이 태자 자리를 놓고 다투었으니, 그렇기 때문에 여기서의 태자 백영은 공자 구가 되어야 할 것이다.

必陰事之. 秦·楚若無韓, 必陰事伯嬰. 伯嬰亦幾瑟也. 公不如勿殺. 伯嬰恐, 必保於公. 韓大夫不能必其不入也, 必不敢輔伯嬰以爲亂. 秦·楚挾幾瑟以塞伯嬰, 伯嬰外無秦·楚之權, 內無父兄之衆, 必不能爲亂矣. 此便於公."

기슬을 죽이고 싶어 하는 공숙에게, 기슬이 없으면 태자에게 힘이 쏠리게 될 것이니 기슬을 살려두는 편이 이롭다고 말해주었다.

27-15 신성군에게 일러주며 말하다【謂新城君曰】

(누군가가) 신성군(新城君)[32]에게 일러주며 말했다.

"공숙과 백영(伯嬰)은 진나라와 초나라가 기슬을 들일까 걱정하고 있으니, 공은 어째서 한나라를 위해 초나라에 인질을 요구하지 않습니까? 초나라 왕이 들어주어 한나라에 인질을 들여보내면 공숙과 백영은 반드시 진나라와 초나라가 기슬을 섬기려는 것이 아님을 알게 되어, 틀림없이 한나라를 진나라, 초나라와 합하려고 할 것입니다. 진나라와 초나라가 한나라를 끼고서 위나라를 군색하게 만들면 위나라는 감히 동쪽으로 가지 못하게 되니, 이는 제나라를 외롭게 만드는 것입니다.

공이 또한 진나라를 시켜 초나라에 인질을 요구했는데 초나라가 들어주지 않으면, 한나라는 원망에 맺히게 됩니다. 한나라가 제나라와

---

32 화양군(華陽君)이라고도 불리며, 진나라 선태후(宣太后)의 동생이다

위나라를 끼고서 원한서린 눈길로 초나라를 보면, 초나라는 꼭 공을 무겁게 대할 것입니다. 공이 진나라와 초나라의 무거움을 옆에 끼고 한나라에 덕을 쌓으면, 공숙과 백영은 반드시 나라를 가지고 공을 섬길 것입니다."

謂新城君曰: "公叔·伯嬰恐秦·楚之內幾瑟也, 公何不爲韓求質子於楚? 楚王聽而入質子於韓, 則公叔·伯嬰必知秦·楚之不以幾瑟爲事也, 必以韓合於秦·楚矣. 秦·楚挾韓以窘魏, 魏氏不敢東, 是齊孤也. 公又令秦求質子於楚, 楚不聽, 則怨結於韓. 韓挾齊·魏以眄楚, 楚必重公矣. 公挾秦·楚之重, 以積德於韓, 則公叔·伯嬰必以國事公矣."

한나라의 태자 문제를 이용하여 진나라 신성군에게, 초나라에게 한나라에 인질을 보내라고 요구함으로써 한나라와 위나라를 끌어들여 제나라를 고립시키는데, 만일 초나라가 인질을 보내지 않을 경우에는 한나라와 초나라를 긴장관계로 만들 수 있다고 권하였다.

27-16 호연이 기슬을 초나라에서 나오게 하려 하다【胡衍之出幾瑟於楚】

(한나라 신하인) 호연(胡衍)이 기슬을 초나라에서 나오게 하려고[33] 공중에게 가르쳐주었다.

"위나라 왕에게 일러주어 말하기를, '태자가 초나라에 있어서 한

---

33 포표 주: '교(敎)'자는 의미 없이 덧붙여진 글자이다.(鮑本, 衍敎字.)

나라는 감히 초나라를 떠날 수 없습니다. 공께서는 어찌 시험삼아 공자 구(咎)를 받들면서 그를 위해 태자로 삼으려 하지 않습니까?'라고 하십시오.

이참에 사람을 시켜 초나라 왕에게는 일러주어 말하기를, '한나라가 공자 구를 세우고 기슬을 버리려 하니, 이는 왕께서 빈껍데기 인질을 품고 있는 것입니다. 왕께서 빨리 기슬을 돌려보내는 것만 못합니다. 기슬이 들어오면, 반드시 한나라 권세를 가지고서 위나라에게 원수를 갚고 왕에게 고마워할 것입니다'라고 하십시오."

胡衍之出幾瑟於楚也, 教公仲: "謂魏王曰: '太子在楚, 韓不敢離楚也. 公何不試奉公子咎, 而爲之請太子.' 因令人謂楚王曰: '韓立公子咎而棄幾瑟, 是王包虛質也. 王不如亟歸幾瑟. 幾瑟入, 必以韓權報讎於魏, 而德王矣.'"

초나라에서 기슬을 빼내기 위해 위나라를 이용해서, 초나라가 기슬을 끼고 있으면 태자에 오르지 못하니 빨리 한나라로 내보내는 것이 좋겠다는 말을 전하게 했다.

27-17 기슬이 도망쳐서 초나라로 가다【幾瑟亡之楚】

기슬이 도망쳐서 초나라로 가니, 초나라가 장차 진나라를 거두어서 그를 돌려보내려 했다. (누군가가) 미융(羋戎)[34]에게 일러주며 말

---

34 신성군(新城君) 또는 화양군(華陽君)이라 불리며, 진나라 선태후(宣太后)의 동생이다.

했다.

"공숙을 폐하고 기슬을 재상으로 삼으려는 자는 초나라입니다. 지금 기슬이 도망쳐서 초나라로 갔고 초나라는 다시 진나라를 거두어 그를 돌려보내려 하는데, 기슬이 정나라[한나라]에 들어가는 날이면 한나라는 초나라의 현처럼 될 것입니다. 공께서 진나라 왕[昭王]께 아뢰어 백영(伯嬰)이 세워진 것을 축하하도록 하는 것만 못합니다. 한나라는 초나라와 끊고 이에 진나라를 섬기기를 반드시 빠르게 할 것입니다. 진나라가 한나라를 옆에 끼고 위나라를 가까이하게 되면, 제나라와 초나라 중에 뒤에 오는 자가 먼저 망하게 될 것입니다. 이것이 왕이 이루는 업적[王業]입니다."

幾瑟亡之楚, 楚將收秦而復之. 謂芉戎曰: "廢公叔而相幾瑟者楚也, 今幾瑟亡之楚, 楚又收秦而復之, 幾瑟入鄭之日, 韓, 楚之縣邑. 公不如令秦王賀伯嬰之立也. 韓絶於楚, 其事秦必疾, 秦挾韓親魏, 齊·楚後至者先亡. 此王業也."

초나라가 기슬의 후원자가 되었으니 진나라는 지금 태자인 백영을 후원하는 것이 좋다. 백영은 반드시 초나라와 끊고 진나라를 섬길 것이다.

27-18 영향이 한구에게 일러주다【冷向謂韓咎】

영향[冷向=洍向→蘇代?]이 한구[韓咎→公仲?][35]에게 일러주며 말했다.

"기슬이 도망쳐 초나라에 있는데, 초나라 왕이 그를 돌려보내고 싶은 마음이 깊어서 초나라 병사 10여 만에게 영을 내려 방성(方城) 바깥에 있게 했습니다. 신이 청하건대 초나라에게 옹지(雍氏) 곁에 1만 가구의 큰 읍을 짓게 해주시면 한나라는 반드시 병사를 일으켜 막으려 할 것입니다. 공께서 반드시 장수가 되어, 이로 말미암아 초나라와 한나라의 병사로 하여금 기슬을 받들어서 신정(鄭=新鄭)에 들이십시오. 기슬이 들어와서 공을 얻게 되면 반드시 한나라와 초나라로써 공을 받들 것입니다."

冷向謂韓咎曰: "幾瑟亡在楚, 楚王欲復之甚, 令楚兵十餘萬在方城之外. 臣請令楚筑萬家之都於雍氏之旁, 韓必起兵以禁之, 公必將矣. 公因以楚·韓之兵奉幾瑟而內之鄭, 幾瑟得入而得公, 必以韓·楚奉公矣."

초나라에서 기슬을 태자로 삼게 하기 위해 군대를 동원하자 초나라로 하여금 한나라 땅 곁에 도시를 짓게 하면 그참에 한나라도 병사를 내보낼 것이라 하면서, 그때 기슬을 데리고 한나라로 돌아오면 초나라와 기슬이 모두 공중을 받들게 되리라고 보았다.

---

35 표포 주: 『사기』에는 공자 구와 한구 두 사람이 있는데, 구가 곧 태자 구라면 어찌 기슬을 들이는 것이 합당하겠는가? 마땅히 이는 공중을 이르는 말이다.(鮑本, 史有公子咎, 有韓咎. 愚謂, 咎即太子咎, 豈有內幾瑟之理? 當是謂公仲之辭.)

27–19 초나라가 경리를 한나라에 들어가게 하다 【楚令景鯉入韓】

초나라가 영을 내려 경리(景鯉)에게 한나라에 들어가게 하니, 한나라가 장차 진나라에 백영(伯嬰)을 들이려고 해서 경리가 근심[36]하였다. 영향[冷向=泠向]이 (태자인) 백영에게 일러주며 말했다.

"태자가 진나라에 들어가면 진나라는 반드시 태자를 억류하고 초나라와 합할 것입니다. 그럼으로써 기슬(幾瑟)을 돌려보낼 것이니, 이에 태자가 도리어 버려집니다."

楚令景鯉入韓, 韓且內伯嬰於秦, 景鯉患之. 冷向謂伯嬰曰: "太子入秦, 秦必留太子而合楚, 以復幾瑟也, 是太子反棄之."

이미 세워졌는데 버려진다고 말하니, 영향은 대개 경리와 같은 자이다. 태자는 나라의 여러 자식 중의 뿌리인데도 이리저리 날리며 안정되지 못한 것이 이와 같으니, 한나라에서는 재상을 두어도 이에 모두 무슨 일을 하는가?(鮑本言已得立而棄之, 向蓋爲鯉者. 彪謂: 太子, 國子之本也, 而紛紛不定若此, 韓置相, 其皆何事耶?)

---

36 포표 주: 초나라는 기슬을 세우고 싶어 해서 진나라가 영을 세운 것을 원망했기 때문이다.(鮑本, 楚欲立幾瑟, 怨秦立嬰故.)

27-20 한구가 세워져 임금이 되었지만 미처 안정되지 못하다

【韓咎立爲君而未定】

한구[韓咎=太子咎=釐王]가 세워져 임금이 되었지만 미처 안정되지 못했는데[37], 그 동생이 주나라에 있었다. 주나라는 수레 100승으로 그를 보내고 싶어 했지만, 한구가 한나라에 들어가서 세워지지 못할까 걱정했다. (주나라 신하인) 기모회(綦母恢)가 말했다.

"100금을 들고 따라가는 것만 못합니다. 한구가 세워지면 그렇게 되면 (100금을) 병사의 밥값[38] 정도로 여기십시오. 세워지지 않으면 말하기를 와서 역적을 밝히러 왔다고 하면 됩니다."

韓咎立爲君而未定也, 其弟在周, 周欲以車百乘而送之, 恐韓咎入韓之不立也. 綦母恢曰: "不如以百金從之, 韓咎立, 因也以爲戒; 不立, 則曰來效賊也."

(마지막 글 내용이 혼란스럽다.) 전차 100승으로 가면 반드시 싸워야 하나, 100금을 들려 보내면 상황에 따라 더 유연하게 대처할 수 있을 것이다.

---

37 (오사도가) 보충하여 말한다: 한나라 양왕 12년에 공자 구와 공자 기슬이 자리를 다투었을 때 초나라가 옹지를 에워쌌고, 위나라 양왕이 제나라 민왕과 함께 한나라에서 회동하여 구를 세워서 태자로 삼았다. 이 책은 반드시 그 자리를 다툴 무렵일 것이니, 만일 이미 자리에 나아갔다면 어찌 정해지지 않았다고 했겠는가?(補曰: 韓襄王十二年, 公子咎·公子幾瑟爭立, 楚圍雍氏. 次年, 魏襄王與齊閔王會於韓, 立咎爲太子. 此策必其爭立之時, 若既即位, 則何未定之有?)

38 포표 주: 이른바 병사를 대접한다는 말로, 기슬을 호위하는 데 들어간 비용을 가리킨다.(鮑本, 所謂兵餼.)

27-21 사질이 한나라를 위해 초나라에 사신으로 가다【史疾爲韓使楚】

(한나라 신하인) 사질(史疾)이 한나라를 위해 초나라에 사신으로 갔다. 초나라 왕이 물으며 말했다.

"손님은 어느 방향의 술책을 따르고 있소?"

말했다.

"열자어구(列子圉寇)³⁹의 말을 익혔습니다."

말했다.

"무엇을 귀하게 여기오?"

말했다.

"바른 것[正]을 귀하게 생각합니다."

왕이 말했다.

"바른 것이 정말로 나라를 위할 수 있는가?"

말했다.

"할 수 있습니다."

왕이 말했다.

"초나라는 도둑이 많은데, 바름을 가지고 도둑을 잡아넣을 수 있는가?"

말했다.

"할 수 있습니다."

---

39 열자(列子), 충허진인(沖虛眞人), 열어구(列圉寇) 등으로 불리는데, 대개 '열자(列子)'로 가장 많이 일컬어진다. 열자는 도가학파(道家學派)의 선구자로서, 우화가이자 문학가로도 높이 평가받는다. 마음을 비우고 순리에 따른다는 의미의 청정무위(淸靜無爲)를 주장한 그의 사상은 상고시대 전설 속의 제왕 황제와 노자에 바탕을 두고 있다. 저서로 『열자』 20편(篇)이 있는데, 현재 8편이 남아 전한다.

(왕이) 말했다.

"바름을 가지고 도둑을 잡아넣을 수 있다면, 어찌해야 하는가?"

그 무렵 까치 중에 지붕 위에 머물고 있는 놈이 있었는데, (사질이) 말했다.

"청하여 묻건대 초나라 사람은 이 새를 무엇이라 부릅니까?"

왕이 말했다.

"까치라 부르오."

말했다.

"까마귀라고 부르는 것은 가능합니까?"

(왕이) 말했다.

"안 되오."

말했다.

"지금 왕의 나라에는 주국(柱國), 영윤(令尹), 사마(司馬), 전령(典令)이 있어서, 이에 벼슬을 맡기고 관리를 두면서 반드시 말하기를 깔끔하고 깨끗하게 맡긴 일을 이루어 내라고 합니다. (그러나) 지금 도적이 공공연히 이루어지고 있는데도 막지 못하고 있습니다. 이는 까마귀를 까마귀라 하지 않고 까지를 까치라고 하지 않기 때문입니다."

史疾爲韓使楚, 楚王問曰: "客何方所循?" 曰: "治列子圉寇之言." 曰: "何貴?" 曰: "貴正." 王曰: "正亦可爲國乎?" 曰: "可." 王曰: "楚國多盜, 正可以圉盜乎?" 曰: "可." 曰: "以正圉盜, 奈何?" 頃間有鵲止於屋上者, 曰: "請問楚人謂此鳥何?" 王曰: "謂之鵲." 曰: "謂之烏, 可乎?" 曰: "不可." 曰: "今王之國有柱國 · 令尹 · 司馬 · 典令, 其任官置吏, 必曰廉潔勝任. 今盜賊公行, 而弗能禁也, 此烏不爲烏, 鵲不爲鵲也."

자로가 물었다. "위나라 임금이 선생님을 기다려 정사를 맡기면 선생님은 장차 무엇을 먼저 하시겠습니까?" 공자가 말했다. "반드시 이름을 바로세우겠다!"(子路曰: "衛君待子而爲政, 子將奚先?" 子曰: "必也正名乎!" 〈論語-子路〉)

27-22 한괴가 한나라 재상이 되다【韓傀相韓】

(1)

한괴(韓傀)가 한나라 재상이 되었는데 엄수(嚴遂)가 임금에게 무겁게 여겨져서, 두 사람이 서로를 해쳤다. 엄수가 다스리며 의견을 낼 때 손가락을 뻗어서 한괴의 허물을 들춰냈다. 한괴가 이 때문에 조정에서 그를 꾸짖자 엄수가 칼을 빼들고 그를 쫓았는데, 구원을 받아 풀려날 수 있었다. 이에 엄수가 마침내 주벌 받을 것이 두려워 도망가서 떠났고, 떠돌면서 한괴에게 보복할 수 있는 자를 찾아다녔다.

韓傀相韓, 嚴遂重於君, 二人相害也. 嚴遂政議直指, 擧韓傀之過. 韓傀以之叱之於朝. 嚴遂拔劍趨之, 以救解. 於是嚴遂懼誅, 亡去, 游求人可以報韓傀者.

(2)

(엄수가) 제나라에 이르자, 제나라 사람 누군가가 말했다.

"지심정리(軹深井里)라는 마을의 섭정(聶政)은 용감한 선비입니다. 원수를 피해 백정[屠者]들 틈에 숨어 있습니다."

엄수가 몰래 섭정과 교분을 맺고, 의도적으로 그를 두텁게 대했다.

섭정이 물어보며 말했다.

"선생은 어찌 나를 쓰려고 욕심을 내시오?"

엄수가 말했다.

"내가 그대를 위해 힘쓴 날이 얼마 안 되고 모시는 것도 지금 두텁지 못한데[薄=不厚], 어찌 감히 청할 수 있겠소?"

이에 엄수가 드디어 술을 갖추고 술잔을 들고 섭정의 어머니 앞으로 나아갔다. 중자(仲子=嚴遂)가 황금 100일(鎰)을 받들고 앞으로 나아가 섭정의 어머니를 위해 장수를 축원했다. 섭정이 놀라고 오히려 그 두터움을 괴상하게 여겨, 완강히 엄중자(嚴仲子)에게 사양했다. 중자가 억지로 나아가자, 섭정이 사양하며 말했다.

"제가 늙은 어미가 있는데도 집안이 가난하여 나그네[客]로 떠돌다가 개백정이 되었는데, (다행히) 아침저녁으로 맛나고 연한[甘脆] 음식으로 어버이를 봉양할 수 있게 되었습니다. 어버이를 받드는 일이 갖추어졌으니, 마땅함으로 보아 중자의 선물을 감히 당해낼 수 없습니다."

엄중자가 다른 사람을 물리치고, 그참에 섭정에게 이야기하며 말했다.

"제게 원수가 있어서 제후의 무리 속을 떠돌아다니게 되었는데, 제나라에 이르러서 족하(足下)의 마땅함이 매우 높다고 들었습니다. 백금을 올린 것은 단지 어머님께 드리는 거친 밥[粗糲] 정도의 비용으로 여기고 족하의 즐거움과 바꾸고 싶은 것이니, 어찌 감히 (달리) 구할 바가 있겠습니까?"

섭정이 말했다.

"제가 뜻을 낮추고 몸을 욕되게 하며 저잣거리에 살고 있는 까닭은 단지 즐겁게 늙은 어미를 봉양하기 위해서입니다. 늙은 어미가 계시니,

몸을 다스리며 아직 감히 다른 사람에게 허락할 수 없습니다."

엄중자가 정말로 놓아두려 했지만, 섭정이 끝내 기껍게 받지 않았다. 그러나 중자는 끝내 손님과 주인의 예를 갖춘 뒤에 떠났다.

至齊, 齊人或言:"軹深井里聶政, 勇敢士也, 避仇隱於屠者之間." 嚴遂陰交於聶政, 以意厚之. 聶政問曰:"子欲安用我乎?" 嚴遂曰:"吾得爲役之日淺, 事今薄, 奚敢有請?" 於是嚴遂乃具酒, 觴聶政母前. 仲子奉黃金百鎰, 前爲聶政母壽. 聶政驚, 愈怪其厚, 固謝嚴仲子. 仲子固進, 而聶政謝曰:"臣有老母, 家貧, 客游以爲狗屠, 可旦夕得甘脆以養親. 親供養備, 義不敢當仲子之賜." 嚴仲子辟人, 因爲聶政語曰:"臣有讎, 而行游諸侯衆矣, 然至齊, 聞足下義甚高. 故進百金者, 特以爲夫人粗糲之費, 以交足下之歡, 豈敢有求邪?" 聶政曰:"臣所以降志辱身, 居市井者, 徒幸而養老母. 老母在, 政身未敢以許人也." 嚴仲子固讓, 聶政竟不肯受. 然仲子卒備賓主之禮而去.

(3)

오래 지난 후, 섭정의 어머니가 죽고, 장례를 치르고 상복을 벗었다. 섭정이 말했다.

"아! 내가 이에 저잣거리의 사람으로 칼을 두드리며 짐승을 잡고 있는데, 엄중자는 이에 제후들의 경상이 되어서도 천리가 멀다 않고 와서 수레에서 (몸을) 굽혀 나와 사귀었다. 내가 그를 대함이 지극이 얕은 바가 있었고 아직 큰 공으로 어울릴 만한 바도 없었지만, 그런데도 엄중자는 백금으로 어머니의 장수를 빌어주었다. 내가 비록 받지는 않았지만, 그러나 이는 나를 깊이 알아준 것이다. 저 뛰어난 자[賢者=嚴

逐]가 분노를 느껴서 (원수를) 흘겨보는 뜻을 가지고 몸소 궁벽한 사람을 믿어주었는데, 내가 다만 어찌 입 다문 채로 가만히 있겠는가? 또 전날에 내게 요구했지만 내가 다만 늙은 어머니 때문에 거절했다. 늙은 어머니가 지금 천수[天年=天壽]를 마쳤으니, 나는 장차 나를 알아주는 자를 위해 쓰리라."

久之, 聶政母死, 既葬, 除服. 聶政曰: "嗟乎! 政乃市井之人, 鼓刀以屠, 而嚴仲子乃諸侯之卿相也, 不遠千里, 枉車騎而交臣, 臣之所以待之至淺鮮矣, 未有大功可以稱者, 而嚴仲子舉百金爲親壽, 我雖不受, 然是深知政也. 夫賢者以感忿睚眥之意, 而親信窮僻之人, 而政獨安可嘿然而止乎? 且前日要政, 政徒以老母. 老母今以天年終, 政將爲知己者用."

(4)

드디어 서쪽으로 가서 복양(濮陽)에 이르러 엄중자를 만나서 말했다.

"전에 중자에게 허락하지 못한 까닭은 단지 어버이가 계셨기 때문이었는데, 지금 어버이가 불행스럽게도 돌아가셨습니다. 중자가 원수를 갚고자 하는 자가 누구입니까?"

엄중자가 갖추어서 말했다.

"내 원수는 한나라 재상인 괴입니다. 괴는 또한 한나라 임금의 작은 숙부로, 종족이 번성해서 (거처하는 곳이 많고) 병사의 지킴이 깊게 펼쳐져 있소. 내가 다른 사람을 시켜 그를 찌르려 했지만 끝내 나아갈 수 없었소. 지금 족하가 뜻하지 않게 (나를) 버리지 않았으니, 청하건대 더욱 수레와 말과 장사들을 갖추어 도와주는 사람[羽翼]으로 삼으시오."

섭정이 말했다.

"한나라와 위(衛) 땅은 거리[中間]가 멀지 않습니다. 게다가 지금 다른 사람의 재상을 죽이려 하는데, 재상 또한 임금의 친족이라 그 형세상 많은 사람을 쓰는 것이 가능하지 않습니다. 사람이 많으면 얻고 잃는 것이 생기지 않을 수 없고, 얻고 잃는 것이 생기면 말이 새고, 말이 새면 한나라가 나라를 들어 중자를 원수로 삼을 것이니 어찌 위태롭지 않겠습니까!"

마침내 수레, 말과 사람의 무리를 사양하고, 인사를 한 뒤 홀로 칼을 짚고 한나라에 이르렀다.

遂西至濮陽, 見嚴仲子曰: "前所以不許仲子者, 徒以親在. 今親不幸, 仲子所欲報仇者爲誰?" 嚴仲子具告曰: "臣之仇韓相傀. 傀又韓君之季父也, 宗族盛, 兵衛設[40], 臣使人刺之, 終莫能就. 今足下幸而不棄, 請益具車騎壯士, 以爲羽翼." 政曰: "韓與衛, 中間不遠, 今殺人之相, 相又國君之親, 此其勢不可以多人. 多人不能無生得失, 生得失則語泄, 語泄則韓舉國而與仲子爲讎也, 豈不殆哉!" 遂謝車騎人徒, 辭, 獨行仗劍至韓.

(5)

한나라가 마침 동맹(東盟)에서 회합이 있어 한나라 왕에서부터 재상까지 모두 (나라 안에) 있었기 때문에 병기를 들고 지키는 자가 매우

---

40 포표 주: '성(盛)'자 다음에 '다거처(多居處)'의 세 글자가 더 있고, '설(設)'자 앞에 '심(甚)'자 한 글자가 더 있다.(鮑本, 盛下有'多居處'三字, 設上有'甚'字.)

많았는데, 섭정이 곧바로 들어가서 계단을 올라 한괴를 찔렀다. 한괴가 달아나 애후(哀侯→列侯)를 껴안았으나, 섭정이 그를 찌르며 아울러 애후까지 적중하자 좌우가 크게 어지러워졌다. 섭정이 크게 울부짖으며 죽인 자가 수십 명이었다. 그참에 스스로 얼굴 가죽을 벗겨내고 눈을 도려내어 스스로를 도살하니, 내장이 쏟아져 드디어 죽었다. 한나라가 섭정의 시체를 가져다가 저잣거리에 두고 그가 누구인지에 천금을 걸었지만, 오래 지나도 누구인지 알지 못했다.

韓適有東孟之會, 韓王及相皆在焉, 持兵戟而衛者甚衆. 聶政直入, 上階刺韓傀. 韓傀走而抱哀侯, 聶政刺之, 兼中哀侯, 左右大亂. 聶政大呼, 所殺者數十人. 因自皮面抉眼, 自屠出腸, 遂以死. 韓取聶政尸於市, 縣購之千金. 久之莫知誰子.

(6)

정의 누이[聶榮]가 듣고서 말했다.

"동생이 지극히 뛰어난데, 내 몸을 아껴 내 동생의 이름이 없어지게 하는 것은 동생의 뜻이 아니다."

마침내 한나라로 가서, (시신을) 보고 말했다.

"용감하구나! 기개(氣=氣槪)와 긍지(矜=矜持)가 뛰어나구나. 이는 아마도 맹분(猛賁)[41]이나 하육(夏育)[42]을 앞지르고 성형(成荊)[43]보다도 높을 것이다. (그런데) 지금 죽어서 이름도 없고, 부모가 이미 죽고 형제도 있지 않으니, 이는 나 때문이다. 무릇 몸을 아껴 동생의 이름을 날리지 않는 것은 내가 차마 하지 못할 짓이다."

마침내 시신을 끌어안고 곡을 하며 말했다.

"이는 내 동생으로, 지심정리(軹深井里)의 섭정이오."

또한 스스로 시신 아래서 죽었다.

政姊聞之, 曰: "弟至賢不可愛妾之軀, 滅吾弟之名, 非弟意也." 乃之韓. 視之曰: "勇哉! 氣矜之隆. 是其軼賁·育而高成荊矣. 今死而無名, 父母既歿矣, 兄弟無有, 此爲我故也. 夫愛身不揚弟之名, 吾不忍也." 乃抱尸而哭之曰: "此吾弟, 軹深井里聶政也." 亦自殺於尸下.

(7)

진(晉)나라, 초나라, 제나라, 위(衛)나라에서 이를 듣고 말했다.

"단지 섭정의 능력만이 아니다. 이는 그 누이란 사람도 반열에 들만한 여자[列女]다."

---

41 전국시대 위(衛)나라 사람인데, 제(齊)나라 사람이라고도 한다. 용력지사(勇力之士)로 하육(夏育)과 이름을 나란히 했다. 맹열(孟說)이라고도 하며, 진나라 무왕(武王)의 사랑을 받은 역사(力士)라고도 한다. 대단한 완력과 용기를 지닌 인물로, 소의 생뿔을 잡아 뽑아낼 수 있었다. 땅에서는 맹수와 마주쳐도 두려워하지 않았고, 물속에서는 교룡(蛟龍)과의 싸움도 피하지 않았다고 한다. 화가 났을 때는 두 눈이 옆으로 찢어져 그 기세가 사람을 질리게 만들었고, 길을 가거나 물을 건널 때에는 아무도 그와 선두를 다투지 못했다.

42 전국시대 위(衛)나라의 맹사(猛士)로, 용력(勇力)이 대단해서 천균(千鈞)의 무게를 들고 살아있는 소의 꼬리를 뽑았으며 소리를 지르면 삼군(三軍)이 모두 놀랐다고 한다. 전박(田搏)에게 살해당했다. 맹분(孟賁)과 함께 '분육(賁育)'으로 일컬어지면서 나중에 용사(勇士)의 범칭이 되었다.

43 전국시대 제나라 사람으로, 역사로 알려져 있다.

섭정이 뒷세상에 이름을 펼칠 수 있었던 까닭은 그 누이가 젓갈로 담가지는 벌[菹醢之誅]을 피하지 않고 그의 이름을 드날렸기 때문이다.

晉·楚·齊·衛聞之曰: "非獨政之能, 乃其姊者, 以列女也." 聶政之所以名施於後世者, 其姊不避菹醢之誅, 以揚其名也.

뒤에 남는 사람을 걱정하며 한 몸으로 남의 원수를 갚아주고, 그의 이름이 묻힐까 죽음으로써 세상에 알려준 것이다.

한책 3
韓策

28-1 누군가가 한나라 공중에게 일러주다 【或謂韓公仲】

누군가가 한공중(韓公仲)에게 일러주며 말했다.

"무릇 쌍둥이[孿子]는 서로 비슷해서 오직 그 어머니만 알아볼 뿐이며, 이로움과 해로움은 서로 닮아서 오직 지혜로운 자만이 알 뿐입니다. 지금 공의 나라는 그 이롭고 해로움이 서로 닮아서, 바로 쌍둥이가 서로 비슷한 것과 같습니다. 그 도리를 얻어서 행하면 임금은 높아지고 몸은 편안해지며, 그 도리를 얻지 못하면 임금은 낮아지고 몸은 위태롭습니다.

지금 진나라와 위나라의 화평이 이루어지고 있는데, 공이 때맞춰 그들을 묶어두지 않는다면 한나라는 반드시 계책을 세워야 할 것입니다. 만약 한나라가 위나라를 따라서 진나라와 잘 지낸다 해도 이는 위나라를 위해 쫓는 것이니, 곧 한나라가 가볍게 여겨지고 임금이 낮아질 것입니다. 진나라가 이미 한나라와 잘 지내게 되더라도 반드시 장차 그들은 아끼고 믿는 자를 두고 싶어서 한나라의 정사를 마음대로 함으로써 (진나라의 일을) 완결 지을 것이니, 이에 공이 위태롭게 될 것입니다.

지금 공이 안성군(安成君)과 더불어 진나라와 위나라가 화평을 이루게 하신다면, 이루어지면 정말로 복이 되고 이루어지지 않아도 또한 복이 될 것입니다. 진나라와 위나라의 화평이 이루어지면 공이 때맞춰 그들을 묶은 것이니, 이에 한나라는 진나라와 위나라가 드나드는 문이 될 것입니다. 이것이 한나라가 무겁게 여겨지고 임금이 높아지는 길입니다. 안성군은 동쪽으로 가면 위나라에서 무겁게 여겨지고 서쪽으로 가면 진나라에서 귀하게 대접받게 되며, 오른쪽 부신[右契]⁴⁴을 쥐고서 공을 위해 진나라와 위나라의 임금에게 은덕에 보답하기를 요구해서[責德] 땅을 찢어 제후가 되게 할 것입니다. (이것이 마땅히 힘써야 할) 공의 일입니다. 무릇 한나라와 위나라를 편안케 하고 죽을 때까지 재상으로 있게 되면 공이 (임금) 아래에서 일을 하는 것이니, 이것이 임금을 높이고 몸을 편안케 하는 길입니다.

진나라와 위나라가 끝내 서로 들어주지 않으면, 진[齊→秦]나라는 위나라를 얻지 못해 화를 내면서 반드시 한나라와 잘 지내서 위나라를 틀어막고 싶어 할 것이며, 위나라는 진나라의 말을 듣지 않고 반드시 한나라와 잘 지내려고 힘씀으로써 진나라를 대비할 것입니다. 이는 공이 옷감[布=齊·魏]을 택해서 자르는 것과 같습니다.

진나라와 위나라가 화평을 맺으면 두 나라는 공에게 고마워할 것이고, 화평을 맺지 못하면 두 나라는 다투어 공을 섬길 것입니다. 이른바 이루어지면 복이 되고 이루어지지 않아도 복이 되는 것입니다. 원컨대 공께서는 의심하지 마십시오."

---

44 우계(右契)는 둘로 나눈 부신(符信) 가운데 오른쪽 것을 일컫는다. 하나를 자기 손에 두어 좌계로 삼고 다른 하나를 상대방에게 주어 우계(右契)로 삼으니, 곧 약속의 증거를 말한다.

或謂韓公仲曰: "夫孿子之相似者, 唯其母知之而已; 利害之相似者, 唯智者知之而已. 今公國, 其利害之相似, 正如孿子之相似也. 得以其道爲之, 則主尊而身安; 不得其道, 則主卑而身危. 今秦·魏之和成, 而非公適束之, 則韓必謀矣. 若韓隨魏以善秦, 是爲魏從也, 則韓輕矣, 主卑矣. 秦已善韓, 必將欲置其所愛信者, 令用事於韓以完之, 是公危矣. 今公與安成君爲秦·魏之和, 成固爲福, 不成亦爲福. 秦·魏之和成, 而公適束之, 是韓爲秦·魏之門戶也, 是韓重而主尊矣. 安成君東重於魏, 而西貴於秦, 操右契而爲公責德於秦·魏之主, 裂地而爲諸侯, 公之事也. 若夫安韓·魏而終身相, 公之下服, 此主尊而身安矣. 秦·魏不終相聽者也. 齊怒於不得魏, 必欲善韓以塞魏; 魏不聽秦, 必務善韓以備秦, 是公擇布而割也. 秦·魏和, 則兩國德公; 不和, 則兩國爭事公. 所謂成爲福, 不成亦爲福者也. 愿公之無疑也."

한나라가 진나라와 위나라의 화평을 중재한다면, 성공하면 한나라는 진나라와 위나라 사이를 지나는 문과 같이 되어 임금도 높아지고 중재 당사자도 편안케 될 것이며, 설령 실패하더라도 진나라와 위나라가 한나라를 자기편으로 만들려고 애쓰게 되어 어려움이 없게 될 것이다.

28-2 누군가가 공중에게 일러주다 【或謂公仲】

누군가가 공중(公仲)에게 일러주며 말했다.

"지금 한 번 들어서 임금에게 충성하고 나라를 편하게 하며 몸을 이롭게 할 바가 있으니, 원컨대 공께서는 이를 행하십시오.

지금 천하가 흩어져서 진나라를 섬기면 한나라가 가장 가볍게 여겨지고, 천하가 합해서 진나라와 떨어지면 한나라가 가장 약해질 것이며, 합하고 떨어지는 일이 계속 이어지면 한나라가 가장 먼저 위태로워질 것입니다. 이것이 나라를 다스리고 백성을 기르는 일[君國長民] 중에서 가장 큰 근심입니다. 지금 공께서 한나라를 먼저 진나라에 합해서 천하가 이를 따르게 되면, 이는 한나라가 천하를 가지고 진나라를 섬기는 것이니 진나라가 한나라를 고마워함이 두터울 것입니다. 한나라가 천하와 더불어 진나라에 조현하면서도 홀로 두텁게 (진나라의) 고마움을 차지할 것이니, 공이 계책을 행하시면 이는 아마도 임금에게 지극한 충성일 것입니다. 천하가 진나라와 합하지 않아서 진나라가 영을 내려도 듣지 않으면, 진나라는 틀림없이 병사를 일으켜 복종하지 않은 나라를 주벌할 것입니다. 진나라는 오랫동안 천하에 원한을 맺고 어려움이 얽히게 되어 병사로는 (쉽게) 해결되지 않을 것인데, 한나라는 병사와 백성을 쉬게 하면서 (진나라와 다른 나라들이 지치게 되는) 틈을 기다리면 됩니다. 그러므로 공이 계책을 행하시면 이는 아마도 나라가 크게 편할 것입니다.

옛날에 주교(周佼)가 서주(西周)를 가지고 진나라와 잘 지내어 경양(梗陽) 땅을 봉지로 받았고, 주계(周啟)가 동주(東周)를 가지고 진나라와 잘 지내어 평원(平原) 땅을 봉지로 받았습니다. 지금 공께서 한나라를 가지고 진나라와 잘 지낸다면, 한나라가 두 주나라보다 무거운 것이야 헤아리지 않아도 되는데 진나라가 기회를 다투고 있기 때문에, 주나라 시절보다 (보상으로 받을 봉지가) 만 배는 될 것입니다. 지금 공이 한나라를 천하에서 먼저 진나라와 합하면 진나라는 반드시 공을 제후로 삼아 천하에 밝게 보여줄 것이니, 공이 계책을 행하시면 이는 아마도 자신에게 가장 큰 이로움일 것입니다. 원컨대 공이 더욱 힘써 주십시오."

或謂公仲曰: "今有一擧可以忠於主, 便於國, 利於身, 願公之行之也. 今天下散而事秦, 則韓最輕矣; 天下合而離秦, 則韓最弱矣; 合離之相續, 則韓最先危矣. 此君國長民之大患也. 今公以韓先合於秦, 天下隨之, 是韓以天下事秦, 秦之德韓也厚矣. 韓與天下朝秦, 而獨厚取德焉, 公行之計, 是其於主也至忠矣. 天下不合秦, 秦令而不聽, 秦必起兵以誅不服. 秦久天下結怨構難, 而兵不決, 韓息士民以待其斃, 公行之計, 是其於國也, 大便也. 昔者, 周佼以西周善於秦, 而封於梗陽; 周啟以東周善於秦, 而封於平原. 今公以韓善秦, 韓之重於兩周也無計, 而秦之爭機也, 萬於周之時. 今公以韓爲天下先合於秦, 秦必以公爲諸侯, 以明示天下, 公行之計, 是其於身大利也. 願公之加務也."

천하의 누구보다 먼저 한나라를 진나라에 합치게 되면 나라도 편해지지만, 공중은 진나라 덕분에 제후가 될 수 있을 것이다.

28-3 한나라가 송나라를 공격하다【韓人攻宋】

한나라 사람[45]이 송나라를 공격하자, 진나라 왕[昭王]이 크게 화를

---

45 (오사도가) 보충하여 말한다: 한인(韓人)의 인(人)은 민(珉)의 잘못이 아닌가 한다.(補日: 韓人, 疑 '人'即'珉'之訛.)

내며 말했다.

"내가 송나라를 아끼는 것이 신성(新城)이나 양진(陽晉)과 같다. (한나라 장수) 한민(韓珉)이 나와 더불어 교분이 있으면서도 내가 매우 아끼는 곳을 공격하니, 왜 그런가?"

소진(蘇秦)[46]이 한나라를 위하여 진나라 왕을 설득하며 말했다.

"한민이 송나라를 공격한 것은 왕을 위해서입니다. 한나라의 강함에 송나라로써 보완하면 초나라와 위나라가 반드시 두려워하게 되고, 두려우면 반드시 서쪽을 바라보며 진나라를 섬길 것입니다. 왕께서는 한 명의 병사도 꺾이지 않고 한 명도 죽지 않은 채로 아무 일 없이 안읍(安邑)을 잘라 받게 되니, 이는 한민이 진나라에게 기도했기 때문입니다."

진나라 왕이 말했다.

"내가 정말로 한나라를 알기 어려워 근심하고 있는데, 한 번은 합종을 했다가 한 번은 연횡을 하니 이것은 무슨 말인가?"

대답하여 말했다.

"천하가 정말로 한나라에게 알게 해준 것입니다. 한나라가 이미 송나라를 공격하고 이에 서쪽을 바라보며 진나라를 섬기면서 만승의 나라이면서도 스스로를 보완했는데, 서쪽으로 가서 진나라를 섬기지 않는다면 송나라 땅을 가져도 편안하지 못하게 됩니다.

중국의 늙어빠지거나 떠돌아다니는 오만한 선비들이 모두 꾀를 내어 진나라와 한나라의 교분을 떨어뜨리려고 합니다. 수레가로대에 엎드려 말 가슴에 가죽 끈을 잡아매고 서쪽으로 달리는 자들 중에는 한

---

46 포표 주: 소진(蘇秦)은 소대(蘇代)가 되어야 한다.(鮑本, 秦作代.)

사람도 한나라를 좋게 말하는 자가 없으며, 수레가로대에 엎드려 말가슴에 가죽 끈을 잡아매고 동쪽으로 달리는 자들 중에는 한 사람도 진나라를 좋게 말하는 자가 없습니다. 모두 한나라와 진나라가 합하는 것을 바라지 않으니, 왜 그렇겠습니까? 바로 진(晉=魏)나라와 초나라는 슬기롭고 한나라와 진(秦)나라는 어리석다고 여기기 때문입니다. 진(晉)나라와 초나라가 합하면 반드시 한나라와 진(秦)나라를 엿볼 것이며, 한나라와 진(秦)나라가 합하면 반드시 진(晉)나라와 초나라를 도모할 것입니다. 청컨대 이로써 일을 결단하십시오."

진나라 왕이 말했다.

"좋은 말이다."[47]

韓人攻宋, 秦王大怒曰: "吾愛宋, 與新城·陽晉同也. 韓珉與我交, 而攻我甚所愛, 何也?" 蘇秦爲韓說秦王曰: "韓珉之攻宋, 所以爲王也. 以韓之强, 輔之以宋, 楚·魏必恐. 恐, 必西面事秦. 王不折一兵, 不殺一人, 無事而割安邑, 此韓珉之所以禱於秦也." 秦王曰: "吾固患韓之難知, 一從一橫, 此其說何也?" 對曰: "天下固令韓可知也. 韓故已攻宋矣, 其西面事秦, 以萬乘自輔; 不西事秦, 則宋地不安矣. 中國白頭游敖之士, 皆積智欲離秦·韓之交. 伏軾結靷西馳者, 未有一人言善韓者也; 伏軾結靷東馳者, 未有一人言善秦者也. 皆不欲韓·秦之合者何也? 則晉·楚智而

---

47 (황비열의) 안(案): 포표가 인용한 『사기』 「제세가」를 보면 이 아래의 '한(韓)'자가 모두 '제(齊)'로 되어 있으니, 이로 볼 때 책문 또한 반드시 본래는 '제(齊)'로 되어 있었을 것이다. 『사기색은』에서 이 책문을 인용할 때에도 그 같고 다름이 한(韓)자와 제(齊)자에까지는 미치지 않았다는 점도 이를 증명한다. 한민(韓珉)이 나오는 것을 보고 「한책」에 있어야 한다고 여겨서 후인이 잘못 고친 것일 뿐이다.(札記丕烈案: 鮑氏引史記齊世家, 此下'韓'字皆作'齊', 考此策文必本亦作'齊'. 史記索隱引此策文異同, 不及'韓'·'齊'字, 可證. 因韓珉而在韓策, 後人乃誤改之耳.)

韓·秦愚也. 晉·楚合, 必伺韓·秦; 韓·秦合, 必圖晉·楚. 請以決事." 秦王
曰: "善."

한나라가 송나라를 친 까닭은 제대로 진나라를 섬기기 위해 스스로를 보완한 것이
며, 세상에는 진나라와 한나라의 교분을 끊으려는 자가 많으니 진나라 왕은 의심하
지 말라고 설득하였다.

28-4 누군가가 한나라 왕에게 일러주다【或謂韓王】

누군가가 한나라 왕에게 일러주며 말했다.

"진나라 왕[昭王]이 나가서 양나라와 싸우고자[事=戰] 강(絳)과 안
읍(安邑) 땅을 공격하고 싶어 하는데, 한나라는 장차 계책이 어떻습니
까? 진나라가 한나라를 치고 동쪽으로 가서 주나라 왕실을 엿보고자
하는 것이 잠을 자면서도 잊지 않을 정도로 심합니다. 지금 한나라가
(진나라의 의도를) 살피지도 않으면서 그참에 진나라와 함께하고자 하
니, 반드시 산동(山東)에 큰 재앙이 될 것입니다.

진나라가 양나라를 공격하고 싶어 하는 까닭은 양나라를 얻어서
한나라를 압박하려 함인데, 양나라가 들어주지 않을까 걱정하고 있습
니다. 그래서 고통[病=痛]을 주어 교분을 단단히 하려는 것입니다. 왕
께서 살피지 않고 그참에 중립을 지키고 싶어 하지만, 양나라는 반드
시 한나라가 자기와 같이하지 않는 것에 화를 내어 틀림없이 타협하고
[折] 진나라를 위해 쓰여서 한나라를 들어낼 것입니다. 바라건대 왕께
서 충분히 헤아려 보십시오. 급히 무거운 사신을 보내어 조나라와 양

나라로 가게 해서 약속을 맺고 다시 형제가 되어, 산동 모두가 날카로운 군대로써 한나라와 양나라의 서쪽 변경을 지키게 하는 것만 못합니다. 이와 같이 하지 않으면 산동은 망하는 것을 구원할 수 없으니, 이것이 만세의 계책입니다.

진나라가 천하를 아울러서 왕이 되고 싶어 하는 것이 옛날과는 같지 않습니다. 섬기는 것이 비록 마치 자식이 아버지를 섬기듯 해도 오히려 장차 없애버릴 것이고, 행실이 비록 백이(伯夷)와 같아도 장차 없애버릴 것이며, 행실이 비록 걸주(桀紂)와 같아도 장차 없애버릴 것입니다. 비록 잘 섬긴다 해도 얻는 것이 없습니다. 살아남을 수 없으며, 스스로 빨리 망하게 할 뿐입니다. 그렇기 때문에 산동이 능히 가까움을 쫓고 힘을 합쳐서 서로 단단히 해주기를 마치 하나처럼 하지 않으면 반드시 모두 망할 것입니다."

或謂韓王曰: "秦王欲出事於梁, 而於攻絳·安邑, 韓計將安出矣? 秦之欲伐韓, 以東窺周室, 甚唯寐忘之. 今韓不察, 因欲與秦, 必爲山東大禍矣. 秦之欲攻梁也, 於得梁以臨韓, 恐梁之不聽也, 故欲病之以固交也. 王不察, 因欲中立, 梁必怒於韓之不與己, 必折爲秦用, 韓必擧矣. 願王熟慮之也. 不如急發重使之趙·梁, 約復爲兄弟, 使山東皆以銳師戍韓·梁之西邊, 非爲此也, 山東無以救亡, 此萬世之計也. 秦之欲并天下而王之也, 不與古同. 事之雖如子之事父, 猶將亡之也. 行雖如伯夷, 欲將亡之也. 行雖如桀·紂, 猶將亡之也. 雖善事之無益也. 不可以爲存, 適足以自令亟亡也. 然則山東非能從親, 合而相堅如一者, 必皆亡矣."

한나라는 진나라가 양나라를 치는 일에 눈치만 보고 있지 말고 양나라, 조나라와

힘을 합쳐서 대항해 싸워야 한다. 그렇지 않으면 반드시 망할 것이다.

28-5 정나라 왕에게 일러주다【謂鄭王】

(1)

(누군가가) 정(鄭=韓)나라 왕에게 일러주며 말했다.

"소리후(昭厘侯=昭釐侯=昭侯)는 한 세상의 눈 밝은 임금[明君]이며 신불해는 한 세상의 뛰어난 선비입니다. 한나라와 위나라가 엇비슷한 [敵侔] 나라인데도 신불해가 소리후와 더불어 (극진한 예를 갖추어) 홀 (笏=珪)을 잡고 양나라 임금을 뵌 것은, 비천함을 좋아하고 존귀함을 싫어한 것도 아니고 헤아림에 잘못이 있거나 의견에 실수가 있었던 것도 아닙니다. 신불해가 일을 헤아리며 말하기를, '내가 홀을 잡고 위나라에 가면 위나라 임금은 반드시 한나라에서 뜻을 얻었다고 여겨서 밖으로 천하를 멸시할[靡=蔑視] 것이니, 이는 위나라를 피폐하게 만들 것입니다. 제후들은 위나라를 미워하고 반드시 한나라를 섬길 터이니, 이는 내가 한 사람에게 고개를 수그려서[免=俛] 만 명의 사람에게서 믿음을 얻는 것입니다. 무릇 위나라 병사를 약하게 하고 한나라의 권세를 무겁게 하는 것으로는 (어떤 것도) 위나라에 조현하는 것만 못합니다'라고 했습니다. 소리후가 듣고서 행하니 눈 밝은 임금이며, 신불해는 섬기면서 말을 하니 충신입니다.

지금의 한나라는 처음의 한나라보다 약하고, 지금의 진나라는 처음의 진나라보다 강합니다. 지금의 진나라는 양나라 임금의 마음을 가지고 있는데, 왕께서는 여러 신하들과 더불어 진나라를 높임으로써 한나라를 안정시키려 하지 않고 있습니다. 이 때문에 신은 몰래 왕의 눈 밝음이 소리후만 못하고 왕의 여러 신하들이 신불해만 못하다고 여깁니다.

謂鄭王曰: "昭厘侯, 一世之明君也; 申不害, 一世之賢士也. 韓與魏敵侔之國也, 申不害與昭厘侯執珪而見梁君, 非好卑而惡尊也, 非慮過而議失也. 申不害之計事, 曰: '我執珪於魏, 魏君必得志於韓, 必外靡於天下矣, 是魏弊矣. 諸侯惡魏必事韓, 是我免於一人之下, 而信於萬人之上也. 夫弱魏之兵, 而重韓之權, 莫如朝魏.' 昭厘侯聽而行之, 明君也; 申不害事而言之, 忠臣也. 今之韓弱於始之韓, 而今之秦強於始之秦. 今秦有梁君之心矣, 而王與諸臣不事爲尊秦以定韓者, 臣竊以爲王之明爲不如昭厘侯, 而王之諸臣忠莫如申不害也.

(2)

옛날 (秦나라) 목공(穆公)은 한원(韓原)에서 한 번 이겨 서쪽 방면[西州]의 패자가 되었고 진(晉)나라 문공(文公)은 성복(城濮)에서 한 번 이겨 천하를 안정시켰으니, 이는 한 번 이김으로써 존귀한 지위와 영을 세우고 천하에 공업과 이름을 이룬 것입니다. 지금 진나라는 여러 세대 동안 강했습니다. 크게 이긴 것을 10단위[千→十]로 헤아리고 그 다음으로 이긴 것을 100단위로 헤아리는데, 그런데도 크게는 왕자[王]가 되지 못했고 작게는 패자[霸]가 되지 못했으니 이름은 높으나 세워진 바가 없으며 영을 내려도 행할 곳이 없습니다. 『춘추』에서 말하는 병사를 쓰는 까닭은, 천하에 주인을 높이고 이름을 이루기를 구하는 것이 아닙니다.

옛날 앞선 뛰어난 임금이 다스릴 때에는 이름(名=名分) 때문인 것이 있었고 실리(實=實理) 때문인 것이 있었습니다. 이름 때문인 것은 그 마음을 공격하는 것이고, 실리 때문인 것은 그 형체를 공격하는 것입니다. 옛날 오나라가 월나라와 싸웠는데, 월나라가 크게 무너져서 회계산[會稽] 꼭대기에서 (겨우 몸을) 보존하고 있었습니다. 오나라 사람들이 월나라로 들어와 집집마다 다니며 어루만져 주자, 월나라 왕이 대부 종(種)을 시켜서 오나라로 수레를 타고 가서 청하기를 남자는 신하가 되고 여자는 첩이 되겠다고 했습니다. 그러면서 자신이 새[禽]를 붙잡아 바치고 여러 일하는 자들을 뒤따르게 하니, 오나라 사람들이 과연 그 말을 들어주었습니다. 그리하여 함께하는 것을 이루었지만 맹약은 맺지 않았으니, 이는 그 마음을 공격한 것입니다. 그 뒤에 (다시) 월나라가 오나라와 싸웠는데, 오나라가 크게 무너졌습니다. (오나라) 역시 남자는 신하가 되고 여자는 첩이 되며 월나라가 오나라를 섬겼던 예로써 반대로 월나라를 섬기겠다고 청하였지만, 월나라는 들어주지 않았습니다. 마침내 오나라를 없애버리고 부차(夫差)를 붙잡았으니, 이는 그 형체를 공격한 것입니다.

지금 장차 그 마음을 공격하려면 마땅히 오나라와 같이 해야 하며, 그 형체를 공격하려면 마땅히 월나라와 같이 해야 합니다. 무릇 형체를 공격하는 데는 월나라만한 것이 없고 마음을 공격하는 데는 오나라만한 것이 없는데, 그런데도 임금과 신하, 위와 아래, 젊은이나 늙은이, 귀하고 천한 사람들 (할 것 없이) 모두 패왕만 부르짖고 있습니다. 신이 몰래 생각하기에 이는, 우물 속에 빠진 자가 오히려 '내가 장차 너를 위해 불을 구해 오겠다'라고 소리치는 것과 같다고 여겨집니다.

昔者, 穆公一勝於韓原而霸西州, 晉文公一勝於城濮而定天下, 此以一
勝立尊令, 成功名於天下. 今秦數世強矣, 大勝以千數, 次勝以百數, 大之
不王, 小之不霸, 名尊無所立, 制令無所行, 然而春秋用兵者, 非以求主
尊成名於天下也. 昔先王之攻, 有爲名者, 有爲實者. 爲名者攻其心, 爲
實者攻其形. 昔者, 吳與越戰, 越人大敗, 保於會稽之上. 吳人入越而戶
撫之. 越王使大夫種行乘於吳, 請男爲臣, 女爲妾, 身執禽而隨諸御. 吳
人果聽其辭, 與成而不盟, 此攻其心者也. 其後越與吳戰, 吳人大敗, 亦
請男爲臣, 女爲妾, 反以越事吳之禮事越. 越人不聽也, 遂殘吳國而禽
夫差, 此攻其形者也. 今將攻其心乎, 宜使如吳; 攻其形乎, 宜使如越. 夫
攻形不如越, 而攻心不如吳, 而君臣·上下·少長·貴賤, 畢呼霸王, 臣竊
以爲猶之井中而謂曰: '我將爲爾求火也.'

(3)

동맹(東孟)의 회합에서 섭정(聶政)과 양견(陽堅)이 재상[韓傀＝俠累]
과 임금을 같이 찔렀는데[48], 허이(許異)가 애후(哀侯)를 (지키기 위해) 발
로 차서 쓰러뜨리고는 (훗날) 세워서 정(鄭＝韓)나라 임금이 되게 했습
니다. 한나라의 무리 중에 명령을 듣지 않는 자가 없었던 것은 허이가
가장 먼저 했기 때문입니다. 그런 까닭으로 애후가 임금이 되자 허이
는 죽을 때까지 재상이 되었는데, 한나라에서 허이를 높인 것은 애후
를 높이고 싶었기 때문입니다. 그런데 지금은 말하기[日→曰]를, 정나

---

48 이 일은 한나라 2대 국군인 열후(列侯) 3년에 일어난 일이라고 하는데, 열후는 재위 13년에 죽
고 그 아들이 세워지니 한나라 문후(文侯)이고, 문후가 재위한 지 10년 만에 죽고 그 아들이 세
워지니 애후(哀侯)이다. 애후 2년에 정나라를 멸망시키고, 수도를 신정으로 옮겼다. 따라서 본문
에 나온 섭정의 사건과 허이가 애후를 걷어차서 칼을 막아 준 일이 같이 일어났다는 근거는 없
다. 「한책(韓策)」 2, 27-22 '한괴가 한나라 재상이 되다(韓傀相韓)'에 나와 있다.

라 임금은 (강대국 사이에서) 할 수 있는 일이 없기 때문에, 비록 죽을 때까지 (나를) 재상으로 삼는다 해도 나는 (정나라 왕을 높여주는 일을) 하지 못하겠다 운운하고 있습니다. 어찌 잘못된 계책이 아니겠습니까!

옛날 제나라 환공(桓公)이 아홉 번 제후를 모았는데, 일찍이 주나라 양왕(襄王)의 명이 아닌 적이 없었습니다. 그렇기 때문에 비록 양왕을 높이면서도 환공 또한 패업을 안정시킬 수 있었던 것입니다. 아홉 번 (제후를) 모은 것이 환공을 높여주었지만, 오히려 그는 양왕을 높여주었습니다. 그런데 지금은 말하기[日→日]를, 천자는 (이름만 남아있어) 할 수 있는 일이 없기 때문에, 비록 환공이 된다 해도 나는 (천자를 높여주는 일을) 하지 못하겠다 운운하고 있습니다. 어찌 잘못된 것을 분별하지 못하고 높여야 할 바를 알지 못하고 있습니까!

한나라 선비 수십만이 모두 애후를 머리에 이고 임금으로 여겼는데도 허이 홀로 재상을 차지했던 데에는 다른 이유가 없으며, 제후의 임금들이 주나라 왕실에서 일을 맡지 않은 사람이 없는데도 환공만이 홀로 패자가 될 수 있었던 데에는 또한 다른 까닭이 없습니다. 지금 강한 나라들 중에 장차 제왕이 될 틈[釁]이 보이면 가장 먼저 나라를 가지고 나서는 사람이 바로 여기 환공이나 허위와 같은 부류입니다. 어찌 가히 좋은 모책이라 하지 않겠습니까? 무릇 앞서서 강한 나라와 함께하는 이로움은, 강한 나라가 능히 왕이 되면 나는 반드시 패자가 되며, 강한 나라가 왕이 되지 못하더라도 그 병사가 나를 치지 못하도록 피할 수 있다는 것입니다. 강한 나라의 일이 이루어지면 내가 제왕을 세워주고서 패자가 되며, 강한 나라의 일이 이루어지지 않으면 오히려 나를 두텁게 고마워하게 될 것입니다. 지금 강한 나라와 함께하면, 강국의 일이 이루어지면 복이 있고 이루어지지 않으면 (그래도) 근심이 없습니다. 그렇기 때문에 먼저 나서서 강국과 함께하는 것이 빼어난 이의 계책입니다."

東孟之會, 聶政·陽堅刺相兼君. 許異蹴哀侯而殪之, 立以爲鄭君. 韓氏之衆無不聽令者, 則許異爲之先也. 是故哀侯爲君, 而許異終身相焉. 而韓氏之尊許異也, 欲其尊哀侯也. 今日鄭君不可得而爲也, 雖終身相之焉, 然而吾弗爲云者, 豈不爲過謀哉! 昔齊桓公九合諸侯, 未嘗不以周襄王之命. 然則雖尊襄王, 桓公亦定霸矣. 九合之尊桓公也, 猶其尊襄王也. 今日天子不可得而爲也, 雖爲桓公吾弗爲云者, 豈不爲過辯而不知尊哉! 韓氏之士數十萬, 皆戴哀侯以爲君, 而許異獨取相焉者, 無他; 諸侯之君, 無不任事於周室也, 而桓公獨取霸者, 亦無他也. 今強國將有帝王之舋, 而以國先者, 此桓公·許異之類也. 豈可不謂善謀哉? 夫先與強國之利, 強國能王, 則我必爲之霸; 強國不能王, 則可以辟其兵, 使之無伐我. 然則強國事成, 則我立帝而霸; 強國之事不成, 猶之厚德我也. 今與強國, 強國之事成則有福, 不成則無患, 然則先與強國者, 聖人之計也."

강국과 동맹을 누구보다 먼저 맺는다면 반드시 그 덕을 먼저 받게 되니, 진나라와 동맹을 맺는 길이 한나라가 가야 할 길이다.

28-6 한양이 삼천에서 싸우다가 돌아가고 싶어 하다
【韓陽役於三川而欲歸】

한양(韓陽)이 삼천(三川)에서 싸우다가[役] 돌아가고 싶어 하니, (세객인) 족강(足强)이 그를 위해 한나라 왕을 설득하여 말했다.

"삼천이 복속된 것을 왕께서는 정말로 알고 계십니까? 역을 살던 사람[役=役人]들이 또한 모두 공자를 (임금으로 삼고 싶어서) 귀하게 여깁니다."

왕이 이에 여러 공자들 중에 삼천에서 역을 사는 자들을 모두 불러들여 돌아오게 했다.

韓陽役於三川而欲歸, 足强爲之說韓王曰: "三川服矣, 王亦知之乎? 役且共貴公子." 王於是召諸公子役於三川者而歸之.

삼천에 나가 있는 공자가 신망을 얻고 있다고 말해서, 의심하여 역을 풀고 돌아오게 만들었다.

28-7 진나라는 큰 나라이다【秦大國】

(누군가가 일러주며 말했다.)

"진나라는 큰 나라요, 한나라는 작은 나라입니다. 한나라가 진나라와 매우 드문드문하게 지내다가, 진나라와 가까워지기 위해 헤아려 보니 금(金)이 아니면 할 바가 없었습니다. 그래서 아름다운 여인을 팔았는데, 아름다운 여인의 값이 너무 높아 제후도 (함부로) 살 수 없었습니다. 진나라가 삼천 금으로 사들였는데 한나라가 그 금으로 진나라를 섬기니, 진나라는 도리어 그 금과 한나라의 아름다운 여인을 (모두) 얻었습니다. 한나라의 아름다운 여인이 그로 말미암아 진나라에 말하기를, '한나라가 진나라를 매우 드문드문하게 대하고 있습니다'라고 했습니다. 이에 따라 살펴보니, 한나라는 아름다운 여인과 금을 (모두) 잃고 이에 진나라와 멀다는 것이 비로소 더욱 드러나게 되었습니다. 그러므로 손님 중에 누군가가 한나라를 설득하여 말하기를, '지나치게 쓰는 것을 그치는 것만 못합니다. 이에 금으로써 진나라를 섬겼다면 이 금은 반드시 행해지고 한나라가 진나라를 멀리하는 일은 드러나지 않았을 것입니다. 아름다운 여인이 안에서 행해지는 바를 이미 알았으니, 계책을 잘 세우는 자는 안에서 행해지는 바를 드러내지 않습니다[見=顯示]'라고 했습니다."

秦, 大國也. 韓, 小國也. 韓甚疏秦. 然而見親秦, 計之, 非金無以也, 故賣美人. 美人之賈貴, 諸侯不能買, 故秦買之三千金. 韓因以其金事秦, 秦反得其金與韓之美人. 韓之美人因言於秦曰: "韓甚疏秦." 從是觀之, 韓亡美人與金, 其疏秦乃始益明. 故客有說韓者曰: "不如止淫用, 以是爲金以事秦, 是金必行, 而韓之疏秦不明. 美人知內行者也, 故善爲計者, 不見內行."

나라 안에서 은밀히 벌어지는 일이 밖으로 드러나면 원래 계획이 타격을 입으므로, 드러나지 않도록 해야 한다.

28-8 장추가 제나라와 초나라를 합해서 위나라와 강화하게 하다

【張丑之合齊楚講於魏】

장추(張丑)가 제나라, 초나라를 합해서 위나라와 강화하게 하기 위해 한나라 공중(公仲)에게 일러주며 말했다.

"지금 공이 빠르게 위나라 운(運=鄆)땅을 공격하고 있는데, 위나라는 급해지면 반드시 땅을 가지고 제나라와 초나라에게 화해할 것입니다. 그렇게 되면 공이 공격하지 않는 것만 못합니다. 위나라는 여유가 생기면 반드시 (제나라나 초나라와) 싸우게 될 것이니, 싸움에서 이기더라도 (그때 한나라가) 운 땅을 공격한다면 차지하는 것이 쉬울 것이요 싸워서 이기지 못하면 위나라는 장차 (땅을) 들이게 될 것입니다."

공중이 말했다.

"허락하오."

장추가 이참에 제나라와 초나라에 일러주며 말했다.

"한나라가 이미 위나라와 함께하고 있습니다. 그렇지 않다고 여기면 대개 공중이 공격하는 것을 살피십시오."

공중이 공격하지 않자, 제나라와 초나라가 두려워서 그참에 위나라와 강화를 맺고는 한나라에는 알리지 않았다.

張丑之合齊·楚講於魏也, 謂韓公仲曰: "今公疾攻魏之運, 魏急, 則必以地和於齊·楚, 故公不如勿攻也. 魏緩則必戰. 戰勝, 攻運而取之易矣. 戰不勝, 則魏且內之." 公仲曰: "諾." 張丑因謂齊·楚曰: "韓已與魏矣. 以爲不然, 則蓋觀公仲之攻也." 公仲不攻, 齊·楚恐, 因講於魏, 而不告韓.

위나라가 초나라, 제나라와 강화를 맺기 위해, 한나라에게 잠시 위나라를 공격하지 않으면 반드시 위나라는 제나라, 초나라와 싸울 것이니 그때 땅을 차지하라고 말한 뒤, 한나라가 위나라와 동맹이라고 속여서 제나라 초나라와 강화를 맺었다.

28-9 누군가가 한나라 상국에게 일러주다【或謂韓相國】

누군가가 한나라 상국에게 일러주며 말했다.

"사람이 편작(扁鵲)과 잘 지내는 까닭은 부스럼이나 종기를 (고치기) 위해서입니다. 만일 편작과 잘 지내도록 억지로 시킨다 해도 부스럼이나 종기가 없다면 사람들은 그와 잘 지내려 하지 않습니다. 지금 그대가 (조나라 공자인) 평원군(平原君)을 섬기며 그와 잘 지내는 까닭은 진나라를 미워하기 때문입니다. 그러나 평원군과 잘 지내면 곧 진나라로부터 미움을 받게 됩니다. 바라건대 그대가 충분히 헤아려주십시오."

> 或謂韓相國曰:"人之所以善扁鵲者, 爲有癰腫也; 使善扁鵲而無癰腫也, 則人莫之爲之也. 今君以所事善平原君者, 爲惡於秦也; 而善平原君乃所以惡於秦也. 願君之熟計之也."

나를 미워하는 사람과 잘 지내는 사람 또한 정말로 나를 미워할 것이다.

28-10 공중이 한민을 진나라에 보내다【公仲使韓珉之秦】

공중(公仲)이 (한나라 장수인) 한민(韓珉)을 진나라에 보내어 (원래 한 나라 땅이었다가 진나라에게 빼앗긴) 무수(武隧)를 달라고 하면서, 초나라 가 화를 낼까 걱정하였다. (초나라 사람인) 당객(唐客)이 공중에게 일러 주며 말했다.

"한나라가 진나라를 섬기는 것이 장차 무수를 요구하기 위함이었 으니, 저희 나라에서 싫어할 바가 아닙니다. 한나라가 이미 무수를 얻 는다면 그 형세상 곧 초나라와 잘 지낼 수 있을 것입니다. 신이 말하고 자 하는 바가 있으니, 감히 초나라를 위한 계책이 아닙니다. 지금 한나 라의 부형 중에 무리를 얻은 자가 재상이 되지 못했고 한나라는 홀로 설 수 없으니, 형세가 반드시 좋지 않습니다. 초나라 왕[楚懷王]께서 말 씀하기를, '내가 나라를 가지고 한민을 도와 그를 재상으로 삼고 싶은 데, 되겠느냐? 부형들이 한민을 미워하지만, 한민은 반드시 나라를 가 지고 초나라를 보호하리라'라고 했습니다."

공중이 기뻐하며, 여러 대신들 앞에서 당객에게 벼슬[土→仕]을 주 고 한나라와 초나라 사이의 일을 주관하도록 하였다.

公仲使韓珉之秦求武隧, 而恐楚之怒也. 唐客謂公仲曰: "韓之事秦也, 且以求武隧也, 非弊邑之所憎也. 韓已得武隧, 其形乃可以善楚. 臣願有 言, 而不敢爲楚計. 今韓之父兄得衆者毋相, 韓不能獨立, 勢必不善. 楚 王曰: '吾欲以國輔韓珉而相之可乎? 父兄惡珉, 珉必以國保楚.'" 公仲 說, 士唐客於諸公, 而使之主韓·楚之事.

공중이 처음에는 자기가 한민을 부린 것에 초나라가 화를 낼까 걱정했는데, 지금 한민을 재상으로 삼으려 하는 것을 보고 화가 나지 않았다는 것을 알게 되었다.(鮑本初恐楚怒己使珉, 今欲相珉, 則不怒也.)

28-11 한나라 재상 공중이 한치를 시켜 진나라로 가게 하다
【韓相公仲珉使韓侈之秦】

한나라 재상 공중[公仲珉→公仲]이 한치(韓侈)를 시켜 진나라에 가서 위나라를 공격해줄 것을 청하자, 진나라 왕[昭王]이 기뻐했다. 한치가 (아직) 당(唐) 땅에 있었는데, 공중이 죽었다. 한치가 진나라 왕에게 일러주며 말했다.

"위나라 사자가 뒤를 이은 재상 한신(韓辰)에게 일러주며 말하기를 '공은 반드시 위나라를 위해 한치를 죄주십시오'라고 하자, 한신이 말하기를 '안 되오. 진나라 왕이 그에게 벼슬을 주었고 또 더불어 (위나라 치는) 일을 약속했소'라고 했습니다. 사자가 말하기를, '진나라가 한치에게 벼슬을 준 것은 공중을 무겁게 여겼기 때문입니다. 지금 공중이 죽었으니, 한치가 진나라에 가더라도 진나라는 틀림없이 들이지 않을 것입니다. 들어간다 해도 또한 어찌 그를 끼고서 위나라 왕을 한스럽게 하겠습니까?'라고 했답니다. 한신이 걱정이 되어 (위나라의 청을) 장차 들어주려고 합니다. 지금 왕께서 한치를 불러들이지 않으시니, 한치는 장차 산 속에 숨어 지내겠습니다."

진나라 왕이 말했다.

"어찌 과인이 여기 저울추처럼 오르락내리락한다고[49] 생각하는 가? 지금 (한치는) 어디에 숨어 있는가?"

한치를 불러들여 벼슬을 주었다.

韓相公仲珉使韓侈之秦, 請攻魏, 秦王說之. 韓侈在唐, 公仲珉死. 韓侈 謂秦王曰: "魏之使者謂後相韓辰曰: '公必爲魏罪韓侈.' 韓辰曰: '不可. 秦 王仕之, 又與約事.' 使者曰: '秦之仕韓侈也, 以重公仲也. 今公仲死, 韓 侈之秦, 秦必弗入. 入, 又奚爲挾之以恨魏王乎?' 韓辰患之, 將聽之矣. 今王不召韓侈, 韓侈且伏於山中矣." 秦王曰: "何意寡人如是之權也! 令 安伏?" 召韓侈而仕之.

한치가, 공중이 죽자 위나라를 치겠다는 진나라 왕의 생각이 바뀐 것 같아서 들어 주지 않으면 자신은 죽거나 도망칠 수밖에 없다고 말했다.

28-12 객경이 한나라를 위해 진나라 왕에게 일러주다【客卿爲韓謂秦王】

객경(客卿)이 한나라를 위해 진나라 왕[武王]에게 일러주며 말했다.
"한민(韓珉)에 대한 (세상의) 의견은, 자기 임금만 알고 다른 임금은 모르며 자기 나라만 알고 다른 나라를 받아들이는 데 이르지 못한다 고 합니다. 저 공중 같은 자는 진나라 세력으로 능히 내쫓을 수 있습니

---

49 포표 주: 권(權)은 바뀐다[變]는 말이다. 처음에는 한치가 오는 것을 기뻐했다가 지금은 들이지 않으니, 그래서 바뀌었다고 한 것이다.(鮑本, 權, 猶變也. 始說侈而今不入, 是變也.)

다. 진나라의 강함으로 (한나라를 공격 대상의) 첫 번째로 삼으면 한민에게는 아픔이 될 것입니다.

(한민이) 제나라와 송나라 병사를 나아가게 해서 (위나라 땅인) 수원[首垣=首垣]에 이르렀다가 멀리 (수도인) 대량의 성곽까지 가까이 갔지만 (끝내) 위나라에 (병사가) 닿지 않았던 까닭은, (강화를) 이룬 뒤 남양의 길을 지나서 네 나라[韓, 宋, 齊, 魏]의 머리를 (진나라가 있는) 서쪽으로 돌리고 싶었기 때문입니다. 그러나 그렇게 하지 못한 까닭에 대해 모두 말하기를, '연나라는 제나라에게 땅을 잃고 위나라는 진나라에게 땅을 잃고 진(陳)나라와 채(蔡)나라는 초나라에게 망했는데, 이는 모두 땅의 형세를 끊고서[50] 뭇 신하들이 끼리끼리 편을 지어 윗사람(의 눈과 귀)를 가리고 대신들이 (다른) 제후를 위해 나라를 가볍게 여겼기 때문이다'라고 했습니다.

지금 왕께서 자리를 바르게 했으니, 장의(張儀)의 귀한 신분으로도 공손학(公孫郝)에 대해 의논할 수 없게 한 것은 종신(從臣)이 대신의 일을 간섭하지 못하게[51] 한 것이며, 공손학의 귀한 신분으로도 감무(甘戊)에 대해 의논할 수 없게 한 것은 대신이 근신의 일을 간섭하지 못하게 한 것입니다. 높고 낮은 사람들이 서로 일을 간섭하지 않고 각자 그 자리를 얻어서 바퀴살이 가운데로 몰리듯 그 윗사람을 섬기게 되면, 뭇 신하들의 뛰어남이나 모자람을 가히 알 수 있습니다. 왕께서 눈 밝으신 것 중의 첫 번째입니다.

---

50 포표 주: 그 크고 작은 것이 서로 끊어져서 네 나라가 가벼이 작은 것으로써 큰 것을 대적해야 했기 때문에 망한 것이다.(鮑本, 言其大小相絕, 而四國輕以小敵大, 故亡.)

51 포표 주: 종신(從臣)은 장의이고, 대신은 공손학이다. 사(事)는 간섭할 수 없게 한 그 (대신의) 일을 말한다.(鮑本, 從臣謂儀; 大臣郝也. 事, 言不得干其事.)

공손학이 일찍이 힘들게 제나라와 한나라를 얻었지만 귀함을 더 해주지 않은 것은, 곧 대신이 감히 다른 제후를 위해 나라를 가볍게 해서는 안 되기 때문입니다. 제나라와 한나라가 일찍이 공손학으로 말미암아 (용납)받지 못하게 된 것은 곧 제후들이 감히 뭇 신하를 통해 해서는 안 되었기 때문입니다. 안팎이 서로를 위해주지 않으면 제후의 실상이 거짓인 것을 가히 알 수 있습니다. 왕께서 눈 밝으신 것 중의 두 번째입니다.

공손학과 저리질(樗里疾)이 청하기를 한나라를 공격하지 말라고 네 번 진술하고 자리를 피해 떠났지만, 왕께서는 오히려 공격하였습니다. 감무가 초나라, 조나라와 (위나라를 공격하자고) 약속을 맺고서는 돌아와서 위나라에게 삼가자, 이에 우리와 강화를 맺었습니다. 감무가 또 의양(宜陽)을 공격하려 하자 왕께서는 오히려 점검하여 살폈습니다 [校=檢察]. 뭇 신하들의 지혜는 왕의 눈 밝음에 미치지 못합니다. 그러므로 신이 바라건대, 공중으로 하여금 나라를 가지고 왕을 모시게 해주시고 좌우로부터의 말은 듣지 마십시오."

客卿爲韓謂秦王曰: "韓珉之議, 知其君不知異君, 知其國不致可異國. 彼公仲者, 秦勢能詘之. 秦之強, 首之者, 珉爲疾矣. 進齊·宋之兵至首坦, 遠薄梁郭, 所以不及魏者, 以爲成而過南陽之道, 欲以四國西首也. 所以不者, 皆曰以燕亡於齊, 魏亡於秦, 陳·蔡亡於楚, 此皆絶地形, 群臣比周以蔽其上, 大臣爲諸侯輕國也. 今王位正, 張儀之貴, 不得議公孫郝, 是從臣不事大臣也; 公孫郝之貴, 不得議甘戊, 則大臣不得事近臣矣. 貴賤不相事, 各得其位, 輻湊以事其上, 則群臣之賢不肖, 可得而知也. 王之明一也. 公孫郝嘗疾齊·韓而不加貴, 則爲大臣不敢爲諸侯輕國矣. 齊·韓嘗因公孫郝而不受, 則諸侯不敢因群臣以爲能矣. 外內不相爲, 則諸侯之情僞可得而知也. 王之明二也. 公孫郝·樗里疾請無攻韓, 陳四辟去, 王猶攻之也. 甘茂約楚·趙而反敬魏, 是其講我, 茂且攻宜陽, 王猶校之也. 群臣之知, 無幾於王之明者, 臣故愿公仲之國以侍於王, 而無自左右也.”

뭇 신하들이 윗사람의 눈과 귀를 가리고 대신들이 다른 제후를 위해 일하게 되면 나라가 망하게 되니, 임금은 자기 뜻을 가지고 좌우에게 휘둘리지 말아야 한다.

28-13 한민이 제나라 재상이 되다【韓珉相齊】

한민(韓珉)이 제나라 재상이 되자 관리에게 영을 내려 (초나라의 신임을 받는) 공주수(公疇竪)를 쫓아내었고, 주나라가 성양군(成陽君)을 머물게 한 일에 크게 화를 내었다.[52] (누군가가) 한민에게 일러주며 말했다.

"공은 두 사람이 뛰어난 사람이라, 그들을 들인 나라가 그참에 (그들을) 쓰게 되리라고 여기십니까? 그렇다면 그가 작은 나라에 있게 하는 것만 못합니다. 왜 그렇겠습니까? 성양군은 진나라를 위하여 한나라를 떠났고, 공주수는 초나라 왕이 잘 대해줍니다. 지금 공이 이참에 그들을 쫓아내면 두 사람은 반드시 진나라와 초나라에 들어가서 공에

---

52 포표 주: 성양군은 본래 제나라에 있었다가 진나라와 잘 지냈기 때문에 한민이 그를 사자로 보내 진나라에 가게 했는데, 주나라를 지나는 길에 주나라 사람들이 그를 억류했기 때문에 화를 낸 것이다.(鮑本, 君本在齊, 爲秦善之, 珉欲使之之秦, 過周, 周人留之, 故怒.)

게 근심이 될 것입니다. 또한 공이 천하와 잘 지내지 못한다는 것[53]이
밝혀지면, 천하에서 공을 잘 대해주지 않는 자들은 제나라에서 구하
는 바가 있는 자들과 함께 장차 서로 거두어서 제나라에 이르러 공을
두고 거래할 것입니다."

韓珉相齊, 令吏逐公疇豎, 大怒於周之留成陽君也. 謂韓珉曰: "公以二
人者爲賢人也, 所入之國, 因用之乎? 則不如其處小國. 何也? 成陽君爲
秦去韓, 公疇豎, 楚王善之. 今公因逐之, 二人者必入秦‧楚, 必爲公患.
且明公之不善於天下. 天下之不善公者, 與欲有求於齊者, 且收之, 以臨
齊而市公."

한민이 공주수와 성양군을 잘 다루지 못해 초나라와 진나라로부터 미움을 사게 되
면, 한민의 원수와 제나라에 바라는 것이 있는 자들은 그들을 이용해 제나라에서
한민을 흔들 것이다.

28-14 누군가가 산양군에게 일러주다【或謂山陽君】

누군가가 (한나라 사람인) 산양군(山陽君)에게 일러주며 말했다.
"진나라는 군을 산양(山陽)에 봉하고, 제나라는 군을 거(莒) 땅에
봉했습니다. 제나라와 진나라가 한나라를 무겁게 여긴 것이 아니라면

---

53 포표 주: 초나라와 진나라의 두 큰 나라가 그를 미워하면 천하도 그를 잘 대해줄 수 없다는 말이
다.(鮑本. 二大國惡之, 天下不能善也.)

뛰어난 군의 행실 때문일 것입니다. 지금 초나라가 제나라를 공격하여 거 땅을 차지하려는 것은 가장 먼저는[上及→上] 제나라와의 교류를 끊으려는 것이고 그 다음으로는 군(君)을 받아들이지 않으려는 것이니, 이는 제나라와 진나라의 위세를 어렵게[棘=難] 만들고 한나라를 가볍게 만드는 것입니다."

산양군이 그로 말미암아 사신이 되어 초나라로 갔다.

或謂山陽君曰: "秦封君以山陽, 齊封君以莒. 齊·秦非重韓則賢君之行也. 今楚攻齊取莒, 上及不交齊, 次弗納於君, 是棘齊·秦之威而輕韓也." 山陽君因使之楚.

한나라 산양군이 제나라로부터 받은 봉토를 초나라가 공격하여 차지하자, 그냥 두면 제나라와 한나라 모두를 우습게 여기게 되니 해결해야 한다고 말했다.

28-15 조나라와 위나라가 화양을 공격하다【趙魏攻華陽】

조나라와 위나라가 화양(華陽)을 공격하자, 한나라가 급변[急]을 진나라에 알렸다. 수레 덮개가 서로 마주볼 정도로 많은 사신이 갔지만, 진나라는 구원하지 않았다. 한나라 상국이 (한나라 객경인) 전영(田苓=陳筮)에게 일러주며 말했다.

"일이 급하니, 바라건대 공이 비록 아프지만 하룻밤 안에 가주시오."

전영이 양후(穰侯=魏冉)를 만나자, 양후가 말했다.

"한나라가 급하오? 어찌 나라 밖으로 공을 시켜 오게 하였소?"

전영이 대답하여 말했다.

"아직 급하지는 않소."

양후가 화를 내며 말했다.

"이에 어찌하여 공이 왕의 사신이 되었단 말이오? 수레 덮개가 서로 마주볼 정도로 많은 사신들이 와서 저희 나라가 매우 급하다고 알렸는데, 공은 아직 급하지 않다고 말하니 왜 그렇소?"

전영이 말했다.

"저 한나라는 급하면 장차 (섬기는 나라를) 바꾸면 되오."

양후가 말했다.

"공은 왕을 만날 것도 없소. 내가 청하여 영을 내려서 병사를 발동하여 한나라를 구원하게 하겠소."

8일 만에 조나라와 위나라를 화양성 아래에서 크게 무너뜨렸다.

趙·魏攻華陽, 韓謁急於秦. 冠蓋相望, 秦不救. 韓相國謂田苓曰: "事急, 愿公雖疾, 爲一宿之行." 田苓見穰侯, 穰侯曰: "韓急乎? 何國外使公來?" 田苓對曰: "未急也." 穰侯怒曰: "是何以爲公之王使乎? 冠蓋相望, 告弊邑甚急, 公曰未急, 何也?" 田苓曰: "彼韓急, 則將變矣." 穰侯曰: "公無見王矣, 臣請令發兵救韓." 八日中, 大敗趙·魏於華陽之下.

한나라가 조나라와 위나라의 공격을 받고 있는데도 진나라가 구원하지 않자, 정 급하면 조나라와 위나라에 붙겠다고 협박하였다.

28-16 진나라가 초나라를 불러 제나라를 치다【秦招楚而伐齊】

진나라가 초나라를 불러 제나라를 치려 하자, (한나라 신하인) 영향 [冷向=泠向]이 (초나라 재상인) 진진(陳軫)에게 일러주며 말했다.

"진나라 왕[惠王]은 반드시 (빗장을 풀고) 밖으로 향할[外向]**54** 것입니다. 초나라에서 제나라 편인 사람(齊者)들은 서쪽으로 가서 진나라와 합하지 못한다는 것을 알면 반드시 장차 초나라를 제나라와 합하려고 힘쓸 것입니다. 제나라가 초나라와 합하면 연나라와 조나라는 감히 듣지 않을 수 없습니다. 제나라가 네 나라[齊, 楚, 燕, 趙]를 거느리고 진나라와 맞서게 되면, 이에 제나라는 막힘이 없게 됩니다."

영향이 (계속 이어서) 말했다.

"진나라 왕이 정말로 반드시 제나라를 치려는 것이겠습니까? 먼저 초나라에서 제나라 편인 사람들을 거두는 것만 못하니, 초나라에서 제나라 편인 사람들이 먼저 초나라가 제나라와 합하도록 힘쓰면, (제나라가 강해지는 것이 두려워) 초나라는 반드시 진나라에 붙을[即=附] 것입니다. 강한 진나라가 초나라를 가지면 연나라와 조나라는 감히 듣지 않을 수 없으니, 이에 제나라는 외롭게 됩니다. 제가 청하건대 공을 위해 진나라 왕을 설득하겠습니다."

秦招楚而伐齊, 冷向謂陳軫曰: "秦王必外向. 楚之齊者知西不合於秦, 必且務以楚合於齊. 齊·楚合, 燕·趙不敢不聽. 齊以四國敵秦, 是齊不窮

---

54 포표 주: 다른 나라들과 힘을 모을 것이니, 초나라 하나만은 아닐 것이라는 말이다.(鮑本, 言合他國, 不一於楚.)

也." 向曰: "秦王誠必欲伐齊乎? 不如先收於楚之齊者, 楚之齊者先務以
楚合於齊, 則楚必即秦矣. 以强秦而有晉·楚, 則燕·趙不敢不聽, 是齊
孤矣. 向請爲公說秦王."

진나라가 제나라 치는 일에 초나라를 부르는 까닭은, 초나라 안의 제나라 추종 세
력을 솎아내려는 것이다.

28-17 한나라가 상진을 주나라에서 쫓아내다【韓氏逐向晉於周】

한나라가 상진(向晉)을 주나라에서 쫓아내자, 주나라가 (위나라 사
람인) 성회(成恢)를 시켜서 상진을 위해 위나라 왕에게 일러주며 말
했다.

"주나라는 너그러워서 반드시 돌아오게 할 것이니, 왕께서 어찌 그
를 위해 먼저 (돌아오게 하자고) 말하지 않습니까? 그러면 이에 왕께서
는 주나라에서 상진을 갖게 됩니다."

위나라 왕이 말했다.

"허락하오."

성회가 그참에 한나라 왕에게 일러주며 말했다.

"상진을 내쫓은 자는 한나라이고 돌아오게 한 자는 위나라이니,
어찌 한나라로 말미암아[道=由] 그를 돌아오게 하는 것만 하겠습니
까! 위나라는 주나라에서 상진을 갖게 되고, 한나라 왕은 그를 잃어버
리게 될 것입니다."

한나라 왕이 말했다.

"좋다."

또한, 그 참에 청하여 복귀시켰다.

韓氏逐向晉於周, 周成恢爲之謂魏王曰: "周必寬而反之, 王何不爲之先言, 是王有向晉於周也." 魏曰: "諾." 成恢因爲謂韓王曰: "逐向晉者韓也, 而還之者魏也, 豈如道韓反之哉! 是魏有向晉於周, 而韓王失之也." 韓王曰: "善." 亦因請復之.

어차피 돌아갈 것이라면 먼저 생색을 내야 한다.

28-18 장등이 비설에게 청하다【張登請費緤】

장등(張登)이 비설(費緤)에게 청하여 말했다.

"청컨대 공자 모[年=牟]에게 영을 내려 한나라 왕에게 일러주며 말하기를, '비설을 서주에서는 원수로 생각하고 동주에서는 보배로 여깁니다. 여기 그 집에 많은 재산[萬金]이 있는데, 왕께서는 어찌 그를 불러 (서주와 가까운) 삼천(三川)의 태수로 삼지 않습니까? 이에 비설이 삼천 땅에서 더불어 서주를 경계하면서 반드시 그 집안 재산을 남김없이 써서 왕을 섬길 것입니다. 서주가 그를 미워하면 반드시 돌아가신 왕의 기물을 바쳐 왕을 멈추게 할 것입니다'라고 하십시오. 한나라 왕이 틀림없이 그렇게 할 것입니다. 서주가 들으면 반드시 그대의 죄를 풀어주면서 그대의 (삼천 태수가 되는) 일을 멈추게 할 것입니다."

張登請費緤, 曰: "請令公子年謂韓王曰: '費緤, 西周讎之, 東周寶之. 此其家萬金, 王何不召之, 以爲三川之守. 是緤以三川與西周戒也, 必盡其家以事王. 西周惡之, 必效先王之器以止王.' 韓王必爲之. 西周聞之, 必解子之罪, 以止子之事."

서주에게 미움 받는 비설이 한나라 삼천의 태수가 될 것이라고 서주를 자극하여 죄를 풀고자 했다.

28-19 안읍의 어사가 죽다【安邑之御史死】

(위나라 옛 도읍인) 안읍(安邑)의 어사(御史)가 죽자, 그 다음 사람이 (그 자리를) 얻지 못할까 걱정하였다. (안읍 안에 있는 마을인) 수(輸)에 사는 사람이 그를 위해 안읍의 수령[安令]에게 일러주며 말했다.

"공손기(公孫綦)가 다른 사람을 위해 왕에게 어사 자리를 청하니, 왕께서 말하기를 '저기에 정말로 다음 차례가 있는가? 나는 그 법을 무너뜨리기가 어렵다'라고 했습니다."

그로 인해 급히 그를 자리에 앉혔다.

安邑之御史死, 其次恐不得也. 輸人爲之謂安令曰: "公孫綦爲人請御史於王, 王曰: '彼固有次乎? 吾難敗其法.'" 因遽置之.

왕조차 정해진 법도를 지키려 하는데, 하물며 안읍의 수령이 지키지 않을 수 있겠는가!

28-20 위나라 왕이 구리에서 회맹을 하다【魏王爲九里之盟】

위나라 왕[安釐王]이 구리(九里)에서 회맹을 하며, 장차 주나라 천
자[赧王]을 다시 높이겠다고 했다. 방희(房喜=彭喜)가 한나라 왕에게
일러주며 말했다.

"들어주지 마십시오. 큰 나라는 천자가 있는 것을 싫어하고, 작은
나라는 천자를 이롭게 여깁니다. 왕께서 큰 나라와 함께 들어주지 않
으면, 위나라가 어찌 능히 작은 나라들과 더불어 그를 세우겠습니까!"

魏王爲九里之盟, 且復天子. 房喜謂韓王曰: "勿聽之也, 大國惡有天子,
而小國利之. 王與大國弗聽, 魏安能與小國立之."

천자를 다시 높이는 것은 작은 나라들의 술책일 뿐이니, 한나라는 큰 나라들과 같
이 있어야 한다.

28-21 건신군이 한희를 가벼이 여기다【建信君輕韓熙】

(조나라 재상인) 건신군(建信君)이 한희(韓熙)를 가볍게 여기자, 조오
(趙敖)가 그를 위해 건신군[侯→君]에게 일러주며 말했다.

"(우리)나라의 형세가 있어야 살아남고 없으면 망하는 것이 (이웃인)
위나라이고, 없으면 합종이 안 되는 나라가 한나라입니다. 지금 군이
한희를 가볍게 여기는 까닭은 초나라, 위나라와 사이가 좋기 때문입니
다. 진나라는 군의 교분이 도리어 초나라, 위나라와 좋은 것을 보면 이

에 한나라를 거두어 반드시 무겁게 여길 것입니다.

합종을 하면 한나라가 가벼워지고 연횡을 하면 한나라가 무거워 지니, 곧 (한나라는) 합종해서 가볍게 되려 하지는 않을 것입니다. 진나 라가 삼천(三川)으로 병사를 내어 곧 남쪽으로 가서 (위나라의) 언(鄢) 땅을 에워싸면 채(蔡)와 소(邵)로 가는 길이 통하지 않게 되고, 위나라 가 급해지면 이에 조나라를 구원하는 것이 반드시 늦어집니다. 진나라 가 병사를 들어 한단을 깨뜨리면 조나라는 반드시 망할 것입니다. 그 래서 군께서 한나라를 거두어야 가히 아무런 틈도 없게 됩니다."

建信君輕韓熙, 趙敖爲謂建信侯曰: "國形有之而存, 無之而亡者, 魏也. 不可無而從者, 韓也. 今君之輕韓熙者, 交善楚·魏也. 秦見君之交反善 於楚·魏也, 其收韓必重矣. 從則韓輕, 橫則韓重, 則無從輕矣. 秦出兵 於三川, 則南圍鄢, 蔡·邵之道不通矣. 魏急, 其救趙必緩矣. 秦擧兵破 邯鄲, 趙必亡矣. 故君收韓, 可以無讐."

한나라 스스로는 연횡이 유리하지만 조나라 입장에서는 반드시 합종으로 끌어들여 야 하므로 한나라를 거두어야 한다.

28-22 단산이 신성군에게 일러주다【段產謂新城君】

단산(段產)이 (진나라 선태후의 동생인) 신성군(新城君)에게 일러주며 말했다.

"무릇 밤에 가는 사람은 능히 나쁜 짓을 하지 않아도 개가 자기를 보고 짖는 것을 짖지 못하게 할 수 없습니다. 지금 신이 낭중(郞中) 벼슬에 있으므로 왕에게 군에 대한 의견을 내는 것을 하지 못하게 할 수 있으나, 다른 사람으로 하여금 군에게 저에 대한 의견을 내지 못하게 할 수는 없습니다. 원컨대 군께서 살펴주십시오."

段產謂新城君曰: "夫宵行者能無爲奸, 而不能令狗無吠己. 今臣處郞中, 能無議君於王, 而不能令人毋議臣於君. 願君察之也."

내가 왕에게 가는 당신의 험담을 막아주었으니, 당신에게 내 험담을 하는 자들은 가려서 보아주시오.

28-23 단간월인이 신성군에게 일러주다【段干越人謂新城君】

(위나라 사람인) 단간월인(段干越人)이 신성군(新城君)에게 일러주며 말했다.

"(조간자의 마부였던) 왕량(王良)의 제자가 말 멍에를 잡아끌고 가면서 천리마를 얻었다고 자랑했습니다. (주나라 穆王의 마부로 말을 잘 모는) 조보(造父)의 제자를 만났는데, 조보의 제자가 말하기를 '이 말은 천 리를 가지 못하오'라고 하니 왕량의 제자가 말했습니다. '전마(戰馬)일 때 천 리를 가는 말이라면 수레를 끄는 말[服馬][55]일 때도 천 리를 가

---

55 포표 주: 수레에 멍에를 맬 때에는 말이 네 마리가 필요한데, 두 마리 복마는 끌채 가운데에 끼워 넣고 두 마리 곁말은 끌채 밖에 맨다.(鮑本, 駕車, 馬四, 兩服在中央夾轅, 兩驂在旁.)

는 말일 것이오. 그런데 천 리를 가지 못 한다고 하니, 왜 그렇소?' (조보의 제자가) 말하기를, '그대 고삐의 줄이 깁니다. (말 모는) 일에서 고삐의 줄은 (영향이) 만 분의 일 정도밖에 안 되지만, 천 리의 길을 가는 일에서는 어렵습니다'라고 했습니다.

지금 신이 비록 능력이 없고 또한 진나라에게는 만 분의 일이겠지만, 상국께서 저를 만나 막힌 곳을 풀어주지 않으시니 이는 고삐 줄이 긴 것입니다."

段干越人謂新城君曰: "王良之弟子駕, 云取千里馬, 遇造父之弟子. 造父之弟子曰: '馬不千里.' 王良弟子曰: '馬千里之馬也; 服, 千里之服也. 而不能取千里, 何也?' 曰: '子繮牽長. 故繮牽於事, 萬分之一也, 而難行千里之行.' 今臣雖不肖, 於秦亦萬分之一也, 而相國見臣, 不釋塞者, 是繮牽長也."

천 리의 길을 갈 때에는 작은 것도 큰 차이를 만든다.

8장

연나라

戰國策

中山策　　　宋衞策　　　燕策　　　韓策　　　魏策　　　趙策

주나라 무왕이 상나라를 정벌하고 자신의 동생 소공(召公) 석(奭)을 북쪽 연(燕) 땅에 봉했다. 이후 소공의 아들 극(克)이 이어받았지만, 주나라 초기 시절 연나라 역사는 전해지지 않는 것이 많다.

문공(文公) 28년(기원전 334년), 소진(蘇秦)이 처음으로 와서 뵙고 문공을 설득하니 문공이 수레와 말, 금과 비단을 주어 조나라에 이르게 했고, 조나라 숙후(肅侯)가 소진을 썼다. 그로 인해 6국[연, 조, 한, 위, 제, 초]이 합종을 맺으니, 소진이 6국의 재상을 모두 맡아 합종의 우두머리가 되었다. 이 때문에 진나라가 함곡관 밖으로 병사를 내지 못한 것이 15년이나 되었다. 진나라 왕[惠王]이 딸을 연나라 태자의 아내로 시집보냈다.

기원전 333년에 문공이 죽고 아들 역왕(易王)이 세워졌다. 제나라[宣王]가 연나라의 국상을 틈타 연나라를 쳐서 10개의 성을 차지했지만, 소진이 제나라를 설득하여 다시 돌려받았다. 역왕 10년, 다섯 나라[한, 조, 위, 연, 중산국]가 위나라 서수의 제안에 따라 서로 왕으로 부르기로 함에 따라 연나라도 왕으로 부르게 되었다. 소진이 역왕의 어머니인 문공의 부인과 사사롭게 지내고 있었는데, 주벌을 두려워하여 역왕에게 제나라에 사신으로 가서 반간계(反間計)로써 제나라를 어지럽히겠다고 설득하였다.

기원전 321년에 역왕이 죽고 아들 쾌(噲)가 세워졌다. 제나라에서 소진을 시기한 한 대부(大夫)가 그를 죽였다. 연나라 왕 쾌는 재상인 자지(子之)를 중용하여 나라를 맡겼는데, 자지가 왕의 일을 행하며 마음대로 하자 태자 평(平)이 그를 주살하려고 난을 일으켰다. 이를 지켜보던 제나라 선왕은 태자 평을 지원한다는 구실로 제나라 군대를 보내 연나라를 복속시켰다. 그 싸움 속에서 연왕 쾌와 태자 평, 재상 자지가 모두 죽었기 때문에, 2년 뒤에 연나라 사람들이 공자 직(職)을 세워 왕으로 삼았으니 바로 소왕(昭王)이다.

기원전 313년, 소왕이 즉위하여 곽외(郭隗)를 스승으로 삼고 몸을 낮추면서 두터운 폐백으로 인재들을 불러들이니, 악의(樂毅), 추연(鄒衍), 극신(劇辛) 같은 뛰어난 사람들이 달려왔다. 이렇게 한 지 28년이 지나자, 원수를 갚기 위해 악의를 상장군으로 삼아 진나라, 초나라, 삼진과 함께 제나라를 쳐서 임치에 이르렀고, 요(聊), 거(莒), 즉묵(卽墨)만 남기고 모두 차지하였다. 제나라 민왕(湣王)은 나라 밖으로 달아났다가 초나라 장수 요치(淖齒)에 의해 살해되었다.

기원전 279년 소왕이 자리에 나아간 지 33년만에 죽고 아들 혜왕(惠王)이 세워졌다. 혜왕은 태자 시절 악의와 틈이 있었기에 왕이 되자 악의를 의심하고 기겁(騎劫)을 상장군으로 썼는데, 이에 악의는 조나라로 망명하였다. 제나라 전단(田單)이 이 틈을 타고 연나라 병사들을 공격하여 즉묵에서 기겁을 죽이고 제나라 성들을 모두 되찾았다.

혜왕이 왕이 된 지 7년만에 죽고, 아들 무성왕(武成王)이 뒤를 이었다. 무성왕 7년에 제나라 전단이 연나라를 공격하여 중양(中陽)을 뽑아내었다.

무성왕 14년에 무성왕이 죽고 아들 효왕(孝王)이 세워졌으며, 기원전 254년 효왕이 3년만에 죽고 아들 희(喜)가 왕이 되었다. 연왕 희 4년, 연나라가 장평 싸움에서 힘이 빠진 조나라를 쳤으나, 도리어 조나라에게 크게 패하여 연나라 국도인 계(薊)가 에워싸이는 지경에 이르자 화친을 맺었다. 연왕 희 23년(기원전 232년), 태자 단(丹)이 진나라에 인질로 잡혀 있다가 도망쳐서 연나라로 돌아왔다. 태자 단이 몰래 형가를 보내 진나라 왕을 죽이려다 발각되었다. 희왕 29년 진나라가 도읍인 계를 빼앗자 연나라 왕은 요동으로 도망쳤고 태자 단은 목이 베여 진나라에 바쳐졌다. 연왕 희 33년(기원전 222년), 진나라가 요동을 빼앗고 연왕 희(喜)를 사로잡음으로써 마침내 연나라를 멸망시켰다.

	시호(諡號)	이름	재위기간	재위 년도
36	연문공(燕文公)		29년	기원전 361~333년
37	얀역왕(燕易王)	퇴(脮)	12년	기원전 332~321년
38	연왕쾌(燕王噲)	쾌(噲)	3년	기원전 320~318년
	자지(子之)	자지(子之)	4년	기원전 317~314년
39	연소왕(燕昭王)	직(職)	35년	기원전 313~279년
40	연혜왕(燕惠王)	융인(戎人)	8년	기원전 278~271년
41	연무성왕(燕武成王)	환(讙)	14년	기원전 271~258년
42	연효왕(燕孝王)	우(遇)	3년	기원전 257~255년
43	연왕희(燕王喜)	희(喜)	33년	기원전 254~222년

연책 1

燕策

29-1 소진이 장차 합종하기 위해 북쪽으로 가서 연나라 문후를 설득하다

【蘇秦將爲從北說燕文侯】

(1)

소진(蘇秦)이 장차 합종하기 위해 북쪽으로 가서 연나라 문후(文侯)를 설득하며 말했다.

"연나라는 동쪽으로 조선(朝鮮), 요동(遼東)이 있고, 북쪽으로 임호(林胡), 누번(樓煩)이 있으며, 서쪽으로 운중(雲中), 구원(九原)이 있고, 남쪽으로 호타(呼沱)와 역수(易水)가 있습니다. 땅은 사방으로 2천여 리이고 갑주를 두른 병사가 수십만, 수레가 7백 승, 기마가 6천 필에, 곡식은 10년을 지탱합니다. 남쪽에는 갈석(碣石)과 안문(雁門)의 풍요로움이 있고 북쪽에는 대추와 밤나무의 이로움이 있어서, 백성이 비록 밭을 갈지 못해도 대추나 밤의 열매만으로 충분히 백성들을 먹일 수 있습니다. 이는 이른바 하늘이 내린 창고입니다. 무릇 편안하고 즐겁고 아무런 일이 없으며 군대가 엎어지고 장수가 죽는 걱정을 보지 못하는 곳으로는 연나라를 넘을 나라가 없습니다. 대왕께서는 그렇게 된 까닭을 아십니까? 무릇 연나라가 도적에게 침범당하거나 병난[兵=兵難]을 입지 않는 까닭은 조나라가 남쪽에서 가려주기 때문입니

다. 진나라와 조나라는 다섯 번 싸워서 진나라가 두 번 이기고 조나라
가 세 번 이겼습니다. 진나라와 조나라가 서로 힘이 다 닳게 되면 왕께
서 연나라를 온전히 하면서 그 뒤를 제압할 수 있으니, 이것이 연나라
가 침범 받지 않은 까닭입니다.

또한 진나라가 연나라를 공격해도, 운중과 구원을 넘어 대(代)와
상곡(上穀)을 지나기까지 넓은 땅이 발뒤꿈치를 따라가야 하는 (좁은)
길[踵道]로 바뀌어 수천 리가 이어져 있으니, 비록 연나라 성을 얻어도
진나라의 계책으로는 정말로 지킬 수가 없습니다. (그러나) 지금 조나라
가 연나라를 공격하면, 호령을 발하여 병사를 일으킨 지 열흘이 되지
않아 수십만의 무리가 동원(東垣)에 군진을 치게 되고, 호타를 지나고
역수를 건너 4~5일이 지나지 않아서 나라의 도읍과 마주하게 될 것입
니다. 그래서 말하기를, 진나라가 연나라를 공격하면 천 리 밖에서 싸
우고, 조나라가 연나라를 공격하면 백 리 안에서 싸운다고 한 것입니
다. 무릇 백 리의 화근을 걱정하지 않고 천 리 밖을 무겁게 여기면, 계
책으로 이보다 더 잘못된 것은 없습니다. 그런 까닭에 바라건대, 대왕
께서 조나라와 함께 종친(從親=合從)하여 천하를 하나로 만드신다면
나라는 반드시 걱정이 없을 것입니다."

蘇秦將爲從北, 說燕文侯曰: "燕東有朝鮮·遼東, 北有林胡·樓煩, 西有

雲中·九原, 南有呼沱·易水. 地方二千餘里, 帶甲數十萬, 車七百乘, 騎

六千匹, 粟支十年. 南有碣石·雁門之饒, 北有棗粟之利, 民雖不由田作,

棗栗之實, 足食與民矣. 此所謂天府也. 夫安樂無事, 不見覆軍殺將之

憂, 無過燕矣. 大王知其所以然乎? 夫燕之所以不犯寇被兵者, 以趙之

爲蔽於南也. 秦·趙五戰, 秦再勝而趙三勝. 秦·趙相弊, 而王以全燕制

其後, 此燕之所以不犯難也. 且夫秦之攻燕也, 逾雲中·九原, 過代·上谷, 彌地踵道數千里, 雖得燕城, 秦計固不能守也. 秦之不能害燕亦明矣. 今趙之攻燕也, 發興號令, 不至十日, 而數十萬之衆, 軍於東垣矣. 度呼沱, 涉易水, 不至四五日, 距國都矣. 故曰, 秦之攻燕也, 戰於千里之外; 趙之攻燕也, 戰於百里之內. 夫不憂百里之患, 而重千里之外, 計無過於此者. 是故願大王與趙從親, 天下爲一, 則國必無患矣."

(2)

연나라 왕이 말했다.

"과인의 나라는 작아서 서쪽으로는 강한 진나라의 압박을 받고 있고, 남쪽으로는 제나라와 조나라가 멀지 않소. 제나라와 조나라는 강한 나라인데, 지금 그대가 뜻하지 않게 가르침을 내려 합종해서 연나라를 편안케 할 수 있게 하니, 삼가 나라를 들어 따르겠소."

이에 소진에게 수레와 말, 금과 비단을 주어 조나라에 이르게 했다.

燕王曰: "寡人國小, 西迫強秦, 南近齊·趙. 齊·趙, 強國也, 今主君幸教詔之, 合從以安燕, 敬以國從." 於是齎蘇秦車馬金帛以至趙.

연나라의 위치상 먼 진나라보다 가까운 조나라가 더욱 어려운 나라이니, 가까운 나라와 서로 힘을 모아야 한다고 설득하였다.

29-2 봉양군이 심하게 소진의 말을 받아들이지 않다

【奉陽君李兌甚不取於蘇秦】

(1)

(조나라 재상인) 봉양군(奉陽君)이 심하게 소진(蘇秦)¹의 말을 받아들이지 않았다. 소진이 연나라에 있을 때, 이태(李兌)가 그참에 소진을 위해 봉양군에게 일러주며 말했다.

"제나라와 연나라가 떨어지면 조나라가 무겁게 되지만, 제나라와 연나라가 합하면 조나라는 가볍게 됩니다. 지금 군께서 제나라로 가는 일은 조나라에게 이롭지 않습니다. 신이 몰래 생각건대, 군을 위해 쓰지 마십시오.

奉陽君李兌²甚不取於蘇秦. 蘇秦在燕, 李兌因爲蘇秦謂奉陽君曰: "齊·燕離則趙重, 齊·燕合則趙輕. 今君之齊, 非趙之利也. 臣竊爲君不取也."

(2)

봉양군이 말했다.

"어째서 내가 연나라를 제나라에 합할 것이라고 하는가?"

대답하여 말했다.

"무릇 연나라를 제어하고 있는 자는 소자입니다. 또 연나라는 약

---

1 (오사도가) 바로잡아 말한다: 소진(蘇秦)은 마땅히 소대(蘇代)가 되어야 한다.(正曰: 蘇秦當作蘇代.)

2 포표 주: '이태(李兌)' 두 글자는 잘못 덧붙여진 글이다.(鮑本. 衍李兌二字.)

한 나라여서 동쪽으로는 제나라만 못하고 서쪽으로는 조나라만 못한데, 어찌 능히 동쪽으로 제나라를 없다 여길 수 있으며 서쪽으로 조나라를 없다 여길 수 있겠습니까? 그리고 군께서는 심할 정도로 소진과 잘 지내지 못하고 있으니, 소진이 능히 약한 연나라를 끌어안고 천하에 홀로 있겠습니까? (그러니) 이는 연나라를 몰아서 제나라에 합하게 하는 것입니다.

또한 연나라는 망한 나라의 찌꺼기여서, (연나라 昭王이) 이에 권세 있는 자들에 의해 세워지자 바깥 나라를 무겁게 여기고 귀한 사람을 섬기고 있습니다. 그렇기 때문에 군을 위해 계책을 내면, 소진을 잘 대해주어 (그의 말을) 받아들이십시오. 잘 대해주지 않더라도 받아들이시어 연나라와 제나라가 (소진을) 의심하게 하십시오. 연나라와 제나라가 (소진을) 의심하면 조나라는 무거워질 것입니다. 제나라 왕이 소진을 의심하면, 군은 많은 밑천을 얻는 것입니다."

봉양군이 말했다.

"좋은 말이오."

이에 사자를 시켜 소진과 교분을 맺었다.

奉陽君曰: "何吾合燕於齊?" 對曰: "夫制於燕者蘇子也. 而燕弱國也, 東不如齊, 西不如趙, 豈能東無齊·西無趙哉? 而君甚不善蘇秦, 蘇秦能抱弱燕而孤於天下哉? 是驅燕而使合於齊也. 且燕亡國之餘也, 其以權立, 以重外, 以事貴. 故爲君計, 善蘇秦則取, 不善亦取之, 以疑燕·齊. 燕齊疑, 則趙重矣. 齊王疑蘇秦, 則君多資." 奉陽君曰: "善." 乃使使與蘇秦結交.

소진과 봉양군이 사이가 좋지 않았는데, 봉양군이 소진의 말을 들어주지 않으면 연나라가 조나라를 버리고 제나라와 합치도록 할 것이니 이는 조나라가 가벼워지는 길이라고 일러주었다.

29-3 권 땅의 병난으로 연나라가 다시 싸움에서 이기지 못하다
【權之難燕再戰不勝】

(제나라와의 싸움인) 권(權) 땅의 병난[難]으로 연나라가 다시 싸움에서 이기지 못했지만 조나라는 구원하지 않았다. (문공의 손자인) 쾌자(噲子)가 문공(文公)에게 일러주며 말했다.

"땅을 가지고 제나라에 합하자고 청하는 것만 못합니다. (그렇게 하면) 조나라가 반드시 우리를 구원할 것입니다. 만약 우리를 구하지 않으면 (나중에 우리 연나라를) 섬기지 않을 수 없게 됩니다."[3]

문공이 말했다.

"좋다."

곽임(郭任)에게 영을 내려 땅을 가지고 제나라에 강화를 청하자, 조나라가 듣고는 마침내 병사를 내어 연나라를 구원했다.

權之難, 燕再戰不勝, 趙弗救. 噲子謂文公曰: "不如以地請合於齊, 趙必救我. 若不吾救, 不得不事." 文公曰: "善." 令郭任以地請講於齊. 趙聞之,

---

3 표포 주: 연나라와 제나라가 합하면 조나라가 가벼워지게 되므로 비록 (조나라가) 우리를 구원하지 않더라도 뒤에 반드시 우리를 섬기게 될 것이라는 말이다.(鮑本, 燕齊合, 則趙輕. 雖不救我, 後必事我.)

遂出兵救燕.

제나라와 싸워 이기지 못했는데 조나라가 구원할 생각이 없자, 차라리 제나라에게 땅을 떼어주고 강화하겠다고 청하면 조나라는 가볍게 될 것이 두려워 반드시 구원할 것이라고 계책을 내었다.

29-4 연나라 문공 때【燕文公時】

(1)

연나라 문공(文公) 때, 진나라 혜왕(惠王)이 그 딸을 (시집보내) 연나라 태자의 부인이 되게 하였다. 문공이 죽고 역왕(易王)이 세워졌는데, 제나라 선왕(宣王)이 연나라의 상(喪)을 틈타 공격하여 10개 성을 차지하였다.

燕文公時, 秦惠王以其女爲燕太子婦. 文公卒, 易王立. 齊宣王因燕喪攻之, 取十城.

(2)

무안군(武安君) 소진(蘇秦)이 연나라를 위해 제나라 왕을 설득하러 와서, 두 번 절하고 축하를 드린 뒤 그참에 하늘을 우러러보며 조문을 하였다. 제나라 왕이 창[戈]을 잡고 물러서며 말했다.

"이 한 번에 어찌 경사와 조사를 서로 이어서 빨리 하느냐?"

武安君蘇秦爲燕說齊王, 再拜而賀, 因仰而吊. 齊王桉戈而卻, 曰: "此一何慶吊相隨之速也?"

(3)

(소진이) 대답하여 말했다.

"사람이 굶주려도 오훼(烏喙)⁴를 먹지 않는 까닭은, 비록 구차하게 배를 채운다고 해도 죽음과 똑같은 재앙을 주기 때문입니다. 지금 연나라가 비록 약하고 작지만 강한 진나라의 어린 사위입니다. 왕께서는 그 10개 성을 이롭게 여기지만 강한 진나라와 더불어 깊은 원수가 될 것입니다. 지금 약한 연나라에게 기러기가 날아가듯 나란히 가게 하여 강한 진나라가 그 뒤를 통제하면서 천하의 뛰어난 병사들을 불러들였으니, 이는 오훼를 먹는 것과 같은 부류입니다."

제나라 왕이 말했다.

"그렇다면 어찌해야겠소?"

對曰: "人之飢所以不食烏喙者, 以爲雖偸充腹, 而與死同患也. 今燕雖弱小, 强秦之少婿也. 王利其十城, 而深與强秦爲仇. 今使弱燕爲鴈行, 而强秦制其後, 以招天下之精兵, 此食烏喙之類也." 齊王曰: "然則奈何?"

---

4 포표 주: 『당본초(唐本草)』에 따르면 오두(烏頭)라고 부르며, 다른 이름으로는 천웅(天雄)이라고도 한다.(鮑本, 本草, 烏頭, 一名天雄.)

(4)

(소진이) 대답하여 말했다.

"빼어난 이가 일을 맡으면, 재앙을 돌려서 복으로 만들고 패배를 말미암아 공으로 만들었습니다. 그래서 (제나라) 환공(桓公)이 여자 때문에 근심하면서도 이름이 더욱더 존귀해졌고 한헌(韓獻)[5]이 죄를 짓고도 (왕과의) 교분이 더욱 단단해졌으니, 이들은 모두 재앙을 돌려서 복으로 만들고 패배를 말미암아 공으로 만든 사람들입니다.

왕께서 능히 신의 말을 들어 주신다면, 연나라 10개 성을 돌려주고 낮추는 말로 진나라에 사죄하는 것만 못합니다. 진나라는 왕께서 자기 때문에 연나라 성을 돌려준다는 것을 알면 반드시 왕을 고맙게 여길 겁니다. 연나라는 아무 까닭 없이 10개 성을 돌려받으니 또한 왕을 고맙게 여길 것입니다. 이는 강한 원수를 버리고 두터운 교분을 세우는 것입니다. 장차 저 연나라와 진나라가 모두 제나라를 섬기게 되면 대왕께서는 천하를 호령하여 모두가 따르게 만들 것입니다. 이는 왕께서 빈말로 진나라와 붙는 것이며, 10개 성을 가지고 천하를 차지하는 바입니다. 이것이 패왕의 업이니, 이른바 재앙을 돌려서 복으로 삼고 패배를 말미암아 공으로 삼는 일입니다."

對曰: "聖人之制事也, 轉禍而爲福, 因敗而爲功. 故桓公負婦人而名益

---

5 춘추시대 진(晉)나라 사람으로, 한헌자(韓獻子) 또는 헌자(獻子)라고 불렸다. 처음에 사마(司馬)가 되어 진(晉)나라와 초나라 사이에 벌어진 필(邲) 싸움에 참여했고, 경공(景公) 11년에 극극(郤克)을 따라 제나라를 정벌하여 제나라 군대를 격파했다. 다음해 신중군장(新中軍將)이 되고 경(卿)에 올랐다. 도안고(屠岸賈)가 권력을 잡고 조씨(趙氏)를 마구 죽이자 간했지만 듣지 않자, 이에 병을 핑계로 나가지 않았다. 이때 고아가 된 조무(趙武)가 있음을 알게 되었고, 경공 말년에 경공에게 조무에 대해 말해서 다시 조씨의 전읍(田邑)을 회복하게 했다. 진(晉)나라 도공(悼公)이 즉위하자 국정을 도맡아 처리하면서 다시 한 번 제후(諸侯)들 사이의 패권을 차지했다.

尊, 韓獻開罪而交愈固, 此皆轉禍而爲福, 因敗而爲功者也. 王能聽臣,

莫如歸燕之十城, 卑辭以謝秦. 秦知王以己之故歸燕城也, 秦必德王.

燕無故而得十城, 燕亦德王. 是棄强仇而立厚交也. 且夫燕・秦之俱事

齊, 則大王號令天下皆從. 是王以虛辭附秦, 而以十城取天下也. 此霸王

之業矣. 所謂轉禍爲福, 因敗成功者也."

연나라의 초상을 틈타 제나라가 공격하여 성을 빼앗자 소진이 가서, 연나라 뒤에는

장인인 진나라가 있으니 빼앗은 땅을 진나라 왕의 체면을 보고 돌려주어 두 나라에

게 모두 덕을 입히라고 조언하였다.

29-5 사람들 중에 소진을 헐뜯는 자가 있어【人有惡蘇秦】

(1)

사람들 중에 소진(蘇秦)을 헐뜯는[惡] 자가 있었는데, 연나라 왕에

게 말했다.

"무안군(武安君=蘇秦)은 천하에서 믿지 못할 사람입니다. 왕께서

만승의 몸으로 소진에게 굽히고 조정에서 그를 높여주자, 천하에 소인

과 더불어 무리를 이룬 모습을 보였습니다."

무안군이 제나라에서 오자, 연나라 왕이 집[館]도 내주지 않았다.

(무안군 소진이) 연나라 왕에게 일러주며 말했다.

"신은 동주의 변방 사람입니다. 족하를 보았을 때 제 몸은 한 치 한

자 땅을 얻을 공(功)도 없었는데, 그런데도 족하께서는 신을 성 밖에서

맞이하여 조정에 드러내셨습니다. 지금 신이 족하를 위해 사신이 되어

이롭게도 성 10개를 얻어서 위태롭던 연나라를 보존한 공이 있는데, 족하께서는 신의 말을 들어주지 않고 있습니다. 이는 다른 사람 중에 틀림없이 신을 믿지 말라고 말하면서 왕에게 저를 해친 자가 있는 것입니다.

신에게 믿음이 없는 것은 바로 족하의 복입니다. 만일 신이 미생(尾生)과 같이 믿음을 주고 깔끔하기[廉]가 백이(伯夷)와 같으며 효성스럽기가 증삼(曾參)과 같다면, 이 세 사람은 천하에서 높은 행실이 있는 사람인데 이런 사람이 족하를 섬기는 것이 가능하겠습니까[不可→可]?"

연왕이 말했다.

"가능할 것이오."

대답하여 말했다.

"이와 같다면 신 또한 족하를 모시지 못했을 것입니다."

人有惡蘇秦於燕王者, 曰: "武安君, 天下不信人也. 王以萬乘下之, 尊之於廷, 示天下與小人群也." 武安君從齊來, 而燕王不館也. 謂燕王曰: "臣東周之鄙人也, 見足下身無咫尺之功, 而足下迎臣於郊, 顯臣於廷. 今臣爲足下使, 利得十城, 功存危燕, 足下不聽臣者, 人必有言臣不信, 傷臣於王者. 臣之不信, 是足下之福也. 使臣信如尾生, 廉如伯夷, 孝如曾參, 三者天下之高行, 而以事足下, 不可乎?" 燕王曰: "可." 曰: "有此, 臣亦不事足下矣."

(2)

소진이 말했다.

"또 무릇 효성스럽기가 증삼과 같다면 마땅히 어버이를 떠나 하룻밤도 밖에서 묵지 못할 것인데, 족하가 어찌 저를 사신으로 제나라에 가게 할 수 있었겠습니까? 백이의 깔끔함과 같은 경우는, 허름한 음식도 먹지 않고 (주나라) 무왕(武王)의 마땅함을 더럽다고 여겨서 신하가 되지 않았으며 고죽(孤竹)의 임금도 사양한 채 수양산에서 굶어죽었습니다. 깔끔하기가 이와 같은 사람이 어찌 기꺼이 수천 리를 가서 약한 연나라의 위태로운 주인을 섬기겠습니까? 미생의 믿음직함과 같은 경우는, 기약을 하고서도 나타나지 않자 다리기둥을 끌어안고 죽었습니다. 믿음이 이와 같은 사람이 어찌 기꺼이 연나라와 진나라의 위세를 들어올려[楊→揚] 제나라를 겁박해서 큰 공로를 차지할 수 있었겠습니까?

또 무릇 믿음을 행하는 자는 스스로를 위하기[自爲] 때문이지 다른 사람을 위한 것[爲人]이 아니며, 모두가 스스로의 허물을 덮으려는[自覆] 술책이지 나아가 차지하려는[進取] 도리가 아닙니다. 무릇 삼왕이 대를 이어 일어났고 오패가 번갈아 성대했는데, 모두 스스로의 허물을 덮지 않았습니다. 임금께서는 스스로의 허물을 덮는 것이 가능하다고 여기십니까? (스스로의 허물을 덮으려 한다면) 제나라는 (태공이 봉지로 받은 땅인) 영구(營丘)에서 더 늘어나지 못할 것이며, 족하께서는 초나라 경계를 넘지 못하고 변성(邊城) 바깥을 엿보지 못할 것입니다.

또 신은 늙은 어미가 주나라에 계신데도 늙은 어미와 떨어져 족하를 섬기고 있으니, 스스로의 허물을 덮는 술책[自覆之術]을 버리고 나아가 차지하려는 도리[進取之道]를 모색하고 있습니다. 신이 나아가도 정말로 족하와 더불어 합하지 못하는 것은 모두, 족하는 스스로의 허물을 덮으려는 임금이고 저란 사람은 나아가 차지하려는 신하이기 때

522

문입니다. 그래서 이른바 충심과 믿음이 임금에게 죄를 얻는다고 한 것입니다."

蘇秦曰: "且夫孝如曾參, 義不離親一夕宿於外, 足下安得使之之齊? 廉如伯夷, 不取素餐, 污武王之義而不臣焉, 辭孤竹之君, 餓而死於首陽之山. 廉如此者, 何肯步行數千里, 而事弱燕之危主乎? 信如尾生, 期而不來臨, 抱梁柱而死. 信至如此, 何肯楊燕·秦之威於齊而取大功乎哉? 且夫信行者, 所以自爲也, 非所以爲人也, 皆自覆之術, 非進取之道也. 且夫三王代興, 五霸迭盛, 皆不自覆也. 君以自覆爲可乎? 則齊不益於營丘, 足下不逾楚境, 不窺於邊城之外. 且臣有老母於周, 離老母而事足下, 去自覆之術, 而謀進取之道, 臣之趣固不與足下合者. 足下皆自覆之君也, 仆者進取之臣也, 所謂以忠信得罪於君者也."

(3)
연왕이 말했다.
"무릇 충심과 믿음이 또한 어찌 죄가 된다는 말이오?"
대답하여 말했다.
"족하는 알지 못합니다.

신의 이웃집에 멀리에서 벼슬아치가 된 사람이 있었는데, 그 처가 다른 사람과 사사로이 지내고 있었습니다. 그 남편이 장차 돌아오게 되자 부인과 사사롭게 지내던 사람이 근심하였는데, 그 처가 이렇게 말했습니다. '그대는 근심하지 마세요. 내가 이미 (독으로 만든) 약주를 만들어서 기다리고 있습니다.' 이틀 후에 남편이 이르자 처가 첩을 시켜 한 잔 술을 올리게 했는데, 첩이 이에 독약 술인 것을 알아차렸습니다. 올리면 주인어른이 죽고 말하면 주인마님이 쫓겨나게 되니, 마침내 거짓으로[陽=佯] 넘어져 술을 쏟아버렸습니다. 주인어른이 크게 화를 내며 매질하였습니다. 그 첩은 한 번 넘어져 술을 쏟아버림으로써 위로는 주인어른을 살리고 아래로는 주인마님을 보존할 수 있었으니, 충심이 여기까지 이르렀지만 매질을 벗어나지 못했습니다. 충심과 믿음으로써 죄를 얻었던 것입니다.

신의 일은 마침 불행하게도 첩이 술을 쏟은 것과 같은 부류입니다. 장차 신이 족하를 섬기는 것은 마땅함을 지극히 높이고(亢=高極) 나라에 이득을 주려고 함인데도 지금 이에 죄를 얻었으니, 신은 뒤에 천하에서 족하를 섬기는 자가 감히 스스로 반드시 하지 못할까 걱정이 됩니다. 또 신이 제나라를 설득할 때 일찍이 속임이 없었겠습니까? 사자로 가서 제나라를 설득하는 것이 신의 말과 같지 않았더라면 비록 요임금과 순임금의 지혜로도 감히 (제나라로부터 땅을) 취하지 못했을 것입니다."

燕王曰: "夫忠信, 又何罪之有也?" 對曰: "足下不知也. 臣鄰家有遠爲吏者, 其妻私人. 其夫且歸, 其私之者憂之. 其妻曰: '公勿憂也, 吾已爲藥酒以待之矣.' 後二日, 夫至. 妻使妾奉卮酒進之, 妾知其藥酒也, 進之則殺主父, 言之則逐主母, 乃陽僵棄酒. 主父大怒而笞之. 故妾一僵而棄酒, 上以活主父, 下以存主母也. 忠至如此, 然不免於笞, 此以忠信得罪者也. 臣之事, 適不幸而有類妾之棄酒也. 且臣之事足下, 亢義益國, 今乃得罪, 臣恐天下後事足下者, 莫敢自必也. 且臣之說齊, 曾不欺之也. 使之說齊者, 莫如臣之言也, 雖堯·舜之智, 不敢取也."

소진은 스스로 허물을 들어내지 않으려고 덮어버리는 삶(自覆之術)을 벗어나서 나아가 이익을 차지하는 길(進取之道)을 택하였으니 내게 고매한 인성을 바라지 말라고 하였다.

29-6 장의가 진나라를 위해 합종을 깨뜨리고 연횡을 이루고자 연나라 왕에게 일러주다【張儀爲秦破從連橫謂燕王】

(1)

장의(張儀)가 진나라를 위해 합종을 깨뜨리고 연횡을 이루고자 연나라 왕에게 일러주며 말했다.

"대왕께서 가깝게 여기는 곳으로는 조나라만한 나라가 없습니다. 옛날 조나라 왕[襄子]이 그 누이를 대(代)나라 왕의 아내로 보내어 대나라를 아우르고자 해서, 대나라 왕과 더불어 구주(句注)의 요새에서 만나 약속을 맺었습니다. 이에 기술자[工人]를 시켜 황금됫박[金斗]을 빚되 그 자루를 길게 만들어서 영을 내려지면 사람을 칠 수 있도록 했습니다. 대나라 왕과 더불어 술을 마시다가 몰래 요리사[廚人]에게 알려주며 말했습니다. '곧 술자리가 흥겹게 무르익어 뜨거운 음식(啜=歠)을 올리거든, 곧 그참에 황금됫박을 거꾸로 잡고 그를 쳐라.' 이에 술자리가 무르익어 즐거워지자, 뜨거운 음식을 올리게 되었습니다. 부엌일 하는 사람이 국물과 죽을 올리다가, 그참에 황금됫박을 거꾸로 잡고 그를 내려쳤습니다. 대나라 왕의 뇌수가 땅에 흩뿌려지니, 그 누이가 이를 듣고는 비녀[笄=簪]를 쓰다듬다가 스스로를 찔렀습니다. 그래서 지금에 이르러 (비녀를 쓰다듬었다는 뜻의) 마계산(摩笄之山)이 되었으니, 세상에서 듣지 못한 사람이 없습니다.

張儀爲秦破從連橫, 謂燕王曰: "大王之所親, 莫如趙. 昔趙王以其姊爲代王妻, 欲幷代, 約與代王遇於句注之塞. 乃令工人作爲金斗, 長其尾, 令之可以擊人. 與代王飮, 而陰告廚人曰: '卽酒酣樂, 進熱啜, 卽因反斗擊之.' 於是酒酣樂進取熱啜. 廚人進斟羹, 因反鬪而擊之, 代王腦涂地. 其姊聞之, 摩笄以自刺也. 故至今有摩笄之山, 天下莫不聞.

(2)

무릇 조나라 왕[武靈王]이 이리처럼 사나워서 가깝게 여기는 자가 없음은 대왕께서 밝게 봐서 아시는 바입니다. 장차 조나라 왕을 가까이 지낼 수 있다고 여기십니까? 조나라가 병사를 일으켜서 연나라를 공격하였다가 다시 연나라 도읍을 에워싸고 대왕을 겁박했을 때, 대왕께서는 10개 성을 잘라주고 물러서며 사죄했습니다. 지금 조나라 왕은 이미 들어와 민지(澠池)에서 조현하고 하간(河間) 땅을 바쳐 진나라를 섬기고 있습니다. 대왕께서 진나라를 섬기지 않으면, 진나라는 갑병을 운중(雲中), 구원(九原)으로 내려 보내고 조나라를 몰아서 연나라를 공격하게 될 터이니 이미 역수(易水)와 장성(長城)은 왕의 소유가 아니게 됩니다.

또 지금 조나라는 진나라에게 마치 군이나 현과 같아서, 감히 망령되게 군대를 일으켜 정벌할 수 없습니다. 지금 대왕께서 진나라를 섬긴다면, 진나라 왕은 반드시 기뻐할 것이고 조나라는 감히 망령된 행동을 하지 못할 것입니다. 이는 서쪽으로는 강한 진나라의 지원이 있고 남쪽으로는 제나라와 초나라의 근심이 없게 되는 것입니다. 이 때문에 대왕께서는 충분히 헤아리기를 바랍니다."

夫趙王之狼戾無親, 大王之所明見知也. 且以趙王爲可親邪? 趙興兵
而攻燕, 再圍燕都而劫大王, 大王割十城乃卻以謝. 今趙王已入朝澠池,
效河間以事秦. 大王不事秦, 秦下甲雲中·九原, 驅趙而攻燕, 則易水·長
城非王之有也. 且今時趙之於秦, 猶郡縣也. 不敢妄興師以征伐. 今大
王事秦, 秦王必喜, 而趙不敢妄動矣. 是西有强秦之援, 而南無齊·趙之
患, 是故愿大王之熟計之也."

(3)

연나라 왕이 말했다.

"과인이 오랑캐를 피해 살다 보니 비록 다 자란 남자지만 일을 마
름질하는 것은 어린아이와 같아서, 말은 올바름을 구하기에도 충분치
않고 책략도 일을 결단하는 데 충분치 않소. 지금 큰손님이 뜻하지 않
게 와서 가르쳐 주시니, 청컨대 사직을 받들어 서쪽을 바라보며 진나
라를 섬기겠으며 상산 끝자락의 성 다섯을 바치겠소."

燕王曰: "寡人蠻夷辟處, 雖大男子, 裁如嬰兒, 言不足以求正, 謀不足以
決事. 今大客幸而敎之, 請奉社稷西面而事秦, 獻常山之尾五城."

원수인 조나라가 이미 진나라를 섬기고 있으니, 연나라가 진나라를 섬기지 않으
면 반드시 진나라는 조나라를 부추겨 연나라를 공격할 것이다. 진나라를 섬겨야만
한다.

29-7 궁타가 연나라를 위해 위나라에 사신으로 가다【宮他爲燕使魏】

궁타(宮他)가 연나라를 위해 위나라로 사신을 갔다. 위나라가 들어주지 않으니, 머문 지가 몇 달이 지났다. 손님 중에 누군가가 위나라 왕에게 일러주며 말했다.

"연나라 사신의 말을 들어주지 않는 것은 왜 그렇습니까?"

말했다.

"그 나라에 어지러움이 있다고 했소."

대답하여 말했다.

"탕임금이 걸왕을 칠 때 거기에 어지러움이 있기를 원했습니다. 그러므로 크게 어지러우면 능히 그 땅을 얻을 수 있고, 작게 어지러우면 그 보물을 얻을 수 있습니다. 지금 연나라 손님이 말하기를 '일이 정말로 들어줄 수 있으면 비록 보물과 땅을 남김없이 다 준다 해도 오히려 미미합니다'라고 했는데, 왕께서는 어찌 만나보려 하지 않습니까?"

위나라가 즐거워하며, 그로 인해 연나라 손님을 만나고 보냈다.

宮他爲燕使魏, 魏不聽, 留之數月. 客謂魏王曰: "不聽燕使何也?" 曰: "以其亂也." 對曰: "湯之伐桀, 欲其亂也. 故大亂者克得其地, 小亂者可得其寶. 今燕客之言曰: '事苟可聽, 雖盡寶·地, 猶微之也.' 王何爲不見?" 魏說, 因見燕客而遣之.

그 나라에 어지러움이 있으면 우리에게는 기회가 생기는데, 왜 그 기회를 놓치는가?

29-8 소진이 죽자 그 동생 소대가 그를 잇고자 하다

【蘇秦死其弟蘇代欲繼之】

(1)

소진(蘇秦)이 죽자 그 동생 소대(蘇代)가 그를 잇고자 해서, 이에 북쪽으로 가서 연나라 왕 쾌(噲)를 뵙고 말했다.

"신은 동주의 변경 사람입니다. 몰래 왕의 마땅함이 매우 높고 매우 사리에 맞다고 들어, 이에 변방 사람이라 민첩하지 못하지만 호미와 괭이를 내려놓고 대왕을 범하게[干=犯] 되었습니다. 한단에 이르니, 한단에서 (왕에 대해) 들은 바는 또한 동주에서 들었던 것보다도 높았습니다. 신이 몰래 그 뜻을 등에 업고자 마침내 연나라 조정에 이르러 왕의 여러 신하와 아래 관리들을 살펴보니, 대왕이 천하의 눈 밝은 임금인 줄을 알겠습니다."

> 蘇秦死, 其弟蘇代欲繼之, 乃北見燕王噲曰: "臣東周之鄙人也, 竊聞王義甚高甚順, 鄙人不敏, 竊釋鋤耨而干大王. 至於邯鄲, 所聞於邯鄲者, 又高於所聞東周. 臣竊負其志, 乃至燕廷, 觀王之群臣下吏, 大王天下之明主也."

(2)

왕이 말했다.

"그대가 말하는 천하의 눈 밝은 임금이란 어떤 사람인가?"

대답하여 말했다.

"신이 듣기에, 눈 밝은 임금은 자기 허물을 듣는 일에 힘쓰지 자신이 잘한 일을 듣고 싶어 하지 않는다고 합니다. 신이 청하건대 왕의 허물을 알려드리고자 합니다.

　무릇 제나라와 조나라는 왕의 원수이며 초나라와 위나라는 왕을 응원하는 나라인데, 지금 왕께서는 원수를 받들고 응원하는 나라를 치고 있으니 연나라에 이로운 방법이 아닙니다. 왕 스스로 이렇게 생각하신다면 헤아림이 잘못된 것이요, 바로잡으려 간언하지 않으면 충신이 아닙니다."

　왕이 말했다.

　"과인이 제나라와 조나라에 대해서는 감히 벌할 수가 없소."

　王曰: "子之所謂天下之明主者, 何如者也?" 對曰: "臣聞之, 明主者務聞其過, 不欲聞其善. 臣請謁王之過. 夫齊·趙者, 王之仇讎也; 楚·魏者, 王之援國也. 今王奉仇讎以伐援國, 非所以利燕也. 王自慮此則計過. 無以諫之, 非忠臣也." 王曰: "寡人之於齊·趙也, 非所敢欲伐也."

(3)

　(소대가) 대답했다.

　"무릇 다른 사람을 도모하려는 마음이 없으면서도 그 사람이 의심하게 만드는 것을 위태롭다고[殆] 하고, 다른 사람을 도모하려는 마음이 있으면서 이를 그 사람이 알게 하는 것을 서툴다고[拙]고 하며, 도모한 것이 미처 드러나지 않았는데도 바깥에서 모두 알게 되는 것을 위험하다고[危] 합니다. 지금 신이 듣기에, 왕께서는 거처하는 것도 편안치 않고 먹고 마셔도 맛이 없으니 오직 제나라에 앙갚음할 것만 생각해서, (늘) 몸소 갑옷에 붙이는 가죽조각[甲扎]을 깎아 맞추면

서 '큰 수가 있을 것이다'라고 말하고 아내께서도 몸소 갑옷에 가죽조
각을 이으면서 '큰 수가 있을 것이다'라고 말한다는데, 그런 일이 있습
니까?"

曰: "夫無謀人之心, 而令人疑之, 殆; 有謀人之心, 而令人知之, 拙; 謀未
發而聞於外, 則危. 今臣聞王居處不安, 食飮不甘, 思念報齊, 身自削甲
扎, 日有大數矣, 妻自組甲絣, 日有大數矣, 有之乎?"

(4)
왕이 말했다.

"그대가 들었다니 과인이 감히 숨길 수가 없구려. 내가 제나라에게
깊은 원한과 쌓인 분노가 있어서, 앙갚음하려 한 지가 2년입니다. 제나
라는 내 원수 나라이기 때문에 과인이 치려는 바요. 다만(直) 환란으
로 나라가 거덜이 나서 힘이 충분치 않소. 그대가 능히 연나라가 제나
라를 대적하게 해준다면, 과인이 나라를 받들어 그대에게 맡기겠소."

王曰: "子聞之, 寡人不敢隱也. 我有深怨積怒於齊, 而欲報之二年矣. 齊
者, 我讎國也, 故寡人之所欲伐也. 直患國弊, 力不足矣. 子能以燕敵齊,
則寡人奉國而委之於子矣."

(5)
대답하여 말했다.

"무릇 천하에서 싸우는 나라가 일곱인데 연나라의 처지는 약해서,
홀로 싸우면 능히 잘할 수가 없지만 붙을[附] 곳이 있으면 무겁게 되지

않는 바가 없습니다. 남쪽으로 초나라와 붙으면 초나라가 무거워지고 서쪽으로 진나라와 붙으면 진나라가 무거워지며, 가운데 한나라와 위나라에 붙으면 한나라와 위나라가 무거워지지만, 정말로 붙은 나라가 무거워지면 이것은 반드시 왕을 무겁게 만들어줍니다.

지금 무릇 제나라 왕이 가장 오래된 임금인데, 자기만 믿고 있습니다. 남쪽으로 초나라를 공격한 것이 5년이니, 쌓아놓은 것들이 흩어지고 말았습니다. 서쪽으로 진나라를 곤란하게 한 것이 3년이니, 백성들은 병들고 파리해졌으며 병사는 피로하여 너덜너덜해졌습니다. 북으로는 연나라와 싸워서 3군을 뒤엎고 두 명의 장수를 붙잡았는데, 또다시 그 남은 병사를 남쪽으로 돌려서 5천승의 굳센 송나라를 들어내고 12명의 제후를 아울렀습니다. 아마도 임금의 욕심은 채웠겠지만, 그 백성의 힘을 다 써버렸으니 어디에서 여전히 가져올 수 있겠습니까? 신이 듣기에, 자주 싸우면 백성들이 수고롭고, 군대가 오래되면 병사가 너덜너덜해진다고 했습니다."

對曰: "凡天下之戰國七, 而燕處弱焉, 獨戰則不能, 有所附則無不重. 南附楚則楚重, 西附秦則秦重, 中附韓·魏則韓·魏重. 苟所附之國重, 此必使王重矣. 今夫齊王, 長主也, 而自用也. 南攻楚五年, 畜積散. 西困於秦三年, 民憔瘁, 士罷弊. 北與燕戰, 覆三軍, 獲二將, 而又以其餘兵南面而舉五千乘之勁宋, 而包十二諸侯. 此其君之欲得也, 其民力竭也, 安猶取哉? 且臣聞之數戰則民勞, 久師則兵弊."

(6)
왕이 말했다.

"내가 듣건대 제나라는 맑은 제수(濟)와 흐린 하수(河)가 가히 단단함이 되고 장성(長城)과 거방(鉅防)이 충분히 요새가 된다고 하니, 정말로 그렇소?"

대답하여 말했다.

"하늘의 때가 함께하지 않는데, 비록 맑은 제수와 흐린 하수가 있다 한들 어찌 충분히 단단하다 할 수 있겠습니까? 백성의 힘이 통하지 않고 너덜너덜해졌는데, 비록 장성과 거방이 있다 한들 어찌 충분히 요새가 되겠습니까? 또한 지난날에 제수 서쪽으로 군역[役=軍役]을 지지 않게 한 것은 조나라를 대비하려는 까닭이요 하수 북쪽으로 군대를 내지 않게 한 것은 연나라를 대비하려는 까닭이었는데, 지금은 제수 서쪽, 하수 북쪽도 남김없이 군역을 지게 하니 그 땅[封] 안이 이미 너덜너덜해졌습니다.

무릇 교만한 임금은 반드시 계책을 좋아하지 않고, 망한 나라의 신하는 재물을 탐합니다. 왕께서 정말로 능히 자식이나 동생을 아끼고 귀여워하지만 말고 인질로써 (제나라에) 보내면서 보배로운 구슬과 옥 같은 비단으로 그 좌우를 섬기면, 저쪽은 장차 연나라에 고마워하면서 쉽게 송나라를 망하게 할 수 있다고 여길 것이니, 곧 제나라는 망하게 될 뿐입니다."

王曰: "吾聞之齊有淸濟濁河, 可以爲固; 有長城·鉅防足以爲塞. 誠有之乎?" 對曰: "天時不與, 雖有淸濟·濁河, 何足以爲固? 民力窮弊, 雖有長城鉅防, 何足以爲塞? 且異日也, 濟西不役, 所以備趙也; 河北不師, 所以備燕也. 今濟西·河北, 盡以役矣, 封內弊矣. 夫驕主必不好計, 而亡國之臣貪於財. 王誠能毋愛寵子·母弟以爲質, 寶珠玉帛以事其左右, 彼且德燕而輕亡宋, 則齊可亡已."

(7)

왕이 말했다.

"내가 끝내 그대가 하늘에게서 명을 받은 것으로 여겨도 되겠소?"

(소대가) 말했다

"안에 있는 도적이 참여하지 않으면, 바깥의 적들이 이를 수가 없습니다. 왕께서 몸소 그 (제나라) 밖에서 다스리시고 신이 스스로 그 나라 안에서 알려드리면, 이에 곧 (제나라를) 망하게 하는 형세가 됩니다."

王曰: "吾終以子受命於天矣?" 曰: "內寇不與, 外敵不可距. 王自治其外, 臣自報其內, 此乃亡之之勢也."

제나라를 무너뜨리는 것이 왕의 소원인데, 제나라는 계속된 전쟁으로 겉은 멀쩡해도 속은 곪은 상태입니다. 연나라가 제나라에 인질과 뇌물을 주고 제가 제나라 안에서 호응하면 망하게 하는 것은 쉽습니다.

29-9 연나라 왕 쾌가 이미 세워지다【燕王噲既立】

(1)

연나라 왕 쾌(噲)가 이미 세워졌지만 소진이 제나라에서 죽었다. 소진은 연나라에 있을 때 그 재상인 자지(子之)와 더불어 환난을 겪었고 소대(蘇代) 또한 자지와 더불어 사귀었는데, 소진이 죽자 제나라 선왕

(宣王)이 다시 소대를 썼다.

> 燕王噲既立, 蘇秦死於齊. 蘇秦之在燕也, 與其相子之爲患難, 而蘇代
> 與子之交. 及蘇秦死, 而齊宣王復用蘇代.

(2)

쾌가 자리에 오른 지 3년 되는 해에 연나라는 초나라, 삼진(三晉)과 더불어 진나라를 공격했지만 이기지 못하고 돌아왔다. 자지가 연나라의 재상이 되자 귀하고 무거워져서, (정사를) 주관하고 결단했다. 소대가 제나라의 사신이 되어 연나라에 오자, 연나라 왕이 물으며 말했다.

"제나라 선왕은 어떠하오?"

대답하여 말했다.

"결코 패자가 되지 못합니다."

연나라 왕이 말했다.

"왜 그렇소?"

대답하여 말했다.

"그 신하를 믿지 못하기 때문입니다."

소대가 연나라 왕을 충동질하여[激] 자지에게 두텁게 맡기도록 하니, 이로부터 연나라 왕은 자지를 크게 믿게 되었다. 자지가 이로 말미암아 소대에게 백금(百金)을 보내면서, 그가 시키는 바를 다 들어주었다.

> 燕噲三年, 與楚·三晉攻秦, 不勝而還. 子之相燕, 貴重主斷. 蘇代爲齊使
> 於燕, 燕王問之曰: "齊宣王何如?" 對曰: "必不霸." 燕王曰: "何也?" 對曰:

"不信其臣." 蘇代欲以激燕王以厚任子之也. 於是燕王大信子之. 子之因
遣蘇代百金, 聽其所使.

(3)

(자지와 소대의 일당인) 녹모수(鹿毛壽)가 연나라 왕에게 일러주며 말
했다.

"나라를 자지에게 양보하는 것만 못합니다. 사람들이 요임금을 뛰
어나다고 하는 까닭은 천하를 허유(許由)에게 양보했기 때문인데, 허
유는 결코 받지 않을 것이었기에 천하를 양보했다는 이름만 얻고 실제
로는 천하를 잃지 않았습니다. 지금 왕께서 나라를 재상 자지에게 양
보하더라도 자지는 틀림없이 감히 받지 못할 것이니, 이는 왕께서 요임
금과 더불어 같은 일을 행하신 것입니다."

연나라 왕이 그로 인해 나라를 들어 자지에게 맡기니, 자지가 더욱
무거워졌다.

鹿毛壽謂燕王曰: "不如以國讓子之. 人謂堯賢者, 以其讓天下於許由, 由
必不受, 有讓天下之名, 實不失天下. 今王以國讓相子之. 子之必不敢受,
是王與堯同行也." 燕王因舉國屬子之, 子之大重.

(4)

누군가가 말했다.

"우(禹)임금이 익(益=伯益)에게 (나라를) 주고 (아들인) 계(啓)를 (익
의) 관리로 삼았다가 늙음에 이르러서 계가 천하를 맡기에 충분치 않
다고 여겨 익에게 전해주니, 계와 그를 지지하는 무리가 익을 공격하

여 천하를 빼앗았습니다. 이는 우가 이름으로는 천하를 익에게 전해주었지만 그 실상은 계에게 스스로 차지하도록 만든 것입니다. 지금 왕께서 나라를 자지에게 맡겼지만 관리 중에는 태자의 사람 아닌 자가 없으니, 이는 이름으로만 자지에게 맡기고 실상은 태자로 하여금 일을 마음대로 하게 만든 것입니다."

왕이 그로 인해 300석(石) 관리로부터는 모두 도장을 거두어 자지에게 바치도록 하였다. 자지는 남쪽을 바라보며 왕의 일을 거행하였고 쾌는 늙어서 정사를 듣지 못하고 도리어 신하가 되었으니, 나랏일이 모두 자지에 의해 결정되었다.

或曰: "禹授益而以啟爲吏, 及老, 而以啟爲不足任天下, 傳之益也. 啟與支黨攻益而奪之天下, 是禹名傳天下於益, 其實令啟自取之. 今王言屬國子之, 而吏無非太子人者, 是名屬子之, 而太子用事." 王因收印自三百石吏而效之子之. 子之南面行王事, 而噲老不聽政, 顧爲臣, 國事皆決子之.

(5)

자지(子之)가 다스린 3년 동안 연나라가 크게 어지러워지고 백성들은 아파서 원망하자, 장군 시피(市被)와 태자 평(平)이 모의하여 장차 자지를 공격하기로 했다. (제나라 재상인) 저자(儲子)가 제나라 선왕(宣王)에게 일러주며 말했다.

"이참에 연나라로 들어가면, 연나라를 깨뜨리는 일은 틀림없습니다."

왕이 이로 말미암아 사람을 시켜 연나라 태자 평에게 일러주며 말했다.

"과인이 태자의 마땅함을 들었소. 장차 사사로움을 폐하고 공(公)을 세워서, 임금과 신하 사이의 마땅함을 단단히 타일러서 경계하고 아버지와 아들의 자리를 바르게 한다고 했소. 과인의 나라가 작아서 선봉(先鋒)이나 후위(後衛)를 맡기에는 충분치 않지만, 비록 그렇다 해도 오직 태자가 명령하는 대로 따르겠소."

子之三年, 燕國大亂, 百姓恫怨, 將軍市被·太子平謀, 將攻子之. 儲子謂齊宣王: "因而仆之, 破燕必矣." 王因令人謂太子平曰: "寡人聞太子之義, 將廢私而立公, 飭君臣之義, 正父子之位, 寡人之國小, 不足先後. 雖然, 則唯太子所以令之."

(6)

태자가 여러 동아리를 통해 무리를 모으자 장군 시피(市被)가 대궐을 에워싸고 자지를 공격하였다. 그러나 이기지 못하자 장군 시피와 백성들은 이에 도리어 태자 평을 공격하였고, 장군 시피는 죽은 뒤 조리돌림을 당하였다. 나라가 어려움에 얽힌 지 몇 달 동안에 죽은 사람이 만 명의 무리로 헤아릴 수 있었으니, 연나라 사람들은 아프고 원통해했고 백성들은 뜻이 떠나갔다.

太子因數黨聚衆, 將軍市被圍公宮, 攻子之, 不克; 將軍市被及百姓乃反攻太子平. 將軍市被死已殉, 國構難數月, 死者數萬衆, 燕人恫怨, 百姓離意.

(7)

맹가(孟軻=孟子)가 제나라 선왕에게 일러주며 말했다.[6]

"지금 연나라를 치는 것은 문왕과 무왕의 때와 같으니, 놓칠 수 없습니다."

왕이 이로 말미암아 장자(章子)에게 5개 도성[都]의 병사를 이끌게 하고, 북쪽 땅의 병사를 더하여 이로써 연나라를 쳤다. 선비와 병졸들이 싸우려고 하지도 않고 성문도 닫지 않으니, 연나라 왕 쾌가 죽었다. 제나라가 크게 연나라를 이기자 자지는 도망갔다. 2년 뒤 연나라 사람들이 공자 평을 세웠으니, 이 사람이 바로 연나라 소왕(昭王)이다.

孟軻謂齊宣王曰: "今伐燕, 此文·武之時, 不可失也." 王因令章子將五都之兵, 以因北地之眾以伐燕. 士卒不戰, 城門不閉, 燕王噲死. 齊大勝燕, 子之亡. 二年, 燕人立公子平, 是爲燕昭王.

소대가 연왕 쾌에게 자지에게 힘을 실어주라고 말했는데, 자지와 자지를 따르는 무리들이 왕을 현혹하여 자지로 하여금 나라를 잇게 만들어서 연나라를 결단나게 했다.

---

6 (오사도가) 포본을 보충하여 말한다: 이는 당시에 이른바 맹자가 제나라에게 연나라를 치라고 권했다는 것인데, 맹자의 책에도 없는 말을 썼으니 사람들이 장차 이 말을 믿겠는가?(鮑本補曰: 此當時所謂孟子勸齊伐燕者也. 使無孟子之書, 則人將此言之信乎?)

29-10 애초에 소진의 동생 려가 연나라 인질을 통해 제나라 왕을 뵈려 하다
【初蘇秦弟厲因燕質子而求見齊王】

애초에, 소진의 동생 소려[厲]가 연나라 인질[質子]을 통해 제나라 왕을 뵈려 했다. 제나라 왕이 소진에게 원한이 있어서 소려를 가두려 했는데, 연나라 인질이 사죄하여 이에 그치게 하고 마침내 (자신을) 인질로 맡겨서[委質] 신하가 되었다. 연나라 재상인 자지가 소대와 혼인을 맺음으로써 연나라의 권세를 얻으려고, 이에 소대를 시켜 인질을 모시고[持→侍] 제나라에 가도록 한 바 있었다.

제나라가 소대를 시켜 연나라에게 보고하게 하자, 연나라 왕 쾌가 물어보며 말했다.

"제나라 왕은 이에 패자[伯=覇]가 되겠는가?"

(소대가) 말했다.

"될 수 없습니다."

(왕이) 말했다.

"왜 그런가?"

(소대가) 말했다.

"그 신하를 믿지 못합니다."

이에 연나라 왕이 오로지 자지(子之)에게 맡겼다가 얼마 지나지 않아 자리를 양보했고, 이에 연나라가 크게 어지러워지자 제나라가 연나라를 쳐서 왕 쾌와 자지를 죽였다. 연나라가 (겨우 수습하고) 소왕(昭王)을 세웠다. 소대와 소려는 끝내 연나라에 들어갈 수 없어서 모두 제나라로 돌아갔고, 제나라가 그들을 잘 대해주었다.

初, 蘇秦弟厲因燕質子而求見齊王. 齊王怨蘇秦, 欲囚厲, 燕質子爲謝乃
已, 遂委質爲臣.

燕相子之與蘇代婚, 而欲得燕權, 乃使蘇代持質子於齊. 齊使代報燕,
燕王噲問曰: "齊王其伯也乎?" 曰: "不能." 曰: "何也?" 曰: "不信其臣." 於
是燕王專任子之, 已而讓位, 燕大亂. 齊伐燕, 殺王噲·子之. 燕立昭王.
而蘇代·厲遂不敢入燕, 皆終歸齊, 齊善待之.

29-9 연나라 왕 쾌가 이미 세워지다(『燕王噲旣立』)를 짧게 축약한 내용이다.

29-11 소대가 위나라를 지나가다【蘇代過魏】

소대(蘇代)가 위나라를 지나가는데 위나라가 연나라를 위해 소대
를 붙잡으니, 제나라가 사람을 시켜 위나라 왕에게 일러주며 말했다.

"제나라가 송나라 땅을 경양군(涇陽君)[7]에게 봉해주려고 청했으나
진나라가 받지 않았는데, 진나라가 제나라를 통해 송나라 땅을 얻는
것이 이롭지 않다고 여긴 것이 아니라 제나라 왕과 소자(蘇子)를 믿지
못했기 때문입니다. 지금 제나라와 위나라가 화평하지 못한데, 이와
같은 것이 심해지면 제나라는 진나라에게 거짓되게 할 수 없습니다.[8]
진나라가 제나라를 믿게 되어 제나라와 진나라가 합해지면 경양군은
송나라 땅을 갖게 될 것이니, 위나라의 이로움이 아닙니다. 왕께서 소

---

7 진나라 소양왕(昭襄王)의 동모제(同母弟)로, 선태후(宣太后)의 아들이다.
8 표포 주: 진나라가 제나라를 믿지 못하는 것은 위나라와 합할 것을 의심하였기 때문이다.(鮑本,
秦所以不信齊, 疑其合魏也.)

자를 동쪽으로 보내는 것만 못합니다. 진나라는 반드시 (제나라를) 의심하여 소자를 믿지 못하게 될 것이니, 제나라와 진나라가 합해지지 않으면 천하에 변고가 없고 제나라를 치려는 형세가 이루어집니다."

이에 소대를 내보내 송나라로 가게 하니, 송나라가 그를 잘 대해주었다.

蘇代過魏, 魏爲燕執代. 齊使人謂魏王曰: "齊請以宋封涇陽君, 秦不受. 秦非不利有齊而得宋地也, 不信齊王與蘇子也. 今齊·魏不和, 如此其甚, 則齊不欺秦. 秦信齊, 齊·秦合, 涇陽君有宋地, 非魏之利也. 故王不如東蘇子, 秦必疑而不信蘇子矣. 齊·秦不合, 天下無變, 伐齊之形成矣." 於是出蘇代之宋, 宋善待之.

진나라는 제나라가 위나라와 합할 것을 의심하여 제나라를 멀리하고 있는데, 위나라가 소자를 붙잡고 있으면 제나라와 위나라와 사이가 진짜로 나쁜 것을 알게 되어 제나라와 가깝게 지내려 할 것이다. 그러면 반드시 위나라는 이롭지 않게 될 것이니, 소자를 풀어주는 것이 좋다.

29-12 연나라 소왕이 부서진 연나라를 거두다【燕昭王收破燕】

(1)

연나라 소왕(昭王)이 부서진 연나라를 거두고 뒤에 자리에 나아가자, 몸을 낮추고 두터운 폐백으로 뛰어난 이들을 불러 모아서 장차 이로써 원수를 갚으려고 했다. 그러므로 가서 곽외(郭隗) 선생을 만나 말했다.

"제나라가 내 나라의 어지러움을 틈타 습격하여 연나라를 깨뜨렸습니다. 나는 연나라가 작고 힘이 적어서 보복하기에 충분하지 않다는 것을 아주 잘 알고 있습니다. 뛰어난 선비를 얻어서 나라를 같이하고 돌아가신 왕의 부끄러움을 씻어내는 것이 나의 바람입니다. 감히 묻건대, 나라를 가지고 원수를 갚으려면 어찌해야 합니까?"

燕昭王收破燕後卽位, 卑身厚幣, 以招賢者, 欲將以報讎. 故往見郭隗先生曰: "齊因孤國之亂, 而襲破燕. 孤極知燕小力少, 不足以報. 然得賢士與共國, 以雪先王之恥, 孤之願也. 敢問以國報讎者奈何?"

(2)

곽외 선생이 대답하여 말했다.

"제왕[帝者]은 스승과 더불어 지내고, 왕다운 왕[王者]은 벗과 더불어 지내고, 패자(霸者)는 신하와 더불어 지내고, 나라를 망친 자는 노비[役=僕役]들과 더불어 지냅니다. 뜻을 굽히고 섬기는 사람이 북쪽을 바라보며 가르침[學=敎]을 받으면, 자기보다 100배나 뛰어난 자들이 이릅니다. 먼저 달리고 늦게 쉬며 먼저 묻고 나중에 입 다물면, 자기보다 10배나 뛰어난 자들이 이릅니다. 다른 사람이 뛰어야 자기도 뛰면, 자기 정도의 사람이 이릅니다. 안석[几]에 기대고 지팡이에 의지하여 곁눈질로 가리키면서 부리게 되면, 마구간지기 같은 자들이 이르게 됩니다. 방자하게 굴고 사납게 쳐다보며 화내어 때리면서 질펀하게[籍] 꾸짖고 소리 지르면, 노예와 같은 사람이 오게 됩니다. 이것이 옛날에 쓰던[服] 도리이며 선비를 이르게 하는 법도입니다.

왕께서 정말로 널리 나라 안의 뛰어난 사람을 뽑고자 하신다면 그 집 문 아래로 찾아가십시오. 천하가 왕께서 그 뛰어난 신하를 찾아 간다는 말을 들으면, 천하의 선비들이 반드시 연나라로 달려올 것입니다."

郭隗先生對曰: "帝者與師處, 王者與友處, 霸者與臣處, 亡國與役處. 詘指而事者, 北面而受學, 則百己者至. 先趨而後息, 先問而後嘿, 則什己者至. 人趨己趨, 則若己者至. 馮几據杖, 眄視指使, 則廝役之人至. 若恣睢奮擊, 呴籍叱咄, 則徒隸之人至矣. 此古服道致士之法也. 王誠博選國中之賢者, 而朝其門下, 天下聞王朝其賢臣, 天下之士必趨於燕矣."

(3)

소왕이 말했다.

"과인이 장차 누구를 찾아가면[朝] 되겠습니까?"

곽외 선생이 말했다.

"신이 듣기에, 옛날 임금 중에 천금을 가지고 천리마를 구하는 자가 있었습니다. 3년이 지나도 구할 수가 없었는데, 심부름꾼[涓人]이 임금에게 말하기를 '청컨대 구해오겠습니다'라고 해서 왕이 그를 보냈습니다. 3개월이 지나 천리마를 얻어왔는데, 이미 죽은 말의 머리를 500금으로 사서 돌아와 임금에게 보고한 것이었습니다. 임금이 크게 화를 내며 말하기를 '구해오라고 한 것은 살아있는 말이다. 어찌 죽은 말을 사서 500금을 손해 보게 만들었느냐?'라고 하니, 심부름꾼이 대답하여 말했습니다. '죽은 말을 장차 500금으로 샀는데, 하물며 살아 있는 말은 어떻겠습니까? 천하에서 반드시 왕과는 능히 말을 거래할 수 있다고 여겨서, 말이 금방 이르게 될 것입니다.' 이에 일 년도 기다리지 않았는데, 천리마가 이른 것이 3필이었습니다.

지금 왕께서 정말로 선비를 이르게 하고 싶으면 먼저 저부터 시험해보십시오. 저조차 장차 섬김을 받게 되는데, 하물며 저보다 뛰어난 자들은 어떻겠습니까? 어찌 천 리를 멀다 하겠습니까?"

昭王曰: "寡人將誰朝而可?" 郭隗先生曰: "臣聞古之君人, 有以千金求千里馬者, 三年不能得. 涓人言於君曰: '請求之.' 君遣之. 三月得千里馬, 馬已死. 買其首五百金, 反以報君. 君大怒曰: '所求者生馬, 安事死馬而捐五百金?' 涓人對曰: '死馬且買之五百金, 況生馬乎? 天下必以王爲能市馬, 馬今至矣.' 於是不能期年, 千里之馬至者三. 今王誠欲致士, 先從隗始; 隗且見事, 況賢於隗者乎? 豈遠千里哉?"

(4)

이에 소왕이 곽외를 위해 집을 짓고 그를 스승으로 모시니, 악의(樂毅)가 위나라에서 오고 추연(鄒衍)이 제나라에서 오며 극신(劇辛)이 조나라에서 오는 등 선비들이 다투어 연나라로 모여들었다. 연나라 왕이 죽은 자를 조문하고 산 사람을 위문하며 백성들과 더불어 그 단맛 쓴맛을 같이하였다. 28년이 지나자 연나라가 크게 부유해졌으며 용사와 병졸은 흥겨움을 좋아하고 싸움을 두려워하지 않았다.

이에 마침내 악의를 상장군으로 삼은 뒤 진나라, 초나라, 삼진과 함께 힘을 모아서 모의하여 제나라를 쳤다. 제나라 병사가 패하자, 민왕(閔王)이 나가서 밖으로 달아났다. 연나라 병사가 홀로 북쪽으로 쫓아가서, (제나라 도읍인) 임치에 들어가서 진나라 보물을 남김없이 차지하고 궁실과 종묘를 불태웠다. 제나라 성 중에서 떨어지지 않은 것은 오직 홀로 거(莒)와 즉묵(即墨)뿐이었다.

於是昭王爲隗筑宮而師之. 樂毅自魏往, 鄒衍自齊往, 劇辛自趙往, 士爭湊燕. 燕王吊死問生, 與百姓同其甘苦. 二十八年, 燕國殷富, 士卒樂佚輕戰. 於是遂以樂毅爲上將軍, 與秦·楚·三晉合謀以伐齊. 齊兵敗, 閔王出走於外. 燕兵獨追北入至臨淄, 盡取齊寶, 燒其宮室宗廟. 齊城之不下者, 唯獨莒·即墨.

곽외가 소왕에게 뛰어난 이를 부르는 법을 알려주자, 이를 바탕으로 나라를 다스린 지 28년 만에 원한을 씻게 되었다.

29-13 제나라가 송나라를 치자 송나라가 급해지다【齊伐宋宋急】

(1)

제나라가 송나라를 치자 송나라가 급해졌다. 소대가 이에 연나라 소왕에게 편지를 보내어 말했다.

"(연나라는) 무릇 만승의 반열에 있으면서 제나라에 인질을 맡기고 있으니, 이름은 낮고 권세도 가볍습니다. 제나라를 받들어[秦→奉] 송나라 치는 것을 돕고 있으니, 백성이 수고롭고 실질이 많이 소비됩니다. 송나라를 깨뜨리고 초나라 회수(淮水) 북쪽을 없애면 제나라를 살찌우고 크게 해주니, 원수는 강한 나라가 되고 우리나라는 약해집니다. 이 세 가지는 모두 나라가 크게 무너지는 일인데도 족하께서 하고 계시는 것은, 장차 해로움을 없앰으로써 제나라에게서 믿음을 얻으려 하기 때문입니다. 그런데 제나라는 아직 족하에게 믿음을 더해주지 않고 오히려 연나라를 꺼리는 것이 심해졌으니, 이렇게 되면 족하의 제나라 섬기는 일은 그 할 바를 잃게 될 것입니다. 무릇 백성을 수고롭게 하고 실질을 많이 쓰면서, 또 한 자 한 치의 공로도 없이 송나라를 깨뜨려서 원수만 살찌워준다면 대대로 그 재앙을 짊어져야 할 것입니다.

족하가 송나라에다 회수 북쪽을 더하면 강한 만승의 나라가 되지만, 제나라가 이를 아우르게 되면 이는 제나라 하나를 더해주는 것입니다. 북쪽 오랑캐(北夷)의 사방 700리 땅에 노(魯)나라와 위(衛)나라를 보태면 이 또한 이른바 강한 만승의 나라가 되니, 제나라가 이를 아우르게 되면 이는 제나라 둘을 더해주는 것입니다. 무릇 제나라 하나의 강함도 연나라는 오히려 지탱할 수 없는데, 이에 지금 제나라 셋이 연나라에 임하게 되면 그 재앙은 반드시 클 것입니다.

齊伐宋, 宋急. 蘇代乃遺燕昭王書曰: "夫列在萬乘, 而寄質於齊, 名卑而權輕. 秦·齊助之伐宋, 民勞而實費. 破宋, 殘楚淮北, 肥大齊, 讎強國, 國弱也. 此三者, 皆國之大敗也, 而足下行之, 將欲以除害取信於齊也. 而齊未加信於足下, 而忌燕也愈甚矣. 然則足下之事齊也, 失所爲矣. 夫民勞而實費, 又無尺寸之功, 破宋肥讎, 而世負其禍矣. 足下以宋加淮北, 強萬乘之國也, 而齊并之, 是益一齊也. 北夷方七百里, 加之以魯·衛, 此所謂強萬乘之國也, 而齊并之, 是益二齊也. 夫一齊之强, 而燕猶不能支也, 今乃以三齊臨燕, 其禍必大矣.

(2)

비록 그렇다고 하나, 신이 듣기에 지혜로운 자가 일을 거행할 때에는 재앙을 돌려서 복으로 만들고 무너진 것에 말미암아 공로를 이룬다고 했습니다. 제나라 사람들에게 보라색 비단은 흰색 비단보다 보잘 것없는[敗] 것이었지만, (환공이 보라색 비단을 좋아하자) 그 값이 10배가 되었다고 합니다.⁹ 월나라 왕 구천은 회계에 깃들어 있다가, 훗날 오나라를 없애고 천하의 패자가 되었습니다. 이는 모두 재앙을 돌려서 복으로 만들고 무너진 것에 말미암아 공로를 이룬 것입니다.

지금 왕께서는 마치 재앙을 돌려서 복으로 만들고 무너진 것에 말미암아 공로를 이루듯이 하고 싶으십니까? 그렇다면 제나라를 패자로 만들고 두텁게 높여주는 것만한 바가 없습니다. 사자를 보내어 주나라 왕실에서 회맹하게 하고, 천하에 있는 진나라 부절을 남김없이 불태우면서 약조를 맺으며 말하기를 '무릇 가장 좋은 계책은 진나라를 깨뜨리는 것이고, 그 다음은 오랫동안 진나라를 손님 취급하는 것이다'라고 하십시오. 진나라가 빈객을 옆에 끼고도 깨어지는 날만 기다려야 한다면 진나라 왕은 틀림없이 근심할 것입니다. 진나라가 5대에 걸쳐 제후들과 맺어 왔는데 지금은 제나라를 위해 몸을 낮추게 되었으니, 진나라 왕의 뜻은 빨리[茍] 제나라를 궁지에 몰고 싶어서 나라의 도성을 내주고 공을 세우는 일도 꺼리지 않을 것입니다. 그런데 왕께서는 어찌 벼슬하지 않은 사람[布衣之人]을 시켜 제나라를 궁지에 몰아넣는 이야기를 가지고 진나라를 설득하지 않으십니까? 진나라 왕에게

---

9 『한비자』 「외저설좌상(外儲說左上)」에 다음과 같은 기록이 있다. "제나라 환공이 보라색 옷을 좋아하자 온 나라가 남김없이 보라색을 입으니, 이때를 당해서는 흰 비단 5필로도 자색 비단 1필을 얻지 못했다.(齊桓公好服紫, 一國盡服紫, 當是時也, 五素不得一紫.)"

일러주며 다음과 같이 이야기하십시오.

　'연나라와 조나라가 송나라를 깨뜨려 제나라를 살찌우고 제나라를 높이며 몸을 낮추는 까닭은, 연나라와 조나라가 이를 이롭게 여기는 것이 아니라 이롭지 않지만 형세가 그렇게 만들었기 때문입니다. 무엇 때문이겠습니까? 진나라 왕을 믿지 못하기 때문입니다. 지금 왕께서 어찌 믿을 수 있는 사람을 시켜 연나라와 조나라를 받아 거두어들이지 않습니까? 경양군(涇陽君)이나 고릉군(高陵君)에게 영[今→令]을 내려 먼저 연나라와 조나라에 가게 해서, 진나라가 변심할 경우 인질로 삼아도 좋다고 하면 연나라와 조나라는 진나라를 믿을 것입니다. 그리하여 진나라가 서쪽의 제왕이 되고 조나라가 가운데 땅의 제왕이 되며 연나라가 북쪽의 제왕이 되면, 세 명의 제왕이 세워져 이로써 제후에게 영을 내리게 됩니다. 한나라와 위나라가 듣지 않으면 진나라가 그들을 정벌하고, 제나라가 듣지 않으면 연나라와 조나라가 정벌합니다. 천하에서 누가 감히 듣지 않겠습니까? 천하가 복속하여 듣게 되면 그참에 한나라와 위나라를 몰아 제나라를 공격하게 해서, 송나라 땅을 되돌려주게 하고 회수의 북쪽을 초나라에 돌려주라고 말하면 연나라와 조나라가 같이 이로운 바입니다. 세 명의 제왕으로 아울러 세워지는 것은 연나라와 조나라가 모두 원하는 바입니다. 무릇 실제로 이로운 바를 얻는데 이름까지 원하는 바를 얻으니, 연나라와 조나라가 제나라를 버리는 것은 다 해진 신발[躧=屣]을 벗는 것과도 같습니다.

　지금 왕께서 연나라와 조나라를 거두지 않으면 제나라가 패자가 되는 일은 반드시 이루어집니다. 제후들이 제나라를 머리에 이고 있는데 왕께서 홀로 따르지 않게 된다면, 이에 (진)나라는 정벌을 받게 됩니다. 제후들이 제나라를 머리에 있고 왕께서도 따른다면, 이에 이름이

낮아지게 됩니다. 왕께서 연나라와 조나라를 거두지 않으신다면 이름
이 낮아지고 나라가 위태로워지며, 왕께서 연나라와 조나라를 거두어
들이면 이름이 높아지고 나라가 평안해집니다. 무릇 높고 편안한 것을
버리고 낮고 위태로운 것으로 나아가는 일을 지혜로운 자는 하지 않
습니다.'

진나라 왕이 이와 같은 말을 듣게 된다면 반드시 심장을 (칼로) 찌
르는 것처럼 그럴 것인데, 왕께서는 어찌 지혜로운 선비에게 이와 같은
이야기로써 진나라를 설득하도록 힘쓰지 않으십니까? 진나라가 제나
라를 치는 것은 틀림없습니다. 무릇 진나라를 얻는 것이 가장 좋은 사
귐이고 제나라를 치는 것이 올바른 이로움이며, 가장 좋은 사귐을 높
이고 올바른 이로움에 힘쓰는 것이 빼어난 왕의 일입니다."

雖然, 臣聞知者之擧事也, 轉禍而爲福, 因敗而成功者也. 齊人紫敗素
也, 而賈十倍. 越王勾踐棲於會稽, 而後殘吳霸天下. 此皆轉禍而爲福,
因敗而爲功者也. 今王若欲轉禍而爲福, 因敗而爲功乎? 則莫如遙伯齊
而厚尊之, 使使盟於周室, 盡焚天下之秦符, 約曰: '夫上計破秦, 其次長
賓之秦.' 秦挾賓客以待破, 秦王必患之. 秦五世以結諸侯, 今爲齊下; 秦
王之志, 苟得窮齊, 不憚以一國都爲功. 然而王何不使布衣之人, 以窮齊
之說說秦, 謂秦王曰: '燕·趙破宋肥齊尊齊而爲之下者, 燕·趙非利之也,
弗利而勢爲之者, 何也? 以不信秦王也. 今王何不使可以信者接收燕·
趙. 今涇陽君若高陵君先於燕·趙, 秦有變, 因以爲質, 則燕·趙信秦矣.
秦爲西帝, 趙爲中帝, 燕爲北帝, 立爲三帝而以令諸侯. 韓·魏不聽, 則秦
伐之. 齊不聽, 則燕·趙伐之. 天下孰敢不聽? 天下服聽, 因驅韓·魏以攻
齊, 曰反宋地, 而歸楚之淮北. 夫反宋地, 歸楚之淮北, 燕·趙之所同利

也. 幷立三帝, 燕·趙之所同愿也. 夫實得所利, 名得所愿, 則燕·趙之棄
齊也, 猶釋弊躧. 今王之不收燕·趙, 則齊伯必成矣. 諸侯戴齊, 而王獨
弗從也, 是國伐也. 諸侯戴齊, 而王從之, 是名卑也. 王不受燕·趙, 名卑
而國危; 王收燕·趙, 名尊而國寧. 夫去尊寧而就卑危, 知者不爲也.' 秦
王聞若說也, 必如刺心然, 則王何不務使知士以若此言說秦? 秦伐齊必
矣. 夫取秦穆交也; 伐齊, 正利也. 尊上交, 務正利, 聖王之事也."

(3)

연나라 소왕(昭王)이 그 편지를 좋게 여기며 말했다.

"돌아가신 분[先人=先王]께서 일찍이 소씨에게 고맙게 여겼는데,
자지의 어지러움이 있었을 때 소씨가 연나라를 떠났다. 연나라가 제나
라에게 원수를 갚고자 하는 일은 소씨가 아니라면 가능하지 않을 것
이다."

이에 소씨를 불러 다시 잘 대해주면서 같이 모책을 세워 제나라를
치니, 끝내 제나라를 깨뜨렸으며 민왕(閔王)은 나가서 달아났다.

燕昭王善其書, 曰: "先人嘗有德蘇氏, 子之之亂, 而蘇氏去燕. 燕欲報仇
於齊, 非蘇氏莫可." 乃召蘇氏, 復善待之, 與謀伐齊, 竟破齊, 閔王出走.

**제나라를 도와 송나라를 치고 회수 북쪽을 빼앗는 일은 제나라만 두배 세배로 강
해지고 연나라에게는 하등의 도움도 되지 못하니, 차라리 진나라를 설득하여, 조나
라와 연나라를 믿어주면 세 나라가 연합하여 제나라를 물리치고 천하를 다스릴 수
있을 것이라고 말하게 했다.**

29-14 소대가 연나라 소왕에게 일러주다【蘇代謂燕昭王】

(1)

소대(蘇代)가 연나라 소왕(昭王)에게 일러주며 말했다.

"지금 여기에 어떤 사람이 있는데, 효심은 마치 증삼(曾參)이나 효기(孝己)[10]와 같고 믿음은 마치 미생고(尾生高)와 같으며 깐깐함[廉]은 마치 포초(鮑焦)나 사유(史鰌)와 같습니다. 이 세 가지 행실을 모두 갖춘 사람이 왕을 섬긴다면 어떻겠습니까?"

왕이 말했다.

"이와 같으면 충분할 것이오."

대답하여 말했다.

"족하께서 충분하다고 여기면 신은 족하를 섬길 수 없습니다. 신이 장차 아무것도 할 수 없는 일에 놓이게 되면, 주나라 위쪽 땅으로 돌아가 농사를 짓고 밭을 매어서 먹고 베틀질을 해서 옷을 만들겠습니다."

왕이 말했다.

"무슨 까닭입니까?"

대답하여 말했다.

"효심이 증삼이나 효기와 같으면 그 어버이를 봉양할 뿐인[其一耳]데 지나지 않고, 믿음이 미생고와 같다면 다른 사람을 속이지 않을 뿐인 데 지나지 않으며, 깐깐함[廉]이 포초(鮑焦)나 사유(史鰌)와 같으면 다른 사람의 재물을 훔치지 않을 뿐인 데 지나지 않습니다. 지금 신은

---

10 효기(孝己)는 은나라 고종(高宗)의 아들로 효행(孝行)이 있었는데, 어버이를 섬기느라 하룻밤에 다섯 번 일어났다고 한다.

나아가 차지하는 자(進取者)가 되었으니, 신은 깐깐함이 내 몸과 더불어 두루 통할 수는 없다고 여기고, 마땅함이 삶과 더불어 나란히 설 수는 없다고 여깁니다. 어질고 마땅함이란 스스로를 완전해지게 하려는 길이지 나아가서 (이익이나 명예를) 차지하는 술책이 아닙니다."

蘇代謂燕昭王曰: "今有人於此, 孝若曾參·孝己, 信如尾生高, 廉如鮑焦·史鰌, 兼此三行以事王, 奚如?" 王曰: "如是足矣." 對曰: "足下以爲足, 則臣不事足下矣. 臣且處無爲之事, 歸耕乎周之上地, 耕而食之, 織而衣之." 王曰: "何故也?" 對曰: "孝如曾參·孝己, 則不過養其親其. 信如尾生高, 則不過不欺人耳. 廉如鮑焦·史鰌, 則不過不竊人之財耳. 今臣爲進取者也. 臣以爲廉不與身俱達, 義不與生俱立. 仁義者, 自完之道也, 非進取之術也."

(2)

왕이 말했다.

"스스로를 근심하고 완전해지게 하려는 것[11]으로는 충분치 못합니까?"

대답하여 말했다.

"스스로를 근심하는 것으로 충분하다고 여겼다면 진나라는 효산(崤)의 틀어 막힌 곳에서 나오지 못했을 것이며, 제나라가 영구(營丘)에서, 초나라가 소장(疏章)에서 나오지도 못했을 것입니다. 삼왕(三王)이

---

11 포표 주: 근심함[憂]은 또한 완전함[完]이다. 완전하지 못하면 근심하기 때문에, 그래서 말하기를 완전하다 하고 또 말하기를 근심한다고 한 것이다.(鮑本, 憂, 亦完也. 不完則憂, 故曰完, 又曰憂.)

대를 이어 자리에 오르고 오패가 바꾸어 다스린 것은 모두 스스로를 근심하지 않았기 때문입니다. 만약 스스로를 근심하는 것으로 충분하다면 또한 주나라에 가서 광주리를 짊어질 따름이지, 무엇 때문에 대왕의 조정을 번거롭게 하겠습니까?

옛날 초나라가 장무(章武)를 차지하자 제후들이 북쪽을 바라보며 조현하였고, 진나라가 서산(西山)을 차지하자 제후들이 서쪽을 바라보며 조현하였습니다. 지난번에 만일 연나라로 하여금 주나라 왕실의 위쪽 땅을 빼앗지 못하게만 했더라도 제후들이 말[馬]을 나누어서 (이 나라 저 나라로 찾아다니며) 조현하게 되지는 않았을 것입니다. 신이 듣건대, 일을 잘하는 자는 그 나라가 큰지 작은지, 그 나라 병사가 강한지 약한지를 먼저 헤아리고 가늠하기 때문에 공업을 이룰 수 있고, 일을 잘하지 못하는 자는 그 나라가 큰지 작은지, 그 나라 병사가 강한지 약한지를 먼저 헤아리고 가늠하지 않기 때문에 공업을 이룰 수 없고 이름을 세우지 못한다고 했습니다. 지금 왕께서 동쪽으로 향해서 제나라를 치고 싶은 마음이 있다는 것을 어리석은 신도 알고 있습니다."

王曰: "自憂不足乎?" 對曰: "以自憂爲足, 則秦不出崤塞, 齊不出營丘, 楚不出疏章. 三王代位, 五伯改政, 皆以不自憂故也. 若自憂而足, 則亦之周負籠耳, 何爲煩大王之廷耶? 昔者楚取章武, 諸侯北面而朝. 秦取西山, 諸侯西面而朝. 曩者使燕毋去周室之上, 則諸侯不爲別馬而朝矣. 臣聞之, 善爲事者, 先量其國之大小, 而揆其兵之強弱, 故功可成, 而名可立也. 不能爲事者, 不先量其國之大小, 不揆其兵之強弱, 故功不可成而名不可立也. 今王有東鄉伐齊之心, 而愚臣知之."

(3)

왕이 말했다.

"그대가 어찌 알고 있소?"

대답하여 말했다.

"긴 창을 닦고 칼을 갈면서 언덕을 올라 동쪽을 바라보며 탄식을 하니, 이로써 어리석은 신이 알았습니다. 지금 저 (옛날의 力士인) 오획 (烏獲)이 1,000균의 무게를 들었다 해도 나이가 80세가 되면 부축하여 잡아주기를 바랄 것입니다. 비록 제나라가 강한 나라이긴 하나, 서쪽은 송나라에게 힘쓰고 있고 남쪽은 초나라에게 피로해졌으니 제나라 군대는 반드시 무너질 것입니다. 그러면 하간(河間) 땅을 차지할 수 있습니다."

王曰: "子何以知之?" 對曰: "矜戟砥劍, 登丘東鄕而嘆, 是以愚臣知之. 今夫烏獲擧千鈞之重, 行年八十, 而求扶持. 故齊雖强國也, 西勞於宋, 南罷於楚, 則齊軍可敗, 而河間可取."

(4)

연나라 왕이 말했다.

"좋소. 내가 청하여 그대를 제배해서 상경(上卿)으로 삼고 그대를 받들어 수레 100승을 드리겠으니, 이것으로써 과인을 위해 동쪽으로 가서 제나라에 머무르는 것이 어떻겠소?"

대답하여 말했다.

"족하가 나를 아끼기 때문입니까? 그렇다면 어찌 사랑하는 자식과 여러 외숙이나 숙부, 누워 버둥대는 손자에게 주지 않습니까? 그들도 얻지 못했는데, 이에 능력 없는 신에게 주시는 것을 왜입니까? 왕이 신을 평가하셨는데, (저는) 어떤 사람 같습니까? 지금 신이 족하를 섬기는 까닭은 충심과 믿음 때문인데, 충심과 믿음 때문에 좌우에게 죄를 입을까 두렵습니다."

燕王曰: "善. 吾請拜子爲上卿, 奉子車百乘, 子以此爲寡人東游於齊, 何如?" 對曰: "足下以愛之故與, 則何不與愛子與諸舅·叔父·負床之孫, 不得, 而乃以與無能之臣, 何也? 王之論臣, 何如人哉? 今臣之所以事足下者, 忠信也, 恐以忠信之故, 見罪於左右."

(5)
왕이 말했다.
"어찌 다른 사람의 신하가 되어 그 힘을 남김없이 쓰고 그 능력을 다하는데 죄를 얻겠는가?"
대답하여 말했다.
"신이 청컨대 왕을 위해 비유를 하겠습니다.
옛날 주나라 위쪽 땅[上地]에서 일찍이 있었던 일입니다. 그곳 사내[丈夫]가 벼슬을 해서 3년 동안 돌아오지 못하자 그 아내가 다른 사람을 사랑했습니다. 그 사랑받던 자가 말하기를 '그대의 남편이 오면 장차 어찌해야 하나?'라고 하자, 그 아내가 말했습니다. '걱정하지 마세요. 내가 이미 독약이 든 술을 만들어 그가 오기만 기다리고 있습니다.' 이윽고 그 사내가 과연 오자, 그참에 그의 첩을 시켜 독약이 든 술을 가져와서 올리게 했습니다. 그 첩이 알아채고는 반쯤 가다가 멈추어 서서 이리저리 생각하기를, '내가 이를 가지고 내 주인어른에게 마

556

시게 하면 내 주인어른이 죽고, 이를 내 주인어른에게 알리면 내 주인
마님이 쫓겨난다. 어차피 내 주인어른을 죽게 하거나 내 주인마님을 쫓
겨나게 하는 바이니, 차라리 거짓으로 넘어져 잔을 엎어버리자'라고
했습니다. 이에 그참에 거짓으로 넘어져 엎어져버리니, 그 아내가 말하
기를 '그대가 멀리에서 떠나 돌아온다고 해서 맛난 술을 만들었는데,
지금 첩이 받들다가 넘어졌습니다'라고 했습니다. 그 사내가 알지도 못
한 채 그 첩을 묶어 매질을 했으니, 그러므로 첩이 매 맞은 까닭은 충심
과 믿음 때문입니다.

지금 신이 족하를 위해 제나라에 사신으로 가더라도 충심과 믿음
을 좌우가 알지 못할까 두렵습니다. 신이 듣기를, 만승의 주인은 다른
사람의 신하에게 제어 받지 않고, 10승의 집은 뭇사람에게 제어 받지
않으며, 일개 사내나 걸어 다니는 선비는 아내나 첩에게 제어 받지 않
는다고 했습니다. 하물며 지금 세상의 뛰어난 임금은 어떻겠습니까?
신이 가기를 청하니, 원컨대 족하께서는 여러 신하들에게 제어 받지
않기를 바랍니다."

王曰: "安有爲人臣盡其力, 竭其能, 而得罪者乎?" 對曰: "臣請爲王譬. 昔
周之上地嘗有之. 其丈夫官三年不歸, 其妻愛人. 其所愛者曰: '子之丈
夫來, 則且奈何乎?' 其妻曰: '勿憂也, 吾已爲藥酒而待其來矣.' 已而其
丈夫果來, 於是因令其妾酌藥酒而進之. 其妾知之, 半道而立. 慮曰: '吾
以此飮吾主父, 則殺吾主父; 以此事告吾主父, 則逐吾主母·使殺吾父·
逐吾主母者, 寧佯躓而覆之.' 於是因佯僵而仆之. 其妻曰: '爲子遠行來
之, 故爲美酒, 今妾奉而仆之.' 其丈夫不知, 縛其妾而笞之. 故妾所以笞
者, 忠信也. 今臣爲足下使於齊, 恐忠信不諭於左右也. 臣聞之曰: 萬乘之

主, 不制於人臣. 十乘之家, 不制於衆人, 匹夫徒步之士, 不制於妻妾. 而
又況於當世之賢主乎? 臣請行矣, 願足下之無制於群臣也."

연책 29-5 사람들 중에 소진을 헐뜯는 자가 있어([人有惡蘇秦])와 동일한 이야기
이나, 말하는 자가 소진에서 소대로 바뀌었다. 내가 왕을 위해 멀리 제나라로 가겠
으니, 가까이 있는 좌우의 참소를 반드시 막아달라는 요구이다.

29-15 연나라 왕이 소대에게 일러주다【燕王謂蘇代】

연나라 왕이 소대에게 일러주며 말했다.
"과인은 허황된 자의 말을 매우 좋아하지 않소."
소대가 대답하여 말했다.
"주나라 땅에서는 중매쟁이를 낮게 보는데, 그 양쪽 집을 치켜세우
기만[譽] 하기 때문입니다. 남자 집에 가서는 말하기를 '여자가 예쁩니
다'라고 하고, 여자 집에 가서는 말하기를 '남자가 잘삽니다'라고 합니
다. 그러나 주나라 풍속은 스스로 아내를 얻지 못합니다. 장차 저 처녀
는 중매쟁이가 없으면 늙어도 또한 시집가지 못하며, 중매쟁이를 버리
고 스스로 자랑하면 너덜너덜해져도 팔리지 않습니다. 고분고분하여
실패하지 않으니, 팔릴 뿐 해지지 않게 하는 사람은 오직 중매쟁이뿐
입니다. 장차 일은 권세가 없으면 세울 수 없고, 형세가 없으면 이루지
못합니다. 무릇 다른 사람을 부려서, 앉아서 이루어진 일을 받는 사람
은 오직 허황된 사람일 뿐입니다."
왕이 말했다.

"좋소."

燕王謂蘇代曰: "寡人甚不喜誕者言也." 蘇代對曰: "周地賤媒, 爲其兩譽

也. 之男家曰: '女美', 之女家曰: '男富.' 然而周之俗, 不自爲取妻. 且夫處

女無媒, 老且不嫁; 舍媒而自衒, 弊而不售. 順而無敗, 售而不弊者, 唯媒

而已矣. 且事非權不立, 非勢不成. 夫使人坐受成事者, 唯誕者耳." 王曰:

"善矣."

일은 권세가 없으면 세울 수 없고 형세가 없으면 이루지 못하니, 천한 중매쟁이가

일을 이루는 것도 그만한 권세와 풍속이 있기 때문이다.

연책 2
燕策

30-1 진나라가 연나라 왕을 부르다【秦召燕王】

(1)

진나라가 연나라 왕[昭王]을 부르자 연나라 왕이 가려고 했는데, 소대(蘇代)가 연나라 왕을 다잡으며[約=止] 말했다.

"초나라가 지(枳) 땅을 얻으려다 나라가 망했고 제나라가 송나라를 얻으려다 나라가 망했는데, 제나라와 초나라가 지 땅과 송나라를 얻지 못하고 진나라를 섬겨야 했던 것이 무엇 때문이겠습니까? 이것은 바로 공로가 있으면 진나라의 깊은 원수가 되는 까닭입니다. 진나라가 천하를 차지하는 방법은 마땅함을 행하는 것이 아니라 사나움[暴]을 행합니다.

> 秦召燕王, 燕王欲往. 蘇代約燕王曰: "楚得枳而國亡, 齊得宋而國亡, 齊·楚不得以有枳·宋事秦者, 何也? 是則有功者, 秦之深讎也. 秦取天下, 非行義也, 暴也.

(2)

진나라는 천하에 사나움을 행하면서, 바로 초나라에 알려 말하기를, '촉(蜀) 땅의 갑병을 실은 가벼운 배를 문수[汝]에 띄워 하수(夏水)를 타고 강수[江]로 내려가면 5일 만에 (초나라 도읍인) 영(郢)에 이르고, 배를 타고 파(巴) 땅에서 떠나면 하수(夏水)를 타고 한수[漢]로 내려가서 4일이면 오저(五渚)에 이른다. 과인이 갑병을 완(宛) 땅에 모아 두었다가 동쪽으로 가서 수(隨) 땅으로 내려가면 지혜로운 자도 꾀할 틈이 없고 용감한 자도 화낼 틈도 없으니, 과인은 마치 (해를 끼치는) 새매를 쏜 것[射隼]¹²과 같을 것이다. 왕이 이에 천하가 함곡관[函穀]을 공격하기를 기다리고 있는 것이 정말로 멀지 않은가?'라고 했습니다. 초나라 왕이 이 때문에 17년이나 진나라를 섬겼습니다.

秦之行暴於天下, 正告楚曰: '蜀地之甲, 輕舟浮於汝, 乘夏水而下江, 五日而至郢. 漢中之甲, 乘舟出於巴, 乘夏水而下漢, 四日而至五渚. 寡人積甲宛, 東下隨, 知者不及謀, 勇者不及怒, 寡人若射隼矣. 王乃待天下之攻函穀, 不亦遠乎?' 楚王爲是之故, 十七年事秦.

(3)

진나라가 바로 한나라에 알리며 말하기를, '내가 소곡(少曲)에서 병사를 일으키면 하루 만에 태항산(太行山)을 가로지를 수 있다. 내가 의양(宜陽)에서 병사를 일으켜 평양(平陽)에 닿기까지 이틀이면 남김없이 흔들지 못하는 바가 없을 것이다. 내가 닷새 만이면 두 주나라를

---

12 『주역(周易)』 뇌수해(雷水解)괘 상육(上六)의 효사 "공이 높은 담장의 새매[隼]를 쏘아서 잡았으니, 이롭지 않음이 없다.(公用射隼于高墉之上, 獲之, 无不利)"에서 나온 말로, 이에 대해 공자는 풀이하여 말하기를 "공이 새매를 쏘아서 잡은 것은 어그러진 것을 해결하기 위해서이다(公用射隼, 以解悖也)"라고 했다.

떠나서 정(鄭) 땅에 닿아 나라를 들어낼 것이다'라고 하자, 한나라가
마땅히 그렇다고 여겨서 진나라를 섬겼습니다.

秦正告韓曰: '我起乎少曲, 一日而斷太行. 我起乎宜陽而觸平陽, 二日而
莫不盡繇. 我離兩周而觸鄭, 五日而國舉.' 韓氏爲宜然, 故事秦.

(4)

진나라가 바로 위나라에 알리며 말하기를, '내가 안읍(安邑)을 들
어내고 여극(女戟)을 틀어막으면 한나라의 태원(太原)과 끊어지는데
[卷=絶], 내가 지(枳) 땅으로 내려가서 남양(南陽), 봉(封), 기(冀)로 길을
잡아 두 주나라를 감싸고서 하수(夏水)를 타고 가벼운 배를 띄워서, 강
한 쇠뇌를 앞에 두고 작살과 창을 뒤에 두며 형구(滎口)를 터버리면 위
나라는 대량(大梁)이 없어진다. 백마(白馬)의 입구를 터버리면 위나라
는 제수 북쪽(濟陽) 땅이 없어지며, 숙서(宿胥)의 입구를 터버리면 위나
라는 허(虛)와 둔구(頓丘)가 없어진다. 땅에서 공격하면 하수 안을 칠
수 있고, 물에서 공격하면 대량을 멸망시킬 수 있다'라고 하자, 위나라
가 그렇다고 여겨서 진나라를 섬겼습니다.

秦正告魏曰: '我擧安邑, 塞女戟, 韓氏太原卷, 我下枳, 道南陽·封·冀, 包
兩周, 乘夏水, 浮輕舟, 強弩在前, 銛戈在後, 決滎口, 魏無大梁; 決白馬
之口, 魏無濟陽; 決宿胥之口, 魏無虛·頓丘. 陸攻則擊河內, 水攻則滅
大梁.' 魏氏以爲然, 故事秦.

(5)

　진나라가 (위나라) 안읍(安邑)을 공격하고 싶었지만 제나라가 구원
하는 것을 걱정하여, 곧 송나라를 제나라에 맡기면서 말했습니다. '송
나라 왕이 도리가 없어서, 나무인형을 만들어 과인을 닮게 한 뒤 그 얼
굴에 활을 쏜다 하오. 과인의 땅이 떨어져 있고 병사가 멀리 있어 공격
할 수 없으니, 왕께서 정말로 능히 송나라를 깨뜨려 가질 수 있다면 과
인은 마치 내가 얻은 것처럼 하겠소.' (그러나 진나라는) 이미 안읍을 얻
고 나자 여극을 틀어막은 뒤, 그참에 송나라를 깨뜨린 것을 제나라의
죄로 여기게 했습니다.

　　秦欲攻安邑, 恐齊救之, 則以宋委於齊, 曰: '宋王無道, 爲木人以寫寡
　　人, 射其面, 寡人地絶兵遠不能攻也, 王苟能破宋有之, 寡人如自得之.'
　　已得邠邑, 塞女戟, 因以破宋爲齊罪.

(6)

　진나라가 제나라를 공격하고 싶었지만 천하가 구원할까 두려워서,
곧 제나라를 천하에 맡기며 말했습니다. '제나라 왕은 네 번이나 과인
과 함께 약속을 맺었는데, 네 번 모두 과인을 속였으며 모든 천하를 이
끌어 과인을 공격한 것이 세 번이오. 제나라가 있으면 진나라가 없고
진나라가 있으면 제나라가 없으니, 반드시 쳐서 반드시 없애야 합니
다!' 그러나 의양(宜陽), 소곡(少曲), 치란(致藺), 석(石)을 얻고 나자, 그
참에 제나라를 깨뜨린 것을 가지고 천하에 죄주었습니다.

　　秦欲攻齊, 恐天下救之, 則以齊委於天下曰: '齊王四與寡人約, 四欺寡人,

必率天下以攻寡人者三. 有齊無秦, 無齊有秦, 必伐之, 必亡之!' 已得宜
陽·少曲, 致藺·石, 因以破齊爲天下罪.

(7)

진나라가 위나라를 공격하고 싶어 초나라를 무겁게 여기면서, 남
양(南陽)을 가지고 초나라에 맡기며 말했습니다. '과인이 정말로 한나
라와 함께하는 것을 장차 끊을 것이오. 균릉(均陵)을 싹 없애버리고 맹
애(鄳隘)를 틀어막으면 정말로 초나라에 이로울 것이니, 과인은 마치
내가 가진 것처럼 여기겠소.' 위나라가 동맹국을 버리고 진나라와 힘
을 모으자, 그참에 맹애를 틀어막은 것 때문에 초나라에 죄를 주었습
니다.

秦欲攻魏重楚, 則以南陽委於楚曰: '寡人固與韓且絶矣! 殘均陵, 塞鄳
隘, 苟利於楚, 寡人若自有之.' 魏棄與國而合於秦, 因以塞鄳隘爲楚罪.

(8)

(진나라) 병사들이 임중(林中)에서 막혀있자 연나라와 조나라를 무
겁게 여겨서, 교동(膠東=卽墨)을 연나라에 맡기고 제수[濟] 서쪽을 조
나라에 맡겼습니다. 조나라가 위나라와 강화를 하였는데, (위나라) 공
자 연(延)이 (인질로) 이르자 그참에 (진나라) 서수(犀首=公孫衍)의 병사
를 보내 잇달아 조나라를 공격하였습니다. (조나라) 병사들이 이석에서
다치고 마릉에서 맞붙어 무너졌습니다. 위나라를 무겁게 여겨서 섭
(葉), 채(蔡)를 위나라에 맡겼는데, (그리고는 다시) 조나라와 강화를 이
루고 나자 바로 위나라를 겁주었지만 위나라는 땅을 잘라주지 않았

습니다.

(진나라 왕은 일이) 막히게 되면 태후(太后)와 양후(穰侯)를 시켜 화해를 맺게 하였고, 이기게[贏→羸=勝] 되면 아울러 외숙과 어머니까지 속였습니다. 연나라를 꾸짖을[適=責] 때는 '교동 때문에'라고 말했고, 조나라를 꾸짖을 때는 '제수 서쪽 때문에'라고 말했고, 위나라를 꾸짖을 때는 '섭과 채 땅 때문에'라고 말했고, 초나라를 꾸짖을 때는 '맹애를 틀어막았기 때문에'라고 말했고, 제나라를 꾸짖을 때는 '송나라 때문에'라고 말했습니다. 이는 반드시 그 말이 마치 고리를 돌리는 것처럼 끝이 없고 병사를 쓰는 것이 마치 벌레를 찌르듯 빠르니[13], 어머니도 제어할 수 없고 외숙도 다잡을 수 없습니다.

용가(龍賈)의 싸움, 안문(岸門)의 싸움, 봉륙(封陸)의 싸움, 고상(高商)의 싸움, 조장(趙莊)의 싸움에서 진나라는 삼진의 백성 수백만을 죽였으니, 지금 살아있는 자들은 모두 진나라에게 죽은 사람들의 고아들입니다.[14] 서하 바깥과 상락(上雒)의 땅, 삼천(三川)은 진(晉)나라가 재앙을 입은 곳으로, 삼진(三晉) 땅의 절반이나 됩니다. 진나라의 재앙이 이처럼 큰데도 연나라와 조나라에 있는 진나라를 가까이하려는 자들은 모두 진나라를 섬기라고 그 임금에게 다투어 말하고 있으니, 이것이 신이 크게 근심하는 바입니다.

兵困於林中, 重燕·趙, 以膠東委於燕, 以濟西委於趙. 趙得講於魏, 至

---

13 『사기』 「소진열전(蘇秦列傳)」에는 "벌레를 찌르듯이[如刺蝟]"로 되어 있고 포본에는 "자수를 놓듯이[如刺繡]"로 되어 있는데, 의미상으로는 비(蝟)나 수(繡) 중 한 글자는 빠져야 할 것 같다.

14 포본에서 보충하여 말한다: "死秦之孤"는 "死於秦者之孤"라는 뜻이다.(鮑本補曰: 死於秦者之孤.)

公子延, 因犀首屬行而攻趙. 兵傷於離石, 遇敗於馬陵. 而重魏則以葉·
蔡委於魏, 已得講於趙, 則劫魏, 魏不爲割. 困則使太后·穰侯爲和, 嬴
則兼欺舅與母. 適燕者曰: '以膠東', 適趙者曰: '以濟西', 適魏者曰: '以
葉·蔡', 適楚者曰: '以塞鄳隘' 適齊者曰: '以宋'. 此必令其言如循環, 用
兵如刺蜚繡, 母不能制, 舅不能約. 龍賈之戰, 岸門之戰, 封陸之戰, 高商
之戰, 趙莊之戰, 秦之所殺三晉之民數百萬. 今其生者, 皆死秦之孤也.
西河之外·上雒之地·三川, 晉國之禍, 三晉之半. 秦禍如此其大, 而燕·
趙之秦者, 皆以爭事秦說其主, 此臣之所大患."

(9)

연나라 소왕이 가지 않았고, 소대는 다시 연나라에서 무겁게 쓰였
다. 연나라는 도리어 제후들과 합종하여 가까이하기[從約]를 약속하
였는데, 마치 소진의 때와도 같이 누구는 합종하고 누구는 합종하지
않았지만, 그래도 천하는 이로 말미암아 소씨가 내건 합종의 맹약을
으뜸으로 여겼다. 소대와 소려 모두 천수를 누리고 죽었으며, 이름이
제후들 사이에서 뚜렷했다.

燕昭王不行, 蘇代復重於燕. 燕反約諸侯從親, 如蘇秦時, 或從或不, 而
天下由此宗蘇氏之從約. 代·厲皆以壽死, 名顯諸侯.

**소대가 연나라에게, 진나라가 자기를 위해준 나라를 배신한 모든 예를 들어주면서
지금은 진나라를 기쁘게 하는 것보다 근심을 막는 것이 중요하다고 설득하여 마침
내 합종을 이루어내었다.**

30-2 소대가 봉양군에게 일러주다【蘇代爲奉陽君】

소대(蘇代)가 (조나라 대신인) 봉양군(奉陽君)에게 일러주며[爲→謂] 설득하기를 연나라가 조나라에 기대어[於] 제나라를 치자고 했지만, 봉양군이 들어주지 않았다. 이에 (소대가) 제나라에 들어가자 조나라를 미워해서 제나라로 하여금 조나라와의 교분을 끊도록 했다. 제나라가 조나라를 끊어버린 뒤에, 그참에 (소대가) 연나라에 가서 소왕에게 일러주며 말했다.

"한위(韓爲)가 신에게 일러주며 말했습니다. '누군가가 봉양군에게 고하여 말하기를, 「제나라가 조나라를 믿지 못하게 한 사람은 소자입니다. 지금 제나라 왕이 (제나라 장수인) 촉자(蜀子)를 불러 송나라를 치지 못하게 한 것도 소자이며, 제나라 왕과 더불어 길을 모색하여 진나라를 얻어 조나라를 도모하려는 자도 소자이며, 제나라가 조나라의 인질을 갑병으로 하여금 지키게 한 자도 소자입니다. 청컨대 그대에게 알리니, 이를 가지고 제나라에 물어보아서 과연 조나라의 인질을 갑병으로 지키고 있다면, 우리도 반드시 그대가 갑병으로써 (소대를) 지키게 해야 할 것입니다」라고 했습니다.' 이 말은 악의[惡=惡意]가 있으니, 비록 그러하더라도 왕께서는 근심하지 마십시오.

신이 제나라에 들어가는 것이 조나라에 부담[累=負擔]이 된다는 것을 옛날부터 알고 있었습니다. (조나라를) 나와서 그렇게 함으로써 원하는 바를 이룬 것이니, 신은 죽더라도 제나라가 조나라를 크게 미워하게 할 것이니, 신이 여전히 살아 있다면 제나라가 조나라를 끊도록 만들어서 가히 크게 어지럽힐[紛=亂] 뿐입니다. 단지[持=特] 신이 장맹담(張孟談)**15**은 아니지만, 신을 장맹담처럼 사신으로 보내면 제나라와 조나라는 반드시 지백(智伯)과 같이 될 것입니다."

蘇代爲奉陽君說燕於趙以伐齊, 奉陽君不聽. 乃入齊惡趙, 令齊絶於趙. 齊已絶於趙, 因之燕, 謂昭王曰: "韓爲謂臣曰: '人告奉陽君曰: 使齊不信趙者, 蘇子也; 今齊王召蜀子使不伐宋, 蘇子也; 與齊王謀道取秦以謀趙者, 蘇子也; 令齊守趙之質子以甲者, 又蘇子也. 請告子以請齊, 果以守趙之質子以甲, 吾必守子以甲.' 其言惡矣. 雖然, 王勿患也. 臣故知入齊之有趙累也. 出爲之以成所欲, 臣死而齊大惡於趙, 臣猶生也令齊·趙絶, 可大紛已. 持臣非張孟談也, 使臣也如張孟談也齊·趙必有爲智伯者矣."

소대가 조나라에 대해 원한을 맺은 까닭을 밝히고, 그 원한을 반드시 갚을 것이라고 말했다.

30-3 봉양군이 주환과 조족에게 알려주다【奉陽君告朱讙與趙足】

(1)
(앞 글에 이어서, 소대가 계속 연나라 소왕에게 말하고 있다.)

---

15 희(姬)성으로 장(張)씨이다. 전국시대 진(晉)나라 조양자(趙襄子)의 가신으로, 진양(晉陽) 싸움에서 한나라와 위나라와 함께 지씨 가문을 멸망시키고 조나라를 굳건히 하였다. 「趙策」 1, 18-2 '지백이 조나라, 한나라, 위나라를 통솔하여 범씨와 중항씨를 치다(知伯帥趙韓魏而伐范中行氏)' 와 18-3 '장맹담이 이미 조씨의 종실을 단단히 하다(張孟談既固趙宗)'에 자세히 나와 있다.

"봉양군이 주환(朱讙)과 조족(趙足)에게 이렇게 말했다고 합니다.

'제나라 왕이 공왕(公王=公玉)을 시켜 내[說→兌]게 명하기를 반드시 한민(韓珉)이 돌아오지 못하게 하라 해놓고는, 지금 그를 불렀소. 반드시 소자에게 일을 맡기지 말라 했는데, 지금 봉토를 주고 재상을 시켰으며 연나라와 합치지 말라 했건만 지금 연나라를 가장 윗길로 교류하고 있소. 내가 믿는 사람은 순(順)[16]이었는데, 지금 그 말이 바뀌는 것이 그 아버지보다 심하오. 순이 애초에 소자와는 원수 같은 사이였기에 만나게 해도 해롭지 않을 것 같았는데[知→如], 지금은 (서로) 뛰어나다고 하면서 둘이 잘 지낸 지 오래되었소. (이제) 내게 제나라는 없다오.'

"奉陽君告朱讙與趙足曰: '齊王使公王曰命說曰, 必不反韓珉, 今召之矣. 必不任蘇子以事, 今封而相之. 令不合燕, 今以燕爲上交. 吾所恃者順也, 今其言變有甚於其父, 順始與蘇子爲讎. 見之知無厲, 今賢之兩之, 已矣, 吾無齊矣!'

(2)

봉양군이 화가 난 것이 심합니다. 가령(如) 제나라 왕[齊王王]이 조나라를 믿지 못한다면 소인(小人)인 봉양군은 이로 말미암아 (제나라를) 배반할[倍=背] 것입니다. 지금 시절에 크게 어지럽게(紛) 만들지 못한다면 풀려서 다시 (조나라와 제나라가) 합하게 될 것이니, 그러면 뒤에

---

16 (황비열의) 안(案): 「조책」 21-2 '제나라가 송나라를 공격하고 싶어 하다[齊欲攻宋]'장에, "삼진으로써 진나라를 겁박하고 순을 시켜 달래준다"라고 했는데, 바로 이 사람이 아닐까 한다.(按, 趙策齊欲攻宋章, 以三晉劫秦, 使順也甘之, 恐即此人.)

(연나라로서는) 어찌할 수가 없습니다. (만일) 제나라와 조나라가 합쳐져서 정말로 (연나라를) 따르게만 된다면, 죽음이라 해도 신의 걱정거리가 되지 못하며, 도망친다 해도 신의 부끄러움이 되지 않으며, 제후가 된다 해도 신의 영예가 되지 않으며, 머리를 풀어헤치고 스스로 옻칠을 해서 문둥이가 된다 해도 신은 욕스럽게 여기지 않을 것입니다.

그런데 신에게는 근심거리가 있습니다. 신이 죽고 나서, 제나라와 조나라가 (연나라를) 따르지 않고 신 때문에 교분이 나쁘고 분열되어 있다가 (신이 죽은) 뒤에 (잘 지내며) 서로를 본받는 것, 이것이 신의 걱정거리입니다. 만일 신이 죽어서 반드시 서로 공격하게 된다면 신은 반드시 애써 죽음을 찾을 것입니다. 요임금이나 순임금도 뛰어났지만 죽었고, 우왕이나 탕왕도 지혜로웠지만 죽었고, 맹분(孟賁)은 용맹스러웠지만 죽었고, 오획(烏獲)은 힘이 셌지만 죽었습니다. 살아있는 만물이 정말로 죽지 않는 것이 있습니까? 반드시 그러한 (죽는) 일에 의지하여 원하는 것을 이루게 되는데, 왕께서는 어찌 의심하십니까?

奉陽君之怒甚矣. 如齊王王之不信趙, 而小人奉陽君也, 因是而倍之. 不以今時大紛之, 解而復合, 則後不可奈何也. 故齊·趙之合苟可循也, 死不足以爲臣患; 逃不足以爲臣恥; 爲諸侯不足以爲臣榮; 被髮自漆爲厲, 不足以爲臣辱. 然而臣有患也, 臣死, 而齊·趙不循, 惡交分於臣也, 而後相效, 是臣之患也. 若臣死而必相攻也, 臣必勉之而求死焉. 堯·舜之賢而死, 禹·湯之知而死, 孟賁之勇而死, 烏獲之力而死, 生之物固有不死者乎? 在必然之物以成所欲, 王何疑焉?

(3)

신이 (거짓으로) 도망쳐 떠나는 것만 못하다고 여깁니다. 신이 한나라와 위나라를 거쳐서 제나라에 가서,[17] 제나라를 위해 진나라를 받아들이면서 조나라와도 깊게 맺어 굳세게 만들겠습니다. 이렇게 되면 서로 공격하는 일에 가까워질 것입니다. 신이 비록 그렇게 해도 연나라에 누를 끼치지는 않습니다[累→不累]. 봉양군이 주환에게 알리며 말하기를, '소자가 연나라 왕에게 화를 낸 것은 나(봉양군) 때문이 아니다. 재상도 주지 않고 또 경의 지위도 주지 않았으니, 거의 연나라가 없다고 여기고 있다'라고 했습니다. 그가 의심하는 것이 여기에 이르렀기 때문에 신은, 비록 그렇게 하더라도 연나라에 누를 끼치지 않을 것이고 다시는 왕을 욕심내지 않을 것이라고 말한 것입니다.[18]

이윤(伊尹)은 두 번 탕왕에게서 도망쳐 걸왕에게로 가고 두 번 걸왕에게서 도망쳐 탕왕에게로 갔다가, 과연 명조(鳴條)의 싸움에 참여하여 탕왕을 천자로 만들었습니다. 오자서(伍子胥)는 초나라에서 도망쳐 오나라로 가서 결국 백거(伯擧)의 싸움에 참여하여 그 아버지의 원수를 갚았습니다. 지금 신이 도망쳐 제나라와 조나라를 어지럽히면, 처음으로 『춘추(春秋)』에 실릴 수 있습니다. 장차 큰일을 거행하는 사람 중에 누가 도망가지 않았습니까? 환공의 병난[難＝兵難]이 있었을 때 관중은 노나라로 도망갔으며, 양호(陽虎)의 병난이 있었을 때 공자(孔子)는 위(衛)나라로 도망갔으며, 장의는 초나라에서 도망쳤고 백규

---

17 포표 주: 연나라를 도망치면 한나라 위나라로부터 차례로 가서 제나라에 이르겠다는 말이다.(鮑本, 言逃燕, 則自韓·魏順行至齊.)

18 포표 주: 욕심낸다[欲]는 것은 기다린다[須]는 뜻이니, 스스로 서로 공격해도 연나라를 기다리지 않겠다는 말이다.(鮑本, 欲, 猶須也. 言其自相攻, 不須燕.)

(白珪)는 진나라로 도망쳤습니다. 망제(望諸)가 중산(中山)의 재상이었을 때 조나라에 사신으로 갔는데, 조나라가 그를 겁박하여 땅을 요구하자 망제가 관문을 공격하고 빠져나가서 도망갔습니다. 외손(外孫)의 병난이 있자 설공(薛公)은 들고 있던 물건을 풀어버린 채 도망쳐 관문을 빠져나갔지만, 삼진(三晉)에서는 (뛰어난) 선비라고 칭찬했습니다. 그러므로 큰일을 할 때에는 도망치는 것이 욕이 되지 않습니다."

(소대는) 끝내 제나라를 조나라로부터 떨어지게 한 뒤 조나라를 연나라에 합하게 해서 제나라를 공격하여 무너뜨렸다.

臣以爲不若逃而去之. 臣以韓・魏循自齊, 而爲之取秦, 深結趙以勁之. 如是則近於相攻. 臣雖爲之累燕, 奉陽君告朱讙曰: '蘇子怒於燕王之不以吾故, 弗予相, 又不予卿也, 殆無燕矣.' 其疑至於此, 故臣雖爲之不累燕, 又不欲王. 伊尹再逃湯而之桀, 再逃桀而之湯, 果與鳴條之戰, 而以湯爲天子. 伍子胥逃楚而之吳, 果與伯擧之戰, 而報其父之讎. 今臣逃而紛齊・趙, 始可著於春秋. 且擧大事者, 孰不逃? 桓公之難, 管仲逃於魯; 陽虎之難, 孔子逃於衛; 張儀逃於楚, 白珪逃於秦; 望諸相中山也使趙, 趙劫之求地, 望諸攻關而出逃; 外孫之難, 薛公釋戴逃出於關, 三晉稱以爲士. 故擧大事, 逃不足以爲辱矣." 卒絶齊於趙, 趙合於燕以攻齊, 敗之.

소대가 제나라에 대한 원한으로 제나라가 조나라와 합치지 못하게 하는 일을 위해서라면 죽음도 사양하지 않고 치욕도 감당하겠다고 말하면서, 조나라 봉양군으로 하여금 소대를 믿지 못하고 제나라를 의심하게 만들어 결국 제나라를 무너뜨렸다.

30-4 소대가 연나라를 위해 제나라를 설득하다【蘇代爲燕說齊】

소대(蘇代)가 연나라를 위해 제나라를 설득하려 했지만, 미처 제나라 왕을 뵙지 못하자 먼저 순우곤(淳於髡＝淳于髡)[19]에게 이야기를 했다.

"사람 중에 준마(駿馬)를 팔려는 자가 있었는데, 사흘 연달아[比] 아침에 시장에 세워두었는데도 사람들이 알아보지 못했소. 가서 백락(伯樂)[20]을 만나 말하기를, '제게 준마가 있는데, 팔고 싶어서 사흘 연달아 아침에 시장에 세워두었지만 사람 중에 말을 거는 자가 없었습니다. 바라건대 선생께서 돌아와서 봐주시고 떠날 때도 고개 돌려 봐주시면, 신이 청하건대 하루 버는 값을 드리겠소'라고 했습니다. 이에 백락이 돌아와서 봐주고 떠날 때도 고개를 돌려 봐주었더니, 하루아침에 말 값이 10배가 되었습니다.

지금 신이 준마로써 왕에게 선보이고 싶지만 신을 위해 앞뒤[先後＝助, 左右]가 되어줄 사람이 없으니, 족하께서 신을 위해 백락이 되어

---

19 기원전 385~305년. 성은 순우(淳于)이고 이름이 곤(髡)으로, 익살과 다변(多辯)으로 유명했다. 천한 신분 출신으로 몸도 작고 학문도 잡학(雜學)에 지나지 않았으나, 기지가 넘치는 변설로 제후를 섬겨 사명을 다했고 군주를 풍간(諷諫)하기도 했으며, 초(楚)나라가 제나라로 쳐들어왔을 때에는 조(趙)나라의 병사를 이끌고 이를 구했다고도 한다. 그의 변론은 『전국책』과 『사기』「골계열전(滑稽列傳)」에 기록되어 있으며, 『맹자』「이루상(離婁上)」에도 맹자와의 논전이 수록되어 있다.

20 춘추시대 때의 상마가(相馬家)로, 성이 손(孫)이고 이름이 양(陽)이라고 해서 양자(陽子)로도 불린다. 진(秦)나라 목공(穆公)의 신하로 있으면서 말을 감정하는 일을 맡았다. 일설에 천리마가 소금 수레를 끌고 태행산(太行山)을 오르다가 그를 보고 크게 울었고, 이에 백락이 수레에서 내려 눈물을 흘리자 말이 땅을 내려다보며 한숨을 쉬다가 하늘을 우러러 울었는데, 그 소리가 하늘 끝까지 퍼졌다고 한다. 나이가 들자 목공에게 구방인(九方堙)을 천거했는데, 구방인이 말을 감정하면서 말의 암수나 안색 따위를 살피지 않아 목공이 언짢게 여겼다. 이에 백락이 천리마란 "뛰어난 것을 얻으면 조잡한 것은 잊고, 그 안을 얻었으면 밖은 잊는(得其精而忘其粗, 得其內而忘其外)" 데 있다고 해명했다. 말을 감별하는 뛰어난 안목이 곧잘 인재를 등용하는 능력으로 비유되곤 한다.

줄 뜻이 있습니까? 신이 청컨대 흰 벽옥 한 쌍과 황금 100일(鎰=24兩)을 바쳐 말먹이로 삼고자 합니다."

순우곤이 말했다.

"삼가 명을 듣겠소."

들어가서 왕에게 그에 대해 말하니, 제나라 왕이 크게 기뻐하며 소자를 만났다.

蘇代爲燕說齊, 未見齊王, 先說淳於髡曰: "人有賣駿馬者, 比三旦立市, 人莫之知. 往見伯樂曰: '臣有駿馬, 欲賣之, 比三旦立於市, 人莫與言, 愿子還而視之, 去而顧之, 臣請獻一朝之賈.' 伯樂乃還而視之, 去而顧之, 一旦而馬價十倍. 今臣欲以駿馬見於王, 莫爲臣先後者, 足下有意爲臣伯樂乎? 臣請獻白璧一雙, 黃金萬鎰, 以爲馬食." 淳於髡曰: "謹聞命矣." 入言之王而見之, 齊王大說蘇子.

좋은 말도 백락을 만나지 못하면 아무도 알아주지 않는다.

30-5 소대가 제나라로부터 사람을 시켜 연나라 소왕에게 일러주다
【蘇代自齊使人謂燕昭王】

(1)

소대가 제나라로부터 사람을 시켜 연나라 소왕(昭王)에게 일러주며 말했다.

"신이 제나라와 조나라 사이를 벌려[聞→間] 떨어뜨림으로써 제나라와 조나라가 이미 외롭게 되었는데, 왕께서는 어찌 병사를 내어 제나라를 공격하지 않으십니까? 신이 왕께 청하건대 (제나라를 안에서부터) 약하게 만들겠습니다."

연나라가 이에 제나라를 치고 진(晉) 땅을 공격했다.

蘇代自齊使人謂燕昭王曰: "臣聞離齊趙, 齊·趙已孤矣, 王何不出兵以攻齊? 臣請王弱之." 燕乃伐齊攻晉.

(2)

다른 사람을 시켜 (제나라) 민왕(閔王)에게 일러주며 말했다.

"연나라가 제나라를 공격하는 것은 (연나라 왕 쾌가 잃었던) 옛 땅을 다시 거두고[振=擧=收] 싶어서이며, 연나라 병사가 진(晉) 땅에 머물면서 나아가지 않는 것은 병사가 약하고 계책이 의심스럽기 때문입니다. 왕께서는 어째서 소자(蘇子)에게 영을 내려 연나라에 대응하게 하지 않으십니까? 무릇 소자의 뛰어남으로써 이끌어 약한 연나라에 대응하면 연나라가 깨지는 것은 틀림없고, 연나라가 깨지면 조나라가 감히 말을 듣지 않을 수 없으니, 이는 왕께서 연나라를 깨뜨리고 조나라를 굴복시키는 일입니다."

민왕이 말했다.

"좋다."

이에 소자에게 일러주며 말했다.

"연나라 병사가 진 땅에 있는데, 지금 과인이 병사를 내어 응전하려 하오. 원컨대 그대가 과인을 위해 가서 이끌도록 하시오."

대답하여 말했다.

"신이 군사의 일을 어찌 감당할 수 있겠습니까? 왕께서 이에 고쳐서 거행하십시오. 왕께서 신을 쓰시는 것은, 왕의 병사를 무너지게 해서 신을 연나라로 보내버리는 것입니다. 싸워서 이기지 못하면 구원할(振=救) 방법도 없습니다."

왕이 말했다.

"가시오. 과인은 그대를 알고 있소."

令人謂閔王曰:"燕之攻齊也, 欲以復振古地也. 燕兵在晉不進, 則是兵弱而計疑也. 王何不令蘇子將而應燕乎? 夫以蘇子之賢, 將而應弱燕, 燕破必矣. 燕破則趙不敢不聽, 是王破燕而服趙也." 閔王曰:"善." 乃謂蘇子曰:"燕兵在晉, 今寡人發兵應之, 願子爲寡人爲之將." 對曰:"臣之於兵, 何足以當之, 王其改擧. 王使臣也, 是敗王之兵, 而以臣遺燕也. 戰不勝, 不可振也." 王曰:"行. 寡人知子矣."

(3)

소자가 마침내 장수가 되어 연나라 사람들과 더불어 진 땅 아래서 싸웠는데, 제나라 군대가 무너지고 연나라가 갑병 2만 명의 머리를 얻었다. 소자가 그 남은 병사를 거두어 양성(陽城)을 지키면서, 민왕에게 보고하여 말했다.

"왕께서 잘못 들어 써서 신에게 연나라에 응전하게 하셨습니다. 지금 군대는 지고 죽은 자가 2만 명이니, 신은 작두로 허리를 잘라 죽는 죄[斧質之罪]가 있습니다. 청컨대 스스로 형리[吏=刑吏]에게 돌아가서 주륙형을 받겠습니다."

민왕이 말했다.

"이는 과인의 허물이니, 그대는 죄라 여길 것이 없다."

蘇子遂將, 而與燕人戰於晉下, 齊軍敗. 燕得甲首二萬人. 蘇子收其餘兵,
以守陽城, 而報於閔王曰: "王過擧, 令臣應燕. 今軍敗亡二萬人, 臣有斧
質之罪, 請自歸於吏以戮." 閔王曰: "此寡人之過也, 子無以爲罪."

(4)

다음날 또 연나라에게 양성과 이(貍) 땅을 공격하게 한 뒤, 다시 사
람을 시켜 민왕에게 일러주며 말했다.

"지난 번 제나라가 진(晉) 땅에서는 이기지 못했는데, 이는 용병의
잘못이 아닙니다. 제나라가 운이 없었고, 연나라는 하늘이 내린 운
을 가졌기 때문입니다. 지금 연나라가 다시 양성과 이 땅을 공격하고
있으니, 이는 하늘이 내린 운을 자기의 공으로 여기는 것입니다. 왕께
서는 다시 소자에게 응전하라 시키십시오. 소자가 먼저는 왕의 병사
를 무너지게 했지만, 그 뒤에는 반드시 힘써 이겨서 왕께 보답할 것입
니다."

왕이 말했다.

"좋다."

이에 다시 소자에게 시키자 소자가 굳게 사양했는데, 왕이 들어주
지 않았다. 마침내 (소자가) 장수가 되어 연나라와 더불어 양성에서 싸
웠는데, 연나라 사람들이 크게 이겼으니 얻은 머리가 3만이었다. 이에
제나라 임금과 신하가 (서로) 가깝게 여기지 않았고 백성들의 마음이
떠나갔다. 연나라가 이참에 악의를 시켜서 크게 병사를 일으켜 제나
라를 쳐서 깨뜨렸다.

明日又使燕攻陽城及貍. 又使人謂閔王曰: "日者齊不勝於晉下, 此非兵之過, 齊不幸而燕有天幸也. 今燕又攻陽城及貍, 是以天幸自爲功也. 王復使蘇子應之, 蘇子先敗王之兵, 其後必務以勝報王矣." 王曰: "善." 乃復使蘇子, 蘇子固辭, 王不聽. 遂將以與燕戰於陽城. 燕人大勝得首三萬. 齊君臣不親, 百姓離心. 燕因使樂毅大起兵伐齊, 破之.

제나라 내부에서 소대는 어쩔 수 없이 군대를 맡게 되는 상황을 만든 뒤 패전을 유도해서 제나라의 예봉을 꺾어버렸다.

30-6 소대가 제나라에서 연나라 왕에게 글을 바치다
【蘇代自齊獻書於燕王】

소대가 제나라에서 연나라 왕에게 글을 바쳐서 말했다.

"신이 떠난 것이 정말로 장차 (다른 사람의) 입에 오르내릴 일이라는 것을 알았기 때문에, 그래서 왕을 모시는 사람에게 글을 바치고 떠났습니다. (그 글에) 이르기를, '신이 제나라에서 높아지면 연나라 대부들은 장차 신을 믿지 않을 것이며, 신이 낮아지면 장차 신을 가볍게 여길 것입니다. 신이 쓰이면 장차 신에게 많은 것을 바랄 것이며, 제나라와 잘 지내지 못하면 장차 신에게 죄를 돌릴 것입니다. 천하가 제나라를 공격하지 않으면 장차 말하기를 제나라를 위해 계책을 낸다 할 것이며, 천하가 제나라를 공격하면 장차 제나라와 아울러서 신을 팔아버릴[鄹→賣] 것입니다. 신이 처신하기가 어려운[重=難] 것이 마치 달걀[卯→卵]이 거듭 쌓여 있는 것과 같습니다'라고 했습니다.

그러자 왕께서 신에게 일러주며 말하기를, '나는 반드시 여러 사람 입이나 헐뜯는 말을 들어주지 않을 것이다. 내가 너를 믿으니, 오히려 (그런 자들을) 깎아내고 베어버리겠다. 가장 좋은 것은 제나라에서 쓰이게 되는 것이고, 다음은 아래로부터 믿음을 얻게 되는 것이다. 정말로 죽는 것만 아니라면 너는 하지 못할 것이 없으니, 네가 스스로 믿음을 가지면서 하도록 하라'라고 하셨습니다. 더불어서 말씀하시기를, '연나라를 떠나 제나라로 가는 것을 허락하니, 일을 이루는 것을 기대할 뿐이다'라고 하셨습니다.

신이 영을 받고 제나라를 맡은 지 5년이 되었습니다. 제나라가 여러 차례 병사를 내었지만 일찍이 연나라를 도모한 적은 없습니다. 제나라와 조나라의 교류는 한 번 합쳤다가 한 번 떨어졌다가 하고 있으니, 연나라 왕은 제나라와 더불어 조나라에 대한 모책을 세우거나 아니면 조나라와 더불어 제나라에 대한 모책을 세우거나 할 뿐입니다. 제나라가 연나라에 믿는 것은, (연나라와 접경한) 북쪽 땅을 비운 채로 병사를 움직이는 데까지 이르렀습니다.

지금 왕께서 전벌(田伐)과 삼(參), 거질(去疾)의 말을 믿고 장차 제나라를 공격하려 하시는데, 제나라 놈들[犬馬]에게 연나라(의 계책)에 대해 말하지 못하게 하겠습니다. 또 지금 왕께서 경(慶)으로 하여금 신에게 영을 내려 말하기를 '내가 잘하는 사람을 쓰고 싶다' 하셨는데, 왕께서 정말로 쓰고 싶으시다면 신이 청하건대 왕을 위해 그를 섬기겠습니다만, 왕께서 신을 풀어버리고(釋=釋) 잘하는 사람에게 오로지 (剸=專) 맡기고 싶으신 것이라면 신은 청하건대 돌아가서 일을 풀어버리고자 합니다. 신은 정말로 뵐 수 있었으면 합니다. 이것이 (가슴) 가득한 바람입니다."

蘇代自齊獻書於燕王曰: "臣之行也, 固知將有口事, 故獻御書而行, 曰: '臣貴於齊, 燕大夫將不信臣; 臣賤, 將輕臣; 臣用, 將多望於臣; 齊有不善, 將歸罪於臣; 天下不攻齊, 將曰善爲齊謀; 天下攻齊, 將與齊兼鄮臣. 臣之所重處重卯也.' 王謂臣曰: '吾必不聽衆口與讒言, 吾信汝也, 猶剗刈者也. 上可以得用於齊, 次可以得信於下, 苟無死, 女無不爲也, 以女自信可也.' 與之言曰: '去燕之齊可也, 期於成事而已.' 臣受令以任齊, 及五年. 齊數出兵, 未嘗謀燕. 齊·趙之交, 一合一離, 燕王不與齊謀趙, 則與趙謀齊. 齊之信燕也, 至於虛北地行其兵. 今王信田伐與參·去疾之言, 且攻齊, 使齊犬馬犏而不言燕[21]. 今王又使慶令臣曰: '吾欲用所善.' 王苟欲用之, 則臣請爲王事之. 王欲醳臣剸任所善, 則臣請歸醳事. 臣苟得見, 則盈愿."

다른 사람을 위해 간자가 된 사람은 모두 [소대가 처음에 말한] 이 여섯 걱정을 가지고 있다. 연나라 소왕의 눈 밝음이 아니었다면 하물며 소대도 아마 위태로웠겠구나! 공을 이루어도 오히려 이 여섯 가지를 능히 어찌할 수 없는데, 하물며 다른 사람들은 어떻겠는가? 소대가 가서 제나라를 도모한 것이 정말로 예양이 조나라에 간 것과 다르겠는가! 그 사람이여, 그 사람이여!(鮑本彪謂: 爲人間者, 均有此六患, 非燕昭之明, 代其危哉! 功成矣, 猶不能爲此者, 況他人乎? 代之謀齊, 亦異乎豫讓之於趙矣. 彼哉! 彼哉!)

---

21 포본에는 편(犏)자가 없이 견마(犬馬)로만 되어 있으니, 스스로 제나라를 천시하여 부르는 말이며 또한 연나라의 계책이 새지 않도록 하겠다는 말이다.(鮑本, 無犏字, 犬馬, 言己賤齊爲之也, 又不泄燕之謀.)

30-7 진취가 제나라와 연나라를 합하려 하다【陳翠合齊燕】

(1)

진취(陳翠)가 제나라와 연나라를 합하려고 장차 연나라 왕[噲]의 동생으로 하여금 제나라에 인질로 가게 하자, 연나라 왕이 허락하였다. 태후가 이를 듣고 크게 화를 내며 말했다.

"진공은 다른 사람의 나라를 위할 수 없으면 정말로 바로 그쳐야 할 것인데, 어찌 다른 사름의 아들과 어미를 떼어놓으려 하는가? 늙은 부인네가 뜻대로 하겠다."

陳翠合齊·燕, 將令燕王之弟爲質於齊, 燕王許諾. 太后聞之大怒曰: "陳公不能爲人之國, 亦則已矣, 焉有離人子母者, 老婦欲得志焉."

(2)

진취가 태후를 뵈려고 하는데, 왕이 말했다.

"태후가 바야흐로 그대에게 화가 났으니, 그대는 이에 기다리시오."

진취가 말했다.

"해롭지 않을 것입니다."

마침내 들어가서, 태후를 뵙고 말했다.

"어찌 여위셨습니까?"

태후가 말했다.

"돌아가신 왕께서 주신 기러기나 오리의 남은 음식을 얻어서 의지하고 있으니, 마땅히 여위지는 않았을 것이오. 여윈 까닭은, 공자가 장차 인질로 제나라에 가게 된 것을 걱정하기 때문이오."

陳翠欲見太后, 王曰: "太后方怒子, 子其待之." 陳翠曰: "無害也." 遂入見

太后曰: "何瘓也?" 太后曰: "賴得先王雁鶩之餘食, 不宜瘓. 瘓者, 憂公

子之且爲質於齊也."

(3)

진취가 말했다.

"다른 사람의 주인이 자식을 사랑하는 것이, 벼슬 없는 사람[布衣]

이 심하게 (자식을) 대하는 것만도 못합니다. 한갓 자식을 사랑하지 않

을 뿐만 아니라, 또 다 큰 사내[丈夫]인 아들을 사랑하지 않는 것이 유

독 심하십니다."

태후가 말했다.

"무슨 말인가?"

대답하여 말했다.

"태후께서 따님을 제후에게 시집보내면, 천금으로써 받들고 땅

100리를 주고 나서는 사람의 일이 끝난 것으로 여깁니다.[22] 지금 왕께

서 공자를 봉(封)하기를 바라는데, 여러 관리들이 직분을 붙잡고 뭇 신

하들이 충심을 바치면서 말하기를 '공자는 공이 없으니 마땅히 봉하

지 못합니다'라고 했습니다. 지금 왕께서 공자를 인질로 보내는 것은,

장차 공자가 공을 세우게 되면 그를 봉하려는 까닭입니다. 태후께서

---

22 포표 주: 시집가면 여자의 일이 끝나고, 봉을 받으면 공자의 일이 끝나기 때문이다.(鮑本, 嫁則女
之事畢矣, 封亦公子之終也.)

들어주지 않으시니, 신은 이로써 다른 사람의 주인이 다 큰 사내인 자식을 사랑하지 않음이 유독 심하다는 것을 알았습니다. 태후께서 왕과 더불어 다행히 계시기 때문에 공자가 귀한 대접을 받고 있는데, 장차 태후께서 돌아가신 뒤에 왕께서도 나라와 집안을 버리시는 때가 되어 태자가 자리에 나아가게 되면 공자는 벼슬 없는 신분으로 천해집니다. 그러므로 지금에 이르러 태후께서 왕과 (뜻을) 함께해서 공자를 봉하지 않으면 공자는 몸을 마칠 때까지 봉함을 받을 수 없습니다."

陳翠曰: "人主之愛子也, 不如布衣之甚也. 非徒不愛子也, 又不愛丈夫子獨甚." 太后曰: "何也?" 對曰: "太后嫁女諸侯, 奉以千金, 齎地百里, 以爲人之終也. 今王愿封公子, 百官持職, 群臣效忠, 曰: '公子無功不當封.' 今王之以公子爲質也, 且以爲公子功而封之也. 太后弗聽, 臣是以知人主之不愛丈夫子獨甚也. 且太后與王幸而在, 故公子貴, 太后千秋之後王棄國家, 而太子卽位, 公子賤於布衣. 故非及太后與王封公子, 則公子終身不封矣!"

(4)

태후가 말했다.

"늙은 부인네가 덕망 있는 어른[長者]의 계책을 알지 못했습니다."

마침내 공자에게 명을 내려 수레를 묶고 옷을 만들어서 떠날 차비를 하도록 했다.[23]

---

23 포본에서 보충하여 말한다: 이 글은 「조책(趙策)」 4, 21–18 '조나라 태후가 새롭게 조정 일을 맡다(趙太后新用事)'에 나오는, 촉섭(觸讋)이 조나라 위후(威后)에게 간하는 내용과 비슷하다. 「전국책」에 실린 것들은 이와 같은 일들이 많다.(鮑本補曰: 此與觸讋諫趙威后同, 戰國所載事多如

太后曰: "老婦不知長者之計." 乃命公子束車制衣爲行具.

자식을 품에 끼고 있는 것이 아끼는 것이 아니라, 부모 사후에도 잘살 수 있도록 공을 세우게 해야 한다.

30-8 연나라 소왕이 장차 천하와 함께 제나라를 치고자 하다
【燕昭王且與天下伐齊】

연나라 소왕(昭王)이 장차 천하와 함께 제나라를 치고자 했다. 제나라 사람 중에 연나라에서 벼슬하는 사람이 있었는데, 소왕이 불러 그에게 일러주며 말했다.

"과인이 장차 천하와 함께 제나라를 치고자 하는데, 아침저녁 사이에 명령을 낼 것이다. 그대가 반드시 이를 (막기 위해) 간쟁하라(爭之). 간쟁했는데 들어주지 않으면, 그대는 이참에 떠나서 제나라로 가라. 과인이 다시 합하고 화평할 때가 있으면 장차 그대를 통하여 제나라를 처리하겠다."

이때를 맞이하여 연나라와 제나라는 둘이 같이 설 수 없었지만, 언제나 오직 다시 거두고 싶어 하는 (소왕의) 뜻은 이와 같았다.

燕昭王且與天下伐齊, 而有齊人仕於燕者, 昭王召而謂之曰: "寡人且與天下伐齊, 旦暮出令矣. 子必爭之, 爭之而不聽, 子因去而之齊. 寡人有時

此.)

復合和也, 且以因子而事齊." 當此之時也, 燕·齊不兩立, 然而常獨欲有

復收之之志若此也.

사후 처리를 위해 미리 중간 역할을 할 수 있는 인물을 준비시킨 것이다.

30-9 연나라에 기근이 들자 조나라가 장차 치려고 하다【燕饑趙將伐之】

연나라에 기근이 들자, 조나라가 장차 치려고 하였다. 초나라[楚→趙?][24]가 장군을 시켜 연나라에 가게 하였는데, 위나라를 지나다가 조회(趙恢)를 만났다. 조회가 말했다.

"재앙이 이르지 않도록 막는 것이 재앙을 구원하는 것보다 쉽습니다. (월나라를 없애어 오나라의 화근을 없애자던) 오자서(伍子胥)와 (虞나라 대부인) 궁지기(宮之奇)가 쓰이지 않고, (재앙이 닥친 후에야 구원한 鄭나라 대부) 촉지무(燭之武)와 (조나라 대신인) 장맹담(張孟談)은 큰 상을 받았습니다. 그렇기 때문에 모책을 내는 자는 모두 재앙을 없애는 길에 대해 일을 하지만, 그래도 먼저 재앙이 이르지 않도록 막아야 합니다.

지금 내가 백금(百金)을 주고 공을 보내는 것은 말을 해주는 것만 못합니다. 공은 내 말을 듣고 조나라 왕을 설득하여 말하기를, '옛날 오나라가 제나라를 친 것은 그 기근 때문이었는데, 제나라를 쳤지만 미처 끝내 이기지 못했고 약한 월나라가 그 너덜너덜해진 틈을 올라

---

24 글의 맥락으로 볼 때 초나라가 연나라로 장군을 보냈다가 그 사람이 다시 단독으로 조나라 왕을 만난다는 것은 사리에 맞지 않다. 초나라가 아니라 조나라로 보아, 연나라를 치기 위해 미리 정찰을 간 것이라고 여기는 편이 타당할 것이다.

타서 패자가 되었습니다. 지금 왕께서 연나라를 치려는 것 또한 그 기근 때문인데, 친다 해도 미처 이기지 못하게 되면 반드시 강한 진나라가 장차 병사를 가지고 왕의 서쪽을 올라타게(承=乘) 될 것입니다. 이는 약한 조나라를 강한 오나라의 입장으로 만들고, 강한 진나라를 약한 월나라가 패자로 될 수 있었던 입장으로 만들 것입니다. 원컨대 왕께서는 충분히 헤아리길 바랍니다'라고 하십시오."

사자가 이로써 조나라 왕을 설득하니, 조나라 왕이 크게 기뻐하며 그치게 하였다. 연나라 소왕이 이를 듣고는 (조회에게) 땅을 주어 봉해 주었다.²⁵

燕饑, 趙將伐之. 楚使將軍之燕, 過魏, 見趙恢. 趙恢曰: "使除患無至, 易於救患. 伍子胥·宮之奇不用, 燭之武·張孟談受大賞. 是故謀者皆從事於除患之道, 而先使除患無至者. 今予以百金送公也, 不如以言. 公聽吾言而說趙王曰: '昔者吳伐齊, 爲其饑也, 伐齊未必勝也, 而弱越乘其弊以霸. 今王之伐燕也, 亦爲其饑也, 伐之未必勝, 而强秦將以兵承王之西, 是使弱趙居强吳之處, 而使强秦處弱越之所以霸也. 願王之熟計之也.'" 使者乃以說趙王, 趙王大悅, 乃止. 燕昭王聞之, 乃封之以地.

조나라가 눈앞의 이익만 보고 연나라를 노리고 있으나, 만일 이기지 못했을 때 뒤쪽에서 진나라가 노리면 큰일이 난다. 일이 벌어지기 전에 막아야지, 일이 벌어진 후 막는 것은 모책을 내는 사람이 할 일이 아니다.

---

25 포표 주: 회를 봉한 것이다. 회는 대개 조나라에서 위나라의 벼슬을 살면서 연나라를 위하던 사람인데, 연나라를 위하는 것 또한 위나라를 위해서였다.(鮑本, 封恢也. 恢蓋趙之仕魏而爲燕者, 爲燕亦所以爲魏也.)

30-10 창국군 악의가 연나라 소왕을 위해 다섯 나라의 병사를 합하다

【昌國君樂毅爲燕昭王合五國之兵】

(1)

창국군(昌國君) 악의(樂毅)가 연나라 소왕(昭王)을 위해 다섯 나라의 병사를 합하여, 제나라를 쳐서 70여개 성을 떨어뜨리고 군과 현을 남김없이 연나라에 속하게 했다. 3개 성[聊, 即墨, 莒]이 아직 떨어지지 않았는데 연나라 소왕이 죽었다. 혜왕(惠王)이 자리에 나아갔는데, 제나라 사람들의 반간계[反間] 때문에[用=以] 악의를 의심하여 기겁(騎劫)에게 대신 이끌게 하였다. 악의가 급히 달아나 조나라에 다다르니, 조나라가 봉하여 망제군(望諸君)으로 삼았다. 제나라 전단(田單)이 기겁을 거짓으로 속여서 끝내 연나라 군대를 무너뜨리고, 떨어진 70여 성을 거두어 다시 제나라로 돌려놓았다. 연나라 왕이 뉘우치면서도, 연나라가 너덜너덜해진 틈을 이어받아 조나라가 악의를 써서 연나라를 칠까 두려워하였다.

> 昌國君樂毅爲燕昭王合五國之兵而攻齊, 下七十餘城, 盡郡縣之以屬燕. 三城末下, 而燕昭王死. 惠王即位, 用齊人反間, 疑樂毅, 而使騎劫代之將. 樂毅奔赴趙, 趙封以爲望諸君. 齊田單欺詐騎劫, 卒敗燕軍, 復收下七十城以復齊. 燕王悔, 懼趙用樂毅承燕之弊以伐燕.

(2)

연나라 왕이 사람을 시켜 악의를 꾸짖고 또한 사과하며 말했다.

"돌아가신 왕(先生)께서 나라를 들어 장군에게 맡겼고, 장군이 연나라를 위해 제나라를 깨뜨려서 돌아가신 왕의 원수를 갚으니 천하가 흔들리고 움직이지 않을 수가 없었는데, 과인이 어찌 감히 하루라도 장군의 공을 잊을 수 있겠소! 마침 돌아가신 왕께서 뭇 신하들을 버리시자[棄=薨] 과인이 새로 자리에 나아갔는데, 좌우에서 과인을 잘못 인도했소. 과인이 기겁에게 장군을 대신하게 한 것은, 장군이 오랫동안 바깥에서 이슬을 맞았기 때문에 불러들여 장차 쉬면서 일을 헤아리게 하고자 한 것이오. 장군이 잘못 듣고서 과인과 틈이 생겼고, 마침내 연나라를 버리고 조나라로 돌아갔소. 장군이 스스로 헤아려보면 알 것이니, 정말로 어떻게 돌아가신 왕께서 장군을 대우하신 뜻을 갚으려 하시오?"

燕王乃使人讓樂毅, 且謝之曰: "先生擧國而委將軍, 將軍爲燕破齊, 報先王之讎, 天下莫不振動, 寡人豈敢一日而忘將軍之功哉! 會先王棄群臣, 寡人新卽位, 左右誤寡人. 寡人之使騎劫代將軍者, 爲將軍久暴露於外, 故召將軍且休計事. 將軍過聽, 以與寡人有隙, 遂捐燕而歸趙. 將軍自爲計則可矣, 而亦何以報先王之所以遇將軍之意乎?"

(3)

망제군(望諸君=악의)이 이에 사람을 시켜 글을 바쳐 연나라 왕에게 대답하여[報] 말했다.

"신이 재주가 없는 탓에 돌아가신 왕의 가르침을 받들어 이어서 좌우의 마음에 고분고분하지 못하고 작두로 허리를 잘릴 죄[斧質之罪]에 걸려들었습니다. 이 때문에 돌아가신 왕의 눈 밝음을 해치고 또 족하의 마땅함에 해를 입힐까 두려워, 그래서 숨어 도망쳐서 조나라로 급히 달아났습니다. 스스로 능력이 모자란 죄를 짊어지려다 보니 감히 떠난다는 말도 하지 못했습니다. 지금 왕께서 사자를 시켜 죄를 꾸짖으시는데, 신은 옆에서 모시던 사람들이 돌아가신 왕께서 신을 기르고 총애하신 이치를 살피지 못하고, 또한 신이 돌아가신 왕을 섬겼던 마음을 아뢰지 못할까 두렵습니다. 그래서 감히 글로써 대답합니다.

望諸君乃使人獻書報燕王曰: "臣不佞, 不能奉承先王之敎, 以順左右之心, 恐抵斧質之罪, 以傷先王之明, 而又害於足下之義, 故循逃奔趙. 自負以不肖之罪, 故不敢爲辭說. 今王使使者數之罪, 臣恐侍御者之不察先王之所以畜幸臣之理, 而又不白於臣之所以事先王之心, 故敢以書對.

(4)

신이 듣기에, 뛰어나고 빼어난 임금은 녹(祿)을 가까운 사람에게 사사롭게 주지 않고 공이 많은 사람에게 주며, 벼슬을 아끼는 자에게 따르게 하지 않고 능히 감당할 자에게 있게 합니다. 그러므로 능히 살펴서 벼슬을 주는 사람은 공을 이루는 임금이며, 행실을 평가하여 교분을 맺는 사람은 이름을 세우는 선비입니다. 신이 배운 바를 가지고 살펴보면, 돌아가신 왕께서 들어서 쓰시는(擧錯) 것은 세상을 높이려는 마음이 있었기 때문에, 그래서 위나라 왕께 (관을 통과하는) 부절을 빌려 제 몸으로 연나라를 살필 수 있었습니다. 돌아가신 왕께서 지나치게 들어 쓰시는 바람에 빈객 가운데서 뽑혀서 뭇 신하들 위에 세워졌으니, (왕실의) 어른[父兄]과 의논하지 않고 신을 아경(亞卿)이 되게 하셨습니다. 신 또한 스스로 영을 받들어 가르침을 잇는다면 가히 뜻하지 않은 죄는 없을 것이라고 여겨서, 그래서 명을 받고 사양하지 못했습니다.

臣聞賢聖之君, 不以祿私其親, 功多者授之; 不以官隨其愛, 能當者處
之. 故察能而授官者, 成功之君也; 論行而結交者, 立名之士也. 臣以所
學者觀之, 先王之擧錯, 有高世之心, 故假節於魏王, 而以身得察於燕.
先王過擧, 擢之乎賓客之中, 而立之乎群臣之上, 不謀於父兄, 而使臣爲
亞卿. 臣自以爲奉令承教, 可以幸無罪矣, 故受命而不辭.

(5)
돌아가신 왕께서 제게 명하시며 말하기를 '내가 제나라에 원한이
쌓이고 노여움이 깊어서, (연나라가) 가볍고 약한 것을 헤아리지 않고
(곧장) 제나라를 (도모하는 것을) 일로 삼고 싶다' 하시니, 신이 대답하여
말했습니다.

'무릇 제나라는 패자의 나라로서 남아있는 가르침과 내달려 싸워
이겼던 일들이 아직 남아 있어서, 병기와 갑주에 법도가 있고 싸워서
공격하는 데 익숙합니다. 왕께서 만약 공격하고 싶으면 반드시 천하를
들어서 도모해야 합니다. 천하를 들어 도모하는 데에는 조나라와 맺
는 것보다 지름길이 없습니다. 장차 또 회수 북쪽의 송나라 땅은 초나
라와 위나라가 모두 바라는 곳입니다. 조나라가 만약 허락하면 초나라
와 위나라와 맺고서 송나라로 하여금 남김없이 힘을 다하게 해서, 네
나라가 공격하면 제나라를 가히 크게 깨뜨릴 수 있을 것입니다.'

돌아가신 왕께서 말하기를, '좋다'라고 해서, 신이 이에 명령을 받
고 부절을 갖추어서 남쪽으로 조나라에 사신을 갔습니다. 되돌아와
서 받은 명령에 대해 보고한 뒤 병사를 일으켜서 줄을 지어 제나라를

공격하자, 하늘의 도리와 돌아가신 왕의 영명함으로 인해 하수 북쪽의 땅이 돌아가신 왕을 따라 들려졌습니다. 또 제수[濟] 주변을 가지게 되었으니, 제수 주변의 군대가 영을 받들어 제나라를 쳐서 크게 이겼습니다. 날랜 병졸과 날카로운 병사들이 오랫동안 내달려 (제)나라에 이르자, 제나라 왕은 숨어서 거(莒) 땅으로 겨우 몸만 벗어난 채 달아났습니다. 이에 구슬과 옥, 재보, 수레와 갑주, 진기한 기물을 남김없이 거두어 연나라로 들어갔습니다. (제나라 鐘인) 대려(大呂)를 원영궁[元英]에 늘어놓고 옛날 (빼앗겼던) 쇠솥[鼎]을 역실궁[歷室]에 되돌려 놓고 제나라 기물을 영대(寧臺)에 두었으며, 계구(薊丘)의 나무들을 (옮겨서) 문수[汶] 주변 대나무 숲[皇→篁]에 심었습니다. 오패(五伯)에서부터 지금까지 그 공업이 돌아가신 왕에 미치는 사람은 없었습니다.

　선왕이 그 뜻을 채웠다고 여기시어, 신이 명을 무너뜨리지 않았다고 해서 땅을 찢어 거기에 봉해주시니 작은 나라 제후와 견줄 만큼 해주셨습니다. 신이 재주가 없지만, 스스로 영을 받들고 가르침을 이으면 가히 뜻하지 않은 죄는 없을 것이라고 여겨서, 그래서 명을 받고 사양하지 못했습니다.

先王命之曰: '我有積怨深怒於齊, 不量輕弱, 而欲以齊爲事.' 臣對曰: '夫齊霸國之餘教也, 而驟勝之遺事也, 閑於兵甲, 習於戰攻. 王若欲攻之, 則必擧天下而圖之. 擧天下而圖之, 莫徑於結趙矣. 且又淮北·宋地, 楚·魏之所同愿也. 趙若許, 約楚·魏, 宋盡力, 四國攻之, 齊可大破也.' 先王曰: '善.' 臣乃口受令, 具符節, 南使臣於趙. 顧反命, 起兵隨而攻齊. 以天之道, 先王之靈, 河北之地, 隨先王擧而有之於濟上. 濟上之軍奉令擊齊, 大勝之. 輕卒銳兵, 長驅至國. 齊王逃遁走莒, 僅以身免. 珠玉財寶,車甲珍器, 盡收入燕. 大呂陳於也元英, 故鼎反於歷室, 齊器設於寧臺. 薊丘之植, 植於汶皇. 自五伯以來, 功未有及先王者也. 先王以爲愜其志, 以臣爲不頓命, 故裂地而封之, 使之得比乎小國諸侯. 臣不佞, 自以爲奉令承教, 可以幸無罪矣, 故受命而弗辭.

(6)

신이 듣기에, 뛰어나고 눈 밝은 임금은 공을 세우면 폐하지 않기 때문에 『춘추』에 드러나고, 일찍 깨우친 선비는 이름을 이루면 더럽혀지지 않기 때문에 뒷세상에서 칭찬을 한다고 합니다. 저 돌아가신 왕께서는 원한을 갚고 부끄러움을 씻어내어 만승의 강한 나라를 없애 버리고 800년 동안 쌓아올린 것을 거둬들였으며, 여러 신하를 버리시는 날에 이르러서는 마지막 명령으로 조서를 내려, 뒤에 잇는 자에게는 남겨놓은 마땅함으로 가게 하셨고 다스림을 맡고 일을 하는 신하에게는 능히 법령을 따르고 벼슬 없는 백성과 천한 자들을 고분고분하게 만들며 시혜가 백성과 노비들에게까지 미치게 하셨으니, 모두 가히 후세에 가르침으로 여길 만합니다.

臣聞賢明之君, 功立而不廢, 故著於春秋; 蚤知之士, 名成而不毁, 故稱於後世. 若先王之報怨雪恥, 夷萬乘之強國, 收八百歲之蓄積, 及至棄群臣之日, 餘令詔後嗣之遺義, 執政任事之臣, 所以能循法令, 順庶孽者, 施及萌隷, 皆可以敎於後世.

(7)

신이 듣기에, 일을 잘 일으키는 사람이 반드시 잘 이루어내는 것은 아니며 처음에 잘하는 자가 반드시 끝을 잘 맺는 것은 아니라고 했습니다. 옛날 오자서(五子胥)는 자신의 말을 합려가 들어주었기에 오나라 왕이 멀리 (초나라 도읍인) 영(郢)에 이르기까지 자취를 남길 수 있게 했지만, 부차(夫差)는 그렇지 못했기에 (오자서는 죽어서) 말가죽으로 싼 통[鴟夷]에 담겨서 강에 띄워 보내졌습니다. 오나라 왕 부차는 먼저 의논하는 것이 공을 세울 수 있다는 것을 깨우치지 못했기 때문에 오자서를 빠뜨리고도 뉘우치지 않았고, 오자서는 임금이 (그의 아버지와) 같은 역량이 없다는 것을 일찍 깨닫지 못했기 때문에 강에 들어가면서도 고치지 못했습니다.

무릇 (죄가) 몸에서 벗어나고 공을 온전히 해서 돌아가신 왕의 자취를 밝히는 것이 신의 으뜸가는 계책이고, 헐뜯고 욕된 비방을 만나 돌아가신 왕의 이름을 떨어뜨리는 것이 신이 가장 걱정하는 바입니다. 예측 못한 죄에 맞부딪치고도 요행으로 이롭게 되는 것은 마땅함으로 볼 때 감히 하지[出] 못할 바입니다.

臣聞善作者, 不必善成; 善始者, 不必善終. 昔者五子胥說聽乎闔閭, 故吳王遠跡至於郢. 夫差弗是也, 賜之鴟夷而浮之江. 故吳王夫差不悟先論之可以立功, 故沉子胥而不悔. 子胥不蚤見主之不同量, 故入江而不改. 夫免身全功, 以明先王之跡者, 臣之上計也. 離毀辱之非, 墮先王之名者, 臣之所大恐也. 臨不測之罪, 以幸爲利者, 義之所不敢出也.

(8)

신이 듣기로, 옛날에 군자는 교분을 끊을 때 나쁜 소리를 내지 않으며 충신은 떠날 때 자기 이름이 깨끗하다고 하지[26] 않는다고 했습니다. 신이 비록 재주가 없지만 여러 차례 군자의 가르침을 받들었습니다. 옆에서 모시는 자들의 가까운 좌우의 말만 듣고 서먹서먹하고 거리가 먼 사람의 행실을 살피지 않을까 두려워서, 그래서 감히 글로써 대답을 드리니 오직 임금께서는 마음에 두시기 바랍니다."

臣聞古之君子, 交絶不出惡聲; 忠臣之去也, 不潔其名. 臣雖不佞, 數奉敎於君子矣. 恐侍御者之親左右之說, 而不察疏遠之行也. 故敢以書報, 唯君之留意焉."

악의가 혜왕에게 쫓겨났다가 다시 부름을 당하자, 자기를 알아주는 선왕 밑에서는 공을 세웠지만 자기를 알아주지 않고 내치는 사람 밑에서는 자기 몸을 온전히 보전할 수 없다고 여겨서 사양하는 글을 올렸다.

30-11 누군가가 연나라 왕에게 글을 바치다【或獻書燕王】

(1)

누군가가 연나라 왕에게 글을 바쳤다.

"왕께서는 스스로를 믿지 못하여, 이름이 낮아지는 것도 꺼려하지 않고 강한 나라를 섬기고 있습니다. 강한 나라를 섬겨서 가히 나라를 편안하고 오랫동안 기를 수 있다면 만 대[世]의 좋은 계책이지만, 강한

---

26 포표 주: 임금을 헐뜯으면서 스스로만 깨끗하다고 하는 것이다.(鮑本, 毁其君而自潔.)

나라를 섬기면서도 가히 만 대까지 이르지 못한다면 약한 나라와 합하는 것만 못합니다. 장차 어찌하여 약한 나라끼리 합하면서도 하나같을 수는 없는지, 이것이 신이 산동(山東)에 있는 나라들을 위해 고민하는 바입니다.

> 或獻書燕王: "王而不能自恃, 不惡卑名以事強. 事強, 可以令國安長久, 萬世之善計. 以事強而不可以爲萬世, 則不如合弱, 將奈何合弱而不能如一, 此臣之所爲山東苦也.

(2)
비목(比目)이란 물고기는 서로를 얻지 못하면 다닐 수가 없기 때문에, 옛 사람들은 부르기를 둘이 합하여 마치 하나처럼 한다고 했습니다. 지금 산동(山東)에서 약한 나라가 합하여 마치 하나같이 할 수 없다면, 이는 산동의 지혜가 물고기보다 못한 것입니다.

또 수레를 끄는 사람[士]이 수레를 끌어당기는 일에 비유하면, 3명이 끌지 못하면 2명을 찾아 5명으로 만들면 수레는 그로 인해 끌려가게 됩니다. 지금 산동의 세 나라는 약해서 진나라를 대적할 수 없으니, 두 나라를 찾으면 그참에 진나라를 이길 수 있습니다. 그런데도 산동은 서로 찾는 일에 이르지 못하니, 지혜가 정말로 수레를 끄는 사람만 못합니다.

오랑캐[胡]와 월나라 사람이 함께하면 서로 말을 몰라서 뜻이 통하지 않지만, 같은 배를 타고 파도를 넘어가며 서로 구원하고 도와주는 지경이 되면 마차 하나처럼 됩니다. 지금 산동이 서로 같이함이 마치 같은 배를 타고 건너는 것과 같으나, 진나라 병사가 이르게 되면 서로 구원하고 도와주는 것이 하나처럼 되지 못하니, 지혜가 정말로 오랑캐 [胡]와 월나라 사람만 못합니다.

(앞에서 말한) 세 가지 일은 사람이 능히 할 수 있는 바인데도 산동의 주인들은 끝내 깨닫지 못하고 있습니다. 이것이 신이 산동에 있는 나라들을 위해 괴로워하는 바입니다. 원컨대 대왕께서는 충분히 헤아려주십시오.

比目之魚, 不相得則不能行, 故古之人稱之, 以其合兩而如一也. 今山東合弱而不能如一, 是山東之知不如魚也. 又譬如車士之引車也, 三人不能行, 索二人, 五人而車因行矣. 今山東三國弱而不能敵秦, 索二國, 因能勝秦矣. 然而山東不致相索, 智固不如車士矣. 胡與越人, 言語不相知, 志意不相通, 同舟而凌波, 至其相救助如一也. 今山東之相與也, 如同舟而濟, 秦之兵至, 不能相救助如一, 智又不如胡·越之人矣. 三物者, 人之所能爲也, 山東之主遂不悟, 此臣之所爲山東苦也. 願大王之熟慮之也.

(3)

산동이 서로 합하게 되면 (합종하려고) 가는 임금은 이름이 낮아지지 않고, 가는 나라는 가히 오래도록 보존할 수 있으며, 가는 병사들은 병사를 내어 한나라와 양나라의 서쪽 변방을 지켜주니, 이것이 연나라의 으뜸가는 계책입니다. 이를 급하게 하지 않으면, 나라는 반드시 위태로워지고 임금은 틀림없이 크게 걱정하게 됩니다. (그런데) 지금은 한나라, 양나라, 조나라 세 나라가 합해서 삼진이 단단한 것을 보면 진나라는 반드시 남쪽으로 내려가서 초나라를 벌하게 되는데, 조나라는 진나라가 초나라를 치는 것을 보고서는 슬프게도 북쪽으로 가서 연나라를 공격할 것입니다.

일에는 정말로 형세는 다르지만 근심은 같은 것이 있습니다. 진나라가 오랫동안 한나라를 치자 (조나라가 그 틈에 공격하여) 중산이 망했으니, 지금 오랫동안 초나라를 공격하면 연나라는 틀림없이 망할 것입니다. 신이 몰래 왕을 위해 헤아려보면, 병사를 남쪽으로 보내 삼진과 합해서 한나라와 양나라의 서쪽 변방을 지키기로 약속을 맺는 것만 못합니다. 산동이 이렇게 함으로써 단단하게 할 수 없다면, 이에 반드시 모두 망합니다."

연나라가 과연 병사를 남쪽으로 보내어 삼진과 합하였다.

山東相合, 之主者不卑名, 之國者可長存, 之卒者出士以戌韓·梁之西邊, 此燕之上計也. 不急爲此, 國必危矣, 主必大憂. 今韓·梁·趙三國以合矣, 秦見三晉之堅也, 必南伐楚. 趙見秦之伐楚也, 悲北攻燕. 物固有勢異而患同者. 秦久伐韓, 故中山亡; 今久伐楚, 燕必亡. 臣竊爲王計不如以兵南合三晉, 約戌韓·梁之西邊. 山東不能堅爲此, 此必皆亡." 燕果以兵南合三晉也.

자신이 부족하고 모자라면 찾아서 힘을 더하는 것, 큰일에 서로 돕는 것은 능히 할 수는 있어도 막상 행하게 되면 어렵지만, 진나라에 맞서 살기 위해서는 반드시 합종을 해야 한다.

30-12 손님이 연나라 왕에게 일러주다【客謂燕王】

(1)

손님이 연나라 왕에게 일러주며 말했다.

"제나라가 남쪽으로 내려가서 초나라를 깨뜨렸고, 서쪽으로 가서 진나라를 굴복시켰으며, 한나라, 위나라의 병사를 쓰고 연나라와 조나라의 무리를 말채찍[鞭策]으로 부리듯 하고 있습니다. 제나라로 하여금 북쪽을 바라보고 연나라를 치게 하면 비록 5개의 연나라라도 당해낼 수 없습니다. 왕께서는 어찌 몰래 사자를 내보내고 유세하는 선비[游士]를 흩어내어 제나라 병사를 넘어뜨리고 그 무리를 너덜너덜하게 해서 대대로 걱정이 없게 만들지 않습니까?"

연나라 왕이 말했다.

"과인에게 5년만 얻어준다면 과인이 뜻을 얻을 수 있소."

소자가 말했다.

"청컨대 왕께 10년을 얻어드리겠습니다."

연나라 왕이 기뻐하며 소자에게 수레 50승을 받들게 하여, 남쪽으로 가서 제나라에 사신으로 가게 했다.

客謂燕王曰: "齊南破楚, 西屈秦, 用韓·魏之兵, 燕·趙衆, 猶鞭策也. 使齊北面伐燕, 即雖五燕不能當. 王何不陰出使, 散游士, 頓齊兵, 弊其衆, 使世世無患." 燕王曰: "假寡人五年, 寡人得其志矣." 蘇子曰: "請假王十年." 燕王說, 奉蘇子車五十乘, 南使於齊.

(2)

(소자가) 제나라 왕에게 일러주며 말했다.

"제나라가 남쪽으로 내려가서 초나라를 깨뜨렸고, 서쪽으로 가서 진나라를 굴복시켰으며, 한나라, 위나라의 병사를 쓰고 연나라와 조나라의 무리를 말채찍[鞭策]으로 부리듯 하고 있습니다. 신이 듣기에, 지금 세상에 일어서는[擧=興起] 왕은 반드시 사나움을 주벌하고 어지러움을 바로잡으며 도리가 없는 자를 들어내고 마땅하지 않은 자를 공격한다고 합니다.

지금 송나라 왕은 하늘에 대고 활을 쏘고 땅에 매질하면서 쇳물을 부어 제후의 모습을 만들어서 측간 가는 길 옆[屛廁]에 세워두고는 그 팔을 잡아 빼고 그 코를 튕기고 있으니, 이것은 천하에서 도리가 없고 마땅하지 않은 일입니다. 그런데도 왕께서 치지 않으니, 왕의 이름은 끝내 이루어지지 못할 것입니다. 또 저 송나라는 중국의 기름지고 비옥한 땅으로서 이웃나라의 백성도 머무는 곳이니, 연나라에서 100리을 얻는 것이 송나라에서 10리를 얻는 것보다 못합니다. 명분은 마땅함이지만 실상은 이로움인데, 왕께서는 어째서 하려고 하지 않습니까?"

제나라 왕이 말했다.

"좋다."

드디어 병사와 더불어 송나라를 쳐서 송나라를 세 번 뒤엎으니, 송나라가 마침내 들어내어졌다.

謂齊王曰: "齊南破楚, 西屈秦, 用韓·魏之兵, 燕·趙之衆, 猶鞭策也. 臣聞當世之擧王, 必誅暴正亂, 擧無道, 攻不義. 今宋王射天笞地, 鑄諸侯

之象, 使侍屛偃, 展其臂, 彈其鼻, 此天下之無道不義, 而王不伐, 王名終
不成. 且夫宋, 中國膏腴之地, 鄰民之所處也, 與其得百里於燕, 不如得
十里於宋. 法認真, 名則義, 實則利, 王何爲弗爲?" 齊王曰: "善." 遂與兵
伐宋, 三覆宋, 宋遂擧.

(3)

연나라 왕이 이를 듣고는 제나라와 교분을 끊은 뒤 천하의 병사를
이끌고 제나라를 쳐서, 큰 싸움 한 번, 작은 싸움 두 번에 제나라를 넘
어뜨리고 그 이름을 이루었다. 그러므로 말하기를, "그 강함을 말미암
아서 (더욱) 강하게 해주면 이에 꺾을 수 있고, 그 넓음을 말미암아서
(더욱) 넓게 해주면 이에 이지러뜨릴 수 있다"라고 하였다.

> 燕王聞之, 絶交於齊, 率天下之兵以伐齊, 大戰一, 小戰再, 頓齊國, 成其
> 名. 故曰: "因其強而強之, 乃可折也; 因其廣而廣之, 乃可缺也."

**제나라의 탐욕을 부추겨 송나라를 치게 함으로써 천하가 공격할 수 있는 명분을 만
든 것이다.**

30-13 조나라가 장차 연나라를 치려 하다 【趙且伐燕】

조나라가 장차 연나라를 치려고 하였는데, 소대가 연나라 왕을 위
해 (조나라) 혜왕에게 일러주며 말했다.

"지금 신이 오면서 역수를 지나는데, 펄조개[蚌蛤]가 바야흐로 (물

밖으로) 나와서 햇볕에 드러나 있었습니다. 도요새[鷸]가 그 살을 쪼아 먹으려 하자, 펄조개가 입을 닫아서 그 부리[喙]를 물어버렸습니다. 도요새가 말하기를 '오늘 비가 오지 않고 내일 비가 오지 않으면 바로 펄조개는 죽게 된다'라고 하자, 펄조개 또한 도요새에게 일러주며 말했습니다. '오늘도 (부리를 풀어) 내주지 않고 내일도 내주지 않으면 죽는 것은 바로 도요새이다.' 둘 다 기꺼이 놓으려 하지 않았는데, 어부가 아울러 얻어서 잡아버렸습니다.

지금 조나라가 장차 연나라를 쳤는데 연나라와 조나라가 서로 오랫동안 버티게 되면, 이로써 많은 사람들을 너덜너덜해지게 만들 것입니다. 신은 강한 진나라가 어부가 될까 걱정됩니다. 그러므로 원컨대, 왕께서는 충분히 헤아려 주십시오."

혜왕이 말했다.

"좋소."

이에 멈췄다.

趙且伐燕, 蘇代爲燕王謂惠王曰: "今者臣來, 過易水, 蚌方出曝, 而鷸啄其肉, 蚌合而鉗其喙. 鷸曰: '今日不雨, 明日不雨, 即有死蚌.' 蚌亦謂鷸曰: '今日不出, 明日不出, 即有死鷸.' 兩者不肯舍, 漁者得而并禽之. 今趙且伐燕, 燕·趙久相支, 以弊大衆, 臣恐強秦之爲漁父也. 故愿王之熟計之也." 惠王曰: "善." 乃止.

어부지리(漁父之利)의 고사로, 조나라와 연나라가 싸우면 진나라에게 좋은 일만 시키는 일이 된다는 뜻이다.

30-14 제나라와 위나라가 연나라를 두고 다투다【齊魏爭燕】

제나라와 위나라가 연나라를 두고 다퉜다. 제나라가 연나라 왕에게 일러주며 말했다.

"내가 조나라를 얻겠소."

위나라 또한 연나라 왕에게 일러주며 말했다.

"내가 조나라를 얻겠소."

연나라가 결정할 수 없어서, 그래서 미처 가야 할 바를 정하지 못했다. 소자(蘇子=蘇代)가 연나라 재상에게 일러주며 말했다.

"신이 듣기에, 말을 낮추고 폐백이 무거우면 천하를 잃는 사람이 되고, 말을 갖추고 폐백이 엷으면 천하를 얻는 사람이 된다고 했습니다. 지금 위나라가 말이 갖춰지고 폐백이 엷습니다."

연나라가 이로 인해 위나라와 합하였고, 이에 조나라를 얻게 되자 제나라가 드디어 북쪽으로 돌아갔다

齊·魏爭燕. 齊謂燕王曰: "吾得趙矣." 魏亦謂燕王曰: "吾得趙矣." 燕無以決之, 而未有適予也. 蘇子謂燕相曰: "臣聞辭卑而幣重者, 失天下者也; 辭俱而幣薄者, 得天下者也. 今魏之辭俱而幣薄." 燕因合於魏, 得趙, 齊逐北矣.

소자는 제나라가 원수이고 연나라 또한 제나라가 원수이니, 당연히 위나라와 손잡아야 하지 않겠는가?

연책 3
燕策

31-1 제나라, 한나라, 위나라가 같이 연나라를 공격하다【齊韓魏共攻燕】

제나라, 한나라, 위나라가 같이 (연나라 惠王 때에) 연나라를 공격하자, 연나라가 태자를 시켜 초나라에 구원을 청하였다. 초나라 왕이 경양(景陽)을 장수로 삼아 구원하게 했다. 저녁에 막사를 만들고자 좌우 사마(司馬)에게 명하여 진영[營]별로 땅에 벽을 세운 뒤 끝나고 나면 (부대별로) 표식을 세워두게 했는데, 경양이 화를 내며 말했다.

"진영을 세운 곳은 물이 모두 이르면 표식까지 잠길[滅=沒] 것이다. 이것이 어찌 막사가 될 수 있느냐!"

마침내 진영을 옮겼다. 다음날 큰비가 오자 산에서 물이 크게 쏟아져서, 진영을 세웠던 곳은 물이 모두 표식까지 잠겼다. 군리들이 이에 복종하게 되었다. 그런데 (초나라는) 마침내 연나라를 구원하지 않고 위나라 옹구(邑丘)를 공격해서, 이를 취하게 되자 송나라에게 주었다. 세 나라가 두려워 마침내 병사를 풀었다.

위나라 군대가 서쪽에 있고 제나라 군대가 동쪽에 있어서, 초나라 군대는 돌아가고 싶었으나 그럴 수가 없었다. 경양이 이에 서쪽 화문(和門)을 열어서 낮에는 수레와 기병을, 밤에는 횃불을 보이게 함으로써 위나라와 사신을 통하는 것처럼 꾸미자, 제나라 군대가 이를 괴이

하게 보다가 연나라를 위해 초나라가 위나라와 같이 제나라를 도모한
다고 여겨, 이에 병사를 이끌고 떠났다. 제나라 병사가 이미 떠나버리
자 위나라는 동맹국을 잃게 되었고, 함께 초나라를 공격할 자가 없어
지자 이에 밤에 숨어 달아났다. 초나라 군대가 마침내 돌아왔다.

齊·韓·魏共攻燕, 燕使太子請救於楚. 楚王使景陽將而救之. 暮舍, 使
左右司馬各營壁地, 已, 植表. 景陽怒曰: "所營者, 水皆至滅表. 此焉可
以舍!" 乃令徙. 明日大雨, 山水大出, 所營者, 水皆滅表. 軍吏乃服. 於是
遂不救燕, 而攻魏邑丘, 取之以與宋. 三國懼, 乃罷兵. 魏軍其西, 齊軍其
東, 楚軍欲還不可得也. 景陽乃開西和門, 晝以車騎, 暮以燭見, 通使於
魏. 齊師怪之, 以爲燕·楚與魏謀之, 乃引兵而去. 齊兵已去, 魏失其與
國, 無與共擊楚, 乃夜遁. 楚師乃還.

경양이 군진을 치는 일에서 비범함을 보여 군리들을 장악하고, 상대의 허점을 노려
공격함으로써 연합군을 물리게 하고, 서로 믿지 못하게 만들어 연합군을 분열시킴
으로써 일을 이루어냈다.

31-2 장추가 인질이 되어 연나라로 가다 【張醜爲質於燕】

장추(張醜=張丑)가 인질이 되어 연나라로 갔는데, 연나라 왕이 그
를 죽이려 했다. 달아나 장차 국경을 벗어나려는데, 국경 관리가 장추
를 잡았다. 장추가 말했다.

"연나라 왕이 장차 나를 죽이려는 까닭은 누가 내게 보배로운 구

슬이 있다고 말해서, 왕이 그것을 얻으려 하기 때문이오. 지금 내가 이미 잃어버렸는데도 연나라 왕은 나를 믿지 않고 있소. 지금 그대가 장차 나를 (왕 앞에) 이르게 하면 나는 장차 그대가 내 구슬을 빼앗아 삼켰다고 말할 것이니, 연나라 왕은 반드시 마땅히 죽여서 그대의 배와 창자[腸]까지 가를 것이오. 무릇 욕심으로 얻어내려는 임금은 이로움을 가지고 설득할 수 없소. 약속하는데, 내가 장차 죽으면 그대 창자 또한 장차 마디마디 끊어질 것이오."

국경 관리가 무서워서 풀어주었다.[27]

張醜爲質於燕, 燕王欲殺之, 走且出境, 境吏得醜. 醜曰: "燕王所爲將殺我者, 人有言我有寶珠也, 王欲得之. 今我已亡之矣, 而燕王不我信. 今子且致我, 我且言子之奪我珠而吞之, 燕王必當殺者, 刳子腹及子之腸矣. 夫欲得之君, 不可說以利. 吾要且死, 子腸亦且寸絶." 境吏恐而赦之.

나를 풀어주지 않으면 반드시 너를 끌고 들어가서 같이 죽겠다.

---

27 (오사도가) 포본을 보충하여 말한다: 『한비자』에 오자서가 초나라 변경 관리에게 이와 같이 한 말이 기록되어 있다.(鮑本補曰: 韓非子記子胥語楚邊候, 同此.)

31-3 연나라 왕 희가 사신 율복에게 100금을 주다【燕王喜使栗腹以百金】

(1)

연나라 왕 희(喜)가 사신 율복(栗腹)에게 100금(金)을 주어 조나라 효성왕(孝成王)의 생일잔치에 보냈는데, (율복이) 사흘 동안 잔치를 한 뒤 돌아와서 보고하며 말했다.

"조나라 백성들 중에 장정[壯]은 장평(長平)에서 모두 죽고 그 고아들은 아직 자라지 못했으니, 정벌할 수 있습니다."

왕이 이에 창국군(昌國君) 악간(樂間)[28]을 불러 물어보며 말했다.

"어떠한가?"

대답하여 말했다.

"조나라는 사방으로 갈 수 있는 나라이고 그 백성들은 모두 군사 일에 익숙해서, 같이 싸울 수 없습니다."

왕이 말했다.

"내가 2배(의 군대)로 공격하면 가능하겠는가?"

대답하여 말했다.

"안 됩니다."

(왕이) 말했다.

"3배면 가능하겠는가?"

대답하여 말했다.

"안 됩니다."

---

28 포표 주: 악의의 아들이다. (오사도가) 보충하여 말한다: 『사기』에 따르면, 악의가 조나라로 도망친 후에 연왕이 다시 그 아들 악간을 창국군으로 삼았다.(鮑本. 毅子. 補曰: 史. 毅奔趙後. 燕王復以其子樂間爲昌國君.)

왕이 크게 화를 냈다. 좌우 모두 조나라를 치는 것이 가능하다고 여기자, 급히 60만을 일으켜 조나라를 공격하였다. 영을 내려 율복에 게 40만을 이끌고 호(鄗) 땅을 공격하게 하고, 경진(慶秦)에게 20만을 이끌고 대(代) 땅을 공격하게 했다. 조나라가 염파(廉頗)에게 8만을 거느리고 호 땅에서 율복과 맞붙게 하고, 악승(樂乘)에게 5만을 거느리고 대 땅에서 경진과 맞붙게 했다. 연나라 사람들이 크게 무너졌고, 악간이 조나라로 들어갔다.

燕王喜使栗腹以百金爲趙孝成王壽, 酒三日, 反報曰: "趙民其壯者皆死於長平, 其孤未狀, 可伐也." 王乃召昌國君樂間而問曰: "何如?" 對曰: "趙, 四達之國也, 其民皆習於兵, 不可與戰." 王曰: "吾以倍攻之, 可乎?" 曰: "不可." 曰: "以三, 可乎?" 曰: "不可." 王大怒. 左右皆以爲趙可伐, 遽起六十萬以攻趙. 令栗腹以四十萬攻鄗, 使慶秦以二十萬攻代. 趙使廉頗以八萬遇栗腹於鄗, 使樂乘以五萬遇慶秦於代. 燕人大敗. 樂間入趙.

(2)

연나라 왕이 글로 사과하며 말했다.

"과인이 재주가 없어서, 그대의 뜻을 고분고분 받들지 못해서 그래서 군이 나라를 버리고 떠났는데, 곧 과인 능력이 부족함이 드러났소. 감히 그 (조나라를 치려고 했던) 소망(愿)을 바로잡으려 했지만, 그런데 군이 기꺼이 들어 주지 않아서, 그래서 사자를 보내 어리석은 뜻을 펴 보이니, 군이 시험삼아 이에 대해 논(論)해 주시오.

항간에서 말하기를, '어진 사람은 가벼이 끊지 않고, 지혜로운 자는 가벼이 원한을 맺지 않는다.'라고 했으니, 군과 돌아가신 왕과의 관계는 세상에서 환히 알고 있는 바요. 과인은 비난받을 일을 군이 가려서 덮어주기를 바랬기 때문에, 그대가 드러내서 죄줄 것을 걱정하지 않았으며, 허물이 있으면 군이 가르치고 깨우쳐 주기를 바랬기 때문에, 그대가 드러내 놓고 버릴[罪→棄] 것을 걱정하지 않았습니다.

또 과인의 죄를 나랏사람 중에 알지 못하는 자가 없고, 천하에 듣지 못한자가 없는데, 그대가 몰래 나가서 원한을 밝히며 과인을 버렸으니, 과인이 틀림없이 죄가 있게 되었소. 비록 그러하나, 군이 아직 두터움을 다하지 못했을까 걱정하고 있소.

속담에서 말하기를, '두터운 사람은 다른 사람을 헐뜯어 스스로에게 보태지 않고, 어진 사람은 다른 사람을 위태롭게 하여 이름을 찾지 않는다.'고 했소. 그래서 다른 사람의 기울어진 면을 가려주는 것은 두텁게 맡은 자의 행실이며, 다른 사람의 허물을 구원해 주는 것은 어진 사람의 도리일 것이오. 세상에서 과인의 기울어진 면을 가려주고, 과인의 허물을 구해주는 것이 군 마음 속으로 바라는 바가 아니겠는가? 지금 군이 돌아가신 왕에게서 두텁게 자리를 받고서 존귀함을 이루었는데, 가벼이 과인을 버리고서 마음이 통쾌하다면, 기울어진 것을 가리고 허물을 구해주는 일은 군에게서 얻기 어려울 것이오.

또 세상에서 (나를) 엷게 대해도[於→而] (나는) 두텁게 베푸는 것[29]은, 행실에서 잃는 바가 있어도 (도리어) 은혜롭게 쓰는 것[30]과 같소. 지금 과인에게 능력이 모자란 죄를 지게 하고, 그리고 군은 두터움을

---

29 포표 주: 세상이 비록 나를 엷게 대해도 나는 도리어 두텁게 베푸는 것이다.(鮑本, 世雖薄我, 我反厚施之.)

30 (오사도가) 바로잡아 말한다: 허물과 실수가 있으면 버리는 것이 마땅하지만 도리어 고분고분 쓰는 것이다.(正曰: 有過失, 當棄, 反順用之.)

잃는 허물을 가지게 되니, 이 중에 군을 위해 택해야 하나, 가질 수가 없소.

나라에는 봉해진 땅의 지경[封疆]³¹이 있고 집마다 담장이 있는 것은, 좋아하는 것을 모으고 싫어하는 것을 가리려는 까닭이오. 집안이 서로 화목할 수 없는데, 나가서 이웃집에 말을 하는 것은 두로 통하는 계책이 아니오. 원한과 미워함이 미쳐 드러나지 않았는데 드러내 놓고 버리니, 미쳐 두터움을 다 한 것이 아니오. 과인이 비록 능력이 모자라나, 아직 은나라의 주왕의 어지러움과는 같지 않으며, 군이 비록 뜻을 얻지 못했지만, 아직 상용(商容)이나 기자(箕子)의 허물과 같지 않습니다. 그렇다면 안으로 과인을 덮어주지 않고 밖에서 원한을 드러내니, 이에 다만(適) [군의] 높은 이름(高)을 해치고 행실이 엷게 만들기 충분할까 두려운데, 그렇지 않겠소?

燕王以書且謝焉, 曰: "寡人不佞, 不能奉順君意, 故君捐國而去, 則寡人之不肖明矣. 敢端其愿, 而君不肯聽, 故使使者陳愚意, 君試論之. 語曰: '仁不輕絶, 智不輕怨.' 君之於先王也, 世之所明知也. 寡人望有非則君掩蓋之, 不虞君之明罪之也; 望有過則君敎誨之, 不虞君之明罪之也. 且寡人之罪, 國人莫不知, 天下莫不聞, 君微出明怨以棄寡人, 寡人必有罪矣. 雖然, 恐君之未盡厚也. 諺曰: '厚者不毁人以自益也, 仁者不危人以要名.' 以故掩人之邪者, 厚任之行也; 救人之過者, 仁者之道也. 世有掩寡人之邪, 救寡人之過, 非君心所望之? 今君厚受位於先王以成尊, 輕棄寡人以快心, 則掩邪救過, 難得於君矣. 且世有薄於故厚施, 行有失而

---

31 봉강(封疆)이란 강토의 경계를 정하여 봉해주는(封其疆界) 것이다.

故惠用. 今使寡人任不肖之罪, 而君有失厚之累, 於爲君擇之也, 無所取
之. 國之有封疆, 猶家之有垣墻, 所以合好掩惡也. 室不能相和, 出語鄰
家, 未爲通計也. 怨惡未見而明棄之, 未盡厚也. 寡人雖不肖乎, 未如殷
紂之亂也; 君雖不得意乎, 未如商容·箕子之累也. 然則不內蓋寡人, 而
明怨於外, 恐其適足以傷於高而薄於行也, 非然也.

(3)

정말로 가히 군(君)의 마땅함을 밝히고, 군의 높은 이름을 이루려
면, 비록 더러운 이름을 맡아도, 받아들이는 것을 어렵게 여기지 말아
야 하오. (그러나) 본래 욕심은 과인의 엷음을 밝히는 것이었는데 그렇
지만 군은 두터움을 얻지 못했고, 과인의 욕됨을 높이 들어 올리는 것
이었는데 그렇지만 군은 영예를 얻지 못했으니, 이것은 한 번에 둘을
잃는 것입니다. 마땅함을 가진 사람은 다른 사람을 어그러뜨려서 스
스로에게 보태지 않는데, 하물며 다른 사람을 해치고서 스스로를 덜
어낼 수 있겠습니까? 바라건대 군이 과인의 부족함 때문에 (군의) 지나
간 일의 아름다움에 허물이 되지 않게 해 주시오.

옛날 유하혜(柳下惠)가 노나라에서 벼슬을 살 때 세 번 쫓겨났지만
떠나지 않았다 하오.[32] 누군가가 일러서 말하기를, '떠날 수 있습니다.'
라고 하자, 유하혜가 말하기를, '정말로 다른 사람과 다르다면, 어찌
(다른 곳에) 가서 쫓겨나지 않겠는가? 오히려 장차 쫓겨날 것이니, 차라

---

32 유하혜가 옥을 다스리는 관리가 되었지만 세 번 쫓겨났다. 다른 사람이 말하기를, "그대는 아직
도 떠날 수 없습니까?"라고 하자 말했다. "곧은 도리로 다른 사람을 섬기면 어디를 가도 3번 쫓
겨나지 않겠는가? 구부러진 도리로 다른 사람을 섬긴다면 어찌 반드시 부모의 나라를 떠나야
하는가?"(柳下惠爲士師, 三黜. 人曰: "子未可以去乎?" 曰: "直道而事人, 焉往而不三黜? 枉道
而事人, 何必去父母之邦?"; 『論語』「微子」2)

리 연고가 있는 나라에 있을 뿐이오.'라고 했소. 유하혜가 세 번 쫓겨난 것을 스스로 허물이라 여기지 않아서, 그래서 전날의 업적들을 잊지 않았고, 떠나는 것을 마음으로 삼지 않았기 때문에 멀고 가까운 이들이 의견을 내지 않았소.

지금 과인의 죄를 나라사람들은 아직 모르는데, 과인을 말하는 자는 천하에 두루 있소. 항간에서 말하기를, '논하는 자는 마음을 쫓아 다니지[循→修] 않고, 의견을 내는 자는 일에 허물을 끼치려 하지 않고, 어진 자는 가벼이 사귐을 끊지 않으며, 지혜로운 자는 공을 간단하게 여기지 않는다.'고 했소. 큰 공업을 버리는 자는 (하다가) 멈추는 것이며, 가벼이 사귐을 끊고 이로움을 두텁게 하는 자는 원한을 맺게 되오. (일을 하다가) 멈추고 버리며, 원망하여 허물을 짓는 것은 마땅히 (내게) 멀리 있는 자들에게 있지, 군에게 바란 것이 아니오.

지금 과인이 죄가 없다고 하면, 군은 어찌 나를 원망하겠소? 바라건대 군에게 원한을 덜어내고, 오직 돌아가신 왕을 쫓아서, 다시 과인을 가르쳐 주시오!

생각건대 군이 말하기를, '나는 장차 마음을 숨기고서 (왕의) 허물이 갖춰지게 하고, 돌아가신 왕을 돌아보지 않고서 (왕의) 나쁜 것을 드러내겠다.'고 하면서, 과인이 나아가도 공을 닦을 수 없게 하고 물러서도 허물을 고치지 못하도록 만들었으니, 군이 헤아린 바 대로 됐으니, 오직 군이 도모하시오!

이것이 과인의 어리석은 뜻이오. 삼가 글로써 알리오.

苟可以明君之義, 成君之高, 雖任惡名, 不難受也. 本欲以爲明寡人之薄, 而君不得厚; 揚寡人之辱, 而君不得榮, 此一擧而兩失也. 義者不虧人以自益, 況傷人以自損乎! 願君無以寡人不肖, 累往事之美. 昔者, 柳下惠吏於魯, 三黜而不去. 或謂之曰: '可以去.' 柳下惠曰: '苟與人之異, 惡往而不黜乎? 猶且黜乎, 寧於故國爾.' 柳下惠不以三黜自累, 故前業不忘; 不以去爲心, 故遠近無議. 今寡人之罪, 國人未知, 而語寡人者遍天下. 語曰: '論不修心, 議不累物, 仁不輕絶, 智不簡功.' 棄大功者, 輟也; 輕絶厚利者, 怨也. 輟而棄之, 怨而累之, 宜在遠者, 不望之乎君也. 今以寡人無罪, 君豈怨之乎? 願君捐怨, 追惟先王, 復以敎寡人! 意君曰, 余且慇心以成而過, 不顧先王以明而惡, 使寡人進不得修功, 退不得改過, 君之所揣也, 唯君圖之! 此寡人之愚意也. 敬以書謁之."

(4)

악간(樂間)과 악승(樂乘)은 그 계책이 쓰이지 않는 것을 원망하며 두 사람이 끝내 조나라에 머물렀고, 답장을 보내지 않았다.[33]

樂間·樂乘怨不用其計, 二人卒留趙, 不報.

공자(孔子)는 "허물이 있는데도 고치지 않는 것을 이를 일러 잘못이라 한다(『論語』「衛靈公」)"라고 했고, "허물이 있으면 고치는 것을 꺼려하지 마라(『論語』「子罕衛靈公」)"라고 했는데, 연나라 왕은 잘못을 했는데도 고치지 않고 다시 잘못을 저지르면서도 그 원망을 잘못을 미리 일깨워준 사람에게 돌리고 있으니, 연나라가 망한 것은 마땅하지 않겠는가?

---

33 이 이야기는 『신서(新序)』「잡사(雜事)」 3에 실린 혜왕(惠王)과 악의가 주고받은 편지와 내용이 같으며, 「연책(燕策)」 2, 30-10 '창국군 악의가 연나라 소왕을 위해 다섯 나라의 병사를 합하다[昌國君樂毅爲燕昭王合五國之兵]'에 있는, 악의의 답장이 나오게 된 까닭의 글이다.

31-4 진나라가 조나라를 아우르다【秦并趙】

(1)

진나라가 조나라를 아우른 뒤, (조나라에게 명하여) 북쪽으로 가서 연나라를 맞이하게 했다. 연나라 왕이 듣고서 사람을 보내어 진나라 왕[始皇]에게 하례하게 했다. 사자가 조나라를 지나가는데, 조나라 왕 [悼襄王]이 그를 붙잡아 묶었다. 사자가 말했다.

"진나라와 조나라가 하나가 되니, 천하가 복종하고 있습니다. 연 [茲→燕]나라가 조나라에게 명을 받는 까닭은 진나라를 위해서입니다. 지금 신이 진나라에 사신으로 가는데 조나라가 붙잡아 묶었으니, 이 는 진나라와 조나라 사이에 틈이 있는 것입니다. 진나라와 조나라 사 이에 틈이 있으면 천하가 반드시 복종하지 않을 것이며, 연나라도 명 을 받지 않을 것입니다. 또 신이 진나라에 사신으로 가도, 조나라가 연 나라를 치는 것을 방해하지는 못합니다."

조나라 왕이 그렇다고 여겨서, 그를 보내주었다.

秦并趙, 北向迎燕. 燕王聞之, 使人賀秦王. 使者過趙, 趙王系之. 使者 曰: "秦·趙爲一, 而天下服矣. 茲之所以受命於趙者, 爲秦也. 今臣使秦, 而趙系之, 是秦·趙有隙. 秦·趙有隙, 天下必不服, 而燕不受命矣. 且臣 之使秦, 無妨趙之伐燕也." 趙王以爲然, 而遣之.

(2)

사자가 진나라 왕을 뵙고 말했다.

"연나라 왕이 몰래 듣기로 진나라가 조나라를 아울렀다고 하기에,

연나라 왕이 사자를 시켜 천금으로 하례 드리고자 합니다."

진나라 왕이 말했다.

"한 명의 사내[一夫=燕王]가 도리가 없어서 내가 조나라를 시켜 (연나라를) 가지라고 했는데, 네가 무엇을 하례한단 말이냐?"

사자가 말했다.

"신이 듣기에 조나라가 온전하던 시절에는, 남쪽으로는 진나라와 이웃했고 북쪽으로는 하곡양(下曲陽)이 연나라 땅이었습니다. 조나라 넓이는 (사방) 300리로, 진나라와 서로 떨어져 있기를 50여 년간 하였는데도 진나라에게 보복하여 이길 수 없었던 까닭은, 나라가 작고 땅에서 취할 것이 없었기 때문입니다. 지금 왕께서 조나라에게 연나라를 아우르도록 하셨는데, 연나라와 조나라가 힘을 같이하면[同=合] 반드시 진나라로부터 다시 (명을) 받지 않을 것입니다. 신이 왕을 위해 절절하게 걱정하고 있습니다."

진나라 왕이 그렇다고 여겨서 병사를 일으켜 연나라를 구원했다.[34]

使者見秦王曰: "燕王竊聞秦幷趙, 燕王使使者賀千金." 秦王曰: "一夫無道, 吾使趙有之, 子何賀?" 使者曰: "臣聞全趙之時, 南鄰爲秦, 北下曲陽爲燕, 趙廣三百里, 而與秦相距五十餘年矣, 所以不能反[35]勝秦者, 國小而地無所取. 今王使趙北幷燕, 燕·趙同力, 必不復受於秦矣. 臣切爲王患之." 秦王以爲然, 起兵而救燕.

---

34 처음에 조나라에게 연나라를 치라고 한 것이 진나라인데, 왜 진나라가 연나라를 도와야 하는지는 분명하지 않다.

35 표포 주: 반(反)은 갚는다는[報] 말과 같다. 여러 차례 진나라에게 져서, 보복해 이길 수가 없다는 말이다.(鮑本. 反, 猶報也. 言數爲秦敗, 不能報而勝之.)

아직 진나라와 조나라 사이에 틈이 있는데, 연나라가 조나라와 힘을 합하면 진나라에 대적할 수 있으므로 찢어진 상태로 있도록 연나라를 구원해주시오.

31-5 연나라 태자 단이 진나라에 인질로 있다가 【燕太子丹質於秦】

(1)

연나라 태자 단(丹)이 진나라에 인질로 있다가 도망쳐 돌아왔다. 진나라가 장차 여섯 나라를 없애버리고자 했는데, 병사가 이미 [以→已] 역수에 임박한 것을 보고 진나라의 재앙이 이를까 두려워웠다. 태자 단이 이를 근심하여 태부(太傅)인 국무(鞠武)에게 일러주며 말했다.

"연나라와 진나라는 둘이 함께 설 수 없으니, 원컨대 태부께서 요행이 있다면 도모해주십시오."

국무가 대답하여 말했다.

"진나라 땅이 천하에 두루두루 있고, 한나라와 위나라, 조나라를 위세로써 윽박지르면 역수의 북쪽도 미처 정해진 바가 없게 됩니다. 어찌하여 (인질 시절 진나라에서) 욕을 당한 원망을 가지고 그 역린(逆鱗)을 밀어젖히려 하십니까?"

태자가 말했다.

"그렇다면 무엇으로 말미암을까요?"

태부가 말했다.

"청컨대 (태자가 쉬러) 들어가시면, 도모하겠습니다."

燕太子丹質於秦, 亡歸. 見秦且滅六國, 兵以臨易水, 恐其禍至. 太子丹
患之, 謂其太傅鞠武曰: "燕秦不兩立, 願太傅幸而圖之." 武對曰: "秦地
遍天下, 威脅韓·魏·趙氏, 則易水以北, 未有所定也. 奈何以見陵之怨,
欲排其逆鱗哉?" 太子曰: "然則何由?" 太傅曰: "請入, 圖之."

(2)

머문 지 어느 정도 되었는데, 번(樊) 장군[樊於期]이 진나라에서 연
나라로 도망쳐오자 태자가 받아주었다. 태부 국무가 간하여 말했다.

"안 됩니다. 저 진나라 왕은 사나운 데다가 연나라에 원한이 쌓여
있어 충분히 차가운 마음을 가지고 있는데, 다시 하물며 번 장군이 있
다는 것을 들으면 어떻겠습니까? 이는 고깃덩이를 내던져 굶주린 호
랑이가 다니는 길에 두는 것이니, 재앙을 반드시 떨어내지 못할 것입
니다! 비록 관중(管仲)이나 안영(晏嬰)이 있어도 계책을 세울 수 없습
니다. 바라건대 태자께서는 급히 번 장군을 보내어 흉노에게 들어가게
해서 입을 막아버려야 합니다. 청하건대 서쪽으로 가서 삼진과 약속
을 맺고, 남쪽으로 가서 제나라, 초나라와 연결하고, 북쪽으로 가서 (흉
노의) 선우(單于)과 강화를 하십시오. 그런 뒤에야 마침내 도모할 수 있
습니다."

태자 단이 말했다.

"태부의 계책은 헛되이 날만 보내고 더욱 오래 지체될(曠日彌久) 뿐
이라, 마음이 흐릿하여 잠시도 기다릴 수 없습니다. 또 단지 이것만이
아닙니다. 저 번 장군은 천하에서 지치고 꽉 막히게 되어 몸을 제게 맡
겼습니다. 제가 끝내 강한 진나라에게 핍박을 받는다는 이유로 가엾
고 불쌍한 사귀는 자를 버려 흉노(匈奴)에 두지는 못하겠으니, 이는 제

목숨이 마침내 끝날 때의 일입니다. 원컨대 태부께서는 다시 헤아려주십시오."

국무가 말했다.

"연나라에 전광(田光) 선생이란 사람이 있는데, 그 지혜가 깊고 용기가 무거우니(沉=深) 같이 모책을 낼 수 있습니다."

태자가 말했다.

"원컨대 태부를 통해 전선생과 교류하려 하는데, 할 수 있겠습니까?"

국무가 말했다.

"삼가 허락합니다."

나가서 전광을 만나 태자의 말을 알려주었다.

"원컨대 선생과 나랏일을 그려보고 싶소."

전광이 말했다.

"삼가 가르침을 받들겠습니다."

마침내 이르렀다.

居之有間, 樊將軍亡秦之燕, 太子容之. 太傅鞠武諫曰: "不可. 夫秦王之暴, 而積怨於燕, 足爲寒心, 又況聞樊將軍之在乎! 是以委肉當餓虎之蹊, 禍必不振矣! 雖有管·晏, 不能爲謀. 願太子急遣樊將軍入匈奴以滅口. 請西約三晉, 南連齊·楚, 北講於單于, 然後乃可圖也." 太子丹曰: "太傅之計, 曠日彌久, 心昏然, 恐不能須臾. 且非獨於此也. 夫樊將軍困窮於天下, 歸身於丹, 丹終不迫於強秦, 而棄所哀憐之交置之匈奴, 是丹命固卒之時也. 願太傅更慮之." 鞠武曰: "燕有田光先生者, 其智深, 其勇沉, 可與之謀也." 太子曰: "願因太傅交於田先生, 可乎?" 鞠武曰: "敬諾."

出見田光, 道太子曰: "願圖國事於先生." 田光曰: "敬奉教." 乃造焉.

(3)

태자가 무릎을 꿇고 만나 맞이하였고, 뒷걸음치면서 길을 인도했으며, 무릎을 꿇고 자리를 털어주었다. 전 선생이 앉아서 자리를 잡았는데, 좌우에 다른 사람을 없게 한 뒤 태자가 자리를 피해 일어나서 청하여 말했다.

"연나라와 진나라는 둘 다 같이 설 수는 없는 사이라는 것을, 바라건대 선생께서 마음에 두십시오."

전광(田光)이 말했다.

"신이 듣기에, 기기(騏驥) 같은 말은 한창 힘이 있는 시절에는 하루에 치달려서 1천 리를 가지만, 이에 쇠약해지면 둔하고 느린 말(駑馬)도 그를 앞서갑니다. 지금 태자는 제가 힘 있고 성대하던 시절만 들었지, 제 정기(精=精氣)가 이미 꺼지고 없어졌다는 것을 모르십니다. 비록 그러하나, 제가 감히 이 때문에 나랏일을 부족하게 하지는 못할 것입니다. 형가(荊軻)를 잘 대해준 바가 있으니, 가히 쓸 만합니다."

태자가 말했다.

"바라건대 선생을 통해 형가와 교분을 얻으려[得愿交] 하는데, 가능합니까?"

전광이 말했다.

"삼가 허락합니다."

바로 일어나 종종걸음으로 나갔다. 태자가 그를 전송하면서, 문에 이르자 말했다.

"제가 (원한을) 갚겠다는 것과 선생이 말한 것은 나라의 큰일이니,

바라건대 선생께서는 말이 새지 않게 해주십시오."

전광이 몸을 굽히면서 웃으며 말했다.

"허락합니다."

太子跪而逢迎, 卻行爲道, 跪而拂席. 田先生坐定, 左右無人, 太子避席
而請曰: "燕·秦不兩立, 願先生留意也." 田光曰: "臣聞騏驥盛壯之時, 一
日而馳千里. 至其衰也, 駑馬先之. 今太子聞光壯盛之時, 不知吾精已消
亡矣. 雖然, 光不敢以乏國事也. 所善荊軻, 可使也." 太子曰: "願因先生
得願交於荊軻, 可乎?" 田光曰: "敬諾." 即起趨出. 太子送之至門, 曰: "丹
所報, 先生所言者, 國大事也, 願先生勿泄也." 田光俯而笑曰: "諾."

(4)

(지극히 삼가는 모습으로) 몸을 구부리고, 형가를 만나서 말했다.

"내가 그대와 더불어 서로 잘 지냈다는 것을 연나라에서 알지 못
하는 사람이 없소. 지금 태자는 내가 힘 있고 성대했던 시절만 듣고 내
몸[形=身]이 이미 (그 시절에) 머물러 있지 않음을 알지 못한 채, 행차하
여 가르쳐주며 말하기를 '연나라와 진나라가 둘 다 같이 설 수는 없는
사이라는 것을, 바라건대 선생께서 마음에 두십시오'라고 하였소. 내
가 몰래 생각건대 스스로 입 밖에 낼 말은 아니나 족하(足下)를 태자에
게 말하였으니, 바라건대 족하가 궁에 가서 태자를 만나보시오."

형가가 말했다.

"삼가 가르침을 받들겠습니다."

전광이 말했다.

"내가 듣기에 (덕이 있는) 장자(長者)가 행하면 다른 사람으로 하여

금 의심하게 하지 않는다고 했는데, 지금 태자가 내게 약속하여 말하기를 '말한 것이 나라의 큰일이니 바라건대 선생은 말이 새지 않게 해주십시오'라고 했소. 이는 태자가 나를 의심한 것이오. 무릇 행함에 다른 사람으로 하여금 의심하게 했다면 절개 있고 의기로운 선비[俠士]가 아니오."

스스로 죽음으로써 형가를 떨쳐 일어나게 하고자, 말했다.

"바라건대 급히 그대가 태자에게 가서, 내가 이미 죽었으니 말하지 못할 것이라고 말해주시오."

마침내 스스로 목을 찔러 죽었다.

偃行見荊軻, 曰: "光與子相善, 燕國莫不知. 今太子聞光壯盛之時, 不知吾形已不逮也, 幸而教之曰: '燕·秦不兩立, 願先生留意也.' 光竊不自外, 言足下於太子, 願足下過太子於宮." 荊軻曰: "謹奉教." 田光曰: "光聞長者之行, 不使人疑之, 今太子約光曰: '所言者, 國之大事也, 願先生勿泄也.' 是太子疑光也. 夫爲行使人疑之, 非節俠士也." 欲自殺以激荊軻, 曰: "願足下急過太子, 言光已死, 明不言也." 遂自到而死.

(5)

형가가 태자를 만나서 전광(田光)이 이미 죽었다고 말하고, 말하지 말라던 것도 밝혔다. 태자가 두 번 절하고 무릎을 꿇으니 무릎 아래로 (눈물이) 줄줄 흘러내렸는데, 어느 정도 지난 뒤에 말했다.

"내가 전 선생에게 말하지 말라고 청한 까닭은 큰일에 대한 모책이 생기기를 바랐기 때문인데, 지금 전 선생이 죽음으로써 말을 새게 하지 않겠다는 것을 밝혔으니 내 마음을 어찌 하겠습니까?"

형가가 앉아서 자리를 잡자, 태자가 자리를 피해 일어나서 머리를 조아리며 말했다.

"전 선생이 내가 능력이 모자란 것을 알지 못하고 (선생이 내) 앞에 이를 수 있게 해주었으니, 바라건대 말할 것 있으니 이는 하늘이 연나라를 가엾게 여겨서 그 고아를 버리지 않게 한 바입니다.

지금 진나라가 탐하는 사나운 마음을 가지고 있고 욕심이 만족할 줄을 모릅니다. 천하의 땅을 남김없이 다할 뿐만 아니라 세상의 왕자를 신하로 삼으려 하면서, 그 뜻이 싫증을 내지 않습니다. 지금 진나라가 이미 한나라 왕을 포로로 잡고 남김없이 그 땅을 받아들이고 있으며, 병사를 들어 남쪽으로 내려가서 초나라를 벌하고 북쪽으로 가서 조나라를 압박하고 있습니다. 왕전(王翦)이 수십만 무리를 이끌고 장수(漳水)와 업(鄴)을 압박하고 있으며 이신(李信)이 태원(太原)과 운중(雲中)으로 왔으니, 조나라는 진나라를 지탱하지 못하여 반드시 들어가서 신하가 될 것입니다. 신하가 되고 나면 화가 연나라에까지 이르게 될 것입니다. 연나라가 작고 약해서 여러 차례 병난[兵=兵難]에 지쳤는데, 지금 헤아려보면 나라를 들어도 진나라와 맞서기에 충분하지 않습니다. 제후들이 진나라에 복종하여, 감히 합종하지 못합니다.

제 사사로운 계책은, 어리석겠지만 정말로 천하의 용사를 얻어서 진나라에 사신으로 보내 무거운 이익으로 틈을 엿보다가, 진나라 왕이 그 폐백[贄]을 탐낼 때 반드시 원하는 바를 얻을 수 있을 것이라고 여깁니다. 정말로 진나라 왕을 겁주어서 제후의 빼앗긴 땅을 모조리 되돌리게 함으로써 마치 조말(曹沫)이 제나라 환공(桓公)과 함께 한 것처럼 된다면 크게 좋은 일이며, 안된다면 그 참에 찔러 죽입니다. 저들 대장이 병사와 더불어 밖에서 마음대로 하고 안에서는 큰 어지러움이 있게 되면, 임금과 신하가 서로 의심하게 될 것입니다. 이로써 제후들이 틈을 타서 합종하게 되면, 그 보상은 깨어진 진나라가 틀림없을 것입니다. 이것이 내가 가장 원하는 것인데, 명을 맡길 바를 알지 못하고 있으니 오직 형경(荊卿)께서는 마음에 두기만 하십시오."

오랫동안 있다가, 형가가 말했다.

"이것은 나라의 큰일인데, 신이 둔하고 느려서[駑下] 사자를 맡기에 충분치 않을까 걱정입니다."

태자가 앞에서 머리를 조아리며 사양하지 말기를 굳게 청하자, 그런 뒤에 허락했다. 이에 형가를 높여 상경(上卿)으로 삼고, 가장 좋은 객사에서 묵게 한 뒤 태자가 날마다 찾아와 문안하였다. 태뢰(太牢)[36]와 색다른 물건을 바치고 틈틈이 수레와 말, 미녀를 올려 형가가 욕심내는 바를 마음대로 하게 함으로써 그 뜻을 고분고분 맞춰주었다.

軻見太子, 言田光已死, 明不言也. 太子再拜而跪, 膝下行流涕, 有頃而後言曰: "丹所請田先生無言者, 欲以生大事之謀, 今田先生以死明不泄言, 豈丹之心哉?" 荊軻坐定, 太子避席頓首曰: "田先生不知丹不肖, 使得至前, 願有所道, 此天所以哀燕不棄其孤也. 今秦有貪饕之心, 而欲不可足也. 非盡天下之地, 臣海內之王者, 其意不饜. 今秦已虜韓王, 盡納其地, 又擧兵南伐楚, 北臨趙. 王翦將數十萬之衆臨漳 · 鄴, 而李信出太原, 雲中. 趙不能支秦, 必入臣. 入臣, 則禍至燕. 燕小弱, 數困於兵, 今計擧國不足以當秦. 諸侯服秦, 莫敢合從. 丹之私計, 愚以爲誠得天下之勇士, 使於

---

36 소, 양, 돼지 세 짐승의 고기를 모두 쓴 요리로 아주 훌륭한 음식을 말하며, 양고기와 돼지고기 두 가지만 쓴 음식은 소뢰(小牢)라 한다.

秦, 窺以重利, 秦王貪其贄, 必得所願矣. 誠得劫秦王, 使悉反諸侯之侵
地, 若曹沫之與齊桓公, 則大善矣; 則不可, 因而刺殺之. 彼大將擅兵與
外, 而內有大亂, 則君臣相疑. 以其間諸侯, 諸侯得合從, 其償破秦必矣.
此丹之上願, 而不知所以委命, 唯荊卿留意焉." 久之, 荊軻曰: "此國之大
事, 臣駑下, 恐不足任使." 太子前頓首, 固請無讓. 然後許諾. 於是尊荊軻
爲上卿, 舍上舍, 太子日日造問, 供太牢異物, 間進車騎美女, 恣荊軻所
欲, 以順適其意.

(6)

　시간이 오래 지났지만 형경은 아직 행할 뜻을 보이지 않았다. (그러
던 중) 진나라 장수 왕전이 조나라를 깨뜨려서 조나라 왕을 포로로 잡
고 남김없이 그 땅을 거두었으며, 병사를 북쪽으로 나아가게 해서 땅
을 경략[略=經略]하여 연나라 남쪽 지경에 이르렀다. 태자 단이 무섭
고 두려워서, 이에 형경을 청하여 말했다.

　"진나라 병사가 아침저녁 사이에 역수를 건너면, 비록 족하를 오랫
동안 모시고 싶더라도 가히 어찌 얻을 수 있겠습니까?"

　형경이 말했다.

　"태자의 말씀이 없었더라도 신이 청하여 말하고자 했습니다. 지금
행하면 믿음이 없어서 진나라가 아직 가까이하지 않을 것입니다. 무릇
지금 진나라 왕이 번 장군을 금 1천 근(斤)과 마을 1만 가구로 사려고
합니다. 정말로 능히 번 장군의 목을 얻어서 연나라 땅인 독항(督亢)의
지도와 함께 진나라 왕에게 바치면 진나라 왕이 반드시 기뻐하며 신
을 만날 것이니, 신이 이에 태자에게 보답할 일을 얻게 될 것입니다."

　태자가 말했다.

"번 장군은 막히고 지쳐서 내게 와 의지하고 있으니, 나는 차마 내 사사로움으로 덕 있는 사람[長者]의 뜻을 해치지 못합니다. 바라건대 족하께서는 바꿔서 헤아려주십시오."

久之, 荊卿未有行意. 秦將王翦破趙, 虜趙王, 盡收其地, 進兵北略地, 至燕南界. 太子丹恐懼, 乃請荊卿曰: "秦兵旦暮渡易水, 則雖欲長侍足下, 豈可得哉?" 荊卿曰: "微太子言, 臣願得謁之. 今行而無信, 則秦未可親也. 夫今樊將軍, 秦王購之金千斤, 邑萬家. 誠能得樊將軍首, 與燕督亢之地圖獻秦王, 秦王必說見臣, 臣乃得有以報太子." 太子曰: "樊將軍以窮困來歸丹, 丹不忍以己之私, 而傷長者之意, 願足下更慮之."

(7)
형가가 태자의 차마 하지 못하는 마음을 알고, 이에 드디어 사사로이 번오기(樊於期)를 만나서 말했다.

"진나라가 장군을 대한 것이 가히 심했다고 말합니다. 부모와 종족이 모두 도륙되어 죽었는데, 지금 듣기에 장군의 목을 금 천 근, 마을 만 가구로 산다고 합니다. 장차 어찌하시겠습니까?"

번 장군이 하늘을 우러러보다가, 크게 한숨을 쉬고 눈물을 흘리면서 말했다.

"내가 매번 생각하면 늘 골수까지 아프지만, 돌아봐도 계책이 나올 바를 알지 못할 뿐입니다."

형가가 말했다.

"지금 한 마디 말이 있는데, 가히 연나라의 근심을 풀고 장차 장군의 원수를 갚을 수 있다면 어찌하겠습니까?"

이에 번오기가 앞에 서서 말했다.

"하려면 어찌하면 되겠소?"

형가가 말했다.

"바라건대 장군의 목을 얻어서 진나라에 바치면, 진나라 왕은 반드시 기뻐하며 신을 잘 만나줄 것입니다. (그때) 신이 왼손으로 그 소매를 꽉 쥐고 오른손으로 그 가슴을 찌르면[搎抗→搎] 됩니다. 그리되면 장군의 원수도 갚고 연나라는 욕을 당했던 부끄러움을 없앨 수 있습니다. 장군은 어찌 뜻이 있으십니까?"

번오기가 한쪽 어깨를 들어내면서[偏袒] 팔뚝을 움켜잡고 나아가서 말했다.

"이것은 신이 낮밤으로 이를 갈고 가슴을 치는[切齒拊心] 일입니다. 마침내 지금 가르침을 들을 수 있었습니다."

마침내 스스로 목을 찌르니, 태자가 듣고는 치달려 왔다. 시체 앞에 엎드려 곡을 하며 지극히 애달파했으나 어찌할 수 없었고, 얼마 뒤 드디어 번오기의 머리를 거두어 담고[盛] 상자를 봉해버렸다.

荊軻知太子不忍, 乃遂私見樊於期曰: "秦之遇將軍, 可謂深矣. 父母宗族, 皆爲戮沒. 今聞購將軍之首, 金千斤, 邑萬家, 將奈何?" 樊將軍仰天太息流涕曰: "吾每念, 常痛於骨髓, 顧計不知所出耳." 軻曰: "今有一言, 可以解燕國之患, 而報將軍之讎者, 何如?" 樊於期乃前曰: "爲之奈何?" 荊軻曰: "願得將軍之首以獻秦, 秦王必喜而善見臣, 臣左手把其袖, 而右手揕抗其胸, 然則將軍之仇報, 而燕國見陵之恥除矣. 將軍豈有意與?" 樊於期偏袒扼腕而進曰: "此臣日夜切齒拊心也, 乃今得聞教." 遂自刎. 太子聞之馳往, 伏尸而哭, 極哀. 既已, 無可奈何, 乃遂收盛樊於期之首, 函封之.

(8)

이에 태자가 미리 천하의 날카로운 비수를 찾았는데, 조나라 사람 서부인(徐夫人)의 비수를 얻어 100금을 주고 가져왔다. 공인[工]을 시켜 약에 담가두었다가 이를 가지고 사람에게 시험하니, 피가 실낱같이 젖기만 해도 사람 중에 바로 죽지 않는 자가 없었다. 이에 잘 싸서 형가에게 보내주었다. 연나라 용사 중에 진무양이란 사람이 있었는데, 열두 살 나이에 이미 사람을 죽여서 다른 사람들이 감히 더불어 흘겨보지도 못했다. 이에 영을 내려 진무양을 협력자[副]로 삼았다.

형가는 기다리는 바가 있어서 다 갖춰지기를 원했는데, 그 사람이 멀리 살아서 아직 오지 못했기에 머무르며 기다리고 있었다. 얼마 뒤에도 아직 떠나지 않자 태자가 그들이 늦춘다고 여기고, 그가 (마음을) 고쳐먹고 후회한다고 의심하여 이에 다시 청하며 말했다.

"날이 다 지났습니다. 형경은 어찌 갈 뜻이 없으십니까? 제가 청컨대 먼저 진무양을 보내겠습니다."

형가가 화를 내며, 태자를 꾸짖으면서 말했다.

"지금 날이 되어 떠나면 돌아올 수 없소. 이 풋내기야! 지금 한 자루 비수를 들고 가늠할 수 없는 강한 진나라에 들어가는데, 내가 머무는 까닭은 내 손님을 기다려 함께 가려는 것이었소. 지금 태자가 늦다고만 말하니, 청컨대 결행할 것을 말씀드리오!"
드디어 떠났다.

於是, 太子預求天下之利匕首, 得趙人徐夫人之匕首, 取之百金, 使工以藥淬之, 以試人, 血濡縷, 人無不立死者. 乃爲裝遣荊軻. 燕國有勇士秦

626

武陽, 年十二, 殺人, 人不敢與忤視. 乃令秦武陽爲副. 荊軻有所待, 欲俱,

其人居遠未來, 而爲留待. 頃之未發, 太子遲之, 疑其有改悔, 乃復請之

曰: "日以盡矣, 荊卿豈無意哉? 丹請先遣秦武陽." 荊軻怒, 叱太子曰: "今

日往而不反者, 豎子也! 今提一匕首入不測之強秦, 仆所以留者, 待吾客

與俱. 今太子遲之, 請辭決矣!" 遂發

(9)

태자와 빈객 중에 그 일을 아는 사람들은 모두 흰옷에 갓을 갖추

고 그들을 전송했다. 역수(易水)가에 이르러 제사를 지낸 뒤에 길을 잡

으니, 고점리(高漸離)가 축(筑)을 치고 형가가 화답하여 노래를 불렀다.

치(徵) 소리로 바뀌자, 선비들 모두 눈물을 떨구며 흐느껴 울었다. 다

시 앞에 나가 노래 부르며 말했다.

"바람이 쓸쓸히 부는데 역수 물은 차갑구나. 장사가 한 번 떠나면

다시 오지 못하리!"

다시 감탄하면서도 분개하는(慷慨) 우(羽) 소리로 바뀌자, 선비들

모두가 눈을 치켜뜨고 머리털이 남김없이 솟은 것이 갓을 뚫을 정도였

다. 이에 형가가 드디어 수레에 나아가서 떠났는데, 끝내 돌아보지 않

았다.

太子及賓客知其事者, 皆白衣冠以送之. 至易水上, 既祖, 取道. 高漸離

擊筑, 荊軻和而歌, 爲變徵之聲, 士皆垂淚涕泣. 又前而爲歌曰: "風蕭蕭

兮易水寒, 壯士一去兮不復還!" 復爲慷慨羽聲, 士皆瞋目, 髮盡上指冠.

於是荊軻遂就車而去, 終已不顧.

(10)

이미 진나라에 이르자, 지니고 있던 천금의 밑천과 폐물을 진나라 왕의 총신(寵臣)인 중서자(中庶子) 몽가(蒙嘉)에게 후하게 보냈다. 몽가가 (형가를 위해) 먼저 진나라 왕에게 말해주었다.

"연나라 왕이 정말로 대왕의 위세를 두려워하여 감히 병사를 일으켜서 대왕과 겨루지 못하고, 원컨대 나라를 들어 (진나라 조정의) 신하로서 제후들의 반열에 나란히 서서, 세금과 공물[貢職=租貢]을 대기를 마치 군이나 현처럼 하면서 돌아가신 왕들의 종묘를 받들고 지켰으면 합니다. 무섭고 두려워서 감히 스스로 진술하지 못하여, 삼가 번오기의 머리를 베고 또한 연나라 독항의 지도를 상자에 봉하여 바칩니다. 연나라 왕이 조정에서 절하여 전송하고, 사자를 시켜 대왕에게 말씀드리게 하였습니다. 오직 대왕께서 명하십시오."

既至秦, 持千金之資幣物, 厚遺秦王寵臣中庶子蒙嘉. 嘉爲先言於秦王曰: "燕王誠振畏慕大王之威, 不敢興兵以拒大王, 願擧國爲內臣, 比諸侯之列, 給貢職如郡縣, 而得奉守先王之宗廟. 恐懼不敢自陳, 謹斬樊於期頭, 及獻燕之督亢之地圖, 函封, 燕王拜送於庭, 使使以聞大王. 唯大王命之."

(11)

진나라 왕이 듣고 크게 기뻐하였다. 이에 조복을 입고 구빈(九賓)[37]

---

[37] 구빈(九賓)은 외교상의 최고의 예를 말한다. 임금이 우대하는 아홉의 손님으로, 공(公),후(侯),백(伯),자(子),남(男),고(孤),경(卿),대부(大夫),사(士)를 가리킨다.

의 예를 갖추어 연나라 사자를 함양궁에서 만났다. 형가가 번오기의 머리가 든 상자를 받들고 진무양이 지도가 든 갑(匣)을 받들었는데, 차례로 나아가 계단 아래에 이르자 진무양의 낯빛이 흔들리며 두려워했다. 여러 신하들이 괴이하게 여기자, 형가가 뒤돌아 무양을 보고는 웃으면서, 앞으로 나아가 사죄하여 말했다.

"북쪽 오랑캐[蠻夷] 땅의 변방 사람이라 일찍이 천자를 뵙지 못했기에 떨면서 두려워하는 것이니, 원컨대 대왕께서 작은 잘못을 용서해주시면[假借] 앞에서 사신의 일을 마치도록 하겠습니다."

진나라 왕이 형가에게 일러주며 말했다.

"무양이 지니고 있는 지도를 가지고 오라."

형가가 지도를 받아서 받들며 지도를 펼치는데, 지도가 끝에 이르자 비수가 드러났다. 그참에 왼손으로 진나라 왕의 소매를 꽉 쥐고, 오른손으로는 비수를 붙잡고서 그 가슴을 찌르려 했다. 미처 몸에 이르기 전에 진나라 왕이 깜짝 놀라 물러서며 일어나서 소매를 끊어내고, 칼을 빼려고 했는데 칼이 길어 칼집만 잡을 수 있었다. 때가 두렵고 [怨=惶] 급한 데다 칼이 단단히 꽂혀 있어서 바로 뺄 수가 없었다. 형가가 진나라 왕을 쫓자, 진나라 왕이 기둥을 돌아서 달려 나갔다. 뭇 신하들이 깜짝 놀랐지만, 갑자기 일어난 일이라 (어찌할까) 생각할 수가 없어서 남김없이 그 법도[度]를 잃고 말았다. 진나라 법에는 전상에서 모시는 자들은 한 자의 병기도 지니지 못하게 되어 있었고, 낭중 가운데 병기를 든 자들은 모두 전 아래에 늘어서 있었지만 조서가 있지 않으면 오를 수가 없었다. 바야흐로 급한 때가 왔지만 아래에 있는 병사를 부르는 데는 미치지 못하여, 이 때문에 형가가 진나라 왕을 쫓을 수 있었다. 갑자기 두렵고 급해졌지만 형가를 (칼로) 내려칠 방법이 없어서, 이에 맨손으로 함께 형가에게 주먹질을 했다. 이때 시의(侍醫)인 하무저(夏無且)가 자신이 받드는 약주머니를 형가에게 내던졌다.

진나라 왕이 바야흐로 기둥을 돌아 달아나면서 별안간 두렵고 급해지자 할 바를 알지 못했는데, 좌우에서 말하기를 "왕께서는 칼을 등에 매십시오! 왕께서는 칼을 등에 매십시오!" 라고 했다. 마침내 (칼을) 빼어들고 형가를 내리쳐서 그 왼쪽 허벅지를 끊어버렸다. 형가가 쓰러지면서, 이에 비수를 당겨 진나라 왕에게 던졌지만[提→擿] 적중되지 않고 기둥에 맞았다. 진나라 왕이 다시 형가를 내리쳐서 8곳에 상처[創]를 입히니, 형가가 스스로 일이 나아가지 못함을 알았다. 그래서 기둥에 기대어 웃더니, 두 다리를 쭉 펴고 앉아서[箕踞] (스스로를) 꾸짖으며 말했다.

"일이 이루어지지 않은 까닭은, 마침내 살려서 겁을 주어 반드시 약속을 맺어서 태자에게 보답하려 했기 때문이다."

좌우가 이미 앞으로 나아가 형가의 목을 베었는데, 진나라 왕은 눈이 어질어질한 것이 꽤 오래갔다. 이에 공로를 평가하여 여러 신하들에게 상을 주고, 얽힌 자들에게는 해당되는 죄를 주었는데 각각 차등을 두었다. 그리고 하무저에게는 황금 200일(鎰)을 내려주며 말했다.

"무저가 나를 아껴서, 이에 약주머니를 형가에게 내던졌다."

秦王聞之, 大喜. 乃朝服, 設九賓, 見燕使者咸陽宮. 荊軻奉樊於期頭函, 而秦武陽奉地圖匣, 以次進至陛下. 秦武陽色變振恐, 群臣怪之, 荊軻顧笑武陽, 前爲謝曰: "北蠻夷之鄙人, 未嘗見天子, 故振慴, 願大王少假借之, 使畢使於前." 秦王謂軻曰: "取武陽所持圖." 軻既取圖奉之, 發圖, 圖窮而匕首見. 因左手把秦王之袖, 右持匕首揕抗之. 未至身, 秦王驚, 自

引而起, 絕袖. 拔劍, 劍長, 摻其室. 時惣急, 劍堅, 故不可立拔. 荊軻逐秦
王, 秦王還柱而走. 群臣驚愕, 卒起不意, 盡失其度. 而秦法, 群臣侍殿上
者, 不得持尺兵. 諸郎中執兵, 皆陳殿下, 非有詔不得上. 方急時, 不及召下
兵, 以故荊軻逐秦王, 而卒惶急無以擊軻, 而乃以手共搏之. 是時, 侍醫
夏無且, 以其所奉藥曩提軻. 秦王之方還柱走, 卒惶急不知所爲, 左右
乃曰: "王負劍! 王負劍!" 遂拔以擊荊軻, 斷其左股. 荊軻廢, 乃引其匕首,
提秦王, 不中, 中柱. 秦王復擊軻, 被八創. 軻自知事不就, 倚柱而笑, 箕
踞以罵曰: "事所以不成者, 乃欲以生劫之, 必得約契以報太子也." 左右
既前斬荊軻, 秦王目眩良久. 而論功賞群臣及當坐者, 各有差. 而賜夏無
且黃金二百鎰, 曰: "無且愛我, 乃以藥曩提軻也."

(12)

이에 진나라가 연나라에게 크게 화를 내며 더욱 병사를 내어 조나
라에 이르게 한 뒤, 조서를 보내어 왕전으로 하여금 군대를 이끌어 연
나라를 치게 했다. 10달이 지나 연나라 (도읍인) 계성(薊城)[38]이 뽑혔다.
연나라 왕 희(喜)와 태자 단 등이 모두 정예 병사를 이끌고 동쪽으로
가서 요동을 지켰는데, 진나라 장군 이신이 연나라 왕을 쫓아가서 쳤
다. 왕이 급해지자 대(代)나라 왕 가(嘉)의 계책을 써서 태자 단을 죽여
진나라에 바치고 싶어 했으나, 진나라가 다시 병사를 나아가게 하여
공격했다. 5년이 지나자 끝내 연나라를 멸망시키고 연나라 왕 희(喜)를
포로로 잡았으니, 이에 진나라가 천하를 아울렀다.

---

38 지금의 북경(北京)이다.

於是, 秦大怒燕, 益發兵詣趙, 詔王翦軍以伐燕. 十月而拔燕薊城. 燕王
喜·太子丹等, 皆率其精兵東保於遼東. 秦將李信追擊燕王, 王急, 用代
王嘉計, 殺太子丹, 欲獻之秦. 秦復進兵攻之. 五歲而卒滅燕國, 而虜燕
王喜. 秦兼天下.

(13)

그 뒤 형가의 손님인 고점리가 축을 치는 것으로써 진나라 황제를
뵈었다. 축으로 진나라 황제를 내리쳐서 연나라의 원수를 갚으려 했으
나 맞지 않았고, (고점리는) 죽고 말았다.

其後荊軻客高漸離以擊筑見秦皇帝, 而以筑擊秦皇帝, 爲燕報仇, 不中
而死.

**진나라 왕 암살의 실패 원인은 태자 단에게 있다. 유명한 용사였던 전광을 몇 마디
말로 죽게 하여 그 경험을 얻지 못했고, 실력이 부족한 진무양을 협력자 겸 감시인
으로 골랐으며, 형가를 재촉함으로써 형가가 기다리던 그 사람 없이 큰일에 나아가
게 했기 때문이다.**

9장

송나라와 위나라

戰國策

中山策　　宋衞策　　燕策　　韓策　　魏策　　趙策

송(宋)나라와 위(衛)나라는 주나라 무왕이 상나라를 쳐서 이기고 난 뒤, 상나라 옛 땅과 백성을 가지고 봉한 나라이다. 무왕이 상나라 마지막 천자인 제신(帝辛)의 아들 무경(武庚)을 상나라 옛 땅에 봉해 제사를 잇게 하였으나, 무경은 무왕의 형제로서 삼감(三監)을 맡아 상나라를 감독하던 관숙(管叔), 채숙(蔡叔), 곽숙(霍叔)과 함께 반란을 일으켰다가 주공에 의해 진압되었다. 이에 상나라의 남은 백성을 나누어서, 무경과 삼감이 다스리던 조가(朝歌)에 무왕의 막내 동생 강숙(康叔) 봉(封)을 봉하여 위(衛)나라 임금으로 삼고, 상나라 제신(帝辛)의 서형(庶兄)인 미자(微子)를 송나라에 봉하여 상나라 제사를 잇게 하였다.

[주나라가 처음 세워졌을 때, 이전 천자였던 순임금(虞), 우왕(夏), 탕왕(商)의 후손들을 각각 진(陳), 기(杞), 송(宋)나라에 봉하여 제사를 받들게 하면서 삼각(三恪)이라 부르며 존중해주었다. 송나라는 상나라의 제사를 이었기 때문에, 천자의 예와 악을 쓸 수 있었고 주나라로부터 손님 대우를 받았다.]

송나라

기원전 396년 휴공(休公) 전(田)이 세워졌다. 휴공 전이 자리에 있은 지 23년 만에 죽자 아들 벽공(辟公) 벽병(辟兵)이 세워졌으며, 다시 자리에 있은 지 3년(기원전 370년)만에 죽자 아들 척성(剔成)이 세워졌다. 척성 41년(기원전 329년) 척성의 동생인 언(偃)이 척성을 습격해서, 척성은 패배하여 제나라로 달아났고 언(偃)이 송나라 임금이 되었다

자리에 있은 지 11년이 되던 해(기원전 318년)에, 송군 언(偃)은 스스로 세워서 왕(王)이 되었다. 동쪽으로 제나라를 물리쳐 다섯 개의 성을 차지했고 남쪽으로 초나라를

물리쳐 300리 땅을 차지했으며 서쪽으로 위(魏)나라의 군대를 꺾었으니, 이로써 제나라 및 위(魏)나라와 맞서는 나라가 되었다. 그러나 강왕(康王)은 가죽 주머니에 피를 가득 채워 매달아놓고는 화살로 쏘게 하면서 '하늘을 쏜다'라고 했고, 술과 여자에 빠졌다. 뭇 신하 중에 간언하는 자가 있으면 바로 활로 쏘았다. 이에 제후들이 모두 부르기를 '걸송(傑宋)'이라 하면서, "송나라가 다시 주(紂)왕이 한 짓을 하니 주벌하지 않을 수 없다"라고 하여 제나라에게 송나라를 토벌할 것을 알렸다. 송왕 언 47년(기원전 282년)에 제나라 민왕(湣王)과 위(魏)나라 및 초나라가 송나라를 정벌하여 송왕 언을 죽이니, 마침내 송나라가 멸망하고 그 땅이 셋으로 나누어졌다.

	시호(諡號)	이름	재위기간	재위 년도
32	송휴공(宋休公)	전(田)	23년	기원전 395~373년
33	송환공(宋桓公)	벽병(闢兵)	3년	기원전 372~370년
34	송척성군(宋剔成君)	희(喜)	41년	기원전 369~329년
35	송강왕(宋康王)	언(偃)	43년	기원전 328~286년

위나라

기원전 362년, 성공(聲公)이 자리에 있은 지 11년 만에 죽고 아들 성후(成侯) 속(邀)이 자리를 이었다. 성후 16년에 공작국(公爵國)에서 후작국(侯爵國)으로 낮추어졌다. 성후 29년(기원전 333년)에 성후가 죽고 아들 평후(平侯)가 뒤를 이었으며, 평후가 자리에 있은 지 8년 만에 죽자 아들 사군(嗣君)이 세워졌다. 사군 5년(기원전 320년)에 다시 위나라 임금은 낮춰져서 군(君)이 되었고 복양(濮陽) 땅만 남게 되었다. 기원전 283년, 사군이 자리에 있은 지 42년 만에 죽고 아들 회군(懷君)이 즉위했다. 회군 31년(기원전 252년)에 회군이 위(魏)나라에 조회하러 갔는데, 위나라가 회군을 가두었다가 죽이고 사군의 동생으로 바꿔 세우니 그가 원군(元君)이다. 기원전 239년, 진(秦)나라가 원군(元君)을 야왕현(野王縣)으로 옮기게 하고 복양을 동군에 합병시켰다. 원군이 자리에 있은 지 25년 만에 죽고 아들 각(角)이 세워졌다. 위군(衛君) 각(角) 9년(기원전 221년)에, 진(秦)나라가 천하를 아우르고 세워져 시황제(始皇帝)가 되었다. 위군 각 21년(기원전 209년), 진(秦)나라 2세(世)가 위나라 임금을 없애고 각(角)을 평민으로 만드니 위나라의 제사가 끊어지고 말았다.

	시호(諡號)	이름	재위기간	재위 년도
43	위성공(衛聲公)	훈(訓)	11년	기원전 372~362년
44	위성후(衛成侯)	속(邀)	29년	기원전 361~333년
45	위평후(衛平侯)	경(勁)	8년	기원전 332~325년
46	위사군(衛嗣君)		4년	기원전 324~283년
47	위회군(衛懷君)		31년	기원전 282~253년
48	위원군(衛元君)		23년	기원전 252~230년
49	위군각(衛君角)	각(角)	21년	기원전 229~209년

송위책
宋衛策

32-1 제나라가 송나라를 공격하다【齊攻宋】

제나라가 송나라를 공격하자, 송나라가 사신으로 장자(臧子)를 보내 형나라에 구원을 요청했다. 형나라 왕이 크게 기뻐하면서 아주 힘써 구원하겠다고 허락하니, 장자가 근심하며 돌아왔다. 그 마부가 말했다.

"구원을 요청하여 얻었는데 우울한 얼굴이니, 왜 그렇습니까?"

장자가 말했다.

"송나라는 작고 제나라는 크다. 무릇 작은 송나라를 구원해주어 큰 제나라에게 미움을 받게 되는 것이 (형나라) 왕이 근심할 바인데도, 형나라 왕은 기뻐함이 심하다. 반드시 우리가 단단하다고 여기는 것이다. 우리가 단단하면 제나라가 지치게 되니, 형나라의 이로움이다."

장자가 이에 돌아왔다. 제나라 왕이 과연 공격하여 송나라 성 다섯을 뽑아냈지만, 형나라 왕은 이르지 않았다.

齊攻宋, 宋使臧子索救於荊. 荊王大說, 許救甚勤. 臧子憂而反. 其御曰: "索救而得, 有憂色何也." 臧子曰: "宋小而齊大. 夫救於小宋而惡於大齊, 此王之所憂也; 而荊王說甚, 必以堅我. 我堅而齊弊, 荊之利也." 臧子乃歸. 齊王果攻, 拔宋五城, 而荊王不至.

자기가 손해를 본다는 것을 알면서도 즐거워한다면 반드시 다른 속셈이 있는 것
이다.

32-2 공수반이 초나라를 위해 기계를 만들다【公輸般爲楚設機】

(1)

(노나라의 솜씨 좋은 장인인) 공수반(公輸般=魯班)이 초나라를 위해
(성을 공격하는) 기계[機=械]를 만들어, 장차 이로써 송나라를 공격하려
하였다. 묵자(墨子)가 이를 듣고는 백 리를 걷고 자며 (발에) 굳은살이
켜켜이 배이도록(百舍重繭) 가서, 공수반을 만나 그에게 일러주며 말
했다.

"내가 송나라에서 그대에 대해 들었습니다. 내가 그대를 빌려 한
생명[王→一生]을 죽이고자 합니다."

공수반이 말했다.

"내 마땅함으로는 정말로 한 생명도 죽이지 못합니다."

묵자가 말했다.

"듣건대, 공께서 (공성용 사다리인) 운제(雲梯)를 만들어 장차 송나라
를 공격한다고 했습니다. 송나라가 무슨 죄가 있습니까? 마땅함으로
인해 한 생명도 죽이지 못한다면서 한 나라를 공격하는 것은, 이는 적
은 사람은 죽이지 못하지만 무리는 죽일 수 있다는 말입니까? 감히 묻
건대 송나라를 공격하는 데에는 어떤 마땅함이 있습니까?"

공수반이 승복하여 그에게 왕을 만나보기를 청하였다.

公輪般爲楚設機, 將以攻宋. 墨子聞之, 百舍重繭, 往見公輪般, 謂之曰:
"吾自宋聞子. 吾欲藉子殺王." 公輪般曰: "吾義固不殺王." 墨子曰: "聞公
爲雲梯, 將以攻宋. 宋何罪之有? 義不殺王而攻國, 是不殺少而殺衆. 敢
問攻宋何義也?" 公輪般服焉, 請見之王.

(2)

묵자가 초나라 왕을 뵙고 말했다.

"지금 여기에 어떤 사람이 있는데, 무늬가 그려진 가마(軒)를 버리
고 이웃에 있는 낡은 수레를 훔치고 싶어 하며, 그 비단에 수놓아진 옷
을 버리고 이웃에 있는 짧은 갈옷을 훔치고 싶어 하며, 그 대들보에 매
달린 고기를 버리고 이웃에 있는 쌀 지게미를 훔치고 싶어 합니다. 이
것은 어떤 사람이라고 하겠습니까?"

왕이 말했다.

"반드시 도둑질하는 병이 있을 것이오."

墨子見楚王曰: "今有人於此, 舍其文軒, 鄰有弊輿而欲竊之; 舍其錦繡,
鄰有短褐而欲竊之; 舍其梁肉, 鄰有糟糠而欲竊之. 此爲何若人也?" 王
曰: "必爲有竊疾矣."

(3)

묵자가 말했다.

"형나라 땅은 사방 5천 리이고 송나라는 사방 5백 리이니, 이것은

무늬가 그려진 가마와 낡은 수레를 비교하는 것과 같습니다. 형나라는 운몽(雲夢)이 있어 코뿔소[犀兕]와 사슴[麋鹿]이 가득하고 강수[江]와 한수[漢]에는 물고기와 자라[鱉], 큰 자라[黿], 악어[鼉]가 있어 천하의 풍요로운 곳인데 송나라는 이른바 꿩이나 토끼, 붕어도 없으니, 이것은 대들보에 매달린 고기와 쌀 지게미를 비교하는 것과 같습니다. 형나라에는 큰 소나무, 개오동나무[文梓], 편나무[梗], 녹나무[楠], 예장나무[豫樟]가 있지만 송나라에는 큰 나무가 없으니, 이것은 비단에 수놓은 옷과 짧은 갈옷을 비교하는 것과 같습니다. 신[惡→臣]은 왕의 관리가 송나라를 공격하는 것이 이것과 같은 부류가 된다고 여깁니다."

왕이 말했다.

"좋은 말이로구나! 청컨대 송나라를 공격하지 않겠소."

墨子曰: "荊之地方五千里, 宋方五百里, 此猶文軒之與弊輿也. 荊有雲夢, 犀

鹿盈之, 江·漢魚鱉黿鼉爲天下饒, 宋所謂無雉兔鮒魚者也, 此猶梁肉之與糟糠也. 荊有長松·文梓·梗·楠·豫樟, 宋無長木, 此猶錦繡之與短褐也. 惡以王吏之攻宋, 爲與此同類也." 王曰: "善哉! 請無攻宋."

묵자가 기술자에게는 사람을 죽이는 작은 일로써, 왕에게는 큰 나라가 작은 나라를 공격하는 일로써 그 일의 마땅하지 않음을 설득하였다.

32-3 서수가 황 땅을 치러 가다【犀首伐黃】

서수(犀首)[1]가 황(黃) 땅을 치러 가다가 위(衛)나라를 지나가게 되자, 사람을 시켜 위나라 임금[悼公]에게 일러주며 말했다.

"저희 나라 군대가 대국의 이웃을 지나갈 때마다 일찍이 한 명의 사자를 보내서 안부를 묻는 일이 없었습니까? 감히 그 죄를 청합니다. 지금 황 땅의 성이 장차 떨어져 끝나게 되면, 장차 병사를 옮겨 대국의 성 아래를 찾아가겠습니다."

위나라 왕이 놀라서 묶은 옷감[束組][2] 300다발[緄]과 황금 300일(鎰)을 가지고 사자를 따르게 하려는데, 남문자(南文子)가 멈추게 하고서는 말했다.

"황성(黃城)을 이겨도 반드시 감히 오지 못하며, 이기지 못하면 또한 감히 오지 못합니다.

황성을 이기면, 공이 크고 이름이 아름다워져서 안으로 그 무리[倫]의 위에 있게 되니[3] 무릇 나라 안에 있는 자들은 (그가) 윗자리에 있는 것을 미워하여 그 일을 평가할[議] 것입니다. 큰 이름을 얻고 이룬 공을 끼고 앉아서 가까이 모시는 가운데 (이런저런) 평가가 나올 것이니, 서수가 비록 어리석어도 반드시 하지 않을 것입니다.

황성을 이기지 못하면, 마음이 깨어져 달아나서 돌아오는 길에 죄

---

1 포표 주: 위나라 관직명으로, 공손연을 가리키는 것이 아니다. (오사도가) 바로잡아 말한다: 『좌전』에 따르면 남문자는 위나라 도공의 재상이었고 도공과 지백이 같은 때였으니, 여기서의 서수가 공손연일 수는 없다.(鮑本, 魏官也, 非公孫衍. 正曰: 據左傳, 南文子相衛悼公. 悼公與智伯並時, 則犀首非公孫衍矣.)

2 요굉 주: 조(組)는 대각선으로 기울어진 문양이 되도록 실을 얽어서 짜는 방법을 말한다.(姚本, 組, 斜文紛綬之屬也.)

3 포표 주: 임(臨)한다는 말은 공업이 그들의 위에 있음을 말한다.(鮑本, 臨, 言以功處其上.)

에서 벗어나지 못할까 두려울 뿐입니다! 어찌 감히 위나라를 공격하여 이기지 못한 죄를 거듭하려 하겠습니까?"

과연 황성을 이겼지만 군대를 거느리고 돌아가면서 마침내 감히 위나라를 지나려 하지 않았다.

犀首伐黃, 過衛, 使人謂衛君曰: "弊邑之師過大國之鄰, 曾無一介之使以存之乎? 敢請其罪. 今黃城將下矣, 已, 將移兵而造大國之城下." 衛君懼, 束組三百緄, 黃金三百鎰, 以隨使者. 南文子止之曰: "是勝黃城, 必不敢來; 不勝, 亦不敢來. 是勝黃城, 則功大名美, 內臨其倫. 夫在中者惡臨, 議其事. 蒙大名, 挾成功, 坐御以待中之議, 犀首雖愚, 必不爲也. 是不勝黃城, 破心而走, 歸, 恐不免於罪矣! 彼安敢攻衛以重其不勝之罪哉?" 果勝黃城, 帥師而歸, 遂不敢過衛.

싸움에서 이기면 공을 그르칠까 삼가게 되고, 지면 거듭 질까 움츠려들게 된다.

32-4 양나라 왕이 한단을 정벌하다【梁王伐邯鄲】

(1)

양나라 왕이 (조나라 도읍인) 한단(邯鄲)을 정벌하기 위해 송나라에서 군대를 징발하자, 송나라 임금이 조나라 왕에게 사자를 보내 청하여 말했다.

"저 양나라 병사가 군세고 권세가 무거운데, 지금 저희 나라에 군사를 징발하고 있습니다. 저희 나라가 따르지 않으면 사직이 위태로울

까 걱정되고, 양나라를 도와 조나라를 정벌하는 일은 조나라에 해가
되니 곧 과인이 차마 할 수 없습니다. 바라건대 왕께서 저희 나라에 명
을 내려주십시오."

梁王伐邯鄲, 而徵師於宋. 宋君使使者請於趙王曰: "夫梁兵勁而權重,
今徵師於弊邑, 弊邑不從, 則恐危社稷; 若扶梁伐趙, 以害趙國, 則寡人
不忍也. 願王之有以命弊邑."

(2)
조나라 왕이 말했다.

"그렇소. 송나라가 양나라와 비교하면 충분치 않음을 과인이 알
고 있소. 조나라를 약하게 하여 양나라를 강하게 하는 것은 송나라에
게도 반드시 이롭지 않을 것이오. 곧 내가 무엇을 그대에게 알리면 좋
겠소?"

사자가 말했다.

"신이 청하건대 변방의 성을 받고자 합니다. 그 공격을 천천히 하면
서 며칠 그곳에 머물러, (조나라의) 아래 관리가 성을 지키러 오기를 기
다릴 뿐입니다."

조나라 왕이 말했다.

"좋소."

趙王曰: "然. 夫宋之不足如梁也, 寡人知之矣. 弱趙以強梁, 宋必不利
也. 則吾何以告子而可乎?" 使者曰: "臣請受邊城, 徐其攻而留其日, 以待
下吏之有城而已." 趙王曰: "善."

(3)

송나라 사람들이 이로 말미암아 드디어 병사를 일으켜서, 조나라 경계 안으로 들어가 성 하나를 에워쌌다. 양나라 왕이 매우 기뻐하며 말했다.

"송나라 사람들이 나를 도와 공격했구나."

조나라 왕 또한 기뻐하며 말했다.

"송나라 사람들이 여기에서 그치겠구나."

그리하여 병사를 물리고 병난이 풀어졌을 때, 양나라에 은혜를 베풀었고 조나라에 원망을 사지도 않았다. 그래서 이름이 더해진 바도 있었고 실제로 돌아온 바도 있었다.

> 宋人因遂擧兵入趙境, 而圍一城焉. 梁王甚說, 曰: "宋人助我攻矣." 趙王亦說曰: "宋人止於此矣." 故兵退難解, 德施於梁而無怨於趙. 故名有所加而實有所歸.

강한 두 나라의 다툼에 끼어들어 무익한 싸움을 하지 않고 양쪽이 원하는 바를 다 만족시켰기 때문에 이름도 얻고 실속도 차린 것이다.

32-5 대윤에게 일러주며 말했다【謂大尹曰】

(누군가가 송나라 卿 벼슬인) 대윤(大尹)에게 일러주며 말했다.

"(송나라) 임금께서 날로 장성하시어 스스로 다스림을 아시게 되면 공은 일이 없을 것입니다. 공이 초나라에게 임금의 효심을 칭찬(賀)하게 해서, 곧 임금이 태후의 일을 빼앗지 못하게 하느니만 못합니다. (그러면) 공은 늘 송나라에 쓰이게 될 것입니다."

謂大尹曰: "君日長矣, 自知政, 則公無事. 公不如令楚賀君之孝, 則君不奪太后之事矣, 則公常用宋矣."

임금이 친정하면 정권을 빼앗기니, 태후에게 효도하는 것을 빌미로 수렴청정을 지속하게 하라는 말이다.

32-6 송나라와 초나라가 형제가 되다【宋與楚爲兄弟】

송나라와 초나라가 형제가 되었다. 제나라가 송나라를 공격하자 초나라 왕이 송나라를 구원하겠다고 말했고, 송나라는 초나라의 무거움을 과시하며[賣=衒鬻] 제나라에 강화할 것을 요구했다. 제나라가 들어주지 않자, 소진(蘇秦)이 송나라를 위해 제나라 재상에게 일러주며 말했다.

"함께하면서 송나라가 초나라의 무거움을 제나라에 과시한 것을 밝히는 것만 못합니다. 초나라가 화를 내어 반드시 송나라와 끊고 제나라를 섬길 것이니, 제나라와 초나라가 합하면 곧 송나라를 공격하는 일은 쉬워집니다."

宋與楚爲兄弟. 齊攻宋, 楚王言救宋. 宋因賣楚重以求講於齊, 齊不聽. 蘇秦爲宋謂齊相曰: "不如與之, 以明宋之賣楚重於齊也. 楚怒, 必絶於宋而事齊, 齊・楚合, 則攻宋易矣."

초나라가 구해주기도 전에 초나라 이름을 팔아 제나라와 강화를 맺으면, 제나라와
적대관계인 초나라는 어떻게 해야 할까?

32-7 위나라 태자가 스스로 장수가 되다【魏太子自將】

위(魏)나라 태자[惠王의 태자 申]가 스스로 장수가 되어 송나라 외황
(外黃) 땅을 지나가는데, 외황의 서자(徐子)가 말했다.

"신에게 100번 싸워 100번 이기는 술책이 있는데, 태자께서 신의
말을 들어줄 수 있습니까?"

태자가 말했다.

"바라건대 듣겠소."

손님이 말했다.

"정말로 바란다면 바치겠습니다. 지금 태자 스스로 장수가 되어 제
나라를 공격하고 있는데, 크게 이겨서 거(莒) 땅을 아우른다 해도 부
유함은 위나라를 넘을 수 없고 귀함은 왕이 되는 일 외에 더해짐이 없
습니다. 만약 싸워서 이기지 못하면, 돌아가신 뒤[萬世]에는 위나라가
없습니다. 이것이 신의 100번 싸워 100번 이기는 술책입니다."

태자가 말했다.

"허락하오. 청하건대 반드시 공의 말을 따라서 돌아가겠소."

손님이 말했다.

"태자가 비록 돌아가고 싶어도 얻지 못할 겁니다. 저들은 태자가

싸워 공격하는 것을 이로움으로 삼아 자기들의 뜻을 채우고 싶어 하는 자들이 많으니[4], 태자가 비록 돌아가고 싶어도 얻지 못할까 걱정됩니다."

(그래도) 태자가 수레에 올라 돌아가기를 청하자, 그의 마부가 말했다.

"(병사를) 이끌고 나와서 (그냥) 돌아가면 패배한 것과 같으니, 따라서 가는 것만 못합니다."

(결국) 제나라 사람들과 싸우다 죽었으니, 끝내 (왕이 되어) 위나라를 얻지 못했다.[5]

魏太子自將, 過宋外黃. 外黃徐子曰: "臣有百戰百勝之術, 太子能聽臣乎?" 太子曰: "願聞之." 客曰: "固願效之. 今太子自將攻齊, 大勝幷莒, 則富不過有魏, 而貴不益爲王. 若戰不勝, 則萬世無魏. 此臣之百戰百勝之術也." 太子曰: "諾. 請必從公之言而還." 客曰: "太子雖欲還, 不得矣. 彼利太子之戰攻, 而欲滿其意者衆, 太子雖欲還, 恐不得矣." 太子上車請還. 其御曰: "將出而還, 與北同, 不如遂行." 遂行. 與齊人戰而死, 卒不得魏.

태자는 나라의 뿌리라서 전쟁에 나가서는 안 된다. 전공을 올려도 무엇을 가지고 더

---

4 요굉 주: 저들이란 위나라의 싸우고자 하는 선비들을 말한다. 태자를 싸우게 만들어서 그 이득을 얻으려는 생각이 그들의 뜻을 가득 채우고 있었다.(姚本, 彼, 謂魏戰士也. 欲使太子戰, 得其利, 以盈滿其志意.)

5 요굉 주: 제나라 사람들이 마릉에서 위나라를 무너뜨리고 방연을 잡았으며 태자 신을 죽였으니, 그렇기 때문에 "(태자 신은) 끝내 위나라를 얻지 못했다"라고 말한 것이다.(姚本, 齊人敗之馬陵, 虜龐涓, 而殺太子申. 故云, 卒不得魏也.)

올려줄 수 있겠는가! 지면 누가 그를 믿고 왕의 자리에 나아가게 하겠는가!

32-8 송나라 강왕 시절【宋康王之時】

송나라 (마지막 군주인) 강왕(康王) 시절, 참새가 성 구석에서 송골매 [鷂]를 낳는 일이 있었다. 태사에게 점을 치게 하니, 말했다.

"작은 것이 큰 놈을 낳았으니, 반드시 천하에 패자가 될 것입니다."

강왕이 크게 즐거워했다. 이에 등(滕)나라를 멸망시키고 설(薛)나라를 정벌해서 회수 북쪽 땅을 차지하자, 이에 더욱 스스로 믿는 마음이 생겼다. 패권을 빨리 이루고 싶어서, 그 때문에 하늘에 활을 쏘고 땅을 매질하며 사직(에 모신 神)을 베어서 태워 없애며 말했다.

"위세로써 천하의 귀신을 복종시키겠다."

나라의 원로와 간쟁하는 신하[曰→臣]를 욕하고, 얼굴을 덮는[無顏] 갓을 써서 용맹을 보였다. 곱추[傴]의 등을 가르고, 아침에 물을 건너는 사람의 정강이를 쪼개자, 나라 사람들이 크게 놀랐다. 제나라가 듣고서 정벌했는데, 백성이 흩어져 성을 지키지 않았다. 왕이 이에 도망쳐 예후(倪侯)의 집으로 가서 드디어 죽음을 맞게 되었다. 상서로움을 보고 상서롭지 않은 짓을 해서 도리어 화가 된 것이다.[6]

---

6 (오사도가) 포본을 보충하여 말한다: 『가어』에 이르기를, "옛날 은나라 왕 제신의 시절에 참새가 성 귀퉁이에서 큰 새를 낳은 적이 있었는데, 점을 쳐서 말하기를 '무릇 작은 것이 큰 것을 낳았으니 나라와 집안이 반드시 바르게 되고 이름이 더욱 크게 될 것이다'라고 했다. 이에 제신이 참새의 덕에 의지하여 나라의 정사를 닦지 않고 극도로 사나운 짓을 하는 것이 끝이 없었으니, 조정의 신하들이 구원할 수 없게 되자 밖의 도적이 마침내 이르러 은나라가 이로써 망하게 되었다"라고 하였다.(鮑本補曰: 家語, "昔者殷王帝辛之世, 有雀生大鳥於城隅, 占之曰, '凡以小生大, 則國家必正而名益昌.' 於是帝辛介雀之德, 不修國政, 亢暴無極, 朝臣莫救, 外寇乃至, 殷國以亡.")

648

宋康王之時, 有雀生[7][8]於城之陬. 使史占之, 曰: "小而生巨, 必霸天下." 康王大喜. 於是滅滕伐薛, 取淮北之地, 乃愈自信, 欲霸之亟成, 故射天笞地, 斬社稷而焚滅之, 曰: "威服天下鬼神." 罵國老諫曰, 爲無顏之冠, 以示勇. 剖偃之背, 鍥朝涉之脛, 而國人大駭. 齊聞而伐之, 民散, 城不守. 王乃逃倪侯之館, 遂得而死. 見祥而不爲祥, 反爲禍.

상서로움을 보고 상서롭지 않은 짓을 했으니 도리어 화가 되었다.(見祥而不爲祥, 反爲禍.)

32-9 지백이 위(衛)나라를 치고자 하다【智伯欲伐衛】

지백(智伯)이 위(衛)나라를 치고자 해서, 위(衛)나라 임금에게 길들이지 않은 말[野馬] 400마리[9]와 흰 벽옥 하나를 보냈다. 위나라 임금이 크게 기뻐하고 뭇 신하들이 모두 하례를 했지만, (재상인) 남문자(南文子)는 근심어린 빛이 있었다. 위나라 임금이 말했다.

"큰 나라가 크게 환대를 하는데, 그대는 근심어린 빛이 있으니 왜 그렇소?"

문자가 말했다.

---

7 아래 구절과 비교해보고 또 통상 4마리 단위로 보내는 것과 유세객들이 가져가는 수레를 생각해보면 4마리가 맞지 않을까 한다.

8 이번 장에서는 위(衛)나라와 위(魏)나라의 구분을 위해 위(魏)나라를 양나라로 바꿔서 표기하였다.

9 요굉 주: 선생이란 장자로 덕이 잇는 사람을 칭한다. 집에 큰 오동나무가 있어서 그로써 호를 삼았으니, 마치 류하혜(柳下惠)와 같다.(姚本, 先生, 長者有德者稱. 家有大梧樹, 因以爲號, 若柳下惠.)

"공(功)이 없는 상(賞)과 힘이 없는 예(禮)가 있을 때는 살피지 않으면 안 됩니다. 길들이지 않은 말 4마리와 흰 벽옥 하나는 작은 나라가 갖추는 예인데 큰 나라에서 이르렀으니, 임금께서는 이에 헤아려 보십시오."

위나라 임금이 그 말을 변방 국경에 알렸다. 지백이 과연 병사를 일으켜 위나라를 습격하고자 지경에 이르렀다가, 돌아가며 말했다.

"위나라에 뛰어난 사람이 있어서 먼저 내 모책을 알아챘다."

智伯欲伐衛, 遺衛君野馬四百, 白璧一. 衛君大悅, 群臣皆賀, 南文子有憂色. 衛君曰: "大國大歡, 而子有憂色何?" 文子曰: "無功之賞, 無力之禮, 不可不察也. 野馬四, 白璧一, 此小國之禮也, 而大國致之, 君其圖之." 衛君以其言告邊境. 智伯果起兵而襲衛, 至境而反曰: "衛有賢人, 先知吾謀也."

분에 넘치는 재물에는 반드시 이유가 있다.

32-10 지백이 위나라를 습격하고자 하다【智伯於襲衛】

지백이 위(衛)나라를 습격하고자 해서, 이에 거짓으로 태자가 도망쳐서 위나라로 달아나게 했다. 남문자(南文子)가 말했다.

"태자 안(顏)은 임금의 아들이니 매우 사랑받고 총애가 있었을 것인데, 큰 죄를 지은 것이 아닌데도 도망쳤다면 반드시 까닭이 있습니다."

사람을 시켜 국경에서 맞이하게 하면서, 말했다.

"수레가 5대가 넘으면, 삼가서 들이지 말라."

지백이 듣고 마침내 멈추었다.

智伯欲襲衛, 乃佯亡其太子, 使奔衛. 南文子曰: "太子顔爲君子也, 甚愛
而有寵, 非有大罪而亡, 必有故." 使人迎之於境, 曰: "車過五乘, 愼勿納
也." 智伯聞之, 乃止.

작은 것을 가지고 다가올 일을 알아차리니, 남문자는 사리를 안다고 할 것이다!

32-11 진나라가 위나라의 포 땅을 공격하다【秦攻衛之蒲】

(1)

진나라가 위(衛)나라의 포(蒲) 땅을 공격하니, (유세객) 호연(胡衍)이
저리질(樗里疾)에게 일러주며 말했다.

"공이 포 땅을 치는 것은 진나라를 위해서입니까? 양[魏=梁]나라
10를 위해서입니까? 양나라를 위해서라면 잘한 것이지만, 진나라를 위
해서라면 이득[賴=利]이 못됩니다. 위(衛)나라가 위(衛)나라가 된 까닭
은 포 땅을 가지고 있기 때문입니다. 지금 포 땅이 양[魏=梁]나라에 들

---

10 사군(嗣君, ?~기원전 282년)은 전국시대 위나라의 국군(國君)으로, 성후(成侯)의 손자이다. 성후
때 진(秦)나라가 강성해지자 이미 위나라는 자신을 낮춰 후(侯)라 불렀고, 사군 5년에 다시 낮춰
군(君)이라 불렀다. 사군 때는 영토도 복양(濮陽)을 겨우 지키는 처지에 놓여 있었다. 42년 동안
재위했다.

어가게 되면 위나라는 반드시 양나라에 꺾이게 됩니다. 양나라가 서하(西河) 바깥 땅을 (진나라에게) 잃고 다시 차지하지 못한 것은 약해서였는데, 지금 위나라가 양나라에 아우러지면 양나라는 반드시 강해집니다. 양나라가 강해지는 날, 서하 바깥 땅은 반드시 위태로워집니다. 또 진나라 왕[昭王] 또한 장차 공이 하는 일을 살피게 될 것인데, 진나라에 해가 되는 것을 가지고 양나라를 좋게 한다면 진나라 왕은 반드시 공을 원망할 것입니다."

저리질이 말했다.

"어찌해야 합니까?"

호연이 말했다.

"공이 포 땅을 풀고 공격하지 않으면, 신이 청컨대 공을 위해 들어가서 포 땅의 태수를 깨우쳐 위나라 임금에게 덕을 베풀도록 하겠습니다."

저리질이 말했다.

"좋습니다."

秦攻衛之蒲. 胡衍謂樗里疾曰: "公之伐蒲, 以爲秦乎? 以爲魏乎? 爲魏則善, 爲秦則不賴矣. 衛所以爲衛者, 以有蒲也. 今蒲入於魏, 衛必折於魏. 魏亡西河之外, 而弗能復取者, 弱也. 今并衛於魏, 魏必強. 魏強之日, 西河之外必危. 且秦王亦將觀公之事. 害秦以善魏, 秦王必怨公." 樗里疾曰: "奈何?" 胡衍曰: "公釋蒲勿攻, 臣請爲公入戒蒲守, 以德衛君." 樗里疾曰: "善."

(2)

호연이 그참에 포 땅에 들어가서 그 태수에게 일러주며 말했다.

"저리자가 포 땅의 병통(病)을 알고 있어서 말하기를, '내가 반드시 포를 차지하겠다'라고 했지만, 지금 신이 포를 풀어주고 공격하지 말라고 할 수 있었습니다."

포의 태수가 두 번 절하고, 그로 인해 금 300일(鎰)을 바치며 말했다.

"진나라 병사가 정말로 떠난다면, 청컨대 그대를 두텁게 대하도록 위나라 임금에게 말하겠습니다."

호연이 포에서 금을 가지고 나옴으로써 스스로를 위나라에서 무겁게 하였고, 저리자 또한 300금을 얻어서 돌아갔으며 또 위나라 임금에게 덕을 쌓았다.

胡衍因入蒲, 謂其守曰: "樗里子知蒲之病也, 其言曰: '吾必取蒲.' 今臣能使釋蒲勿攻." 蒲守再拜, 因效金三百鎰焉, 曰: "秦兵誠去, 請厚子於衛君." 胡衍取金於蒲, 以自重於衛. 樗里子亦得三百金而歸, 又以德衛君也.

진나라가 위나라 포 땅을 얻으면 위나라는 양나라에게 붙을 것이기에 크게 보면 진나라에 손해가 되니, 포에서 물러나 위나라 임금에게 덕을 쌓는 것이 장기적으로 이롭다고 여기게 만들었다.

32-12 위나라가 손님을 시켜 양나라를 섬기다【衛使客事魏】

(1)

위나라가 손님(客)을 시켜 양[魏=梁]나라를 섬기게 했지만, 3년 동안 (양나라 왕을) 만날 수 없었다. 위나라 손님이 근심하다가 마침내 오하(梧下)선생[11]을 만나서, 허락하면 100금을 주기로 했다.

오하선생이 말했다.

"허락합니다."

이에 (오하선생이) 양나라 왕을 뵙고 말했다.

"신이 듣기에 진나라가 병사를 내었다는데, 아직 이에 어디로 가는지 알지 못합니다. 진나라와 양나라가 교류하면서 우호를 닦지 못한 날이 오래되었습니다. 바라건대 왕께서 오로지[博→專] 진나라를 섬기시면 다른 계책은 없어도 됩니다."

양나라 왕이 말했다.

"허락하오."

衛使客事魏, 三年不得見. 衛客患之, 乃見梧下先生, 許之以百金. 梧下先生曰: "諾." 乃見魏王曰: "臣聞秦出兵, 未知其所之. 秦·魏交而不脩之日久矣. 愿王博事秦, 無有佗計." 魏王曰: "諾."

---

11 포표 주: "식고려(食高麗)는 무릇 입과 몸을 기르는 바로, 모두 먹는 것을 말한다.(鮑本, 凡有養於口體, 皆得言食.)

(2)

오하선생[客→梧下先生]이 종종걸음으로 나가서 낭문(郎門)에 이르렀다가, 다시 돌아와 말했다.

"신은 왕께서 진나라를 섬기는 것이 늦었을까 걱정됩니다."

왕이 말했다.

"왜 그렇소?"

선생이 말했다.

"무릇 사람은 자기를 섬기는 일에서는 지나치게 급하고, 다른 사람을 섬길 때는 지나치게 늦습니다. 지금 왕께서 자기를 섬기는 일에서 늦으니, 어찌 능히 다른 사람을 섬기는 일에 급할 수 있겠습니까?"

"어찌 그것을 아시오?"

"위나라 손님이 말하기를, 왕을 섬기려고 했지만 3년간 뵙지 못했다고 하였습니다. 신이 이를 가지고 왕께서 늦다는 것을 알았습니다."

양나라 왕이 뛰어가서 위나라 손님을 만났다.

客趨出, 至郎門而反曰: "臣恐王事秦之晚." 王曰: "何也?" 先生曰: "夫人於事己者過急, 於事人者過緩. 今王緩於事己者, 安能急於事人." "奚以知之?" "衛客曰, 事王三年不得見. 臣以是知王緩也." 魏王趨見衛客.

자기 몸을 위하는 일에도 더딘데, 어찌 남인 진나라를 잘 모실 수 있겠는가?

32-13 위나라 사군이 병이 들다【衛嗣君病】

(1)

위나라 사군(嗣君)¹²이 병이 들었다. 부술(富術)이 은순저(殷順且)에게 일러주며 말했다.

"그대가 내 말을 듣고서 임금에게 말하되, 더하거나 덜어내지 않으면 임금은 반드시 그대를 잘 대해줄 것입니다. 사람이 살면서 행한 바와 죽을 때의 마음은 다릅니다. 처음에 임금이 세상에 행한 바는 좋고 아름다운 것을 먹었으며 쓰는 사람은 설조(緤錯)나 나박(挐薄) 같은 자들이었습니다. (이에) 여러 신하들이 남김없이 다 임금이 나라를 가벼이 여기고 좋고 아름다운 것만 좋아한다고 여겨서, 결코 임금과 더불어 나라를 이야기하는 자가 없었습니다. 그대가 임금에게 일러주며, '임금의 천하에 행한 바는 매우 잘못되었습니다. 설조가 나랏일을 주관하여 결단했고 나박이 그를 도왔으니, 지금부터 앞으로 오는 자들 중에 (위나라 國姓인) 공손씨는 결코 혈식(血食)을 할 수 없을 것입니다'라고 하십시오"

衛嗣君病. 富術謂殷順且曰: "子聽吾言也以說君, 勿益損也, 君必善子. 人生之所行, 與死之心異. 始君之所行於世者, 食高麗¹³也; 所用者, 緤

---

12 사군(嗣君, ?~기원전 282년)은 전국시대 위나라의 국군(國君)으로, 성후(成侯)의 손자이다. 성후 때 진(秦)나라가 강성해지자 이미 위나라는 자신을 낮춰 후(侯)라 불렀고, 사군 5년에 다시 낮춰 군(君)이라 불렀다. 사군 때는 영토도 복양(濮陽)을 겨우 지키는 처지에 놓여 있었다. 42년 동안 재위했다.

13 포표 주: "식고려(食高麗)는 무릇 입과 몸을 기르는 바로, 모두 먹는 것을 말한다.(鮑本, 凡有養於口體, 皆得言食.)

錯·挈薄也. 群臣盡以爲君輕國而好高麗, 必無與君言國者. 子謂君: '君之所行天下者甚謬. 紲錯主斷於國, 而挈薄輔之, 自今以往者, 公孫氏必不血食矣.'"

(2)

임금이 말했다.

"좋다."

그에게 재상의 도장을 주며 말했다.

"내가 죽으면 그대가 제어하라."

사군이 죽자, 은순저가 임금의 영에 따라 공자기[公期→公子期]의 재상이 되어 설조와 나박의 일족을 모두 쫓아냈다.

君曰: "善." 與之相印, 曰: "我死, 子制之." 嗣君死, 殷順且以君令相公期. 緤錯·挈薄之族皆逐也.

증자가 말했다. "새가 장차 죽으려 할 때는 그 울음소리가 애달프고, 사람이 장차 죽으려 할 때는 그 말이 좋다."(曾子言曰: "鳥之將死, 其鳴也哀, 人之將死, 其言也善."≪論語 泰伯≫)

32-14 위나라 사군 시절【衛嗣君時】

위나라 사군(嗣君) 시절, (죄를 지은) 서미(胥靡)가 도망쳐 양나라로 가자 위나라가 속전으로 100금을 주려 했는데 받아들이지 않았다. 이에 좌지(左氏) 땅을 가지고 청하자, 여러 신하들이 간쟁하며 말했다.

"백금의 땅을 가지고 한 명의 서미를 속전하려 하니, 어찌 불가하지 않겠습니까?"

임금이 말했다.

"다스림에는 작은 일이 없으며, 어지러움에는 큰 것이 없다. 교화로써 백성을 깨우치면 300개 성으로도 충분히 다스릴 수 있지만, 백성이 깔끔함과 부끄러움(廉恥)이 없으면 비록 10개의 좌지 땅이 있어도 장차 어디에 쓰겠느냐?"

衛嗣君時, 胥靡逃之魏, 衛贖之百金, 不與. 乃請以左氏. 群臣諫曰: "以百金之地, 贖一胥靡, 無乃不可乎?" 君曰: "治無小, 亂無大. 教化喻於民, 三百之城, 足以爲治; 民無廉恥, 雖有十左氏, 將何以用之?"

작은 일을 놓치지 않아야 큰일을 할 수 있다.

32-15 위나라 사람이 새로 아내를 맞다【衛人迎新婦】

위나라 사람이 새로 아내를 맞이하는데, 부인이 수레에 오르며 물었다.

"곁말[驂馬]은 누구의 말인가요?"

마부가 말했다.

"빌렸습니다."

신부가 하인에게 일러주며 말했다.

"곁말은 어루만져주고, 복마[服]는 때리지 마세요."

수레가 문에 이르자, 부축을 받고 어머니를 돌려보내면서 말했다.

"부뚜막 불을 끄세요. 장차 불이 날 수 있습니다."

집에 들어가서, 절구를 보고 말했다.

"들창 밑으로 옮기세요. 오가는 사람을 막습니다."

주인이 이를 보고 웃었다. 이 세 마디 말은 모두 필요한 말이지만 비웃음을 벗어나지 못한 것은, 빠르거나 늦어서 때를 놓쳤기 때문이다.

衛人迎新婦, 婦上車, 問: "驂馬, 誰馬也?" 御曰: "借之." 新婦謂仆曰: "拊驂, 無笞服." 車至門, 扶, 教送母: "滅灶, 將失火." 入室見臼, 曰: "徙之牖下, 妨往來者." 主人笑之. 此三言者, 皆要言也, 然而不免爲笑者, 蚤晩之時失也.

맞는 말도 시간과 장소에 따라 해야 예(禮=事理)에 맞다.

戰國策

中山策　宋衞策　燕策　韓策　魏策　趙策

중산국(中山国)은 희성(姬姓)으로, 춘추시대 백적(白狄)의 한 갈래인 선우(鮮虞)가 기원전 507년 무렵 세운 나라이다. 당시 조나라와 연나라 사이에 자리 잡고 고(顧) 땅을 도읍으로 삼았다. 성(城) 가운데에 산이 있다고 해서 중산국이라는 이름을 얻었다.

기원전 414년, 중산군(中山君) 무공(武公)은 태항산(太行山)을 넘어 영수(靈壽)로 도읍을 옮겼다. 무공은 중원(中原)의 예법을 본받아 중산국의 제도를 만들어서 나라를 다스렸다. 그러나 곧 무공이 죽고, 환공(桓公)이 뒤를 이었지만 나이가 어리고 아는 바가 적어서 나랏일에 관심이 없었다. 이에 위(魏)나라는 악양(樂羊)과 오기(吳起)의 군대를 보내 기원전 407년에 중산을 없애버렸다. 위나라 문후(文侯)는 태자 격(擊)을 보내 중산군(中山君)으로 삼았다가, 3년 후에 다시 막내아들 지(摯)를 보내고 태자 격을 불러들여서 위나라 임금으로 세웠다. 바로 위나라 무후(武侯)이다. 중산국의 나머지 세력들은 물러나 태항산(太行山) 속으로 들어갔다. 중산(中山)이 망한 후, 환공은 20여 년간의 노력으로 380년경 거듭 나라를 되돌리고 영수에 도읍을 정했다. 부흥한 중산국은 조나라 동북부에 자리 잡고 있어서, 조나라를 남북으로 갈라놓는 형세였다. 이에 조나라는 기원전 377년과 기원전 376년, 두 차례에 걸쳐 중산(中山)을 침공했지만 중산(中山)은 격렬하게 저항했고, 이후 비로소 장성을 쌓기 시작했다. 환공이 죽고 뒤를 이은 성공(成公)은 선조의 유풍을 잇고 국력을 더욱 강화하였다.

기원전 327년경 중산왕 착(䂮)이 왕위를 계승하면서 이후 10여 년간 나라가 부유해지고 병력이 강해졌다. 그럴지만 323년 위(魏)나라 서수(犀首＝公孫衍)가 한나라, 위나라, 조나라, 연나라, 중산이 서로 왕으로 부르자고(五國相王) 했을 때, 이 중 중산만이 천승의 나라였다. 기원전 314년 연나라에 내란이 일어나자 제나라가 이 틈을 타고 연나라로 쳐들어갔는데, 중산국 또한 이를 틈타 사마주(司馬賙)에게 북쪽으로 가서 연나라를 공략하게 하여 수십 개의 성을 빼앗고 수백 리의 땅을 점령하였으며 많은 재물을 탈취하였다. 이때가 중산국의 전성기였다.

연나라를 쳐서 이긴 뒤 중산왕 착이 죽고 중산왕 절차(姿蚩)가 뒤를 이었지만, 내정과 외교가 마땅하지 못해서 중산국의 국력이 드디어 시들어가게 되었다. 이때 조나라는 무령왕이 호복기사(胡服騎射) 정책을 써서 나라는 부유해지고 병사는 강력해지고 있었다. 조나라는 진나라와 맹약을 맺고, 기원전 305년에 무령왕이 직접 지휘를 맡아서 세 갈래로 나누어 중산국을 공격하였다. 연나라 또한 중산을 공격하여 잃어버린 땅을 거두어들였다. 기원전 301년, 조나라 군사가 도읍인 영수를 깨뜨리자 중산왕 절차는 제나라로 도망가다가 나리(那裡)에서 죽었다. 조나라는 중산왕 상(尙)을 세웠다가, 기원전 296년 끝내 중산을 없애버리고 중산왕 상을 부시(膚施) 땅으로 옮겼다.

시호(諡號)	이름	재위기간	재위 년도
중산환공(中山桓公)			기원전 380∼350년(미상)
중산성공(中山成公)			기원전 349∼328년(미상)
중산왕(中山王)	착(䚂)		기원전 327∼310년(미상)
중산왕(中山王)	절차(姿蚩)		기원전 309∼299년(미상)
중산왕상(中山王尙)	상(尙)	3년	기원전 298∼296년(미상)

중산책
中山策

33-1 위나라 문후가 중산을 없애버리고자 하다【魏文侯欲殘中山】

위(魏)나라 문후(文侯)가 중산을 없애버리고자 하니, 상장담(常莊談)이 조나라 양자(襄子)에게 일러주며 말했다.

"위나라가 중산을 아우르면 반드시 조나라가 없어질 것입니다. 공께서 어찌 (지금 부인인) 공자 경(傾)을 본부인[正妻]으로 삼을 것을 청하지 않습니까? 이참에 중산에 봉하면 이에 중산이 다시 세워질 것입니다.[1]"

魏文侯欲殘中山. 常莊談謂趙襄子曰: "魏并中山, 必無趙矣. 公何不請公子傾以爲正妻, 因封之中山, 是中山復立也."

위나라 임금의 딸을 본부인으로 삼고 중산에 봉하면 중산을 보존할 수 있다.

---

1 요굉 주: 공자 경은 위나라 임금이 딸로, 그를 중산에 봉하여 읍으로 삼는 것이 곧 중산이 없어지지 않는 길이다. 그러므로 "중산이 다시 세워진다"라고 한 것은 남아있을 수 있다는 말과 같다.(姚本, 公子傾, 魏君之女. 封之於中山以爲邑, 是則中山不殘也. 故云中山復立, 猶存也.)

33-2 서수가 다섯 왕호를 세워주다【犀首立五王】

(1)

서수(犀首)가 다섯 왕호[王=王號][2]를 세워줄 때, 중산은 뒤에 세워 주었다. 제나라가 조나라와 위나라에게 일러주며 말했다.

"과인이 수치스럽게도 중산과 아울러서 왕이 되었으니, 바라건대 대국과 더불어 (중산을) 쳐서 왕의 호칭을 없애고 싶습니다."

중산(의 왕)이 듣고 크게 두려워하더니, (신하인) 장등(張登)을 불러 알려주며 말했다.

"과인이 장차 왕으로 부르려고 했는데, 제나라가 조나라와 위나라에게 일러 말하기를 수치스럽게도 과인과 아울러 왕이 되었기에 과인을 치려 한다고 하오. 이 나라가 망할까 두려우니, 왕이 되는 일은 (마음속에) 있지도 않소. 그대가 아니면 나를 구해줄 수 있는 사람이 없소."

장등이 말했다.

"임금께서 신에게 많은 수레와 무거운 폐백을 주시면, 신이 청컨대 전영(田嬰)을 만나보겠습니다."

중산의 임금이 그를 보내어 제나라에 가게 하니, 영자(嬰子)를 만나서 말했다.

"신이 듣기에 군[靖郭君=田嬰]께서 중산의 왕(王) 칭호를 없애고자 장차 조나라와 위나라와 함께 정벌하신다고 하니, 지나치십니다. 중산

---

2 오국상왕(五國相王)을 말하는 것으로, 제나라, 진(秦)나라, 초나라에 대항하기 위해 위나라 공손 연의 건의로 다섯 나라가 서로 왕으로 부르자고 정했던 사건이다. 다섯 나라는 한나라, 조나라, 위나라, 연나라, 중산이다.

이 작은데도 세 나라가 정벌하는데, 중산이 비록 크다[益=大] 해도 왕호(王號)를 버리는 일은 오히려 장차 (그 요구를) 들어줄 것입니다. 또 중산은 두려워서 반드시 조나라와 위나라를 위해 왕호를 버리고 (그들에게) 달라붙는 데 힘쓸 것입니다. 이는 군께서 조나라와 위나라를 위해 양을 몰아주는 일이라, 제나라의 이로움이 아닙니다. 만약 중산이 그 왕호를 버리고 제나라를 섬기는 것은 어떻습니까?"

犀首立五王, 而中山後持. 齊謂趙·魏曰: "寡人羞與中山并爲王, 願與大國伐之, 以廢其王." 中山聞之, 大恐. 召張登而告之曰: "寡人且王, 齊謂趙·魏, 羞與寡人并爲王, 而欲伐寡人. 恐亡其國, 不在索王. 非子莫能吾救." 登對曰: "君爲臣多車重幣, 臣請見田嬰." 中山之君遣之齊. 見嬰子曰: "臣聞君欲廢中山之王, 將與趙·魏伐之, 過矣. 以中山之小, 而三國伐之, 中山雖益廢王, 猶且聽也. 且中山恐, 必爲趙·魏廢其王而務附焉. 是君爲趙·魏驅羊也, 非齊之利也. 豈若中山廢其王而事齊哉?"

(2)
전영이 말했다.
"어떻게 말이오?"
장등이 말했다.
"지금 군께서 중산을 불러 그와 더불어 만나서 왕호를 허락하시면, 중산은 반드시 기뻐하며 조나라와 위나라를 끊어버릴 겁니다. 조나라와 위나라가 화를 내어 중산을 공격하면 중산은 급해지면서 여러 임금들이 자신의 왕 칭호를 어렵게 여긴다는 것을 알게 되어, 중산은 반드시 두려워하며 임금 자리를 위해 왕호를 폐하고 제나라를 섬길 것입니다. 그는 자기 나라가 망할까 두려워하니, 이에 군께서 그 왕호를 버리고 자기 나라를 세우게[亡→立] 해주는 것이 조나라와 위나라를 위해 양을 몰아주는 것보다 나을 것입니다."

전영이 말했다.

"허락하오."

장추(張醜)가 말했다.

"안 됩니다. 신이 듣기에, '같은 욕심을 부리는 자는 서로 미워하고, 같은 근심을 하는 자는 서로 가까이한다'라고 했습니다. 지금 다섯 나라가 서로 왕호를 허여[與=許與]하는데, 바다를 등지고 있는 나라[負海=제나라]만 (중산을) 허여하지 않고 있습니다. 이것은 욕심이 모두 왕이 되는 데 있는 것이며, 근심은 바다를 등지고 있는 나라에 있는 것입니다. 지금 중산을 불러서 중산과 더불어 만나 왕호를 허락하면, 이는 다섯 나라(의 이익)을 빼앗아 바다를 등지고 있는 나라에 보태는 것입니다. 중산에 이르자고 네 나라를 틀어막으면 네 나라는 차가운 마음을 먹게 됩니다. 반드시 먼저 함께 왕호를 주어서 가까이하게 되는 것은, 이는 군께서 중산에는 군림하겠지만 (나머지) 네 나라를 잃는 길입니다.

또 장등의 사람됨은 미미한 계책을 가지고 중산의 임금에게 올리는 일을 잘한 지가 오래되었기 때문에 (그의 말이) 이익이 되리라고는 믿기 어렵습니다."

田嬰曰: "奈何?" 張登曰: "今君召中山, 與之遇而許之王, 中山必喜而絶趙·魏. 趙·魏怒而攻中山, 中山急而爲君難其王, 則中山必恐, 爲君廢王事齊. 彼患亡其國, 是君廢其王而亡其國, 賢於爲趙·魏驅羊也." 田嬰

曰: "諾." 張醜曰: "不可. 臣聞之, 同欲者相憎, 同憂者相親. 今五國相與

王也, 負海不與焉. 此是欲皆在爲王, 而憂在負海. 今召中山, 與之遇而

許之王, 是奪五國而益負海也. 致中山而塞四國, 四國寒心. 必先與之王

而故親之, 是君臨中山而失四國也. 且張登之爲人也, 善以微計薦中山

之君久矣, 難信以爲利."

(3)

전영이 들어주지 않고 중산군을 불러서 왕호를 허락하자, 장등이
이참에 조나라와 위나라에게 일러주며 말했다.

"제나라가 하동을 치려고 하는데, 어떻게 알고 있습니까? 제나라
가 중산과 더불어 왕 노릇하는 것을 수치스럽게 여기는 것이 심했는
데, 지금은 중산을 불러 함께 만나서 왕호를 허락했습니다. 이는 그 병
사를 쓰고 싶어서이니, 어찌 대국들이 먼저 왕호를 허여해줌으로써 싸
움을 멈추게 하는 것과 같겠습니까?"

조나라와 위나라가 허락하고, 과연 중산과 더불어 왕 노릇하며 가
까이 지냈다. 중산은 과연 제나라와 끊고 조나라와 위나라를 따르게
되었다.

田嬰不聽. 果召中山君而許之王. 張登因謂趙 · 魏曰: "齊欲伐河東. 何以

知之? 齊羞與中山之爲王甚矣, 今召中山, 與之遇而許之王, 是欲用其

兵也. 豈若令大國先與之王, 以止其遇哉?" 趙 · 魏許諾, 果與中山王而

親之. 中山果絕齊而從趙 · 魏.

제나라가 중산이 왕호를 쓰는 것을 싫어하자 중산이 제나라에게 왕호를 허락하

면 제나라를 섬기겠다고 한 뒤, 얻고 나자 말을 바꾸어 조나라, 위나라와 같은 편에
섰다.

33-3 중산이 연나라, 조나라와 더불어 왕호를 쓰다【中山與燕趙爲王】

(1)

중산이 연나라, 조나라와 더불어 왕호를 쓰자 제나라는 관문을 닫
고 중산의 사신이 오가지 못하게 하면서, 이에 말하였다.

"우리는 만승의 나라이고 중산은 천승의 나라이니, 어찌 우리와
동등하게 부르는가?"

평읍(平邑)을 잘라서 연나라와 조나라에 뇌물로 주며, 병사를 내어
중산을 공격하게 했다.

中山與燕·趙爲王, 齊閉關不通中山之使, 其言曰: "我萬乘之國也, 中山
千乘之國也, 何侔名於我?" 欲割平邑以賂燕·趙, 出兵以攻中山.

(2)

(중산의 재상인) 남제군(藍諸君)이 근심하자, 장등(張登)이 남제군에
게 일러주며 말했다.

"공이 제나라를 근심할 것이 무엇이겠습니까?"

남제군이 말했다.

"제나라는 강하고 만승의 나라인데 중산과 더불어 이름이 동등해
지는 것을 부끄러워하여, 땅을 갈라서 연나라, 조나라에 뇌물로 주고

병사를 내어 중산을 공격하게 하는 것을 꺼리지 않고 있소. 연나라와 조나라는 배신[位→倍]를 좋아하고 땅을 탐하기 때문에, 나는 이에 내 의지하는 곳이 없어질까 두렵소. 크게는 나라가 위태로워지고 다음은 왕호를 버리는 일인데, 어찌 내가 걱정하지 않겠소?"

장등이 말했다.

"청컨대 연나라와 조나라로 하여금 중산을 도와서 왕호의 일이 이루어져 마침내 정해지게 하고자 합니다. 공께서는 바라십니까?"

남제군이 말했다.

"이것은 바라는 바요."

말했다.

"청컨대 공을 제나라 왕이라 여기고, 제가 시험 삼아 공을 설득해 보겠습니다. 할 수 있으면 이에 행하겠습니다."

남제군이 말했다.

"원컨대 그 말을 듣겠소."

藍諸君患之. 張登謂藍諸君曰: "公何患於齊?" 藍諸君曰: "齊强, 萬乘之國, 恥與中山侔名, 不憚割地以賂燕·趙, 出兵以攻中山. 燕·趙好位而貪地, 吾恐其不吾據也. 大者危國次者廢王, 奈何吾弗患也?" 張登曰: "請令燕·趙國輔中山而成其王事遂定. 公欲之乎?" 藍諸君曰: "此所欲也." 曰: "請以公爲齊王而登試說公. 可乃行之." 藍諸君曰: "愿聞其說."

(3)

장등이 말했다.

"왕께서 땅을 잘라 연나라, 조나라에게 뇌물로 주는 것을 꺼리지 않고 병사를 내어 중산을 공격하게 한 까닭은, 그 실상은 중산의 왕호를 버리게 하고 싶어서입니다. 왕께서는 '그렇다'라고 말씀하시겠지만, 그렇다면 왕께서 비용을 쓰고서도 또한 위태롭게 됩니다. 무릇 땅을 잘라 연나라, 조나라에게 뇌물로 주는 것은 상대를 강하게 만드는 것이며, 병사를 내어 중산을 공격하는 것은 병난(兵難)의 첫머리가 되는 것입니다. 왕께서 두 가지를 써서 중산을 얻으려 해도, 반드시 얻을 수 있는 것도 아닙니다. 왕께서 만약 신의 방법을 쓰신다면, 땅도 이지러지지 않고 병사도 쓰지 않으면서 중산(의 왕호)을 가히 버리게 할 수 있습니다. 그러면 왕께서는 반드시 말하기를, '그대의 방법은 무엇인가?'라고 할 것입니다."

남제군이 말했다.

"그렇다면 그대의 방법은 무엇이오?"

장등이 말했다.

"왕께서 무거운 사신을 보내어 중산군에게 알려 말하기를, '과인이 관문을 닫고 사자를 오가지 못하게 한 까닭은 단지, 중산이 연나라, 제나라와 더불어 왕이 되려고 한다는 것을 과인은 같이 듣지 못했기 때문이오. 그래서 오가지 못하게 한 것이오. (중산국) 왕이 정말로 발을 떼어 과인을 보러 오면 청컨대 또한 군을 돕겠소'라고 하십시오. 중산은 연나라와 조나라가 자기가 의지할 곳이 아닐까 걱정하고 있던 차에, 지금 제나라 왕께서 하신 이야기 중의 '곧 왕을 돕겠소'라는 말 때문에 반드시 연나라, 조나라에서 도망쳐 왕과 서로 만날 것입니다. 연나라와 조나라가 이를 들으면 화를 내어 끊어버릴 것이고 왕께서도 또한 중산을 끊어버리면, 이에 중산은 외로워지게 됩니다. 외롭게 되면 어찌 (왕호를) 버리지 않을 수 있겠습니까?

이를 가지고 제나라 왕을 설득하면 제나라 왕이 들어주겠지요?"

남제군이 말했다.

"이러면 반드시 들어줄 것이지만, 이것은 (왕호를) 버리는 방법이니 어디에 (왕호를) 보존하게 하는 바가 있소?"

장등이 말했다.

"이것이 왕호가 보존되는 까닭입니다. 제나라가 이 (왕을 돕겠다는) 말을 가지고 오면, 이 말을 말미암아 연나라와 조나라에 알린 뒤 (제나라에는) 가지 마십시오. 이로써 연나라와 조나라에 두터움이 쌓여, 연나라와 조나라는 틀림없이 말하기를 '제나라가 평읍을 잘라내어 우리에게 뇌물로 주려는 것은, 중산의 왕호를 버리게 하려는 것이 아니라 헛된 욕심으로 우리가 중산에서 떨어져나가게 한 뒤 자기가 가까이하려는 것이다'라고 할 것입니다. 그리하여 비록 100개의 평읍이 있어도 연나라와 조나라는 결코 받지 않을 것입니다."

남제군이 말했다.

"좋습니다."

장등을 보내서 가게 하니, 과연 이 이야기를 가지고 왔다. 중산이 이로 말미암아 연나라와 조나라에 알리고 (제나라에는) 가지 않았으며, 연나라와 조나라는 과연 모두 갖추어서 중산을 도와 왕호를 쓰게 했으니 일이 마침내 정해졌다.[3]

登曰: "王之所以不憚割地以賂燕·趙, 出兵以攻中山者, 其實欲廢中山

---

3   앞 장인 '서수가 다섯 왕호를 세워주다(犀首立五王)'와 같은 상황에서 위나라가 연나라로 바뀌었을 뿐이다.

之王也. 王曰: '然.' 然則王之爲費且危. 夫割地以賂燕·趙, 是强敵也; 出兵以攻中山者, 首難也. 王行二者, 所求中山未必得. 王如用臣之道, 地不虧而兵不用, 中山可廢也. 王必曰: '子之道奈何?'" 藍諸君曰: "然則子之道奈何?" 張登曰: "王發重使, 使告中山君曰: '寡人所以閉關不通使者, 爲中山之獨與燕·趙爲王, 而寡人不與聞焉, 是以隘之. 王苟擧趾以見寡人, 請亦佐君.' 中山恐燕·趙之不己據也, 今齊之辭云, '卽佐王', 中山必遁燕·趙, 與王相見. 燕·趙聞之, 怒絶之, 王亦絶之, 是中山孤, 孤何得無廢. 以此說齊王, 齊王聽乎?" 藍諸君曰: "是則必聽矣, 此所以廢之, 何在其所存之矣." 張登曰: "此王所以存者也. 齊以是辭來, 因言告燕·趙而無往, 以積厚於燕·趙. 燕·趙必曰: '齊之欲割平邑以賂我者, 非欲廢中山之王也; 徒欲以離我於中山, 而己親之也.' 雖百平邑, 燕·趙必不受也." 藍諸君曰: "善." 遣張登往, 果以是辭來. 中山因告燕趙而不往, 燕趙果俱輔中山而使其王, 事遂定.

장등은 억측이 자주 들어맞았으니, 말하면 반드시 행할 수 있는 것이다. 비록 그 지혜를 씀에 임기응변과 허풍이 있으나 그 겉을 꾸밈이 해롭지 않으며 ,또한 교활함이 가히 웃음이 나올 정도이나 군자가 배척할 바는 아니다.(鮑本彪謂: 張登億則屢中, 言之必可行者也. 雖其用智有捁闇風氣, 而文無害, 亦狡獪可喜, 非君子之所排也.)

33-4 사마희가 사신으로 조나라에 가다 【司馬憙使趙】

사마희(司馬憙=司馬喜)가 사신으로 조나라에 갔을 때, 자기를 위해 중산의 재상 자리를 구했는데 (재상인) 공손홍(公孫弘)이 몰래 알아챘다. 중산군이 (궁 밖을) 나섰는데, 사마희가 말을 몰고 공손홍이 곁말을 탔다. 공손홍이 말했다.

"다른 사람의 신하가 되어, 대국의 위세를 불러 자기를 위해 재상 자리를 구한다면 임금께서는 어떻겠습니까?

중산군이 말했다.

"내가 그 고기를 뜯어먹으며, 다른 사람에게 나눠주지도 않겠다."

사마희가 머리를 수레 앞 가로대에 조아리며 말했다.

"신이 스스로 죽음이 이른 것을 알았습니다!"

임금이 말했다.

"무엇 때문인가?"

"신이 그 죄에 해당됩니다."

임금이 말했다.

"(수레를) 몰아라, 내가 알고 있다."

얼마 뒤에 조나라 사신이 와서 사마희를 재상으로 삼으라고 요구 했다. 중산군이 공손홍을 크게 의심하자, 공손홍이 달아나서 나라 밖 으로 나갔다.

司馬憙使趙, 爲己求相中山. 公孫弘陰知之. 中山君出, 司馬憙御, 公孫 弘參乘. 弘曰: "爲人臣, 招大國之威, 以爲己求相, 於君何如?" 君曰: "吾 食其肉, 不以分人." 司馬憙頓首於軾曰: "臣自知死至矣!" 君曰: "何也?" "臣抵罪." 君曰: "行, 吾知之矣." 居頃之, 趙使來, 爲司馬憙求相. 中山君 大疑公孫弘, 公孫弘走出.

두 사람이 본디 잘 지내지 못했는데, 공손홍이 이유 없이 말해놓고는 사마희에게

들어맞게 하려고 한 것 같아서 알고 있다고 한 것이다.(鮑本二人雅不相善, 弘無故

云然, 似欲中喜者, 故知.)

33-5 사마희가 세 차례 중산의 재상이 되다【司馬憙三相中山】

(1)

사마희(司馬憙)가 세 차례 중산의 재상이 되었는데, (중산군의 후궁

중 美人인) 음간(陰簡)이 그를 꺼렸다(難=忌). 전간(田簡)이 사마희에게

일러주며 말했다.

"조나라 사자가 와서 귀를 기울이고 있는데, 어찌 음간의 아름다

움을 말하지 않습니까? 조나라는 틀림없이 그녀를 청할 것입니다. 임

금이 받아주면 공은 안에서 어려움이 없을 것입니다. 임금께서 조나

라를 받아주지 않으면, 공은 이참에 임금에게 권하여 그녀를 세워 정

처로 삼으라고 하십시오. 음간은 공에게 덕을 입어서 막힐 바가 없게

될 것입니다."

과연 조나라에게 청하게[請→請之] 했는데 임금이 받아주지 않자,

사마희가 말했다.

"임금께서 조나라를 받아주지 않았으니 조나라 왕은 반드시 크게

화를 낼 것입니다. 크게 화를 내면 임금께서 반드시 위태로워질 것이

니, 세워서 아내로 삼으십시오. 정말로 다른 사람의 아내를 청해서 얻

지 못했다고 다른 사람을 원망하는 사람은 없습니다."

司馬憙三相中山, 陰簡難之. 田簡謂司馬憙曰: "趙使者來屬耳, 獨不可

語陰簡之美乎? 趙必請之, 君與之, 即公無內難矣. 君弗與趙, 公因勸君立之以爲正妻. 陰簡之德公, 無所窮矣." 果令趙請, 君弗與. 司馬憙曰: "君弗與趙, 趙王必大怒; 大怒則君必危矣. 然則立以爲妻, 固無請人之妻不得而怨人者也." 田簡自謂取使, 可以爲司馬憙, 可以爲陰簡, 可以令趙勿請也.

(2)

전간이 스스로 (조나라) 사신을 데려다가 일러주었으니, 사마희를 위한 일도 되고 음간을 위한 일도 되었으며 조나라에게는 청하지 말도록 할 수 있었다.

田簡自謂取使, 可以爲司馬憙, 可以爲陰簡, 可以令趙勿請也.

재상과 음간 사이가 좋지 않자 일부러 조나라에 음간의 아름다움을 소문내어 음간을 불러들이게 했으니, 임금이 허락하면 쫓아내서 좋고, 허락하지 않으면 왕과 음간 사이가 좋으므로 부인으로 세우자고 해서 음간에게 자신의 덕을 입게 하였다.

33-6 음희와 강희가 왕후가 되려고 다투다【陰姬與江姬爭爲后】

(1)

음희(陰姬=陰簡)와 강희(江姬)가 왕후가 되려고 다투었는데, 사마희가 음희의 아버지(公=父)에게 일러주며 말했다.

"일이 이루어지면 땅과 딸린 백성을 얻고, 이루어지지 않으면 몸이 없어질까 두렵습니다. 이루고 싶으면 어찌 신을 보러 오지 않습니까?"

음희의 아버지가 머리를 조아리며 말했다.

"정말로 군께서 말한 것과 같이 한다 해도, 일이 어찌 예상한 길로 가겠습니까?"

사마희가 바로 중산왕에게 글을 올려 말했다.

"신이 듣기에, 조나라가 약해지고 중산이 강해졌다 합니다."

중산왕이 기뻐하며 그를 만나서 말했다.

"바라건대 조나라가 약해지고 중산이 강해졌다는 이야기를 듣고 싶소."

사마희가 말했다.

"신이 바라건대 조나라에 가서, 그 땅의 형세와 험하고 막힌 바와 백성이 가난한지 부유한지, 임금과 신하가 뛰어난지 능력이 없는지를 살핌으로써 적과 비교할 수 있는 밑천을 만들어야 하기 때문에 아직 미리 말씀드릴 수 없습니다."

중산왕이 (사마희를 조나라에) 보내주었다.

陰姬與江姬爭爲后. 司馬憙謂陰姬公曰: "事成, 則有土子民; 不成, 則恐無身. 欲成之, 何不見臣乎?" 陰姬公稽首曰: "誠如君言, 事何可豫道者." 司馬憙即奏書中山王曰: "臣聞弱趙強中山." 中山王悅而見之曰: "願聞弱趙強中山之說." 司馬憙曰: "臣願之趙, 觀其地形險阻, 人民貧富, 君臣賢不肖, 商敵爲資, 未可豫陳也." 中山王遣之.

(2)

(사마희가) 조나라 왕[武靈王]을 뵙고 말했다.

"신이 듣기에 조나라는 천하에서 노래를 잘하고 아주 아름다운 사람을 잘 낸다고 했는데, 이번에 신이 국경에 이르러 도읍 안에 들어와서 백성들의 노래와 풍속을 살펴보니 자태와 얼굴이 거의 매우 아름답고 호감이 있지 않은 자가 없었습니다. (그러나) 신이 다닌 곳이 많고 두루 돌아다녀서 오가지 않은 곳이 없는데, 일찍이 사람 중에 중산의 음희와 같은 사람을 본 적이 없습니다. 알지 못하는 사람은 그저 신(神)이라고 여길 뿐 힘써 말해도 미칠 수가 없습니다. 그 자태와 얼굴은 정말로 이미 지나칠 정도로 사람을 훨씬 뛰어넘었습니다. 이에 그 눈썹, 눈, 코[准=鼻], 광대뼈[權=顴], 눈두덩이[衡=眉上], 머리뼈[犀覺]와 이마의 뼈[偃月] 등으로 볼 때, 그는 제왕의 왕후[后]이지 제후의 부인이 (될 사람이) 아닙니다."

조나라 왕의 뜻이 옮겨가서, 크게 기뻐하며 말했다.

"내가 바라건대 (중산왕에게) 청하는 것이 어떠한가?"

사마희가 말했다.

"신이 몰래 그 아름다움을 보았기에 입에서 말하지 않을 수가 없었을 뿐입니다. 바로 청하고 싶다 해도, 이는 신이 감히 의견을 낼 수 있는 일이 아닙니다. 원컨대 왕께서는 새나가지 않게 해주십시오."

見趙王曰: "臣聞趙, 天下善爲音, 佳麗人之所出也. 今者, 臣來至境, 入都邑觀人民謠俗, 容貌顏色, 殊無佳麗好美者. 以臣所行多矣, 周流無所不通, 未嘗見人如中山陰姬者也. 不知者, 特以爲神, 力言不能及也. 其容貌顏色, 固已過絶人矣. 若乃其眉目准頞權衡, 犀覺偃月, 彼乃帝王之后, 非諸侯之姬也." 趙王意移, 大悅曰: "吾願請之, 何如?" 司馬憙曰: "臣竊見其佳麗, 口不能無道爾. 即欲請之, 是非臣所敢議, 願王無泄也."

(3)

사마희가 인사하고 떠났고, 돌아와 중산왕에게 보고하며 말했다.

"조나라 왕은 뛰어난 왕이 아닙니다. 도리와 다움을 좋아하지 않고 노래와 여색을 좋아하며, 어짊과 마땅함을 좋아하지 않고 용맹함과 힘을 좋아합니다. 신이 듣기에, 그가 청하고자 했던 것은 곧 음희를 (달라고) 말하는 것이었습니다."

중산왕이 얼굴빛이 바뀌며 좋아하지 않았다. 사마희가 말했다.

"조나라는 강국이니 그가 청하리라는 것은 틀림없습니다. 만일 왕께서 받아들이지 않는다면 곧 사직이 위태롭게 되고, 받아들이면 곧 제후에게 웃음거리가 됩니다."

중산왕이 말했다.

"앞으로 어찌해야 하겠소?"

사마희가 말했다.

"왕께서 세워서 왕후(后)로 삼으시면 조나라 왕의 뜻을 끊게 됩니다. 세상에는 왕후를 청하는 일이 없으니, 비록 얻고 싶어 청하더라도 이웃나라들이 같이하지 않을 것입니다."

중산왕이 드디어 세워서 후로 삼았고, 조나라 왕 또한 청하는 말이 없었다.

司馬憙辭去, 歸報中山王曰: "趙王非賢王也. 不好道德, 而好聲色; 不好仁義, 而好勇力. 臣聞其乃欲請所謂陰姬者." 中山王作色不悅. 司馬憙曰: "趙強國也, 其請之必矣. 王如不與, 即社稷危矣; 與之, 即爲諸侯笑." 中山王曰: "爲將奈何?" 司馬憙曰: "王立爲后, 以絶趙王之意. 世無請后者. 雖欲得請之, 鄰國不與也." 中山王遂立以爲后, 趙王亦無請言也.

사사로운 욕심을 채우고자, 나라 안에서 희첩(姬妾)끼리 다투는 일을 나라 밖으로

끌고 나가 해결하였다.

33-7 주보가 중산을 정벌하고자 하다【主父欲伐中山】

주보(主父=武靈王)가 중산을 정벌하고자 이자(李疵)를 시켜 살피
게 했다. 이자가 말했다.

"칠 수 있습니다. 임금께서 공격하지 않으면 천하에 뒤처질까 두렵
습니다."

주보가 말했다.

"무엇 때문인가?"

대답하여 말했다.

"중산의 임금은 수레 덮개를 기울이고 수레를 나란히 하며[4], 궁한
마을의 좁은 거리에 사는 선비를 찾아간 것이 70집입니다."

주보가 말했다.

"이는 뛰어난 임금인데, 어찌 칠 수 있겠는가?"

이자가 말했다.

"그렇지 않습니다. 선비를 들어 쓰면 백성이 이름에 힘쓸 뿐 본분

---

4 경개(傾蓋)란 수레를 멈추고 덮개를 기울여 예우를 표시하는 것을 말하고, 여거(與車)란 수레를
  나란히 하여 친밀감을 나타낸다는 뜻이다.

(인 농사)은 남겨두지 않을 것이며, 뛰어난 이를 찾아다니면 농사짓는 사람은 게을러지고 전사(戰士)는 나약해질 것입니다. 이와 같으면서도 망하지 않는 것은 있은 적이 없습니다."

主父欲伐中山, 使李疵觀之. 李疵曰: "可伐也. 君弗攻, 恐後天下." 主父曰: "何以?" 對曰: "中山之君, 所傾蓋與車而朝窮閭隘巷之士者, 七十家." 主父曰: "是賢君也, 安可伐?" 李疵曰: "不然. 擧士, 則民務名不存本; 朝賢, 則耕者惰而戰士懦. 若此不亡者, 未之有也."

군주가 허명을 쫓아다니면 백성들도 다 알고 같이 헛된 것만 쫓게 된다.

33-8 중산군이 도읍의 선비들을 대접하다【中山君饗都士】

중산군이 도읍의 선비[都士]들을 대접할 때에 대부인 사마자기(司馬子期)도 있었다. 양고기 국이 고르게 차려지지 않자 사마자기가 화를 내며 초나라로 달아나서, 초나라 왕을 설득하여 중산을 치자고 했다. 중산군이 (나라 밖으로) 도망치는 중에, 두 사람이 창을 쥐고 그 뒤를 따르고 있었다. 중산군이 돌아보고 두 사람에게 일러 말했다.

"그대들은 무엇을 하는 사람들인가?"

두 사람이 대답하며 말했다.

"신에게 아비가 있었는데, 일찍이 굶주려 죽게 되었는데 임금께서 한 단지 밥을 내려주어 먹게 했습니다. 신의 아비가 장차 죽을 때가 되자 '중산에 일이 터지면 너는 반드시 (임금을 위해) 죽어야 한다'라고 해서, 그래서 와서 임금을 위해 죽으려 합니다."

중산군이 크게 한숨을 쉬고 하늘을 우러러보며 탄식해 말했다.

"베푼다는 것은 많거나 적은 것에 따라 정해지는(期=定) 것이 아니라 그것이 닥친 재액에 마땅한지에 달려있고, 원한은 깊거나 얕은 것에 따라 정해지는 것이 아니라 그것이 마음을 해쳤는지에 달려있구나. 내가 한 그릇 양고기 국 때문에 나라를 잃었고, 한 단지 밥 때문에 선비 두 사람을 얻었다."

中山君饗都士, 大夫司馬子期在焉. 羊羹不遍, 司馬子期怒而走於楚說楚王伐中山, 中山君亡. 有二人挈戈而隨其後者, 中山君顧謂二人: "子奚爲者也?" 二人對曰: "臣有父, 嘗餓且死, 君下壺飧餌之. 臣父且死, 曰: '中山有事, 汝必死之.' 故來死君也." 中山君喟然而仰嘆曰: "與不期衆少, 其於當厄; 怨不期深淺, 其於傷心. 吾以一杯羊羹亡國, 以一壺飧得士二人."

사람이 서로 원한을 맺는 것은 깊고 얕음에 달려있는 것이 아니니, 정말로 그 마음을 다치게 했다면 원망이 무겁게 된다. 양고기 국이 고르게 차려지지 않았기 때문에 나라를 나가서 도망치는 환난이 있게 되었다.(姚本人之相怨, 不在深淺也. 苟傷其心, 則怨重也. 羊羹不遍, 而有出亡之患也.)

33-9 악양이 위나라 장수가 되다【樂羊爲魏將】

악양(樂羊)이 위나라 장수가 되어 중산을 공격하였는데, 그 아들이 그때 중산에 있었다. 중산군이 그 아들을 삶아 죽여서 국을 만들어 악양에게 이르게 하니, 악양이 (그 국을) 먹었다. 옛날부터 지금까지 이를 일컬어서 이렇게 말했다. 악양이 자식을 먹은 것은 스스로를 믿은 것이니, 아버지된 도리를 해치면서까지 나라의 법도를 구하는 것을 밝혔다.[5]

樂羊爲魏將. 攻中山. 其子時在中山, 中山君烹之, 作羹致於樂羊. 樂羊食之. 古今稱之, 樂羊食子以自信, 明害父以求法.

공명(功名)을 위해 가장 가까운 자식의 고기조차 먹을 수 있다면 무슨 일인들 하지 못하겠는가!

33-10 소왕이 이미 백성을 쉬게 하고 병기를 수선하다【昭王既息民繕兵】[6]

(1)

(진나라) 소왕(昭王)이 이미 백성을 쉬게 하고 병기를 수선하면서, 다시 조나라를 치고자 했다. 무안군(武安君=白起)이 말했다.

"안됩니다."

왕이 말했다.

---

5 포표 주: 이것은 아버지의 도리를 해치는 것인데도 악양이 먹었으니, 나라를 위해 죽는 모범을 구한 것이었다.(鮑本, 此害於父道, 而羊爲之, 求爲殉國之法也.)
「위책(魏策)」 1, 22-3 '악양이 위나라 장수가 되어 중산을 공격하다(樂羊爲魏將而攻中山)'에 같은 내용이 나온다.

6 포표 주: 이 편은 「진책(秦策)」에 있어야 한다.(鮑本, 此篇在秦策.)

"지난해에 나라가 텅 비고 백성이 굶주렸을 때에도 그대는 백성의 힘을 헤아리지 않고 군량을 더욱 늘려서 조나라를 없애자고 했소. 지금 과인이 백성을 쉬게 하여 병사를 길렀고 양식을 모으고 쌓아서 3군의 녹봉(俸)이 전보다 배가 되었는데, 그대가 '안 된다'고 말하는 것은 왜 그런 것이오?"

昭王既息民繕兵, 復欲伐趙. 武安君曰: "不可." 王曰: "前年國虛民飢, 君不量百姓之力, 求益軍糧以滅趙. 今寡人息民以養士, 蓄積糧食, 三軍之俸有倍於前, 而曰: '不可', 其說何也?"

(2)

무안군이 말했다.

"장평(長平)의 일은 진나라 군대가 크게 이기고 조나라 군대가 크게 무너진 것으로, 진나라 사람은 기뻐하고 즐거워했으며 조나라 사람은 무서워하고 두려워했습니다. 진나라 백성 중에 죽은 자는 두텁게 장례를 치러 주었고 다친 자는 두텁게 보양해 주었으며 애쓴 자는 서로 잔치를 열어 먹고 마시도록 음식을 보냈으니, 그 재물이 다할 정도입니다. 조나라 사람 중에 죽은 자는 거두지 못했고 다친 자는 치료 받지 못했으니, 눈물을 흘리면서 서로 서러워하며 힘을 모으고 같은 근심으로 밭을 갈고 빠르게 경작해서 재물을 만들고 있습니다.

지금 왕께서 군대를 내면, 비록 그 전보다 2배가 되었다고 하지만 신이 헤아려 생각건대 조나라가 지키려고 갖춘 바 또한 10배가 되었을 것입니다. 조나라가 장평에서부터 그 뒤로는 임금과 신하가 근심하고 두려워해서 일찍 조회하고 늦게 물러나며, 말을 낮추고 무거운 폐백을 가지고 사방으로 나가서 연나라, 위나라와 맺어서 받들고 제나라, 초나라와 연합해서 좋게 지내며, 근심이 쌓일수록 마음을 함께하면서 진나라에 대비하는 일에 힘쓰고 있습니다. 그 나라가 안으로는 충실하고 밖으로는 다른 나라와 사귀는 것이 이루어졌습니다. 지금 시절을 맞이해서는 조나라를 아직 쳐서는 안 됩니다."

武安君曰: "長平之事, 秦軍大克, 趙軍大破; 秦人歡喜, 趙人畏懼. 秦民之死者厚葬, 傷者厚養, 勞者相饗, 飲食餔饋, 以靡其財; 趙人之死者不得收, 傷者不得療, 涕泣相哀, 戮力同憂, 耕田疾作, 以生其財. 今王發軍, 雖倍其前, 臣料想趙國守備, 亦以十倍矣. 趙自長平已來, 君臣憂懼, 早朝晏退, 卑辭重幣, 四面出嫁, 結秦燕·魏, 連好齊·楚, 積慮幷心, 備秦爲務. 其國內實, 其交外成. 當今之時, 趙未可伐也."

(3)
왕이 말했다.
"과인이 이미 병사를 일으키기로 했다."

이에 오대부(五大夫) 왕릉(王陵)을 장수로 삼아 조나라를 쳤다. 왕릉이 싸웠지만 이로움을 잃었고, 5개 군영[校=軍營]을 잃었다. 왕이 무안군을 시키고자 했지만 무안군은 병을 핑계로 가지 않았다. 왕이 이에 응후(應侯=范睢)로 하여금 가서 무안군을 만나 꾸짖어 말하게 했다.

"초나라는 땅이 사방 5천 리이고 창(戟)을 든 병사가 100만이다. 그대는 앞서 수만의 무리를 이끌고 초나라에 들어가서 언(鄢)과 영(郢)을 뽑아내었으니, 동쪽으로 가서 경릉(竟陵)에 이르자 초나라 사람들이 떨고 두려워하며 (수도를) 동쪽으로 옮겨 감히 서쪽으로 향하지 못했다.

한나라와 위나라가 (힘을 합쳐) 서로를 거느리며 병사를 일으켜 (그수가) 아주 많았는데, 그대는 이끄는 바가 절반 밖에 되지 않는데도 그들과 더불어 이궐(伊闕)에서 싸워서 두 나라 군대를 크게 깨뜨렸으니, 흐르는 피 위로 큰 방패[鹵=大盾]가 둥둥 떠다녔고 목을 벤 것이 24만이었다. 한나라와 위나라는 이런 까닭으로 지금까지 동쪽 울타리라 부르고 있으니, 이는 그대의 공으로 천하에서 듣지 못한 자가 없다.

지금 조나라 병졸 중에 장평(長平)에서 죽은 자가 이미 열에 일고여덟이라, 그 나라는 텅 비고 약해져 있다. 이 때문에 과인이 크게 군대를 내보내었는데, 사람의 수가 조나라 무리보다 배나 되니 원컨대 그대를 장수로 삼아 반드시 없애버리고 싶다. 그대가 일찍이 적은 수로 무리를 공격하여 승리를 가져오는 것이 마치 신과 같았는데, 하물며 강함으로 약한 것을 치고 무리로써 적은 수를 공격함에 있어서야 어떻겠는가?"

王曰: "寡人旣以興師矣." 乃使五校大夫[7]王陵將而伐趙. 陵戰失利, 亡五校. 王欲使武安君, 武安君稱疾不行. 王乃使應侯往見武安君, 責之曰: "楚, 地方五千里, 持戟百萬. 君前率數萬之衆入楚, 拔鄢·郢, 焚其廟, 東至竟陵, 楚人震恐, 東徙而不敢西向. 韓·魏相率, 興兵甚衆, 君所將之

<hr />

7 황비열의 안(案): 오교대부(五校大夫)는 마땅히 오대부(五大夫)의 잘못이다. 「진본기(秦本紀)」에 "오대부 릉이 조나라 한단을 공격하였다"라는 기록이 있고 또 「백기전(白起傳)」에 "오대부 왕릉으로 하여금 조나라 한단을 공격하게 했다"라는 기록이 있으니, 이것이 그 사실을 증명한다. 오대부는 진나라의 관작이다.(丕烈案: 當衍校字. 秦本紀云, "五大夫陵攻趙邯鄲", 白起傳云, "使五大夫王陵攻趙邯鄲", 是其證矣. 五大夫, 秦爵.)

不能半之, 而與戰之於伊闕, 大破二國之軍, 流血漂鹵, 斬首二十四萬.
韓・魏以故至今稱東藩. 此君之功, 天下莫不聞. 今趙卒之死於長平者已
十七・八, 其國虛弱, 是以寡人大發軍, 人數倍於趙國之衆, 願使君將, 必
欲滅之矣. 君嘗以寡擊衆, 取勝如神, 況以彊擊弱, 以衆擊寡乎?"

(4)

무안군이 말했다.

"이 시절에 초나라 왕[頃襄王]이 그 나라가 크다는 것에 기대어 그
다스림을 돌보지 않자, 뭇 신하들은 서로 공을 가지고 질투하여 알랑
거리고 아첨하면서 일을 마음대로 하며 좋은 신하를 밀어내어 멀리하
니, 백성의 마음이 떠나 성 안의 못을 닦지 않게 되었고 이미 좋은 신
하가 없어져서 또한 지킬 대비를 갖추지 못했습니다. 그러므로 제가
병사를 끌어당겨 깊이 들어갈 수 있었던 까닭은, 자주 성읍을 등진 채
(돌아가지 않는다는 뜻을 보이려) 다리를 뽑아내고 배를 불살라서 백성이
(싸움에만) 전념토록 했고 성 밖 들판에서 빼앗은 것으로써 군대의 먹
을 것을 충족시켰기 때문입니다. 이 시절을 맞이하여 진나라 속의 용
사와 병졸들은 군중(軍中)을 집으로 삼고 장수를 어버이로 여기며 약
속을 맺지 않아도 가까이 지내고 계책이 없어도 믿어주어, 한마음으
로 같은 공을 이루려고 했고 죽어도 발뒤꿈치를 돌리지 않았습니다.
(그러나) 초나라 사람은 스스로 자기 땅에서 싸웠기 때문에 모두 그 집
을 돌아보았으니, 각자 마음이 흐트러져서 싸울 뜻이 없었습니다. 이
때문에 능히 공을 세울 수 있었습니다.

이궐(伊闕)의 싸움에서는, 한나라는 (자신들이) 고립되자 위나라를
돌아보며 먼저 자기 병사를 쓰지 않으려 했고, 위나라는 한나라의 날

카로움에 기대어서 선봉으로 밀어주고 싶어 했습니다. 두 나라 군대가 편함을 다투느라 힘을 똑같이 쓰지 않아서, 이 때문에 신이 거짓 병사를 설치함으로써 한나라 진을 기다리게 한 뒤 군대를 정예병과 아울러서 하나로 만들어 위나라가 생각지 못한 곳을 찔렀습니다. 위나라 군대가 이미 무너지고 한나라 군대가 스스로 무너지자 이긴 것에 올라타서 패배한 적[北=敗]을 뒤쫓았으니, 이러한 까닭으로 능히 공을 세울 수 있었습니다.

모두 형세를 계산하여 이롭게 하면서 스스로 그러한 이치를 따랐으니 어디에 신령[神]이 있겠습니까!

지금 진나라는 조나라 군대를 장평에서 깨뜨리고도, 그 (이긴) 때를 쫓아 그들이 떨고 두려워할 때에 올라타서 없애버리지 못하고 두려워서 풀어주었습니다. 그래서 (조나라로 하여금) 밭을 갈고 곡식을 심어 더욱 모아서 쌓게 했고, 고아를 기르고 어린애를 장성시켜 그 무리가 더욱 늘어나게 했으며, 칼과 갑주를 고치고 다스리게 하여 그 강함을 늘려주었고, 성(城)을 늘리고 연못을 파서 그 단단함을 더하게 만들었습니다. (조나라) 임금은 무릎을 꺾어 그 신하들에게 몸을 낮추었고, 신하들은 몸을 맡기며 죽은 병사들에게 몸을 낮추었습니다. 평원군(平原君)의 무리에 이르게 되면, 모두 아내와 첩들에게 군대 행렬 사이에 가서 (옷을) 깁고 꿰매게 하고 있습니다. 신하와 백성이 한마음이 되고 위아래가 같은 힘을 내는 것이, 마치 (월나라 왕) 구천(句踐)이 회계(會稽)에서 곤경에 처했던 시절과 같습니다.

지금[今→今] 치면 조나라는 반드시 단단히 지킬 것입니다. 도발하여 그 군대에게 싸우자 해도 틀림없이 기꺼이 나오지 않을 것입니다. 그 나라 도읍을 에워싸도 반드시 이길 수 없고, 그 늘어선 성들을 공격해도 반드시 뽑아낼 수 없으며, 그 성 밖 들판에서 빼앗아도 반드시 얻는 바가 없을 것입니다. 병사를 냈는데 공이 없으면, 제후들에게 (다른) 마음이 생겨서 반드시 밖에서 구원이 이르게 될 것입니다. 신에게는 그 해로움만 보이고 그 이로움은 보이지 않습니다. 또 병이 있어 갈 수도 없습니다."

武安君曰: "是時楚王恃其國大, 不恤其政, 而群臣相妒以功, 諂諛用事, 良臣斥疏, 百姓心離, 城池不修, 既無良臣, 又無守備. 故起所以得引兵深入, 多倍城邑, 發梁焚舟以專民, 以掠於郊野, 以足軍食. 當此之時, 秦中士卒, 以軍中爲家, 將帥爲父母, 不約而親, 不謀而信, 一心同功, 死不旋踵. 楚人自戰其地, 咸顧其家, 各有散心, 莫有鬪志. 是以能有功也. 伊闕之戰, 韓孤顧魏, 不欲先用其衆. 魏恃韓之銳, 欲推以爲鋒. 二軍爭便之力不同, 是以臣得設疑兵, 以待韓陣, 專軍并銳, 觸魏之不意. 魏軍既敗, 韓軍自潰, 乘勝逐北, 以是之故能立功. 皆計利形勢, 自然之理, 何神之有哉! 今秦破趙軍於長平, 不遂以時乘其振懼而滅之, 畏而釋之, 使得耕稼以益蓄積, 養孤長幼以益其衆, 繕治兵甲以益其强, 增城浚池以益其固. 主折節以下其臣, 臣推體以下死士. 至於平原君之屬, 皆令妻妾補縫於行伍之間. 臣人一心, 上下同力, 猶勾踐困於會稽之時也. 以合伐之, 趙必固守. 挑其軍戰, 必不肯出. 圍其國都, 必不可剋. 攻其列城, 必未可拔. 掠其郊野, 必無所得. 兵出無功, 諸侯生心, 外救必至. 臣見其害, 未睹其利. 又病, 未能行."

(5)

응후가 부끄러워하며 물러나 이를 왕에게 말해주자, 왕이 말했다.

"백기가 없다 해서 내가 능히 조나라를 없애지 못하겠는가?"

다시 더욱 군대를 내보냈고, 다시 왕흘(王齕)로 하여금 왕릉을 대신하여 조나라를 치게 했다. 한단을 에워싼 지 8, 9개월이 되었지만 죽고 다치는 자만 많아지고 떨어지지 않았으며, 조나라 왕[孝成王]이 날래고 날카로운 병사를 내어 그 뒤쪽을 노략질하니 진나라가 자주 불리해졌다. 무안군이 말했다.

"신의 계책을 들지 않더니, 지금 과연 어떠합니까?"

왕이 듣고 화를 내었고, 그로 인해 무안군을 만나 억지로 그를 일으키며 말했다.

"그대가 비록 병이 들었으나, 억지로 과인을 위해 누워서도 이끌 수 있다. 공이 있는 것이 과인의 바람이니, 장차 그대에게 거듭 더해주겠다. 만일 그대가 가지 않으면 과인은 그대를 한스럽게 여기겠다."

무안군이 머리를 조아리고 말했다.

"신이 간다면 비록 공이 없더라도 죄를 벗어날 수 있고, 가지 않으면 비록 죄가 없더라도 주살을 벗어날 수 없다는 것을 알고 있습니다. 그러나 오직 대왕께서는 신의 어리석은 계책을 훑어보아 주십시오.

조나라를 풀어주어 백성을 기르게 하면 제후들의 변고가 있을 것입니다. 그들이 걱정되고 두려워하는 것을 어루만져 주고 그들의 교만함을 정벌하며 도리가 없는 자들을 주살하여 없애버리면서, 이로써 제후에게 영을 내리면 천하가 정해질 수 있습니다. 어찌 꼭 조나라를 앞에 세우려 하십니까? 이것은 이른바 한 명의 신하에게 굽혀서 천하를 이기는 것입니다. 대왕께서 만약 신의 어리석은 계책을 살피지 않고 반드시 조나라에 마음을 터뜨리고자 해서 이로써 신이 죄에 이르게 한다면, 이는 또한 이른바 한 명의 신하에게 이기고서 천하에 굴복한 사람입니다. 무릇 한 명의 신하를 이긴 위엄과 천하를 이긴 위엄 중에 어느 것이 크겠습니까? 신이 듣기에, 눈 밝은 임금은 자기 나라를 아끼고 충신은 그 이름을 아낀다고 했습니다. 깨어진 나라는 다시 완전해질 수 없고, 죽은 병졸은 다시 살아날 수 없습니다. 신이 차라리 엎어져 무거운 주살을 받아 죽더라도 군대의 장수가 되는 (패했다는) 욕은 차마 받아들일 수 없습니다. 바라건대 대왕께서는 살펴주십시오."

왕이 답하지 않고 떠났다.

應侯慚而退, 以言於王. 王曰: "微白起, 吾不能滅趙乎?" 復益發軍, 更使王齕代王陵伐趙. 圍邯鄲八·九月, 死傷者衆, 而弗下. 趙王出輕銳以寇其後, 秦數不利. 武安君曰: "不聽臣計, 今果何如?" 王聞之怒, 因見武安君, 彊起之, 曰: "君雖病, 彊爲寡人臥而將之. 有功, 寡人之願, 將加重於君. 如君不行, 寡人恨君." 武安君頓首曰: "臣知行雖無功, 得免於罪. 雖不行無罪, 不免於誅. 然惟願大王覽臣愚計, 釋趙養民, 以諸侯之變. 撫其恐懼, 伐其憍慢, 誅滅無道, 以令諸侯, 天下可定, 何必以趙爲先乎? 此所謂爲一臣屈而勝天下也. 大王若不察臣愚計, 必欲快心於趙, 以致臣罪, 此亦所謂勝一臣而爲天下屈者也. 夫勝一臣之嚴焉, 孰若勝天下之威大耶? 臣聞明主愛其國, 忠臣愛其名. 破國不可復完, 死卒不可復生. 臣寧伏受重誅而死, 不忍爲辱軍之將. 願大王察之." 王不答而去.

장평 싸움 이후 조나라는 위아래가 하나가 되어 나라를 날로 새롭게 하고 있으니, 옛날 생각만 하고 조나라를 공격하는 것은 안 된다.

붙이는 글
합종과 연횡을 만드는 과정

(1) 합종(合縱)과 연횡(連衡)

합종과 연횡이란 전국시대 말기 진나라가 나머지 여섯 나라를 통일하기까지의 과정에서 나온 외교정책 중의 대표적인 것으로, 소진과 장의가 주장한 책략을 말한다.

합종책(合縱策=合從策)은 진(秦)나라를 다른 여섯 나라가 견제하기 위한 외교 정책으로, 귀곡(鬼谷)선생의 제자인 소진(蘇秦)이 주창했다. 소진은 여섯 나라 사이의 분쟁이 진나라에만 이득이 되는 무의미한 것이라고 여겨서, 진나라 밑에서 '쇠꼬리가 되기보다는 차라리 닭의 머리가 되자[鷄口牛後]'고 하면서 합종책을 주장했다. 소진은 합종책을 실행하기 위해서 제일 먼저 연(燕)나라에서 시작하여 조나라, 위나라, 한나라와 제나라, 초나라를 차례로 설득하여, 마침내 연나라에서 초나라에 이르는 남북(南北)으로 이어진 여섯 나라가 서로 힘을 합하게 하는 일에 성공한다. 여섯 나라의 합종 이후 진나라는 15년 동안이나 감히 함곡관 밖으로 나오지 못하였다. 소진은 혼자서 여섯 나라의 재상을 겸하였고, 무안군이라 칭해지며 세상에 이름을 떨쳤다.

이러한 합종에 맞선 책략이 연횡책(連衡策=連橫策)이다. 연횡책은 역시 귀곡선생의 제자이자 소진의 친구였던 장의(張儀)에 의해서 실행된 외교술이다. 장의는 진나라의 재상이 되어 먼저 합종하고 있던 나라 중에서 초나라를 이탈시킨 뒤, 위나라, 조나라, 한나라 등 동서(東西=橫)로 맞

닿아 있는 여러 나라들을 설득하여 진나라를 중심으로 하는 동맹 관계를 이룩하게 해서 여섯 나라의 합종을 깨뜨리는 연횡책을 구사했다.

합종책이 진을 서쪽에 두고 동쪽의 나머지 여섯 나라들이 세로[縱]의 형태로 연합한 것이라면, 연횡책은 서쪽의 강대국 진나라를 중심으로 각각의 여섯 나라들이 가로[橫]로 동맹을 맺은 형태이다. 결국 연횡책의 결과 진나라는 가까이 있는 나라부터 먼저 공략하는 '원교근공(遠交近攻)'의 술책으로 한나라와 위나라를 먼저 공략하면서 조나라 및 초나라와는 화친을 도모함으로써 한나라와 위나라를 고립시켰다. 이러한 방법을 바탕으로 진나라는 천하통일을 달성하게 된다.

합종이 깨진 뒤 소진은 연나라의 관직에 있다가 다시 제나라에 출사하였으나, 제나라 대부의 미움을 사서 암살당한다. 장의는 혜문왕이 죽은 뒤 실각해서 위나라로 피신하여 재상이 되었지만, 1년 만에 병들어 죽는다.

(2) 소진의 행로

소진은 차례로 진(秦)나라와 조(趙)나라로 나아갔다.

- 진(秦)나라: 「진책(秦策)」 3, 3-2 '소진이 처음으로 연횡설을 가지고 (蘇秦始將連橫)'
- 조(趙)나라: 「조책(趙策)」 1, 18-8 '소진이 이태를 설득하다(蘇秦說李兌)'

그러나 환영받지 못하고, 마침내 연(燕)나라에서 문후(文侯)를 만나 합종을 가지고 이야기할 수 있었다.

1) 연(燕)나라 유세

「연책(燕策)」 1, 29-1 '소진이 장차 합종하기 위해 북쪽으로 가서 연나라 문후를 설득하다(蘇秦將爲從北說燕文侯)'

소진은 연나라 왕에게 '연은 본래부터 풍요롭고 강한 나라인데 그 이

유 중 하나가 연의 남쪽에 위치한 조나라가 울타리 역할을 해주고 있기 때문이다. 천 리나 떨어져 있는 진나라가 연나라를 공격하는 것과, 백 리 밖에 떨어져 있지 않는 조나라가 연나라를 치는 것 중 어느 것이 더 쉽겠는가? 그러므로 먼저 가까이에 있는 이웃인 조나라와 친해져야 한다. 천하와 하나가 되면 연나라는 우환이 없게 될 것이'라고 설득하였다.

2) 조(趙)나라 유세

「조책(趙策)」2, 19-1 '소진이 연나라로부터 조나라로 가서 처음으로 합종을 말하다(蘇秦從燕之趙始合從)'

연나라는 북쪽에 있어서 합종을 주도하기 어려웠고 중원에 위치한 조나라가 적합하였는데, 이때 조나라 무령왕(武寧王)은 야심이 컸다. 그래서 소진은 '한, 위, 제, 초, 연, 조나라 여섯 나라의 영토는 진나라의 다섯 배나 되고 여섯 나라의 병사는 진나라의 열 배가 되기 때문에 여섯 나라가 힘을 합쳐 서쪽의 진나라를 공격한다면 반드시 이길 수 있다'고 하면서, '조나라 왕이 진나라를 섬기며 신하를 자처하고 있는데, 진의 공격을 기다리지 말고 하루빨리 방어하고 공격할 수 있는 힘을 모아 합종해야 한다'고 설득하였다.

3) 위(魏)나라 유세

「위책(魏策)」1, 22-10 '소자가 조나라와 합종하려고 위나라 왕을 설득하다(蘇子爲趙合從說魏王)'

위나라는 진나라와 붙어있기 때문에 언제나 진나라의 영향력 밑에 있을 수밖에 없었다. 소진은 자존심이 강한 혜왕(惠王)에게 '월나라 왕 구천은 병사 3천 명만으로도 오나라 왕 부차를 사로잡았는데 지금 위나라는 그보다 훨씬 많은 병사를 가졌는데도 진나라를 공격하지 못하고 진나라를 섬기고 있다'고 말하면서, '지금처럼 진나라를 섬긴다면 계속

땅을 떼어주어야 하고, 계속 땅을 잘라주면 위나라의 뛰어난 병사를 써
보지도 못하고 무너질 것이지만, 조나라와 합종하여 세력을 합친다면 더
이상 진나라에 굴복할 필요가 없다'고 설득하였다.

4) 한(韓)나라 유세

「한책(韓策)」1, 26-5 '소진이 초나라와 합종하기 위해 한나라 왕을
설득하다(蘇秦爲楚合從說韓王)'

한나라 역시 진나라와 맞붙어 있어 진나라에게 쉽게 공격받고 있었
다. 소진은 한나라 선혜왕(宣惠王)에게 설득하기를, '한나라 땅은 사방으
로 나갈 수 있도록 펼쳐져 있고 천하의 강한 활과 좋은 칼이 모두 한나라
에서 생산되며 수십만 명의 무장 병력은 용맹하기로 유명한데, 진나라는
끊임없이 한나라에게 땅을 요구하고 있다. 땅은 끝이 있지만 진나라의 요
구는 싫증내지 않으니, 반드시 다른 나라와 힘을 합쳐야 한다'고 하였다.

5) 제(齊)나라 유세

「제책(齊策)」1, 8-16 '소진이 조나라와 합종하기 위해 제나라 선왕을
설득하다(蘇秦爲趙合從說齊宣王)'

연나라, 조나라, 위나라, 한나라와는 달리 나머지 제나라와 초나라는
강하고 큰 나라들로서 적극적으로 진나라를 섬길 필요는 없는 상황이었
다. 먼저 제나라로 간 소진은 '제나라는 영토가 넓고 사방이 둘러싸인 천
혜의 요새로서 수십만의 갑병들은 천하에 이름이 높으며, 수도인 임치는
백성이 부유하고 성곽이 튼튼하다'고 하면서, 진나라가 제나라를 공격하
기 위해서는 연나라와 위나라의 땅을 뒤로 해야 하며 또 한나라와 위나
라가 후방을 교란할까 두려워서 제나라를 공격하지 못하고 있기 때문에
진나라를 섬기는 것은 잘못된 것이라고 설득하였다.

6) 초(楚)나라 유세

「초책(楚策)」1, 14-17 '소진이 조나라와의 합종을 위해 초나라 위왕을 설득하다(蘇秦爲趙合從說楚威王)'

소진은 초나라 위왕(威王)에게 '초나라와 진나라는 그 위세가 비슷하여 서로 양립 불가능한 관계이지만 초나라가 충분히 이길 수 있다'고 하면서, 합종하면 모든 나라가 초나라를 섬기게 되겠지만 연횡하면 초나라는 진나라를 섬겨야 하는데 이 두 가지 책략 중에 어느 것을 고르겠느냐고 설득하였다.

이렇게 하여 6국 연합의 합종이 성공하고 소진이 재상의 인수를 차게 되자, 진나라는 함곡관 밖으로 나오지 못하게 되었고 각국의 실력자들은 소진과 항상 정책을 논의하였다.

(3) 장의의 행로

장의가 진나라 혜문왕에게 연횡책을 설득하여 진나라 재상이 된 후 그는 소진에 의해 만들어진 여섯 나라의 동맹을 어그러뜨렸는데, 먼저 위나라와 제나라의 동맹을 깨고 뒤에 제나라와 초나라의 동맹을 깨뜨렸다.

1) 진나라 혜문왕(惠文王) 설득

「진책(秦策)」1, 3-5 '장의가 진나라 왕을 설득하다(張儀說秦王)'

장의(張儀)는 진나라 혜문왕에게 '진나라는 다스림이 안정되고 병사가 강하며 상벌을 명확하게 행하기 때문에 백성들이 용감하게 적을 치는 것을 자랑스럽게 여긴다고 하면서, 그렇기 때문에 나서기만 하면 합종은 쉽게 깨뜨릴 수 있다고 설득하였다. 또한 진나라가 예전에 초나라, 조나라, 위나라를 멸망시킬 수 있었지만 그렇게 하지 않았던 까닭을 비판하면서, 그 이유는 계책을 내는 신하들에게 능력이 없었기 때문이라고 말했다. 진나라의 병사는 백만 명이고 상벌은 엄정하며 지형이 유리하기 때문에 천하의 합종을 깨뜨릴 수 있다고 말함으로써 장의는 진나라의 재상이 되었다.

2) 위나라 유세

「위책(魏策)」 1, 22-11 '장의가 진나라를 위해 연횡을 가지고 위나라 왕을 설득하다(張儀爲秦連橫說魏王)'

소진의 여섯 나라의 연합군이 진나라에게 깨어진 뒤 장의는 진나라를 위해 연횡책을 위나라 양왕에게 설득하였다. 장의는 합종의 허약함을 느낀 양왕에게 '위나라의 땅이 자연적이나 지정학적인 요인으로 방어에 불리함을 강조했다. 산동의 나라들과 불화하게 될 경우, 남쪽 초나라와 잘 지내면서 제나라와 잘 지내지 못하면 제나라가 (위나라의) 동쪽을 공격할 것이고, 동쪽 제나라와 잘 지내면서 조나라와 불화하면 조나라가 그 북쪽을 공격할 것이고, 한나라와 불화하면 한나라가 그 서쪽을 칠 것이며 초나라와 친하지 못하면 초나라가 그 남쪽을 공격할 것이라고 하면서, 그는 진나라를 섬기지 않으면 위나라가 가장 먼저 멸망할 것이라고 협박하여 하외(河外)의 땅을 바치게 했다.

3) 초나라 유세

「초책(楚策)」 1, 14-18 '장의가 진나라를 위해 종을 깨뜨리고 횡으로 잇고자 하다(張儀爲秦破從連橫)'

진나라 혜왕은 제나라를 치고 싶었지만 제나라는 초나라와 동맹을 맺고 있었다. 그래서 장의는 초나라 회왕(懷王)을 만나, 제나라와의 관계를 끊는다면 상(商)과 오(於)의 땅 6백 리를 바치고 진나라 공주를 왕에게 들여서 진나라와 초나라가 서로 사돈의 나라가 되도록 하겠다고 설득하였다. 초나라의 진진(陳軫)은 정말로 땅을 줄 때 제나라와 끊어도 늦지 않다고 했지만, 회왕은 바로 제나라와 끊어버렸다. 이에 진나라는 제나라와 몰래 연합해서 초나라를 고립시켰고, 그 상황을 모른 채 초나라 회왕은 제나라에 병사를 내도록 했다. 하지만 장의는 그와의 약속을 지키지 않고 600리가 아닌 겨우 6리의 땅을 주었다. 이 때문에 회왕이 진나라를 치려고 하자 다시 진진이 나서서 말렸지만, 마침내 회왕은 진나라와 싸움을 벌여 크게 패하고 말았다.

「초책(楚策)」 2, 15-5 '초나라 회왕이 장의를 붙잡아두다(楚懷王拘張儀)'; 15-6 '초나라 왕이 장차 장자를 내보내려 하다(楚王將出張子)'

싸움에 패한 뒤 초나라 회왕은 땅을 주는 대신 장의를 초나라에 가두었지만, 금방 빠져나온 장의는 뻔뻔스럽게 초왕에게 진나라와 함께 제나라와 싸울 것을 부추겼다. 진나라와의 싸움에 이익이 없다는 것을 안 초나라 회왕은 이를 받아들이고 진나라와 화친을 맺을 수밖에 없었다.

4) 한나라, 조나라, 제나라 유세

「한책(韓策)」 1, 26-6 '장의가 진나라와 연횡하기 위해 한나라 왕을 설득하다(張儀爲秦連橫說韓王)'

「조책(趙策)」 2, 19-3 '장의가 진나라를 위해 연횡을 하고자 조나라 왕을 설득하다(張儀爲秦連橫說趙王)'

「제책(齊策)」 2, 8-17 '장의가 진나라와 연횡하기 위해 제나라 왕에게 말하다(張儀爲秦連橫齊王)'

그 후 장의가 초를 떠나 한나라에 가서 진나라와 한나라의 차이를 강조하며 진나라를 섬기라고 하자, 한나라는 합종을 깨고 진나라로 들어가게 되었다. 이어서 조나라에 가서는 진나라에 이미 굴복한 나라들을 이끌고 조나라를 나누어 가지겠다고 위협함으로써 진나라를 섬기도록 만들었다. 이어서 제나라로 가서는, 진나라가 공격하지 못할 것이라고 생각하지 말도록 함으로써 진나라를 섬기게 만들었다.

이리하여 합종은 완전히 깨어졌다.

옮긴이의 말

『전국책』은 어려운 책이다. 모두 당시의 정치·군사적 상황에서 해결책을 찾고 이를 실천에 옮기는 과정을 그렸기 때문에, 전후 맥락과 중국 고대 지리(地理)에 대한 이해가 없으면 제대로 이해하기 힘들다. 옮긴이도 아직 지리적인 면에 대해서는 다 알지 못한다. 중국 고대 지도를 옆에 두고 살피면서 보면 좀 더 이해하기 쉬울 것이다.

이 책은 논어등반학교 이한우 교장선생님의 격려가 없었다면 옮기지 못했을 것이다. 『신서』를 옮긴 이후, 이 대작에 도전하도록 하셨기에 이에 감사의 말씀을 드린다.

늘 밝게 웃으시며 격려해주신 넥스트포텐(양현재) 권혜진 박사님과 논어등반학교에서 같이 공부하는 여러 선생님들께도 고마움을 전한다.

고전을 옮기는 작업이 계속될 수 있도록 늘 베풀어주시는 어머니와 가족들에게 고마움을 전한다.

2025년 1월 순의(淳毅) 홍기용

KI신서 13302

전국책(하)
전국시대를 제패한 책사들의 권모술수

1판 1쇄 인쇄 2024년 12월 30일
1판 1쇄 발행 2025년 1월 22일

옮긴이 홍기용
펴낸이 김영곤
펴낸곳 ㈜북이십일 21세기북스

인생명강팀 팀장 양으녕 **책임편집** 서진교   **마케팅** 김주현
디자인 푸른나무디자인
출판마케팅팀 한충희 남정한 나은경 최명열 한경화
영업팀 변유경 김영남 강경남 황성진 김도연 권채영 전연우 최유성
제작팀 이영민 권경민

출판등록 2000년 5월 6일 제406-2003-061호
주소 (10881) 경기도 파주시 회동길 201 (문발동)
대표전화 031-955-2100 **팩스** 031-955-2151   **이메일** book21@book21.co.kr

(주)북이십일 경계를 허무는 콘텐츠 리더

21세기북스 채널에서 도서 정보와 다양한 영상자료, 이벤트를 만나세요!
페이스북 facebook.com/jiinpill21   포스트 post.naver.com/21c_editors
유튜브 youtube.com/book21pub   인스타그램 instagram.com/jiinpill21
홈페이지 www.book21.com

ⓒ 홍기용, 2025

ISBN 979-11-7357-012-4 04100
     979-11-7357-010-0 04100(세트)

- 책값은 뒤표지에 있습니다.
- 이 책 내용의 일부 또는 전부를 재사용하려면 반드시 ㈜북이십일의 동의를 얻어야 합니다.
- 잘못 만들어진 책은 구입하신 서점에서 교환해드립니다.

함께 읽으면 좋은 21세기북스의 책

전국책 전 2권
전국시대를 제패한 책사들의 권모술수

홍기용 옮김 | 각 값 48,000원 / 58,000원

혼란의 시대 속 꽃핀 외교와 내치의 기술
제왕학 불멸의 고전으로 배우는 지혜로 천하를 얻는 법

신서: 유향 찬집 완역
춘추부터 한대까지 중국 최고의 고사(故事)들만 모아 엮은 고전의 정수

홍기용 옮김 이한우 감수 | 값 32,000원

"리더의 도(道)와 덕(德)은 어떻게 얻어지는가"
191편의 옛이야기 속에서 길어올린 제왕학의 진수

파저
소설로 읽는 세종의 여진 정벌기

오규원 지음 | 값 20,000원

1433년, 파저강에 울려 퍼진 승리의 포효!
우리가 몰랐던 병법가(兵法家) 세종을 만나다

이한우의 노자 강의
『도덕경』 5천 자에 담긴 무위자연의 제왕학

이한우 지음 | 값 58,000원

'하지 않음'으로 모든 것을 이끄는 '무위의 리더십'을 말하다!
제왕학 관점에서 새롭게 해석한, 노자의 『도덕경』

이한우의 인물지
유소 『인물지』 완역 해설

이한우 지음 | 값 28,000원

"이 책이 없었다면 조조의 탁월한 용병술은 없었다!"
『논어』와 『도덕경』의 핵심만 담은 인사(人事)의 정수

함께 읽으면 좋은 21세기북스의 책

이한우의 설원 전 2권
유향 찬집 완역 해설 상·하
이한우 지음 │ 각 값 39,800원

말의 정원에서 만난 논어의 본질
새로운 설원 읽기: 유향식 논어 풀이

이한우의 태종 이방원 전 2권
태종풍(太宗風) 탐구 상·하
이한우 지음 │ 각 값 38,000원

태종 이방원의
지공(至公)한 삶에 대한 첫 총체적 탐구

이한우의 태종실록 전 19권
재위 1년~재위 18년·별책
이한우 지음 │ 각 값 29,800원 / 32,800원 / 35,800원 / 40,000원

새로운 해석, 예리한 통찰!
5년에 걸쳐 완성한 태종실록 완역본

이한우의 주역 전 3권
입문·상경·하경
이한우 지음 │ 각 값 17,000원 / 40,000원

시대를 초월한 리더십 교과서이자
세종과 정조를 길러낸 제왕들의 필독서

완역 한서 전 10권
본기·표·지·열전
이한우 지음 │ 각 값 25,000원 / 32,000원

국내 최초 『한서』 완역본!
역사적 안목과 현실을 보는 지혜가 열리는 탁월한 동양 고전